中國國家圖書館編

國家圖書館藏敦煌遺書

第六十七冊　北敦〇五〇〇一號——北敦〇五〇七〇號

北京圖書館出版社

圖書在版編目(CIP)數據

國家圖書館藏敦煌遺書·第六十七册/中國國家圖書館編;任繼愈主編.—北京:北京圖書館出版社,2007.11

ISBN 978-7-5013-3219-9

Ⅰ.國… Ⅱ.①中…②任… Ⅲ.敦煌學-文獻 Ⅳ.K870.6

中國版本圖書館 CIP 數據核字(2007)第 142219 號

ISBN 978-7-5013-3219-9

9 787501 332199 >

書　　名　國家圖書館藏敦煌遺書·第六十七册
著　　者　中國國家圖書館編　任繼愈主編
責任編輯　徐　蜀　孫　彦
封面設計　李　璀

出　　版　北京圖書館出版社　(100034　北京西城區文津街 7 號)
發　　行　010-66139745　66151313　66175620　66126153
　　　　　66174391(傳真)　66126156(門市部)
E-mail　cbs@nlc.gov.cn(投稿)　btsfxb@nlc.gov.cn(郵購)
Website　www.nlcpress.com
經　　銷　新華書店
印　　刷　北京文津閣印務有限責任公司

開　　本　八開
印　　張　49
版　　次　2007 年 11 月第 1 版第 1 次印刷
印　　數　1-250 册(套)

書　　號　ISBN 978-7-5013-3219-9/K·1446
定　　價　990.00 圓

編輯委員會

主　　編　任繼愈
常務副主編　方廣錩
副　主　編　李際寧　張志清
編委（按姓氏筆畫排列）　王克芬　王姿怡　吴玉梅　胡新英　陳　穎　黄　霞（常務）　劉玉芬

出版委員會

主　任　詹福瑞
副主任　陳　力
委　員（按姓氏筆畫排列）　李　健　姜　紅　郭又陵　徐　蜀　孫　彦

攝製人員（按姓氏筆畫排列）

于向洋　王富生　王遂新　谷韶軍　張　軍　張紅兵　張　陽　曹　宏　郭春紅　楊　勇　嚴　平

原件修整人員（按姓氏筆畫排列）

朱振彬　杜偉生　李　英　胡玉清　胡秀菊　張　平　劉建明

目錄

故若一切智智清淨若眼處清淨若離生性
清淨无二无二分无別无斷故一切智智清
淨故耳鼻舌身意處清淨耳鼻舌身意處
清淨故離生性清淨何以故若一切智智清淨
若耳鼻舌身意處清淨若離生性清淨无二
无二分无別无斷故善現一切智智清淨故
色處清淨色處清淨故離生性清淨何以故
若一切智智清淨若色處清淨若離生性清
淨无二无二分无別无斷故一切智智清淨
故聲香味觸法處清淨聲香味觸法處清淨
故離生性清淨何以故若一切智智清淨若
聲香味觸法處清淨若離生性清淨无二无
二分无別无斷故善現一切智智清淨故眼
界清淨眼界清淨故離生性清淨何以故若
一切智智清淨若眼界清淨若離生性清淨
无二无二分无別无斷故一切智智清淨故色
界眼識界及眼觸眼觸為緣所生諸受清
淨色界乃至眼觸為緣所生諸受清淨故離
生性清淨何以故若一切智智清淨若色界
乃至眼觸為緣所生諸受清淨若離生性清

界清淨眼界清淨故離生性清淨何以故若
一切智智清淨若眼界清淨若離生性清淨
无二无二分无別无斷故一切智智清淨故色
界眼識界及眼觸眼觸為緣所生諸受清
淨色界乃至眼觸為緣所生諸受清淨故離
生性清淨何以故若一切智智清淨若色界
乃至眼觸為緣所生諸受清淨若離生性清
淨无二无二分无別无斷故善現一切智智
清淨故耳界清淨耳界清淨故離生性清淨
何以故若一切智智清淨若耳界清淨若離
生性清淨无二无二分无別无斷故一切智
智清淨故聲界耳識界及耳觸耳觸為緣所
生諸受清淨聲界乃至耳觸為緣所生諸受
清淨故離生性清淨何以故若一切智智清
淨若聲界乃至耳觸為緣所生諸受清淨若
離生性清淨无二无二分无別无斷故善現
一切智智清淨故鼻界清淨鼻界清淨故離
生性清淨何以故若一切智智清淨若鼻界
清淨若離生性清淨无二无二分无別无斷
故一切智智清淨故香界鼻識界及鼻觸鼻
觸為緣所生諸受清淨香界乃至鼻觸為緣
所生諸受清淨故離生性清淨何以故若一
切智智清淨若香界乃至鼻觸為緣所生諸
受清淨若離生性清淨无二无二分无別无
斷故善現一切智智清淨故舌界清淨舌界
清淨故離生性清淨何以故若一切智智清
淨若舌界清淨若離生性清淨无二无二分

所生諸受清淨故離生性清淨何以故若一
切智智清淨若香界乃至鼻觸為緣所生諸
受清淨若離生性清淨无二无二分无別无
斷故善現一切智智清淨故舌界清淨舌界
清淨故離生性清淨何以故若一切智智清
淨若舌界清淨若離生性清淨无二无二分
无別无斷故一切智智清淨故味界舌識界
及舌觸舌觸為緣所生諸受清淨味界乃至
舌觸為緣所生諸受清淨故離生清淨何以
故若一切智智清淨若味界乃至舌觸為
緣所生諸受清淨若離生性清淨无二无二
分无別无斷故善現一切智智清淨故身界
清淨身界清淨故離生性清淨何以故若一
切智智清淨若身界清淨若離生性清淨无
二无二分无別无斷故一切智智清淨故觸
界身識界及身觸身觸為緣所生諸受清淨
觸界乃至身觸為緣所生諸受清淨故離生
性清淨何以故若一切智智清淨若觸界乃
至身觸為緣所生諸受清淨若離生性清淨
无二无二分无別无斷故善現一切智智清
淨故意界清淨意界清淨故離生性清淨何
以故若一切智智清淨若意界清淨若離生
性清淨无二无二分无別无斷故一切智智
清淨故法界意識界及意觸意觸為緣所生
諸受清淨法界乃至意觸為緣所生諸受清
淨故離生性清淨何以故若一切智智清淨
若法界乃至意觸為緣所生諸受清淨若離

BD05001 號　大般若波羅蜜多經卷二六〇　（6–3）

性清淨无二无二分无別无斷故一切智智
清淨故法界意識界及意觸意觸為緣所生
諸受清淨法界乃至意觸為緣所生諸受清
淨故離生性清淨何以故若一切智智清淨
若法界乃至意觸為緣所生諸受清淨若離
生性清淨无二无二分无別无斷故善現一
切智智清淨故地界清淨地界清淨故離生
性清淨何以故若一切智智清淨若地界清
淨若離生性清淨无二无二分无別无斷故
一切智智清淨故水火風空識界清淨水火
風空識界清淨故離生性清淨何以故若一
切智智清淨若水火風空識界清淨若離生
性性清淨无二无二分无別无斷故善現一切
智智清淨故无明清淨无明清淨故離生性
清淨何以故若一切智智清淨若无明清淨
若離生性清淨无二无二分无別无斷故一
切智智清淨故行識名色六處觸受愛取有
生老死愁歎苦憂惱清淨行乃至老死愁歎
苦憂惱清淨故離生性清淨何以故若一切
智智清淨若行乃至老死愁歎苦憂惱清淨
若離生性清淨无二无二分无別无斷故
善現一切智智清淨故布施波羅蜜多清
淨布施波羅蜜多清淨故離生性清淨何故
若一切智智清淨若布施波羅蜜多清淨若
離生性清淨无二无二分无別无斷故一切
智智清淨故淨戒安忍精進靜慮般若波羅
蜜多清淨淨戒乃至般若波羅蜜多清淨故

BD05001 號　大般若波羅蜜多經卷二六〇　（6–4）

善現一切智智清淨故布施波羅蜜多清
淨布施波羅蜜多清淨故離生性清淨何以故
若一切智智清淨若布施波羅蜜多清淨若
離生性清淨无二无二分无別无斷故一切
智智清淨故淨戒安忍精進靜慮般若波羅
蜜多清淨淨戒乃至般若波羅蜜多清淨故
離生性清淨何以故若一切智智清淨若淨
戒乃至般若波羅蜜多清淨若離生性清淨
无二无二分无別无斷故善現一切智智清
淨故內空清淨內空清淨故離生性清淨何
以故若一切智智清淨若內空清淨若離生
性清淨无二无二分无別无斷故一切智智
清淨故外空內外空空空大空勝義空有為
空无為空畢竟空无際空散空无變異空
本性空自相空共相空一切法空不可得空无
性空自性空无性自性空清淨外空乃至无
性自性空清淨故離生性清淨何以故若一
切智智清淨若外空乃至无性自性空清淨
若離生性清淨无二无二分无別无斷故善
現一切智智清淨故真如清淨真如清淨故
離生性清淨何以故若一切智智清淨若真
如清淨若離生性清淨无二无二分无別无
斷故一切智智清淨故法界法性不虛妄性
不變異性平等性法定法住實際虛空界不
思議界清淨法界乃至不思議界清淨故離
生性清淨何以故若一切智智清淨若法界
乃至不思議界清淨若離生性清淨无二无

BD05001 號　大般若波羅蜜多經卷二六〇　（6–5）

切智智清淨若外空乃至无性自性空清淨
若離生性清淨无二无二分无別无斷故善
現一切智智清淨故真如清淨真如清淨故
離生性清淨何以故若一切智智清淨若真
如清淨若離生性清淨无二无二分无別无
斷故一切智智清淨故法界法性不虛妄性
不變異性平等性法定法住實際虛空界不
思議界清淨法界乃至不思議界清淨故離
生性清淨何以故若一切智智清淨若法界
乃至不思議界清淨若離生性清淨无二无
二分无別无斷故善現一切智智清淨故苦
聖諦清淨苦聖諦清淨故離生性清淨何以
故若一切智智清淨若苦聖諦清淨若離生
性清淨无二无二分无別无斷故一切智智
清淨故集滅道聖諦清淨集滅道聖諦清淨
故離生性清淨何以故若一切智智清淨若
集滅道聖諦清淨若離生性清淨无二无二
分无別无斷故

BD05001 號　大般若波羅蜜多經卷二六〇　（6–6）

提亦无有定法如来可說何以故如来所說
法皆不可取不可說非法非非法所以者何
一切賢聖皆以无為法而有差別
須菩提於意云何若人滿三千大千世界七
寶以用布施是人所得福德寧為多不須菩
提言甚多世尊何以故是福德即非福德性
是故如来說福德多若復有人於此經中受
持乃至四句偈等為他人說其福勝彼何以
故須菩提一切諸佛及諸佛阿耨多羅三藐
三菩提法皆從此經出須菩提所謂佛法者
即非佛法
須菩提於意云何須陁洹能作是念我得須
陁洹果不須菩提言不也世尊何以故須陁
洹名為入流而无所入不入色聲香味觸法
是名須陁洹須菩提於意云何斯陁含能作
是念我得斯陁含果不須菩提言不也世尊
何以故斯陁含名一往来而實无往来是名
斯陁含須菩提於意云何阿那含能作是念
我得阿那含果不須菩提言不也世尊何以
故阿那含名為不来而實无来是故名阿那

BD05002號　金剛般若波羅蜜經　（14–1）

是名須陁洹須菩提於意云何斯陁含能作
是念我得斯陁含果不須菩提言不也世尊
何以故斯陁含名一往来而實无往来是名
斯陁含須菩提於意云何阿那含能作是念
我得阿那含果不須菩提言不也世尊何以
故阿那含名為不来而實无来是故名阿那
含須菩提於意云何阿羅漢能作是念我得
阿羅漢道不須菩提言不也世尊何以故實
无有法名阿羅漢世尊若阿羅漢作是念我
得阿羅漢道即為著我人衆生壽者世尊佛
說我得无諍三昧人中最為第一是第一離
欲阿羅漢我不作是念我是離欲阿羅漢世
尊我若作是念我得阿羅漢道世尊則不說
須菩提是樂阿蘭那行者以須菩提實无所
行而名須菩提是樂阿蘭那行
佛告須菩提於意云何如来昔在然燈佛所
於法有所得不世尊如来在然燈佛所於法
實无所得須菩提於意云何菩薩莊嚴佛土
不不也世尊何以故莊嚴佛土者則非莊嚴
是名莊嚴是故須菩提諸菩薩摩訶薩應如
是生清淨心不應住色生心不應住聲香味
觸法生心應无所住而生其心須菩提譬如
有人身如須彌山王於意云何是身為大不
須菩提言甚大世尊何以故佛說非身是名
大身

BD05002號　金剛般若波羅蜜經　（14–2）

是生清淨心不應住色生心不應住聲香味
觸法生心應无所住而生其心須菩提譬如
有人身如須弥山王於意云何是身為大不
須菩提言甚大世尊何以故佛說非身是名
大身
須菩提如恒河中所有沙數如是沙等恒河
於意云何是諸恒河沙寧為多不須菩提言
甚多世尊但諸恒河尚多无數何況其沙須
菩提我今實言告汝若有善男子善女人以
七寶滿尒所恒河沙數三千大千世界以用
布施得福多不須菩提言甚多世尊佛告須
菩提若善男子善女人於此經中乃至受持
四句偈等為他人說而此福德勝前福德復
次須菩提隨說是經乃至四句偈等當知此
處一切世間天人阿脩羅皆應供養如佛塔
廟何況有人盡能受持讀誦須菩提當知是
人成就最上第一希有之法若是經典所在
之處則為有佛若尊重弟子
尒時須菩提白佛言世尊當何名此經我等
云何奉持佛告須菩提是經名為金剛般若
波羅蜜以是名字汝當奉持所以者何須菩
提佛說般若波羅蜜則非般若波羅蜜須菩
提於意云何如來有所說法不須菩提白佛
言世尊如來无所說須菩提於意云何三千
大千世界所有微塵是為多不須菩提言甚
多世尊須菩提諸微塵如來說非微塵是名

波羅蜜以是名字汝當奉持所以者何須菩
提佛說般若波羅蜜則非般若波羅蜜須菩
提於意云何如來有所說法不須菩提白佛
言世尊如來无所說須菩提於意云何三千
大千世界所有微塵是為多不須菩提言甚
多世尊須菩提諸微塵如來說非微塵是名
微塵如來說世界非世界是名世界須菩提
於意云何可以三十二相見如來不不也世
尊不可以三十二相得見如來何以故如來
說三十二相即是非相是名三十二相須菩
提若有善男子善女人以恒河沙等身命布
施若復有人於此經中乃至受持四句偈等
為他人說其福甚多
尒時須菩提聞說是經深解義趣涕淚悲泣
而白佛言希有世尊佛說如是甚深經典我
從昔來所得慧眼未曾得聞如是之經世尊
若復有人得聞是經信心清淨則生實相當
知是人成就第一希有功德世尊是實相者
則是非相是故如來說名實相世尊我今得
聞如是經典信解受持不足為難若當來世
後五百歲其有衆生得聞是經信解受持是
人則為第一希有何以故此人无我相人相
衆生相壽者相所以者何我相即是非相人
相衆生相壽者相即是非相何以故離一切
諸相則名諸佛
佛告須菩提如是如是若復有人得聞是經

人則為第一希有何以故此人无我相人相
衆生相壽者相所以者何我相即是非相人
相衆生相壽者相即是非相何以故離一切
諸相則名諸佛
佛告須菩提如是如是若復有人得聞是經
不驚不怖不畏當知是人甚為希有何以故
須菩提如来說第一波羅蜜非第一波羅蜜
是名第一波羅蜜須菩提忍辱波羅蜜如来
說非忍辱波羅蜜何以故須菩提如我昔為
歌利王割截身體我於尒時无我相无人相
无衆生相无壽者相何以故我於往昔節節
支解時若有我相人相衆生相壽者相應生
瞋恨須菩提又念過去於五百世作忍辱仙
人於尒所世无我相无人相无衆生相无壽
者相是故須菩提菩薩應離一切相發阿耨
多羅三藐三菩提心不應住色生心不應住
聲香味觸法生心應生无所住心若心有住
則為非住是故佛說菩薩心不應住色布施
須菩提菩薩為利益一切衆生應如是布施
如来說一切諸相即是非相又說一切衆生
則非衆生須菩提如来是真語者實語者如
語者不誑語者不異語者須菩提如来所得
法此法无實无虛須菩提若菩薩心住於法
而行布施如人入闇則无所見若菩薩心不

BD05002 號　金剛般若波羅蜜經　（14–5）

則非衆生須菩提如来是真語者實語者如
語者不誑語者不異語者須菩提如来所得
法此法无實无虛須菩提若菩薩心住於法
而行布施如人入闇則无所見若菩薩心不
住法而行布施如人有目日光明照見種種
色須菩提當来之世若有善男子善女人能
於此經受持讀誦則為如来以佛智慧悉知
是人悉見是人皆得成就无量无邊功德
須菩提若有善男子善女人初日分以恒河
沙等身布施中日分復以恒河沙等身布施
後日分亦以恒河沙等身布施如是无量百
千萬億劫以身布施若復有人聞此經典信
心不逆其福勝彼何況書寫受持讀誦為人
解說須菩提以要言之是經有不可思議不
可稱量无邊功德如来為發大乘者說為發
最上乘者說若有人能受持讀誦廣為人說
如来悉知是人悉見是人皆得成就不可量
不可稱无有邊不可思議功德如是人等則
為荷擔如来阿耨多羅三藐三菩提何以故
須菩提若樂小法者著我見人見衆生見壽
者見則於此經不能聽受讀誦為人解說須
菩提在在處處若有此經一切世間天人阿
脩羅所應供養當知此處則為是塔皆應恭
敬作禮圍繞以諸華香而散其處

BD05002 號　金剛般若波羅蜜經　（14–6）

須菩提若樂小法者著我見人見衆生見壽
者見則於此經不能聽受讀誦為人解說須
菩提在在處處若有此經一切世間天人阿
脩羅所應供養當知此處則為是塔皆應恭
敬作礼圍繞以諸華香而散其處
復次須菩提善男子善女人受持讀誦此經
若為人輕賤是人先世罪業應墮惡道以今
世人輕賤故先世罪業則為消滅當得阿耨
多羅三藐三菩提須菩提我念過去无量阿
僧祇劫於然燈佛前得值八百四千萬億那
由他諸佛悉皆供養承事无空過者若復有
人於後末世能受持讀誦此經所得功德於
我所供養諸佛功德百分不及一千萬億分
乃至筭數譬喻所不能及須菩提若善男子
善女人於後末世有受持讀誦此經所得功
德我若具說者或有人聞心則狂亂狐疑不
信須菩提當知是經義不可思議果報亦不
可思議
尒時須菩提白佛言世尊善男子善女人發
阿耨多羅三藐三菩提心云何應住云何降
伏其心佛告須菩提善男子善女人發阿耨
多羅三藐三菩提者當生如是心我應滅度
一切衆生滅度一切衆生已而无有一衆生
實滅度者何以故若菩薩有我相人相衆生
相壽者相則非菩薩所以者何須菩提實无

BD05002 號　金剛般若波羅蜜經

（14–7）

阿耨多羅三藐三菩提心云何應住云何降
伏其心佛告須菩提善男子善女人發阿耨
多羅三藐三菩提者當生如是心我應滅度
一切衆生滅度一切衆生已而无有一衆生
實滅度者何以故若菩薩有我相人相衆生
相壽者相則非菩薩所以者何須菩提實无
有法發阿耨多羅三藐三菩提心者須菩提於
意云何如來於然燈佛所有法得阿耨多羅
三藐三菩提不不也世尊如我解佛所說義
佛於然燈佛所无有法得阿耨多羅三藐三
菩提佛言如是如是須菩提實无有法如來
得阿耨多羅三藐三菩提須菩提若有法如
來得阿耨多羅三藐三菩提然燈佛則不與
我受記汝於來世當得作佛号釋迦牟尼以
實无有法得阿耨多羅三藐三菩提是故然
燈佛與我受記作是言汝於來世當得作佛
号釋迦牟尼何以故如來者即諸法如義若
有人言如來得阿耨多羅三藐三菩提須菩
提實无有法佛得阿耨多羅三藐三菩提須
菩提如來所得阿耨多羅三藐三菩提於是
中无實无虛是故如來說一切法皆是佛法
須菩提所言一切法者即非一切法是故名
一切法須菩提譬如人身長大須菩提言世
尊如來說人身長大則為非大身是名大身
須菩提菩薩亦如是若作是言我當滅度

BD05002 號　金剛般若波羅蜜經

（14–8）

菩提如來所得阿耨多羅三藐三菩提於是
中无實无虛是故如來說一切法皆是佛法
須菩提所言一切法者即非一切法是故名
一切法須菩提譬如人身長大須菩提言世
尊如來說人身長大則為非大身是名大身
須菩提菩薩亦如是若作是言我當滅度无
量衆生則不名菩薩何以故須菩提无有法
名為菩薩是故佛說一切法无我无人无衆
生无壽者須菩提若菩薩作是言我當莊嚴
佛土是不名菩薩何以故如來說莊嚴佛土
者即非莊嚴是名莊嚴須菩提若菩薩通達
无我法者如來說名真是菩薩
須菩提於意云何如來有肉眼不如是世尊
如來有肉眼須菩提於意云何如來有天眼
不如是世尊如來有天眼須菩提於意云何
如來有慧眼不如是世尊如來有慧眼須菩
提於意云何如來有法眼不如是世尊如來
有法眼須菩提於意云何如來有佛眼不如
是世尊如來有佛眼須菩提於意云何恒河
中所有沙佛說是沙不如是世尊如來說是
沙須菩提於意云何如一恒河中所有沙有
如是等恒河是諸恒河所有沙數佛世界如
是寧為多不甚多世尊佛告須菩提尒所國
土中所有衆生若干種心如來悉知何以故
如來說諸心皆為非心是名為心所以者何
須菩提過去心不可得現在心不可得未

BD05002 號　金剛般若波羅蜜經　（14–9）

沙須菩提於意云何如一恒河中所有沙有
如是等恒河是諸恒河所有沙數佛世界如
是寧為多不甚多世尊佛告須菩提尒所國
土中所有衆生若干種心如來悉知何以故
如來說諸心皆為非心是名為心所以者何
須菩提過去心不可得現在心不可得未來
心不可得須菩提於意云何若有人滿三千
大千世界七寶以用布施是人以是因緣得
福多不如是世尊此人以是因緣得福甚多
須菩提若福德有實如來不說得福德多以
福德无故如來說得福德多
須菩提於意云何佛可以具足色身見不不
也世尊如來不應以色身見何以故如來說
具足色身即非具足色身是名具足色身須
菩提於意云何如來可以具足諸相見不不
也世尊如來不應以具足諸相見何以故如
來說諸相具足即非具足是名諸相具足須
菩提汝勿謂如來作是念我當有所說法莫
作是念何以故若人言如來有所說法即為
謗佛不能解我所說故須菩提說法者无法
可說是名說法須菩提白佛言世尊佛得阿
耨多羅三藐三菩提為无所得耶如是如是
須菩提我於阿耨多羅三藐三菩提乃至无
有少法可得是名阿耨多羅三藐三菩提
復次須菩提是法平等无有高下是名阿耨
多羅三藐三菩提以无我无人无衆生无壽
者脩一切善法即得阿耨多羅三藐三菩提

BD05002 號　金剛般若波羅蜜經　（14–10）

耨多羅三藐三菩提爲无所得耶如是如是
須菩提我於阿耨多羅三藐三菩提乃至无
有少法可得是名阿耨多羅三藐三菩提
復次須菩提是法平等无有高下是名阿耨
多羅三藐三菩提以无我无人无衆生无壽
者脩一切善法則得阿耨多羅三藐三菩提
須菩提所言善法者如來說非善法是名善
法須菩提若三千大千世界中所有諸須弥
山王如是等七寶聚有人持用布施若人以
此般若波羅蜜經乃至四句偈等受持爲他
人說於前福德百分不及一百千萬億分乃
至筭數譬喻所不能及
須菩提於意云何汝等勿謂如來作是念我
當度衆生須菩提莫作是念何以故實无有
衆生如來度者若有衆生如來度者如來則
有我人衆生壽者須菩提如來說有我者則
非有我而凡夫之人以爲有我須菩提凡夫
者如來說則非凡夫須菩提於意云何可以
三十二相觀如來不須菩提言如是如是以
三十二相觀如來佛言須菩提若以三十二
相觀如來者轉輪聖王則是如來須菩提白
佛言世尊如我解佛所說義不應以三十二
相觀如來尒時世尊而說偈言
若以色見我　以音聲求我　是人行邪道　不能見如來
須菩提汝若作是念如來不以具足相故得
阿耨多羅三藐三菩提須菩提莫作是念如

BD05002 號　金剛般若波羅蜜經　（14–11）

相觀如來者轉輪聖王則是如來須菩提白
佛言世尊如我解佛所說義不應以三十二
相觀如來尒時世尊而說偈言
若以色見我　以音聲求我　是人行邪道　不能見如來
須菩提汝若作是念如來不以具足相故得
阿耨多羅三藐三菩提須菩提莫作是念如
來不以具足相故得阿耨多羅三藐三菩提
須菩提汝若作是念發阿耨多羅三藐三菩
提者說諸法斷滅莫作是念何以故發阿耨
多羅三藐三菩提者於法不說斷滅相須菩
提若菩薩以滿恒河沙等世界七寶布施若
復有人知一切法无我得成於忍此菩薩勝
前菩薩所得功德須菩提以諸菩薩不受福
德故須菩提白佛言世尊云何菩薩不受福
德須菩提菩薩所作福德不應貪著是故說
不受福德須菩提若有人言如來若來若去
若坐若卧是人不解我所說義何以故如來
者无所從來亦无所去故名如來
須菩提若善男子善女人以三千大千世界
碎爲微塵於意云何是微塵衆寧爲多不甚
多世尊何以故若是微塵衆實有者佛則不
說是微塵衆所以者何佛說微塵衆則非微
塵衆是名微塵衆世尊如來所說三千大千
世界則非世界是名世界何以故若世界實
有者則是一合相如來說一合相則非一合
相是名一合相須菩提一合相者則是不可

BD05002 號　金剛般若波羅蜜經　（14–12）

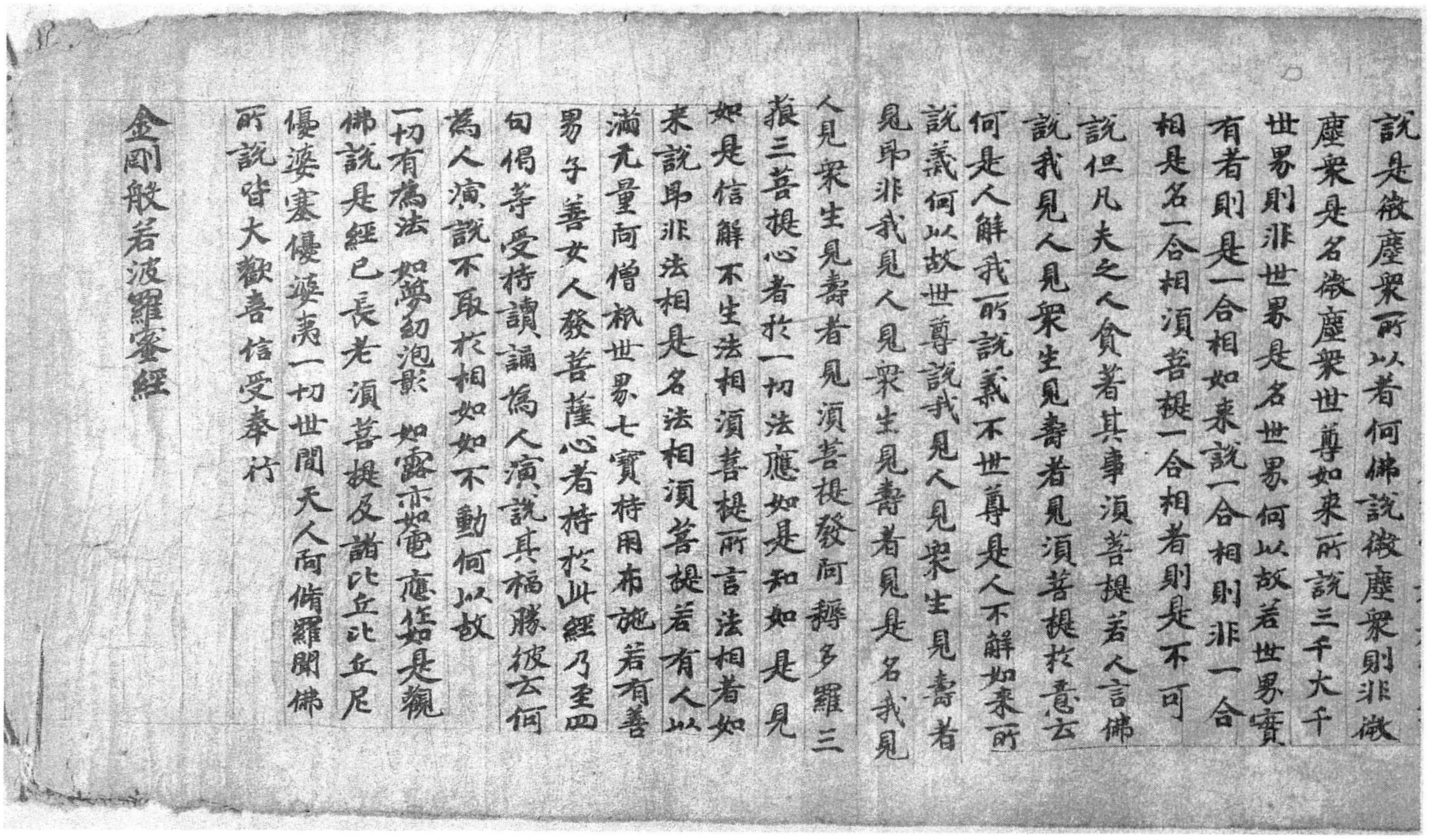
說是微塵衆所以者何佛說微塵衆則非微
塵衆是名微塵衆世尊如來所說三千大千
世界則非世界是名世界何以故若世界實
有者則是一合相如來說一合相則非一合
相是名一合相須菩提一合相者則是不可
說但凡夫之人貪著其事須菩提若人言佛
說我見人見衆生見壽者見須菩提於意云
何是人解我所說義不世尊是人不解如來所
說義何以故世尊說我見人見衆生見壽者
見即非我見人見衆生見壽者見是名我見
人見衆生見壽者見須菩提發阿耨多羅三
藐三菩提心者於一切法應如是知如是見
如是信解不生法相須菩提所言法相者如
來說即非法相是名法相須菩提若有人以
滿无量阿僧祇世界七寶持用布施若有善
男子善女人發菩薩心者持於此經乃至四
句偈等受持讀誦為人演說其福勝彼云何
為人演說不取於相如如不動何以故
一切有為法　如夢幻泡影　如露亦如電　應作如是觀
佛說是經已長老須菩提及諸比丘比丘尼
優婆塞優婆夷一切世間天人阿修羅聞佛
所說皆大歡喜信受奉行
金剛般若波羅蜜經

BD05002 號　金剛般若波羅蜜經　（14–13）

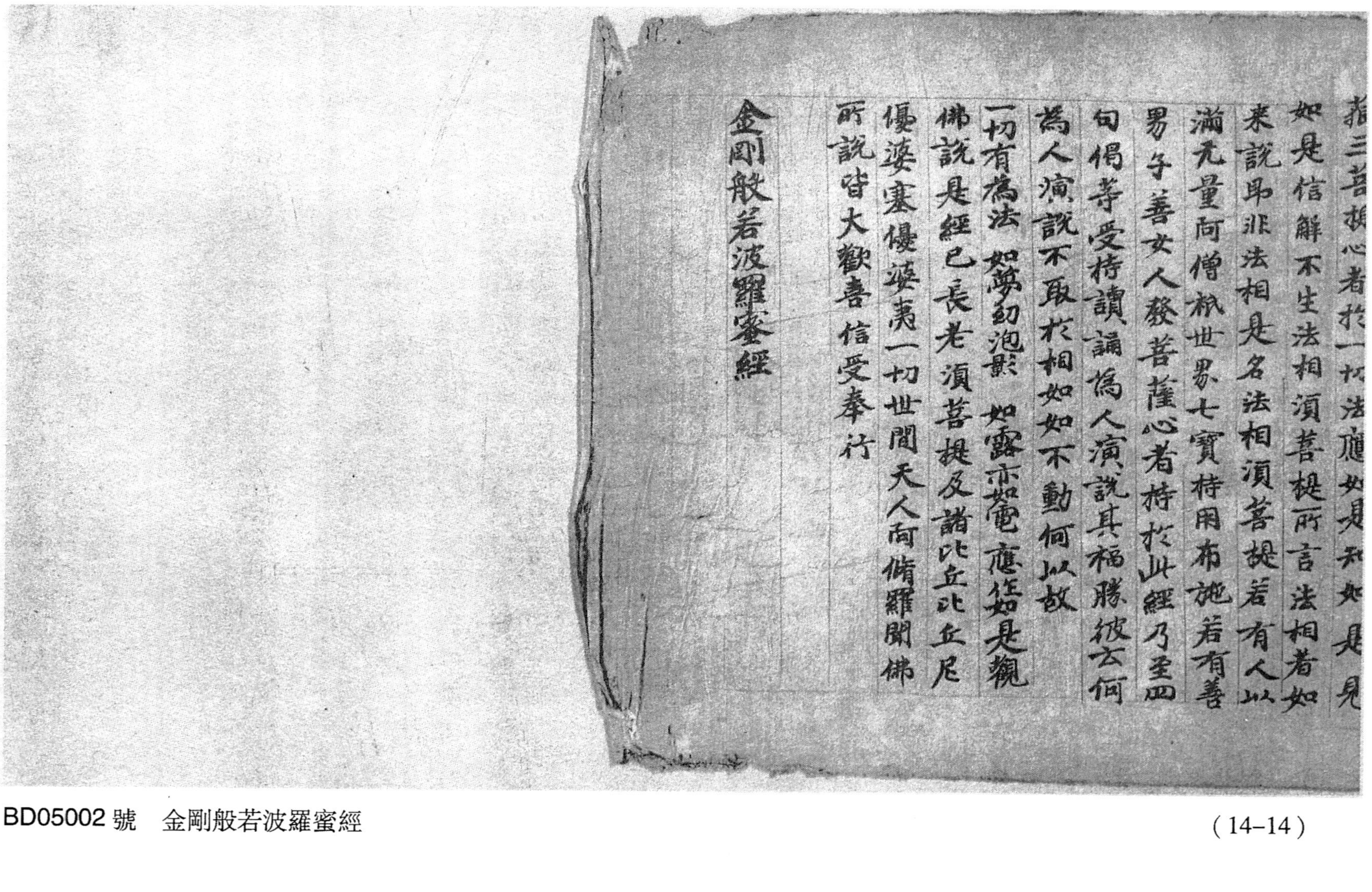
藐三菩提心者於一切法應如是知如是見
如是信解不生法相須菩提所言法相者如
來說即非法相是名法相須菩提若有人以
滿无量阿僧祇世界七寶持用布施若有善
男子善女人發菩薩心者持於此經乃至四
句偈等受持讀誦為人演說其福勝彼云何
為人演說不取於相如如不動何以故
一切有為法　如夢幻泡影　如露亦如電　應作如是觀
佛說是經已長老須菩提及諸比丘比丘尼
優婆塞優婆夷一切世間天人阿修羅聞佛
所說皆大歡喜信受奉行
金剛般若波羅蜜經

BD05002 號　金剛般若波羅蜜經　（14–14）

大般若波羅蜜多經卷第六十八
初分無所得品第十八之八　　三藏法師玄奘奉　詔譯
舍利子布施波羅蜜多非我亦無散失淨戒安
忍精進靜慮般若波羅蜜多非我亦無散失
舍利子四靜慮非我亦無散失四無量四無
色定非我亦無散失舍利子八解脫非我亦
無散失八勝處九次第定十遍處非我亦無
散失舍利子四念住非我亦無散失四正斷
四神足五根五力七等覺支八聖道支非我
亦無散失舍利子空解脫門非我亦無散失
無相無願解脫門非我亦無散失舍利子五
眼非我亦無散失六神通非我亦無散失
舍利子佛十力非我亦無散失四無所畏四
無礙解大慈大悲大喜大捨十八佛不共法
非我亦無散失舍利子一切智非我亦無散
失道相智一切相智非我亦無散失舍利子
無忘失法非我亦無散失恒住捨性非我亦
無散失舍利子一切陀羅尼門非我亦無散
失一切三摩地門非我亦無散失舍利子極
喜地非我亦無散失離垢地發光地焰慧地
極難勝地現前地遠行地不動地善慧地法

BD05003 號　大般若波羅蜜多經卷六八　　（5–1）

非我亦無散失舍利子一切智非我亦無散
失道相智一切相智非我亦無散失舍利子
無忘失法非我亦無散失恒住捨性非我亦
無散失舍利子一切陀羅尼門非我亦無散
失一切三摩地門非我亦無散失舍利子極
喜地非我亦無散失離垢地發光地焰慧地
極難勝地現前地遠行地不動地善慧地法
雲地非我亦無散失舍利子異生地非我亦
無散失種姓地第八地具見地薄地離欲地
已辦地獨覺地菩薩地如來地非我亦無散
失舍利子聲聞乘非我亦無散失獨覺乘大
乘非我亦無散失舍利子由此緣故我作是
說諸法亦爾都無自性
復次舍利子諸法寂靜亦無散失何以故若
法寂靜無盡性故時舍利子問善現言何法
寂靜亦無散失善現答言舍利子色寂靜亦
無散失受想行識寂靜亦無散失舍利子眼
處寂靜亦無散失耳鼻舌身意處寂靜亦無
散失舍利子色處寂靜亦無散失聲香味觸
法處寂靜亦無散失舍利子眼界寂靜亦無
散失色界眼識界及眼觸眼觸為緣所生諸
受寂靜亦無散失舍利子耳界寂靜亦無散
失聲界耳識界及耳觸耳觸為緣所生諸受
寂靜亦無散失舍利子鼻界寂靜亦無散失
香界鼻識界及鼻觸鼻觸為緣所生諸受寂
靜亦無散失舍利子舌界寂靜亦無散失味
界舌識界及舌觸舌觸為緣所生諸受寂靜

BD05003 號　大般若波羅蜜多經卷六八　　（5–2）

受寂静亦無散失舍利子耳界寂静亦無散
失聲界耳識界及耳觸耳觸為緣所生諸受
寂静亦無散失舍利子鼻界寂静亦無散失
香界鼻識界及鼻觸鼻觸為緣所生諸受寂
静亦無散失舍利子舌界寂静亦無散失味
界舌識界及舌觸舌觸為緣所生諸受寂静
亦無散失舍利子身界寂静亦無散失觸界
身識界及身觸身觸為緣所生諸受寂静亦
無散失舍利子意界寂静亦無散失法界意
識界及意觸意觸為緣所生諸受寂静亦無
散失舍利子地界寂静亦無散失水火風空
識界寂静亦無散失舍利子苦聖諦寂静亦
無散失集滅道聖諦寂静亦無散失舍利子
無明寂静亦無散失行識名色六處觸受愛
取有生老死愁歎苦憂惱寂静亦無散失舍
利子内空寂静亦無散失外空内外空空空
大空勝義空有為空無為空畢竟空無際空
散空無變異空本性空自相空共相空一切
法空不可得空無性空自性空無性自性空
寂静亦無散失
舍利子布施波羅蜜多寂静亦無散失淨戒
安忍精進静慮般若波羅蜜多寂静亦無散
失舍利子四静慮寂静亦無散失四無量四
無色定寂静亦無散失舍利子八解脱寂静
亦無散失八勝處九次第定十遍處寂静亦
無散失舍利子四念住寂静亦無散失四正

安忍精進静慮般若波羅蜜多寂静亦無散
失舍利子四静慮寂静亦無散失四無量四
無色定寂静亦無散失舍利子八解脱寂静
亦無散失八勝處九次第定十遍處寂静亦
無散失舍利子四念住寂静亦無散失四正
斷四神足五根五力七等覺支八聖道支寂
静亦無散失舍利子空解脱門寂静亦無散
失無相無願解脱門寂静亦無散失舍利子
五眼寂静亦無散失六神通寂静亦無散失
舍利子佛十力寂静亦無散失四無所畏四
無礙解大慈大悲大喜大捨十八佛不共法
寂静亦無散失舍利子一切智寂静亦無散
失道相智一切相智寂静亦無散失舍利子
無忘失法寂静亦無散失恒住捨性寂静亦
無散失舍利子一切陁羅尼門寂静亦無散
失一切三摩地門寂静亦無散失舍利子極
喜地寂静亦無散失離垢地發光地焰慧地
極難勝地現前地遠行地不動地善慧地法
雲地寂静亦無散失舍利子異生地寂静亦
無散失種姓地第八地具見地薄地離欲地
已辦地獨覺地菩薩地如來地寂静亦無散
失舍利子聲聞乘寂静亦無散失獨覺乘大
乘寂静亦無散失舍利子由此緣故我作是
說諸法亦尒都無自性
復次舍利子諸法遠離亦無散失何以故若
法遠離無盡性故時舍利子問善現言何法

無礙解大慈大悲大喜大捨十八佛不共法
寂靜亦無散失舍利子一切智寂靜亦無散
失道相智一切相智寂靜亦無散失舍利子
無忘失法寂靜亦無散失恒住捨性寂靜亦
無散失舍利子一切陁羅尼門寂靜亦無散
失一切三摩地門寂靜亦無散失舍利子極
喜地寂靜亦無散失離垢地發光地焰慧地
極難勝地現前地遠行地不動地善慧地法
雲地寂靜亦無散失舍利子異生地寂靜亦
無散失種性地第八地具見地薄地離欲地
已辦地獨覺地菩薩地如來地寂靜亦無散
失舍利子聲聞乘寂靜亦無散失獨覺乘大
乘寂靜亦無散失舍利子由此緣故我作是
說諸法亦尒都無自性
復次舍利子諸法遠離亦無散失何以故若
法遠離無盡性故時舍利子問善現言何法

BD05003號　大般若波羅蜜多經卷六八　（5–5）

自性無所有八勝處九次
自性亦無所有是菩薩摩訶薩
於中不住故名退轉善現是菩薩摩訶薩於
空解脫門退轉故名不退轉於無相無願解
脫門退轉故名不退轉何以故善現空解脫
門自性無所有無相無願解脫門自性亦無
所有是菩薩摩訶薩於中不住故名退轉善
現是菩薩摩訶薩於五眼退轉故名不退轉
於六神通退轉故名不退轉何以故善現五
眼自性無所有六神通自性亦無所有是菩
薩摩訶薩於中不住故名退轉善現是菩薩
摩訶薩於三摩地門退轉故名不退轉於陁
羅尼門退轉故名不退轉何以故善現三摩
地門自性無所有陁羅尼門自性亦無所有
是菩薩摩訶薩於中不住故名退轉善現是
菩薩摩訶薩於佛十力退轉故名不退轉於
四無所畏四無礙解大慈大悲大喜大捨十
八佛不共法退轉故名不退轉何以故善現
佛十力自性無所有四無所畏乃至十八佛
不共法自性亦無所有是菩薩摩訶薩於中
不住故名退轉善現是菩薩摩訶薩於預流
果退轉故名不退轉於一來不還阿羅漢果
退轉故名不退轉何以故善現預流果自性

BD05004號　大般若波羅蜜多經卷三二五　（6–1）

四無所畏四無礙解大慈大悲大喜大捨十
八佛不共法退轉故名不退轉何以故善現
佛十力自性無所有四無所畏乃至十八佛
不共法自性亦無所有是菩薩摩訶薩於中
不住故名退轉善現是菩薩摩訶薩於預流
果退轉故名不退轉於一來不還阿羅漢果
退轉故名不退轉何以故善現預流果自性
無所有一來不還阿羅漢果自性亦無所有
是菩薩摩訶薩於中不住故名退轉善現是
菩薩摩訶薩於獨覺菩提退轉故名不退轉
何以故善現獨覺菩提自性無所有是菩薩
摩訶薩於中不住故名退轉善現是菩薩摩
訶薩於一切智退轉故名不退轉於道相智
一切相智退轉故名不退轉何以故善現一切
智自性無所有道相智一切相智自性亦
無所有是菩薩摩訶薩於中不住故名退轉
善現是菩薩摩訶薩於異生地退轉故名不
退轉於聲聞地獨覺地菩薩地如來地退轉
故名不退轉何以故善現異生地自性無所
有聲聞地獨覺地菩薩地如來地自性亦無
所有是菩薩摩訶薩於中不住故名退轉善
現是菩薩摩訶薩於阿耨多羅三藐三菩提
退轉故名不退轉何以故善現阿耨多羅三
藐三菩提自性無所有是菩薩摩訶薩於中
不住故名退轉
復次善現若不退轉位菩薩摩訶薩終不樂
觀外道沙門婆羅門等形相言說彼諸沙門

BD05004號　大般若波羅蜜多經卷三二五　(6–2)

退轉故名不退轉何以故善現阿耨多羅三
藐三菩提自性無所有是菩薩摩訶薩於中
不住故名退轉
復次善現若不退轉位菩薩摩訶薩終不樂
觀外道沙門婆羅門等形相言說彼諸沙門
婆羅門等於所知法實知實見或能施設正
見法門無是處善現若成就如是諸行狀
相當知是為不退轉菩薩摩訶薩復次善現
若不退轉位菩薩摩訶薩於佛善說法毗奈
耶深生信解終無疑惑無戒禁取不墮惡見
不執世俗諸吉祥事以為清淨終不禮敬諸
餘天神如諸世間外道所事亦終不以種種華
鬘塗散等香衣服瓔珞寶幢幡蓋伎樂燈
明供養天神及諸外道善現若成就如是諸
行狀相當知是為不退轉菩薩摩訶薩復次
善現若不退轉位菩薩摩訶薩不生地獄傍
生鬼界阿素洛中亦不生於卑賤種族謂旃
荼羅補羯娑等亦終不受扇搋半擇無形二
形及女人身亦復不受盲聾瘖瘂攣躄癲癇
矬陋等身亦終不生無暇時處善現若成就
如是諸行狀相當知是為不退轉菩薩摩訶薩
復次善現若不退轉位菩薩摩訶薩常樂受
行十善業道自離害生命亦勸他離害生
命恒正稱揚離害生命法歡喜讚歎離害生
命者自離不與取亦勸他離不與取恒正稱
揚離不與取法歡喜讚歎離不與取者自離
欲邪行亦勸他離欲邪行恒正稱揚離欲邪

BD05004號　大般若波羅蜜多經卷三二五　(6–3)

命恒正稱揚離害生命法歡喜讚歎離害生
命者自離不與取亦勸他離不與取恒正稱
揚離不與取法歡喜讚歎離不與取者自離
欲邪行亦勸他離欲邪行恒正稱揚離欲邪
行法歡喜讚歎離欲邪行者自離虛誑語亦
勸他離虛誑語恒正稱揚離虛誑語法歡喜
讚歎離虛誑語者自離麁惡語亦勸他離麁
惡語恒正稱揚離麁惡語法歡喜讚歎離麁
惡語者自離離間語亦勸他離離間語恒正稱
揚離離間語法歡喜讚歎離離間語者自離
雜穢語亦勸他離雜穢語恒正稱揚離雜穢
語法歡喜讚歎離雜穢語者自離貪欲亦勸
他離貪欲恒正稱揚離貪欲法歡喜讚歎離
貪欲者自離瞋恚亦勸他離瞋恚恒正稱揚
離瞋恚法歡喜讚歎離瞋恚者自離邪見亦
勸他離邪見恒正稱揚離邪見法歡喜讚歎
離邪見者是菩薩摩訶薩乃至夢中亦不現
起十惡業道況在覺時善現若成就如是諸
行狀相當知是為不退轉菩薩摩訶薩。復
次善現若不退轉菩薩摩訶薩普為饒益一
切有情恒脩布施波羅蜜多普為饒益一切
有情恒脩淨戒波羅蜜多普為饒益一切有
情恒脩安忍波羅蜜多普為饒益一切有情
恒脩精進波羅蜜多普為饒益一切有情恒
脩靜慮波羅蜜多普為饒益一切有情恒脩
般若波羅蜜多善現若成就如是諸行狀相
當知是為不退轉菩薩摩訶薩復次善現若
不退轉菩薩摩訶薩諸所受持思惟讀誦

BD05004號　大般若波羅蜜多經卷三二五

（6–4）

情恒脩安忍波羅蜜多普為饒益一切有情
恒脩精進波羅蜜多普為饒益一切有情恒
脩靜慮波羅蜜多普為饒益一切有情恒脩
般若波羅蜜多善現若成就如是諸行狀相
當知是為不退轉菩薩摩訶薩復次善現若
不退轉菩薩摩訶薩諸所受持思惟讀誦
究竟通利清淨教法所謂契經應頌記別諷
頌自說緣起本事本生方廣希法譬喻論議
以如是法常樂布施一切有情恒作是念云
何當令諸有情類求正法願皆得滿足復持
如是法施善根與諸有情同共迴向諸佛無上
正等菩提善現若成就如是諸行狀相當
知是為不退轉菩薩摩訶薩
復次善現若不退轉菩薩摩訶薩於佛所
說甚深法門終不生於疑惑猶預時具壽善
現白佛言世尊何緣不退轉菩薩摩訶薩於
佛所說甚深法門終不生於疑惑猶預佛言
善現是菩薩摩訶薩都不見有法可疑惑猶
豫謂不見有色亦不見有受想行識可於中
生疑惑猶預不見有眼處亦不見有耳鼻舌
身意處可於中生疑惑猶豫不見有色處亦
不見有聲香味觸法處可於中生疑惑猶預
不見有眼界亦不見有耳鼻舌身意界可於
中生疑惑猶預不見有色界亦不見有聲香
味觸法界可於中生疑惑猶豫不見有眼識
界亦不見有耳鼻舌身意識界可於中生疑
惑猶預不見有眼觸亦不見有耳鼻舌身意

BD05004號　大般若波羅蜜多經卷三二五

（6–5）

豫謂不見有色亦不見有受想行識可於中
生疑惑猶預不見有眼處亦不見有耳鼻舌
身意處可於中生疑惑猶豫不見有色處亦
不見有聲香味觸法處可於中生疑惑猶預
不見有眼界亦不見有耳鼻舌身意界可於
中生疑惑猶預不見有色界亦不見有聲香
味觸法界可於中生疑惑猶豫不見有眼識
界亦不見有耳鼻舌身意識界可於中生疑
惑猶預不見有眼觸亦不見有耳鼻舌身意
觸可於中生疑惑猶豫不見有眼觸為緣所
生諸受亦不見有耳鼻舌身意觸為緣所生
諸受可於中生疑惑猶豫不見有地界亦不
見有水火風空識界可於中生疑惑猶豫不
見有無明亦不見有行識名色六處觸受
愛取有生老死可於中生疑惑猶豫不見有布
施波羅蜜多亦不見有淨戒安忍精進靜慮
般若波羅蜜多可於中生疑惑猶豫不見有
內空[illegible]外空內外空空空大空勝義

BD05004號　大般若波羅蜜多經卷三二五　（6–6）

大般若波羅蜜……
初分難信解品第……奘奉　詔譯
復次善現我清淨……色處清淨
即我清淨何以故是……清淨無二
無二分無別無斷故……味觸法
處清淨聲香味觸法處……清淨何以
故是我清淨與聲香味觸……無二無
二分無別無斷故有情清……處清淨色
處清淨即有情清淨何以故是有情清淨與
色處清淨無二無二分無別無斷故有情清
淨即聲香味觸法處清淨聲香味觸法處清
淨即有情清淨何以故是有情清淨與聲香
味觸法處清淨無二無二分無別無斷故命
者清淨即色處清淨色處清淨即命者清淨
何以故是命者清淨與色處清淨無二無二
分無別無斷故命者清淨即聲香味觸法處
清淨聲香味觸法處清淨即命者清淨何以
故是命者清淨與聲香味觸法處清淨無二
無二分無別無斷故生者清淨即色處清淨
色處清淨即生者清淨何以故是生者清淨
與色處清淨無二無二分無別無斷故生者
清淨即聲香味觸法處清淨聲香味觸法處

BD05005號　大般若波羅蜜多經卷一八五　（20–1）

分無別無斷故命者清淨即聲香味觸法處
清淨聲香味觸法處清淨即命者清淨何以
故是命者清淨與聲香味觸法處清淨無二
無二分無別無斷故生者清淨即色處清淨
色處清淨即生者清淨何以故是生者清淨
與色處清淨無二無二分無別無斷故生者
清淨即聲香味觸法處清淨聲香味觸法處
清淨即生者清淨何以故是生者清淨與聲
香味觸法處清淨無二無二分無別無斷故
養育者清淨即色處清淨色處清淨即養
育者清淨何以故是養育者清淨與色處清淨
無二無二分無別無斷故養育者清淨即聲
香味觸法處清淨聲香味觸法處清淨即養
育者清淨何以故是養育者清淨與聲香味觸
法處清淨無二無二分無別無斷故士夫清
淨即色處清淨色處清淨即士夫清淨何
以故是士夫清淨與色處清淨無二無二分
無別無斷故士夫清淨即聲香味觸法處清
淨聲香味觸法處清淨即士夫清淨何以故
是士夫清淨與聲香味觸法處清淨無二無
二分無別無斷故補特伽羅清淨即色處清
淨色處清淨即補特伽羅清淨何以故是補
特伽羅清淨與色處清淨無二無分二無別無
斷故補特伽羅清淨即聲香味觸法處清
淨聲香味觸法處清淨即補特伽羅清淨何
以故是補特伽羅清淨與聲香味觸法處清
淨無二無二分無別無斷故意生清淨即色

特伽羅清淨與色處清淨無二無分二無別無
斷故補特伽羅清淨即聲香味觸法處清
淨聲香味觸法處清淨即補特伽羅清淨何
以故是補特伽羅清淨與聲香味觸法處清
淨無二無二分無別無斷故意生清淨即色
處清淨色處清淨即意生清淨何以故是意
生清淨與色處清淨無二無二分無別無斷
故意生清淨即聲香味觸法處清淨聲香味
觸法處清淨即意生清淨何以故是意生清
淨與聲香味觸法處清淨無二無二分無別
無斷故儒童清淨即色處清淨色處清淨即
儒童清淨何以故是儒童清淨與色處清淨
無二無二分無別無斷故儒童清淨即聲香
味觸法處清淨聲香味觸法處清淨即儒童
清淨何以故是儒童清淨與聲香味觸法處
清淨無二無二分無別無斷故作者清淨即色
色處清淨色處清淨即作者清淨何以故是
作者清淨與色處清淨無二無二分無別無
斷故者清淨即聲香味觸法處法清淨聲
香味觸法處清淨即作者清淨何以故是作者
清淨與聲香味觸法處清淨無二無二分無
別無斷故受者清淨即色處清淨色處清淨
即受者清淨何以故是受者清淨與色處清
淨無二無二分無別無斷故受者清淨即聲
香味觸法處清淨聲香味觸法處清淨即受
者清淨何以故是受者清淨與聲香味觸法
處清淨無二無二分無別無斷故知者清淨
即色處清淨色處清淨即知者清淨何以故

別無斷故受者清淨即色處清淨色處清
即受者清淨何以故是受者清淨與色處清
淨無二無二分無別無斷故受者清淨即聲
香味觸法處清淨聲香味觸法處清淨即受
者清淨何以故是受者清淨與聲香味觸法
處清淨無二無二分無別無斷故知者清淨
即色處清淨色處清淨即知者清淨何以故
是知者清淨與色處清淨無二無二分無別無
斷故知者清淨即聲香味觸法處清淨聲
香味觸法處清淨即知者清淨何以故是知
者清淨與聲香味觸法處清淨無二無二分
無別無斷故見者清淨即色處清淨色處清
淨即見者清淨何以故是見者清淨與色處
清淨無二無二分無別無斷故見者清淨即
聲香味觸法處清淨聲香味觸法處清淨即
見者清淨何以故是見者清淨與聲香味觸
法處清淨無二無二分無別無斷故
復次善現我清淨即眼界清淨眼界清淨即我
清淨何以故是我清淨與眼界清淨無二無
二分無別無斷故我清淨即色界眼識界
及眼觸眼觸爲緣所生諸受清淨色界乃至
眼觸爲緣所生諸受清淨即我清淨何以故
是我清淨與色界乃至眼觸爲緣所生諸受
清淨無二無二分無別無斷故有情清淨即
眼界清淨眼界清淨即有情清淨何以故是
有情清淨與眼界清淨無二無二分無別無
斷故有情清淨即色界眼識界及眼觸眼觸
爲緣所生諸受清淨色界乃至眼觸爲緣所

BD05005 號　大般若波羅蜜多經卷一八五　（20–4）

清淨無二無二分無別無斷故有情清淨即
眼界清淨眼界清淨即有情清淨何以故是
有情清淨與眼界清淨無二無二分無別無
斷故有情清淨即色界眼識界及眼觸眼觸
爲緣所生諸受清淨色界乃至眼觸爲緣所
生諸受清淨即有情清淨何以故是有情清
淨與色界乃至眼觸爲緣所生諸受清淨無
二無二分無別無斷故命者清淨即眼界清
淨眼界清淨即命者清淨何以故是命者清
淨與眼界清淨無二無二分無別無斷故
命者清淨即色界眼識界及眼觸眼觸爲緣所
生諸受清淨色界乃至眼觸爲緣所生諸受
清淨即命者清淨何以故是命者清淨與色
界乃至眼觸爲緣所生諸受清淨無二無二分
無別無斷故生者清淨即眼界清淨眼界清
淨即生者清淨何以故是生者清淨與眼
界清淨無二無二分無別無斷故生者清淨
即色界眼識界及眼觸眼觸爲緣所生諸受
清淨色界乃至眼觸爲緣所生諸受清淨即
生者清淨何以故是生者清淨與色界乃至
眼觸爲緣所生諸受清淨無二無二分無別
無斷故養育者清淨即眼界清淨眼界清淨
即養育者清淨何以故是養育者清淨與眼
界清淨無二無二分無別無斷故養育者清
淨即色界眼識界及眼觸眼觸爲緣所生諸
受清淨色界乃至眼觸爲緣所生諸受清淨
即養育者清淨何以故是養育者清淨與色
界乃至眼觸爲緣所生諸受清淨無二無二

BD05005 號　大般若波羅蜜多經卷一八五　（20–5）

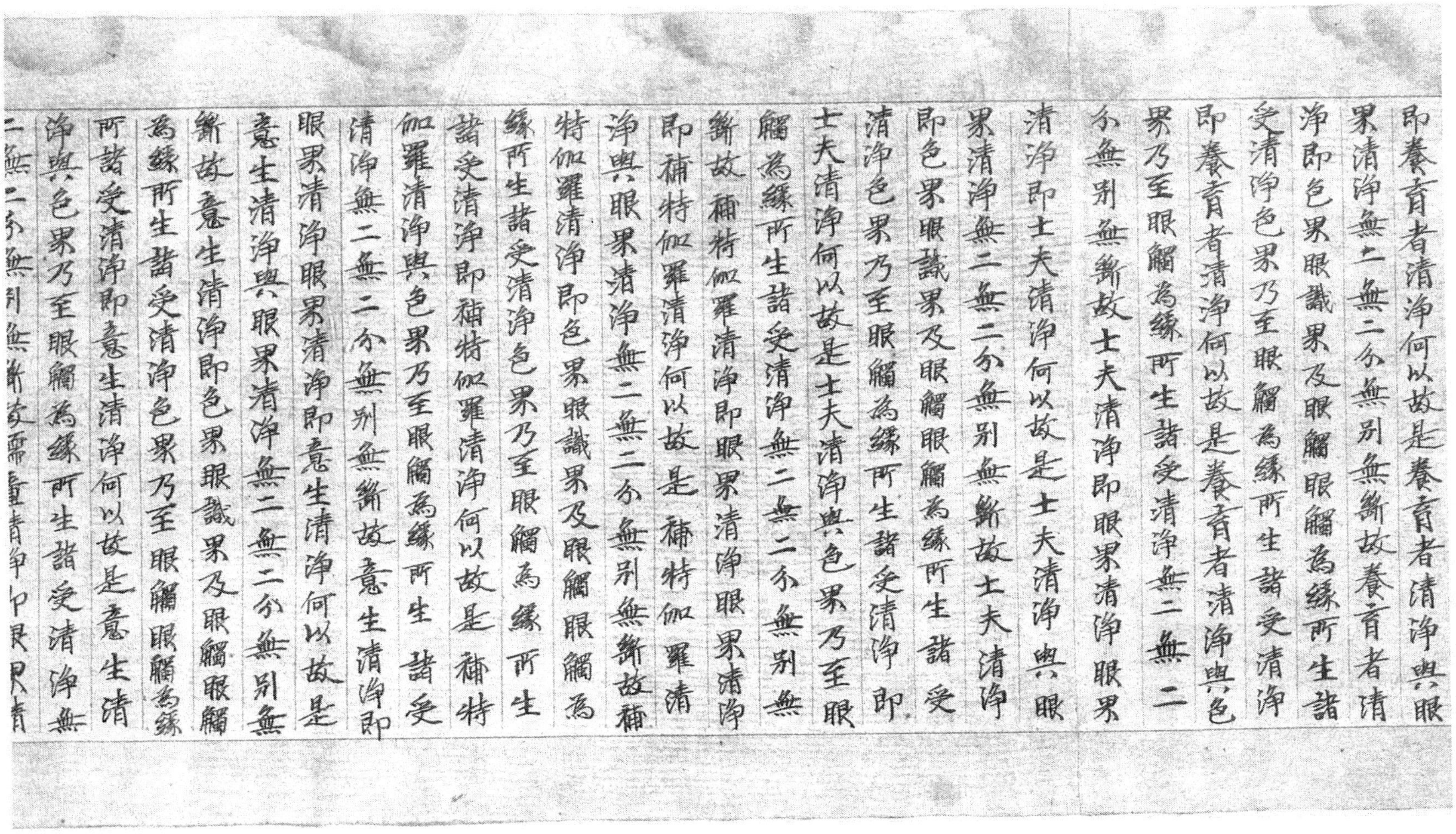
即養育者清淨何以故是養育者清淨與眼
界清淨無二無二分無別無斷故養育者清
淨即色界眼識界及眼觸眼觸為緣所生諸
受清淨色界乃至眼觸為緣所生諸受清淨
即養育者清淨何以故是養育者清淨與色
界乃至眼觸為緣所生諸受清淨無二無二
分無別無斷故士夫清淨即眼界清淨眼界
清淨即士夫清淨何以故是士夫清淨與眼
界清淨無二無二分無別無斷故士夫清淨
即色界眼識界及眼觸眼觸為緣所生諸受
清淨色界乃至眼觸為緣所生諸受清淨即
士夫清淨何以故是士夫清淨與色界乃至眼
觸為緣所生諸受清淨無二無二分無別無
斷故補特伽羅清淨即眼界清淨眼界清淨
即補特伽羅清淨何以故是補特伽羅清
淨與眼界清淨無二無二分無別無斷故補
特伽羅清淨即色界眼識界及眼觸眼觸為
緣所生諸受清淨色界乃至眼觸為緣所生
諸受清淨即補特伽羅清淨何以故是補特
伽羅清淨與色界乃至眼觸為緣所生諸受
清淨無二無二分無別無斷故意生清淨即
眼界清淨眼界清淨即意生清淨何以故是
意生清淨與眼界清淨無二無二分無別無
斷故意生清淨即色界眼識界及眼觸眼觸
為緣所生諸受清淨色界乃至眼觸眼觸為緣
所諸受清淨即意生清淨何以故是意生清
淨與色界乃至眼觸為緣所生諸受清淨無
二無二分無別無斷故儒童清淨即眼界清

BD05005號　大般若波羅蜜多經卷一八五

（20–6）

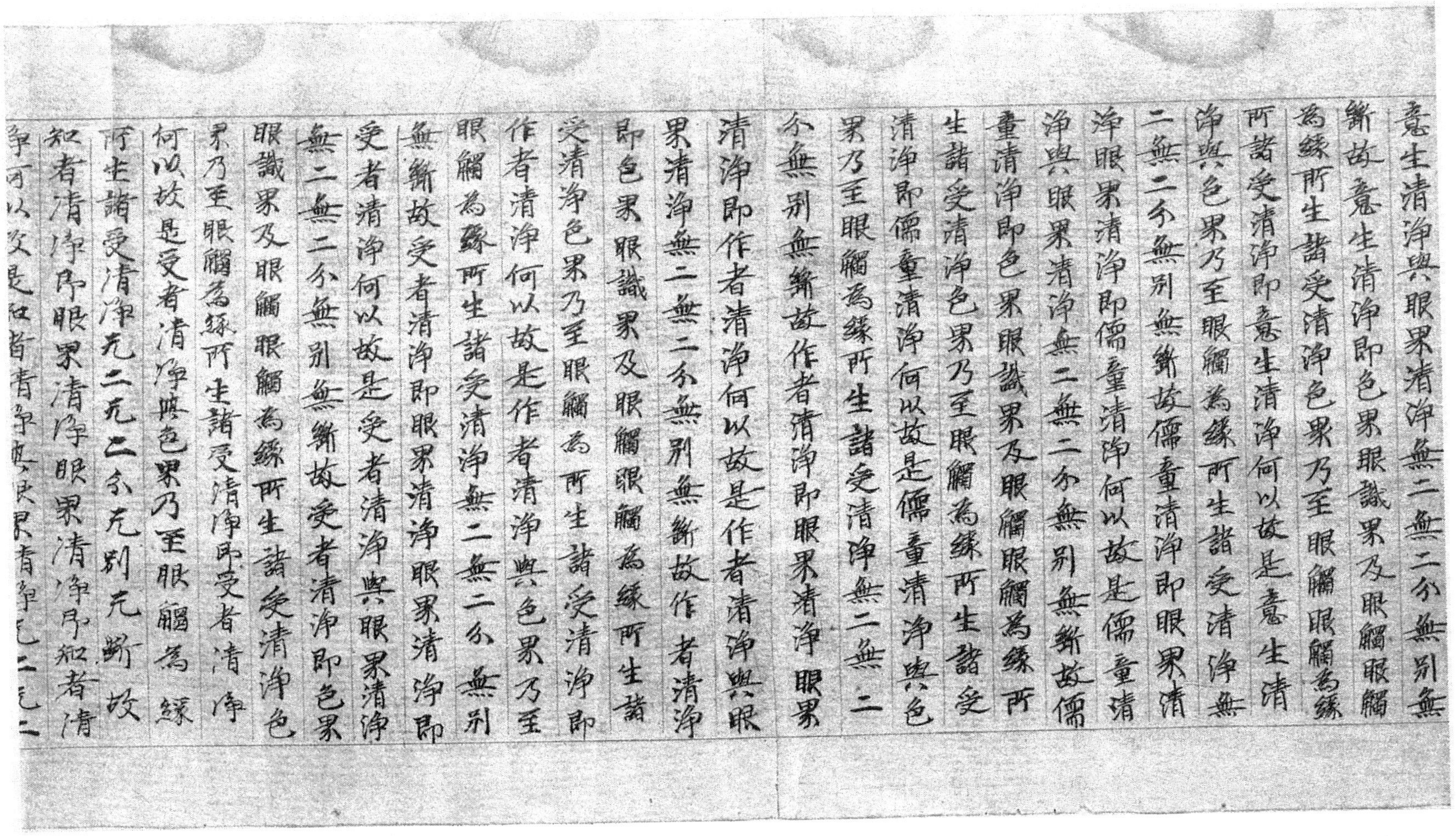
意生清淨與眼界清淨無二無二分無別無
斷故意生清淨即色界眼識界及眼觸眼觸
為緣所生諸受清淨色界乃至眼觸眼觸為緣
所諸受清淨即意生清淨何以故是意生清
淨與色界乃至眼觸為緣所生諸受清淨無
二無二分無別無斷故儒童清淨即眼界清
淨眼界清淨即儒童清淨何以故是儒童清
淨與眼界清淨無二無二分無別無斷故儒
童清淨即色界眼識界及眼觸眼觸為緣所
生諸受清淨色界乃至眼觸為緣所生諸受
清淨即儒童清淨何以故是儒童清淨與色
界乃至眼觸為緣所生諸受清淨無二無二
分無別無斷故作者清淨即眼界清淨眼界
清淨即作者清淨何以故是作者清淨與眼
界清淨無二無二分無別無斷故作者清淨
即色界眼識界及眼觸眼觸為緣所生諸
受清淨色界乃至眼觸為所生諸受清淨即
作者清淨何以故是作者清淨與色界乃至
眼觸為緣所生諸受清淨無二無二分無別
無斷故受者清淨即眼界清淨眼界清淨即
受者清淨何以故是受者清淨與眼界清淨
無二無二分無別無斷故受者清淨即色界
眼識界及眼觸眼觸為緣所生諸受清淨色
界乃至眼觸為緣所生諸受清淨即受者清淨
何以故是受者清淨與色界乃至眼觸為緣
所生諸受清淨无二无二分无別无斷故
知者清淨即眼界清淨眼界清淨即知者清
淨何以故是知者清淨與眼界清淨无二无二

BD05005號　大般若波羅蜜多經卷一八五

（20–7）

眼識界及眼觸眼觸為緣所生諸受清淨色
界乃至眼觸為緣所生諸受清淨即受者清淨
何以故是受者清淨與色界乃至眼觸為緣
所生諸受清淨无二无二分无別无斷故
知者清淨即眼界清淨眼界清淨即知者清
淨何以故是知者清淨與眼界清淨无二无二
分无別无斷故知者清淨即色界眼識界
及眼觸眼觸為緣所生諸受清淨色界乃至
眼觸為緣所生諸受清淨即知者清淨何以故
是知者清淨與色界乃至眼觸為緣所生
諸受清淨无二无二分无別无斷故見者清
淨即眼界清淨眼界清淨即見者清淨何以
故是見者清淨與眼界清淨无二无二分无別
无斷故見者清淨即色界眼識界及眼觸眼觸
為緣所生諸受清淨色界乃至眼觸為緣所
生諸受清淨即見者清淨何以故是見者
清淨與色界乃至眼觸為緣所生諸受清淨
无二无二分无別无斷故
復次善現我清淨即耳界清淨耳界清淨即
我清淨何以故是我清淨與耳界清淨无二
无二分无別无斷故我清淨即聲界耳識界
及耳觸耳觸為緣所生諸受清淨聲界乃至
耳觸為緣所生諸受清淨即我清淨何以故
是我清淨與聲界乃至耳觸為緣所生諸受
清淨无二无二分无別无斷故有情清淨即
耳界清淨耳界清淨即有情清淨何以故是
有情清淨與耳界清淨无二无二分无別无

BD05005號　大般若波羅蜜多經卷一八五

（20–8）

耳觸為緣所生諸受清淨即我清淨何以故
是我清淨與聲界乃至耳觸為緣所生諸受
清淨无二无二分无別无斷故有情清淨即
耳界清淨耳界清淨即有情清淨何以故是
有情清淨與耳界清淨无二无二分无別无
斷故有情清淨即聲界耳識界及耳觸耳觸
為緣所生諸受清淨聲界乃至耳觸為緣所
生諸受清淨即有情清淨何以故是有情清
淨與聲界乃至耳觸為緣所生諸受清淨无
二无二分无別无斷故命者清淨即耳界清
淨耳界清淨即命者清淨何以故是命者清
淨與耳界清淨无二无二分无別无斷故命
者清淨即聲界耳識界及耳觸耳觸為緣所
生諸受清淨聲界乃至耳觸為緣所生諸受
清淨即命者清淨何以故是命者清淨與聲
界乃至耳觸為緣所生諸受清淨无二无二
分无別无斷故生者清淨即耳界清淨耳界
清淨即生者清淨何以故是生者清淨與耳
界清淨无二无二分无別无斷故生者清淨
即聲界耳識界及耳觸耳觸為緣所生諸受
清淨聲界乃至耳觸為緣所生諸受清淨即
生者清淨何以故是生者清淨與聲界乃至
耳觸為緣所生諸受清淨无二无二分无別
无斷故養育者清淨即耳界清淨耳界清淨
即養育者清淨何以故是養育者清淨與耳
界清淨无二无二分无別无斷故養育者清
淨即聲界耳識界及耳觸耳觸為緣所生諸
受清淨聲界乃至耳觸為緣所生諸受清淨

BD05005號　大般若波羅蜜多經卷一八五

（20–9）

无斷故養育者清淨即耳界清淨耳界清淨
即養育者清淨何以故是養育者清淨與耳
界清淨无二无二分无別无斷故養育者清
淨即聲界耳識界及耳觸耳觸為緣所生諸
受清淨聲界乃至耳觸為緣所生諸受清淨
即養育者清淨何以故是養育者清淨與聲
界乃至耳觸為緣所生諸受清淨无二无二
分无別无斷故士夫清淨即耳界清淨耳界
清淨即士夫清淨何以故是士夫清淨與耳
界清淨无二无二分无別无斷故士夫清淨
即聲界耳識界及耳觸耳觸為緣所生諸受
清淨聲界乃至耳觸為緣所生諸受清淨即
士夫清淨何以故是士夫清淨聲與界乃至
耳觸為緣所生諸受清淨无二无二分无別
无斷故補特伽羅清淨即耳界清淨耳界清
淨即補特伽羅清淨何以故是補特伽羅清
淨與耳界清淨无二无二分无別无斷故補
特伽羅清淨即聲界耳識界及耳觸耳觸為
緣所生諸受清淨聲界乃至耳觸為緣所生
諸受清淨即補特伽羅清淨何以故是補
特伽羅清淨與聲界乃至耳觸為緣所生諸受
清淨无二无二分无別无斷故意生清淨即
耳界清淨耳界清淨即意生清淨何以故是
意生清淨與耳界清淨无二无二分无別无
斷故意生清淨即聲界耳識界及耳觸耳觸
為緣所生諸受清淨聲界乃至耳觸為緣所
生諸受清淨即意生清淨何以故是意生清
淨與聲界乃至耳觸為緣所生諸受清淨无

BD05005號　大般若波羅蜜多經卷一八五

(20–10)

二无二分无別无斷故意生清淨即
耳界清淨耳界清淨即意生清淨何以故是
意生清淨與耳界清淨无二无二分无別无
斷故意生清淨即聲界耳識界及耳觸耳觸
為緣所生諸受清淨聲界乃至耳觸為緣所
生諸受清淨即意生清淨何以故是意生清
淨與聲界乃至耳觸為緣所生諸受清淨无
二无二分无別无斷故儒童清淨即耳界清
淨耳界清淨即儒童清淨何以故是儒童清
淨與耳界清淨无二无二分无別无斷故儒
童清淨即聲界耳識界及耳觸耳觸為緣所
生諸受清淨聲界乃至耳觸為緣所生諸受
清淨即儒童清淨何以故是儒童清淨與聲
界乃至耳觸為緣所生諸受清淨无二无二
分无別无斷故作者清淨即耳界清淨耳界
清淨即作者清淨何以故是作者清淨與耳
界清淨无二无二分无別无斷故作者清淨
即聲界耳識界及耳觸耳觸為緣所生諸受
清淨聲界乃至耳觸為緣所生諸受清淨即
作者清淨何以故是作者清淨與聲界乃至
耳觸為緣所生諸受清淨无二无二分无別
无斷故受者清淨即耳界清淨耳界清淨即
受者清淨何以故是受者清淨與耳界清淨
无二无二分无別无斷故受者清淨即聲界
耳識界及耳觸耳觸為緣所生諸受清淨聲
界乃至耳觸為緣所生諸受清淨即受者清
淨何以故是受者清淨與聲界乃至耳觸為
緣所生諸受清淨无二无二分无別无斷故

BD05005號　大般若波羅蜜多經卷一八五

(20–11)

耳識界及耳觸耳觸為緣所生諸受清淨即受者清淨聲
界乃至耳觸為緣所生諸受清淨即受者清
淨何以故是受者清淨與聲界乃至耳觸為
緣所生諸受清淨无二无二分无別无斷故
知者清淨即耳界清淨耳界清淨即知者清
淨何以故是知者清淨與耳界清淨无二无
二分无別无斷故知者清淨即聲界耳識界
及耳觸耳觸為緣所生諸受清淨聲界乃至
耳觸為緣所生諸受清淨即知者清淨何以
故是知者清淨與聲界乃至耳觸為緣所生
諸受清淨无二无二分无別无斷故見者清
淨即耳界清淨耳界清淨即見者清淨何以
故是見者清淨與耳界清淨无二无二分无
別无斷故見者清淨即聲界耳識界及耳觸
耳觸為緣所生諸受清淨聲界乃至耳觸為
緣所生諸受清淨即見者清淨何以故是見
者清淨與聲界乃至耳觸為緣所生諸受清
淨无二无二分无別无斷故
復次善現我清淨即鼻界清淨鼻界清淨即
我清淨何以故是我清淨與鼻界清淨无二
无二分无別无斷故我清淨即香界鼻識界
及鼻觸鼻觸為緣所生諸受清淨香界乃至
鼻觸為緣所生諸受清淨即我清淨何以故
是我清淨與香界乃至鼻觸為緣所生諸受
清淨无二无二分无別无斷故有情清淨即
鼻界清淨鼻界清淨即有情清淨何以故是
有情清淨與鼻界清淨无二无二分无別无
斷故有情清淨即香界鼻識界及鼻觸鼻觸

BD05005號　大般若波羅蜜多經卷一八五　（20–12）

鼻觸為緣所生諸受清淨即我清淨何以故
是我清淨與香界乃至鼻觸為緣所生諸受
清淨无二无二分无別无斷故有情清淨即
鼻界清淨鼻界清淨即有情清淨何以故是
有情清淨與鼻界清淨无二无二分无別无
斷故有情清淨即香界鼻識界及鼻觸鼻觸
為緣所生諸受清淨香界乃至鼻觸為緣所生
諸受清淨即有情清淨何以故是有情清
淨與香界乃至鼻觸為緣所生諸受清淨无
二无二分无別无斷故命者清淨即鼻界清
淨鼻界清淨即命者清淨何以故是命者清
淨與鼻界清淨无二无二分无別无斷故命
者清淨即香界鼻識界及鼻觸鼻觸為緣
所生諸受清淨香界乃至鼻觸為緣所生諸受
清淨即命者清淨何以故是命者清淨與香
界乃至鼻觸為緣所生諸受清淨无二无二
界分无別无斷故生者清淨即鼻界清淨鼻
界清淨即生者清淨何以故是生者清淨與鼻
界清淨无二无二分无別无斷故生者清淨
即香界鼻識界及鼻觸鼻觸為緣所生諸受
清淨香界乃至鼻觸為緣所生諸受清淨即
生者清淨何以故是生者清淨與香界乃至
鼻觸為緣所生諸受清淨无二无二分无別
无斷故養育者清淨即鼻界清淨鼻界清淨
即養育者清淨何以故是養育者清淨與鼻
界清淨无二无二分无別无斷故養育者清
淨即香界鼻識界及鼻觸鼻觸為緣所生諸
受清淨香界乃至鼻觸為緣所生諸受清淨

BD05005號　大般若波羅蜜多經卷一八五　（20–13）

鼻觸為緣所生諸受清淨无二无二分无別
无斷故養育者清淨即鼻界清淨鼻界清淨
即養育者清淨何以故是養育者清淨與鼻
界清淨无二无二分无別无斷故養育者清
淨即香界鼻識界及鼻觸鼻觸為緣所生諸
受清淨香界乃至鼻觸為緣所生諸受清淨
即養育者清淨何以故是養育者清淨與香
界乃至鼻觸為緣所生諸受清淨无二无二
分无別无斷故士夫清淨即鼻界清淨鼻界
清淨即士夫清淨何以故是士夫清淨與鼻
界清淨无二无二分无別无斷故士夫清淨
即香界鼻識界及鼻觸鼻觸為緣所生諸受
清淨香界乃至鼻觸為緣所生諸受清淨即
士夫清淨何以故是士夫清淨與香界乃至
鼻觸為緣所生諸受清淨无二无二分无別
无斷故補特伽羅清淨即鼻界清淨鼻界
清淨即補特伽羅清淨何以故是補特伽羅清
淨與鼻界清淨无二无二分无別无斷故補
特伽羅清淨即香界鼻識界及鼻觸鼻觸為
緣所生諸受清淨香界乃至鼻觸為緣所生
諸受清淨即補特伽羅清淨何以故是補特
伽羅清淨與香界乃至鼻觸為緣所生諸受
清淨无二无二分无別无斷故意生清淨即
鼻界清淨鼻界清淨即意生清淨何以故是
意生清淨與鼻界清淨无二无二分无別无
斷故意生清淨即香界鼻識界及鼻觸鼻觸
為緣所生諸受清淨香界乃至鼻觸為緣所
生諸受清淨即意生清淨何以故是意生清

鼻界清淨即意生清淨何以故是
意生清淨與鼻界清淨无二无二分无別无
斷故意生清淨即香界鼻識界及鼻觸鼻觸
為緣所生諸受清淨香界乃至鼻觸為緣所
生諸受清淨即意生清淨何以故是意生清
淨與香界乃至鼻觸為緣所生諸受清淨无
二无二分无別无斷故儒童清淨即鼻界清
淨鼻界清淨即儒童清淨何以故是儒童清
淨與鼻界清淨无二无二分无別无斷故儒
童清淨即香界鼻識界及鼻觸鼻觸為緣所
生諸受清淨香界乃至鼻觸為緣所生諸受
清淨即儒童清淨何以故是儒童清淨與香
界乃至鼻觸為緣所生諸受清淨无二无二
分无別无斷故作者清淨即鼻界清淨鼻界
清淨即作者清淨何以故是作者清淨與鼻
界清淨无二无二分无別无斷故作者清淨
即香界鼻識界及鼻觸鼻觸為緣所生諸受
清淨香界乃至鼻觸為緣所生諸受清淨即
作者清淨何以故是作者清淨與香界乃至
鼻觸為緣所生諸受清淨无二无二分无別
无斷故受者清淨即鼻界清淨鼻界清淨即
受者清淨何以故是受者清淨與鼻界清淨
无二无二分无別无斷故受者清淨即香界
鼻識界及鼻觸鼻觸為緣所生諸受清淨香
界乃至鼻觸為緣所生諸受清淨即受者清
淨何以故是受者清淨與香界乃至鼻觸為
緣所生諸受清淨无二无二分无別无斷故
知者清淨即鼻界清淨鼻界清淨即知者清

界乃至鼻觸為緣所生諸受清淨即受者清
淨何以故是受者清淨與香界乃至鼻觸為
緣所生諸受清淨无二无二分无別无斷故
知者清淨即鼻界清淨鼻界清淨即知者清
淨何以故是知者清淨與鼻界清淨无二无
二分无別无斷故知者清淨即香界鼻識界
及鼻觸鼻觸為緣所生諸受清淨香界乃至
鼻觸為緣所生諸受清淨即知者清淨何以
故是知者清淨與香界乃至鼻觸為緣所生
諸受清淨无二无二分无別无斷故見者清
淨即鼻界清淨鼻界清淨即見者清淨何以
故是見者清淨與鼻界清淨无二无二分无別
无斷故見者清淨即香界鼻識界及鼻觸
鼻觸為緣所生諸受清淨香界乃至鼻觸為
緣所生諸受清淨即見者清淨何以故是見
者清淨與香界乃至鼻觸為緣所生諸受清
淨无二无二分无別无斷故
復次善現我清淨即舌界清淨舌界清淨即
我清淨何以故是我清淨與舌界清淨无二
无二分无別无斷故我清淨即味界舌識界
及舌觸舌觸為緣所生諸受清淨味界乃至
舌觸為緣所生諸受清淨即我清淨何以故
是我清淨與味界乃至舌觸為緣所生諸受
清淨无二无二分无別无斷故有情清淨即
舌界清淨舌界清淨即有情清淨何以故是
有情清淨與舌界清淨无二无二分无別无
斷故有情清淨即味界舌識界及舌觸舌觸

BD05005 號　大般若波羅蜜多經卷一八五　（20–16）

清淨无二无二分无別无斷故有情清淨即
舌界清淨舌界清淨即有情清淨何以故是
有情清淨與舌界清淨无二无二分无別无
斷故有情清淨即味界舌識界及舌觸舌觸
為緣所生諸受清淨味界乃至舌觸為緣所
生諸受清淨即有情清淨何以故是有情清
淨與味界乃至舌觸為緣所生諸受清淨无
二无二分无別无斷故命者清淨即舌界清
淨舌界清淨即命者清淨何以故是命者清
淨與舌界清淨无二无二分无別无斷故命
者清淨即味界舌識界及舌觸舌觸為緣所
生諸受清淨味界乃至舌觸為緣所生諸受
清淨即命者清淨何以故是命者清淨與味
界乃至舌觸為緣所生諸受清淨无二无二
分无別无斷故生者清淨即舌界清淨舌界
清淨即生者清淨何以故是生者清淨與舌
界清淨无二无二分无別无斷故生者清淨
即味界舌識界及舌觸舌觸為緣所生諸受
清淨味界乃至舌觸為緣所生諸受清淨即
生者清淨何以故是生者清淨與味界乃至
舌觸為緣所生諸受清淨无二无二分无別
無斷故養育者清淨即舌界清淨舌界清淨
即養育者清淨何以故是養育者清淨與舌
界清淨無二無二分無別无斷故養育者清
淨即味界舌識界及舌觸舌觸為緣所生諸
受清淨味界乃至舌觸為緣所生諸受清淨
即養育者清淨何以故是養育者清淨與味

BD05005 號　大般若波羅蜜多經卷一八五　（20–17）

即養育者清淨何以故是養育者清淨與舌
界清淨無二無二分無別无斷故養育者清
淨即味界舌識界及舌觸舌觸為緣所生諸
受清淨味界乃至舌觸為緣所生諸受清淨
即養育者清淨何以故是養育者清淨與味
界乃至舌觸為緣所生諸受清淨無二無二
分無別無斷故士夫清淨即舌界清淨舌界
清淨即士夫清淨何以故是士夫清淨與舌
界清淨無二無二分無別無斷故士夫清淨
即味界舌識界及舌觸舌觸為緣所生諸受
清淨味界乃至舌觸為緣所生諸受清淨即士
夫清淨何以故是士夫清淨與味界乃至舌
觸為緣所生諸受清淨無二無二分無別
無斷故補特伽羅清淨即舌界清淨舌界清
淨即補特伽羅清淨何以故是補特伽羅清
淨與舌界清淨無二無二分無別無斷故補
特伽羅清淨即味界舌識界及舌觸舌觸為
緣所生諸受清淨味界乃至舌觸為緣所生
諸受清淨即補特伽羅清淨何以故是補特
伽羅清淨與味界乃至舌觸為緣所生諸受
清淨无二无二分无別无斷故意生清淨即
舌界清淨舌界清淨即意生清淨何以故是
意生清淨與舌界清淨无二无二分无別无
斷故意生清淨即味界舌識界及舌觸舌觸
為緣所生諸受清淨味界乃至舌觸為緣所
生諸受清淨即意生清淨何以故是意生清
淨與味界乃至舌觸為緣所生諸受清淨无
二无二分无別无斷故儒童清淨即舌界清

舌界清淨舌界清淨即意生清淨何以故是
意生清淨與舌界清淨无二无二分无別无
斷故意生清淨即味界舌識界及舌觸舌觸
為緣所生諸受清淨味界乃至舌觸為緣所
生諸受清淨即意生清淨何以故是意生清
淨與味界乃至舌觸為緣所生諸受清淨无
二无二分无別无斷故儒童清淨即舌界清
淨舌界清淨即儒童清淨何以故是儒童清
淨與舌界清淨无二无二分无別无斷故儒
童清淨即味界舌識界及舌觸舌觸為緣所
生諸受清淨味界乃至舌觸為緣所生諸受
清淨即儒童清淨何以故是儒童清淨與味
界乃至舌觸為緣所生諸受清淨无二无二
分无別无斷故作者清淨即舌界清淨舌界
清淨即作者清淨何以故是作者清淨與舌
界清淨无二无二分无別无斷故作者清淨
即味界舌識界及舌觸舌觸為緣所生諸受
清淨味界乃至舌觸為緣所生諸受清淨即作
者清淨何以故是作者清淨與味界乃至舌
觸為緣所生諸受清淨无二无二分无別无
斷故受者清淨即舌界清淨舌界清淨即受
者清淨何以故是受者清淨與舌界清淨无
二无二分无別无斷故受者清淨即味界舌
識界及舌觸舌觸為緣所生諸受清淨味界
乃至舌觸為緣所生諸受清淨即受者清淨
何以故是受者清淨與味界乃至舌觸為緣
所生諸受清淨无二无二分无別无斷故知
者清淨即舌界清淨舌界清淨即知者清淨

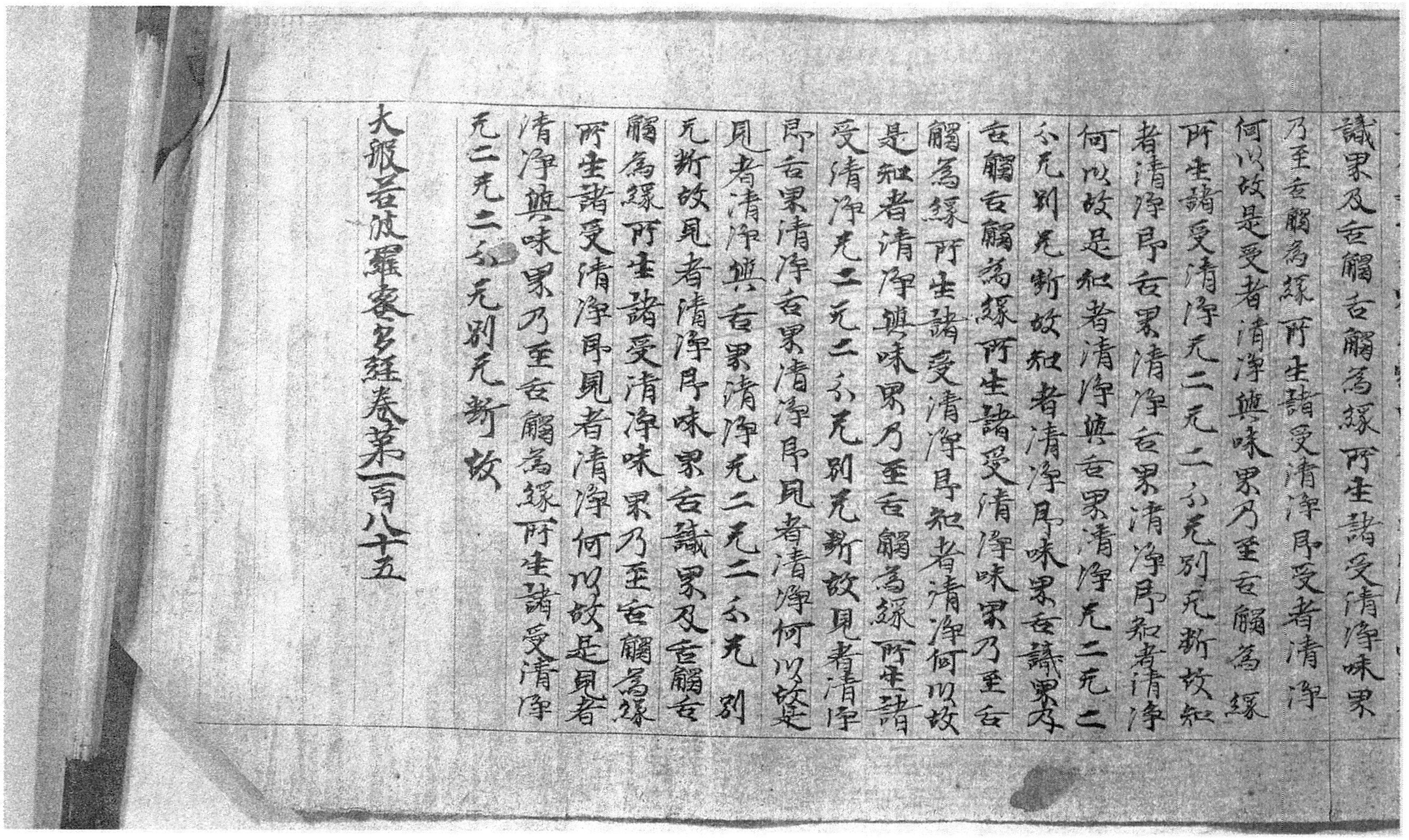
識界及舌觸舌觸為緣所生諸受清淨味界
乃至舌觸為緣所生諸受清淨即受者清淨
何以故是受者清淨與味界乃至舌觸為緣
所生諸受清淨无二无二分无別无斷故知
者清淨即舌界清淨舌界清淨即知者清淨
何以故是知者清淨與舌界清淨无二无二
分无別无斷故知者清淨即味界舌識界及
舌觸舌觸為緣所生諸受清淨味界乃至舌
觸為緣所生諸受清淨即知者清淨何以故
是知者清淨與味界乃至舌觸為緣所生諸
受清淨无二无二分无別无斷故見者清淨
即舌界清淨舌界清淨即見者清淨何以故是
見者清淨與舌界清淨无二无二分无別
无斷故見者清淨即味界舌識界及舌觸舌
觸為緣所生諸受清淨味界乃至舌觸為緣
所生諸受清淨即見者清淨何以故是見者
清淨與味界乃至舌觸為緣所生諸受清淨
无二无二分无別无斷故

大般若波羅蜜多經卷第一百八十五

BD05005 號　大般若波羅蜜多經卷一八五　　(20–20)

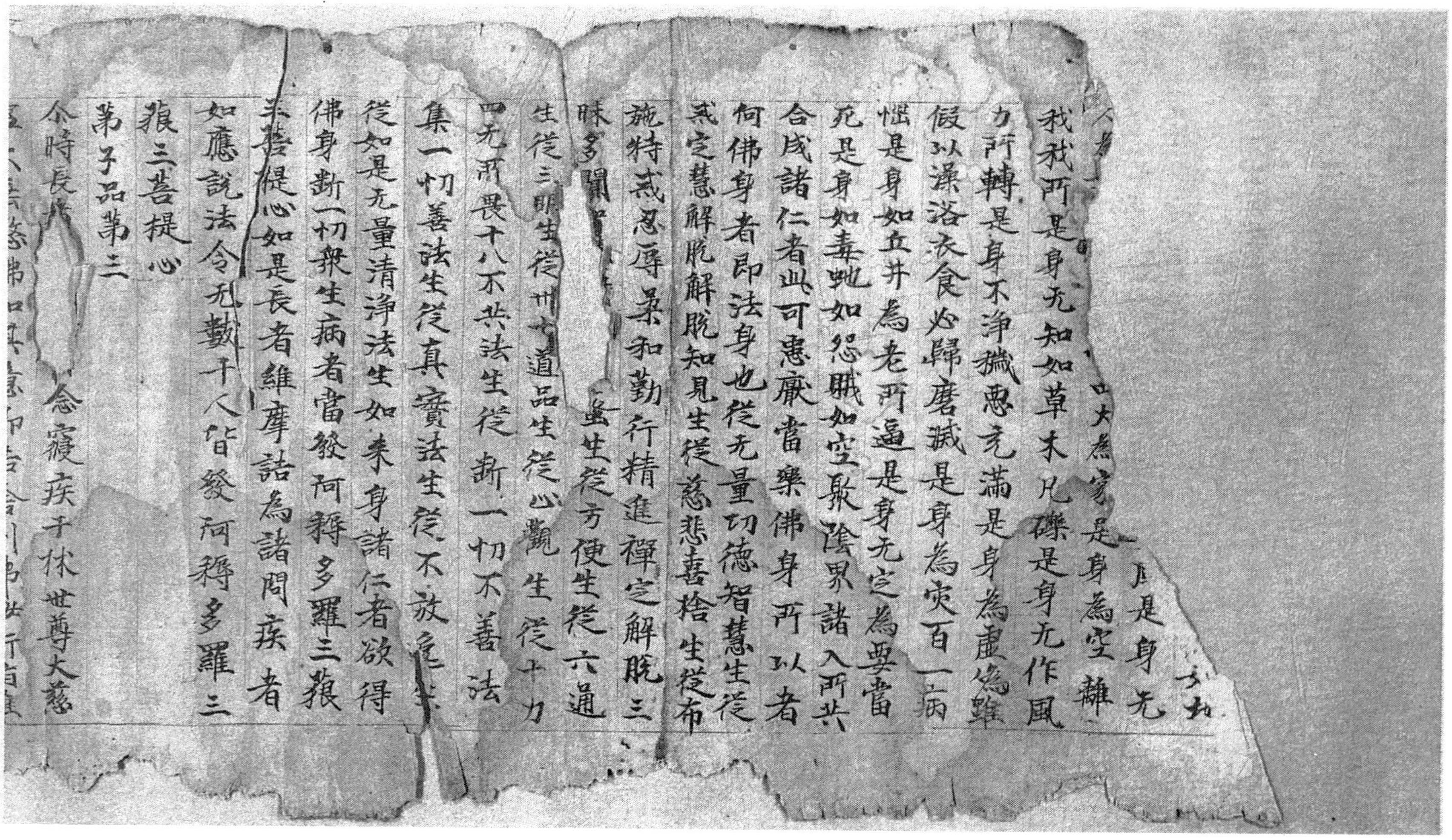
…四大為家是身為空離
我我所是身无知如草木瓦礫是身无作風
力所轉是身不淨穢惡充滿是身為虛偽雖
假以澡浴衣食必歸磨滅是身為災百一病
惱是身如丘井為老所逼是身无定為要當
死是身如毒蛇如怨賊如空聚陰界諸入所共
合成諸仁者此可患厭當樂佛身所以者
何佛身者即法身也從无量功德智慧生從
戒定慧解脫解脫知見生從慈悲喜捨生從布
施持戒忍辱柔和勤行精進禪定解脫三
昧多聞[illegible]盡生從方便生從六通
生從三明生從卅七道品生從心觀生從十力
四无所畏十八不共法生從斷一切不善法
集一切善法生從真實生從不放逸生
從如是无量清淨法生如來身諸仁者欲得
佛身斷一切衆生病者當發阿耨多羅三藐
三菩提心如是長者維摩詰為諸問疾者
如應說法令无數千人皆發阿耨多羅三
藐三菩提心
弟子品第三
尒時長者[illegible]念寢疾于林世尊大慈

BD05006 號　維摩詰所說經卷上　　(4–1)

從如是无量清淨法生如來身諸仁者欲得
佛身斷一切衆生病者當發阿耨多羅三狼
三菩提心如是長者維摩詰為諸問疾者
如應說法令无數千人皆發阿耨多羅三
狼三菩提心
弟子品第三
尒時長[illegible]念寢疾于林世尊大慈
寧不垂愍佛知其意即告舍利弗汝行詣維
摩詰問疾舍利弗白佛言世尊我不堪任詣
彼問疾所以者何憶念我昔曾於林中宴坐
樹下時維摩詰來謂我言唯舍利弗不必是
坐為宴坐也夫宴坐者不於三界現身意是
為宴坐不起滅定而現諸威儀是為宴坐
不捨道法而現凡夫事是為宴坐心不住內亦
不在外是為宴坐若於諸見不動而脩行卅七
品是為宴坐不斷煩惱而入涅槃是為宴坐
若能如是坐者[illegible]印可時我世尊聞是語
已嘿然而心不能加報故我不任詣彼問疾
佛告大目揵連汝行詣維摩詰問疾目連白
佛言世尊我不堪任詣彼問疾所以者何憶
念我昔入毗耶離大城於里巷中為諸居士
說法時維摩詰來謂我言唯大目揵連為白
衣居士說法不當如仁者所說夫說法者當如法
說法无衆生離衆生垢故法无有我離我垢
故法无壽命離生死故法无有人前後際斷
故法常寂然滅諸相故法離於相无所
故法无名字言語斷故法无有說離覺觀故
法无形相如虛空故法无戲論畢竟空故法

衣居士說法不當如仁者所說夫說法者當如法
說法无衆生離衆生垢故法无有我離我垢
故法无壽命離生死故法无有人前後際斷
故法常寂然滅諸相故法離於相无所
故法无名字言語斷故法无有說離覺觀故
法无形相如虛空故法无戲論畢竟空故法
无我所離我所故法无分別離諸識故法无有
比无相待故法不屬因不在緣故法同法性
入諸法故法隨於如无所隨故法住實際諸
邊不動故法无動搖不依六塵故法无去來
常不住故法順空隨无相應无作法離好醜
法无增損法无生滅法无所歸法過眼耳
鼻舌身心法无高下法常住不動法離一
切觀行唯大目連法相如是豈可說乎夫說
法者无說无示其聽法者无聞无得譬如幻士
為幻人說法當建是意而為說法當了衆生
根有利鈍善於知見无所罣导以大悲心讚
于大乘念報佛恩不斷三寶然後說法維摩
詰說是法時八百居士發阿耨多羅三狼
三菩提心我无此辯是故不任詣彼問疾
佛告大迦葉汝行詣維摩詰問疾迦葉白
佛言世尊我不堪任詣彼問疾所以者何憶
念我昔於貧里而行乞食時維摩詰來謂我
言唯大迦葉有慈悲心而不能普捨豪富從
貧乞迦葉住平等法應次行乞食為不食故應行
乞食為壞和合相故應取揣食為不受故應
受彼食以空聚想入於聚落所見色與盲等
所聞聲與響等所嗅香與風等所食

觀行唯大目連法相如是豈可說乎夫說
者无說无示其聽法者无聞无得譬如幻士
為幻人說法當建是意而為說法當了衆生
根有利鈍善於知見无所罣㝵以大悲心讃
于大乘念報佛恩不斷三寶然後說法維摩
詰說是法時八百居士發阿耨多羅三藐三
菩提心我无此辯是故不任詣彼問疾
佛告大迦葉汝行詣維摩詰問疾迦葉白
言世尊我不堪任詣彼問疾所以者何憶
我昔於貧里而行乞食時維摩詰來謂我
唯大迦葉有慈悲心而不能普捨豪富從乞
迦葉住平等法應次行乞食為不食故應行
乞食為壞和合相故應取揣食為不受故應
受彼食以空聚想入於聚落所見色與盲等
所聞聲與響等所嗅香與風等所食
別受諸觸如智證知諸法如幻相无自性
然今則无滅迦葉若

BD05006 號　維摩詰所說經卷上　（4–4）

也王門
財无量
調行攝諸恚怒以大精進攝諸
寃攝諸亂意以決定慧攝諸无
奉持沙門清淨律行雖處
有妻子常脩梵行現有眷屬
寶飾而以相好嚴身雖復飲食而以禪悅
味若至博弈戲處輙以度人受諸異道不毀
正信雖明世典常樂佛法一切見敬為供
中宗執持正法攝諸長幼一切治生諧偶雖
獲俗利不以喜悅遊諸四衢饒益衆生入
政法救護一切講論處導以大乘入諸
學堂誘開童蒙入諸婬舍示欲之過入諸酒
能立其志若在長者長者中尊為說勝法
在居士居士中尊斷其貪著若在剎利剎利
中尊教以忍辱若在婆羅門婆羅門中尊
其我慢若在大臣大臣中尊教以正法若
王子王子中尊示以忠孝若在內官內官
尊化正宮女若在庶民庶民中尊令興

BD05007 號　維摩詰所說經卷上　（21–1）

若在居士居士中尊斷其貪著若在剎利剎利
中尊教以忍辱若在婆羅門婆羅門中尊
其我慢若在大臣大臣中尊教以正法若
王子王子中尊示以忠孝若在內官內官
尊化正宮女若在庶民庶民中尊令興
若在梵天梵天中尊誨以勝慧若在帝
釋中尊示現无常若在護世護世中尊護諸
眾生長者維摩詰以如是等无量方便饒益
眾生其以方便現身有疾以其疾故國王大
臣長者居士婆羅門等及諸王子并餘官屬
无數千人皆往問疾其往者維摩詰因以身
疾廣為說法諸仁者是身无常无強无力无
堅速朽之法不可信也為苦為惱眾病所集
諸仁者如此身明智者所不怙是身如聚沫
不可撮摩是身如泡不得久立是身如炎從
渴愛生是身如芭蕉中无有堅是身如幻從
顛倒起是身如夢為虛妄見是身如影從業
緣現是身如響屬諸因緣是身如浮雲須臾
變滅是身如電念念不住是身无主為如地
是身无我為如火是身无壽為如風是身无
人為如水是身不實四大為家是身為空離
我我所是身无知如草木瓦礫是身无作風
力所轉是身不淨穢惡充滿是身為虛偽雖
假以澡浴衣食必歸磨滅是身為災百一病
惱是身如丘井為老所逼是身无定為要當

BD05007號　維摩詰所說經卷上

（21–2）

人為如水是身不實四大為家是身為空離
我我所是身无知如草木瓦礫是身无作風
力所轉是身不淨穢惡充滿是身為虛偽雖
假以澡浴衣食必歸磨滅是身為災百一病
惱是身如丘井為老所逼是身无定為要當
死是身如毒蛇如怨賊如空聚陰界諸入所
共合成諸仁者此可患厭當樂佛身所以者
何佛身者即法身也從无量功德智慧生從
戒定慧解脫解脫知見生從慈悲喜捨生從
布施持戒忍辱柔和勤行精進禪定解脫三
昧多聞智慧諸波羅蜜生從方便生從六通
生從三明生從三十七道品生從止觀生從
十力四无所畏十八不共法生從斷一切不
善法集一切善法生從真實生從不放逸生
從如是无量清淨法生如來身諸仁者欲得
佛身斷一切眾生病者當發阿耨多羅三藐
三菩提心如是長者維摩詰為諸問疾者如
應說法令无數千人皆發阿耨多羅三藐三
菩提心

維摩詰經弟子品第三

尒時長者維摩詰自念寢疾于床世尊大慈
寧不垂愍佛知其意即告舍利弗汝行詣維
摩詰問疾舍利弗白佛言世尊我不堪任詣
彼問疾所以者何憶念我昔曾於林中宴坐

BD05007號　維摩詰所說經卷上

（21–3）

寧不垂愍佛知其意即告舍利弗汝行詣維
摩詰問疾舍利弗白佛言世尊我不堪任詣
彼問疾所以者何憶念我昔曾於林中宴坐
樹下時維摩詰来謂我言唯舍利弗不必是
坐為宴坐也夫宴坐者不於三界現身意是
為宴坐不起滅定而現諸威儀是為宴坐不
捨道法而現凡夫事是為宴坐心不住內亦
不在外是為宴坐於諸見不動而脩行三十
七品是為宴坐不斷煩惱而入涅槃是為宴
坐若能如是坐者佛所印可時我世尊聞是
語默然而止不能加報故我不任詣彼問疾
佛告大目揵連汝行詣維摩詰問疾目連白
佛言世尊我不堪任詣彼問疾所以者何憶
念我昔入毗耶離大城於里巷中為諸居士
說法時維摩詰来謂我言唯大目連為白衣
居士說法不當如仁者所說夫說法者當如
法說法无衆生離衆生垢故法无有我離我
垢故法无壽命離生死故法无有人前後際
斷故法常寂然滅諸相故法離於相无所緣
故法无名字言語斷故法无有說離覺觀故
法无形相如虛空故法无戲論畢竟空故法
无我所離我所故法无分別離諸識故法无
有比无相待故法不屬因不在緣故法同法
[illegible]

BD05007 號　維摩詰所說經卷上　（21–4）

故法无名字言語斷故法无有說離覺觀故
法无形相如虛空故法无戲論畢竟空故法
无我所離我所故法无分別離諸識故法无
有比无相待故法不屬因不在緣故法同法
性入諸法故法隨於如无所隨故法住實際
諸邊不動故法无動搖不依六塵故法无去
来常不住故法順空隨无相應无作法離好
醜法无增損法无生滅法无所歸法過眼耳
鼻舌身心法无高下法常住不動法離一切
觀行唯大目連法相如是豈可說乎夫說法
者无說无示其聽法者无聞无得譬如幻士
為幻人說法當建是意而為說法當了衆生
根有利鈍善於知見无所罣㝵以大悲心讚
于大乘念報佛恩不斷三寶然後說法維摩
詰說是法時八百居士發阿耨多羅三藐三
菩提心我无此辯是故不任詣彼問疾
佛告大迦葉汝行詣維摩詰問疾迦葉白佛
言世尊我不堪任詣彼問疾所以者何憶念
我昔於貧里而行乞〻時維摩詰来謂我言唯
大迦葉有慈悲心而不能普捨豪富從貧乞
迦葉住平等法應次行乞〻為不食故應行乞〻
食為壞和合相故應取揣食為不受故應受
彼食以空聚相入於聚落所見色與盲等所
聞聲與響等所嗅香與風等所食味不分別

BD05007 號　維摩詰所說經卷上　（21–5）

大迦葉有慈悲心而不能普捨豪富從貧乞
迦葉住平等法應次行乞為不食故應行乞
食為壞和合相故應取揣食為不受故應受
彼食以空聚相入於聚落所見色與盲等所
聞聲與響等所嗅香與風等所食味不分別
受諸觸如智證知諸法如幻相无自性无他
性本自不然今則无滅迦葉若能不捨八邪
入八解脫以邪相入正法以一食施一切供
養諸佛及衆賢聖然後可食如是食者非有
煩惱非離煩惱非入定意非起定意非住世
間非住涅槃其有施者无大福无小福不為
益不為損是為正入佛道不依聲聞迦葉若
如是食為不空食人之施也時我世尊聞說
是語得未曾有即於一切菩薩深起敬心復
作是念斯有家名辯才智慧乃能如是其誰
不發阿耨多羅三藐三菩提心我從是來不
復勸人以聲聞辟支佛行是故不任詣彼問
疾
佛告須菩提汝行詣維摩詰問疾須菩提白
佛言世尊我不堪任詣彼問疾所以者何憶
念我昔入其舍從乞食時維摩詰取我鉢盛
滿飯謂我言唯須菩提若能於食等者諸法
亦等諸法等者於食亦等如是行乞乃可取
食若須菩提不斷婬怒癡亦不與俱不壞於
身而隨一相不滅癡愛起於明脫以五逆相

BD05007號　維摩詰所說經卷上　（21–6）

念我昔入其舍從乞食時維摩詰取我鉢盛
滿飯謂我言唯須菩提若能於食等者諸法
亦等諸法等者於食亦等如是行乞乃可取
食若須菩提不斷婬怒癡亦不與俱不壞於
身而隨一相不滅癡愛起於明脫以五逆相
而得解脫亦不解不縛不見四諦非不見諦
非得果非凡夫非離凡夫法非聖人非不聖
人雖成就一切法而離諸法相乃可取食若
須菩提不見佛不聞法彼外道六師富蘭那
迦葉末伽梨拘賒梨子刪闍夜毗羅胝子阿
耆多翅舍欽婆羅迦羅鳩馱迦旃延尼揵陀
若提子等是汝之師因其出家彼師所墮汝
亦隨墮乃可取食若須菩提入諸邪見不到
彼岸住於八難不得无難同於煩惱離清淨
法汝得无諍三昧一切衆生亦得是定其施
汝者不名福田供養汝者墮三惡道為與衆
魔共一手作諸勞侶汝與衆魔及諸塵勞等
无有異於一切衆生而有怨心謗諸佛毀於
法不入衆數終不得滅度汝若如是乃可取
食時我世尊聞此茫然不識是何言不知以
何荅便置鉢欲出其舍維摩詰言唯須菩提
取鉢勿懼於意云何如來所作化人若以是
事詰寧有懼不我言不也維摩詰言一切諸
法如幻化相汝今不應有所懼也所以者何
一切言說不離是相

BD05007號　維摩詰所說經卷上　（21–7）

何為便置鉢欲出其舍維摩詰言唯須菩提
取鉢勿懼於意云何如來所作化人若以是
事詰寧有懼不我言不也維摩詰言一切諸
法如幻化相汝今不應有所懼也所以者何
一切言說不離是相至於智者不著文字故
无所懼何以故文字性離无有文字是則解
脫解脫相者則諸法也維摩詰說是法時二
百天子得法眼淨故我不任詣彼問疾
佛告富樓那彌多羅尼子汝行詣維摩詰問
疾富樓那白佛言世尊我不堪任詣彼問疾
所以者何憶念我昔於大林中在一樹下為
諸新學比丘說法時維摩詰來謂我言唯富
樓那先當入定觀此人心然後說法无以穢
食置於寶器當知是比丘心之所念无以琉
璃同彼水精汝不能知眾生根原无得發起
以小乘法彼自无創勿傷之也欲行大道莫
示小徑无以大海內於牛跡无以日光等彼
螢火富樓那此比丘久發大乘心中忘此意
如何以小乘法而教導之我觀小乘智慧微
淺猶如盲人不能分別一切眾生根之利鈍
時維摩詰即入三昧令此比丘自識宿命曾
於五百佛所殖眾德本迴向阿耨多羅三藐
三菩提即時豁然還得本心於是諸比丘稽
首礼維摩詰足時維摩詰因為說法於阿耨
多羅三藐三菩提不復退轉我念聲聞不觀

BD05007 號　維摩詰所說經卷上

(21–8)

時維摩詰即入三昧令此比丘自識宿命曾
於五百佛所殖眾德本迴向阿耨多羅三藐
三菩提即時豁然還得本心於是諸比丘稽
首礼維摩詰足時維摩詰因為說法於阿耨
多羅三藐三菩提不復退轉我念聲聞不觀
人根不應說法是故不任詣彼問疾
佛告摩訶迦旃延汝行詣維摩詰問疾迦旃
延白佛言世尊我不堪任詣彼問疾所以者
何憶念昔者佛為諸比丘略說法要我即於
後敷演其義謂无常義苦義空義无我義寂
滅義時維摩詰來謂我言唯迦旃延无以生
滅心行說實相法迦旃延諸法畢竟不生不
滅是无常義五受陰洞達空无所起是苦義
諸法究竟无所有是空義於我无我而不二
是无我義法本不然今則无滅是寂滅義說
是法時彼諸比丘心得解脫故我不任詣彼
問疾
佛告阿那律汝行詣維摩詰問疾阿那律白
佛言世尊我不堪任詣彼問疾所以者何憶
念我昔於一處經行時有梵王名曰嚴淨與
万梵俱放淨光明來詣我所稽首作礼問我
言幾何阿那律天眼所見我即答言仁者吾
見此釋迦牟尼佛土三千大千世界如觀掌
中菴摩勒菓時維摩詰來謂我言唯阿那律
天眼為作相耶无作相耶假使作相則與外

BD05007 號　維摩詰所說經卷上

(21–9)

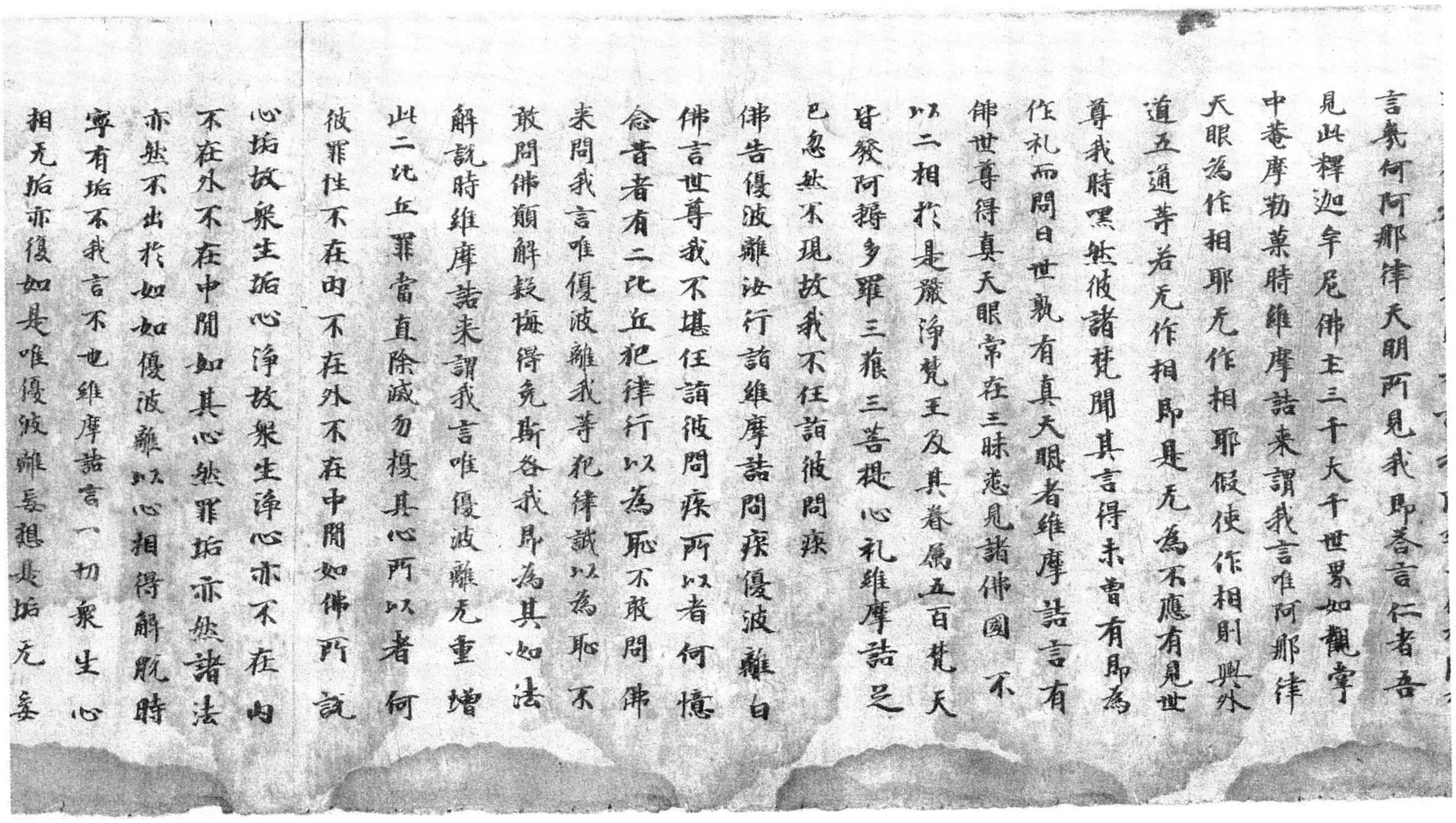

言幾何阿那律天眼所見我即答言仁者吾
見此釋迦牟尼佛土三千大千世界如觀掌
中菴摩勒菓時維摩詰来謂我言唯阿那律
天眼為作相耶无作相耶假使作相則與外
道五通等若无作相即是无為不應有見世
尊我時黙然彼諸梵聞其言得未曾有即為
作礼而問曰世孰有真天眼者維摩詰言有
佛世尊得真天眼常在三昧悉見諸佛國不
以二相於是嚴淨梵王及其眷屬五百梵天
皆發阿耨多羅三藐三菩提心礼維摩詰足
已忽然不現故我不任詣彼問疾
佛告優波離汝行詣維摩詰問疾優波離白
佛言世尊我不堪任詣彼問疾所以者何憶
念昔者有二比丘犯律行以為恥不敢問佛
来問我言唯優波離我等犯律誠以為恥不
敢問佛願解疑悔得免斯咎我即為其如法
解說時維摩詰来謂我言唯優波離无重增
此二比丘罪當直除滅勿擾其心所以者何
彼罪性不在內不在外不在中間如佛所說
心垢故衆生垢心淨故衆生淨心亦不在內
不在外不在中間如其心然罪垢亦然諸法
亦然不出於如如優波離以心相得解脫時
寧有垢不我言不也維摩詰言一切衆生心
相无垢亦復如是唯優波離妄想是垢无妄

BD05007 號　維摩詰所說經卷上

（21–10）

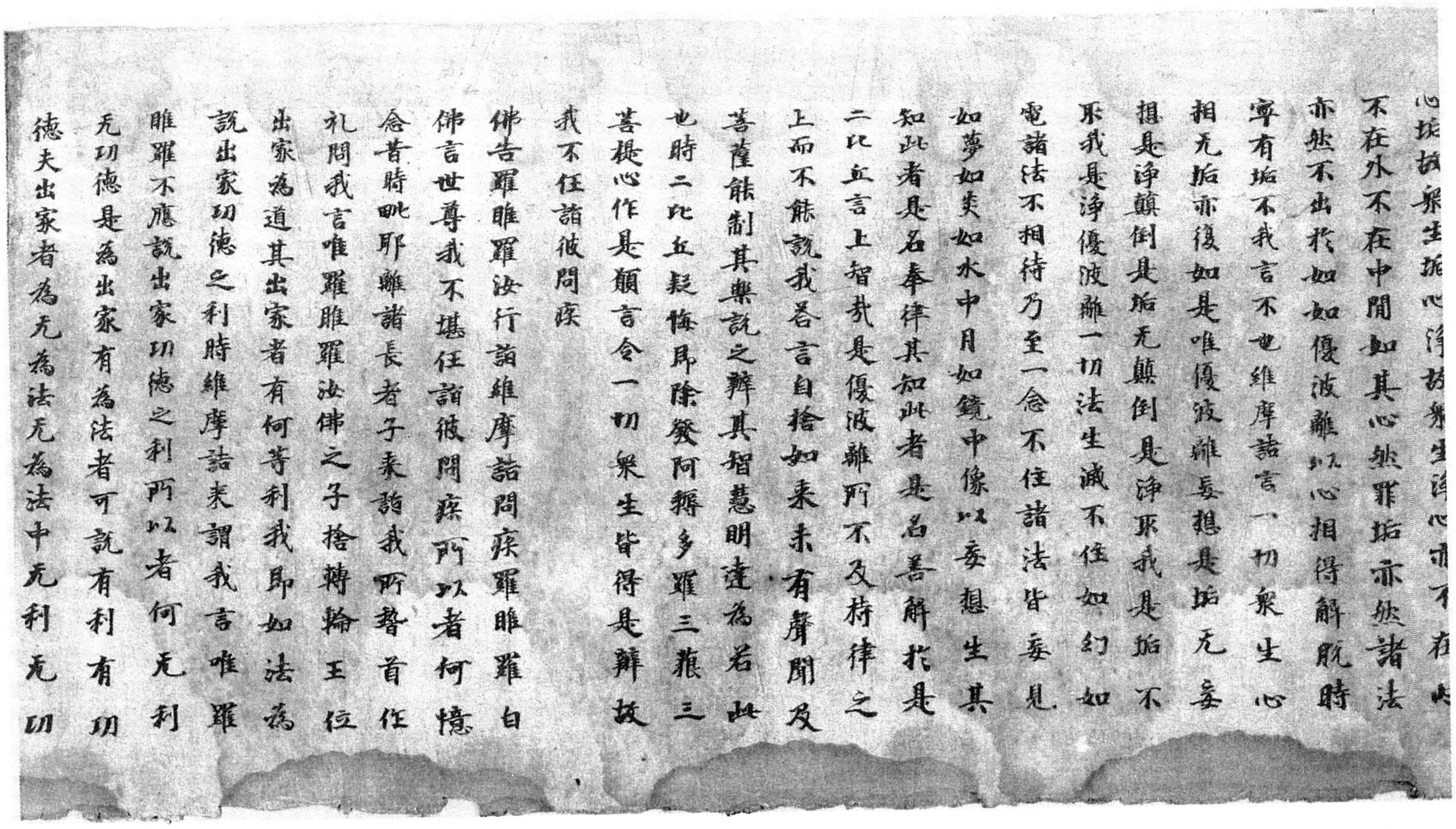

心垢故衆生垢心淨故衆生淨心亦不在內
不在外不在中間如其心然罪垢亦然諸法
亦然不出於如如優波離以心相得解脫時
寧有垢不我言不也維摩詰言一切衆生心
相无垢亦復如是唯優波離妄想是垢无妄
想是淨顛倒是垢无顛倒是淨取我是垢不
取我是淨優波離一切法生滅不住如幻如
電諸法不相待乃至一念不住諸法皆妄見
如夢如炎如水中月如鏡中像以妄想生其
知此者是名奉律其知此者是名善解於是
二比丘言上智哉是優波離所不及持律之
上而不能說我答言自捨如来未有聲聞及
菩薩能制其樂說之辯其智慧明達為若此
也時二比丘疑悔即除發阿耨多羅三藐三
菩提心作是願言令一切衆生皆得是辯故
我不任詣彼問疾
佛告羅睺羅汝行詣維摩詰問疾羅睺羅白
佛言世尊我不堪任詣彼問疾所以者何憶
念昔時毗耶離諸長者子来詣我所稽首作
礼問我言唯羅睺羅汝佛之子捨轉輪王位
出家為道其出家者有何等利我即如法為
說出家功德之利時維摩詰来謂我言唯羅
睺羅不應說出家功德之利所以者何无利
无功德是為出家有為法者可說有利有功
德夫出家者為无為法无為法中无利无功

BD05007 號　維摩詰所說經卷上

（21–11）

禮問我言唯羅睺羅汝佛之子捨轉輪王位
出家為道其出家者有何等利我即如法為
說出家功德之利時維摩詰來謂我言唯羅
睺羅不應說出家功德之利所以者何无利
无功德是為出家有為法者可說有利有功
德夫出家者為无為法无為法中无利无功
德羅睺羅夫出家者无彼无此亦无中間離
六十二見處於涅槃智者所受聖所行處降
伏衆魔度五道淨五眼得五力立五根不惱
於彼離衆雜惡摧諸外道超越假名出淤泥
无繫著无我所无所受无擾亂內懷喜護彼
意隨禪定離衆過若能如是是真出家於是
維摩詰語諸長者子汝等於正法中宜共出
家所以者何佛世難值諸長者子言居士我
聞佛言父母不聽不得出家維摩詰言然汝
等便發阿耨多羅三藐三菩提心即是出家
是即具足尒時三十二長者子皆發阿耨多
羅三藐三菩提心故我不任詣彼問疾
佛告阿難汝行詣維摩詰問疾阿難白佛言
世尊我不堪任詣彼問疾所以者何憶念昔
時世尊身小有疾當用牛乳我即持鉢詣大
婆羅門家門下立時維摩詰來謂我言唯阿
難何為晨朝持鉢住此我言居士世尊身小
有疾當用牛乳故來至此維摩詰言止止阿
難莫作是語如來身者金剛之體諸惡已斷

婆羅門家門下立時維摩詰來謂我言唯阿
難何為晨朝持鉢住此我言居士世尊身小
有疾當用牛乳故來至此維摩詰言止止阿
難莫作是語如來身者金剛之體諸惡已斷
衆善普會當有何疾當有何惱嘿往阿難勿
謗如來莫使異人聞此麁言无令大威德諸
天及他方淨土諸來菩薩得聞斯語阿難轉
輪聖王以少福故尚得无病豈況如來无量
福會普勝者哉行矣阿難勿使我等受斯恥
也外道梵志若聞此語當作是念何名為師
自疾不能救而能救諸疾人可密速去勿使
人聞當知阿難諸如來身即是法身非思欲
身佛為世尊過於三界佛身无漏諸漏已盡
佛身无為不墮諸數如此之身當有何疾時
我世尊實懷慚愧得无近佛而謬聽耶即聞
空中聲曰阿難如居士言但為佛出五濁惡
世現行斯法度脫衆生行矣阿難取乳勿慚
世尊維摩詰智慧辯才為若此也是故不任
詣彼問疾如是五百大弟子各各向佛說其
本緣稱述維摩詰所言皆曰不任詣彼問疾

菩薩品第四

於是佛告彌勒菩薩汝行詣維摩詰問疾彌
勒白佛言世尊我不堪任詣彼問疾所以者
何憶念我昔為兜率天王及其眷屬說不退

菩薩品第四
於是佛告弥勒菩薩汝行詣維摩詰問疾弥
勒白佛言世尊我不堪任詣彼問疾所以者
何憶念我昔為兜率天王及其眷屬說不退
轉地之行時維摩詰来謂我言弥勒世尊授
仁者記一生當得阿耨多羅三藐三菩提為
用何生得受記乎過去耶未来耶現在耶若
過去生過去生已滅若未来生未来生未至
若現在生現在生无住如佛所說比丘汝今
即時亦生亦老亦滅若以无生得受記者无
生即是正位於正位中亦无受記亦无得阿
耨多羅三藐三菩提云何弥勒受一生記乎
為從如生得受記耶為從如滅得受記耶若
以如生得受記者如无有生若以如滅得受
記者如无有滅一切衆生皆如也一切法亦
如也衆賢聖亦如也至於弥勒亦如也若弥
勒得受記者一切衆生亦應受記所以者何
夫如者不二不異若弥勒得阿耨多羅三藐
三菩提者一切衆生皆亦應得所以者何一
切衆生即菩提相若弥勒滅度者一切衆生
亦當滅度所以者何諸佛知一切衆生畢竟
寂滅即涅槃相不復更滅是故弥勒无以此
法誘諸天子實无發阿耨多羅三藐三菩提
心者亦无退者弥勒當令此諸天子捨於分
別菩提之見所以者何菩提者不可以身得

切衆生即菩提相若弥勒滅度者一切衆生
亦當滅度所以者何諸佛知一切衆生畢竟
寂滅即涅槃相不復更滅是故弥勒无以此
法誘諸天子實无發阿耨多羅三藐三菩提
心者亦无退者弥勒當令此諸天子捨於分
別菩提之見所以者何菩提者不可以身得
不可以心得寂滅是菩提滅諸相故不觀是
菩提離諸緣故不行是菩提无憶念故斷是
菩提捨諸見故離是菩提離諸忘想故鄣是
菩提鄣諸願故不入是菩提无貪著故順是
菩提順於如故住是菩提住法性故至是菩
提至實際故不二是菩提離意法故等是菩
提等虛空故无為是菩提无生住滅故智是
菩提了衆生心行故不會是菩提諸入不會
故不合是菩提離煩惱習故无處是菩提无
形色故假名是菩提名字空故如化是菩提
无取捨故无亂是菩提常自靜故善寂是菩
提性清淨故无取是菩提離攀緣故无異是
菩提諸法等故无比是菩提无可喻故微妙
是菩提諸法難知故世尊維摩詰說是法時
二百天子得无生法忍故我不任詣彼問疾
佛告光嚴童子汝行詣維摩詰問疾光嚴白佛
言世尊我不堪任詣彼問疾所以者何憶念
我昔出毗耶離大城時維摩詰方入城我
即為作礼而問言居士從何所来答我言

二百天子得无生法忍故我不任詣彼問疾
佛告光嚴童子汝行詣維摩詰問疾光嚴白佛
言世尊我不堪任詣彼問疾所以者何憶念
我昔出毗耶離大城時維摩詰方入城我
即為作礼而問言居士從何所来荅我言吾
從道場来我問道場者何所是荅曰直心是
道場无虚假故發行是道場能辦事故深心
是道場增益功德故菩提心是道場无錯謬
故布施是道場不望報故持戒是道場得願
具故忍辱是道場於諸衆生心无㝵故精進
是道場不懈退故禪定是道場心調柔故智
慧是道場現見諸法故慈是道場等衆生故
悲是道場忍疲苦故喜是道場悅樂法故捨
是道場憎愛斷故神通是道場成就六通故
解脫是道場能背捨故方便是道場教化衆
生故四攝是道場攝衆生故多聞是道場如
聞行故伏心是道場正觀諸法故三十七品是
道場捨有為法故諦是道場不誑世間故緣
起是道場无明乃至老死皆无盡故諸煩惱
是道場知如實故衆生是道場知无我故一切
法是道場知諸法空故降魔是道場不傾
動故三界是道場无所趣故師子吼是道
場无所畏故力无畏不共法是道場无諸過故
三明是道場无餘㝵故一念知一切法是
道場成就一切智故如是善男子菩薩若應

BD05007號　維摩詰所說經卷上　（21–16）

是道場知如實故衆生是道場知无我故一切
法是道場知諸法空故降魔是道場不傾
動故三界是道場无所趣故師子吼是道
場无所畏故力无畏不共法是道場无諸過故
三明是道場无餘㝵故一念知一切法是
道場成就一切智故如是善男子菩薩若應
諸波羅蜜教化衆生諸有所作舉足下足當
知皆從道場来住於佛法矣說是法時五百
天人皆發阿耨多羅三藐三菩提心故我不
任詣彼問疾
佛告持世菩薩汝行詣維摩詰問疾持世白
佛言世尊我不堪任詣彼問疾所以者何憶
念我昔住於静室時魔波旬從万二千天女
狀如帝釋鼓樂絃歌来詣我所與其眷屬稽
首我足合掌恭敬於一面立我意謂是帝釋
而語之言善来憍尸迦雖福應有不當自恣
當觀五欲无常以求善本於身命財而脩堅
法即語我言正士受是万二千天女可備掃
灑我言憍尸迦无以此非法之物要我沙門
釋子此非我宜所言未訖時維摩詰来謂我
言非帝釋也是為魔来嬈固汝耳即語魔言
是諸女等可以與我如我應受魔即驚懼念
維摩詰將无惱我欲隱形去而不能隱盡其
神力亦不得去即聞空中聲曰波旬以女與
[illegible]

BD05007號　維摩詰所說經卷上　（21–17）

釋子此非我宜所言未訖時維摩詰來謂我
言非帝釋也是爲魔來嬈固汝耳即語魔言
是諸女等可以與我如我應受魔即驚懼念
維摩詰將无惱我欲隱形去而不能隱盡其
神力亦不得去即聞空中聲曰波旬以女與
之乃可得去魔以畏故俛仰而與尒時維摩
詰語諸女言魔以汝等與我今汝皆當發阿
耨多羅三藐三菩提心即隨所應而爲說法
令發道意復言汝等以發道意法樂可以
自娛不應復樂五欲樂也天女即問何謂法
樂答言樂常信佛樂欲聽法樂供養衆樂離
五欲樂觀五陰如怨賊樂觀四大如毒虵樂
觀内入如空聚樂隨護道意樂饒益衆生樂
敬養師樂廣行施樂堅持戒樂忍辱柔和樂
勤集善根樂禪定不亂樂離垢明慧樂廣菩
提心樂降伏衆魔樂斷諸煩惱樂淨佛國土
樂成就相好故脩諸功德樂莊嚴道場樂聞
深法不畏樂三脫門不樂非時樂近同學樂
於非同學中心无恚导樂將護惡知識樂近
善知識樂心喜清淨樂脩无量道品之法是
爲菩薩法樂於是波旬告諸女言我欲與汝
俱還天宫諸女言以我等與此居士有法樂
我等甚樂不復樂五欲樂也魔言居士可捨
此女一切所有施於彼者是爲菩薩維摩詰

善知識樂心喜清淨樂脩无量道品之法是
爲菩薩法樂於是波旬告諸女言我欲與汝
俱還天宫諸女言以我等與此居士有法樂
我等甚樂不復樂五欲樂也魔言居士可捨
此女一切所有施於彼者是爲菩薩維摩詰
言我以捨矣汝便將去令一切衆生得法願
具足於是諸女問維摩詰我等云何止於魔宫
維摩詰言諸姉有法門名无盡燈汝等當學
无盡燈者譬如一燈然百千燈冥者皆明明
終不盡如是諸姉夫一菩薩開導百千衆生
令發阿耨多羅三藐三菩提心於其道意亦
不滅盡隨所說法而自增益一切善法是名
无盡燈也汝等雖住魔宫以是无盡燈令无
數天子天女發阿耨多羅三藐三菩提心者
爲報佛恩亦大饒益一切衆生尒時天女頭
面礼維摩詰足隨魔還宫忽然不現世尊維
摩詰有如是自在神力智慧辯才故我不任
詣彼問疾
佛告長者子善德汝行詣維摩詰問疾善德
白佛言世尊我不堪任詣彼問疾所以者何
憶念我昔於父舍設大施會供養一切沙
門婆羅門及諸外道貧窮下賤孤獨乞人期
滿七日時維摩詰來入會中謂我言長者子夫
大施會不當如汝所設當爲法施之會何用
是財施會爲我言居士何謂法施[illegible]會法施

白佛言世尊我不堪任詣彼問疾所以者何
憶念我昔於父舍設大施會供養一切沙
門婆羅門及諸外道貧窮下賤孤獨乞人期
滿七日時維摩詰來入會中謂我言長者子夫
大施會不當如汝所設當為法施之會何用
是財施會為我言居士何謂法施之會法施
會者无前无後一時供養一切衆生是名法
施之會曰何謂也謂以菩提起於慈心以救
衆生起大悲心以持正法起於喜心以攝智
慧行於捨心以攝慳貪起檀波羅蜜以化犯
戒起尸波羅蜜以无我法起羼提波羅蜜以
離身心相起毗梨耶波羅蜜以菩提相起禪
波羅蜜以一切智起般若波羅蜜教化衆生
而起於空不捨有為法而起无相示現受生
而起无作護持正法起方便力以度衆生起
四攝法以敬事一切起除慢法於身命財起
三堅法於六念中起思念法於六和敬起質
直心正行善法起於淨命心淨歡喜起近賢
聖不憎惡人起調伏心以出家法起於深心
以如說行起於多聞以无諍法起空閑處趣
向佛慧起於宴坐解衆生縛起脩行地以具
相好及淨佛土起福德業知一切衆生心念如
應說法起於智業知一切法不取不捨入相一
門起於慧業斷一切煩惱一切鄣㝵一切不善
法起一切善業以得一切智慧一切

BD05007 號　維摩詰所說經卷上

（21–20）

向佛慧起於宴坐解衆生縛起脩行地以具
相好及淨佛土起福德業知一切衆生心念如
應說法起於智業知一切法不取不捨入相一
門起於慧業斷一切煩惱一切鄣㝵一切不善
法起一切善業以得一切智慧一切善法起於
一切助佛道法如是善男子是為法施之會
若菩薩住是法施會者為大施主亦為一切
世間福田世尊維摩詰說是法時婆羅門衆
中二百人皆發阿耨多羅三藐三菩提心我時
心得清淨歎未曾有稽首礼維摩詰足即解
瓔珞價直百千以上之不肯取我言居士願必
納受隨意所與維摩詰乃受瓔珞分作二分
持一分施此會中一最下乞人持一分奉彼
難勝如來一切衆會皆見光明國土難勝如
來又見珠瓔在彼佛上變成四柱寶臺四面嚴
飾不相障蔽時維摩詰現神變已作是言若
施主等心施一最下乞人猶如如來福之相无所
分別等于大悲不求果報是則名曰具足法
施城中一最下乞人見是神力聞其所說皆
發阿耨多羅三藐三菩提心故我不任詣彼
問疾如是諸菩薩各各向佛說其本緣稱述
維摩詰所言皆曰不任詣彼問疾

維摩詰經卷上

BD05007 號　維摩詰所說經卷上

（21–21）

清淨无二无二分无別无斷故善現一切智
智清淨故眼界清淨眼界清淨故法定清淨
何以故若一切智智清淨若眼界清淨若法
定清淨无二无二分无別无斷故一切智智
清淨故色界眼識界及眼觸眼觸為緣所生
諸受清淨色界乃至眼觸為緣所生諸受清
淨故法定清淨何以故若一切智智清淨若
色界乃至眼觸為緣所生諸受清淨若法定
清淨无二无二分无別无斷故善現一切智
智清淨故耳界清淨耳界清淨故法定清淨
何以故若一切智智清淨若耳界清淨若法
定清淨无二无二分无別无斷故一切智智
清淨故聲界耳識界及耳觸耳觸為緣所生
諸受清淨聲界乃至耳觸為緣所生諸受清
淨故法定清淨何以故若一切智智清淨若
聲界乃至耳觸為緣所生諸受清淨若法定
清淨无二无二分无別无斷故善現一切智
智清淨故鼻界清淨鼻界清淨故法定清淨
何以故若一切智智清淨若鼻界清淨若法

BD05008號　大般若波羅蜜多經卷二六〇　（4–1）

故聲界耳識界及耳觸耳觸為緣所生
諸受清淨聲界乃至耳觸為緣所生諸受清
淨故法定清淨何以故若一切智智清淨若
聲界乃至耳觸為緣所生諸受清淨若法定
清淨无二无二分无別无斷故善現一切智
智清淨故鼻界清淨鼻界清淨故法定清淨
何以故若一切智智清淨若鼻界清淨若法
定清淨无二无二分无別无斷故一切智智
清淨故香界鼻識界及鼻觸鼻觸為緣所生
諸受清淨香界乃至鼻觸為緣所生諸受清
淨故法定清淨何以故若一切智智清淨若
香界乃至鼻觸為緣所生諸受清淨若法定
清淨无二无二分无別无斷故善現一切智
智清淨故舌界清淨舌界清淨故法定清淨
何以故若一切智智清淨若舌界清淨若法
定清淨无二无二分无別无斷故一切智智
清淨故味界舌識界及舌觸舌觸為緣所生諸
受清淨味界乃至舌觸為緣所生諸受清淨
故法定清淨何以故若一切智智清淨若味
界乃至舌觸為緣所生諸受清淨若法定清
淨无二无二分无別无斷故善現一切智智清
淨故身界清淨身界清淨故法定清淨何以
故若一切智智清淨若身界清淨若法定
清淨无二无二分无別无斷故一切智智清
淨故觸界身識界及身觸身觸為緣所生諸
受清淨觸界乃至身觸為緣所生諸受清淨
故法定清淨何以故若一切智智清淨若觸

BD05008號　大般若波羅蜜多經卷二六〇　（4–2）

清淨故身界清淨身界清淨故法定清淨何以
故若一切智智清淨若身界清淨若法定
清淨无二无二分无別无斷故一切智智清
淨故觸界身識界及身觸身觸為緣所生諸
受清淨觸界乃至身觸為緣所生諸受清淨
故法定清淨何以故若一切智智清淨若觸
界乃至身觸為緣所生諸受清淨若法定
清淨无二无二分无別无斷故善現一切智智
清淨故意界清淨意界清淨故法定清淨何
以故若一切智智清淨若意界清淨若法定
清淨无二无二分无別无斷故一切智智清
淨故法界意識界及意觸意觸為緣所生諸
受清淨法界乃至意觸為緣所生諸受清淨
故法定清淨何以故若一切智智清淨若法
界乃至意觸為緣所生諸受清淨若法定清
淨无二无二分无別无斷故善現一切智智
清淨故地界清淨地界清淨故法定清淨何
以故若一切智智清淨若地界清淨若法定
清淨无二无二分无別无斷故一切智智清
淨故水火風空識界清淨水火風空識界
淨故法定清淨何以故若一切智智清淨若
水火風空識界清淨若法定清淨无二无二
分无別无斷故善現一切智智清淨故无明
清淨无明清淨故法定清淨何以故若一切
智智清淨若无明清淨若法定清淨无二无
二分无別无斷故一切智智清淨故行識名
色六處觸受愛取有生老死愁歎苦憂惱清

BD05008號　大般若波羅蜜多經卷二六〇　（4–3）

分无別无斷故善現一切智智清淨故无明
清淨无明清淨故法定清淨何以故若一切
智智清淨若无明清淨若法定清淨无二无
二分无別无斷故一切智智清淨故行識名
色六處觸受愛取有生老死愁歎苦憂惱清
淨行乃至老死愁歎苦憂惱清淨故法定清
淨何以故若一切智智清淨若行乃至老死
愁歎苦憂惱清淨若法定清淨无二无二分
无別无斷故
善現一切智智清淨故布施波羅蜜多清淨
布施波羅蜜多清淨故法定清淨何以故若
一切智智清淨若布施波羅蜜多清淨若法
定清淨无二无二分无別无斷故一切智智
清淨故淨戒安忍精進靜慮般若波羅蜜多
清淨淨戒乃至般若波羅蜜多清淨故法定清
淨何以故若一切智智清淨若淨戒乃至般
若波羅蜜多清淨若法定清淨无二无二分
无別无斷故

大般若波羅蜜多經卷第二百六十

BD05008號　大般若波羅蜜多經卷二六〇　（4–4）

□行如是□
□聲聞辟支佛共不
可□□□□□□快非內非外非難非易非相
非非□□□世法无有相貌世間所无何等
為十一□有□□何謂為五一者所不聞者而
能得聞二者聞已能為利益三者能斷疑惑
之心四者慧心正直无曲五者能知如來密
藏是為五事何等不聞而能得聞所謂甚深
微密之義一切眾生悉有佛性佛法眾僧无
有差別三寶性相常樂我淨一切諸佛无有
畢竟入涅槃者常住无變如來涅槃非有非
无非有為非无為非有漏非无漏非色非不
色非名非不名非相非不相非有非不有非
物非不物非因非果非待非不待非明非闇
非出非不出非常非不常非斷非不斷非始
非終非過去非未來非現在非陰非不陰非
入非不入非男非不男非十二因緣非不十
二因緣如是等法甚深微密昔所不聞而能
得聞復有不聞所謂一切外道經書四毗陁
論毗伽羅論衛世師論迦毗羅論一切呪術
醫方伎藝日月博蝕星宿運變圖書讖記如
是等經初未曾聞秘密之義今於此經而得

BD05009 號　大般涅槃經（北本）卷二一　（24–1）

非終非過去非未來非現在非陰非不陰非
入非不入非男非不男非十二因緣非不十
二因緣如是等法甚深微密昔所不聞而能
得聞復有不聞所謂一切外道經書四毗陁
論毗伽羅論衛世師論迦毗羅論一切呪術
醫方伎藝日月博蝕星宿運變圖書讖記如
是等經初未曾聞秘密之義今於此經而得
知之復有十一部經除毗佛略亦无如是深
密之義今因此經而得知之善男子是名不
聞而能得聞聞已利益者若能聽受是大涅
槃經悉能具知一切方等大乘經典甚深義
味譬如男女於明淨鏡見其色像了了分明
大涅槃鏡亦復如是菩薩執之悉得明見大
乘經典甚深之義亦如有人在闇室中執大
炬火悉見諸物大涅槃炬亦復如是菩薩執
之得見大乘深奧之義亦如日出有千光明
悉能照了諸山幽闇令一切人遠見諸物是
大涅槃清淨慧日亦復如是照了大乘深邃
之處令二乘人遠見佛道所以者何以能聽
受是大涅槃微妙經故善男子若有菩薩摩
訶薩聽受如是大涅槃經得知一切諸法名
字若能書寫讀誦通利為他廣說思惟其義
則知一切諸法義理善男子其聽受者唯知
名字不知其義若能書寫受持讀誦為他廣
說思惟其義則能知義復次善男子聽是經
者聞有佛性未能得見書寫讀誦為他廣說
思惟其義則得見之聽是經者聞有檀名未
能得見檀波羅蜜書寫讀誦為他廣說思惟

BD05009 號　大般涅槃經（北本）卷二一　（24–2）

名字不知其義若能書寫受持讀誦為他廣
說思惟其義則能知義復次善男子聽是經
者聞有佛性未能得見書寫讀誦為他廣說
思惟其義則得見之聽是經者聞有檀名未
能得見檀波羅蜜書寫讀誦為他廣說思惟
其義則能得見檀波羅蜜乃至般若波羅蜜
亦復如是善男子菩薩摩訶薩若有聽是大
涅槃經則知法知義具二无导於諸沙門婆
羅門等若天魔梵一切世中得无所畏開示
分別十二部經演說其義无有差違不從他
聞而能自知近於阿耨多羅三藐三菩提善
男子是名聞已能為利益斷疑心者疑有二
種一者疑名二者疑義聽是經者斷疑名心
思惟義者斷疑義心復次善男子疑有五種
一者疑佛定涅槃不二者疑佛是常住不三
者疑佛是真樂不四者疑佛是真淨不五者
疑佛是實我不聽是經者疑佛涅槃則得永斷
書寫讀誦為他廣說思惟其義四疑永斷復
次善男子疑有三種一疑聲聞為有為无二
疑緣覺為有為无三疑佛乘為有為无聽是
經者如是三疑永滅无餘書寫讀誦為他廣
說思惟其義則能了知一切眾生悉有佛性
復次善男子若有眾生不聞如是大涅槃經
其心多疑所謂若常无常若樂不樂若淨不
淨若我无我若命非命若眾生非眾生若畢
竟不畢竟若他世若過世若有若无若苦若
非苦若集若非集若道若非道若滅若非滅

復次善男子若有眾生不聞如是大涅槃經
其心多疑所謂若常无常若樂不樂若淨不
淨若我无我若命非命若眾生非眾生若畢
竟不畢竟若他世若過世若有若无若苦若
非苦若集若非集若道若非道若滅若非滅
若法若非法若善若非善若空若非空聽是
經者如是諸疑悉得永斷復次善男子若有
不聞如是經者復有種種眾多疑心所謂色
是我耶受想行識是我耶眼能見耶我能見
耶乃至識能知耶我能知耶色受報耶我受
報耶乃至識受報耶我受報耶色至他世耶
我至他世耶乃至識亦如是生死之法有始
有終耶无始无終耶聽是經者如是等疑亦
得永斷復有人疑一闡提犯四重禁作五逆
罪謗方等經如是等輩有佛性耶无佛性耶
聽是經者如是等疑悉得永斷復有人疑世
間有邊耶世間无邊耶有十方世界耶无十方
世界耶聽是經者如是等疑亦得永斷是名
能斷疑惑之心慧心正直无耶曲者心若有
疑則所見不正一切凡夫若不得聞是大涅
槃微妙經典所見耶曲乃至聲聞辟支佛人
所見亦曲云何名為一切凡夫所見耶曲於
有漏中見常樂我淨於如來所見无常苦不
淨无我見有眾生壽命知見計非有想非无
想處以為涅槃見自在天有八聖道有見斷
見如是等見名為耶曲菩薩摩訶薩若得聞
是大涅槃經脩行聖行則得斷除如是耶曲

淨无我見有衆生壽命知見計非有想非无
想處以為涅槃見自在天有八聖道有見斷
見如是等見名為耶曲菩薩摩訶薩若得聞
是大涅槃經脩行聖行則得斷除如是耶曲
云何名為聲聞緣覺耶曲見也見於菩薩從
兜率下化乘白象降神母胎父名淨飯母曰
摩耶迦毗羅城處胎滿足十月而生生未至
地帝釋捧接難陁龍王及跋難陁吐水而浴
摩尼跋陁大鬼神王執持寶蓋隨後侍立地
神化華以承其足四方各行滿足七步到於
天廟令諸天像悉起承迎阿私陁仙抱持占
相既占相已生大悲苦自傷當終不覩佛興
詣師學書筭計射御圖讖伎藝處在深宮六
万婇女娛樂受樂出城遊觀至迦毗羅園道
見老人乃至沙門法服而行還至宮中見諸
婇女形體狀貌猶如枯骨所有宮殿冢墓无
異厭惡出家夜半踰城至欝陁伽阿羅邏等
大仙人所聞說識處及非有想非无想處既
聞是已諦觀是處是非常苦不淨无我捨至
樹下具脩苦行滿足六年知是苦行不能得
成阿耨多羅三藐三菩提尒時復到阿利跋
提河中洗浴受牧牛女所奉乳糜受已轉至
菩提樹下降魔波旬得成阿耨多羅三藐三
菩提於波羅㮈為五比丘初轉法輪乃至於
此拘尸那城入般涅槃如是等見是名聲聞
緣覺曲見菩薩摩訶薩聽受如是大
涅槃經悉得斷除如是等見若能書寫讀誦

菩提樹下降魔波旬得成阿耨多羅三藐三
菩提於波羅㮈為五比丘初轉法輪乃至於
此拘尸那城入般涅槃如是等見是名聲聞
緣覺曲見菩薩摩訶薩聽受如是大
涅槃經悉得斷除如是等見若能書寫讀誦
通利為他演說思惟其義則得正直无耶曲
見善男子菩薩摩訶薩脩行如是大涅槃經
諦知菩薩无量劫來不從兜率降神母胎乃
至拘尸那城入般涅槃是名菩薩摩訶薩正
直之見能知如來深密義者所謂即是大般
涅槃一切衆生悉有佛性懺四重禁除謗法
心盡五逆罪滅一闡提然後得成阿耨多羅
三藐三菩提是名甚深秘密之義復次善男
子云何復名甚深之義雖知衆生實无有我
而於未來不失業果雖知五陰於此滅盡善
惡之業終不敗亡雖有諸業不得作者雖有
至處无有去者雖有繫縛无受縛者雖有涅
槃亦无滅者是名甚深秘密之義尒時光明
遍照高貴德王菩薩摩訶薩白佛言世尊如
我解佛所說聞不聞義是義不然何以故法
若有者便應定有法若无者便應定无无不
應生有不應滅如其聞者是則為聞若不聞
者則為不聞云何而言聞所不聞世尊若不
可聞是為不聞若已聞者則更不聞何以故
已得聞故云何而言聞所不聞譬如去者到
則不去去則不到亦如生已不生不生不生
得已不得不得不得聞已不聞不聞不聞
復如是世尊若不聞聞者一切衆生未有菩

可聞是為不聞若已聞者則更不聞何以故
已得聞故云何而言聞所不聞譬如去者到
則不去去則不到々如生已不生不生
得已不得不得不得聞已不聞不聞不聞々
復如是世尊若不聞聞者一切衆生未有菩
提即應有之未得涅槃々應得之未見佛性
應見佛性云何復言十住菩薩雖見佛性未
得明了世尊若不聞聞者如來往昔從誰得
聞若言得聞何故如來於阿含中復言无師
若不聞不聞如來得成阿耨多羅三藐三菩
提者一切衆生不聞不聞々應得成阿耨多
羅三藐三菩提如來若當不聞如是大涅槃
經見佛性者一切衆生不聞是經々應得見
世尊凡是色者或可見或不可見聲々如是
或是可聞或不可聞是大涅槃非色非聲云
何而言可得見聞世尊過去已滅則不可聞
未來未生々不可聞現在聽時則不名聞聞
已聲滅更不可聞是大涅槃々非過去未來
現在若非三世則不可說若不可說則不可
聞云何而言菩薩脩是大涅槃經聞所不聞
尒時世尊讚光明遍照高貴德王菩薩摩訶
薩言善哉善哉善男子汝今善知一切諸法
如幻如炎如乾闥婆城畫水之跡々如泡沫
芭蕉之樹空无有實非命非我无有苦樂如
住菩薩之所知見時大衆中忽然之頃有大
光明非青見青非黃見黃非赤見赤非白見
白非色見色非明見明非見而見尒時大
衆遇斯光已身心快樂譬如比丘入師子王

BD05009號　大般涅槃經（北本）卷二一　（24–7）

如幻如炎如乾闥婆城畫水之跡々如泡沫
芭蕉之樹空无有實非命非我无有苦樂如
住菩薩之所知見時大衆中忽然之頃有大
光明非青見青非黃見黃非赤見赤非白見
白非色見色非明見明非見而見尒時大
衆遇斯光已身心快樂譬如比丘入師子王
定尒時文殊師利菩薩摩訶薩白佛言世尊
今此光明誰之所放尒時如來嘿然不說迦
葉菩薩復問文殊師利何因緣故有此光明
照於大衆文殊師利嘿然不荅尒時无邊身
菩薩復問迦葉菩薩今此光明誰之所有迦
葉菩薩嘿然不說淨住王子菩薩復問无邊
身菩薩何因緣故是大衆中有此光明无邊
身菩薩嘿然不說如是五百菩薩皆々々如是
雖相諮問然无荅者尒時世尊問文殊師利
言文殊師利何因緣故是大衆中有此光明
文殊師利言世尊如是光明名為智慧智慧
者即是常住常住之法无有因緣云何佛問
何因緣故有是光明是光明者名大涅槃大
涅槃者則名常住常住之法不從因緣云何
佛問何因緣故有是光明是光明者即是如
來如來者即是常住常住之法不從因緣云
何如來問於因緣光明者名大慈大悲大慈
大悲者名為常住常住之法不從因緣云何
如來問於因緣光明者即是念佛念佛者是
名常住常住之法不從因緣云何如來問於
因緣光明者即是一切聲聞緣覺不共之道
聲聞緣覺不共之道即名常住常住之法不

BD05009號　大般涅槃經（北本）卷二一　（24–8）

何如来問於因緣光明者名大慈大悲大慈
大悲者名為常住常住之法不從因緣云何
如来問於因緣光明者即是念佛念佛者是
名常住常住之法不從因緣云何如来問於
因緣光明者即是一切聲聞緣覺不共之道
聲聞緣覺不共之道即名常住常住之法不
從因緣云何如来問於因緣世尊亦有因緣
因滅无明則得熾然阿耨多羅三藐三菩提燈
佛言文殊師利汝今莫入諸法甚深第一義
諦應以世諦而解說之文殊師利言世尊於
此東方過廿恒河沙等世界有佛世界名曰
不動其佛住處縱廣正等足滿一万二千由
延其地七寶无有土石平正柔濡无諸溝坑
其諸樹木四寶所成金銀琉璃及以頗梨華
菓茂盛无時不有若有衆生聞其華香身心
安樂譬如比丘入第三禪周匝復有三千大
河其水微妙八味具足若有衆生在中浴者
所得喜樂譬如比丘入第二禪其河多有種
種諸華優鉢羅華波頭摩華拘物頭華分陁
利華香華大香華微妙香華常華一切衆生
无遮護華其河兩岸亦有衆華所謂阿提目
多伽華占婆華波吒羅華婆師羅華摩利迦
華大摩利迦華新摩利迦華須摩那迦華由
提迦華檀菟迦利華常華一切衆生不遮
護華底布金沙有四梯陛金銀琉璃雜色
頗梨多有衆鳥遊集其上復有无量虎狼師子
諸惡鳥獸其心相視猶如赤子彼世界中一

BD05009號　大般涅槃經（北本）卷二一

（24–9）

華大摩利迦華新摩利迦華須摩那迦華由
提迦華檀菟迦利華常華一切衆生不遮
護華底布金沙有四梯陛金銀琉璃雜色
頗梨多有衆鳥遊集其上復有无量虎狼師子
諸惡鳥獸其心相視猶如赤子彼世界中一
切无有犯重禁者誹謗正法及一闡提五逆
等罪其土調適无有寒熱飢渴苦惱无貪欲
恚放逸嫉妬无有日月晝夜時節猶如第二
忉利天上其土人民等有光明各各无有憍
慢之心一切悉是菩薩大士皆得神通具大
功德其心悉皆尊重正法乘於大乘愛念大
乘貪樂大乘護惜大乘大慧成就得大捴持
心常憐愍一切衆生其佛号曰滿月光明如来
應供正遍知明行足善逝世間解无上士調
御丈夫天人師佛世尊隨所住處有所講宣
其土衆生无不得聞為琉璃光菩薩摩訶薩
講宣如是大涅槃經言善男子菩薩摩訶薩
若能脩行大涅槃經所不聞者悉皆得聞彼
琉璃光菩薩摩訶薩問滿月光明佛亦如此
聞光明遍照高貴德王菩薩摩訶薩所問等
无有異彼滿月光明佛即告琉璃光菩薩言
善男子西方去此廿恒河沙佛土彼有世界
名曰娑婆其土多有山陵埠阜土沙礫石荊
棘惡刺周遍充滿常有飢渴寒暑苦惱其土
人民不能恭敬沙門婆羅門父母師長貪著
非法欲於非法脩行耶法不信正法壽命短
促有行姧詐王者徵之王雖有國不知猒足
於他所有生貪利心興師相伐枉死者衆王

BD05009號　大般涅槃經（北本）卷二一

（24–10）

名曰娑婆其土多有山陵堆阜土沙礫石荊
棘惡刺周遍充滿常有飢渴寒暑苦惱其土
人民不能恭敬沙門婆羅門父母師長貪著
非法欲於非法脩行耶法不信正法壽命短
促有行姧詐王者微之王雖有國不知猒足
於他所有生貪利心興師相伐枉死者衆王
者脩行如是非法四天善神心无歡喜故降
灾旱穀米不登人民多病苦惱无量彼中有
佛号釋迦牟尼如來應正遍知明行足善逝
世間解无上士調御丈夫天人師佛世尊大
悲純厚愍衆生故於拘尸那城娑羅雙樹間
為諸大衆敷演如是大涅槃經彼有菩薩名
光明遍照高貴德王已問斯事如汝无異佛
今答之汝可速往自當得聞世尊彼琉璃光
菩薩聞是事已與八万四千菩薩摩訶薩欲
來至此故先現瑞以此因緣有此光明是名
因緣亦非因緣尒時琉璃光菩薩與八万四
千諸菩薩俱持諸幡蓋香華瓔珞種種伎樂
倍勝於前俱來至此拘尸那城娑羅雙樹間
以己所持供養之具供養於佛頭面礼足合
掌恭敬右繞三迊脩敬已畢却坐一面尒時
世尊問彼菩薩善男子汝為到來為不到來
琉璃光菩薩言世尊到亦不來不到亦不來
我觀是義都无有來世尊諸行若常亦復不
來若是无常亦无有來若人見有衆生性者
有來不來我今不見衆生定性云何當言有
來不來有憍慢者見有去來无憍慢者則无
去來有取行者見有去來无取行者則无去

BD05009號　大般涅槃經（北本）卷二一　（24–11）

琉璃光菩薩言世尊到亦不來不到亦不來
我觀是義都无有來世尊諸行若常亦復不
來若是无常亦无有來若人見有衆生性者
有來不來我今不見衆生定性云何當言有
來不來有憍慢者見有去來无憍慢者則无
去來有取行者見有去來无取行者則无去
來若見如來畢竟涅槃則有去來不見如來
畢竟涅槃則无去來不聞佛性則有去來聞
佛性者則无去來若見聲聞辟支佛人有涅
槃者則有去來不見聲聞辟支佛人有涅槃
者則无去來若見聲聞辟支佛人常樂我淨
則有去來若不見者則无去來若見如來无
常樂我淨則有去來若見如來常樂我淨則
无去來世尊且置斯事欲有所問唯垂哀愍
少見聽許佛言善男子隨意所問今正是時
我當為汝分別解說所以者何諸佛難值如
優曇華法亦如是難可得聞十二部中方等
復難是故應當專心聽受時琉璃光菩薩摩
訶薩既蒙聽許兼被忒勅即白佛言世尊云
何菩薩摩訶薩有能脩行大涅槃經聞所不
聞尒時如來讚言善哉善哉善男子汝今欲
盡如是大乘大涅槃海正復值我能善解說
汝今所有疑回毒鏃我為大醫能善拔出汝
於佛性猶未明了我有慧炬能為照明汝今
欲度生死大河我能為汝作大舡師汝於我
所生父母想我亦於汝生赤子心汝心今者
貪正法寶值我多有能相惠施諦聽諦聽善
思念之吾當為汝分別宣釋善男子欲聽法

BD05009號　大般涅槃經（北本）卷二一　（24–12）

盡如是大乘大涅槃經正復信我角甚能言
汝今所有疑网毒箭我為大醫能善拔出汝今
於佛性猶未明了我有慧炬能為照明汝今
欲度生死大河我能為汝作大船師汝於我
所生父母想我亦於汝生赤子心汝心今者
貪正法寶值我多有能相惠施諦聽諦聽善
思念之吾當為汝分別宣釋善男子欲聽法
者今正是時若聞法已當生敬信至心聽受
恭敬尊重於正法所莫求其過莫念貪欲瞋
恚愚癡莫觀法師種性好惡既聞法已莫生
憍慢莫為恭敬名譽利養當為度世甘露法
利亦莫生念我聽法已先自度身然後度人
先自解身然後解人先自安身然後安人先
自涅槃然後令人而得涅槃於佛法僧應生
等想於生死中生大苦想於大涅槃應生常
樂我淨之想先為他人然後為身當為大乘
莫為二乘於一切法當无所住亦莫專執一
切法相於諸法中莫生貪相常生知法見法
之相善男子汝能如是至心聽法是則名為
聞所不聞善男子有不聞聞有不聞不聞有
聞不聞有聞聞善男子如不生生不生不生
生不生生生如不到到不到不到到不到到
到世尊云何不生生善男子安住世諦初出
胎時是名不生生云何不生不生善男子是
大涅槃无有生相是名不生不生云何生生不
生善男子世諦死時是名生不生云何生生
善男子一切凡夫是名生生何以故生生不
斷故一切有漏念念生故是名生生四住善

BD05009號　大般涅槃經（北本）卷二一

（24–13）

胎時是名不生生云何不生不生善男子是
大涅槃无有生相是名不生不生云何生生不
生善男子世諦死時是名生不生云何生生
善男子一切凡夫是名生生何以故生生不
斷故一切有漏念念生故是名生生四住善
薩名生不生何以故生自在故是名生不生
善男子是名內法云何外法未生生未生未
生生未生生善男子譬如種子未生牙時
得四大和合人功作業然後乃生是名未生
生云何未生未生譬如敗種及未遇緣如是
等輩名未生未生云何生未生如牙生已不
增長是名生未生云何生生如牙增長若生
不生則无增長如是一切有漏是名外法生
生琉璃光菩薩摩訶薩白佛言世尊有漏之
法若有生者為是常耶是无常耶生若是常
有漏之法則无有生生若无常則有漏是常
世尊若生能自生生无自性若能生他以何
因緣不生无漏世尊若未生時有生者云何
於今乃名為生若未生時无生者何故不說
虛空為生佛言善哉善哉善男子不生生不
可說生生亦不可說生不生亦不可說不生
不生亦不可說生亦不可說不生亦不可說
有因緣故亦可得說云何不生生不可說不
生名為生云何可說何以故以其生故云何
生生不可說生生故生生故不生亦不可
說云何生不生不可說生即名為生生不自
生故不可說云何不生不生不可說不生者

BD05009號　大般涅槃經（北本）卷二一

（24–14）

生名為生云何可說何以故以其生故云何
生生不可說生生故生生故不生生不可
說云何生不生不可說生即名為生生不自
生故不可說云何不生不生不可說不生者
名為涅槃涅槃不生故不可說何以故以脩
道得故生生不可說以生无故云何不生不
可說以有得故云何有因緣故生可得說十
因緣法為生住因以是義故生可得說善男
子汝今莫入甚深空定何以故大衆鈍故善
男子有為之法生生是常以住无常生生无
常住住是常以生生故住住无常異異是常
以法无常異異无常壞壞是常以本无今有
故壞壞无常善男子以性故生住異壞皆悉
是常念念滅故不可說常是大涅槃能斷滅
故故名无常善男子有漏之法未生之時已
有生性故生能生无漏之法本无生性是故
生不能生如火有本性遇緣則發眼有見性
因色因明因心故見衆生生法生復如是由
本有性遇業因緣父母和合則便有生尒時
琉璃光菩薩摩訶薩及八万四千菩薩摩訶
薩聞是法已踊在虛空高七多羅樹恭敬合
掌而白佛言世尊我蒙如來慇懃教誨因大
涅槃始得悟解聞所不聞聞令八万四千菩
薩深解諸法不生生等世尊我令已解斷諸
因然此會中有一菩薩名曰无畏復欲諮稟
唯垂聽許尒時世尊告无畏菩薩善男子隨
意問難吾當為汝分別解說尒時无畏菩薩
典六万四千諸菩薩等俱從座起更整衣服

涅槃始得悟解聞所不聞聞令八万四千菩
薩深解諸法不生生等世尊我令已解斷諸
因然此會中有一菩薩名曰无畏復欲諮稟
唯垂聽許尒時世尊告无畏菩薩善男子隨
意問難吾當為汝分別解說尒時无畏菩薩
典六万四千諸菩薩等俱從座起更整衣服
長跪合掌而白佛言世尊此土衆生當造何
業而得生彼不動世界其土菩薩云何而得
智慧成就人中仙王有大威德具脩諸行利
智捷疾聞則能解尒時世尊即說偈言
不害衆生命　堅持諸禁戒　受佛微妙教　則生不動國
不奪他人財　常施惠一切　造招提僧坊　則生不動國
不犯他婦女　自妻不非時　施持戒卧具　則生不動國
不為自他故　求利及恐怖　慎口不妄語　則生不動國
莫壞善知識　遠離惡眷屬　口常和合語　則生不動國
如諸菩薩等　常離於惡口　所說人樂聞　則生不動國
乃至於戲咲　不說非時語　謹慎常時說　則生不動國
見他得利養　常生歡喜心　不起嫉妬結　則生不動國
不惱於衆生　常生於慈心　不生方便惡　則生不動國
耶見言无施　父母及去來　不起如是見　則生不動國
曠路作好井　種殖菓樹林　常施乞者食　則生不動國
若於佛法僧　供養一香燈　乃至獻一華　則生不動國
若為恐怖故　利養及福德　書是經一偈　則生不動國
若為怖利福　能於一日中　讀誦是經典　則生不動國
若為无上道　一日一夜中　受持八戒齋　則生不動國
不與犯重禁　同共一處住　呵謗方等者　則生不動國
若能施病者　乃至於一菓　歡喜而瞻視　則生不動國
不犯僧鬘物　善守於佛物　塗掃佛僧地　則生不動國

若為悕利福　能於一日中　讀誦是經典　則生不動國
若為无上道　一日一夜中　受持八戒齋　則生不動國
不與犯重禁　同共一處住　呵謗方等者　則生不動國
若能施病者　乃至於一菓　歡喜而瞻視　則生不動國
不犯僧鬘物　善守於佛物　塗掃佛僧地　則生不動國
造像若佛塔　猶如大拇指　常生歡喜心　則生不動國
若為是經典　自身及財寶　施於說法者　則生不動國
若能聽書寫　受持及讀誦　諸佛秘密藏　則生不動國
尒時无畏菩薩摩訶薩白佛言世尊我今已
知所造業緣得生彼國是光明遍照高貴德
王菩薩摩訶薩善為憐愍一切衆生先所諮
問如來若說則能利益安樂人天阿脩羅乾
闥婆迦樓羅緊那羅摩睺羅伽等尒時世尊
即告光明遍照高貴德王菩薩善哉善哉善
男子汝今於此當至心聽吾當為汝分別解
說有因緣故到不到有因緣故不到到有
因緣故到不到有因緣故到到何因緣故未
到不到善男子夫不到者是大涅槃凡夫未
到以有貪欲瞋恚愚癡故身業口業不清淨
故及受一切不淨物故犯四重故謗方等故
一闡提故五逆罪故以是義故未到不到善
男子何因緣故不到到不到者名大涅槃何
義故到永斷貪欲瞋恚愚癡身口惡故不受
一切不淨物故不犯四重故不謗方等經故
不作一闡提故不作五逆罪故以是義故名
不到到須陁洹者八万劫到斯陁含者六万
劫到阿那含者四万劫到阿羅漢者二万劫

BD05009號　大般涅槃經（北本）卷二一　（24–17）

男子何因緣故不到到不到者名大涅槃何
義故到永斷貪欲瞋恚愚癡身口惡故不受
一切不淨物故不犯四重故不謗方等經故
不作一闡提故不作五逆罪故以是義故名
不到到須陁洹者八万劫到斯陁含者六万
劫到阿那含者四万劫到阿羅漢者二万劫
到辟支佛者十千劫到以是義故名不到到
善男子何因緣故名到不到到者名為廿五
有一切衆生常為无量煩惱諸結之所覆弊
往來不離猶如輪轉是名為到聲聞緣覺及
諸菩薩已得永離故名不到為欲化度諸衆
生故示現在中亦名為到善男子何因緣故
名為到到到者即是廿五有一切凡夫須陁
洹乃至阿那含煩惱因緣故名到到善男子
聞所不聞亦復如是有不聞聞有不聞不聞
有聞不聞有聞聞云何不聞聞善男子不聞
者名大涅槃何故不聞非有為故非音聲故
不可說故云何亦聞得聞名故所謂常樂我
淨以是義故名不聞聞尒時光明遍照高貴
德王菩薩摩訶薩白佛言世尊如佛所說大
涅槃者不可得聞云何復言常樂我淨而可
得聞何以故世尊斷煩惱者名得涅槃若未
斷者名為不得以是義故涅槃之性本无今
有若世間法本无今有則名无常譬如瓶等
本无今有已有還无故名无常涅槃若尒云
何說言常樂我淨復次世尊凡因莊嚴而得
成者悉名无常涅槃若尒應是无常何等因
緣所謂卅七品六波羅蜜四无量心觀於骨

BD05009號　大般涅槃經（北本）卷二一　（24–18）

有若世間法本无今有則名无常譬如瓶等
本无今有已有還无故名无常涅槃若尒云
何說言常樂我淨復次世尊凡因莊嚴而得
成者悉名无常涅槃若尒應是无常何等因
緣所謂卅七品六波羅蜜四无量心觀於骨
相阿那波那六念處破析六大如是等法皆
是成就涅槃因緣故名无常復次世尊有名
无常若涅槃是有亦應无常如佛昔於阿含
中說聲聞緣覺諸佛世尊皆有涅槃以是
義故名為无常復次世尊可見之法名為无
常如佛先說見涅槃者則得斷除一切煩惱
次世尊譬如虛空於諸衆生等无鄣㝵故名
為常若使涅槃是常等者何故衆生有得不
得涅槃若尒於諸衆生不平等者則不名常
世尊譬如百人共有一怨若害此怨則多人
受樂若使涅槃是平等法一人得時應多人
得一人斷結應多人亦斷若不如是云何名
常譬如有人恭敬供養尊重讚嘆國王王子
父母師長則得利養是不名常涅槃亦尒不
名為常何以故如佛昔於阿含經中告阿難
言若有人能恭敬涅槃則得斷結受无量樂
以是義故不名為常世尊若涅槃中有常樂
我淨名者不名為常如其无者云何可說
尒時世尊告光明遍照高貴德王菩薩摩
訶薩言涅槃之體非本无今有若涅槃體本无
今有者則非无漏常住之法有佛无佛性相
常住以諸衆生煩惱覆故不見涅槃便謂為
无菩薩摩訶薩以貮之慧懃脩其心斷煩惱

尒時世尊告光明遍照高貴德王菩薩摩
訶薩言涅槃之體非本无今有若涅槃體本无
今有者則非无漏常住之法有佛无佛性相
常住以諸衆生煩惱覆故不見涅槃便謂為
无菩薩摩訶薩以貮之慧懃脩其心斷煩惱
已便得見之當知涅槃是常住法非本无今
有是故為常善男子如闇室中井種種七寶
人亦知有闇故不見有智之人善知方便然
大明燈持往照了悉得見之是人於此終不
生念水及七寶本无今有涅槃亦尒本自有
之非適今也煩惱闇故衆生不見大智如來
以善方便然智慧燈令諸菩薩得見涅槃常
樂我淨是故智者於此涅槃不應說言本无
今有善男子汝言因莊嚴故得成涅槃應无
常者是亦不然何以故善男子涅槃之體非
生非出非實非虛非作業生非是有漏有為
之法非聞非見非墮非死非別異相亦非同
相非往非還非去來今非一非多非長非短
非圓非方非尖非耶非相非非想非名非色非
因非果非我我所以是義故涅槃是常恒不
變易是以无量阿僧祇劫脩集善法以自莊
嚴然後乃見善男子譬如地下有八味水一
切衆生而不能得有智之人施功穿掘則便
得之涅槃亦尒譬如盲人不見日月良醫療
之則便得見而是日月非是本无今有涅槃亦
尒先自有之非適今也善男子如人有罪繫之
囹圄久乃得出還家得見父母兄弟妻子眷
屬涅槃亦尒善男子汝言因緣故涅槃之法

切衆生而不能得有智之人施功穿掘則便
得之涅槃亦尒譬如盲人不見日月良醫療
之則便得見而是日月非是本无今有涅槃亦
尒先自有之非適今也善男子如人有罪繫之
囹圄久乃得出還家得見父母兄弟妻子眷
屬涅槃亦尒善男子汝言因緣故涅槃之法
應无常者是亦不然何以故善男子因有五
種何等為五一者生因二者和合因三者住
因四者增長因五者遠因云何生因生因者
即是業煩惱等及外諸草木子是名生因云
何和合因如善與善心和合不善與不善心
和合无記與无記心和合是名和合因云何
住因如下有柱屋則不墮山河樹木因大地
故而得住立內有四大无量煩惱衆生得住
是名住因云何增長因因緣衣服飲食等故
令衆生增長如外種子火所不燒鳥所不食
則得增長如諸沙門婆羅門等依因和上善
知識等而得增長如因父母子得增長是名
增長因云何遠因譬如因呪鬼不能害毒不
能中依憑國王无有盜賊如牙依因地水火
風等如水攢及人為蘇遠因如明色等為識
遠因父母精血為衆生遠因如時節等悉名
遠因善男子涅槃之體非是如是五因所成云
何當言是无常因復次善男子復有二因一
者作因二者了因如陶師輪繩是名作因如
燈燭等照闇中物是名了因善男子大涅槃
者不從作因而有唯有了因了因者所謂卅

何當言是无常因復次善男子復有二因一
者作因二者了因如陶師輪繩是名作因如
燈燭等照闇中物是名了因善男子大涅槃
者不從作因而有唯有了因了因者所謂卅
七助道法六波羅蜜是名了因善男子布施
者是涅槃因非大涅槃因檀波羅蜜乃得名
為大涅槃因卅七品是涅槃因非大涅槃因
无量阿僧祇助菩提法乃得名為大涅槃因
尒時光明遍照高貴德王菩薩摩訶薩白佛
言世尊云何布施不得名為檀波羅蜜云何
布施而得名之檀波羅蜜乃至般若波羅蜜
云何不得名為般若波羅蜜云何得名般若
波羅蜜云何名涅槃云何名大涅槃佛言善
男子菩薩摩訶薩脩行方等大涅槃不聞
布施不見布施不聞檀波羅蜜不見檀波羅
蜜乃至不聞般若不見般若不聞般若波羅
蜜不見般若波羅蜜不聞涅槃不見涅槃不
聞大涅槃不見大涅槃菩薩摩訶薩脩大涅
槃知見法界解了實相空无所有无有和合
覺知之相得无漏相无所作相如幻化相熱
時炎相乾闥婆城虛空之相菩薩尒時得如
是相无貪恚癡不聞不見是名菩薩摩訶薩
真實之相安住實相菩薩摩訶薩自知此是
檀此是檀波羅蜜乃至此是般若此是般若
波羅蜜此是涅槃此是大涅槃善男子云何
是施非波羅蜜見有乞者然後乃與是名為
施非波羅蜜若无乞者開心自施是則名為
檀波羅蜜若時時施是名為施非波羅蜜若

檀此是檀波羅蜜乃至此是般若此是般若
波羅蜜此是涅槃此是大涅槃善男子云何
是施非波羅蜜見有乞者然後乃與是名為
施非波羅蜜若无乞者開心自施是則名為
檀波羅蜜若時時施是名為施非波羅蜜若
脩常施是則名為檀波羅蜜若施他已還生
悔心是名為施非波羅蜜施已不悔是則名
為檀波羅蜜菩薩摩訶薩於財物中生四怖
心王賊水火歡喜施與是則名為檀波羅蜜
若望報施是名為施非波羅蜜施不望報是
則名為檀波羅蜜若為恐怖名聞利養家法
相續天上五欲為憍慢故為勝他故為知識
故為來報故如市易法善男子如人種樹為
得陰涼為得華菓及以林木若人脩行如是
等施是名為施非波羅蜜菩薩摩訶薩脩行
如是大涅槃者不見施者受者財物不見時
節不見福田及非福田不見因不見緣不見
果報不見作者不見受者不見多不見少不見
淨不見不淨不輕受者己身財物不見見者
不見不見者不計己他唯為方等大般涅槃
常住法故脩行布施為利一切諸衆生故而
行布施為斷一切衆生煩惱故行於施為諸
衆生不見受者施者財物故行於施善男子
譬如有人墮大海水抱持死屍則得度脫菩
薩摩訶薩脩大涅槃行布施時亦復如是如
彼死屍善男子譬如有人閇在深獄門戶堅
牢唯有廁孔便從中出到无导處菩薩摩訶
薩脩大涅槃行布施時亦復如是善男子譬

BD05009 號　大般涅槃經（北本）卷二一　（24–23）

行布施為斷一切衆生煩惱故行於施為諸
衆生不見受者施者財物故行於施善男子
譬如有人墮大海水抱持死屍則得度脫菩
薩摩訶薩脩大涅槃行布施時亦復如是如
彼死屍善男子譬如有人閇在深獄門戶堅
牢唯有廁孔便從中出到无导處菩薩摩訶
薩脩大涅槃行布施時亦復如是善男子譬
如貴人恐怖急厄更无恃怙依旃陁羅菩
薩摩訶薩脩大涅槃行於布施亦復如是善
男子譬如病人為除病苦得安樂故服食不
淨菩薩摩訶薩脩大涅槃行於布施亦復如
是善男子如婆羅門值穀勇貴為壽命故食
狗肉菩薩摩訶薩脩大涅槃行於布施亦
復如是善男子大涅槃中如是之事從无量
劫來不聞而聞尸羅尸羅波羅蜜乃至般若
般若波羅蜜如佛雜華經中廣說

大般涅槃經卷第廿一

BD05009 號　大般涅槃經（北本）卷二一　（24–24）

世音菩薩言仁者
佛告觀世音菩薩當愍此无盡意菩薩及四
衆天龍夜叉乾闥婆阿脩羅迦樓羅緊那羅
摩睺羅伽人非人等故受是瓔珞即時觀世
音菩薩愍諸四衆及於天龍人非人等受其
瓔珞分作二分一分奉釋迦牟尼佛一分奉
多寶佛塔无盡意觀世音菩薩有如是自在
神力遊於娑婆世界尒時无盡意菩薩以偈
問曰
世尊妙相具　我今重問彼　佛子何因緣　名為觀世音
具足妙相尊　偈荅无盡意　汝聽觀音行　善應諸方所
弘誓深如海　歷劫不思議　侍多千億佛　發大清淨願
我為汝略說　聞名及見身　心念不空過　能滅諸有苦
假使興害意　推落大火坑　念彼觀音力　火坑變成池
或漂流巨海　龍魚諸鬼難　念彼觀音力　波浪不能沒
或在須弥峯　為人所推墮　念彼觀音力　如日虛空住
或被惡人逐　墮落金剛山　念彼觀音力　不能損一毛
或值怨賊繞　各執刀加害　念彼觀音力　咸即起慈心
或遭王難苦　臨刑欲壽終　念彼觀音力　刀尋段段壞
或囚禁枷鎖　手足被杻械　念彼觀音力　釋然得解脫

BD05010號　觀世音經

（3–1）

或在須弥峯　為人所推墮　念彼觀音力　如日虛空住
或被惡人逐　墮落金剛山　念彼觀音力　不能損一毛
或值怨賊繞　各執刀加害　念彼觀音力　咸即起慈心
或遭王難苦　臨刑欲壽終　念彼觀音力　刀尋段段壞
或囚禁枷鎖　手足被杻械　念彼觀音力　釋然得解脫
呪詛諸毒藥　所欲害身者　念彼觀音力　還著於本人
或遇惡羅刹　毒龍諸鬼等　念彼觀音力　時悉不敢害
若惡獸圍遶　利牙爪可怖　念彼觀音力　疾走无邊方
蚖虵及蝮蝎　氣毒烟火然　念彼觀音力　尋聲自迴去
雲雷鼓掣電　降雹澍大雨　念彼觀音力　應時得消散
衆生被困厄　无量苦逼身　觀音妙智力　能救世間苦
具足神通力　廣脩智方便　十方諸國土　无剎不現身
種種諸惡趣　地獄鬼畜生　生老病死苦　以漸悉令滅
真觀清淨觀　廣大智慧觀　悲觀及慈觀　常願常瞻仰
无垢清淨光　慧日破諸闇　能伏灾風火　普明照世間
悲體戒雷震　慈意妙大雲　澍甘露法雨　滅除煩惱焰
諍訟經官處　怖畏軍陣中　念彼觀音力　衆怨悉退散
妙音觀世音　梵音海潮音　勝彼世間音　是故須常念
念念勿生疑　觀世音淨聖　於苦惱死厄　能為作依怙
具一切功德　慈眼視衆生　福聚海无量　是故應頂禮
尒時持地菩薩即從坐起前白佛言世尊若有
衆生聞是觀世音菩薩品自在之業普門示現
神通力者當知是人功德不少佛說是普門
品時衆中八万四千衆生皆發无等等阿耨
多羅三藐三菩提心
觀世音經一卷

BD05010號　觀世音經

（3–2）

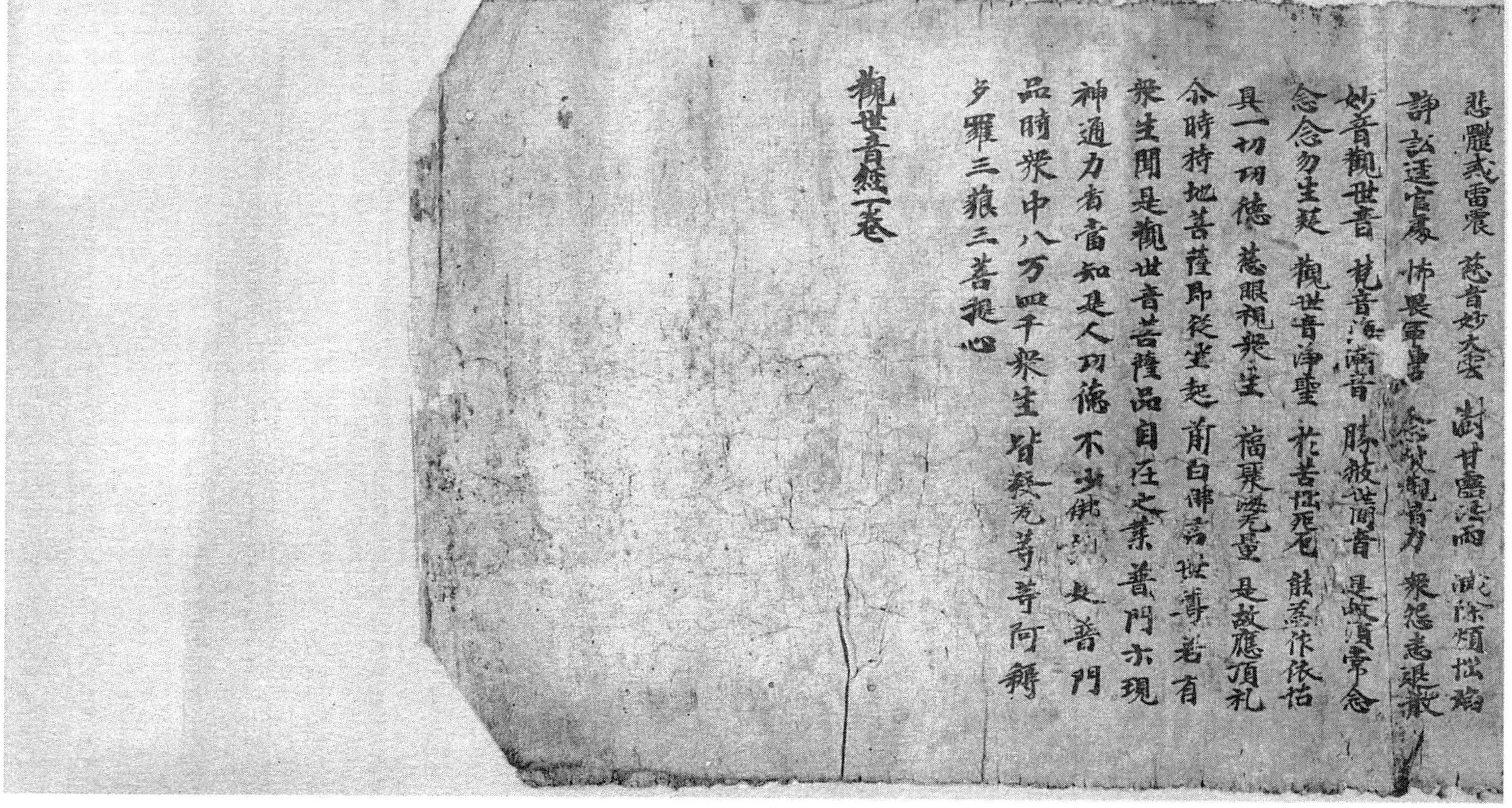

BD05010 號　觀世音經　　（3–3）

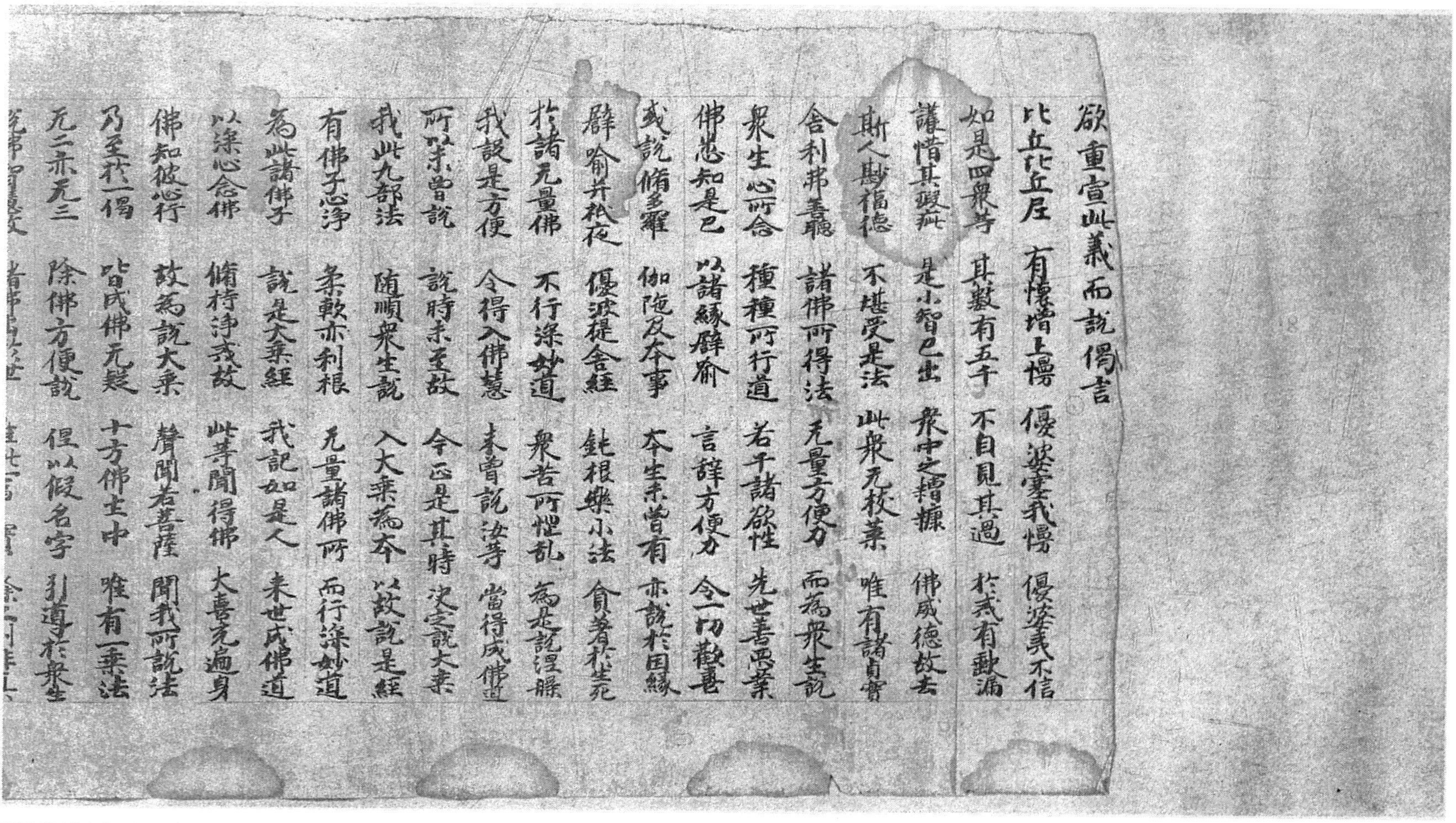

BD05011 號　妙法蓮華經卷一　　（6–1）

有佛子心淨　柔軟亦利根　无量諸佛所　而行深妙道
為此諸佛子　說是大乘經　我記如是人　來世成佛道
以深心念佛　脩持淨戒故　此等聞得佛　大喜充遍身
佛知彼心行　故為說大乘　聲聞若菩薩　聞我所說法
乃至於一偈　皆成佛无疑　十方佛土中　唯有一乘法
无二亦无三　除佛方便說　但以假名字　引導於眾生
說佛智慧故　諸佛出於世　唯此一事實　餘二則非真
終不以小乘　濟度於眾生　佛自住大乘　如其所得法
定慧力莊嚴　以此度眾生　自證无上道　大乘平等法
若以小乘化　乃至於一人　我則墮慳貪　此事為不可
若人信歸佛　如來不欺誑　亦无貪嫉意　斷諸法中惡
故佛於十方　而獨无所畏　我以相嚴身　光明照世間
无量眾所尊　為說實相印　舍利弗當知　我本立誓願
欲令一切眾　如我等无異　如我昔所願　今者已滿足
化一切眾生　皆令入佛道　若我遇眾生　盡教以佛道
无智者錯亂　迷惑不受教　我知此眾生　未曾脩善本
堅著於五欲　癡愛故生惱　以諸欲因緣　墜墮三惡道
輪迴六趣中　備受諸苦毒　受胎之微形　世世常增長
薄德少福人　眾苦所逼迫　入邪見稠林　若有若无等
依止此諸見　具足六十二　深著虛妄法　堅受不可捨
我慢自矜高　諂曲心不實　於千万億劫　不聞佛名字
亦不聞正法　如是人難度　是故舍利弗　我為設方便
說諸盡苦道　示之以涅槃　我雖說涅槃　是亦非真滅
諸法從本來　常自寂滅相　佛子行道已　來世得作佛
我有方便力　開示三乘法　一切諸世尊　皆說一乘道
今此諸大眾　皆應除疑惑　諸佛語无異　唯一无二乘
過去无數劫　无量滅度佛　百千万億種　其數不可量

BD05011 號　妙法蓮華經卷一　（6–2）

說諸盡苦道　示之以涅槃　我雖說涅槃　是亦非真滅
諸法從本來　常自寂滅相　佛子行道已　來世得作佛
我有方便力　開示三乘法　一切諸世尊　皆說一乘道
今此諸大眾　皆應除疑惑　諸佛語无異　唯一无二乘
過去无數劫　无量滅度佛　百千万億種　其數不可量
如是諸世尊　種種緣譬喻　无數方便力　演說諸法相
是諸世尊等　皆說一乘法　化无量眾生　令入於佛道
又諸大聖主　知一切世間　天人群生類　深心之所欲
更以異方便　助顯第一義　若有眾生類　值諸過去佛
若聞法布施　或持戒忍辱　精進禪智等　種種脩福慧
如是諸人等　皆已成佛道　諸佛滅度已　若人善軟心
如是諸眾生　皆已成佛道　諸佛滅度已　供養舍利者
起万億種塔　金銀及頗梨　車磲與馬瑙　玫瑰琉璃珠
清淨廣嚴飾　莊校於諸塔　或有起石廟　栴檀及沈水
木櫁并餘材　塼瓦泥土等　若於曠野中　積土成佛廟
乃至童子戲　聚沙為佛塔　如是諸人等　皆已成佛道
若人為佛故　建立諸形像　刻雕成眾相　皆已成佛道
或以七寶成　鍮石赤白銅　白鑞及鉛錫　鐵木及與泥
或以膠漆布　嚴飾作佛像　如是諸人等　皆已成佛道
綵畫作佛像　百福莊嚴相　自作若使人　皆已成佛道
乃至童子戲　若草木及筆　或以指爪甲　而畫作佛像
如是諸人等　漸漸積功德　具足大悲心　皆已成佛道
但化諸菩薩　度脫无量眾　若人於塔廟　寶像及畫像
以華香幡蓋　敬心而供養　若使人作樂　擊鼓吹角貝
簫笛琴箜篌　琵琶鐃銅鈸　如是眾妙音　盡持以供養
或以歡喜心　歌唄頌佛德　乃至一小音　皆已成佛道
若人散亂心　乃至以一華　供養於畫像　漸見无數佛

BD05011 號　妙法蓮華經卷一　（6–3）

但化諸菩薩　度脫无量衆　若人於塔廟　寶像及畫像
以華香幡蓋　敬心而供養　若使人作樂　擊鼓吹角貝
簫笛琴箜篌　琵琶鐃銅鈸　如是衆妙音　盡持以供養
或以歡喜心　歌唄頌佛德　乃至一小音　皆已成佛道
若人散亂心　乃至以一華　供養於畫像　漸見无數佛
或有人礼拜　或復但合掌　乃至舉一手　或復小低頭
以此供養像　漸見无量佛　自成无上道　廣度无數衆
入无餘涅槃　如薪盡火滅　若人散亂心　入於塔廟中
一稱南无佛　皆已成佛道　於諸過去佛　在世或滅後
若有聞是法　皆已成佛道　未來諸世尊　其數无有量
是諸如來等　亦方便說法　一切諸如來　以无量方便
度脫諸衆生　入佛无漏智　若有聞法者　无一不成佛
諸佛本誓願　我所行佛道　普欲令衆生　亦同得此道
未來世諸佛　雖說百千億　无數諸法門　其實為一乘
諸佛兩足尊　知法常无性　佛種從緣起　是故說一乘
是法住法位　世間相常住　於道場知已　導師方便說
天人所供養　現在十方佛　其數如恒沙　出現於世間
安隱衆生故　亦說如是法　知第一寂滅　以方便力故
雖示種種道　其實為佛乘　知衆生諸行　深心之所念
過去所習業　欲性精進力　及諸根利鈍　以種種因緣
譬喻亦言辭　隨應方便說　今我亦如是　安隱衆生故
以種種法門　宣示於佛道　我以智慧力　知衆生性欲
方便說諸法　皆令得歡喜　舍利弗當知　我以佛眼觀
見六道衆生　貧窮无福慧　入生死險道　相續苦不斷
深著於五欲　如犛牛愛尾　以貪愛自蔽　盲瞑无所見
不求大勢佛　及與斷苦法　深入諸邪見　以苦欲捨苦
為是衆生故　而起大悲心　我始坐道場　觀樹亦經行

BD05011號　妙法蓮華經卷一

（6–4）

方便說諸法　皆令得歡喜　舍利弗當知　我以佛眼觀
見六道衆生　貧窮无福慧　入生死險道　相續苦不斷
深著於五欲　如犛牛愛尾　以貪愛自蔽　盲瞑无所見
不求大勢佛　及與斷苦法　深入諸邪見　以苦欲捨苦
為是衆生故　而起大悲心　我始坐道場　觀樹亦經行
於三七日中　思惟如是事　我所得智慧　微妙最第一
衆生諸根鈍　著樂癡所盲　如斯之等類　云何而可度
尒時諸梵王　及諸天帝釋　護世四天王　及大自在天
并餘諸天衆　眷屬百千万　恭敬合掌礼　請我轉法輪
我即自思惟　若但讚佛乘　衆生沒在苦　不能信是法
破法不信故　墜於三惡道　我寧不說法　疾入於涅槃
尋念過去佛　所行方便力　我今所得道　亦應說三乘
作念思惟時　十方佛皆現　梵音慰喻我　善哉釋迦文
第一之導師　得是无上法　隨諸一切佛　而用方便力
我等亦皆得　最妙第一法　為諸衆生類　分別說三乘
少智樂小法　不自信作佛　是故以方便　分別說諸果
雖復說三乘　但為教菩薩　舍利弗當知　我聞聖師子
深淨微妙音　稱南无諸佛　復作如是念　我出濁惡世
如諸佛所說　我亦隨順行　思惟是事已　即趣波羅奈
諸法寂滅相　不可以言宣　以方便力故　為五比丘說
是名轉法輪　便有涅槃音　及以阿羅漢　法僧差別名
從久遠劫來　讚示涅槃法　生死苦永盡　我常如是說
舍利弗當知　我見佛子等　志求佛道者　无量千万億
咸以恭敬心　皆來至佛所　曾從諸佛聞　方便所說法
我即作是念　如來所以出　為說佛慧故　今正是其時
舍利弗當知　鈍根小智人　著相憍慢者　不能信是法
今我喜无畏　於諸菩薩中　正直捨方便　但說无上道

BD05011號　妙法蓮華經卷一

（6–5）

是名轉法輪　便有涅槃音　及以阿羅漢　法僧差別名
從久遠劫來　讚示涅槃法　生死苦永盡　我常如是說
舍利弗當知　我見佛子等　志求佛道者　无量千万億
咸以恭敬心　皆來至佛所　曾從諸佛聞　方便所說法
我即作是念　如來所以出　為說佛慧故　今正是其時
舍利弗當知　鈍根小智人　著相憍慢者　不能信是法
今我喜无畏　於諸菩薩中　正直捨方便　但說无上道
菩薩聞是法　疑網皆已除　千二百羅漢　悉亦當作佛
如三世諸佛　說法之儀式　我今亦如是　說无分別法
諸佛興出世　懸遠值遇難　正使出於世　說是法復難
无量无數劫　聞是法亦難　能聽是法者　斯人亦復難
譬如優曇華　一切皆愛樂　天人所希有　時時乃一出
聞法歡喜讚　乃至發一言　則為已供養　一切三世佛
是人甚希有　過於優曇華　汝等勿有疑　我為諸法王
普告諸大衆　但以一乘道　教化諸菩薩　无聲聞弟子
汝等舍利弗　聲聞及菩薩　當知是妙法　諸佛之秘要
以五濁惡世　但樂著諸欲　如是等衆生　終不求佛道
當來世惡人　聞佛說一乘　迷惑不信受　破法墮惡道
有慚愧清淨　志求佛道者　當為如是等　廣讚一乘道
舍利弗當知　諸佛法如是　以万億方便　隨宜而說法
其不習學者　不能曉了此　汝等既已知　諸佛世之師
隨宜方便事　无復諸疑惑　心生大歡喜　自知當作佛

妙法蓮華經卷第一

BD05011 號　妙法蓮華經卷一　（6–6）

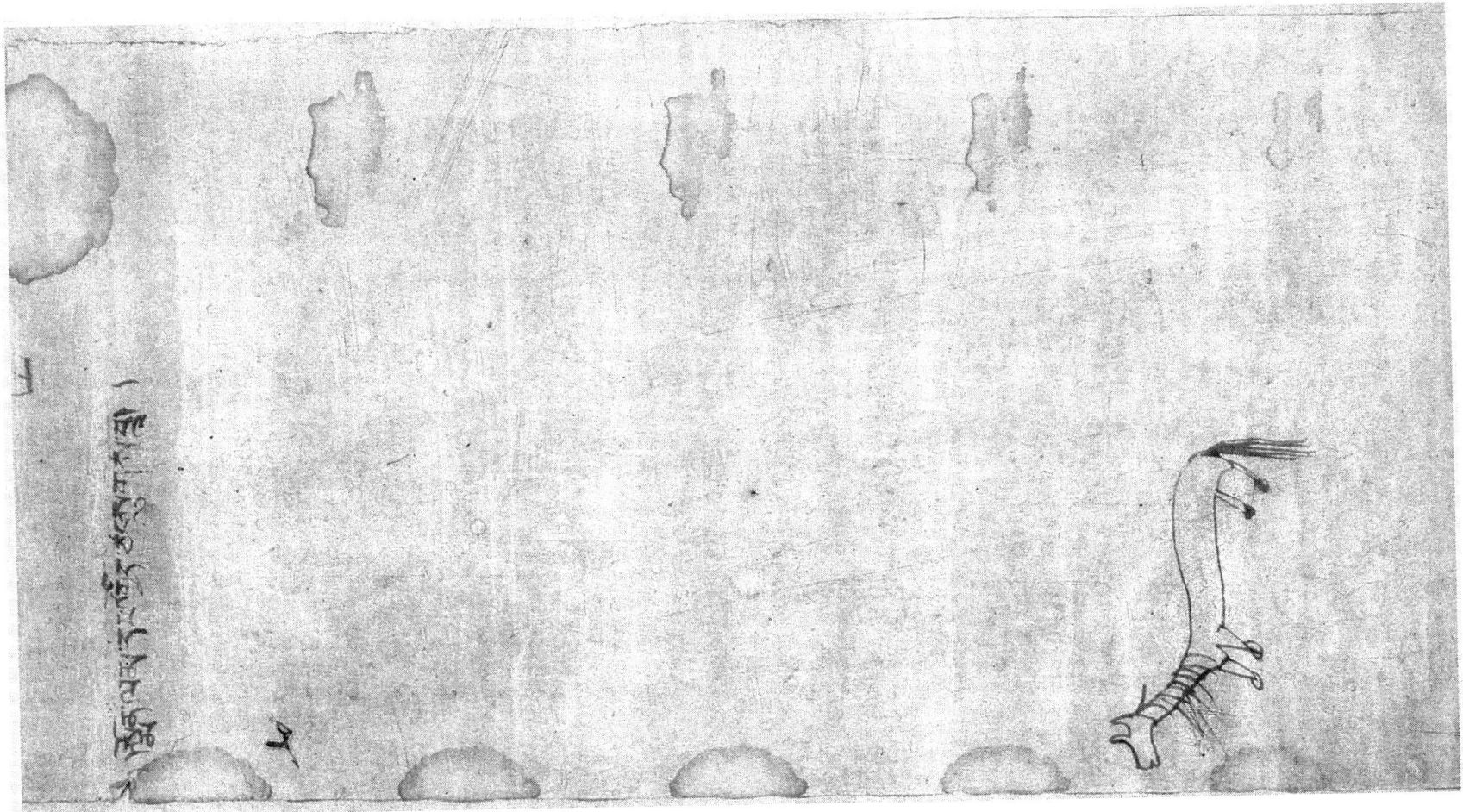

BD05011 號背　白畫馬（擬）及藏文雜寫　（1–1）

[illegible]
故而有退沒由退沒故心便羸劣心羸劣故
實法可於中住由於中住而有罣礙
蜜多時成就如是方便善巧謂都不見少有
佛告舍利子諸菩薩摩訶薩行深般若波羅
提為諸有情方便宣說令得正解離諸顛倒
自性皆非實有而依世俗發趣無上正等菩
便善巧由此方便善巧力故雖觀諸法都無
云何菩薩摩訶薩行深般若波羅蜜多時方
說令得正解離諸顛倒時舍利子復白佛言
世俗發趣無上正等菩提為諸有情方便宣
便善巧雖觀諸法都無自性皆非實有而依
利子諸菩薩摩訶薩行深般若波羅蜜多方
世尊但由顛倒愚夫異生有如是執佛告舍
曾或當如諸愚夫異生執不舍利子曰不也
生執不為實有異生乃至如來應正等覺或
諸佛無上正等菩提或曾或當如諸愚夫異
或當如諸愚夫異生執不廣說乃至為實有
如諸愚夫異生執不為實有受想行識或曾
告舍利子於汝意云何為實有色或曾或當
是如來應正等覺此是如來應正等覺法佛

BD05012 號　大般若波羅蜜多經卷五三四　（3–1）

流果乃至獨覺菩提執著菩薩摩訶薩行執
捨性執著一切智道相智一切相智執著預
十二大士相八十隨好執著無忘失法恒住
不共法執著大慈大悲大喜大捨執著三
執著五眼六神通執著如來十力乃至十八佛
喜地乃至法雲地執著陀羅尼門三摩地門
至十遍處執著淨觀地乃至如來地執著極
定執著空無相無願解脫門執著八解脫乃
乃至八聖道支執著四靜慮四無量四無色
不思議界執著苦集滅道聖諦執著四念住
執著內空乃至無性自性空執著真如乃至
明乃至老死執著布施乃至般若波羅蜜多
緣乃至增上緣執著從緣所生諸法執著無
為緣所生諸受執著地界乃至識界執著因
至意觸執著眼觸為緣所生諸受乃至意觸
法界執著眼識界乃至意識界執著眼觸乃
至法處執著眼界乃至意界執著色界乃至
乃至識蘊執著眼處乃至意處執著色處乃
寂唯有一切愚夫異生迷謬顛倒執著色蘊
我所皆用無性而為自性本性空寂自相空
便生懈怠舍利子以一切法都無實事無我
故而有退沒由退沒故心便羸劣心羸劣故
實法可於中住由於中住而有罣礙
蜜多時成就如是方便善巧謂都不見少有
佛告舍利子諸菩薩摩訶薩行深般若波羅
提為諸有情方便宣說令得正解離諸顛倒
[illegible]

BD05012 號　大般若波羅蜜多經卷五三四　（3–2）

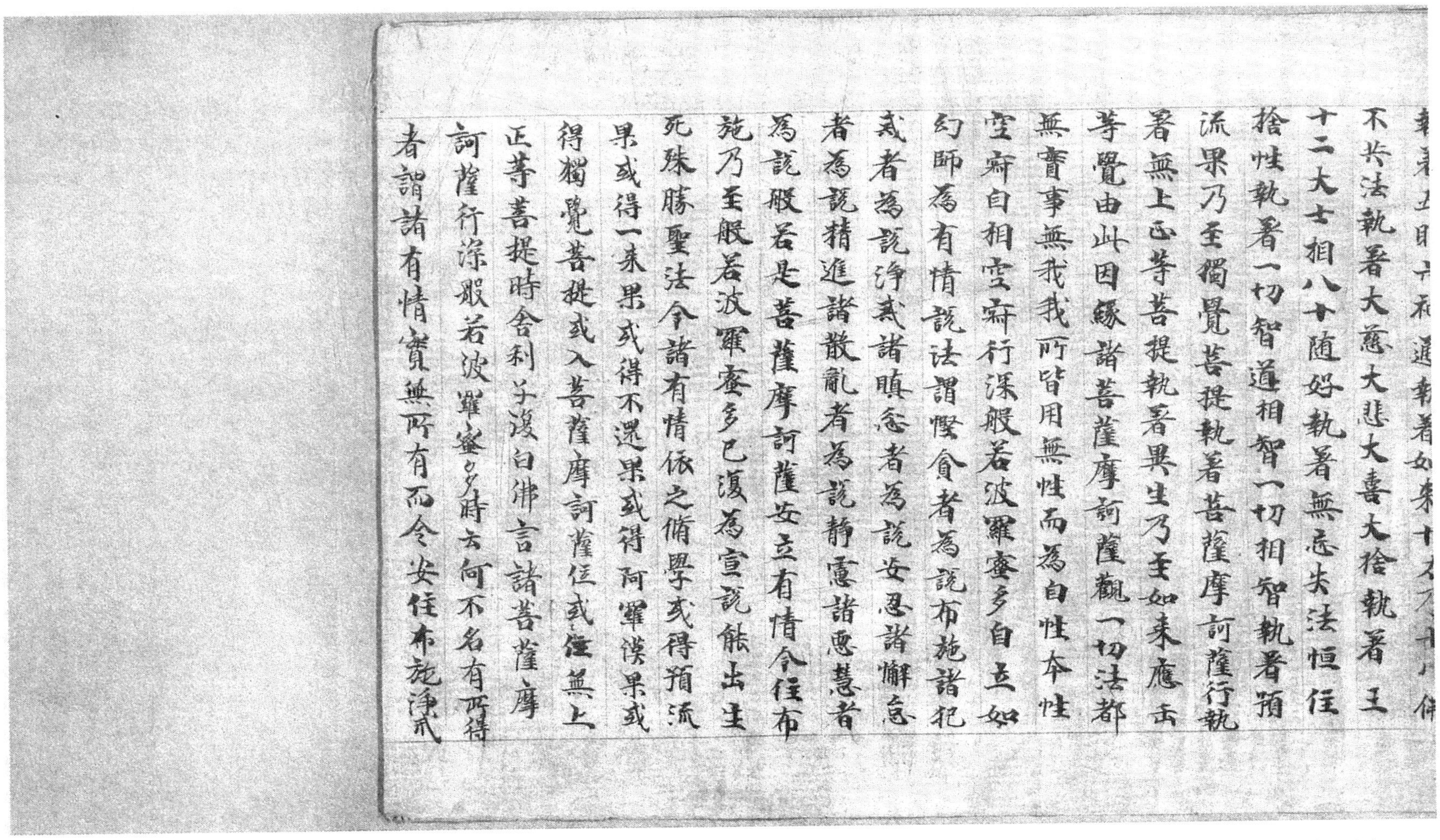

執著五眼六神通執著如來十[illegible]佛
不共法執著大慈大悲大喜大捨執著三十二大士相八十隨好執著無忘失法恒住
捨性執著一切智道相智一切相智執著預
流果乃至獨覺菩提執著菩薩摩訶薩行執
著無上正等菩提執著異生乃至如來應正
等覺由此因緣諸菩薩摩訶薩觀一切法都
無實事無我我所皆用無性而為自性本性
空寂自相空寂行深般若波羅蜜多自立如
幻師為有情說法謂慳貪者為說布施諸犯
戒者為說淨戒諸瞋忿者為說安忍諸懈怠
者為說精進諸散亂者為說靜慮諸惡慧者
為說般若是菩薩摩訶薩安立有情令住布
施乃至般若波羅蜜多已復為宣說能出生
死殊勝聖法令諸有情依之脩學或得預流
果或得一來果或得不還果或得阿羅漢果或
得獨覺菩提或入菩薩摩訶薩位或證無上
正等菩提時舍利子復白佛言諸菩薩摩
訶薩行深般若波羅蜜多時云何不名有所得
者謂諸有情實無所有而令安住布施淨戒

BD05012號　大般若波羅蜜多經卷五三四 （3–3）

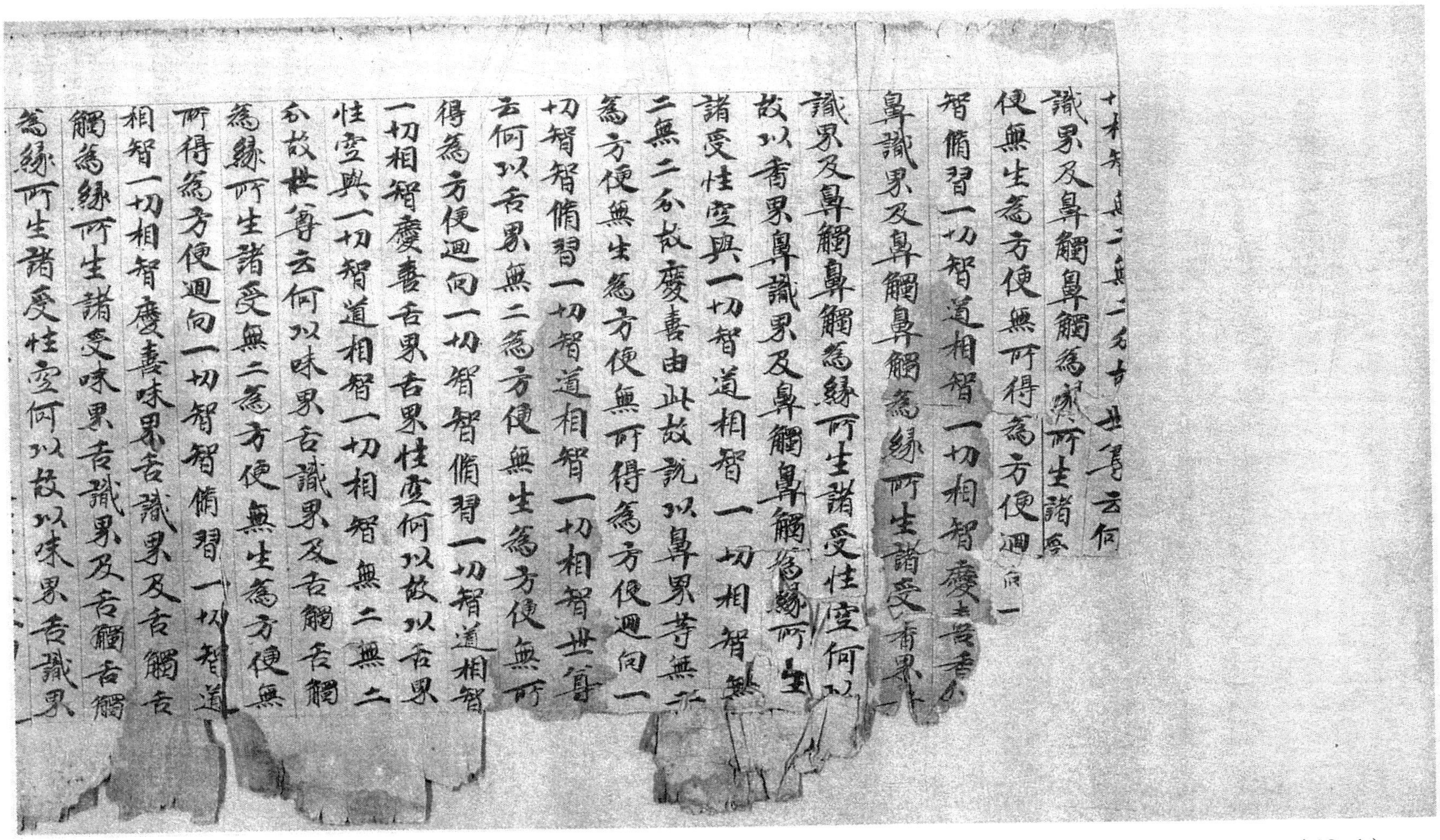

切相智無二無二分故世尊云何
識界及鼻觸鼻觸為緣所生諸受
便無生為方便無所得為方便迴向一
智脩習一切智道相智一切相智慶喜香界
鼻識界及鼻觸鼻觸為緣所生諸受香界
識界及鼻觸鼻觸為緣所生諸受性空何以
故以香界鼻識界及鼻觸鼻觸為緣所生
諸受性空與一切智道相智一切相智無
二無二分故慶喜由此故說以鼻界等無
二為方便無生為方便無所得為方便迴向一
切智脩習一切智道相智一切相智世尊
云何以舌界無二為方便無生為方便無所
得為方便迴向一切智脩習一切智道相智
一切相智慶喜舌界舌界性空何以故以舌界
性空與一切智道相智一切相智無二無二
分故世尊云何以味界舌識界及舌觸舌觸
為緣所生諸受無二為方便無生為方便無
所得為方便迴向一切智脩習一切智道
相智一切相智慶喜味界舌識界及舌觸舌
觸為緣所生諸受味界舌識界及舌觸舌觸
為緣所生諸受性空何以故以味界舌識界

BD05013號　大般若波羅蜜多經卷一一六 （18–1）

為緣所生諸受無二為方便無生為方便無
所得為方便迴向一切智智脩習一切智道
相智一切相智慶喜味界舌識界及舌觸舌
觸為緣所生諸受味界舌識界及舌觸舌觸
為緣所生諸受性空何以故以味界舌識界
及舌觸舌觸為緣所生諸受性空與一切智道
相智一切相智無二無二分故慶喜由此故說
以舌界等無二為方便無生為方便無所得
為方便迴向一切智智脩習一切智道相智
一切相智世尊云何以身界無二為方便無
生為方便無所得為方便迴向一切智智脩
習一切智道相智一切相智慶喜身界身界
性空何以故以身界性空與一切智道相智
一切相智無二無二分故世尊云何以觸界
身識界及身觸身觸為緣所生諸受無二為
方便無生為方便無所得為方便迴向一切
智智脩習一切智道相智一切相智慶喜觸
界身識界及身觸身觸為緣所生諸受觸界
身識界及身觸身觸為緣所生諸受性空何
以故以觸界身識界及身觸身觸為緣所生
諸受性空與一切智道相智一切相智無二
無二分故慶喜由此故說以身界等無二為
方便無生為方便無所得為方便迴向一切
智智脩習一切智道相智一切相智世尊云
何以意界無二為方便無生為方便無所得
為方便迴向一切智智脩習一切智道相智

BD05013號　大般若波羅蜜多經卷一一六　（18–2）

諸受性空與一切智道相智一切相智無二
無二分故慶喜由此故說以身界等無二為
方便無生為方便無所得為方便迴向一切
智智脩習一切智道相智一切相智世尊云
何以意界無二為方便無生為方便無所得
為方便迴向一切智智脩習一切智道相智
一切相智慶喜意界意界性空何以故以意
界性空與一切智道相智一切相智無二無
二分故世尊云何以法界意識界及意觸意
觸為緣所生諸受無二為方便無生為方便
無所得為方便迴向一切智智脩習一切智
道相智一切相智慶喜法界意識界及意觸
意觸為緣所生諸受法界意識界及意觸意
意觸為緣所生諸受性空何以故以法界意
識界及意觸意觸為緣所生諸受性空與一
切智道相智一切相智無二無二分故慶喜
由此故說以意界等無二為方便無生為方
便無所得為方便迴向一切智智脩習一切
智道相智一切相智
世尊云何以眼界無二為方便無生為方便
無所得為方便迴向一切智智脩習一切陁
羅尼門一切三摩地門慶喜眼界眼界性空
何以故以眼界性空與一切陁羅尼門一切
三摩地門無二無二分故世尊云何以色界
眼識界及眼觸眼觸為緣所生諸受無二為
方便無生為方便無所得為方便迴向一切

BD05013號　大般若波羅蜜多經卷一一六　（18–3）

羅尼門一切三摩地門慶喜眼界眼界性空
何以故以眼界性空與一切陁羅尼門一切
三摩地門無二無二分故世尊云何以色界
眼識界及眼觸眼觸為緣所生諸受無二為
方便無生為方便無所得為方便迴向一切
智智脩習一切陁羅尼門一切三摩地門慶
喜色界眼識界及眼觸眼觸為緣所生諸受
色界眼識界及眼觸眼觸為緣所生諸受性
空何以故以色界眼識界及眼觸眼觸為緣
所生諸受性空與一切陁羅尼門一切三摩
地門無二無二分故慶喜由此故說以眼界
等無二為方便無生為方便無所得為方便
迴向一切智智脩習一切陁羅尼門一切三
摩地門世尊云何以耳界無二為方便無生
為方便無所得為方便迴向一切智智脩習
一切陁羅尼門一切三摩地門慶喜耳界耳
界性空何以故以耳界性空與一切陁羅尼
門一切三摩地門無二無二分故世尊云何
以聲界耳識界及耳觸耳觸為緣所生諸受
無二為方便無生為方便無所得為方便迴
向一切智智脩習一切陁羅尼門一切三摩
地門慶喜聲界耳識界及耳觸耳觸為緣所
生諸受聲界耳識界及耳觸耳觸為緣所生
諸受性空何以故以聲界耳識界及耳觸耳
觸為緣所生諸受性空與一切陁羅尼門一
切三摩地門無二無二分故慶喜由此故說
以耳界等無二為方便無生為方便無所得

地門慶喜聲界耳識界及耳觸耳觸為緣所
生諸受聲界耳識界及耳觸耳觸為緣所生
諸受性空何以故以聲界耳識界及耳觸耳
觸為緣所生諸受性空與一切陁羅尼門一
切三摩地門無二無二分故慶喜由此故說
以耳界等無二為方便無生為方便無所得
為方便迴向一切智智脩習一切陁羅尼
門一切三摩地門世尊云何以鼻界無二為
方便無生為方便無所得為方便迴向一切
智智脩習一切陁羅尼門一切三摩地門慶
喜鼻界鼻界性空何以故以鼻界性空與一
切陁羅尼門一切三摩地門無二無二分故世
尊云何以香界鼻識界及鼻觸鼻觸為緣所
生諸受無二為方便無生為方便無所得為
方便迴向一切智智脩習一切陁羅尼門一
切三摩地門慶喜香界鼻識界及鼻觸鼻觸
為緣所生諸受香界鼻識界及鼻觸鼻觸為
緣所生諸受性空何以故以香界鼻識界及
鼻觸鼻觸為緣所生諸受性空與一切陁羅
尼門一切三摩地門無二無二分故慶喜由
此故說以鼻界等無二為方便無生為方便
無所得為方便迴向一切智智脩習一切陁
羅尼門一切三摩地門世尊云何以舌界無
二為方便無生為方便無所得為方便迴向
一切智智脩習一切陁羅尼門一切三摩地
門慶喜舌界舌界性空何以故以舌界性空
與一切陁羅尼門一切三摩地門無二無二

此故說以鼻界等無二為方便無生為方便
無所得為方便迴向一切智智脩習一切陁
羅尼門一切三摩地門世尊云何以舌界無
二為方便無生為方便無所得為方便迴向
一切智智脩習一切陁羅尼門一切三摩地
門慶喜舌界舌界性空何以故以舌界性空
與一切陁羅尼門一切三摩地門無二無二
分故世尊云何以味界舌識界及舌觸舌觸
為緣所生諸受無二為方便無生為方便無
所得為方便迴向一切智智脩習一切陁羅尼
門一切三摩地門慶喜味界舌識界及舌
觸舌觸為緣所生諸受味界舌識界及舌
觸舌觸為緣所生諸受性空何以故以味
界舌識界及舌觸舌觸為緣所生諸受性空
與一切陁羅尼門一切三摩地門無二無二
分故慶喜由此故說以舌界等無二為方便
無生為方便無所得為方便迴向一切智智
脩習一切陁羅尼門一切三摩地門世尊云
何以身界無二為方便無生為方便無所得
為方便迴向一切智智脩習一切陁羅尼門
一切三摩地門慶喜身界身界性空何以故
以身界性空與一切陁羅尼門一切三摩地
門無二無二分故世尊云何以觸界身識界
及身觸身觸為緣所生諸受無二為方便無
生為方便無所得為方便迴向一切智智脩習
一切陁羅尼門一切三摩地門慶喜觸界身

一切三摩地門慶喜身界身界性空何以故
以身界性空與一切陁羅尼門一切三摩地
門無二無二分故世尊云何以觸界身識界
及身觸身觸為緣所生諸受無二為方便無
生為方便無所得為方便迴向一切智智脩習
一切陁羅尼門一切三摩地門慶喜觸界身
識界及身觸身觸為緣所生諸受觸界身識
界及身觸身觸為緣所生諸受性空何以故
以觸界身識界及身觸身觸為緣所生諸受
性空與一切陁羅尼門一切三摩地門無二
無二分故慶喜由此故說以身界等無二為
方便無生為方便無所得為方便迴向一切
智智脩習一切陁羅尼門一切三摩地門世
尊云何以意界無二為方便無生為方便無
所得為方便迴向一切智智脩習一切陁羅尼
門一切三摩地門慶喜意界意界性空何以
故以意界性空與一切陁羅尼門一切三摩
地門無二無二分故世尊云何以法界意識
界及意觸意觸為緣所生諸受無二為方便
無生為方便無所得為方便迴向一切智智
脩習一切陁羅尼門一切三摩地門慶喜法
界意識界及意觸意觸為緣所生諸受法界
意識界及意觸意觸為緣所生諸受性空何
以故以法界意識界及意觸意觸為緣所生
諸受性空與一切陁羅尼門一切三摩地門
無二無二分故慶喜由此故說以意界等無
二為方便無生為方便無所得為方便迴

意識界及意觸意觸為緣所生諸受性空何
以故以法界意識界及意觸意觸為緣所生
諸受性空與一切陁羅尼門一切三摩地門
無二無二分故慶喜由此故說以意界等無
二為方便無生為方便無所得為方便迴
向一切智智脩習一切陁羅尼門一切三摩
地門
世尊云何以眼界無二為方便無生為方便
無所得為方便迴向一切智智脩習菩薩摩
訶薩行慶喜眼界眼界性空何以故以眼界
性空與彼菩薩摩訶薩行無二無二分故世
尊云何以色界眼識界及眼觸眼觸為緣所
生諸受無二為方便無生為方便無所得為
方便迴向一切智智脩習菩薩摩訶薩行慶
喜色界眼識界及眼觸眼觸為緣所生諸受
色界眼識界及眼觸眼觸為緣所生諸受
性空何以故以色界眼識界及眼觸眼觸為緣
所生諸受性空與彼菩薩摩訶薩行無二無
二分故慶喜由此故說以眼界等無二為方
便無生為方便無所得為方便迴向一切智
智脩習菩薩摩訶薩行世尊云何以耳界無
二為方便無生為方便無所得為方便迴向一
切智智脩習菩薩摩訶薩行慶喜耳界
耳界性空何以故以耳界性空與彼菩薩摩
訶薩行無二無二分故世尊云何以聲界耳
識界及耳觸耳觸為緣所生諸受無二為方

智脩習菩薩摩訶薩行世尊云何以耳界無
二為方便無生為方便無所得為方便迴向一
切智智脩習菩薩摩訶薩行慶喜耳界
耳界性空何以故以耳界性空與彼菩薩摩
訶薩行無二無二分故世尊云何以聲界耳
識界及耳觸耳觸為緣所生諸受無二為方
便無生為方便無所得為方便迴向一切智
智脩習菩薩摩訶薩行慶喜聲界耳識界及
耳觸耳觸為緣所生諸受聲界耳識界及耳
觸耳觸為緣所生諸受性空何以故以聲界
耳識界及耳觸耳觸為緣所生諸受性空與
彼菩薩摩訶薩行無二無二分故慶喜由
此故說以耳界等無二為方便無生為方便
無所得為方便迴向一切智智脩習菩薩摩訶
薩行世尊云何以鼻界無二為方便無生為
方便無所得為方便迴向一切智智脩習菩
薩摩訶薩行慶喜鼻界鼻界性空何以故
鼻界性空與彼菩薩摩訶薩行無二無二
分故世尊云何以香界鼻識界及鼻觸鼻
觸為緣所生諸受無二為方便無生為方便
無所得為方便迴向一切智智脩習菩薩
摩訶薩行慶喜香界鼻識界及鼻觸鼻觸
為緣所生諸受香界鼻識界及鼻觸鼻觸為緣
所生諸受性空何以故以香界鼻識界及鼻觸
鼻觸為緣所生諸受性空與彼菩薩摩訶薩行
無二無二分故慶喜由此故說以鼻界等無二
為方便無生為方便無所得為方便迴向一切

無所得為方便迴向一切智智脩習菩薩
摩訶薩行慶喜香界鼻識界及鼻觸鼻觸
為緣所生諸受香界鼻識界及鼻觸鼻觸為緣
所生諸受性空何以故以香界鼻識界及鼻觸
鼻觸為緣所生諸受性空與彼菩薩摩訶薩行
無二無二分故慶喜由此故說以鼻界等無二
為方便無生為方便無所得為方便迴向一切
智智脩習菩薩摩訶薩行世尊云何以舌界
無二為方便無生為方便無所得為方便迴
向一切智智脩習菩薩摩訶薩行慶喜舌界
舌界性空何以故以舌界性空與彼菩薩摩
訶薩行無二無二分故世尊云何以味界舌
識界及舌觸舌觸為緣所生諸受無二為方
便無生為方便無所得為方便迴向一切智
智脩習菩薩摩訶薩行慶喜味界舌識界及
舌觸舌觸為緣所生諸受味界舌識界及舌
觸舌觸為緣所生諸受性空何以故以味界
舌識界及舌觸舌觸為緣所生諸受性空與
彼菩薩摩訶薩行無二無二分故慶喜由此
故說以舌界等無二為方便無生為方便
無所得為方便迴向一切智智脩習菩薩摩
訶薩行世尊云何以身界無二為方便無生
為方便無所得為方便迴向一切智智脩
習菩薩摩訶薩行慶喜身界身界性空何以
故以身界性空與彼菩薩摩訶薩行無二無
二分故世尊云何以觸界身識界及身觸身觸

BD05013號　大般若波羅蜜多經卷一一六　（18–10）

訶薩行世尊云何以身界無二為方便無生
為方便無所得為方便迴向一切智智脩
習菩薩摩訶薩行慶喜身界身界性空何以
故以身界性空與彼菩薩摩訶薩行無二無
二分故世尊云何以觸界身識界及身觸身觸
為緣所生諸受無二為方便無生為方便
無所得為方便迴向一切智智脩習菩薩摩
訶薩行慶喜觸界身識界及身觸身觸為緣
所生諸受觸界身識界及身觸身觸為緣所
生諸受性空何以故以觸界身識界及身觸
身觸為緣所生諸受性空與彼菩薩摩訶薩
行無二無二分故慶喜由此故說以身界等
無二為方便無生為方便無所得為方便
迴向一切智智脩習菩薩摩訶薩行世尊云
何以意界無二為方便無生為方便無所得
為方便迴向一切智智脩習菩薩摩訶薩行
慶喜意界意界性空何以故以意界性空與彼
菩薩摩訶薩行無二無二分故世尊云何以法
界意識界及意觸意觸為緣所生諸受無
二為方便無生為方便無所得為方便迴向
一切智智脩習菩薩摩訶薩行慶喜法界
意識界及意觸意觸為緣所生諸受法界
意識界及意觸意觸為緣所生諸受性空何
以故以法界意識界及意觸意觸為緣所生
諸受性空與彼菩薩摩訶薩行無二無二分
故慶喜由此故說以意界等無二為方便無
生為方便無所得為方便迴向一切智智脩

BD05013號　大般若波羅蜜多經卷一一六　（18–11）

意識界及意觸意觸為緣所生諸受法界
意識界及意觸意觸為緣所生諸受性空何
以故以法界意識界及意觸意觸為緣所生
諸受性空與彼菩薩摩訶薩行無二無二分
故慶喜由此故說以意界等無二為方便無
生為方便無所得為方便迴向一切智智脩
習菩薩摩訶薩行
世尊云何以眼界無二為方便無生為方便
無所得為方便迴向一切智智脩習無上正
等菩提慶喜眼界眼界性空何以故以眼界
性空與彼無上正等菩提無二無二分故世
尊云何以色界眼識界及眼觸眼觸為緣所
生諸受無二為方便無生為方便無所得為
方便迴向一切智智脩習無上正等菩提慶
喜色界眼識界及眼觸眼觸為緣所生諸受色
界眼識界及眼觸眼觸為緣所生諸受性空
何以故以色界眼識界及眼觸眼觸為緣所
生諸受性空與彼無上正等菩提無二無二
分故慶喜由此故說以眼界等無二為方
便無生為方便無所得為方便迴向一切智
智脩習無上正等菩提世尊云何以耳界無
二為方便無生為方便無所得為方便迴向
一切智智脩習無上正等菩提慶喜耳界耳
界性空何以故以耳界性空與彼無上正等
菩提無二無二分故世尊云何以聲界耳識
界及耳觸耳觸為緣所生諸受無生為方便

BD05013號　大般若波羅蜜多經卷一一六

（18–12）

智脩習無上正等菩提世尊云何以耳界無
二為方便無生為方便無所得為方便迴向
一切智智脩習無上正等菩提慶喜耳界耳
界性空何以故以耳界性空與彼無上正等
菩提無二無二分故世尊云何以聲界耳識
界及耳觸耳觸為緣所生諸受無生為方便
無生為方便無所得為方便迴向一切智智
脩習無上正等菩提慶喜聲界耳識界及耳
觸耳觸為緣所生諸受聲界耳識界及耳觸
耳觸為緣所生諸受性空何以故以聲界耳
識界及耳觸耳觸為緣所生諸受性空與彼
無上正等菩提無二無二分故慶喜由此
故說以耳界等無二為方便無生為方便無
所得為方便迴向一切智智脩習無上正等
菩提世尊云何以鼻界無二為方便無生為
方便無所得為方便迴向一切智智脩習無
上正等菩提慶喜鼻界鼻界性空何以故以
鼻界性空與彼無上正等菩提無二無二分
故世尊云何以香界鼻識界及鼻觸鼻觸為
緣所生諸受無二為方便無生為方便無所
得為方便迴向一切智智脩習無上正等菩
提慶喜香界鼻識界及鼻觸鼻觸為緣所
生諸受香界鼻識界及鼻觸鼻觸為緣所生
諸受性空何以故以香界鼻識界及鼻觸
鼻觸為緣所生諸受性空與彼無上正等菩
提無二無二分故慶喜由此故說以鼻界等

BD05013號　大般若波羅蜜多經卷一一六

（18–13）

得為方便迴向一切智智脩習無上正等菩
提慶喜香界鼻識界及鼻觸鼻觸為緣所
生諸受香界鼻識界及鼻觸鼻觸為緣所生
諸受性空何以故以香界鼻識界及鼻觸
鼻觸為緣所生諸受性空與彼無上正等菩
提無二無二分故慶喜由此故說以鼻界等
無二為方便無生為方便無所得為方便迴
向一切智智脩習無上正等菩提世尊云何
以舌界無二為方便無生為方便無所得為方
便迴向一切智智脩習無上正等菩提慶喜舌
界舌界性空何以故以舌界性空與彼無上正
等菩提無二無二分故世尊云何以味界舌
識界及舌觸舌觸為緣所生諸受無二為方
便無生為方便無所得為方便迴向一切智
智脩習無上正等菩提慶喜味界舌識界及
舌觸舌觸為緣所生諸受味界舌識界及舌
觸舌觸為緣所生諸受性空何以故以味界
舌識界及舌觸舌觸為緣所生諸受性空與
彼無上正等菩提無二無二分故慶喜由此
故說以舌界等無二為方便無生為方便無
所得為方便迴向一切智智脩習無上正等
菩提世尊云何以身界無二為方便無生為
方便無所得為方便迴向一切智智脩習無
上正等菩提慶喜身界身界性空何以故以
身界性空與彼無上正等菩提無二無二分故
世尊云何以觸界身識界及身觸身觸為緣
所生諸受無二為方便無生為方便無所得

BD05013號　大般若波羅蜜多經卷一一六　　(18–14)

方便無所得為方便迴向一切智智脩習無
上正等菩提慶喜身界身界性空何以故以
身界性空與彼無上正等菩提無二無二分故
世尊云何以觸界身識界及身觸身觸為緣
所生諸受無二為方便無生為方便無所得
為方便迴向一切智智脩習無上正等菩提
慶喜觸界身識界及身觸身觸為緣所生諸
受觸界身識界及身觸身觸為緣所生諸
受性空何以故以觸界身識界及身觸身觸
為緣所生諸受性空與彼無上正等菩提無二
無二分故慶喜由此故說以身界等無二
為方便無生為方便無所得為方便迴向一
切智智脩習無上正等菩提世尊云何以意
界無二為方便無生為方便無所得為方便
迴向一切智智脩習無上正等菩提慶喜意
界意界性空何以故以意界性空與彼無上
正等菩提無二無二分故世尊云何以法界
意識界及意觸意觸為緣所生諸受無二為
方便無生為方便無所得為方便迴向一切智
智脩習無上正等菩提慶喜法界意識界及
意觸意觸為緣所生諸受法界意識界及意
觸意觸為緣所生諸受性空何以故以法
界意識界及意觸意觸為緣所生諸受性空
與彼無上正等菩提無二無二分故慶喜由
此故說以意界等無二為方便無生為方便
無所得為方便迴向一切智智脩習無上正
等菩提

BD05013號　大般若波羅蜜多經卷一一六　　(18–15)

觸意觸爲緣所生諸受性空何以故以法
界意識界及意觸意觸爲緣所生諸受性空
與彼無上正等菩提無二無二分故慶喜由
此故説以意界等無二爲方便無生爲方便
無所得爲方便迴向一切智智脩習無上正
等菩提
世尊云何以地界無二爲方便無生爲方便
無所得爲方便迴向一切智智脩習布施淨
戒安忍精進靜慮般若波羅蜜多慶喜地界
地界性空何以故以地界性空與布施淨戒
安忍精進靜慮般若波羅蜜多無二無二分
故世尊云何以水火風空識界無二爲方便
無生爲方便無所得爲方便迴向一切智智
脩習布施淨戒安忍精進靜慮般若波羅蜜
多慶喜水火風空識界水火風空識界性空
何以故以水火風空識界性空與布施淨戒
安忍精進靜慮般若波羅蜜多無二無二分
故慶喜由此故説以地界等無二爲方便無
生爲方便無所得爲方便迴向一切智智脩
習布施淨戒安忍精進靜慮般若波羅蜜多
世尊云何以地界無二爲方便無生爲方便
無所得爲方便迴向一切智智安住內空外
空內外空空空大空勝義空有爲空無爲空
畢竟空無際空散空無變異空本性空自相
空共相空一切法空不可得空無性空自性
空無性空性空慶喜地界地界性空何以故

BD05013 號　大般若波羅蜜多經卷一一六　（18–16）

故慶喜由此故説以地界等無二爲方便無
生爲方便無所得爲方便迴向一切智智脩
習布施淨戒安忍精進靜慮般若波羅蜜多
世尊云何以地界無二爲方便無生爲方便
無所得爲方便迴向一切智智安住內空外
空內外空空空大空勝義空有爲空無爲空
畢竟空無際空散空無變異空本性空自相
空共相空一切法空不可得空無性空自性
空無性自性空慶喜地界地界性空何以故
以地界性空與彼內空乃至無性自性空無
二無二分故世尊云何以水火風空識界無
二爲方便無生爲方便無所得爲方便迴向
一切智智安住內空外空內外空空空大空
勝義空有爲空無爲空畢竟空無際空散空
無變異空本性空自相空共相空一切法空
不可得空無性空自性空無性自性空慶喜
水火風空識界水火風空識界性空何以故
以水火風空識界性空與彼內空乃至無性
自性空無二無二分故慶喜由此故説以
地界等無二爲方便無生爲方便無所得
爲方便迴向一切智智安住內空乃至
無性自性空

大般若波羅蜜多經卷第一百一十六

BD05013 號　大般若波羅蜜多經卷一一六　（18–17）

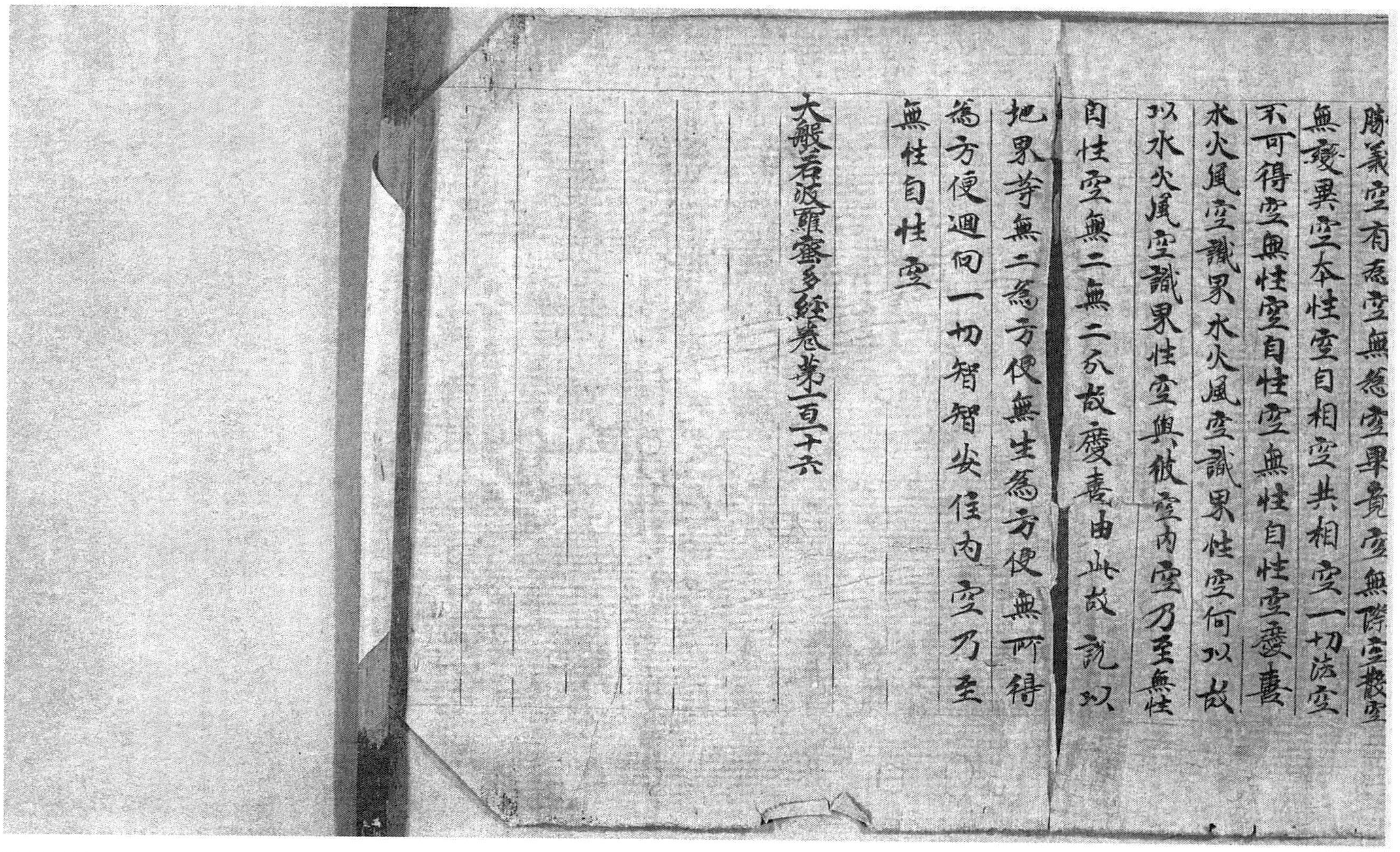
勝義空有為空無為空畢竟空無際空散空
無變異空本性空自相空共相空一切法空
不可得空無性空自性空無性自性空慶喜
水火風空識界水火風空識界性空何以故
以水火風空識界性空與彼空內空乃至無性
自性空無二無二分故慶喜由此故說以
地界等無二為方便無生為方便無所得
為方便迴向一切智智安住內空乃至
無性自性空
大般若波羅蜜多經卷第一百十六

BD05013 號　大般若波羅蜜多經卷一一六　（18–18）

離而不依身心盡是菩薩行雖行三界而不
壞法性是菩薩行雖行於空而植衆德本是
菩薩行雖行无相而度衆生是菩薩行雖行
无作而現受身是菩薩行雖行无起而起一
切善行是菩薩行雖行六波羅蜜而遍知衆
生心心數法是菩薩行雖行六通而不盡漏
是菩薩行雖行四无量心而不貪著生於梵
世是菩薩行雖行禪定解脫三昧而不隨禪
生是菩薩行雖行四念處而不永離身受心
法是菩薩行雖行四正勤而不捨身心精進
是菩薩行雖行四如意足而得自在神通是
菩薩行雖行五根而分別衆生諸根利鈍是
菩薩行雖行五力而樂求佛十力是菩薩行
雖行七覺分而分別佛之智慧是菩薩行雖
行八正道而樂行无量佛道是菩薩行雖行
止觀助道之法而不畢竟墮於寂滅是菩薩
行雖行諸法不生不滅而以相好莊嚴其身
是菩薩行雖現聲聞辟支佛威儀而不捨佛
法是菩薩行雖隨諸法究竟淨相而隨所應

BD05014 號　維摩詰所說經卷中　（3–1）

雖行七覺分而分別佛之智慧是菩薩行雖
行八正道而樂行无量佛道是菩薩行雖行
止觀助道之法而不畢竟墮於寂滅是菩薩
行雖行諸法不生不滅而以相好莊嚴其身
是菩薩行雖現聲聞辟支佛威儀而不捨佛
法是菩薩行雖隨諸法究竟淨相而隨所應
為現其身是菩薩行雖觀諸佛國土永寂
如空而現種種清淨佛土是菩薩行雖得佛道
轉于法輪入於涅槃而不捨於菩薩之道是
菩薩行說是法時文殊師利所將大眾其中
八千天子皆發阿耨多羅三藐三菩提心

不思議品第六

爾時舍利弗見此室中无有牀座作是念斯
諸菩薩大弟子眾當於何坐長者維摩詰知
其意語舍利弗言云何仁者為法來耶求牀
座耶舍利弗言我為法來非為牀座維摩詰
言唯舍利弗夫求法者不貪軀命何況牀座
夫求法者非有色受想行識之求非有界入
之求非有欲色无色之求唯舍利弗夫求法
者不著佛求不著法求不著眾求夫求法者
无見苦求无斷集求无造盡證脩道之求所
以者何法无戲論若言我當見苦斷集證滅
脩道是則戲論非求法也唯舍利弗法名寂
滅若行生滅是求生滅非求法也法名无染
若染於法乃至涅槃是則染著非求法也法
无行處若行於法是則行處非求法也法无取
舍法是則取捨非求法也法无處

BD05014號　維摩詰所說經卷中

（3–2）

菩薩行說是法時文殊師利所將大眾其中
八千天子皆發阿耨多羅三藐三菩提心

不思議品第六

爾時舍利弗見此室中无有牀座作是念斯
諸菩薩大弟子眾當於何坐長者維摩詰知
其意語舍利弗言云何仁者為法來耶求牀
座耶舍利弗言我為法來非為牀座維摩詰
言唯舍利弗夫求法者不貪軀命何況牀座
夫求法者非有色受想行識之求非有界入
之求非有欲色无色之求唯舍利弗夫求法
者不著佛求不著法求不著眾求夫求法者
无見苦求无斷集求无造盡證脩道之求所
以者何法无戲論若言我當見苦斷集證滅
脩道是則戲論非求法也唯舍利弗法名寂
滅若行生滅是求生滅非求法也法名无染
若染於法乃至涅槃是則染著非求法也法
无行處若行於法是則行處非求法也法无取
舍法是則取捨非求法也法无處

BD05014號　維摩詰所說經卷中

（3–3）

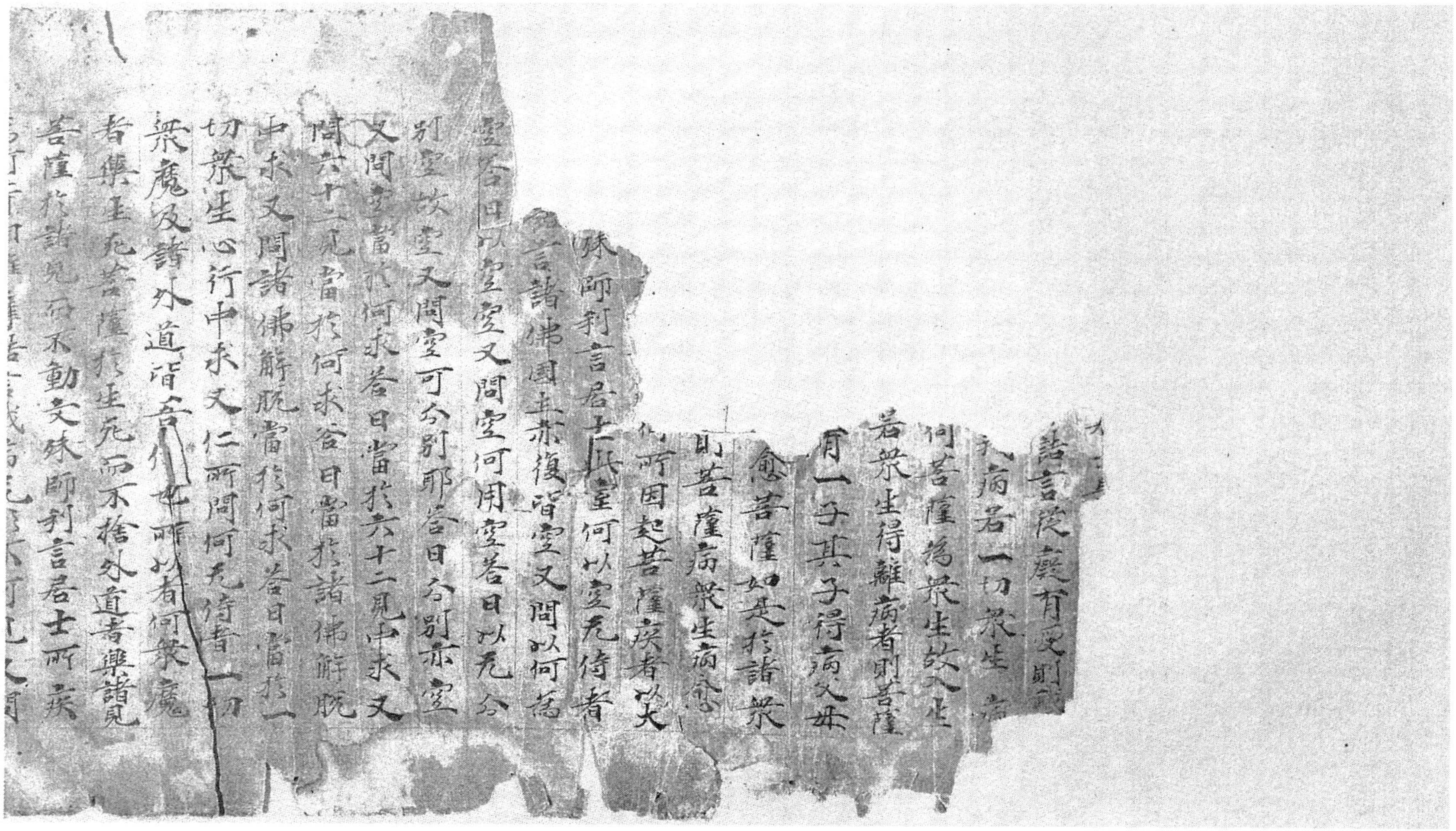

詰言從癡有愛則我
病若一切衆生
何菩薩為衆生故入生
若衆生得離病者則菩薩
有一子其子得病父母
愈菩薩如是於諸衆
則菩薩病衆生病愈
所因起菩薩疾者以大
殊師利言居士此室何以空無侍者
詰言諸佛國土亦復皆空又問以何為
空答曰以空空又問空何用空答曰以无分
別空故空又問空可分別耶答曰分別亦空
又問空當於何求答曰當於六十二見中求又
問六十二見當於何求答曰當於諸佛解脫
中求又問諸佛解脫當於何求答曰當於一
切衆生心行中求又仁所問何无侍者一切
衆魔及諸外道皆吾侍也所以者何衆魔
者樂生死菩薩於生死而不捨外道者樂諸見
菩薩於諸見而不動文殊師利言居士所疾
[illegible]

BD05015 號　維摩詰所說經卷中　（5–1）

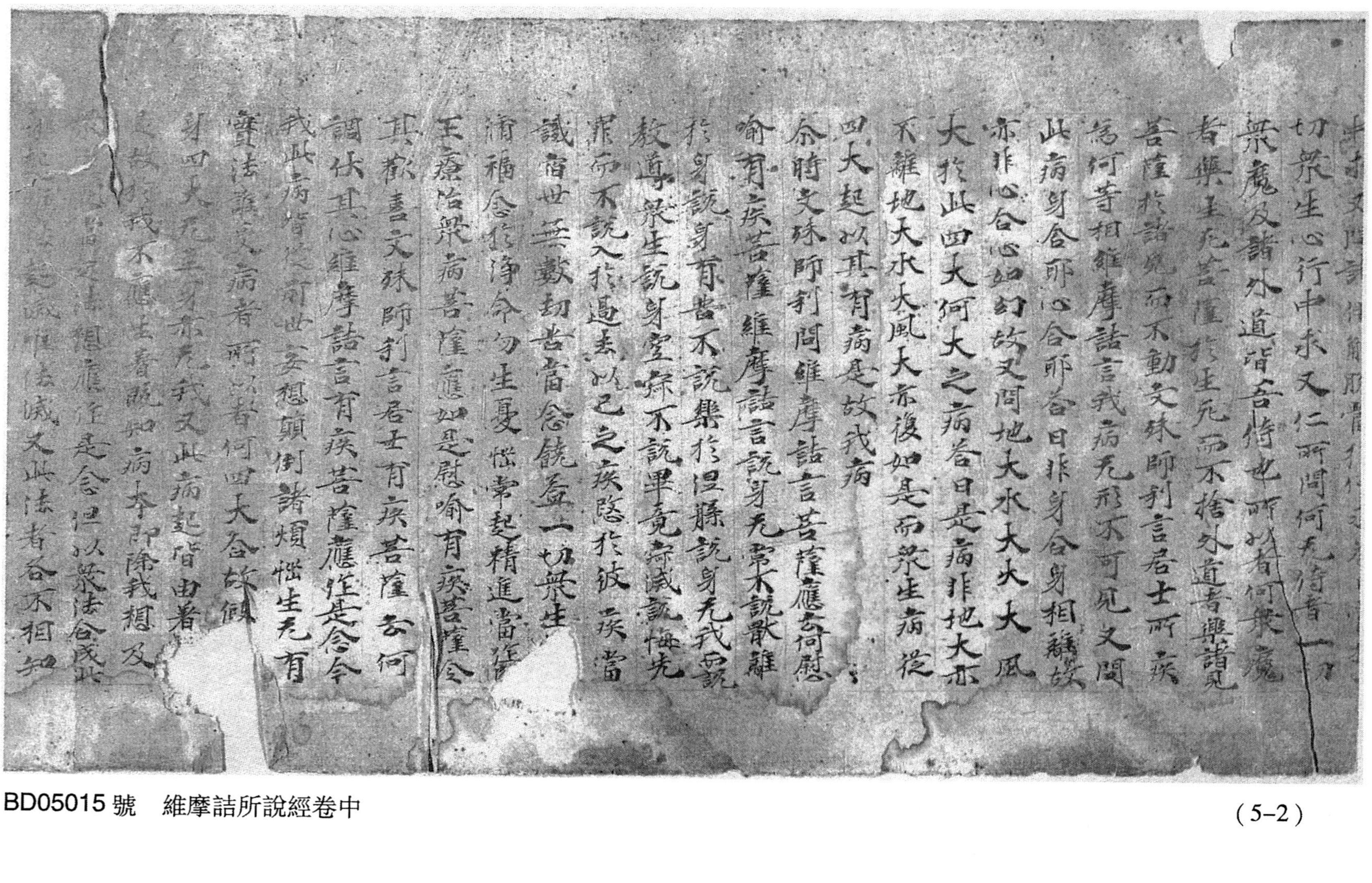

[illegible]
切衆生心行中求又仁所問何无侍者一切
衆魔及諸外道皆吾侍也所以者何衆魔
者樂生死菩薩於生死而不捨外道者樂諸見
菩薩於諸見而不動文殊師利言居士所疾
為何等相維摩詰言我病无形不可見又問
此病身合耶心合耶答曰非身合身相離故
亦非心合心如幻故又問地大水大火大風
大於此四大何大之病答曰是病非地大亦
不離地大水火風大亦復如是而衆生病從
四大起以其有病是故我病
尒時文殊師利問維摩詰言菩薩應云何慰
喻有疾菩薩維摩詰言說身无常不說猒離
於身說身有苦不說樂於涅槃說身无我而說
教導衆生說身空寂不說畢竟寂滅說悔先
罪而不說入於過去以己之疾愍於彼疾當
識宿世無數劫苦當念饒益一切衆生
憶所脩福念於淨命勿生憂惱常起精進當作
醫王療治衆病菩薩應如是慰喻有疾菩薩令
其歡喜文殊師利言居士有疾菩薩云何
調伏其心維摩詰言有疾菩薩應作是念今
我此病皆從前世妄想顛倒諸煩惱生无有
實法誰受病者所以者何四大合故假
名為身四大无主身亦无我又此病起皆由著
我是故於我不應生著既知病本即除我想及
衆生想當起法想應作是念但以衆法合成此
身起唯法起滅唯法滅又此法者各不相知

BD05015 號　維摩詰所說經卷中　（5–2）

我此病從前世妄想顛倒諸煩惱生无有
實法誰受病者所以者何四大合故假
身四大无主身亦无我又此病起皆由著
我是故於我不應生著既知病本即除我想及
衆生想當起法想應作是念但以衆法合成此
身起唯法起滅唯法滅又此法者各不相知
起時不言我起滅時不言我滅彼有疾菩薩
為滅法想當作是念此法想者亦是顛倒顛
倒者即是大患我應離之云何為離離我我
所云何離我我所謂離二法云何離二法謂
不念內外諸法行於平等云何平等謂我等
涅槃等所以者何我及涅槃此二皆空以何
為空但以名字故空如此二法无決定性得是
平等无有餘病唯有空病空病亦空是有
疾菩薩以无所受而受諸受未具佛法亦不
滅受而取證也設身有苦念惡趣衆生起大
悲心我既調伏亦當調伏一切衆生但除其
病而不除法為斷病本而教導之何謂病本
謂有攀緣從有攀緣則為病本何所攀緣
謂之三界云何斷攀緣以无所得若无所得則
无攀緣何謂无所得謂離二見何謂二見謂
內見外見是无所得文殊師利是名有疾菩薩
調伏其心為斷老病死苦是名菩薩菩提若
不如是己所脩治為无慧利譬如勝怨乃可
為勇如是兼除老病死者菩薩之謂也彼有
疾菩薩應作是念如我此病非真非有衆生
病亦非真非有作是觀時於諸衆生若起愛

BD05015號　維摩詰所說經卷中　（5－3）

內見外見是无所得文殊師利是名有疾菩
調伏其心為斷老病死苦是名菩薩菩提若
不如是己所脩治為无慧利譬如勝怨乃可
為勇如是兼除老病死者菩薩之謂也彼有
疾菩薩應作是念如我此病非真非有衆生
病亦非真非有作是觀時於諸衆生若起愛
見大悲即應捨離所以者何菩薩斷除客塵
煩惱而起大悲愛見悲者則於生死有疲猒
心若能離此无有疲猒在在所生不為愛見
之所覆也所生无縛能為衆生說法解縛如
佛所說若自有縛能解彼縛无有是處若自
无縛能解彼縛斯有是處是故菩薩不應起
縛何謂縛何謂解貪著禪味是菩薩縛以方
便生是菩薩解又无方便慧縛有方便慧解
无慧方便縛有慧方便解何謂无方便慧縛
謂菩薩以愛見心莊嚴佛土成就衆生於空
无相无作法中而自調伏是名无方便慧縛
何謂有方便慧解謂不以愛見心莊嚴佛土成
就衆生於空无相无作法中以自調伏而不
疲猒是名有方便慧解何謂无慧方便縛謂
菩薩住貪欲瞋恚邪見等諸煩惱而植衆德
本是名无慧方便縛何謂有慧方便解謂離
諸貪欲瞋恚邪見等諸煩惱而植衆德本迴
向阿耨多羅三藐三菩提是名有慧方便解
文殊師利彼有疾菩薩應如是觀諸法又復
觀身无常苦空非我是名為慧雖身有疾常
在生死饒益一切而不猒惓是名方便又復

BD05015號　維摩詰所說經卷中　（5－4）

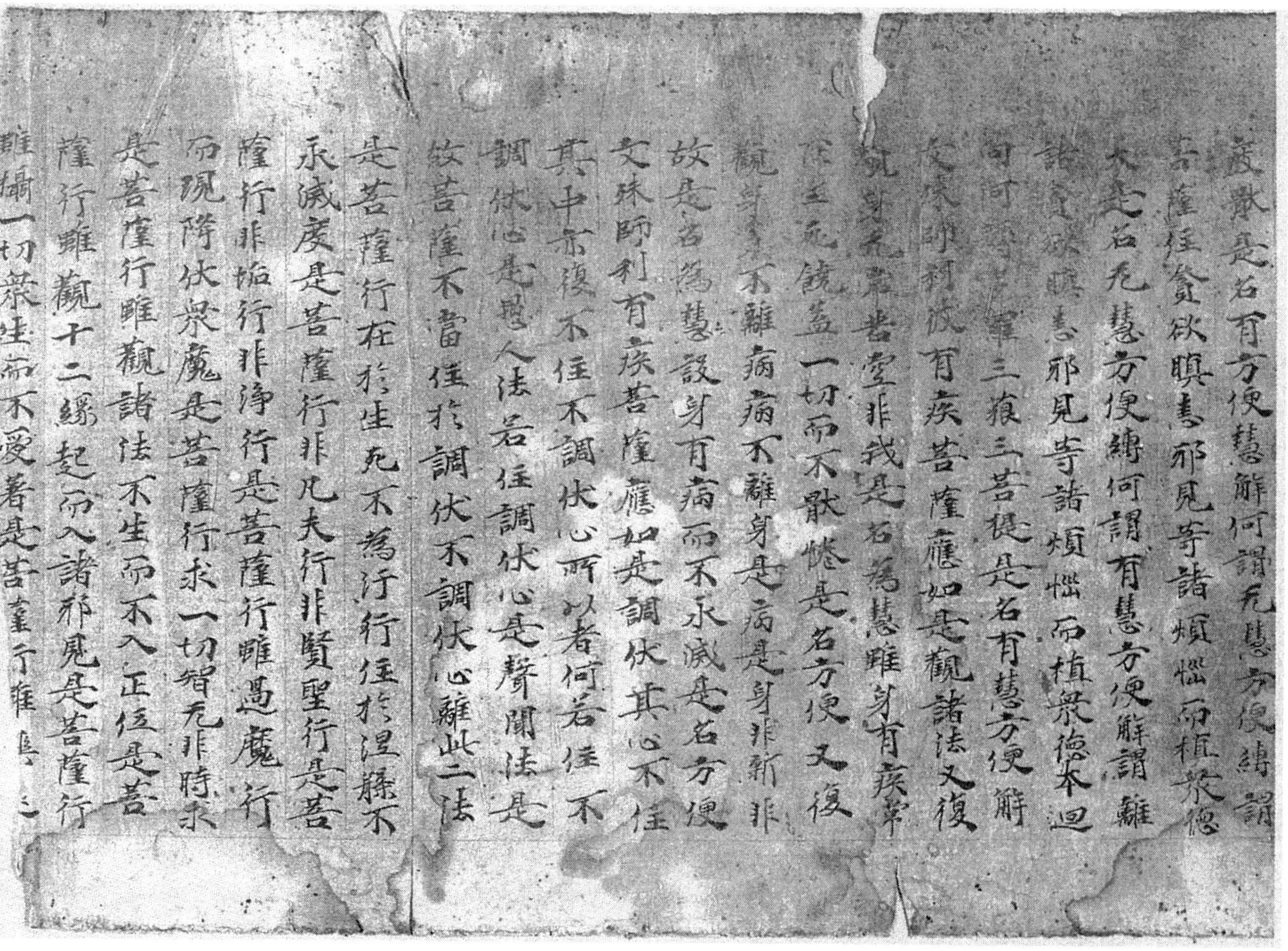

疲猒是名有方便慧解何謂无慧方便縛謂
菩薩住貪欲瞋恚邪見等諸煩惱而植衆德
本是名无慧方便縛何謂有慧方便解謂離
諸貪欲瞋恚邪見等諸煩惱而植衆德本迴
向阿耨多羅三藐三菩提是名有慧方便解
文殊師利彼有疾菩薩應如是觀諸法又復
觀身无常苦空非我是名為慧雖身有疾常
在生死饒益一切而不猒惓是名方便又復
觀身身不離病病不離身是病是身非新非
故是名為慧設身有病而不永滅是名方便
文殊師利有疾菩薩應如是調伏其心不住
其中亦復不住不調伏心所以者何若住不
調伏心是愚人法若住調伏心是聲聞法是
故菩薩不當住於調伏不調伏心離此二法
是菩薩行在於生死不為汙行住於涅槃不
永滅度是菩薩行非凡夫行非賢聖行是菩
薩行非垢行非淨行是菩薩行雖過魔行
而現降伏衆魔是菩薩行求一切智无非時求
是菩薩行雖觀諸法不生而不入正位是菩
薩行雖觀十二緣起而入諸邪見是菩薩行
雖攝一切衆生而不愛著是菩薩行雖[illegible]

BD05015 號　維摩詰所說經卷中　（5–5）

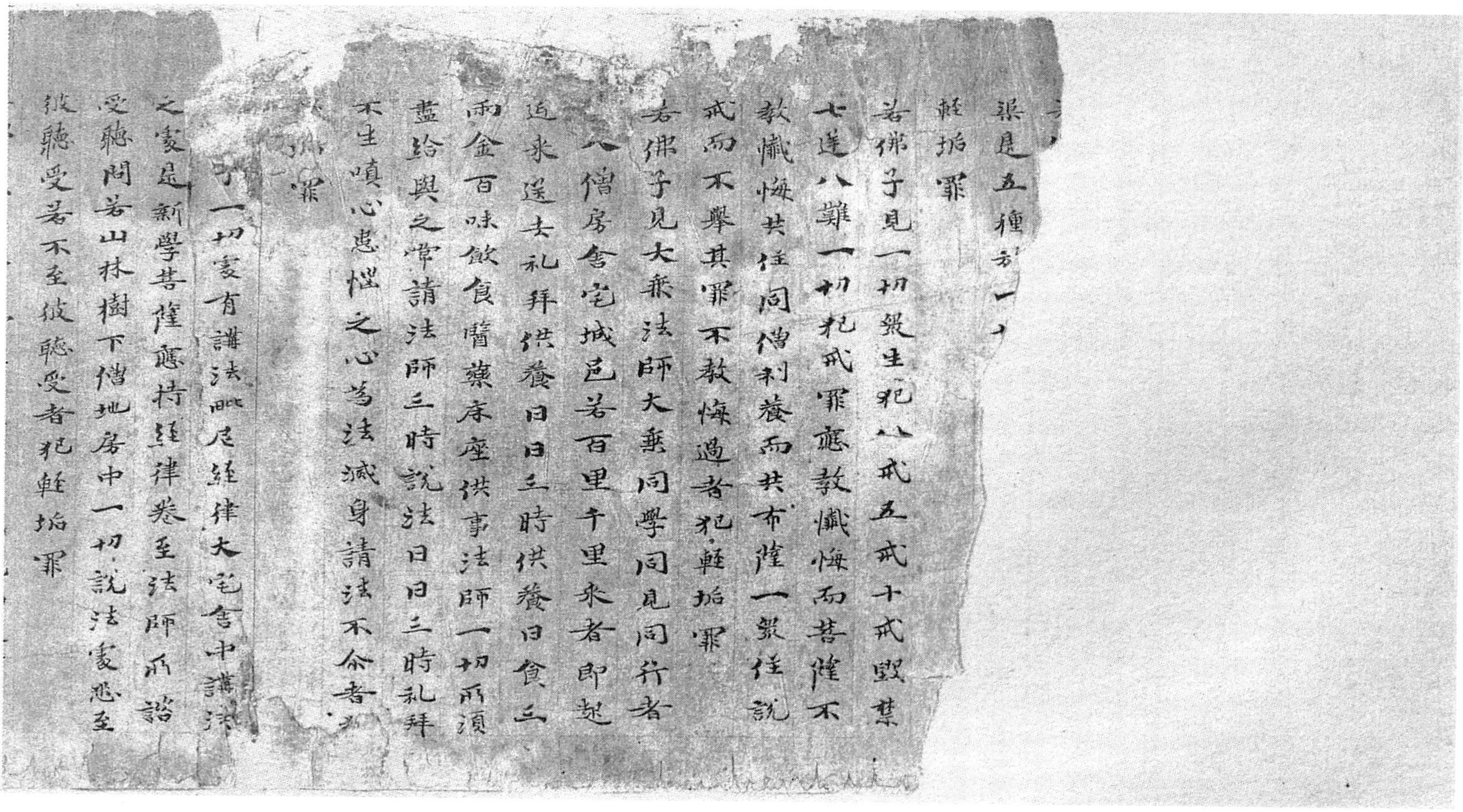

衆是五種[illegible]
輕垢罪
若佛子見一切衆生犯八戒五戒十戒毀禁
七逆八難一切犯戒罪應教懺悔而菩薩不
教懺悔共住同僧利養而共布薩一衆住說
戒而不擧其罪不教悔過者犯輕垢罪
若佛子見大乘法師大乘同學同見同行者
來入僧房舍宅城邑若百里千里來者即起
迎來送去禮拜供養日日三時供養日食三
兩金百味飲食牀座醫藥供事法師一切所須
盡給與之常請法師三時說法日日三時禮拜
不生瞋心患惱之心為法滅身請法不倦者
輕垢罪
若佛子一切處有講法毗尼經律大宅舍中講法
之處是新學菩薩應持經律卷至法師所諮
受聽問若山林樹下僧地房中一切說法處悉至
彼聽受若不至彼聽受者犯輕垢罪

BD05016 號　梵網經盧舍那佛說菩薩心地戒品第十卷下　（19–1）

子一切處有講法毗尼經律大宅舍中講法
之處是新學菩薩應持經律卷至法師所諮
受聽問若山林樹下僧地房中一切說法處悉至
彼聽受若不至彼聽受者犯輕垢罪
若佛子心背大乘常住經律言非佛說而受持二乘
聲聞外道惡見一切禁戒邪見經律者犯輕垢罪
若佛子見一切疾病人常應供養如佛無異
八福田中看病第一福田若父母師僧弟子
病諸根不具百種病苦惱皆養令差而菩薩
以瞋恨心不至僧房中城邑曠野山林道路
中見病不救濟者犯輕垢罪
若佛子不得畜一切刀杖弓箭鉾斧鬪戰之
具及惡網羅煞生之器一切不得畜而菩薩
乃至見煞父母尚不加報況煞一切眾生若故
畜刀杖者犯輕垢罪
如是十戒應當學敬心奉持
下六品中當廣開
佛言佛子為利養惡心故通國使命軍陣合
會興師相伐煞無量眾生而菩薩不得入軍中
往來況故作國賊若故作者犯輕垢罪
若佛子故販賣良人奴婢畜生市易官材板木盛
死人之具尚不故作況教人作若故作者犯輕垢罪
若佛子以惡心故無事謗他良人善人法師
師僧國王貴人言犯七逆十重而菩薩於父
[illegible]

BD05016號　梵網經盧舍那佛說菩薩心地戒品第十卷下

（19–2）

會興師相伐煞無量眾生而菩薩不得入軍中
往來況故作國賊若故作者犯輕垢罪
若佛子故販賣良人奴婢畜生市易官材板木盛
死人之具尚不故作況教人作若故作者犯輕垢罪
若佛子以惡心故無事謗他良人善人法師
師僧國王貴人言犯七逆十重而菩薩於父
母兄弟六親中應生孝順心慈悲心而反更
加於逆害墮不如意處者犯輕垢罪
若佛子以惡心故放大火燒山林曠野四月
乃至九月放火若燒他人家屋宅城邑僧房田
木及鬼神官物一切有主物不得故燒若故
燒者犯輕垢罪
若佛子自佛弟子及外道惡人六親一切善知
識一一教受持大乘經律應教解義理使
發菩提心十發趣心十長養心十金剛心一
一解其次第法用而菩薩以惡心瞋心橫教
二乘聲聞經律外道惡人邪見論等者犯輕
垢罪
若佛子應以好心先學大乘威儀經律廣開
解義味見後新學菩薩有百里千里來求大
乘經律應如法為說一切苦行若燒身燒臂燒
指若不燒身臂指供養諸佛非出家菩薩乃
至餓虎狼師子口中一切餓鬼悉應捨身肉
手足而供養之然後一一次第為說正法使
心開意解而菩薩為利養故應答不答倒說經

BD05016號　梵網經盧舍那佛說菩薩心地戒品第十卷下

（19–3）

若佛子應以好心先學大乘威儀經律廣開
解義味見後新學菩薩有百里千里來求大
乘經律應如法為說一切苦行若燒身燒臂燒
指若不燒身臂指供養諸佛非出家菩薩乃
至餓虎狼師子口中一切餓鬼悉應捨身肉
手足而供養之然後一一次第為說正法使
心開意解而菩薩為利養故應答不答倒說經
律文字無前無後謗寶說者犯輕垢罪
若佛子自為飲食錢物利養名譽故親近國王
王子大臣百官恃作形勢乞索打拍牽挽
横取錢物一切求利名為惡求多求教他人
求都無慈心無孝順心者犯輕垢罪
若佛子學誦戒者日日六時持菩薩戒
義理佛性之性而菩薩不解一句一偈戒律因
緣詐言能解者即為自欺誑亦欺誑他人一一
不解一切法而為他人作師受戒者犯輕垢罪
若佛子以惡心故見持戒比丘手捉香鑪行菩
薩行而鬪遘兩頭謗欺賢人無惡不造若故
作者犯輕垢罪
若佛子以慈心故行放生業一切男子是我父
一切女人是我母我生生無不從之受生故
六道衆生皆是我父母而煞而食者即煞我
父母亦煞我身故一切地水是我先身一切
火風是我本體故常行放生生生受生
生受生若見世人欲煞畜生時應方便救護
解其苦難常應教化講說菩薩戒救度衆生

BD05016 號　梵網經盧舍那佛說菩薩心地戒品第十卷下　（19–4）

六道衆生皆是我父母而煞而食者即煞我
父母亦煞我身故一切地水是我先身一切
火風是我本體故常行放生生生受生
生受生若見世人欲煞畜生時應方便救護
解其苦難常應教化講說菩薩戒救度衆生
若父母兄弟死亡之日應請法師講菩薩戒
福資亡者得見諸佛生人天上若不介者犯
輕垢罪
如是十戒應當學敬心奉持
如滅罪品中廣明一一戒
佛言佛子以瞋報瞋以打報打若煞父母兄
弟六親不得加報若國主為他人煞者亦不
得加報煞生報生不順孝道尚不畜奴婢打
拍罵辱日日起三業口罪無量況故作七逆
之罪而菩薩無慈報讎乃至六親中若故作
者犯輕垢罪
若佛子初始出家未有所解而自恃聰明有
智或高貴年宿或恃大姓高門大解大福饒
財七寶以此憍慢而不來諮受先學法師經
律其法師者或小姓年少卑門貧窮諸根不
具而實有德一切經律盡解而新學菩薩不
得觀法師種姓而不來諮受法師第一義諦
者犯輕垢罪
若佛子佛滅度後欲以好心受菩薩戒時於
佛菩薩形像前自誓受戒當七日佛前懺悔

BD05016 號　梵網經盧舍那佛說菩薩心地戒品第十卷下　（19–5）

具而實有德一切經律盡解而新學菩薩不
得觀法師種姓而不來諮受法師第一義諦
者犯輕垢罪
若佛子佛滅度後欲以好心受菩薩戒時於
佛菩薩形像前自誓受戒當七日佛前懺悔
得見好相便受戒若不得好相應以二七三
七乃至一年要得好相得好相已便得佛菩
薩形像前受得戒若不得好相時雖佛像
前受戒不名得戒若先受菩薩戒法師前
受戒時不須要見好相何以故是法師師師
相授故不須好相是以法師前受戒即得戒
以生慇重心故便得戒若千里內無能受戒
師得佛菩薩形像前受戒而要見好相若法
師自倚解經律大乘學戒與國王太子百官
以為善友而新學菩薩來問若經義律義輕
心惡心慢心不好答問者犯輕垢罪
若佛子有佛經律大乘法正見正性正法身
而不能勤學修習而捨七寶反學邪見二乘
外道俗典阿毗曇雜論書記是斷佛性障
道因緣非行菩薩道若故作者犯輕垢罪
若佛子佛滅度後為說法主為僧房主教化
主坐禪主行來主應生慈心善和鬪諍善守
護三寶物莫無度用如自己有而反亂衆鬪
諍恣心用三寶物者犯輕垢罪

BD05016號　梵網經盧舍那佛說菩薩心地戒品第十卷下　（19–6）

道因緣非行菩薩道若故作者犯輕垢罪
若佛子佛滅度後為說法主為僧房主教化
主坐禪主行來主應生慈心善和鬪諍善守
護三寶物莫無度用如自己有而反亂衆鬪
諍恣心用三寶物者犯輕垢罪
若佛子先住僧房中住後見客菩薩比丘來
入僧房舍宅城邑國王宅舍中乃至夏坐安居
處及大會中先住僧應迎來送去飲食供養
房舍臥具繩床事事給與若無有物應自賣
身及男女身供給所須悉以與之若有檀越來
請衆僧客僧有利養分僧房主應次第差客僧
受請而先住僧獨受請不差客僧受請房主得
無量罪畜生無異非沙門非釋種姓犯輕垢罪
若佛子一切不得受別請利養入己而此利養
屬十方僧而別受請即取十方僧物入己及八
福田中諸佛聖人一一師僧父母病人物自己
故用者犯輕垢罪
若佛子有出家菩薩在家菩薩及一切檀越
請僧福田求願之時應入僧房中問知事人
今欲次第請者即得十方賢聖僧而世人別
請五百羅漢菩薩僧不如僧次一凡夫僧若
別請僧者是外道法七佛無別請法不順孝
道若故別請僧者犯輕垢罪
若佛子以惡心故為利養故販賣男女等色

BD05016號　梵網經盧舍那佛說菩薩心地戒品第十卷下　（19–7）

令欲次第請者即得十方賢聖僧而世人別
請五百羅漢菩薩僧不如僧次一凡夫僧若
別請僧者是外道法七佛無別請法不順孝
道若故別請僧者犯輕垢罪
若佛子以惡心故爲利養故販賣男女色
自手作食自磨占相男女解夢吉凶是
男是女呪術工巧調鷹方法和合百種毒藥
千種毒藥蛇毒生金銀蠱毒都無慈心若
故作者犯輕垢罪
若佛子以惡心故自身謗三寶詐現親附口
便說空行在有中爲白衣通致男女交會婬
色作諸縛著於月六齋日年三長齋月作殺
生劫盜破齋犯戒者犯輕垢罪
如是十戒應當學敬心奉持制戒品中廣
解佛言佛子佛滅度後於惡世中若見外道
一切惡人劫賊賣佛菩薩父母形像販賣經律
販賣比丘比丘尼亦賣發心菩薩道人或爲官
使與一切人作奴婢者而菩薩見是事已應生
慈悲心方便救護處處教化取物贖佛菩薩形
像及比丘比丘尼一切經律若不贖者犯輕垢罪
若佛子不得畜刀杖弓箭販賣輕秤小斗因
官形勢取人財物害心繫縛破壞成功長養
猫狸猪狗若故養者犯輕垢罪
若佛子以惡心故觀一切男女等鬪軍陣兵

BD05016 號　梵網經盧舍那佛說菩薩心地戒品第十卷下　（19-8）

像及比丘比丘尼一切經律若不贖者犯輕垢罪
若佛子不得畜刀杖弓箭販賣輕秤小斗因
官形勢取人財物害心繫縛破壞成功長養
猫狸猪狗若故養者犯輕垢罪
若佛子以惡心故觀一切男女等鬪軍陣兵
將劫賊等鬪亦不得聽吹貝鼓角琴瑟箏笛
箜篌歌叫伎樂之聲不得樗蒱圍碁波羅塞
戲彈碁六博拍毱擲石投壺牽道八道行城
爪鏡蓍草楊枝鉢盂髑髏而作卜筮不得作盜
賊使命一一不得作若故作者犯輕垢罪
若佛子護持禁戒行住坐臥日夜六時讀誦
是戒由如金剛如帶持浮囊欲渡大海如草
繫比丘常生大乘善信自知我是未成之佛
諸佛是已成之佛發菩提心念念不去心若
起一念二乘外道心者犯輕垢罪
若佛子常應發一切願孝順父母師僧三寶
常願得好師僧同學善友知識常教我大乘
經律十發趣十長養十金剛十地使我開解
如法修行堅持佛戒寧捨身命念念不去心
若一切菩薩不發是願者犯輕垢罪
若佛子發是十大願已持佛禁戒作是願言寧
以此身投大熾然猛火大坑刀山終不毀犯
三世諸佛經律與一切女人作不淨行
復作是願寧以熱鐵羅網千重周帀纏身終

BD05016 號　梵網經盧舍那佛說菩薩心地戒品第十卷下　（19-9）

若一切菩薩不發是願者犯輕垢罪
若佛子發是大願已持佛禁戒作是願言寧
以此身投大熾然猛火大坑刀山終不毀犯
三世諸佛經律與一切女人作不淨行
復作是願寧以熱鐵羅網千重周帀纏身終
不以破戒之身受信心檀越一切衣服
復作是願寧以此口吞熱鐵丸及大流猛火經
百千劫終不以破戒之口食信心檀越百味飲
食復作是願寧以此身卧大猛火羅網熱鐵
地上終不以破戒之身受信心檀越百種床
座復作是願寧以此身受三百鉾刺心終不
以破戒之身受信心檀越百味醫藥
復作是願寧以此身投熱鐵鑊千劫終不以
破戒之身受信心檀越千種房舍屋宅園林田
地復作是願寧以鐵鎚打碎此身從頭至足
令如微塵終不以此破戒之身受信心檀越
恭敬礼拜復作是願寧以百千熱鐵刀鉾挑其
兩目終不以破戒之心視他好色
復作是願寧以百千鐵錐撓刺耳根經一劫
二劫終不以破戒之心聽好音聲
復作是願寧以百千刃刀割去其鼻終不以
破戒之心貪嗅諸香
復作是願寧以百千刃刀割斷其舌終不以
破戒之心食人百味淨食
復作是願寧以利斧斬破其身終不以破戒

BD05016號　梵網經盧舍那佛說菩薩心地戒品第十卷下　（19–10）

復作是願寧以百千刃刀割去其鼻終不以
破戒之心貪嗅諸香
復作是願寧以百千刃刀割斷其舌終不以
破戒之心食人百味淨食
復作是願寧以利斧斬破其身終不以破戒
之心貪著好觸
復作是願一切衆生悉得成佛而菩薩若不
發是願者犯輕垢罪
若佛子常應二時頭陀冬夏坐禪結夏安
居常用楊枝澡豆三衣缾鉢坐具錫杖香爐
漉水囊手巾刀子火燧鑷子繩床經律佛像
菩薩形像而菩薩行頭陀時及遊方時行來
時百里千里此十八種物常隨其身頭陀者
從正月十五日至三月十五日八月十五日至
十月十五日是二時中十八種物常隨其身如
鳥二翼若布薩日新學菩薩半月半月布薩
應誦十重四十八輕戒於諸佛菩薩形像前
一人布薩即一人誦若二若三乃至百千人亦
一人誦誦者高座聽者下座各各披九條七
條五條袈裟結夏安居一一如法若頭陀時
莫入難處若國難惡王土地高下草木深邃
師子虎狼水火惡風劫賊毒蛇道路一切難
處悉不得入若頭陀行道乃至夏坐安居是
諸難處皆不得入若故入者犯輕垢罪

BD05016號　梵網經盧舍那佛說菩薩心地戒品第十卷下　（19–11）

除五條袈裟結夏安居一一如法若頭陁時
莫入難處若國難惡王土地高下草木深邃
師子虎狼水火風劫賊毒蛇道路一切難
處悉不得入若頭陁行道乃至夏坐安居是
諸難處皆不得入若故入者犯輕垢罪
若佛子應如法次第坐先受戒者在前坐後
受戒者在後坐不問老少比丘比丘尼貴人國
王王子乃至黃門奴婢皆應先受戒者在前
坐後受戒者隨次第坐莫如外道癡人若老
若少無前無後坐無次第如兵奴之法我佛法中
先者先坐後者後坐而菩薩不次第坐者犯
輕垢罪
若佛子常應教化一切衆生建立僧房山林
園田立作佛塔冬夏安居坐禪處所一切行
道處皆應立之而菩薩應爲一切衆生講說
大乘經律若疾病國難賊難父母兄弟和上
阿闍梨亡滅之日及三七日四五七日乃至七七
日亦應講說大乘經律齋會求福行來治生大火
所燒大水所漂黑風所吹船舫江河大海羅刹之
難乃至一切罪報三惡七逆八難杻械枷鎖繫縛
其身多婬多嗔多愚癡多疾病皆應讀誦講說
大乘經律而新學菩薩若不介者犯輕垢罪
如是九戒應當學敬心奉持梵壇品廣說佛
言佛子與人受戒時不得簡擇一切國王王

BD05016號　梵網經盧舍那佛說菩薩心地戒品第十卷下　（19–12）

其身多婬多嗔多愚癡多疾病皆應讀誦講說
大乘經律而新學菩薩若不介者犯輕垢罪
如是九戒應當學敬心奉持梵壇品廣說佛
言佛子與人受戒時不得簡擇一切國王王
子大臣百官比丘比丘尼信男信女婬男婬
女十八梵六欲天無根二根黃門奴婢一切鬼神
盡得受戒應教身所著袈裟皆使壞色與道
相應皆染使青黃赤黑紫色一切染衣乃至卧
具盡以壞色身所著衣一切染色一切國土中
人所著衣服比丘皆應與其俗服有異若欲
受戒時師應問言汝現身不作七逆罪耶菩薩
法師不得與七逆人現身受戒七逆者出佛身
血煞父母和上阿闍梨破羯磨轉法輪僧煞聖
人若具七遮即現身不得戒餘一切人盡得受戒
出家人法不向國王禮拜不向父母禮拜六親不
敬鬼神不禮但解法師語有百里千里來求法
者而菩薩法師以惡心瞋心而不即與授一切
衆生戒者犯輕垢罪
若佛子教化人起信心時菩薩與他人作教戒
法師者見欲受戒人應教請二師和上阿闍
梨二師應問言汝有七遮罪不若現身有七
遮師不應與受戒無七遮者得受又有犯十
戒者應教懺悔在佛菩薩形像前日日六時
誦十重四十八輕戒若頂禮三世千佛須見好

BD05016號　梵網經盧舍那佛說菩薩心地戒品第十卷下　（19–13）

法師者見欲受戒人應教請二師和上阿闍
梨二師應問言汝有七遮罪不若現身有七
遮師不應與受戒無七遮者得受又有犯十
戒者應教懺悔在佛菩薩形像前日日六時
誦十重四十八輕戒若頂禮三世千佛須見好
相若一七日二七日三七日乃至一年要見好
相相者佛來摩頂授記見光見華種種異相
便得滅罪若無好相雖懺無益是人現身亦
不得戒而得增受戒若犯四十八輕戒者對手
懺悔不同七遮而教戒師於是法中應一一好
解義理若不解大乘經律若輕若重是非之
相不解第一義諦習種性長養性不可壞性
道種性性種性其中多少觀行出入十禪支一
切行法一一不得此法中意而菩薩為利養
為名聞故惡求貪利弟子而詐現解一切經
律是自欺詐亦欺詐他人與人受戒者犯輕
垢罪
若佛子不得為利養故於未受菩薩戒者
外道惡人前說此千佛大戒邪見人前亦
不得說除國王餘一切人不得說是惡人輩
受佛戒名為畜生生生不見三寶如木不
心名為外道邪見人輩木頭無異而菩
是惡人前說七佛教戒者犯輕垢罪
若佛子信心出家受佛正戒故起心毀
戒者不得受一切檀越供養亦不得國

BD05016號　梵網經盧舍那佛說菩薩心地戒品第十卷下　（19–14）

得說除國王餘一切人不得說是惡人輩
受佛戒名為畜生生生不見三寶如木不
心名為外道邪見人輩木頭無異而菩
是惡人前說七佛教戒者犯輕垢罪
若佛子信心出家受佛正戒故起心毀
戒者不得受一切檀越供養亦不得國
王地上行不得飲國王水五千大鬼常遮其
前鬼言大賊若入房舍城邑宅中鬼復常掃
其腳跡一切世人罵言佛法中賊一切眾生
眼不欲見犯戒之人畜生無異木頭無異
若故毀正戒者犯輕垢罪
若佛子常應一心受持讀誦剝皮為紙
刺血為墨以髓為水析骨為筆書寫佛戒
木皮穀紙絹素竹帛亦應悉書持常以七寶
無價香華一切雜寶為箱盛經律卷若不
如法供養者犯輕垢罪
若佛子常應起大悲心若入一切城邑
舍宅見一切眾生應唱言汝等眾生盡應受
三歸十戒若見牛馬豬羊一切畜生應心念口
言汝是畜生發菩提心而菩薩入一切處
山川林野皆使一切眾生發菩提心而菩
若不教化眾生者犯輕垢罪
若佛子常行教化起大悲心若入檀越貴
家一切眾中不得立為白衣說法應白
眾前高座上坐法師比丘不得地立為四

BD05016號　梵網經盧舍那佛說菩薩心地戒品第十卷下　（19–15）

汝是畜生發菩提心而菩薩入一切
川林野皆使一切衆生發菩提心而菩
若不教化衆生者犯輕垢罪
若佛子常行教化起大悲心若入檀越貴
家一切衆中不得立爲白衣說法應白
衆前高座上坐法師比丘不得地立爲四
白衣說法若說法時法師高座香華供養
四衆聽者下坐如孝順父母敬順師教
事火婆羅門其說法者若不如法說者犯輕
垢罪
若佛子皆以信心受戒者若國王王子百官
四部弟子自恃高貴破滅佛法戒律明作制
法制我四部弟子不聽出家行道亦復不聽
造立形像佛塔經律立統官制衆破三寶之
罪而故作破法者犯輕垢罪
若佛子以好心出家而爲名聞利養於國王
百官前說七佛戒橫與比丘比丘尼菩薩戒
弟子作繫縛事如獄囚法如兵奴之法如師
子身中虫自食師子肉非外道天魔能破若
受佛戒者應護佛戒如念一子如事父母而
菩薩聞外道惡人以一惡言誹謗佛戒之時
如三百鉾刺心千刀万杖打拍其身等无有
異寧自入地獄百劫而不用聞惡言破佛法
上聲而況自破佛法教人破法因緣无孝順
心若故作者犯輕垢罪
如是九戒應當學敬心奉持

BD05016號　梵網經盧舍那佛說菩薩心地戒品第十卷下　（19–16）

菩薩聞外道惡人以一惡言誹謗佛戒之時
如三百鉾刺心千刀万杖打拍其身等无有
異寧自入地獄百劫而不用聞惡言破佛法
上聲而況自破佛法教人破法因緣无孝順
心若故作者犯輕垢罪
如是九戒應當學敬心奉持
告諸佛子是四十八輕戒汝等受持過去諸
佛菩薩已學現在菩薩今學未來諸菩薩當
學諸佛子聽十重四十八輕戒三世諸佛已
誦當誦今誦我今如是誦汝等一切大衆若
國王王子百官比丘比丘尼信男信女受持
菩薩戒者應受持讀誦解說書寫佛性常住
戒卷流通三世一切衆生化化不絕得見千
佛佛授手世世不墮三惡八難常生天上人
中我今在此樹下略開七佛法戒汝當一心
學波羅提木叉歡喜奉行如無相天王品
勸學中一一廣明三千學士時坐聽者聞
佛自誦心心頂戴喜躍受持
尒時釋迦牟尼佛說上蓮華臺藏世界盧舍
那佛心地法門品說十无盡戒品竟千百億
釋迦亦如是說從魔醯首羅天王宮至此道
樹十住處說法品爲一切菩薩不可說大衆
受持讀誦解說其義亦如是千百億世界蓮
華藏世界微塵世界一切佛心藏地藏戒藏
无量行願藏因果佛性常住藏如一切佛說
无量一切法藏竟千百億世界中一切衆生

BD05016號　梵網經盧舍那佛說菩薩心地戒品第十卷下　（19–17）

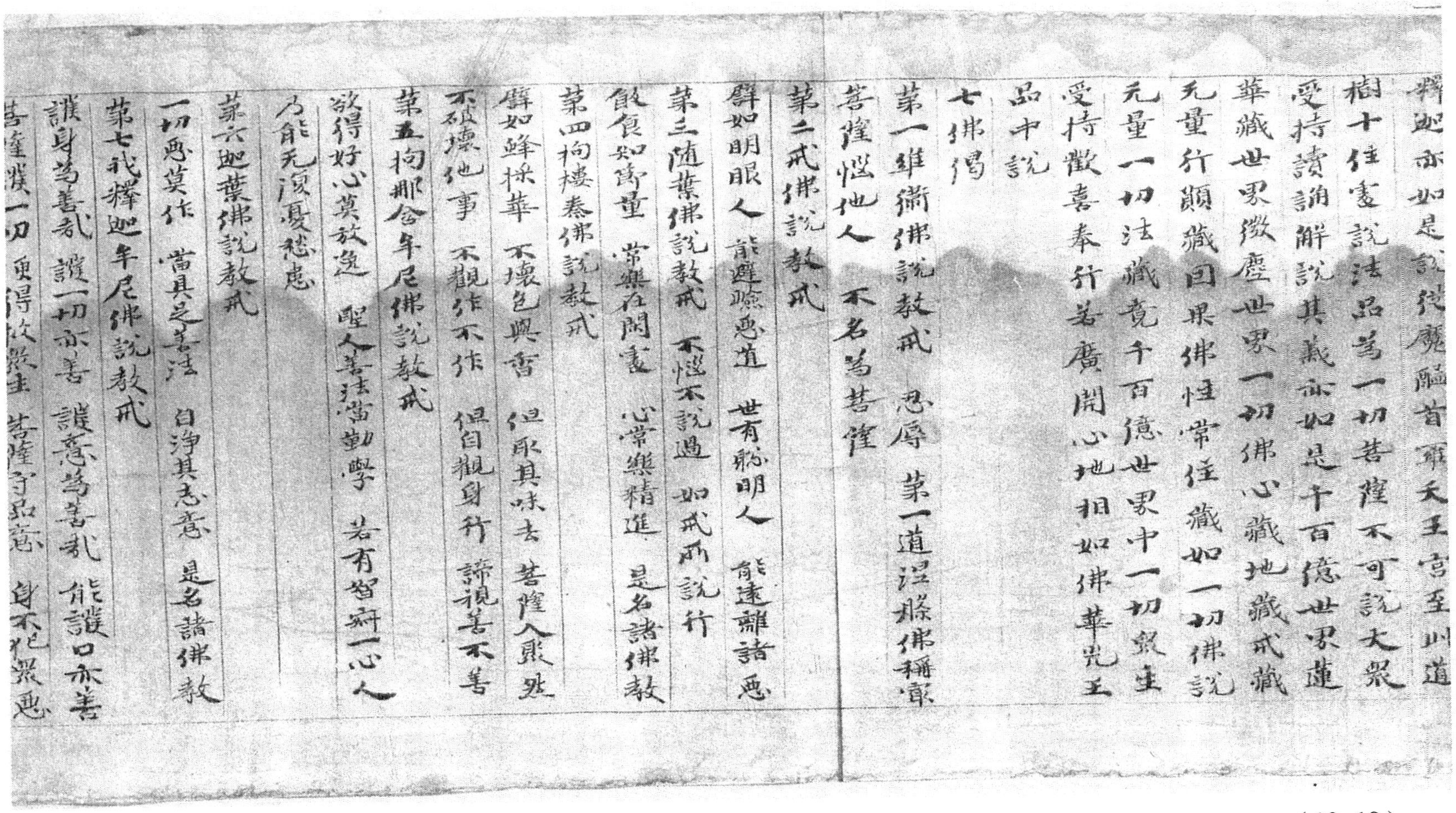
釋迦亦如是說從魔醯首羅天王宮至此道
樹十住處說法品為一切菩薩不可說大衆
受持讀誦解說其義亦如是千百億世界蓮
華藏世界微塵世界一切佛心藏地藏戒藏
无量行願藏因果佛性常住藏如一切佛說
无量一切法藏竟千百億世界中一切衆生
受持歡喜奉行若廣開心地相相如佛華光王
品中說
七佛偈
第一維衛佛說教戒　忍辱第一道　涅槃佛稱最
菩薩惱他人　不名為菩薩
第二式佛說教戒　譬如明眼人　能避險惡道　世有聰明人　能遠離諸惡
第三隨葉佛說教戒　不惱不說過　如戒所說行　飲食知節量　常樂在閑處　心常樂精進　是名諸佛教
第四拘樓秦佛說教戒　譬如蜂採華　不壞色與香　但取其味去　菩薩入聚落
不破壞他事　不觀作不作　但自觀身行　諦視善不善
第五拘那含牟尼佛說教戒　欲得好心莫放逸　聖人善法當勤學　若有智寂一心人
乃能无復憂愁患
第六迦葉佛說教戒　一切惡莫作　當具足善法　自淨其志意　是名諸佛教
第七釋迦牟尼佛說教戒　護身為善哉　護一切亦善　護意為善哉　能護口亦善
菩薩護一切　便得救衆生　菩薩守品意　身不犯衆惡

BD05016號　梵網經盧舍那佛說菩薩心地戒品第十卷下　（19–18）

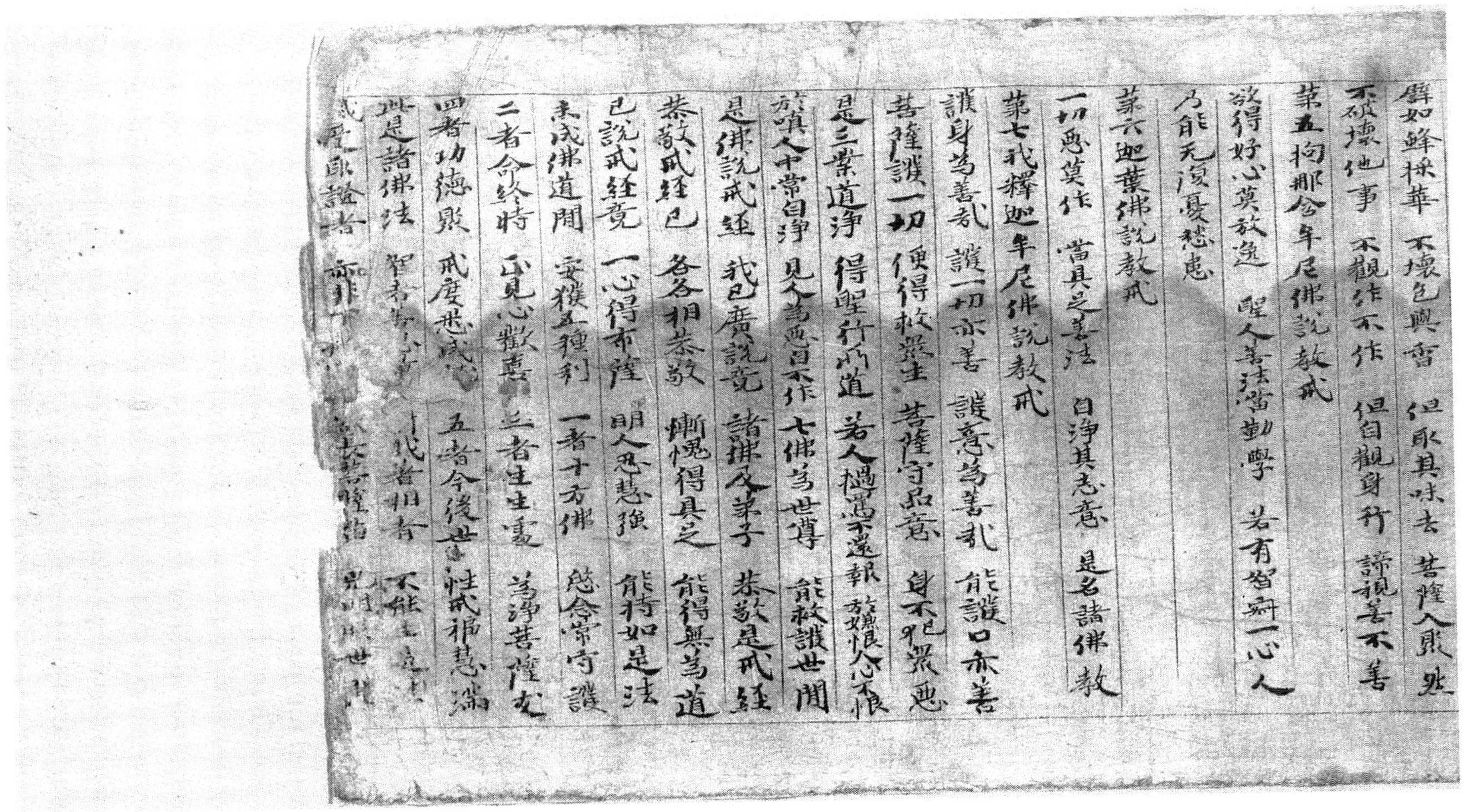
譬如蜂採華　不壞色與香　但取其味去　菩薩入聚落
不破壞他事　不觀作不作　但自觀身行　諦視善不善
第五拘那含牟尼佛說教戒
欲得好心莫放逸　聖人善法當勤學　若有智寂一心人
乃能无復憂愁患
第六迦葉佛說教戒
一切惡莫作　當具足善法　自淨其志意　是名諸佛教
第七釋迦牟尼佛說教戒
護身為善哉　護一切亦善　護意為善哉　能護口亦善
菩薩護一切　便得救衆生　菩薩守品意　身不犯衆惡
是三業道淨　得聖行所道　若人撾罵不還報　於嫉恨心不恨
於瞋人中常自淨　見人為惡自不作　七佛為世尊　能救護世間
是佛說戒經　我已廣說竟　諸佛及弟子　恭敬是戒經
恭敬戒經已　各各相恭敬　慚愧得具足　能得無為道
已說戒經竟　一心得布薩　明人忍慧強　能持如是法
未成佛道間　安獲五種利　一者十方佛　慈念常守護
二者命終時　正見心歡喜　三者生生處　為淨菩薩友
四者功德聚　戒度悉成就　五者今後世　性戒福慧滿
此是諸佛法　智者[illegible]量　計我著相者　不能[illegible]是法
滅受取證者　亦非[illegible]　[illegible]菩提苗　光明[illegible]世間

BD05016號　梵網經盧舍那佛說菩薩心地戒品第十卷下　（19–19）

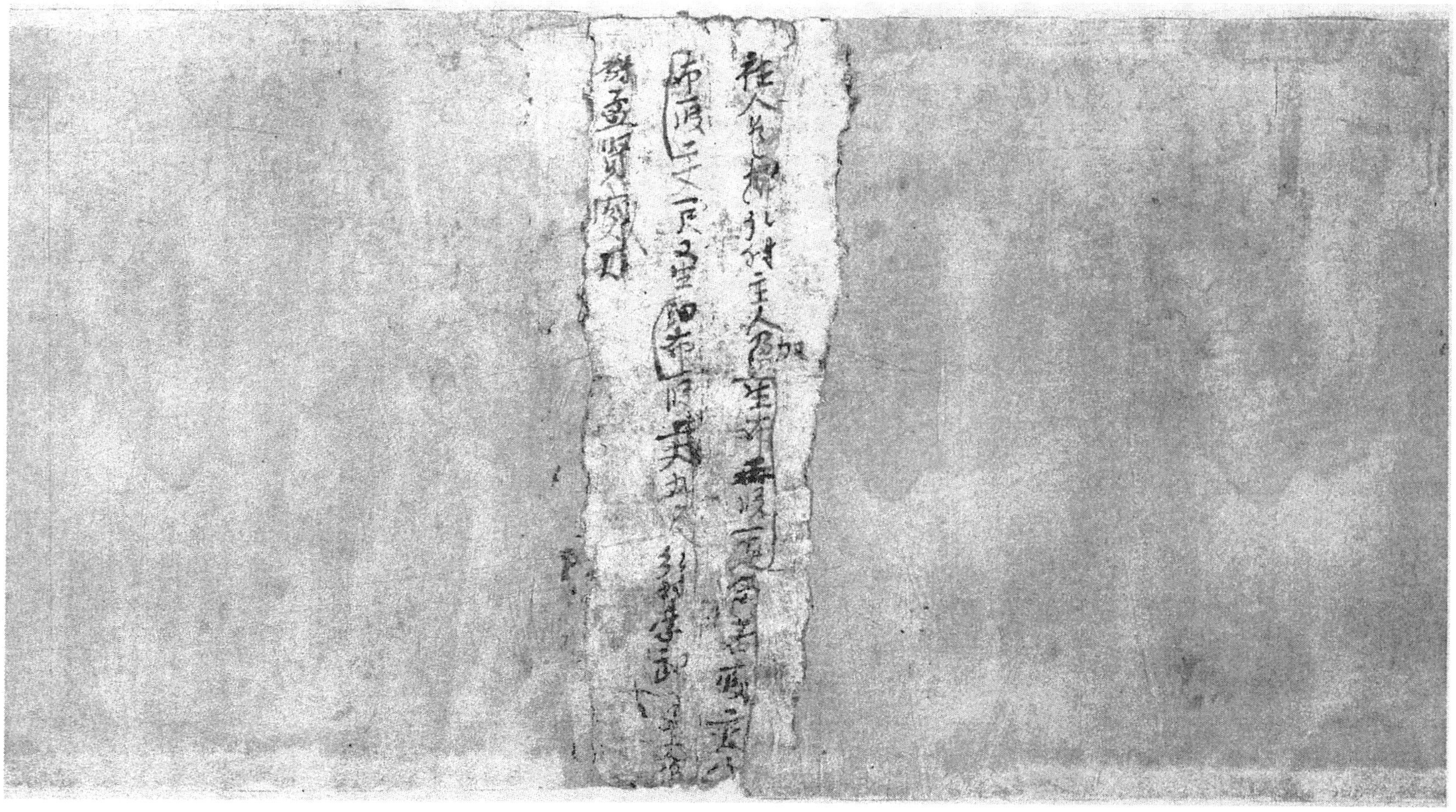

BD05016 號背　社人色物行付主人（擬）　　（2–1）

BD05016 號背　社人色物行付主人（擬）　　（2–2）

學是學一切智智不爲受想行識離故學是
學一切智智不若菩薩摩訶薩爲色滅故學
是學一切智智不爲受想行識滅故學是學
一切智智不若菩薩摩訶薩爲色無生故學
是學一切智智不爲受想行識無生故學是
學一切智智不若菩薩摩訶薩爲色無滅故
學是學一切智智不爲受想行識無滅故學
是學一切智智若不菩薩摩訶薩爲色本來
寂靜故學是學一切智智不爲受想行識本
來寂靜故學是學一切智智不若菩薩摩訶
薩爲色自性涅槃故學是學一切智智不爲
受想行識自性涅槃故學是學一切智智不
者善現於汝意云何色真ヽ如盡滅斷不善現
荅言不也世尊不也善逝佛言善現於汝意
云何受想行識真ヽ如盡滅斷不善現荅言不
也世尊不也善逝佛言善現若菩薩摩訶薩
於真ヽ如如是學是學一切智智善現當知真
如無盡無滅無斷不可作證若菩薩摩訶薩
於真ヽ如如是學是學一切智智

BD05017號　大般若波羅蜜多經卷三三九

(8–1)

荅言不也世尊不也善逝佛言善現於汝意
云何受想行識真ヽ如盡滅斷不善現荅言不
也世尊不也善逝佛言善現若菩薩摩訶薩
於真ヽ如如是學是學一切智智善現當知真
如無盡無滅無斷不可作證若菩薩摩訶薩
於真ヽ如如是學是學一切智智
佛言善現如汝所說若菩薩摩訶薩爲眼處
盡故學是學一切智智不爲耳鼻舌身意處
盡故學是學一切智智不若菩薩摩訶薩爲
眼處離故學是學一切智智不爲耳鼻舌身意
處離故學是學一切智智不若菩薩摩訶
薩爲眼處滅故學是學一切智智不爲耳鼻
舌身意處滅故學是學一切智智不若菩薩
摩訶薩爲眼處無生故學是學一切智智不
爲耳鼻舌身意處無生故學是學一切智智
不若菩薩摩訶薩爲眼處無滅故學是學一
切智智不爲耳鼻舌身意處無滅故學是
學一切智智不若菩薩摩訶薩爲眼處本來寂
靜故學是學一切智智不爲耳鼻舌身意處
本來寂靜故學是學一切智智不若菩薩摩
訶薩爲眼處自性涅槃故學是學一切智智
不爲耳鼻舌身意處自性涅槃故學是學
一切智智不善現於汝意云何眼處真ヽ如盡
滅斷不善現荅言不也世尊不也善逝佛言
善現於汝意云何耳鼻舌身意處真ヽ如盡滅
斷不善現荅言不也世尊不也善逝佛言善

BD05017號　大般若波羅蜜多經卷三三九

(8–2)

訶薩為眼處自性涅槃故學是學一切智智
不為耳鼻舌身意處自性涅槃故學是學
一切智智不善現於汝意云何眼處真如盡
滅斷不善現答言不也世尊不也善逝佛言
善現於汝意云何耳鼻舌身意處真如盡滅
斷不善現答言不也世尊不也善逝佛言善
現若菩薩摩訶薩於真如如是學是學一切
智智善現當知真如無盡無滅無斷不可作
證若菩薩摩訶薩於真如如是學是學一
切智智
佛言善現如汝所說若菩薩摩訶薩為色處盡
故學是學一切智智不為聲香味觸法處盡
故學是學一切智智不若菩薩摩訶薩為
色處離故學是學一切智智不為聲香味觸
法處離故學是學一切智智不若菩薩摩訶
薩為色處滅故學是學一切智智不為聲香
味觸法處滅故學是學一切智智不若菩薩
摩訶薩為色處無生故學是學一切智智不
為聲味香觸法處無生故學是學一切智智
不若菩薩摩訶薩為色處無滅故學是學
一切智智不為聲香味觸法處無滅故學是學
一切智智不若菩薩摩訶薩為色處本來寂靜
故學是學一切智智不為聲香味觸法處本來
寂靜故學是學一切智智不若菩薩摩訶薩
為色處自性涅槃故學是學一切智智不
為聲香味觸法處自性涅槃故學是學一切

BD05017號　大般若波羅蜜多經卷三三九

（8–3）

不若菩薩摩訶薩為色處無滅故學是學
一切智智不為聲香味觸法處無滅故學是學
一切智智不若菩薩摩訶薩為色處本來寂靜
故學是學一切智智不為聲香味觸法處本來
寂靜故學是學一切智智不若菩薩摩訶薩
為色處自性涅槃故學是學一切智智不
為聲香味觸法處自性涅槃故學是學一切
智智不善現於汝意云何色處真如盡滅
斷不善現答言不也世尊不也善逝佛言善
現於汝意云何聲香味觸法處真如盡滅斷
不善現答言不也世尊不也善逝佛言善現
若菩薩摩訶薩於真如如是學是學一切
智智善現當知真如無盡無滅無斷不可
作證若菩薩摩訶薩於真如如是學是學
一切智智
佛言善現如汝所說若菩薩摩訶薩為眼界
盡故學是學一切智智不為耳鼻舌身意
界盡故學是學一切智智不若菩薩摩訶薩為
眼界離故學是學一切智智不為耳鼻舌身
意界離故學是學一切智智不若菩薩摩訶
薩為眼界滅故學是學一切智智不為耳鼻
舌身意界滅故學是學一切智智不若菩薩
摩訶薩為眼界無生故學是學一切智智不
為耳鼻舌身意界無生故學是學一切智智
不若菩薩摩訶薩為眼界無滅故學是學
一切智智不為耳鼻舌身意界無滅故學是

BD05017號　大般若波羅蜜多經卷三三九

（8–4）

薩為眼界滅故學是學一切智智不為耳鼻
舌身意界滅故學是學一切智智不若菩薩
摩訶薩為眼界無生故學是學一切智智不
為耳鼻舌身意界無生故學是學一切智智
不若菩薩摩訶薩為眼界無滅故學是學
一切智智不為耳鼻舌身意界無滅故學是
學一切智智不若菩薩摩訶薩為眼界本來寂
靜故學是學一切智智不為耳鼻舌身意界
本來寂靜故學是學一切智智不若菩薩摩
訶薩為眼界自性涅槃故學是學一切智智
不為耳鼻舌身意界自性涅槃故學是學一
切智智不看善現於汝意云何眼界真如盡
滅斷不善現荅言不也世尊不也善逝佛言
善現於汝意云何耳鼻舌身意界真如盡
滅斷不善現荅言不也世尊不也善逝佛言
善現若菩薩摩訶薩於真如如是學是學
一切智智善現當知真如無盡無滅無斷
不可作證若菩薩摩訶薩於真如如是學
是學一切智智
佛言善現如汝所說若菩薩摩訶薩為色界
盡故學是學一切智智不為聲香味觸法界
盡故學是學一切智智不若菩薩摩訶薩為
色界離故學是學一切智智不為聲香味觸
法界離故學是學一切智智不若菩薩摩訶
薩為色界滅故學是學一切智智不為聲香
味觸法界滅故學是學一切智智不若菩薩

BD05017號　大般若波羅蜜多經卷三三九

（8–5）

盡故學是學一切智[illegible]
盡故學是學一切智智不若菩薩摩訶薩為
色界離故學是學一切智智不為聲香味觸
法界離故學是學一切智智不若菩薩摩訶
薩為色界滅故學是學一切智智不為聲香
味觸法界滅故學是學一切智智不若菩薩
摩訶薩為色界無生故學是學一切智智不為
聲香味觸法界無生故學是學一切智智不
若菩薩摩訶薩為色界無滅故學是學一切
智智不為聲香味觸法界無滅故學是學一
切智智不若菩薩摩訶薩為色界本來寂靜
故學是學一切智智不為聲香味觸法界本
來寂靜故學是學一切智智不若菩薩摩訶
薩為色界自性涅槃故學是學一切智智不
為聲香味觸法自性涅槃故學是學一切智
智不看善現於汝意云何色界真如盡滅斷
不善現荅言不也世尊不也善逝佛言善
現於汝意云何聲香味觸法界真如盡滅斷
不善現荅言不也世尊不也善逝佛言善現
若菩薩摩訶薩於真如如是學是學一切智
智善現當知真如無盡無滅無斷不可作證
若菩薩摩訶薩於真如如是學是學一切
智智
佛言善現如汝所說若菩薩摩訶薩為眼識
界盡故學是學一切智智不為耳鼻舌身意
識界盡故學是學一切智智不若菩薩摩訶
[illegible]

BD05017號　大般若波羅蜜多經卷三三九

（8–6）

智善現當知真如無盡無滅無斷不可作證
若菩薩摩訶薩於真如如是學是學一切
智智
佛言善現如汝所說若菩薩摩訶薩爲眼識
界盡故學是學一切智智不爲耳鼻舌身意
識界盡故學是學一切智智不若菩薩摩訶
薩爲眼識界離故學是學一切智智不爲耳
鼻舌身意識界離故學是學一切智智不若
菩薩摩訶薩爲眼識界滅故學是學一切智
智不爲耳鼻舌身意識界滅故學是學一切
智智不若菩薩摩訶薩爲眼識界無生故學
是學一切智智不爲耳鼻舌身意識界無生
故學是學一切智智不若菩薩摩訶薩爲眼
識界無滅故學是學一切智智不爲耳鼻舌
身意識界無滅故學是學一切智智不若菩
薩摩訶薩爲眼識界本來寂靜故學是學
一切智智不爲耳鼻舌身意識界本來寂靜
故學是學一切智智不若菩薩摩訶薩爲眼識
界自性涅槃故學是學一切智智不爲耳鼻
舌身意識界自性涅槃故學是學一切智智
不者善現於汝意云何眼識界真如盡滅斷
不善現荅言不也世尊不也善逝佛言善現於
汝意云何耳鼻舌身意識界真如盡滅斷不
善現荅言不也世尊不也善逝佛言善現
若菩薩摩訶薩於真如如是學是學一切
智智善現當知真如無盡無滅無斷不可

BD05017 號　大般若波羅蜜多經卷三三九

（8–7）

智智不若菩薩摩訶薩爲眼識界無生故學
是學一切智智不爲耳鼻舌身意識界無生
故學是學一切智智不若菩薩摩訶薩爲眼
識界無滅故學是學一切智智不爲耳鼻舌
身意識界無滅故學是學一切智智不若菩
薩摩訶薩爲眼識界本來寂靜故學是學
一切智智不爲耳鼻舌身意識界本來寂靜
故學是學一切智智不若菩薩摩訶薩爲眼識
界自性涅槃故學是學一切智智不爲耳鼻
舌身意識界自性涅槃故學是學一切智智
不者善現於汝意云何眼識界真如盡滅斷
不善現荅言不也世尊不也善逝佛言善現於
汝意云何耳鼻舌身意識界真如盡滅斷不
善現荅言不也世尊不也善逝佛言善現
若菩薩摩訶薩於真如如是學是學一切
智智善現當知真如無盡無滅無斷不可
證若菩薩摩訶薩於真如如是學是學一
切智智

BD05017 號　大般若波羅蜜多經卷三三九

（8–8）

亦非真非有作是觀時於諸衆生若起愛見
大悲即應捨離所以者何菩薩斷除客塵煩
惱而起大悲愛見悲者則於生死有疲厭心
若能離此无有疲厭在在所生不爲愛見之
所覆也所生无縛能爲衆生說法解縛如佛
所說若自有縛能解彼縛无有是處若自无
縛能解彼縛斯有是處是故菩薩不應起縛
何謂縛何謂解貪著禪味是菩薩縛以方便生
是菩薩解又无方便慧縛有方便慧解无慧
方便縛有慧方便解何謂无方便慧縛謂菩
薩以愛見心莊嚴佛土成就衆生於空无相
无作法中而自調伏是名无方便慧縛何謂有
方便慧解謂不以愛見心莊嚴佛土成就衆
生於空无相无作法中以自調伏而不疲厭
是名有方便慧解何謂无慧方便縛謂菩
薩住貪欲瞋恚邪見等諸煩惱而殖衆德本
是名无慧方便縛何謂有慧方便解謂離諸
貪欲瞋恚邪見等諸煩惱而殖衆德本迴向
阿耨多羅三藐三菩提是名有慧方便解文
殊師利彼有疾菩薩應如是觀諸法又復觀
身无常苦空非我是名爲慧雖身有疾常在
生死饒益一切而不厭惓是名方便又復觀

是名有方便慧解何謂无慧方便縛謂菩
薩住貪欲瞋恚邪見等諸煩惱而殖衆德本
是名无慧方便縛何謂有慧方便解謂離諸
貪欲瞋恚邪見等諸煩惱而殖衆德本迴向
阿耨多羅三藐三菩提是名有慧方便解文
殊師利彼有疾菩薩應如是觀諸法又復觀
身无常苦空非我是名爲慧雖身有疾常在
生死饒益一切而不厭惓是名方便又復觀
身身不離病病不離身是病是身非新非故
是名爲慧設身有疾而不永滅是名方便文
殊師利有疾菩薩應如是調伏其心不住其
中亦復不住不調伏心所以者何若住不調伏
心是愚人法若住調伏心是聲聞法是故菩
薩不當住於調伏不調伏心離此二法是菩
薩行在於生死不爲汙行住於涅槃不永滅
度是菩薩行非凡夫行非賢聖行是菩薩行
非垢行非淨行是菩薩行雖過魔行而現
降伏衆魔是菩薩行求一切智无非時求是
菩薩行雖觀諸法不生不滅而不入正位是菩
薩行雖觀十二緣起而入諸邪見是菩薩行雖
攝一切衆生而不愛著是菩薩行雖樂遠離
而不依身心盡是菩薩行雖行三界而不壞
法性是菩薩行雖行於空而殖衆德本是菩
薩行雖行无相而度衆生是菩薩行雖行无
作而現受身是菩薩行雖行无起而起一切
善行是菩薩行雖行六波羅蜜而遍知衆生

攝一切衆生而不愛著是菩薩行雖樂遠離
而不依身心盡是菩薩行雖行三界而不壞
法性是菩薩行雖行於空而殖衆德本是菩
薩行雖行无相而度衆生是菩薩行雖行无
作而現受身是菩薩行雖行无起而起一切
善行是菩薩行雖行六波羅蜜而遍知衆生
心心數法是菩薩行雖行六通而不盡漏是
菩薩行雖行四无量心而不貪著生於梵世
是菩薩行雖行禪定解脫三昧而不隨禪生
是菩薩行雖行四念處而不永離身受心法
是菩薩行雖行四正勤而不捨身心精進是
菩薩行雖行四如意足而得自在神通是菩
薩行雖行五根而分別衆生諸根利鈍是菩
薩行雖行五力而樂求佛十力是菩薩行雖
行七覺分而分別佛之智慧是菩薩行雖行
八正道而樂行无量佛道是菩薩行雖行止
觀助道之法而不畢竟墮於寂滅是菩薩行
雖行諸法不生不滅而以相好莊嚴其身是
菩薩行雖現聲聞辟支佛威儀而不捨佛法
是菩薩行雖隨諸法究竟淨相而隨所應為
現其身是菩薩行雖觀諸佛國土永寂如空
而現種種清淨佛土是菩薩行雖得佛道轉
于法輪入於涅槃而不捨於菩薩之道是菩
薩行說是語時文殊師利所將大衆其中八
千天子皆發阿耨多羅三藐三菩提心
不思議品第六

BD05018 號　維摩詰所說經卷中　（7–3）

現其身是菩薩行雖觀諸佛國土永寂如空
而現種種清淨佛土是菩薩行雖得佛道轉
于法輪入於涅槃而不捨於菩薩之道是菩
薩行說是語時文殊師利所將大衆其中八
千天子皆發阿耨多羅三藐三菩提心
不思議品第六
尒時舍利弗見此室中无有牀坐作是念斯
諸菩薩大弟子衆當於何坐長者維摩詰
知其意語舍利弗言云何仁者為法來耶求
牀坐耶舍利弗言我為法來非為牀坐維摩
詰言唯舍利弗夫求法者不貪軀命何況牀
坐夫求法者非有色受想行識之求非有界
入之求非有欲色无色之求唯舍利弗夫求法
者不著佛求不著法求不著衆求夫求法者
无見苦求无斷集求无造盡證脩道之求所
以者何法无戲論若言我當見苦斷集證滅
脩道是則戲論非求法也唯舍利弗法名寂
滅若行生滅是求生滅非求法也法名无染
若染於法乃至涅槃是則染著非求法也法
无行處若行於法是則行處非求法也法无取
捨若取捨法是則取捨非求法也法无處所
若著處所是則著處非求法也法名无相
若隨相識是則求相非求法也法不可住若
住於法是則住法非求法也法不可見聞覺
知若行見聞覺知是則見聞覺知非求法也
法名无為若行有為是求有為非求法也是

BD05018 號　維摩詰所說經卷中　（7–4）

若著處所是則著處非求法也法名无相
若隨相識是則求相非求法也法不可住若
住於法是則住法非求法也法不可見聞覺
知若行見聞覺知是則見聞覺知非求法也
法名无為若行有為是求有為非求法也是
故舍利弗若求法者於一切法應无所求說
是語時五百天子於諸法中得法眼淨尒時
長者維摩詰問文殊師利仁者遊於无量千
萬億阿僧祇國何等佛土有好上妙功德成
就師子之座文殊師利言居士東方度卅六
恒河沙國有世界名須弥相其佛号須弥燈
王今現在彼佛身長八万四千由旬其師子
座高八万四千由旬嚴飾第一於是長者維
摩詰現神通力即時彼佛遣三万二千師子之
座高廣嚴淨來入維摩詰室諸菩薩大弟子
釋梵四天王等昔所未見其室廣博悉皆苞
容三万二千師子座无所妨礙於毗耶離城
及閻浮提四天下亦不迫迮悉見如故尒時
維摩詰語文殊師利就師子座與諸菩薩上
人俱坐當自立身如彼座像其得神通菩薩
即自變形為四万二千由旬坐師子座諸新發
意菩薩及大弟子皆不能昇尒時維摩詰語
舍利弗就師子座舍利弗言居士此座高廣
吾不能昇維摩詰言唯舍利弗為須弥燈王
如來作礼乃可得坐於是新發意菩薩及大
弟子即為須弥燈王如來作礼便得坐師子座

BD05018號　維摩詰所說經卷中　（7–5）

即自變形為四万二千由旬坐師子座諸新發
意菩薩及大弟子皆不能昇尒時維摩詰語
舍利弗就師子座舍利弗言居士此座高廣
吾不能昇維摩詰言唯舍利弗為須弥燈王
如來作礼乃可得坐於是新發意菩薩及大
弟子即為須弥燈王如來作礼便得坐師子座
舍利弗言居士未曾有也如是小室乃容受
此高廣之座於毗耶離城无所妨礙又於閻
浮提聚落城邑及四天下諸天龍王鬼神宮
殿亦不迫迮維摩詰言唯舍利弗諸佛菩薩
有解脫名不可思議若菩薩住是解脫者以
須弥之高廣內芥子中无所增減須弥山王
本相如故而四天王忉利諸天不覺不知己
之所入唯應度者乃見須弥入芥子中是名
不可思議解脫法門又以四大海水入一毛孔
不嬈魚鼈黿鼉水性之屬而彼大海本相
如故　鬼神阿脩羅等不覺不知己之
所入於此衆生亦无所嬈又舍利弗住不可
思議解脫菩薩斷取三千大千世界如陶家
輪著右掌中擲過恒河沙世界之外其中衆
生不覺不知己之所往又復還置本處都不
使人有往來想而此世界本相如故又舍利
弗或有衆生樂久住世而可度者菩薩即演
七日以為一劫令彼衆生謂之一劫或有衆
生不樂久住而可度者菩薩即促一劫以為
七日令彼衆生謂之七日又舍利弗住不可
思議解脫菩薩以一切佛土嚴飾之事集在

BD05018號　維摩詰所說經卷中　（7–6）

使人有往來想而此世界本相如故又舍利
弗或有衆生樂久住世而可度者菩薩即演
七日以為一劫令彼衆生謂之一劫或有衆
生不樂久住而可度者菩薩即促一劫以為
七日令彼衆生謂之七日又舍利弗住不可
思議解脫菩薩以一切佛土嚴飾之事集在
一國示於衆生又菩薩以一佛土衆生置之
右掌飛到十方遍示一切而不動本處又舍
利弗十方衆生供養諸佛之具菩薩於一毛
孔皆令得見又十方國土所有日月星宿於
一毛孔普使見之又舍利弗十方世界所有
諸風菩薩悉能吸著口中而身无損外諸
樹木亦不摧折又十方世界劫盡燒時以一切
火內於腹中火事如故而不為害又於下方
過恒河沙等諸佛世界取一佛土舉著上方
過恒河沙无數世界如持針鋒舉一棗葉而
无所嬈又舍利弗住不可思議解脫菩薩能
以神通現作佛身或現辟支佛身或現聲聞
身或現帝釋身或現梵王身或現世主身或
現轉輪王身又十方世界所有衆聲上中下
音皆能變之令作佛聲演出无常苦空无
我之音及十方諸佛所說種種之法皆於其中
普令得聞舍利弗我今略說菩薩不可思議

BD05018 號　維摩詰所說經卷中　（7–7）

佛[illegible]
有一人号曰求名[illegible]
而不通利 多所忘[illegible]
諸善根因緣故 得值[illegible]
養恭敬[illegible]
豈異人乎 我身是也 求名[illegible]
見此瑞 與本无異 是故[illegible]
大乘經 名妙法蓮華 [illegible]護法[illegible]
時文殊師利 於大衆[illegible]
我念過去世 无量无數劫 有佛[illegible]
世尊演說法 度无量衆生 无數[illegible]
佛未出家時 所生八王子 見[illegible]
時佛說大乘 經名无量義 於諸[illegible]
佛說此經已 即於法座上 [illegible]
天雨曼陁華 天鼓自然鳴 諸天龍鬼神 供養人中尊
一切諸佛土 即時大震動 佛放眉間光 現諸希有事
此光照東方 万八千佛土 示一切衆生 生死業報處
有見諸佛土 以衆寶莊嚴 瑠璃頗梨色 斯由佛光照
及見諸天人 龍神夜叉衆 乾闥緊那羅 各供養其佛
又見諸如來 自然成佛道 身色如金山 端嚴甚微妙
如淨瑠璃中 內現真金像 世尊[illegible] 敷演深法義
一一諸佛土 聲聞衆无數 [illegible]

BD05019 號　妙法蓮華經卷一　（16–1）

天雨曼陀華　天鼓自然鳴　諸天龍鬼神　供養人中尊
一切諸佛土　即時大震動　佛放眉間光　現諸希有事
此光照東方　万八千佛土　示一切衆生　生死業報處
有見諸佛土　以衆寶莊嚴　瑠璃頗梨色　斯由佛光照
及見諸天人　龍神夜叉衆　乾闥緊那羅　各供養其佛
又見諸如来　自然成佛道　身色如金山　端嚴甚微妙
如淨瑠璃中　内現真金像　世尊在大衆　敷演深法義
一一諸佛土　聲聞衆无數　因佛光所照　悉見彼大衆
或有諸比丘　在於山林中　精進持淨戒　猶如護明珠
又見諸菩薩　行施忍辱等　其數如恒沙　斯由佛光照
又見諸菩薩　深入諸禪定　身心寂不動　以求无上道
又見諸菩薩　知法寂滅相　各於其國土　說法求佛道
尒時四部衆　見日月燈佛　現大神通力　其心皆歡喜
各各自相問　是事何因緣　天人所奉尊　適從三昧起
讚妙光菩薩　汝為世間眼　一切所歸信　能奉持法藏
如我所說法　唯汝能證知　世尊既讚歎　令妙光歡喜
說是法華經　滿六十小劫　不起於此座　所說上妙法
是妙光法師　悉皆能受持　佛說是法華　令衆歡喜已
尋即於是日　告於天人衆　諸法實相義　已為汝等說
我今於中夜　當入於涅槃　汝一心精進　當離於放逸
諸佛甚難值　億劫時一遇　世尊諸子等　聞佛入涅槃
各各懷悲惱　佛滅一何速　聖主法之王　安慰无量衆
我若滅度時　汝等勿憂怖　是德藏菩薩　於无漏實相
心已得通達　其次當作佛　號曰為淨身　亦度无量衆
佛此夜滅度　如薪盡火滅　分布諸舍利　而起无量塔
比丘比丘尼　其數如恒沙　倍復加精進　以求无上道
是妙光法師　奉持佛法藏　八十小劫中　廣宣法華經
是諸八王子　妙光所開化　堅固无上道　當見无數佛

（16–2）

BD05019 號　妙法蓮華經卷一

各各懷悲惱　佛滅一何速　聖主法之王　安慰无量衆
我若滅度時　汝等勿憂怖　是德藏菩薩　於无漏實相
心已得通達　其次當作佛　號曰為淨身　亦度无量衆
佛此夜滅度　如薪盡火滅　分布諸舍利　而起无量塔
比丘比丘尼　其數如恒沙　倍復加精進　以求无上道
是妙光法師　奉持佛法藏　八十小劫中　廣宣法華經
是諸八王子　妙光所開化　堅固无上道　當見无數佛
供養諸佛已　隨順行大道　相繼得成佛　轉次而授記
最後天中天　號曰然燈佛　諸仙之導師　度脫无量衆
是妙光法師　時有一弟子　心常懷懈怠　貪著於名利
求名利无猒　多遊族姓家　棄捨所習誦　廢忘不通利
以是因緣故　號之為求名　亦行衆善業　得見无數佛
供養於諸佛　隨順行大道　具六波羅蜜　今見釋師子
其後當作佛　號名曰彌勒　廣度諸衆生　其數无有量
彼佛滅度後　懈怠者汝是　妙光法師者　今則我身是
我見燈明佛　本光瑞如此　以是知今佛　欲說法華經
今相如本瑞　是諸佛方便　今佛放光明　助發實相義
諸人今當知　合掌一心待　佛當雨法雨　充足求道者
諸求三乘人　若有疑悔者　佛當為除斷　令盡无有餘

妙法蓮華經方便品第二

尒時世尊從三昧安詳而起告舍利弗諸佛
智慧甚深无量其智慧門難解難入一切聲
聞辟支佛所不能知所以者何佛曾親近百
千万億无數諸佛盡行諸佛无量道法勇猛
精進名稱普聞成就甚深未曾有法隨宜所
說意趣難解舍利弗吾從成佛已來種種因
緣種種譬喻廣演言教无數方便引導衆生
令離諸著所以者何如来方便知見波羅蜜

（16–3）

BD05019 號　妙法蓮華經卷一

聞辟支佛所不能知所以者何佛曾親近百
千万億无數諸佛盡行諸佛无量道法勇猛
精進名稱普聞成就甚深未曾有法隨宜所
說意趣難解舍利弗吾從成佛已來種種因
緣種種譬喻廣演言教无數方便引導衆生
令離諸著所以者何如來方便知見波羅蜜
皆已具足舍利弗如來知見廣大深遠无量
无礙力无所畏禪定解脫三昧深入无際成
就一切未曾有法舍利弗如來能種種分別
巧說諸法言辭柔軟悅可衆心舍利弗取要
言之无量无邊未曾有法佛悉成就止舍利
弗不須復說所以者何佛所成就第一希有
難解之法唯佛與佛乃能究盡諸法實相所
謂諸法如是相如是性如是體如是力如是
作如是因如是緣如是果如是報如是本末
究竟等尒時世尊欲重宣此義而說偈言
世雄不可量　諸天及世人　一切衆生類　无能知佛者
佛力无所畏　解脫諸三昧　及佛諸餘法　无能測量者
本從无數佛　具足行諸道　甚深微妙法　難見難可了
於无量億劫　行此諸道已　道場得成果　我已悉知見
如是大果報　種種性相義　我及十方佛　乃能知是事
是法不可示　言辭相寂滅　諸餘衆生類　无有能得解
除諸菩薩衆　信力堅固者　諸佛弟子衆　曾供養諸佛
一切漏已盡　住是最後身　如是諸人等　其力所不堪
假使滿世間　皆如舍利弗　盡思共度量　不能測佛智
正使滿十方　皆如舍利弗　及餘諸弟子　亦滿十方剎
盡思共度量　亦復不能知　辟支佛利智　无漏最後身
亦滿十方界　其數如竹林　斯等共一心　於億无量劫

BD05019號　妙法蓮華經卷一

（16–4）

是法不可示　言辭相寂滅　諸餘衆生類　无有能得解
除諸菩薩衆　信力堅固者　諸佛弟子衆　曾供養諸佛
一切漏已盡　住是最後身　如是諸人等　其力所不堪
假使滿世間　皆如舍利弗　盡思共度量　不能測佛智
正使滿十方　皆如舍利弗　及餘諸弟子　亦滿十方剎
盡思共度量　亦復不能知　辟支佛利智　无漏最後身
亦滿十方界　其數如竹林　斯等共一心　於億无量劫
欲思佛實智　莫能知少分　新發意菩薩　供養无數佛
了達諸義趣　又能善說法　如稻麻竹葦　充滿十方剎
一心以妙智　於恒河沙劫　咸皆共思量　不能知佛智
不退諸菩薩　其數如恒沙　一心共思求　亦復不能知
又告舍利弗　无漏不思議　甚深微妙法　我今已具得
唯我知是相　十方佛亦然　舍利弗當知　諸佛語无異
於佛所說法　當生大信力　世尊法久後　要當說真實
告諸聲聞衆　及求緣覺乘　我令脫苦縛　逮得涅槃者
佛以方便力　示以三乘教　衆生處處著　引之令得出
尒時大衆中有諸聲聞漏盡阿羅漢阿若憍
陳如等千二百人及發聲聞辟支佛心比丘
比丘尼優婆塞優婆夷各作是念今者世尊
何故慇懃稱歎方便而作是言佛所得法甚
深難解有所言說意趣難知一切聲聞辟支
佛所不能及佛說一解脫義我等亦得此法
到於涅槃而今不知是義所趣尒時舍利弗
知四衆心疑自亦未了而白佛言世尊何因
何緣慇懃稱歎諸佛第一方便甚深微妙難
解之法我自昔來未曾從佛聞如是說今者
四衆咸皆有疑唯願世尊敷演斯事世尊何
故慇懃稱歎甚深微妙難解之法尒時舍利

BD05019號　妙法蓮華經卷一

（16–5）

佛所不能及佛說一解脫義我等亦得此法
到於涅槃而今不知是義所趣尒時舍利弗
知四衆心疑自亦未了而白佛言世尊何因
何緣慇懃稱歎諸佛第一方便甚深微妙難
解之法我自昔來未曾從佛聞如是說今者
四衆咸皆有疑唯願世尊敷演斯事世尊何
故慇懃稱歎甚深微妙難解之法尒時舍利
弗欲重宣此義而說偈言
慧日大聖尊　久乃說是法　自說得如是　力无畏三昧
禪定解脫等　不可思議法　道場所得法　无能發問者
我意難可測　亦无能問者　无問而自說　稱歎所行道
智慧甚微妙　諸佛之所得　无漏諸羅漢　及求涅槃者
今皆墮疑網　佛何故說是　其求緣覺者　比丘比丘尼
諸天龍鬼神　及乾闥婆等　相視懷猶豫　瞻仰兩足尊
是事為云何　願佛為解說　於諸聲聞衆　佛說我第一
我今自於智　疑惑不能了　為是究竟法　為是所行道
佛口所生子　合掌瞻仰待　願出微妙音　時為如實說
諸天龍神等　其數如恒沙　求佛諸菩薩　大數有八万
又諸万億國　轉輪聖王至　合掌以敬心　欲聞具足道
尒時佛告舍利弗止止不須復說若說是事
一切世間諸天及人皆當驚疑舍利弗重白
佛言世尊唯願說之唯願說之所以者何是
會无數百千万億阿僧祇衆生曾見諸佛諸
根猛利智慧明了聞佛所說則能敬信尒時
舍利弗欲重宣此義而說偈言
法王无上尊　唯說願勿慮　是會无量衆　有能敬信者
佛復止舍利弗若說是事一切世間天人阿

BD05019號　妙法蓮華經卷一

（16–6）

會无數百千万億阿僧祇衆生曾見諸佛諸
根猛利智慧明了聞佛所說則能敬信尒時
舍利弗欲重宣此義而說偈言
法王无上尊　唯說願勿慮　是會无量衆　有能敬信者
佛復止舍利弗若說是事一切世間天人阿
脩羅皆當驚疑增上慢比丘將墜於大坑尒
時世尊重說偈言
止止不須說　我法妙難思　諸增上慢者　聞必不敬信
尒時舍利弗重白佛言世尊唯願說之唯願
說之今此會中如我等比百千万億世世已
曾從佛受化如此人等必能敬信長夜安隱
多所饒益尒時舍利弗欲重宣此義而說偈言
无上兩足尊　願說第一法　我為佛長子　唯垂分別說
是會无量衆　能敬信此法　佛已曾世世　教化如是等
皆一心合掌　欲聽受佛語　我等千二百　及餘求佛者
願為此衆故　唯垂分別說　是等聞此法　則生大歡喜
尒時世尊告舍利弗汝已慇懃三請豈得不
說汝今諦聽善思念之吾當為汝分別解說
說此語時會中有比丘比丘尼優婆塞優婆
夷五千人等即從座起礼佛而退所以者何
此輩罪根深重及增上慢未得謂得未證謂
證有如此失是以不住世尊嘿然而不制止
尒時佛告舍利弗我今此衆无復枝葉純有
貞實舍利弗如是增上慢人退亦佳矣汝今
善聽當為汝說舍利弗言唯然世尊願樂欲
聞佛告舍利弗如是妙法諸佛如來時乃說
之如優曇鉢華時一現耳舍利弗汝等當信

BD05019號　妙法蓮華經卷一

（16–7）

尒時佛告舍利弗我今此衆无復枝葉純有
貞實舍利弗如是增上慢人退亦佳矣汝今
善聽當為汝說舍利弗言唯然世尊願樂欲
聞佛告舍利弗如是妙法諸佛如来時乃說
之如優曇鉢華時一現耳舍利弗汝等當信
佛之所說言不虛妄舍利弗諸佛隨宜說法
意趣難解所以者何我以无數方便種種因
緣譬喻言辞演說諸法是法非思量分別之
所能解唯有諸佛乃能知之所以者何諸佛
世尊唯以一大事因緣故出現於世舍利弗
云何名諸佛世尊唯以一大事因緣故出現
於世諸佛世尊欲令衆生開佛知見使得清
淨故出現於世欲示衆生佛知見故出現於
世欲令衆生悟佛知見故出現於世欲令衆
生入佛知見道故出現於世舍利弗是為諸
佛以一大事因緣故出現於世佛告舍利弗
諸佛如来但教化菩薩諸有所作常為一事
唯以佛之知見示悟衆生舍利弗如来但以
一佛乘故為衆生說法无有餘乘若二若三
舍利弗一切十方諸佛法亦如是舍利弗過
去諸佛以无量无數方便種種因緣譬喻言
辞而為衆生演說諸法是法皆為一佛乘故
是諸衆生從諸佛聞法究竟皆得一切種智
舍利弗未来諸佛當出於世亦以无量无數
方便種種因緣譬喻言辞而為衆生演說諸
法是法皆為一佛乘故是諸衆生從佛聞法
究竟皆得一切種智舍利弗現在十方无量
百千万億佛土中諸佛世尊多所

BD05019 號　妙法蓮華經卷一　（16–8）

舍利弗未来諸佛當出於世亦以无量无數
方便種種因緣譬喻言辞而為衆生演說諸
法是法皆為一佛乘故是諸衆生從佛聞法
究竟皆得一切種智舍利弗現在十方无量
百千万億佛土中諸佛世尊多所饒益安樂
衆生是諸佛亦以无量无數方便種種因緣
譬喻言辞而為衆生演說諸法是法皆為一
佛乘故是諸衆生從佛聞法究竟皆得一切
種智舍利弗是諸佛但教化菩薩欲以佛之
知見示衆生故欲以佛之知見悟衆生故欲
令衆生入佛之知見故舍利弗我今亦復如
是知諸衆生有種種欲深心所著隨其本性
以種種因緣譬喻言辞方便力故而為說法
舍利弗如此皆為得一佛乘一切種智故舍
利弗十方世界中尚无二乘何況有三舍利
弗諸佛出於五濁惡世所謂劫濁煩惱濁衆
生濁見濁命濁如是舍利弗劫濁亂時衆生
垢重慳貪嫉妬成就諸不善根故諸佛以方
便力於一佛乘分別說三舍利弗若我弟子
自謂阿羅漢辟支佛者不聞不知諸佛如来
但教化菩薩事此非佛弟子非阿羅漢非辟
支佛又舍利弗是諸比丘比丘尼自謂已得
阿羅漢是最後身究竟涅槃便不復志求阿
耨多羅三藐三菩提當知此輩皆是增上慢
人所以者何若有比丘實得阿羅漢若不信
此法无有是處除佛滅度後現前无佛所以
者何佛滅度後如是等經受持讀誦解義者

BD05019 號　妙法蓮華經卷一　（16–9）

支佛又舍利弗是諸比丘比丘尼自謂已得
阿羅漢是最後身究竟涅槃便不復志求阿
耨多羅三藐三菩提當知此輩皆是增上慢
人所以者何若有比丘實得阿羅漢若不信
此法无有是處除佛滅度後現前无佛所以
者何佛滅度後如是等經受持讀誦解義者
是人難得若遇餘佛於此法中便得決了舍
利弗汝等當一心信解受持佛語諸佛如來
言无虛妄无有餘乘唯一佛乘尒時世尊欲
重宣此義而說偈言
比丘比丘尼　有懷增上慢　優婆塞我慢　優婆夷不信
如是四衆等　其數有五千　不自見其過　於戒有缺漏
護惜其瑕疵　是小智已出　衆中之糟糠　佛威德故去
斯人尠福德　不堪受是法　此衆无枝葉　唯有諸貞實
舍利弗善聽　諸佛所得法　无量方便力　而為衆生說
衆生心所念　種種所行道　若干諸欲性　先世善惡業
佛悉知是已　以諸緣譬喻　言辭方便力　令一切歡喜
或說脩多羅　伽陁及本事　本生未曾有　亦說於因緣
譬喻并祇夜　優波提舍經　鈍根樂小法　貪著於生死
於諸无量佛　不行深妙道　衆苦所惱亂　為是說涅槃
我設是方便　令得入佛慧　未曾說汝等　當得成佛道
所以未曾說　說時未至故　今正是其時　決定說大乘
我此九部法　隨順衆生說　入大乘為本　以故說是經
有佛子心淨　柔軟亦利根　无量諸佛所　而行深妙道
為此諸佛子　說是大乘經　我記如是人　來世成佛道
以深心念佛　脩持淨戒故　此等聞得佛　大喜充遍身
佛知彼心行　故為說大乘　聲聞若菩薩　聞我所說法
乃至於一偈　皆成佛无疑　十方佛土中　唯有一乘法

有佛子心淨　柔軟亦利根　无量諸佛所　而行深妙道
為此諸佛子　說是大乘經　我記如是人　來世成佛道
以深心念佛　脩持淨戒故　此等聞得佛　大喜充遍身
佛知彼心行　故為說大乘　聲聞若菩薩　聞我所說法
乃至於一偈　皆成佛无疑　十方佛土中　唯有一乘法
无二亦无三　除佛方便說　但以假名字　引導於衆生
說佛智慧故　諸佛出於世　唯此一事實　餘二則非真
終不以小乘　濟度於衆生　佛自住大乘　如其所得法
定慧力莊嚴　以此度衆生　自證无上道　大乘平等法
若以小乘化　乃至於一人　我則墮慳貪　此事為不可
若人信歸佛　如來不欺誑　亦无貪嫉意　斷諸法中惡
故佛於十方　而獨无所畏　我以相嚴身　光明照世間
无量衆所尊　為說實相印　舍利弗當知　我本立誓願
欲令一切衆　如我等无異　如我昔所願　今者已滿足
化一切衆生　皆令入佛道　若我遇衆生　盡教以佛道
无智者錯亂　迷惑不受教　我知此衆生　未曾脩善本
堅著於五欲　癡愛故生惱　以諸欲因緣　墜墮三惡道
輪迴六趣中　備受諸苦毒　受胎之微形　世世常增長
薄德少福人　衆苦所逼迫　入邪見稠林　若有若无等
依止此諸見　具足六十二　深著虛妄法　堅受不可捨
我慢自矜高　諂曲心不實　於千万億劫　不聞佛名字
亦不聞正法　如是人難度　是故舍利弗　我為設方便
說諸盡苦道　示之以涅槃　我雖說涅槃　是亦非真滅
諸法從本來　常自寂滅相　佛子行道已　來世得作佛
我有方便力　開示三乘法　一切諸世尊　皆說一乘道
今此諸大衆　皆應除疑惑　諸佛語无異　唯一无二乘
過去无數劫　无量滅度佛　百千万億種　其數不可量

亦不聞正法 如是人難度 是故舍利弗 我為設方便
說諸盡苦道 示之以涅槃 我雖說涅槃 是亦非真滅
諸法從本來 常自寂滅相 佛子行道已 來世得作佛
我有方便力 開示三乘法 一切諸世尊 皆說一乘道
今此諸大眾 皆應除疑惑 諸佛語无異 唯一无二乘
過去无數劫 无量滅度佛 百千万億種 其數不可量
如是諸世尊 種種緣譬喻 无數方便力 演說諸法相
是諸世尊等 皆說一乘法 化无量眾生 令入於佛道
又諸大聖主 知一切世間 天人群生類 深心之所欲
更以異方便 助顯第一義 若有眾生類 值諸過去佛
若聞法布施 或持戒忍辱 精進禪智等 種種脩福德
如是諸人等 皆已成佛道 諸佛滅度已 若人善軟心
如是諸眾生 皆已成佛道 諸佛滅度已 供養舍利者
起万億種塔 金銀及頗梨 車𤦲與馬瑙 玫瑰瑠璃珠
清淨廣嚴飾 莊校於諸塔 或有起石廟 栴檀及沈水
木櫁并餘材 塼瓦泥土等 若於曠野中 積土成佛廟
乃至童子戲 聚沙為佛塔 如是諸人等 皆已成佛道
若人為佛故 建立諸形像 刻雕成眾相 皆已成佛道
或以七寶成 鍮石赤白銅 白鑞及鉛錫 鐵木及與泥
或以膠漆布 嚴飾作佛像 如是諸人等 皆已成佛道
采畫作佛像 百福莊嚴相 自作若使人 皆已成佛道
乃至童子戲 若草木及筆 或以指爪甲 而畫作佛像
如是諸人等 漸漸積功德 具足大悲心 皆已成佛道
但化諸菩薩 度脫无量眾 若人於塔廟 寶像及畫像
以華香幡蓋 敬心而供養 若使人作樂 擊鼓吹角貝
簫笛琴箜篌 琵琶鐃銅鈸 如是眾妙音 盡持以供養
或以歡喜心 歌唄頌佛德 乃至一小音 皆已成佛道
若人散亂心 乃至以一華 供養於畫像 漸見无數佛

但化諸菩薩 度脫无量眾 若人於塔廟 寶像及畫像
以華香幡蓋 敬心而供養 若使人作樂 擊鼓吹角貝
簫笛琴箜篌 琵琶鐃銅鈸 如是眾妙音 盡持以供養
或以歡喜心 歌唄頌佛德 乃至一小音 皆已成佛道
若人散亂心 乃至以一華 供養於畫像 漸見无數佛
或有人禮拜 或復但合掌 乃至舉一手 或復小低頭
以此供養像 漸見无量佛 自成无上道 廣度无數眾
入无餘涅槃 如薪盡火滅 若人散亂心 入於塔廟中
一稱南无佛 皆已成佛道 於諸過去佛 在世或滅後
若有聞是法 皆已成佛道 未來諸世尊 其數无有量
是諸如來等 亦方便說法 一切諸如來 以无量方便
度脫諸眾生 入佛无漏智 若有聞法者 无一不成佛
諸佛本誓願 我所行佛道 普欲令眾生 亦同得此道
未來世諸佛 雖說百千億 无數諸法門 其實為一乘
諸佛兩足尊 知法常无性 佛種從緣起 是故說一乘
是法住法位 世間相常住 於道場知已 導師方便說
天人所供養 現在十方佛 其數如恒沙 出現於世間
安隱眾生故 亦說如是法 知第一寂滅 以方便力故
雖示種種道 其實為佛乘 知眾生諸行 深心之所念
過去所習業 欲性精進力 及諸根利鈍 以種種因緣
譬喻亦言辭 隨應方便說 今我亦如是 安隱眾生故
以種種法門 宣示於佛道 我以智慧力 知眾生性欲
方便說諸法 皆令得歡喜 舍利弗當知 我以佛眼觀
見六道眾生 貧窮无福慧 入生死險道 相續苦不斷
深著於五欲 如犛牛愛尾 以貪愛自蔽 盲瞑无所見
不求大勢佛 及與斷苦法 深入諸邪見 以苦欲捨苦
為是眾生故 而起大悲心 我始坐道場 觀樹亦經行

以種種法門　宣示於佛道　我以智慧力　知衆生性欲
方便說諸法　皆令得歡喜　舍利弗當知　我以佛眼觀
見六道衆生　貧窮无福慧　入生死險道　相續苦不斷
深著於五欲　如犛牛愛尾　以貪愛自蔽　盲瞑无所見
不求大勢佛　及與斷苦法　深入諸邪見　以苦欲捨苦
為是衆生故　而起大悲心　我始坐道場　觀樹亦經行
於三七日中　思惟如是事　我所得智慧　微妙最第一
衆生諸根鈍　著樂癡所盲　如斯之等類　云何而可度
尒時諸梵王　及諸天帝釋　護世四天王　及大自在天
并餘諸天衆　眷屬百千万　恭敬合掌礼　請我轉法輪
我即自思惟　若但讚佛乘　衆生沒在苦　不能信是法
破法不信故　墜於三惡道　我寧不說法　疾入於涅槃
尋念過去佛　所行方便力　我今所得道　亦應說三乘
作是思惟時　十方佛皆現　梵音慰喻我　善哉釋迦文
第一之導師　得是无上法　隨諸一切佛　而用方便力
我等亦皆得　最妙第一法　為諸衆生類　分別說三乘
少智樂小法　不自信作佛　是故以方便　分別說諸果
雖復說三乘　但為教菩薩　舍利弗當知　我聞聖師子
深淨微妙音　喜稱南无佛　復作如是念　我出濁惡世
如諸佛所說　我亦隨順行　思惟是事已　即趣波羅柰
諸法寂滅相　不可以言宣　以方便力故　為五比丘說
是名轉法輪　便有涅槃音　及以阿羅漢　法僧差別名
從久遠劫來　讚示涅槃法　生死苦永盡　我常如是說
舍利弗當知　我見佛子等　志求佛道者　无量千万億
咸以恭敬心　皆來至佛所　曾從諸佛聞　方便所說法
我即作是念　所以出於世　為說佛慧故　今正是其時
舍利弗當知　鈍根小智人　著相憍慢者　不能信是法

BD05019 號　妙法蓮華經卷一　　(16–14)

咸以恭敬心　皆來至佛所　曾從諸佛聞　方便所說法
我即作是念　所以出於世　為說佛慧故　今正是其時
舍利弗當知　鈍根小智人　著相憍慢者　不能信是法
今我喜无畏　於諸菩薩中　正直捨方便　但說无上道
菩薩聞是法　疑網皆已除　千二百羅漢　悉亦當作佛
如三世諸佛　說法之儀式　我今亦如是　說无分別法
諸佛興出世　懸遠值遇難　正使出于世　說是法復難
无量无數劫　聞是法亦難　能聽是法者　斯人亦復難
譬如優曇華　一切皆愛樂　天人所希有　時時乃一出
聞法歡喜讚　乃至發一言　則為已供養　一切三世佛
是人甚希有　過於優曇華　汝等勿有疑　我為諸法王
普告諸大衆　但以一乘道　教化諸菩薩　无聲聞弟子
汝等舍利弗　聲聞及菩薩　當知是妙法　諸佛之祕要
以五濁惡世　但樂著諸欲　如是等衆生　終不求佛道
當來世惡人　聞佛說一乘　迷惑不信受　破法墮惡道
有慚愧清淨　志求佛道者　當為如是等　廣讚一乘道
舍利弗當知　諸佛法如是　以万億方便　隨宜而說法
其不習學者　不能曉了此　汝等既已知　諸佛世之師
隨宜方便事　无復諸疑惑　心生大歡喜　自知當作佛

妙法蓮華經卷第一

BD05019 號　妙法蓮華經卷一　　(16–15)

譬如優曇華　一切皆愛樂　天人所希有　時時乃一出
聞法歡喜讚　乃至發一言　則為已供養　一切三世佛
是人甚希有　過於優曇華　汝等勿有疑　我為諸法王
普告諸大衆　但以一乘道　教化諸菩薩　无聲聞弟子
汝等舍利弗　聲聞及菩薩　當知是妙法　諸佛之祕要
以五濁惡世　但樂著諸欲　如是等衆生　終不求佛道
當來世惡人　聞佛說一乘　迷惑不信受　破法墮惡道
有慚愧清淨　志求佛道者　當為如是等　廣讚一乘道
舍利弗當知　諸佛法如是　以萬億方便　隨宜而說法
其不習學者　不能曉了此　汝等既已知　諸佛世之師
隨宜方便事　无復諸疑惑　心生大歡喜　自知當作佛

妙法蓮華經卷第一

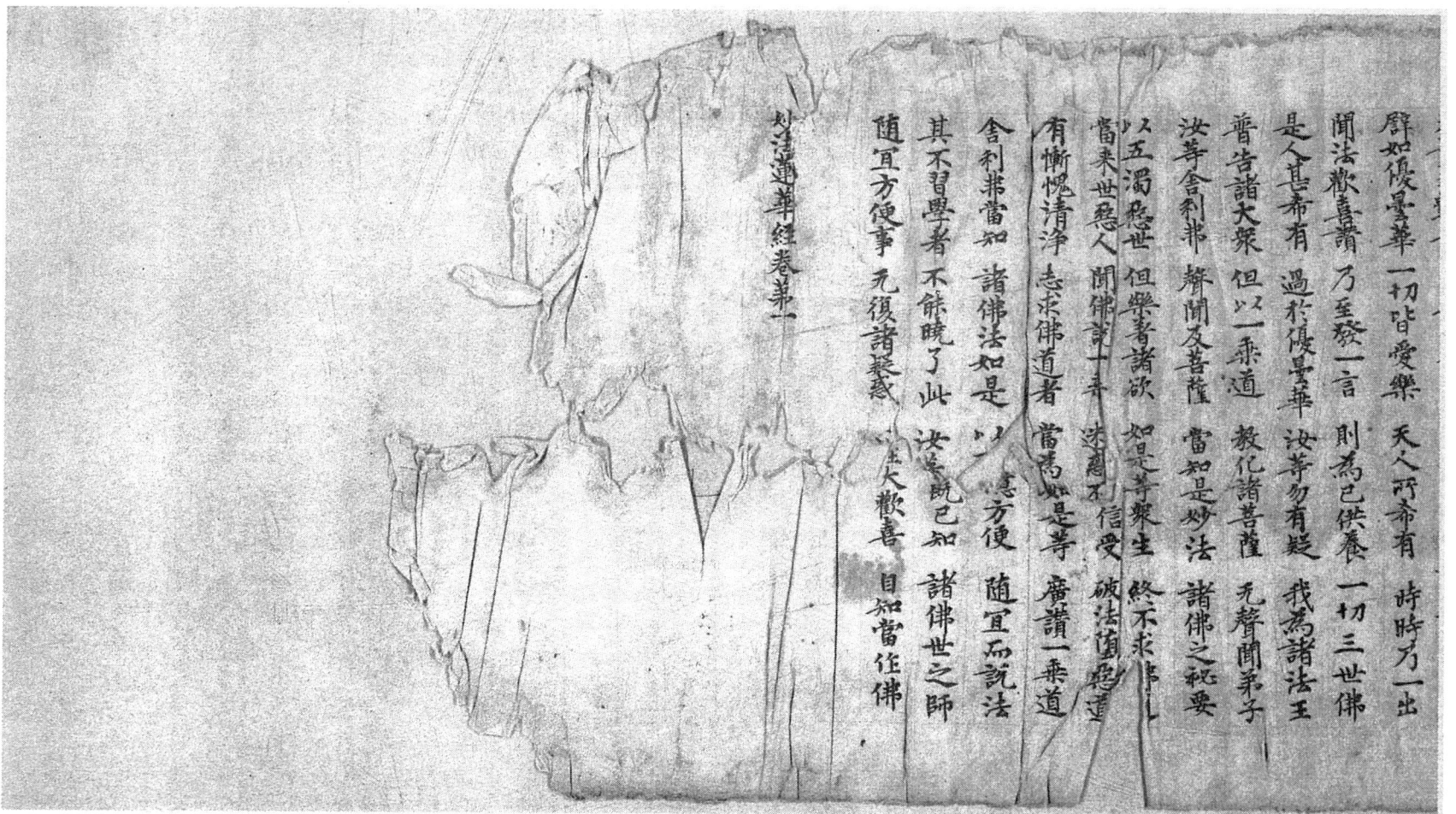

BD05019 號　妙法蓮華經卷一　（16–16）

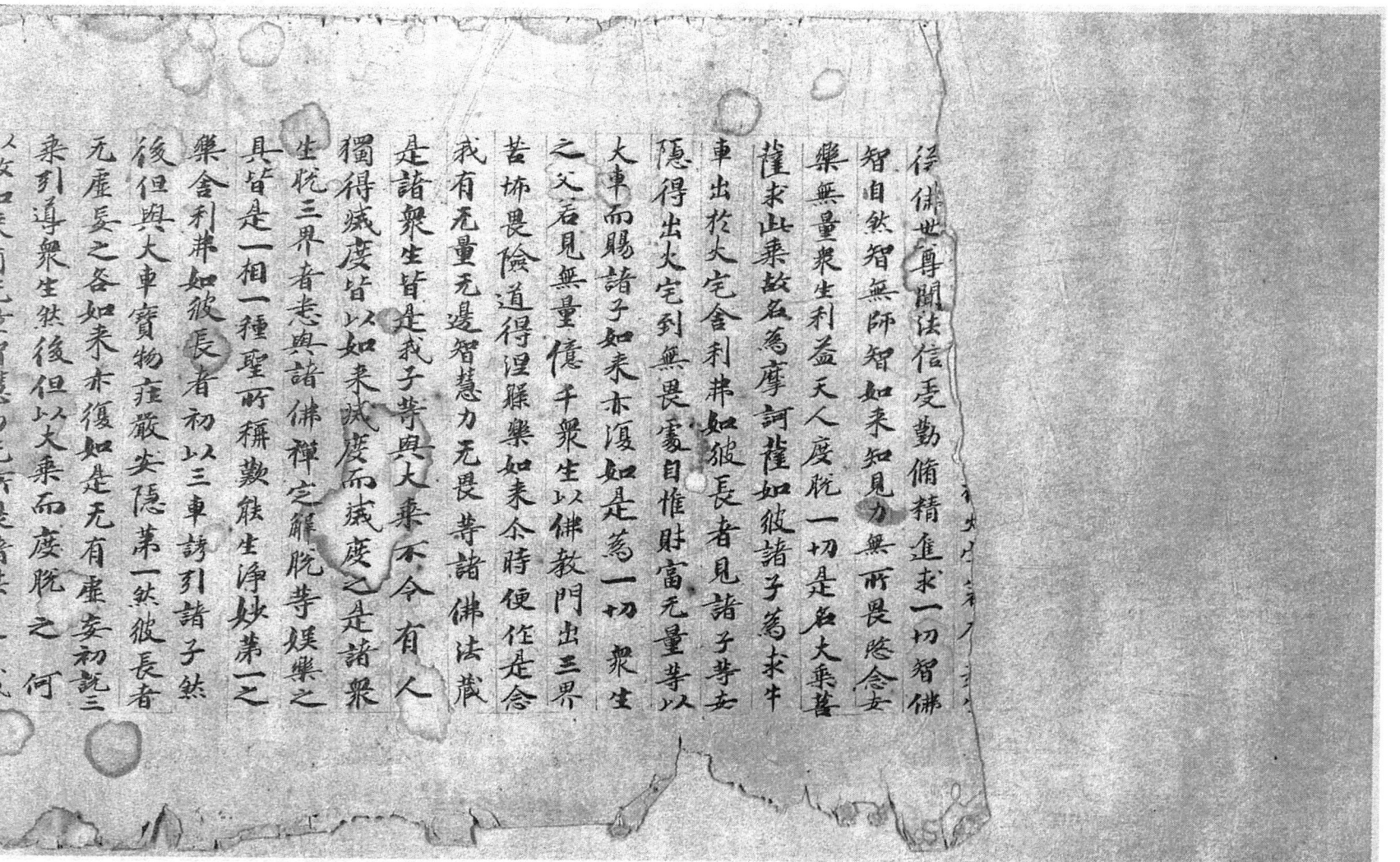

從佛世尊聞法信受勤脩精進求一切智佛
智自然智無師智如來知見力無所畏愍念安
樂無量衆生利益天人度脫一切是名大乘菩
薩求此乘故名為摩訶薩如彼諸子為求牛
車出於火宅舍利弗如彼長者見諸子等安
隱得出火宅到無畏處自惟財富无量等以
大車而賜諸子如來亦復如是為一切衆生
之父若見無量億千衆生以佛教門出三界
苦怖畏險道得涅槃樂如來尒時便作是念
我有无量无邊智慧力无畏等諸佛法藏
是諸衆生皆是我子等與大乘不令有人
獨得滅度皆以如來滅度而滅度之是諸衆
生脫三界者悉與諸佛禪定解脫等娛樂之
具皆是一相一種聖所稱歎能生淨妙第一之
樂舍利弗如彼長者初以三車誘引諸子然
後但與大車寶物莊嚴安隱第一然彼長者
无虛妄之咎如來亦復如是无有虛妄初說三
乘引導衆生然後但以大乘而度脫之何

BD05020 號　妙法蓮華經卷二　（8–1）

生脫三界者悉與諸佛禪定解脫等娛樂之
具皆是一相一種聖所稱歎能生淨妙第一之
樂舍利弗如彼長者初以三車誘引諸子然
後但與大車寶物莊嚴安隱第一然彼長者
无虛妄之咎如来亦復如是无有虛妄初說三
乘引導衆生然後但以大乘而度脫之何
以故如来有无量智慧力无所畏諸法之藏
能與一切衆生大乘之法但不盡能受舍利弗
以是因緣當知諸佛方便力故於一佛乘分
別說三佛欲重宣此義而說偈言
譬如長者　有一大宅　其宅久故　而復頓弊
堂舍高危　柱根摧朽　梁棟傾斜　基陛隤毀
牆壁圮坼　泥塗褫落　覆苫亂墜　椽梠差脫
周障屈曲　雜穢充遍　有五百人　止住其中
鵄梟鵰鷲　烏鵲鳩鴿　蚖虵蝮蠍　蜈蚣蚰蜒
守宮百足　鼬貍鼷鼠　諸惡蟲輩　交橫馳走
屎尿臭處　不淨流溢　蜣蜋諸蟲　而集其上
狐狼野干　咀嚼踐蹋　嚌齧死屍　骨肉狼藉
由是羣狗　競来搏撮　飢羸慞惶　處處求食
鬪手摣掣　啀喍嘷吠　其舍恐怖　變狀如是
處處皆有　魑魅魍魎　夜叉惡鬼　食噉人肉
毒虵之屬　諸惡禽獸　孚乳產生　各自藏護
夜叉競来　爭取食之　食之既飽　惡心轉熾
鬪諍之聲　甚可怖畏　鳩槃荼鬼　蹲踞土埵
或時離地　一尺二尺　往返遊行　縱逸嬉戲
捉狗兩足　撲令失聲　以脚加頸　怖狗自樂
復有諸鬼　其身長大　裸形黑瘦　常住其中
發大惡聲　叫呼求食　復有諸鬼　其咽如針

BD05020號　妙法蓮華經卷二　（8–2）

由是羣狗　競来搏撮　飢羸慞惶　處處求食
鬪手摣掣　啀喍嘷吠　其舍恐怖　變狀如是
處處皆有　魑魅魍魎　夜叉惡鬼　食噉人肉
毒虵之屬　諸惡禽獸　孚乳產生　各自藏護
夜叉競来　爭取食之　食之既飽　惡心轉熾
鬪諍之聲　甚可怖畏　鳩槃荼鬼　蹲踞土埵
或時離地　一尺二尺　往返遊行　縱逸嬉戲
捉狗兩足　撲令失聲　以脚加頸　怖狗自樂
復有諸鬼　其身長大　裸形黑瘦　常住其中
發大惡聲　叫呼求食　復有諸鬼　其咽如針
復有諸鬼　首如牛頭　或食人肉　或復噉狗
頭髮蓬亂　殘害兇險　飢渴所逼　叫喚馳走
夜叉餓鬼　諸惡鳥獸　飢急四向　窺看窗牖
如是諸難　恐畏无量　是朽故宅　屬于一人
其人近出　未久之間　於後宅舍　忽然火起
四面一時　其焰俱熾　棟梁椽柱　爆聲震裂
摧折墮落　牆壁崩倒　諸鬼神等　揚聲大叫
鵰鷲諸鳥　鳩槃荼等　周章惶怖　不能自出
惡獸毒蟲　藏竄孔穴　毗舍闍鬼　亦住其中
薄福德故　為火所逼　共相殘害　飲血噉肉
野干之屬　並已前死　諸大惡獸　競来食噉
臭烟熢㶿　四面充塞　蜈蚣蚰蜒　毒虵之類
為火所燒　爭走出穴　鳩槃荼鬼　隨取而食
又諸餓鬼　頭上火然　飢渴熱惱　周章悶走
其宅如是　甚可怖畏　毒害火災　衆難非一
是時宅主　在門外立　聞有人言　汝諸子等
先因遊戲　来入此宅　稚小無知　歡娛樂著

BD05020號　妙法蓮華經卷二　（8–3）

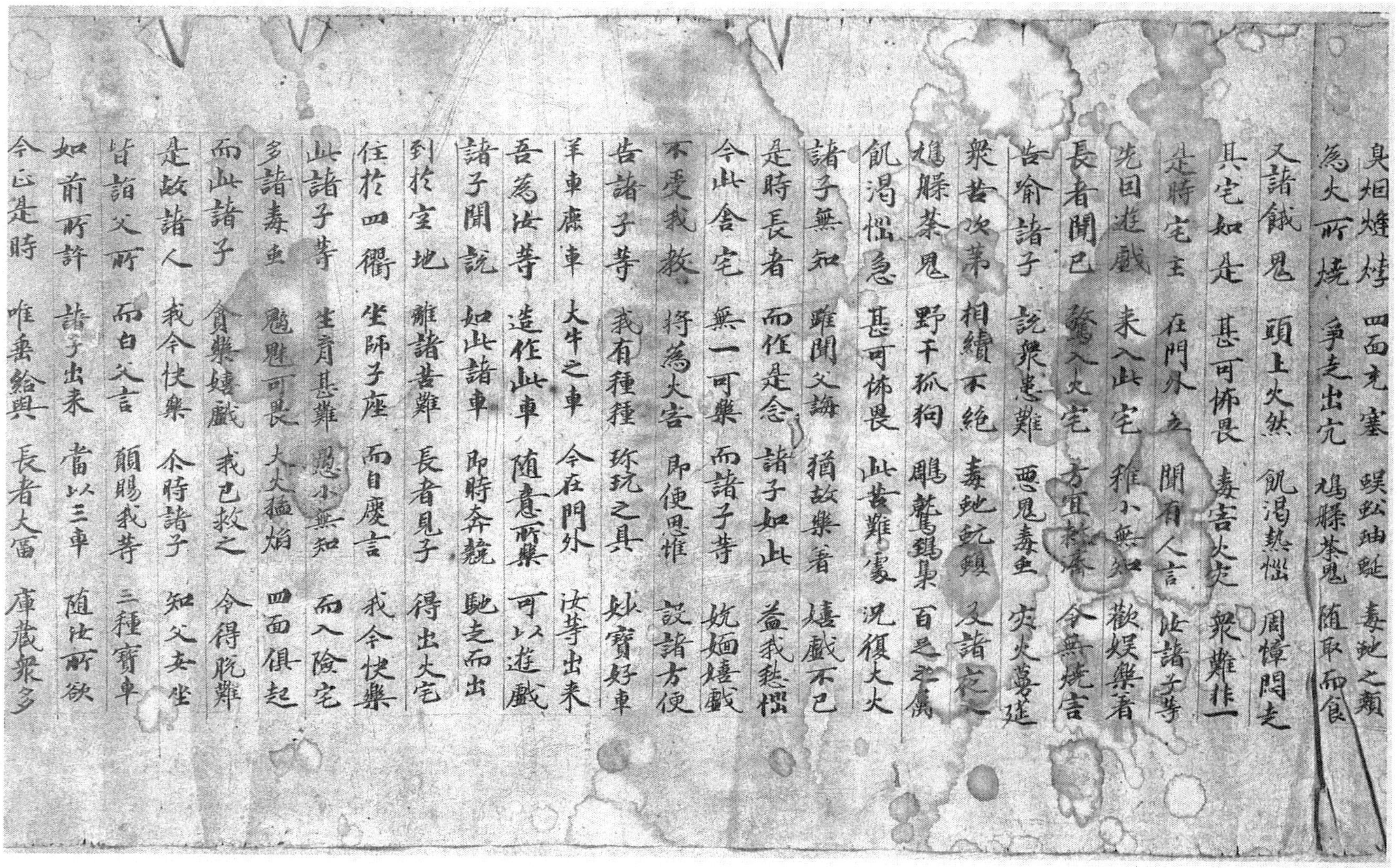
臭烟烽㶿　四面充塞　蜈蚣蚰蜒　毒蛇之類
為火所燒　爭走出穴　鳩槃荼鬼　隨取而食
又諸餓鬼　頭上火然　飢渴熱惱　周章悶走
其宅如是　甚可怖畏　毒害火災　眾難非一
是時宅主　在門外立　聞有人言　汝諸子等
先因遊戲　來入此宅　稚小無知　歡娛樂著
長者聞已　驚入火宅　方宜救濟　令無燒害
告喻諸子　說眾患難　惡鬼毒虫　災火蔓莚
眾苦次第　相續不絕　毒蛇蚖蝮　及諸夜叉
鳩槃荼鬼　野干狐狗　鵰鷲鴟梟　百足之屬
飢渴惱急　甚可怖畏　此苦難處　況復大火
諸子無知　雖聞父誨　猶故樂著　嬉戲不已
是時長者　而作是念　諸子如此　益我愁惱
今此舍宅　無一可樂　而諸子等　耽湎嬉戲
不受我教　將為火害　即便思惟　設諸方便
告諸子等　我有種種　珍玩之具　妙寶好車
羊車鹿車　大牛之車　今在門外　汝等出來
吾為汝等　造作此車　隨意所樂　可以遊戲
諸子聞說　如此諸車　即時奔競　馳走而出
到於空地　離諸苦難　長者見子　得出火宅
住於四衢　坐師子座　而自慶言　我今快樂
此諸子等　生育甚難　愚小無知　而入險宅
多諸毒虫　魑魅可畏　大火猛焰　四面俱起
而此諸子　貪樂嬉戲　我已救之　令得脫難
是故諸人　我今快樂　尒時諸子　知父安坐
皆詣父所　而白父言　願賜我等　三種寶車
如前所許　諸子出來　當以三車　隨汝所欲
今正是時　唯垂給與　長者大富　庫藏眾多

BD05020 號　妙法蓮華經卷二　（8–4）

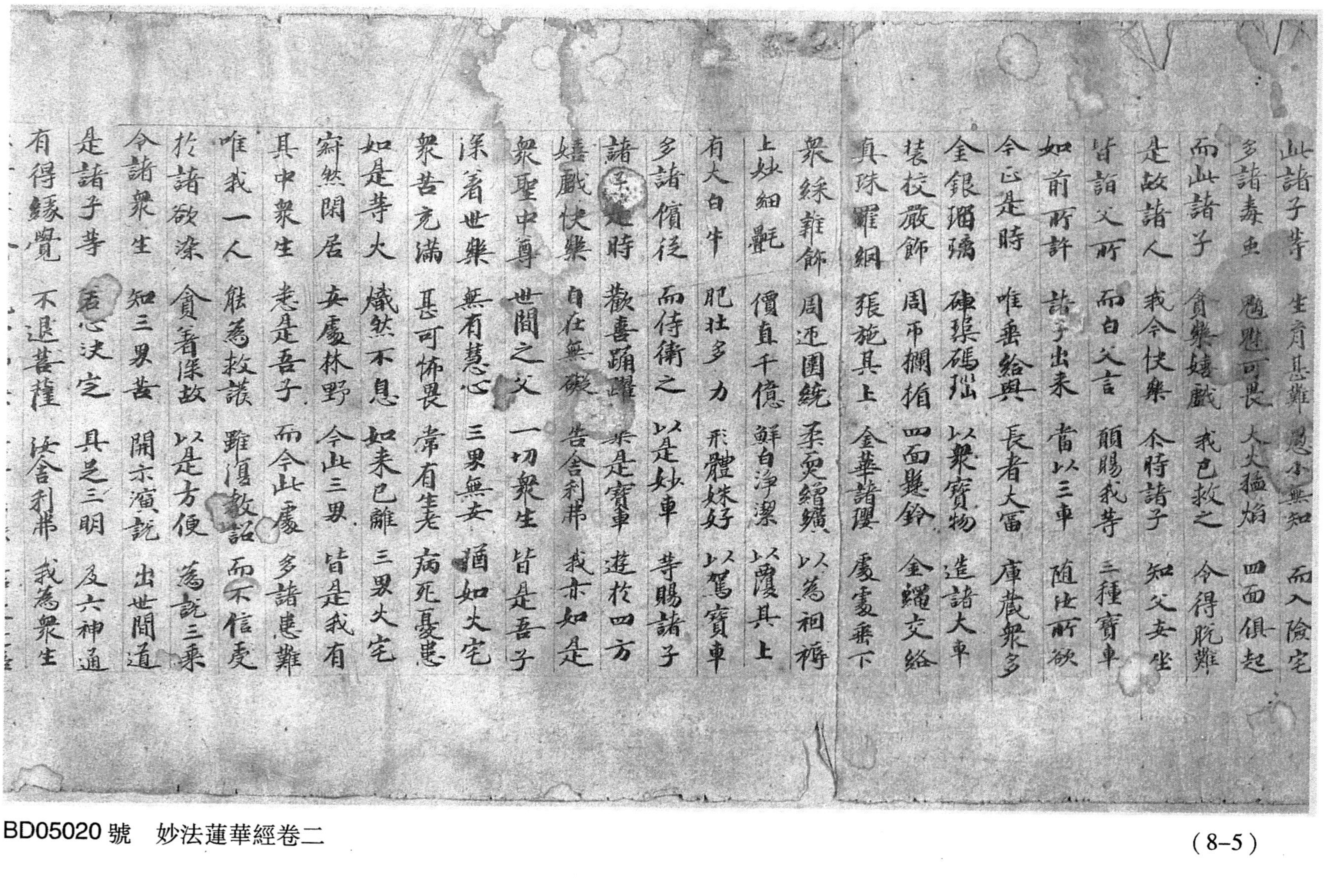
此諸子等　生育甚難　愚小無知　而入險宅
多諸毒虫　魑魅可畏　大火猛焰　四面俱起
而此諸子　貪樂嬉戲　我已救之　令得脫難
是故諸人　我今快樂　尒時諸子　知父安坐
皆詣父所　而白父言　願賜我等　三種寶車
如前所許　諸子出來　當以三車　隨汝所欲
今正是時　唯垂給與　長者大富　庫藏眾多
金銀琉璃　硨磲碼碯　以眾寶物　造諸大車
裝校嚴飾　周帀欄楯　四面懸鈴　金繩交絡
真珠羅網　張施其上　金華諸瓔　處處垂下
眾綵雜飾　周迊圍繞　柔耎繒纊　以為茵蓐
上妙細氎　價直千億　鮮白淨潔　以覆其上
有大白牛　肥壯多力　形體姝好　以駕寶車
多諸儐從　而侍衛之　以是妙車　等賜諸子
諸子是時　歡喜踊躍　乘是寶車　遊於四方
嬉戲快樂　自在無礙　告舍利弗　我亦如是
眾聖中尊　世間之父　一切眾生　皆是吾子
深著世樂　無有慧心　三界無安　猶如火宅
眾苦充滿　甚可怖畏　常有生老　病死憂患
如是等火　熾然不息　如來已離　三界火宅
寂然閑居　安處林野　今此三界　皆是我有
其中眾生　悉是吾子　而今此處　多諸患難
唯我一人　能為救護　雖復教詔　而不信受
於諸欲染　貪著深故　以是方便　為說三乘
令諸眾生　知三界苦　開示演說　出世間道
是諸子等　若心決定　具足三明　及六神通
有得緣覺　不退菩薩　汝舍利弗　我為眾生

BD05020 號　妙法蓮華經卷二　（8–5）

寂然閑居 安處林野
其中衆生 悉是吾子 而今此處 多諸患難
唯我一人 能爲救護 雖復教詔 而不信受
於諸欲染 貪著深故 以是方便 爲說三乘
令諸衆生 知三界苦 開示演說 出世間道
是諸子等 若心決定 具足三明 及六神通
有得緣覺 不退菩薩 汝舍利弗 我爲衆生
以此譬喻 說一佛乘 汝等若能 信受是語
一切皆當 成得佛道 是乘微妙 清淨第一
於諸世間 爲無有上 佛所悅可 一切衆生
所應稱讚 供養禮拜 無量億千 諸力解脫
禪定智慧 及佛餘法 得如是乘 令諸子等
日夜劫數 常得遊戲 與諸菩薩 及聲聞衆
乘此寶乘 直至道場 以是因緣 十方諦求
更無餘乘 除佛方便 告舍利弗 汝諸人等
皆是吾子 我則是父 汝等累劫 衆苦所燒
我皆濟拔 令出三界 我雖先說 汝等滅度
但盡生死 而實不滅 今所應作 唯佛智慧
若有菩薩 於是衆中 能一心聽 諸佛實法
諸佛世尊 雖以方便 所化衆生 皆是菩薩
若人小智 深著愛欲 爲此等故 說於苦諦
衆生心喜 得未曾有 佛說苦諦 真實無異
若有衆生 不知苦本 深著苦因 不能暫捨
爲是等故 方便說道 諸苦所因 貪欲爲本
若滅貪欲 無所依止 滅盡諸苦 名第三諦
爲滅諦故 脩行於道 離諸苦縛 名得解脫
是人於何 而得解脫 但離虛妄 名爲解脫

BD05020號　妙法蓮華經卷二 （8–6）

衆生心喜 得未曾有 佛說苦諦 真實無異
若有衆生 不知苦本 深著苦因 不能暫捨
爲是等故 方便說道 諸苦所因 貪欲爲本
若滅貪欲 無所依止 滅盡諸苦 名第三諦
爲滅諦故 脩行於道 離諸苦縛 名得解脫
是人於何 而得解脫 但離虛妄 名爲解脫
其實未得 一切解脫 佛說是人 未實滅度
斯人未得 無上道故 我意不欲 令至滅度
我爲法王 於法自在 安隱衆生 故現於世
汝舍利弗 我此法印 爲欲利益 世間故說
在所遊方 勿妄宣傳 若有聞者 隨喜頂受
當知是人 阿惟越致 若有信受 此經法者
是人已曾 見過去佛 恭敬供養 亦聞是法
若人有能 信汝所說 則爲見我 亦見於汝
及比丘僧 并諸菩薩 斯法華經 爲深智說
淺識聞之 迷惑不解 一切聲聞 及辟支佛
於此經中 力所不及 汝舍利弗 尚於此經
以信得入 況餘聲聞 其餘聲聞 信佛語故
隨順此經 非己智分 又舍利弗 憍慢懈怠
計我見者 莫說此經 凡夫淺識 深著五欲
聞不能解 亦勿爲說 若人不信 毀謗此經
則斷一切 世間佛種 或復顰蹙 而懷疑惑
汝當聽說 此人罪報 若佛在世 若滅度後
其有誹謗 如斯經典 見有讀誦 書持經者
輕賤憎嫉 而懷結恨 此人罪報 汝今復聽
其人命終 入阿鼻獄 具足一劫 劫盡更生
如是展轉 至無數劫 從地獄出 當墮畜生

BD05020號　妙法蓮華經卷二 （8–7）

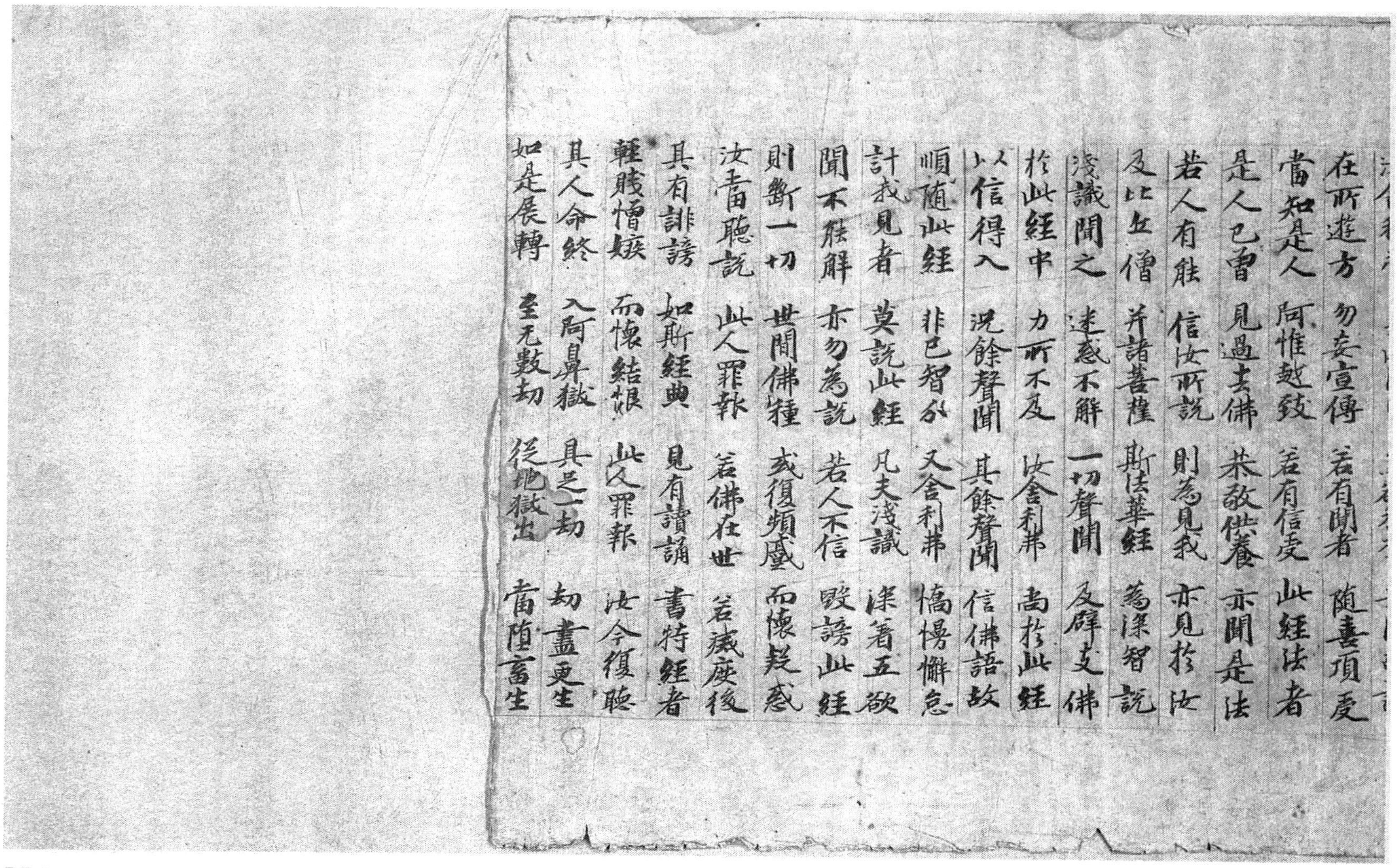

在所遊方　勿妄宣傳　若有聞者　隨喜頂受
當知是人　阿惟越致　若有信受　此經法者
是人已曾　見過去佛　恭敬供養　亦聞是法
若人有能　信汝所說　則為見我　亦見於汝
及比丘僧　并諸菩薩　斯法華經　為深智說
淺識聞之　迷惑不解　一切聲聞　及辟支佛
於此經中　力所不及　汝舍利弗　尚於此經
以信得入　況餘聲聞　其餘聲聞　信佛語故
隨順此經　非己智分　又舍利弗　憍慢懈怠
計我見者　莫說此經　凡夫淺識　深著五欲
聞不能解　亦勿為說　若人不信　毀謗此經
則斷一切　世間佛種　或復顰蹙　而懷疑惑
汝當聽說　此人罪報　若佛在世　若滅度後
其有誹謗　如斯經典　見有讀誦　書持經者
輕賤憎嫉　而懷結恨　此人罪報　汝今復聽
其人命終　入阿鼻獄　具足一劫　劫盡更生
如是展轉　至无數劫　從地獄出　當墮畜生

BD05020 號　妙法蓮華經卷二

（8–8）

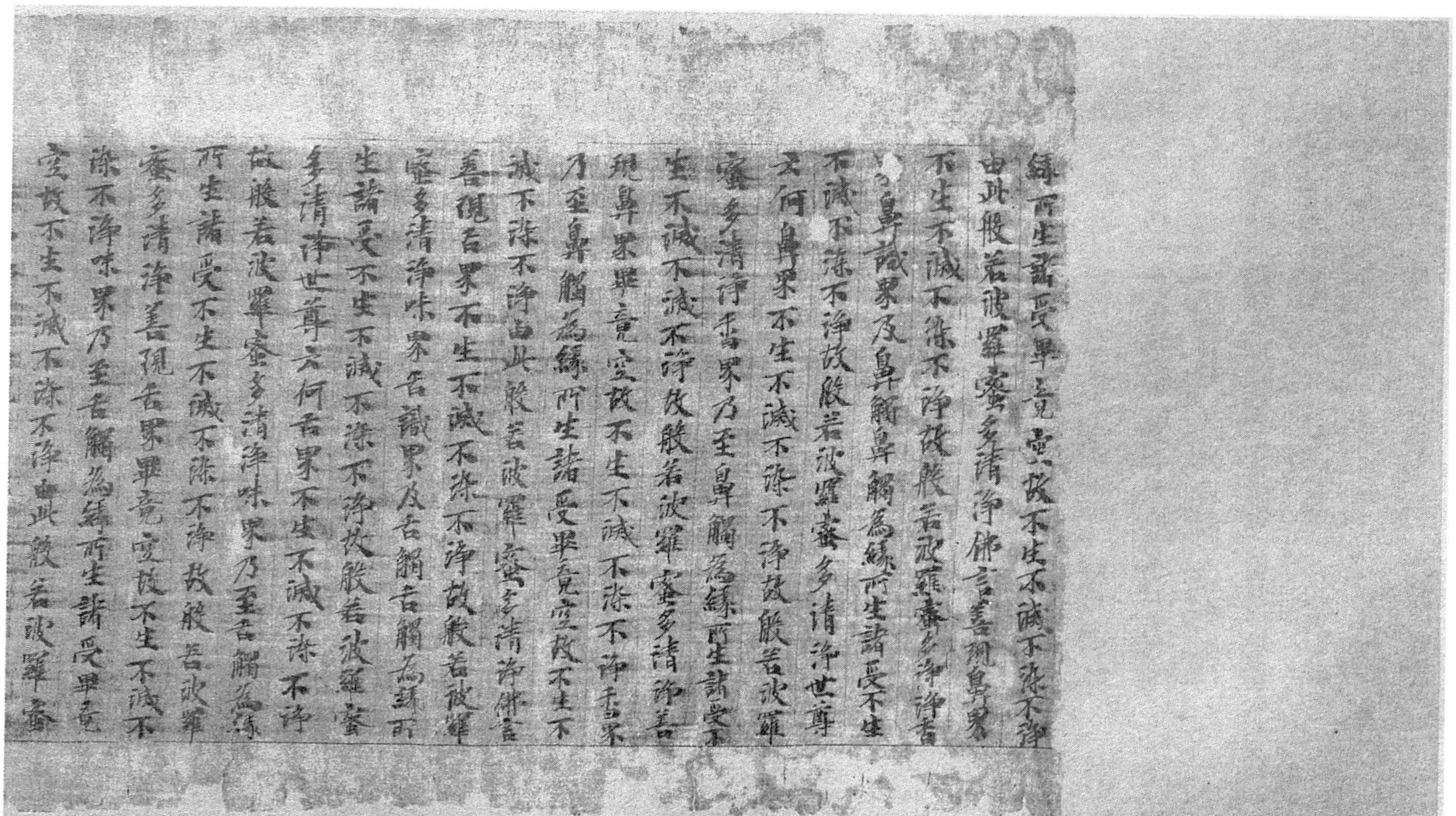

緣所生諸受畢竟空故不生不滅不染不淨
由此般若波羅蜜多清淨佛言善現鼻界
不生不滅不染不淨故般若波羅蜜多清淨香
界鼻識界及鼻觸鼻觸為緣所生諸受不生
不滅不染不淨故般若波羅蜜多清淨世尊
云何鼻界不生不滅不染不淨故般若波羅
蜜多清淨香界乃至鼻觸為緣所生諸受不
生不滅不染不淨故般若波羅蜜多清淨善
現鼻界畢竟空故不生不滅不染不淨香界
乃至鼻觸為緣所生諸受畢竟空故不生不
滅不染不淨由此般若波羅蜜多清淨佛言
善現舌界不生不滅不染不淨故般若波羅
蜜多清淨味界舌識界及舌觸舌觸為緣所
生諸受不生不滅不染不淨故般若波羅蜜
多清淨世尊云何舌界不生不滅不染不淨
故般若波羅蜜多清淨味界乃至舌觸為緣
所生諸受不生不滅不染不淨故般若波羅
蜜多清淨善現舌界畢竟空故不生不滅不
染不淨味界乃至舌觸為緣所生諸受畢竟
空故不生不滅不染不淨由此般若波羅蜜

BD05021 號　大般若波羅蜜多經卷二九五

（3–1）

生諸受不生不滅不染不淨故般若波羅蜜
多清淨世尊云何舌界不生不滅不染不淨
故般若波羅蜜多清淨味界乃至舌觸爲緣
所生諸受不生不滅不染不淨故般若波羅
蜜多清淨善現舌界畢竟空故不生不滅不
染不淨味界乃至舌觸爲緣所生諸受畢竟
空故不生不滅不染不淨由此般若波羅蜜
多清淨佛言善現身界不生不滅不染不淨
故般若波羅蜜多清淨觸界身識界及身
觸身觸爲緣所生諸受不生不滅不染不淨故
般若波羅蜜多清淨世尊云何身界不生不
滅不染不淨故般若波羅蜜多清淨觸界乃
至身觸爲緣所生諸受不生不滅不染不淨
故般若波羅蜜多清淨善現身界畢竟空故
不生不滅不染不淨觸界乃至身觸爲緣所
生諸受畢竟空故不生不滅不染不淨由此般
若波羅蜜多清淨佛言善現意界不生不
滅不染不淨故般若波羅蜜多清淨法界意
識界及意觸意觸爲緣所生諸受不生不滅
不染不淨故般若波羅蜜多清淨世尊云何意
界不生不滅不染不淨故般若波羅蜜多清
淨法界乃至意觸爲緣所生諸受不生不滅
不染不淨故般若波羅蜜多清淨善現意
界畢竟空故不生不滅不染不淨法界乃至
意觸爲緣所生諸受畢竟空故不生不滅不
染不淨由此般若波羅蜜多清淨佛言善現
地界不生不滅不染不淨故般若波羅蜜多

BD05021 號　大般若波羅蜜多經卷二九五　（3–2）

不染不淨故般若波羅蜜多清淨世尊云何意
界不生不滅不染不淨故般若波羅蜜多清
淨法界乃至意觸爲緣所生諸受不生不滅
不染不淨故般若波羅蜜多清淨善現意
界畢竟空故不生不滅不染不淨法界乃至
意觸爲緣所生諸受畢竟空故不生不滅不
染不淨由此般若波羅蜜多清淨佛言善現
地界不生不滅不染不淨故般若波羅蜜多
清淨水火風空識界不生不滅不染不淨故
般若波羅蜜多清淨世尊云何地界不生不
滅不染不淨故般若波羅蜜多清淨水火風
空識界不生不滅不染不淨故般若波羅蜜
多清淨善現地界畢竟空故不生不滅不染
不淨水火風空識界畢竟空故不生不滅不
染不淨由此般若波羅蜜多清淨佛言善現
無明不生不滅不染不淨故般若波羅蜜多
清淨行識名色六處觸受愛取有生老死愁
歎苦憂惱不生不滅不染不淨故般若波羅
蜜多清淨世尊云何無明不生不滅不染不
淨故般若波羅蜜多清淨行乃至老死愁歎
苦憂惱不生不滅不染不淨故般若波羅蜜
多清淨善現無明畢竟空故不生不滅不染
不淨行乃至老死愁歎苦憂惱畢竟空故不
生不滅不染不淨由此般若波羅蜜多清淨

BD05021 號　大般若波羅蜜多經卷二九五　（3–3）

BD05021 號背　勘記　　　　（1–1）

佛告須菩提莫作
來滅後後五百歲有持戒脩福者於此章句
能生信心以此為實當知是人不於一佛二
佛三四五佛而種善根已於无量千万佛所
種諸善根聞是章句乃至一念生淨信者須
菩提如來悉知悉見是諸眾生得如是无量
福德何以故是諸眾生无復我相人相眾生
相壽者相无法相亦无非法相何以故是諸
眾生若心取相則為著我人眾生壽者若取
法相即著我人眾生壽者何以故若取非法
相即著我人眾生壽者是故不應取法不應
取非法以是義故如來常說汝等比丘知我
說法如筏喻者法尚應捨何況非法
須菩提於意云何如來得阿耨多羅三藐三
菩提耶如來有所說法耶須菩提言如我解
佛所說義无有定法名阿耨多羅三藐三菩
提亦无有定法如來可說何以故如來所說
法皆不可取不可說非法非非法所以者何
一切賢聖皆以无為法而有差別

BD05022 號　金剛般若波羅蜜經　　　　（11–1）

說法如筏喻者法尚應捨何況非法
須菩提於意云何如来得阿耨多羅三藐三
菩提耶如来有所說法耶須菩提言如我解
佛所說義无有定法名阿耨多羅三藐三菩
提亦无有定法如来可說何以故如来所說
法皆不可取不可說非法非非法所以者何
一切賢聖皆以无為法而有差別
須菩提於意云何若人滿三千大千世界七
寶以用布施是人所得福德寧為多不須菩
提言甚多世尊何以故是福德即非福德性
是故如来說福德多若復有人於此經中受
持乃至四句偈等為他人說其福勝彼何以故
須菩提一切諸佛及諸佛阿耨多羅三藐
三菩提法皆從此經出須菩提所謂佛法者
即非佛法
須菩提於意云何須陁洹能作是念我得須
陁洹果不須菩提言不也世尊何以故須陁
洹名為入流而无所入不入色聲香味觸法
是名須陁洹須菩提於意云何斯陁含能作
是念我得斯陁含果不須菩提言不也世尊
何以故斯陁含名一往来而實无往来是名
斯陁含須菩提於意云何阿那含能作是念
我得阿那含果不須菩提言不也世尊何以
故阿那含名為不来而實无来是故名阿那
含須菩提於意云何阿羅漢能作是念我得
阿羅漢道不須菩提言不也世尊何以故實
无有法名阿羅漢世尊若阿羅漢作是念我

BD05022 號　金剛般若波羅蜜經

（11–2）

斯陁含須菩提於意云何阿那含能作是念
我得阿那含果不須菩提言不也世尊何以
故阿那含名為不来而實无来是故名阿那
含須菩提於意云何阿羅漢能作是念我得
阿羅漢道不須菩提言不也世尊何以故實
无有法名阿羅漢世尊若阿羅漢作是念我
得阿羅漢道即為著我人衆生壽者世尊佛
說我得无諍三昧人中最為第一是第一離
欲阿羅漢我不作是念我是離欲阿羅漢世
尊我若作是念我得阿羅漢道世尊則不說
須菩提是樂阿蘭那行者以須菩提實无所
行而名須菩提是樂阿蘭那行
佛告須菩提於意云何如来昔在然燈佛所
於法有所得不世尊如来在然燈佛所於
法實无所得須菩提於意云何菩薩莊嚴佛
土不不也世尊何以故莊嚴佛土者則非莊
嚴是名莊嚴是故須菩提諸菩薩摩訶薩應
如是生清淨心不應住色生心不應住聲香
味觸法生心應无所住而生其心須菩提譬
如有人身如須弥山王於意云何是身為大
不須菩提言甚大世尊何以故佛說非身是
名大身
須菩提如恒河中所有沙數如是沙等恒河
於意云何是諸恒河沙寧為多不須菩提言
甚多世尊但諸恒河尚多无數何況其沙須
菩提我今實言告汝若有善男子善女人以
七寶滿尒所恒河沙數三千大千世界以用

BD05022 號　金剛般若波羅蜜經

（11–3）

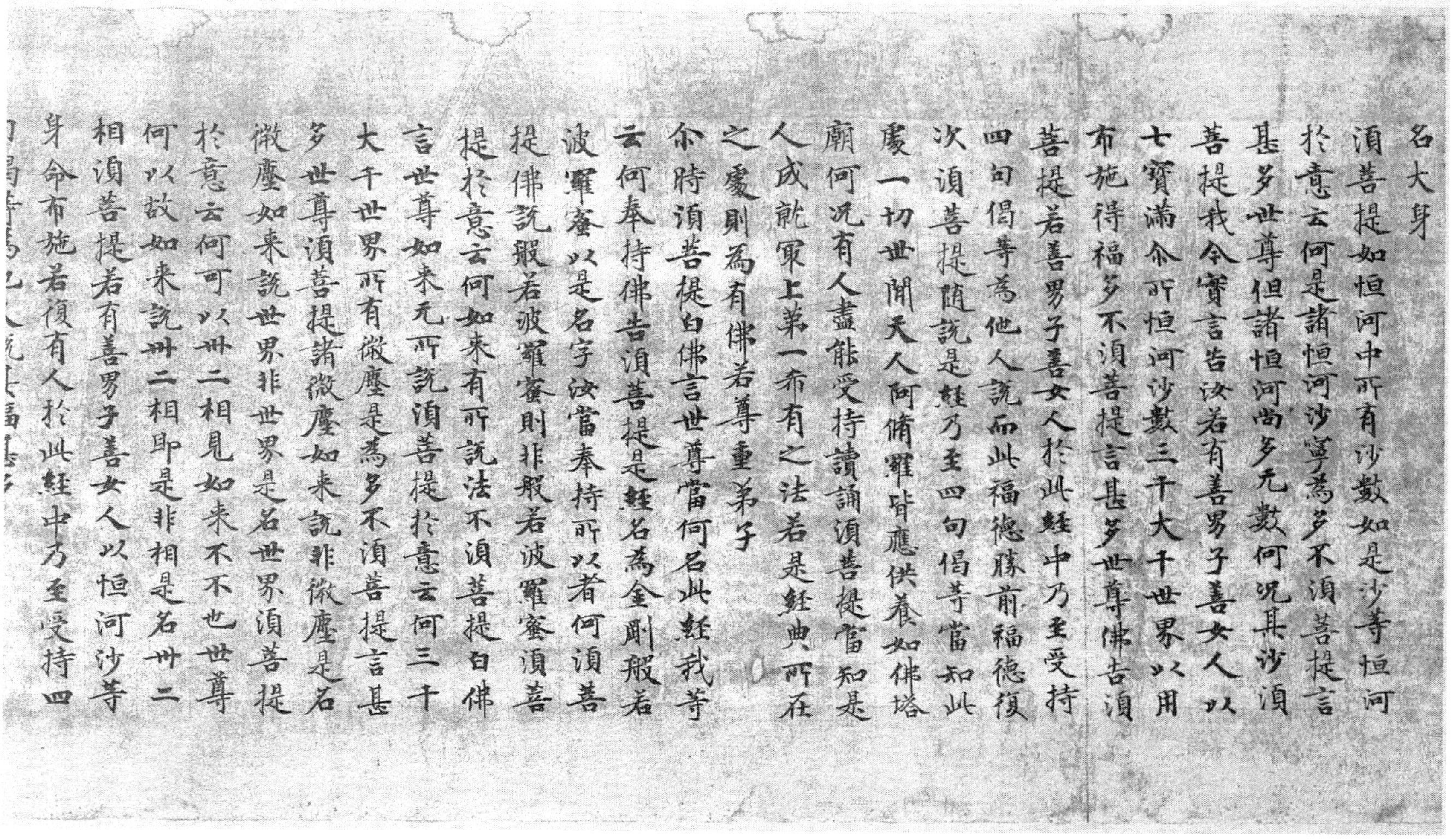

名大身
須菩提如恒河中所有沙數如是沙等恒河
於意云何是諸恒河沙寧為多不須菩提言
甚多世尊但諸恒河尚多无數何況其沙須
菩提我今實言告汝若有善男子善女人以
七寶滿尒所恒河沙數三千大千世界以用
布施得福多不須菩提言甚多世尊佛告須
菩提若善男子善女人於此經中乃至受持
四句偈等為他人說而此福德勝前福德復
次須菩提隨說是經乃至四句偈等當知此
處一切世間天人阿脩羅皆應供養如佛塔
廟何況有人盡能受持讀誦須菩提當知是
人成就最上第一希有之法若是經典所在
之處則為有佛若尊重弟子
尒時須菩提白佛言世尊當何名此經我等
云何奉持佛告須菩提是經名為金剛般若
波羅蜜以是名字汝當奉持所以者何須菩
提佛說般若波羅蜜則非般若波羅蜜須菩
提於意云何如來有所說法不須菩提白佛
言世尊如來无所說須菩提於意云何三千
大千世界所有微塵是為多不須菩提言甚
多世尊須菩提諸微塵如來說非微塵是名
微塵如來說世界非世界是名世界須菩提
於意云何可以卅二相見如來不不也世尊
何以故如來說卅二相即是非相是名卅二
相須菩提若有善男子善女人以恒河沙等
身命布施若復有人於此經中乃至受持四
句偈等為他人說其福甚多

BD05022 號　金剛般若波羅蜜經　（11–4）

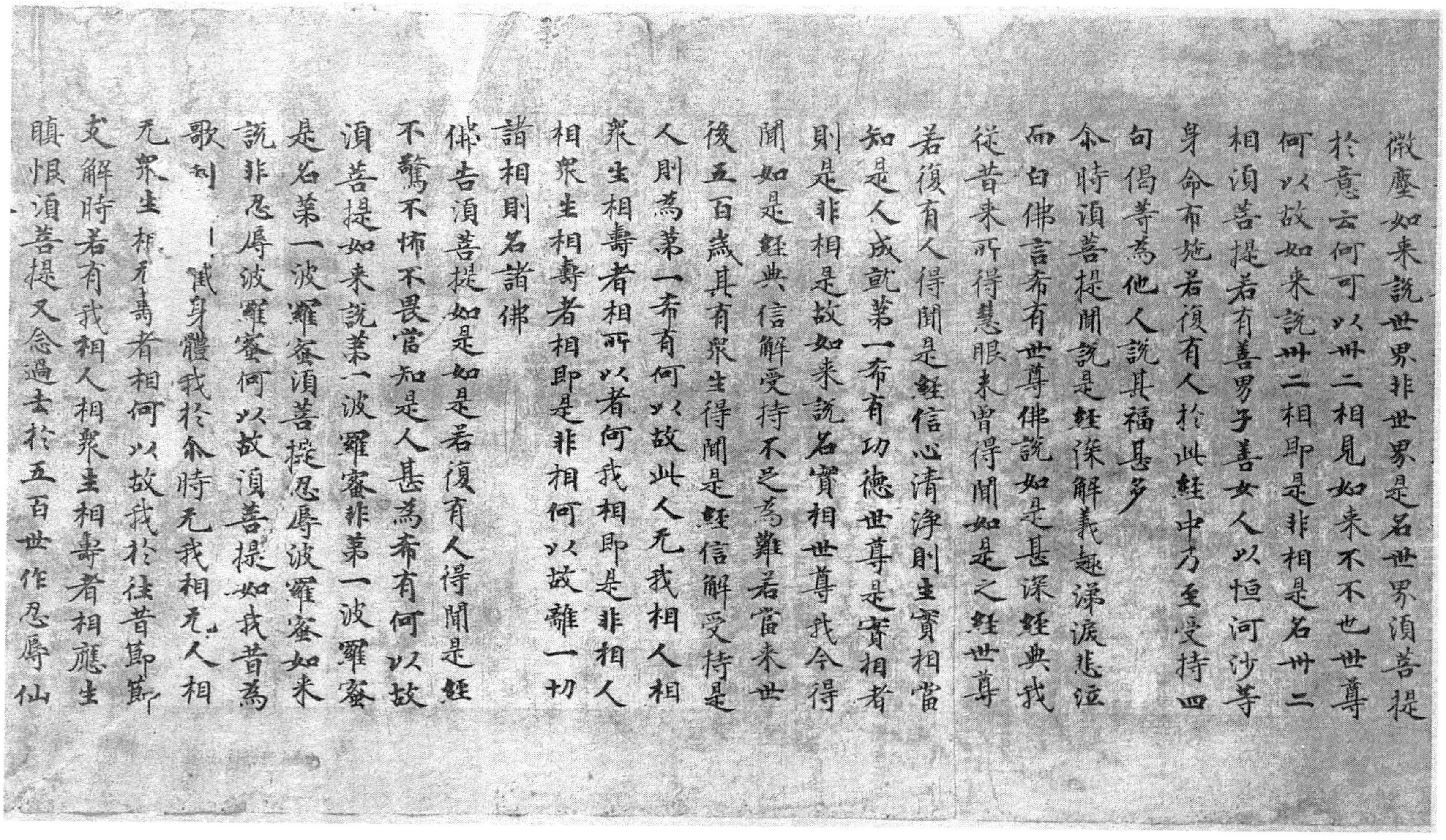

微塵如來說世界非世界是名世界須菩提
於意云何可以卅二相見如來不不也世尊
何以故如來說卅二相即是非相是名卅二
相須菩提若有善男子善女人以恒河沙等
身命布施若復有人於此經中乃至受持四
句偈等為他人說其福甚多
尒時須菩提聞說是經深解義趣涕淚悲泣
而白佛言希有世尊佛說如是甚深經典我
從昔來所得慧眼未曾得聞如是之經世尊
若復有人得聞是經信心清淨則生實相當
知是人成就第一希有功德世尊是實相者
則是非相是故如來說名實相世尊我今得
聞如是經典信解受持不足為難若當來世
後五百歲其有眾生得聞是經信解受持是
人則為第一希有何以故此人无我相人相
眾生相壽者相所以者何我相即是非相人
相眾生相壽者相即是非相何以故離一切
諸相則名諸佛
佛告須菩提如是如是若復有人得聞是經
不驚不怖不畏當知是人甚為希有何以故
須菩提如來說第一波羅蜜非第一波羅蜜
是名第一波羅蜜須菩提忍辱波羅蜜如來
說非忍辱波羅蜜何以故須菩提如我昔為
歌利王割截身體我於尒時无我相无人相
无眾生相无壽者相何以故我於往昔節節
支解時若有我相人相眾生相壽者相應生
瞋恨須菩提又念過去於五百世作忍辱仙

BD05022 號　金剛般若波羅蜜經　（11–5）

是名第一波羅蜜須菩提忍辱波羅蜜如来
說非忍辱波羅蜜何以故須菩提如我昔為
歌利　截身體我於尒時无我相无人相
无衆生相无壽者相何以故我於往昔節節
支解時若有我相人相衆生相壽者相應生
瞋恨須菩提又念過去於五百世作忍辱仙
人於尒所世无我相无人相无衆生相无壽
者相是故須菩提菩薩應離一切相發阿耨
多羅三藐三菩提心不應住色生心不應住
聲香味觸法生心應生无所住心若心有住
則為非住是故佛說菩薩心不應住色布施
須菩提菩薩為利益一切衆生應如是布施
如来說一切諸相即是非相又說一切衆生
則非衆生須菩提如来是真語者實語者如
語者不誑語者不異語者須菩提如来所得
法此法无實无虛須菩提若菩薩心住於法
而行布施如人入闇則无所見若菩薩心不
住法而行布施如人有目日光明照見種種
色須菩提當来之世若有善男子善女人能
於此經受持讀誦則為如来以佛智慧悉知
是人悉見是人皆得成就无量无邊功德
須菩提若有善男子善女人初日分以恒河
沙等身布施中日分復以恒河沙等身布施
後日分亦以恒河沙等身布施如是无量百
千万億劫以身布施若復有人聞此經典信
心不逆其福勝彼何況書寫受持讀誦為人
解說須菩提以要言之是經有不可思議不

BD05022號　金剛般若波羅蜜經

（11–6）

後日分亦以恒河沙等身布施如是无量百
千万億劫以身布施若復有人聞此經典信
心不逆其福勝彼何況書寫受持讀誦為人
解說須菩提以要言之是經有不可思議不
可稱量无邊功德如来為發大乘者說為發
最上乘者說若有人能受持讀誦廣為人說
如来悉知是人悉見是人皆成就不可量不
可稱无有邊不可思議功德如是人等則為
荷擔如来阿耨多羅三藐三菩提何以故須
菩提若樂小法者著我見人見衆生見壽者
見則於此經不能聽受讀誦為人解說須菩
提在在處處若有此經一切世間天人阿脩
羅所應供養當知此處則為是塔皆應恭敬
作礼圍遶以諸華香而散其處
復次須菩提善男子善女人受持讀誦此經
若為人輕賤是人先世罪業應墮惡道以今
世人輕賤故先世罪業則為消滅當得阿耨
多羅三藐三菩提須菩提我念過去无量阿
僧祇劫於然燈佛前得值八百四千万億那
由他諸佛悉皆供養承事无空過者若復有
人於後末世能受持讀誦此經所得功德於
我所供養諸佛功德百分不及一千万億分
乃至筭數譬喻所不能及須菩提若善男子
善女人於後末世有受持讀誦此經所得功
德我若具說者或有人聞心則狂亂狐疑不
信須菩提當知是經義不可思議果報亦不
可思議

BD05022號　金剛般若波羅蜜經

（11–7）

我所供養諸佛功德百分不及一千万億分
乃至筭數譬喻所不能及須菩提若善男子
善女人於後末世有受持讀誦此經所得功
德我若具說者或有人聞心則狂亂狐疑不
信須菩提當知是經義不可思議果報亦不
可思議
尒時須菩提白佛言世尊善男子善女人發
阿耨多羅三藐三菩提心云何應住云何降
伏其心佛告須菩提善男子善女人發阿耨
多羅三藐三菩提者當生如是心我應滅度
一切衆生滅度一切衆生已而无有一衆生
實滅度者何以故若菩薩有我相人相衆生
相壽者相則非菩薩所以者何須菩提實无
有法發阿耨多羅三藐三菩提者須菩提於
意云何如来於然燈佛所有法得阿耨多羅
三藐三菩提不不也世尊如我解佛所說義
佛於然燈佛所无有法得阿耨多羅三藐三
菩提佛言如是如是須菩提實无有法如来
得阿耨多羅三藐三菩提須菩提若有法如
来得阿耨多羅三藐三菩提者然燈佛則不與
我受記汝於来世當得作佛号釋迦牟尼以
實无有法得阿耨多羅三藐三菩提是故然
燈佛與我受記作是言汝於来世當得作佛
号釋迦牟尼何以故如来者即諸法如義若
有人言如来得阿耨多羅三藐三菩提須菩
提實无有法佛得阿耨多羅三藐三菩提須
菩提如来所得阿耨多羅三藐三菩提於是

BD05022號　金剛般若波羅蜜經

（11–8）

燈佛與我受記作是言汝於来世當得作佛
号釋迦牟尼何以故如来者即諸法如義若
有人言如来得阿耨多羅三藐三菩提須菩
提實无有法佛得阿耨多羅三藐三菩提須
菩提如来所得阿耨多羅三藐三菩提於是
中无實无虚是故如来說一切法皆是佛法
須菩提所言一切法者即非一切法是故名
一切法須菩提譬如人身長大須菩提言世
尊如来說人身長大則為非大身是名大身
須菩提菩薩亦如是若作是言我當滅度无
量衆生則不名菩薩何以故須菩提實无有法
名為菩薩是故佛說一切法无我无人无衆
生无壽者須菩提若菩薩作是言我當莊嚴
佛土是不名菩薩何以故如来說莊嚴佛土
者即非莊嚴是名莊嚴須菩提若菩薩通達
无我法者如来說名真是菩薩
須菩提於意云何如来有肉眼不如是世尊
如来有肉眼須菩提於意云何如来有天眼
不如是世尊如来有天眼須菩提於意云何
如来有慧眼不如是世尊如来有慧眼須菩
提於意云何如来有法眼不如是世尊如来
有法眼須菩提於意云何如来有佛眼不如
是世尊如来有佛眼須菩提於意云何恒河
中所有沙佛說是沙不如是世尊如来說是
沙須菩提於意云何如一恒河中所有沙有
如是等恒河是諸恒河所有沙數佛世界如
是寧為多不甚多世尊佛告須菩提尒所國

BD05022號　金剛般若波羅蜜經

（11–9）

是世尊如来有佛眼須菩提於意云何恒河
中所有沙佛說是沙不如是世尊如来說是
沙須菩提於意云何如一恒河中所有沙有
如是等恒河是諸恒河所有沙數佛世界如
是寧為多不甚多世尊佛告須菩提尒所國
土中所有衆生若干種心如来悉知何以故
如来說諸心皆為非心是名為心所以者何
須菩提過去心不可得現在心不可得未来
心不可得須菩提於意云何若有人滿三千
大千世界七寶以用布施是人以是因緣得
福多不如是世尊此人以是因緣得福甚多
須菩提若福德有實如来不說得福德多以
福德无故如来說得福德多
須菩提於意云何佛可以具足色身見不不
也世尊如来不應以具足色身見何以故如来說
具足色身即非具足色身是名具足色身須
菩提於意云何如来可以具足諸相見不不
也世尊如来不應以具足諸相見何以故如
来說諸相具足即非具足是名諸相具足須
菩提汝勿謂如来作是念我當有所說法莫
作是念何以故若人言如来有所說法即為
謗佛不能解我所說故須菩提說法者无法
可說是名說法須菩提白佛言世尊佛得阿
耨多羅三藐三菩提為无所得耶如是如是
須菩提我於阿耨多羅三藐三菩提乃至无
有少法可得是名阿耨多羅三藐三菩提復
次須菩提是法平等无有高下是名阿耨多

BD05022號　金剛般若波羅蜜經　（11–10）

謗佛不能解我所說故須菩提說法者无法
可說是名說法須菩提白佛言世尊佛得阿
耨多羅三藐三菩提為无所得耶如是如是
須菩提我於阿耨多羅三藐三菩提乃至无
有少法可得是名阿耨多羅三藐三菩提復
次須菩提是法平等无有高下是名阿耨多
羅三藐三菩提以无我无人无衆生无壽者
脩一切善法則得阿耨多羅三藐三菩提須
菩提所言善法者如来說非善法是名善法
須菩提若三千大千世界中所有諸須弥山
王如是等七寶聚有人持用布施若人以此
般若波羅蜜經乃至四句偈等受持為他人
說於前福德百分不及一百千万億分乃至
筭數譬喻所不能及
須菩提於意云何汝等勿謂如来作是念我
當度衆生須菩提莫作是念何以故實无有
衆生如来度者若有衆生如来度者如来則
有我人衆生壽者須菩提如来說有我者則
非有我而凡夫之人以為有我須菩提凡夫
者如来說則非凡夫須菩提於意云何可以
卅二相觀如来不須菩提言如是如是以卅
二相觀如来佛言須菩提若以卅二相觀如
来者轉輪聖王則是如来須菩提白佛言世
尊

BD05022號　金剛般若波羅蜜經　（11–11）

非
二相實不得得何以故以一
菩提不可得菩提名亦不
不可得聲聞聲聞名不可得
可得菩薩菩薩名不可得佛
非得不可得行非行名不可得
於一切寂靜法中而得安住此
善根而得生起
善男子譬如寶須彌山王饒
心利衆生故是名第一布施波羅蜜因
子譬如大地持衆物故是名第二持
蜜因譬如師子有大威力獨步無畏
故是名第三忍辱波羅蜜因譬如風
延力勇壯速疾心不退故是名第四
羅蜜因譬如七寶樓觀有四階道清涼之風
來吹四門受安隱樂靜慮法藏求滿足故是
名第五靜慮波羅蜜因譬如日輪光耀熾盛
此心速能破滅生死無明闇故是名第六智慧
波羅蜜因譬如商主能令一切心願滿足
此心能度生死險道獲功德寶故是名第七
方便勝智波羅蜜因譬如淨月圓滿無翳此

BD05023號　金光明最勝王經卷四　（16–1）

來吹四門受安隱樂靜慮法藏求滿足故是
名第五靜慮波羅蜜因譬如日輪光耀熾盛
此心速能破滅生死無明闇故是名第六智慧
波羅蜜因譬如商主能令一切心願滿足
此心能度生死險道獲功德寶故是名第七
方便勝智波羅蜜因譬如淨月圓滿無翳此
心能於一切境界清淨具足故是名第八願
波羅蜜因譬如轉輪聖王主兵寶臣隨意自
在此心善能莊嚴淨佛國土無量功德廣利
群生故是名第九力波羅蜜因譬如虛空及
轉輪聖王此心能於一切境界無有障礙於
一切處皆得自在至灌頂位故是名第十智
波羅蜜因善男子是名菩薩摩訶薩十種菩
提心因如是十因汝當修學
善男子依五種法菩薩摩訶薩成就布施波
羅蜜云何為五一者信根二者慈悲三者無
求欲心四者攝受一切衆生五者願求一切
智智善男子是名菩薩摩訶薩成就布施波
羅蜜善男子復依五法菩薩摩訶薩成就持
戒波羅蜜云何為五一者三業清淨二者不
為一切衆生作煩惱因緣三者閉諸惡道開
善趣門四者過於聲聞獨覺之地五者一切
功德皆悉滿足善男子是名菩薩摩訶薩成
就持戒波羅蜜善男子復依五法菩薩摩訶
薩成就忍辱波羅蜜云何為五一者能伏貪
瞋煩惱二者不惜身命不求安樂止息之想
三者思惟往業遭苦能忍四者發慈悲心成
就衆生諸善根故五者為得甚深無生法忍

BD05023號　金光明最勝王經卷四　（16–2）

薩成就忍辱波羅蜜云何爲五一者能伏貪
瞋煩惱二者不惜身命不求安樂止息之想
三者思惟往業遭苦能忍四者發慈悲心成
就衆生諸善根故五者爲得甚深無生法忍
善男子是名菩薩摩訶薩成就忍辱波羅蜜
善男子復依五法菩薩摩訶薩成就勤策波
羅蜜云何爲五一者與諸煩惱不樂共住二
者福德未具不受安樂三者於諸難行苦行
之事不生厭心四者以大慈悲攝受利益方
便成熟一切衆生五者願求不退轉地善男
子是名菩薩摩訶薩成就勤策波羅蜜善男
子復依五法菩薩摩訶薩成就靜慮波羅蜜
云何爲五一者於諸善法攝令不散故二者
常願解脫不著二邊故三者願得神通成就
衆生諸善根故四者爲淨法界蠲除心垢故
五者爲斷衆生煩惱根本故善男子是名菩
薩摩訶薩成就靜慮波羅蜜善男子復依五
法菩薩摩訶薩成就智慧波羅蜜云何爲五
一者常於一切諸佛菩薩及明智者供養親
近不生厭背二者諸佛如來說甚深法心常
樂聞無有厭足三者真俗勝智樂善分別四
者見修煩惱咸速斷除五者世間伎術五明
之法皆悉通達善男子是名菩薩摩訶薩成
就智慧波羅蜜善男子復依五法菩薩摩訶
薩成就方便波羅蜜云何爲五一者於一切
衆生意樂煩惱心行差別悉皆通達二者無
量諸法對治之門心皆曉了三者大慈悲定
出入自在四者於諸波羅蜜多皆願修行成

BD05023號　金光明最勝王經卷四

（16–3）

薩成就方便波羅蜜云何爲五一者於一切
衆生意樂煩惱心行差別悉皆通達二者無
量諸法對治之門心皆曉了三者大慈悲定
出入自在四者於諸波羅蜜多皆願修行成
熟滿足五者一切佛法皆願了達攝受無遺
善男子是名菩薩摩訶薩成就方便勝智波
羅蜜善男子復依五法菩薩摩訶薩成就願
波羅蜜云何爲五一者於一切法本來
不生不滅非有非無心得安住二者觀一切
法最妙理趣離垢清淨心得安住三者過一
切相心本真如無作無行不異不動心得安
住四者爲欲利益諸衆生事於俗諦中心得
安住五者於奢摩他毗鉢舍那同時運行心
得安住善男子是名菩薩摩訶薩成就願波
羅蜜善男子復依五法菩薩摩訶薩成就力
波羅蜜云何爲五一者以正智力能了一切
衆生心行善惡二者能令一切衆生入於甚
深微妙之法三者一切衆生輪迴生死隨其
緣業如實了知四者於諸衆生三種根性以
正智力能分別知五者於諸衆生如理爲說
令種善根成熟度脫皆是智力故善男子是
名菩薩摩訶薩成就力波羅蜜善男子復依
五法菩薩摩訶薩成就智波羅蜜云何爲五
一者能於諸法分別善惡二者於黑白法遠
離攝受三者能於生死涅槃不厭不喜四者
具福智行至究竟處五者受勝灌頂能得諸
佛不共法等及一切智智善男子是名菩薩
摩訶薩成就智波羅蜜善男子

BD05023號　金光明最勝王經卷四

（16–4）

一者能於諸法分別善惡二者於黑白法遠
離攝受三者能於生死涅槃不厭不喜四者
具福智行至究竟處五者受勝灌頂能得諸
佛不共法等及一切智智善男子是名菩薩
摩訶薩成就智波羅蜜善男子何者是波羅
蜜義所謂修習勝利是波羅蜜義滿足無量
大甚深智是波羅蜜義行非行法心不執著
是波羅蜜義生死過失涅槃功德正覺正觀
是波羅蜜義愚人智人皆悉攝受是波羅蜜
義能現種種珍妙法寶是波羅蜜義無礙解
脫智慧滿足是波羅蜜義法界眾生界正分
別知是波羅蜜義施等及智能令至不退轉
是波羅蜜義無生法忍能令滿足是波羅蜜
義一切眾生功德善根能令成就是波羅蜜
義能於菩提成佛十力四無所畏不共法等
皆悉成就是波羅蜜義生死涅槃了無二相
是波羅蜜義濟度一切是波羅蜜義一切外
道來相詰難善能解釋令其降伏是波羅蜜
義能轉十二妙行法輪是波羅蜜義無所著
無所見無患累是波羅蜜多義
善男子初地菩薩是相先現三千大千世界
無量無邊種種寶藏無不盈滿菩薩悉見善
男子二地菩薩是相先現三千大千世界　地
平如掌無量無邊種種妙色清淨珍寶莊嚴
之具菩薩悉見善男子三地菩薩是相先現
自身勇健甲仗莊嚴一切怨賊皆能摧伏菩
薩悉見善男子四地菩薩是相先現四方風
輪種種妙花悉皆散灑充布地上菩薩悉見
善男子五地菩薩是相先現

BD05023號　金光明最勝王經卷四

(16–5)

之具菩薩悉見善男子三地菩薩是相先現
自身勇健甲仗莊嚴一切怨賊皆能摧伏菩
薩悉見善男子四地菩薩是相先現四方風
輪種種妙花悉皆散灑充布地上菩薩悉見
善男子五地菩薩是相先現有妙寶女眾寶
瓔珞周遍嚴身首冠名花以為其飾菩薩悉
見善男子六地菩薩是相先現七寶花池有
四階道金沙遍布清淨無穢八功德水皆悉
盈滿嗢缽羅花拘物頭花分陀利花隨處莊
嚴於花池所遊戲快樂清涼無比菩薩悉見
善男子七地菩薩是相先現於菩薩前有諸
眾生應墮地獄以菩薩力便得不墮無有損
傷亦無恐怖菩薩悉見善男子八地菩薩是
相先現於身兩邊有師子王以為衛護一切
眾獸悉皆怖畏菩薩悉見善男子九地菩薩
是相先現轉輪聖王無量億眾圍繞供養頂
上白蓋無量眾寶之所莊嚴菩薩悉見善男
子十地菩薩是相先現如來之身金色晃耀
無量淨光悉皆圓滿有無量億梵王圍繞恭
敬供養轉於無上微妙法輪菩薩悉見
善男子云何初地名為歡喜謂初證得出世
之心昔所未得而今始得於大事用如其所
願悉皆成就生極喜樂是故最初名為歡喜
諸微細垢犯戒過失皆得清淨是故二地名
為無垢無量智慧三昧光明不可傾動無能
摧伏聞持陀羅尼以為根本是故三地名為
明地以智慧火燒諸煩惱增長光明修行覺
品是故四地名為焰地修行方便勝智自在
難得故見修煩惱難伏能伏是故五地名

BD05023號　金光明最勝王經卷四

(16–6)

為無盡無量智慧三昧光明不可傾動無能
摧伏聞持陀羅尼以為根本是故三地名為
明地以智慧火燒諸煩惱增長光明修行覺
品是故四地名為燄地修行方便勝智自在
極難得故見修煩惱難伏能伏是故五地名
為難勝行法相續了了顯現無相思惟皆悉
現前是故六地名為現前無漏無間無相思
惟解脫三昧遠修行故是地清淨無有障礙
是故七地名為遠行無相思惟修得自在諸
煩惱行不能令動是故八地名為不動說一
切法種種差別皆得自在無患無累增長智
慧自在無礙是故九地名為善慧法身如虛
空智慧如大雲皆能遍滿覆一切故是故第
十名為法雲
善男子執著有相我法無明怖畏生死惡趣
無明此二無明障於初地微細學處誤犯無
明發起種種業行無明此二無明障於二地
未得令得愛著無明能障殊勝總持無明此
二無明障於三地味著等至喜悅無明微妙
淨法愛樂無明此二無明障於四地欲背生
死無明希趣涅槃無明此二無明障於五地
觀行流轉無明麁相現前無明此二無明障
於六地微細諸相現行無明作意欣樂無相
無明此二無明障於七地於無相觀功用無
明執相自在無明此二無明障於八地於所
說義及名句文此二無量未善巧無明於詞
辯才不隨意無明此二無明障於九地於大
神通未得自在變現無明微細秘密未能悟

BD05023號　金光明最勝王經卷四　（16–7）

無明此二無明障於七地於無相觀功用無
明執相自在無明此二無明障於八地於所
說義及名句文此二無量未善巧無明於詞
辯才不隨意無明此二無明障於九地於大
神通未得自在變現無明微細秘密未能悟
解事業無明此二無明障於十地於一切境
微細所知障極微細煩惱麁重無明此
二無明障於佛地
善男子菩薩摩訶薩於初地中行施波羅蜜
於第二地行戒波羅蜜於第三地行忍波羅
蜜於第四地行勤波羅蜜於第五地行定波
羅蜜於第六地行慧波羅蜜於第七地行方
便勝智波羅蜜於第八地行願波羅蜜於第
九地行力波羅蜜於第十地行智波羅蜜善
男子菩薩摩訶薩最初發心攝受能生妙寶
三摩地第二發心攝受能生可愛樂三摩地
第三發心攝受能生難動三摩地第四發心
攝受能生不退轉三摩地第五發心攝受能
生寶花三摩地第六發心攝受能生日圓光
燄三摩地第七發心攝受能生一切願如意
成就三摩地第八發心攝受能生現前證
住三摩地第九發心攝受能生智藏三摩地
第十發心攝受能生勇進三摩地善男子是
名菩薩摩訶薩十種發心善男子菩薩摩訶
薩於此初地得陀羅尼名依功德力爾時世
尊即說呪曰
怛姪他　晡律你曷奴喇剃
獨虎獨虎獨虎　耶跋蘇利瑜
阿婆婆薩底丁里反　耶跋旃達囉

BD05023號　金光明最勝王經卷四　（16–8）

薩於此初地得陀羅尼名依因德力尒時世
尊即說呪曰
怛姪他　晡喇你　曷奴喇剃
獨虎獨虎獨虎　耶跋蘇利瑜
阿婆婆薩衣(丁里反下皆同)　耶跋旃達囉
調　怛衣　多跋達　喀又湯
憚荼鉢喇訶嚧　矩嚕　莎訶
善男子此陀羅尼是過一恒河沙數諸佛所
說爲護初地菩薩故若有誦持此陀羅尼呪
者得脫一切怖畏所謂虎狼師子惡獸之類
一切惡鬼人非人等怨賊灾横及諸苦惱解
脫五障不忘念初地
善男子菩薩摩訶薩於第二地得陀羅尼名
善安樂住
怛姪他　嗢篅(入聲下同)　里
質里　質里　嗢篅羅篅羅(引)　喃
繕覩繕覩篅里　虎嚕虎嚕　莎訶
善男子此陀羅尼是過二恒河沙數諸佛所
說爲護二地菩薩故若有誦持此陀羅尼呪
者脫諸怖畏惡獸惡鬼人非人等怨賊灾横
及諸苦惱解脫五障不忘念二地
善男子菩薩摩訶薩於第三地得陀羅尼名
難勝力
怛姪他　憚宅枳　般宅枳
羯喇徽高喇徽　雞由哩　憚徽里莎訶
善男子此陀羅尼是過三恒河沙數諸佛所
說爲護三地菩薩故若有誦持此陀羅尼呪
者脫諸怖畏惡獸惡鬼人非人等怨賊灾横

羯喇徽高喇徽　雞由哩　憚徽里莎訶
善男子此陀羅尼是過三恒河沙數諸佛所
說爲護三地菩薩故若有誦持此陀羅尼呪
者脫諸怖畏惡獸惡鬼人非人等怨賊灾横
及諸苦惱解脫五障不忘念三地
善男子菩薩摩訶薩於第四地得陀羅尼名
大利益
怛姪他　室唎　室唎
陀須你陀須你　陀哩陀哩你
室唎室唎你　毗舍羅波世彼始娜
畔陀須帝莎訶
善男子此陀羅尼是過四恒河沙數諸佛所
說爲護四地菩薩故若有誦持此陀羅尼呪
者脫諸怖畏惡獸惡鬼人非人等怨賊灾横
及諸苦惱解脫五障不忘念四地
善男子菩薩摩訶薩於第五地得陀羅尼名
種種功德莊嚴
怛姪他　訶哩　訶(引)哩你
遮哩　遮(引)哩你　羯喇摩(引)你
僧羯喇摩(引)你　三婆山你　瞻跋你
悉耽婆你　謨漢你　碎閽步陛　莎訶
善男子此陀羅尼是過五恒河沙數諸佛所
說爲護五地菩薩摩訶薩故若有誦持此陀
羅尼呪者脫諸怖畏惡獸惡鬼人非人等怨
賊灾横及諸苦惱解脫五障不忘念五地
善男子菩薩摩訶薩於第六地得陀羅尼名
圓滿智
怛姪他　毗徒哩　毗徒哩

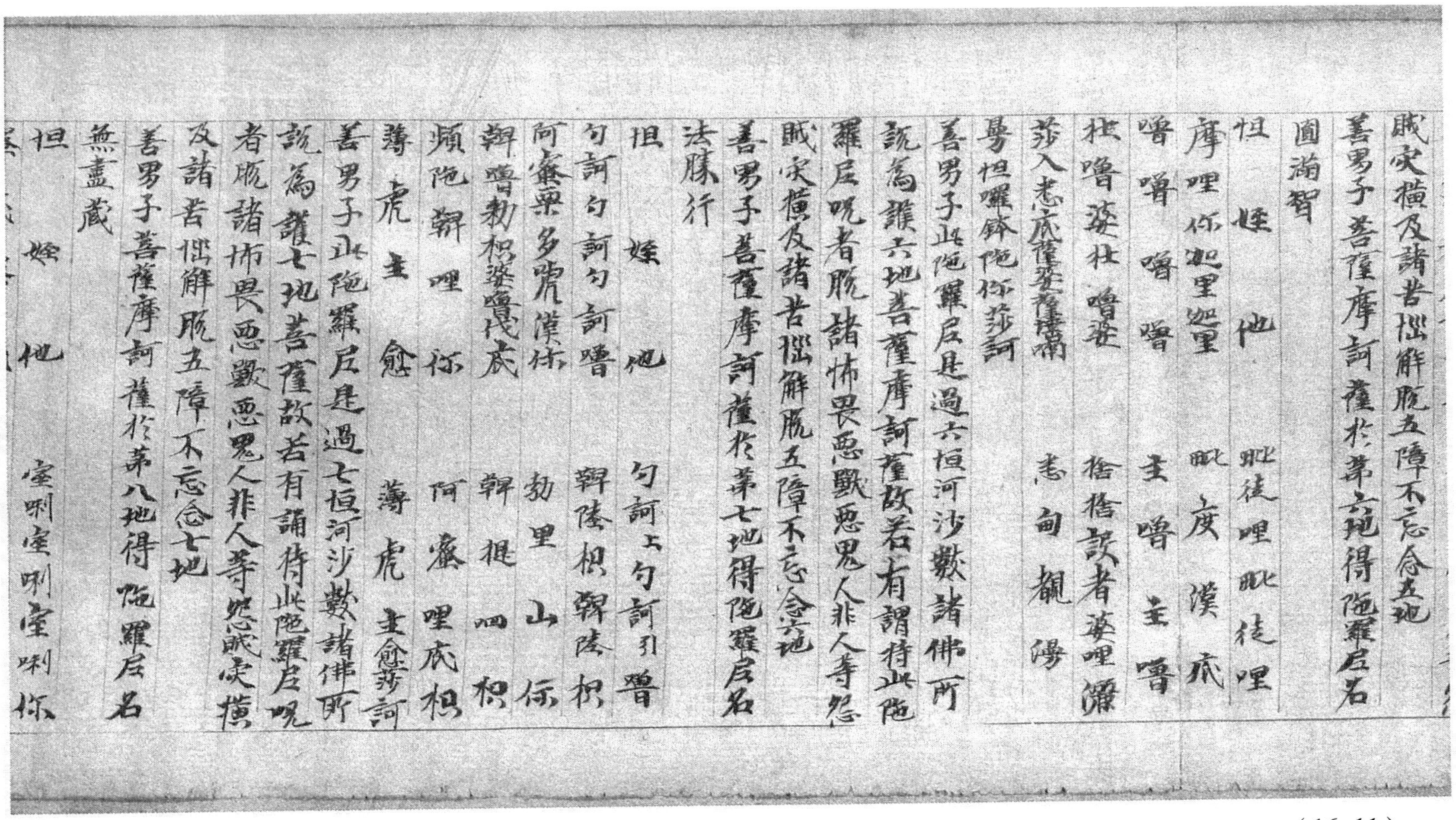

賊災横及諸苦惱解脫五障不忘念五地
善男子菩薩摩訶薩於第六地得陁羅尼名
圓滿智
怛姪他　毗徒哩毗徒哩
摩哩你迦哩迦哩　毗度漢底
嚕嚕嚕嚕　主嚕主嚕
杜嚕婆杜嚕婆　捨捨設者婆哩灑
莎入悉底薩婆薩埵喃　悉甸覩漫
曼怛囉鉢陁你莎訶
善男子此陁羅尼是過六恒河沙數諸佛所
說為護六地菩薩摩訶薩故若有誦持此陁
羅尼呪者脫諸怖畏惡獸惡鬼人非人等怨
賊災横及諸苦惱解脫五障不忘念六地
善男子菩薩摩訶薩於第七地得陁羅尼名
法勝行
怛姪他　句訶上句訶引嚕
句訶句訶句訶嚕　鞞陸枳鞞陸枳
阿蜜栗多唬漢你　勃里山你
鞞嚕勃枳婆嚕伐底　鞞提呬枳
頻陁鞞哩你　阿蜜哩底枳
薄虎主愈　薄虎主愈莎訶
善男子此陁羅尼是過七恒河沙數諸佛所
說為護七地菩薩故若有誦持此陁羅尼呪
者脫諸怖畏惡獸惡鬼人非人等怨賊災横
及諸苦惱解脫五障不忘念七地
善男子菩薩摩訶薩於第八地得陁羅尼名
無盡藏
怛姪他　室唎室唎室唎你

BD05023號　金光明最勝王經卷四　（16–11）

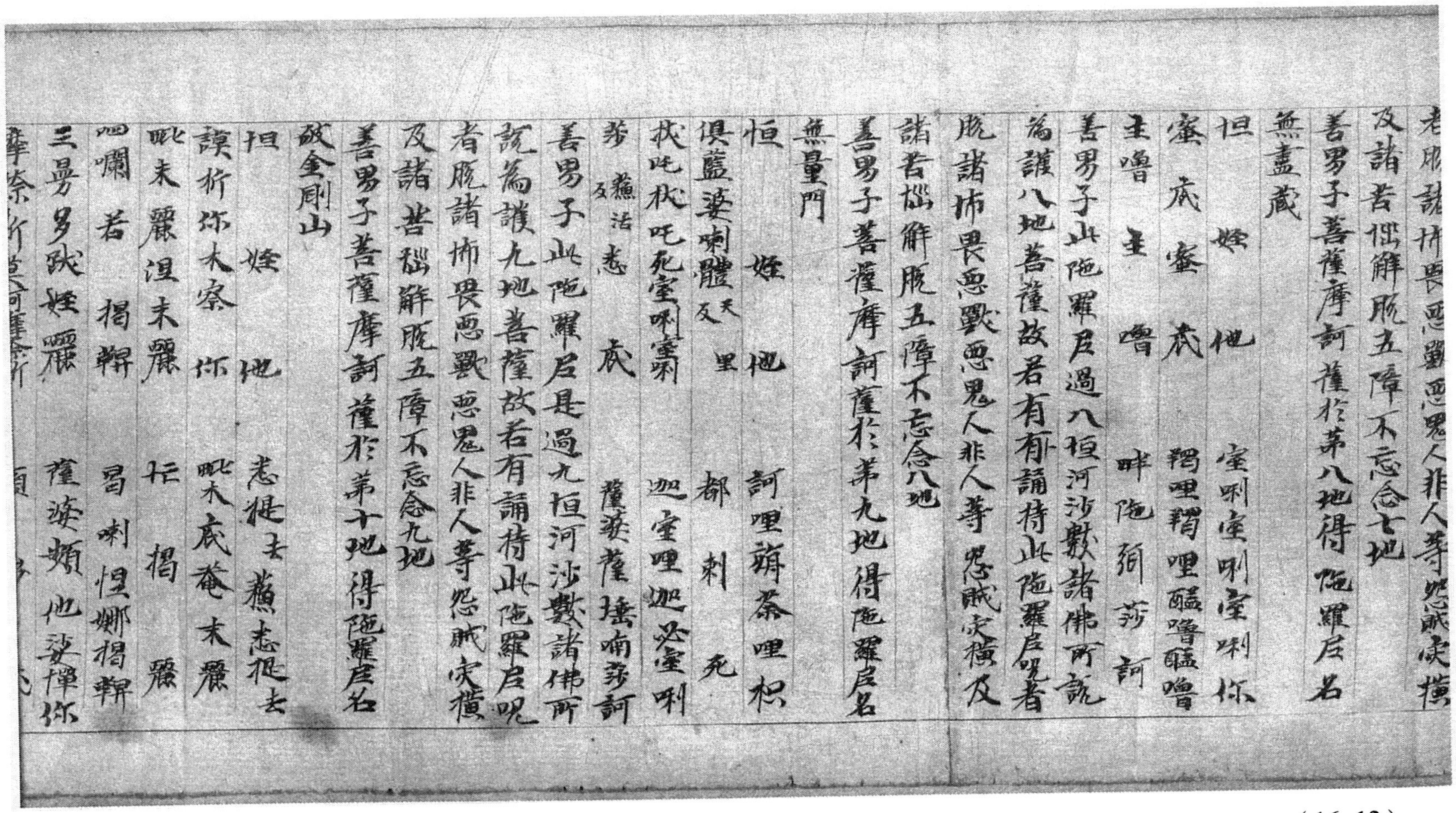

者脫諸怖畏惡獸惡鬼人非人等怨賊災横
及諸苦惱解脫五障不忘念七地
善男子菩薩摩訶薩於第八地得陁羅尼名
無盡藏
怛姪他　室唎室唎室唎你
蜜底蜜底　羯哩羯哩醯嚕醯嚕
主嚕主嚕　畔陁須莎訶
善男子此陁羅尼是過八恒河沙數諸佛所說
為護八地菩薩故若有誦持此陁羅尼呪者
脫諸怖畏惡獸惡鬼人非人等怨賊災横及
諸苦惱解脫五障不忘念八地
善男子菩薩摩訶薩於第九地得陁羅尼名
無量門
怛姪他　訶哩旃荼哩枳
俱藍婆喇體天里反　都剌　死
拔吒拔吒死室唎室唎　迦室哩迦必室唎
莎蘓活反　悉底　薩婆薩埵喃莎訶
善男子此陁羅尼是過九恒河沙數諸佛所
說為護九地菩薩故若有誦持此陁羅尼呪
者脫諸怖畏惡獸惡鬼人非人等怨賊災横
及諸苦惱解脫五障不忘念九地
善男子菩薩摩訶薩於第十地得陁羅尼名
破金剛山
怛姪他　悉提去　蘓悉提去
謨折你木察你　毗木底　奄末麗
毗末麗涅末麗　忙揭　麗
呬囒若　揭鞞　曷喇怛娜揭鞞
三曼多跋姪麗　薩婆頞他娑憚你
摩奈斯莫訶摩奈斯

BD05023號　金光明最勝王經卷四　（16–12）

謨折你木奈　你　毗木底奄末麗
毗末麗涅末麗　忙　揭　麗
㗚囒若　揭䶎　曷喇怛娜揭䶎
三曼多跋姪麗　薩婆頞他娑憚你
摩捺斯莫訶摩捺斯　頞　步　底
頞窒　步　底　阿喇誓毗喇誓
頞主底菴婆栗底　阿喇誓毗喇誓　誓
跋　嚧　誺　跋囉甜廿大麼參入麗
喃喇你喃喇娜　曼奴喇剎莎訶
善男子此陀羅尼灌頂吉祥句是過十恒河
沙數諸佛所說為護十地菩薩故若有誦持
此陀羅尼呪者脫諸怖畏惡獸惡鬼人非人
等怨賊災横一切毒害皆悉除滅解脫五障
不忘念十地
尒時師子相無礙光燄菩薩聞佛說此不可
思議陀羅尼已即從座起偏袒右肩右膝著
地合掌恭敬頂礼佛足以頌讚佛
敬礼無譬喻　甚深無相法　衆生失正知　唯佛能濟度
如來明慧眼　不見一法相　復以正法眼　普照不思議
不生於一法　亦不滅一法　由斯平等見　得至無上處
不壞於生死　亦不住涅槃　不著於二邊　是故證圓寂
於淨不淨品　世尊知一味　由不分別故　獲得最清淨
世尊無邊身　不說於一字　令諸弟子衆　法雨皆充滿
佛觀衆生相　一切種皆無　然於苦惱者　常興於救護
苦樂常無常　有我無我等　不一亦不異　不生亦不滅
如是衆多義　隨說有差別　譬如空谷響　唯佛能了知
法界無分別　是故無異乘　為度衆生故　分別說有三
尒時大自在梵天王亦從座起偏袒右肩右

BD05023 號　金光明最勝王經卷四　（16–13）

苦樂常無常　有我無我等　不一亦不異　不生亦不滅
如是衆多義　隨說有差別　譬如空谷響　唯佛能了知
法界無分別　是故無異乘　為度衆生故　分別說有三
尒時大自在梵天王亦從座起偏袒右肩右
膝著地合掌恭敬頂礼佛足而白佛言世尊
此金光明最勝王經希有難量初中後善文
義究竟皆能成就一切佛法若受持者是人
則為報諸佛恩佛言善男子如是如是如汝
所說善男子若得聽聞是經典者皆不退於
阿耨多羅三藐三菩提何以故善男子是能
成熟不退地菩薩殊勝善根是第一法印是
衆經王故應聽聞受持讀誦何以故善男子
若一切衆生未種善根未成熟善根未親近
諸佛者不能聽聞是微妙法若善男子善女
人能聽受者一切罪障皆悉除滅得最清淨
常得見佛不離諸佛及善知識勝行之人恒
聞妙法住不退地獲得如是勝陀羅尼門所
謂無盡無減海印出妙功德陀羅尼無盡無
減通達衆生意行言語陀羅尼無盡無減日
圓無垢相光陀羅尼無盡無減滿月相光陀
羅尼無盡無減能伏諸惑演功德流陀羅尼
無盡無減破金剛山陀羅尼無盡無減說不
可說義因緣藏陀羅尼無盡無減通達實語
法則音聲陀羅尼無盡無減虛空無垢心行
印陀羅尼無盡無減無邊佛身皆能顯現陀
羅尼無盡無減
善男子如是等無盡無減諸陀羅尼門得成
就故是菩薩摩訶薩能於十方一切佛土化

BD05023 號　金光明最勝王經卷四　（16–14）

所陁羅尼無盡無減無邊佛身智能顯現陁
羅尼無盡無減
善男子如是等無盡無減諸陁羅尼門得成
就故是菩薩摩訶薩能於十方一切佛土化
作佛身演說無上種種正法於法真如不動
不住不來不去善能成熟一切衆生善根亦
不見一衆生可成熟者雖說種種諸法於言
詞中不動不住不去不來能於生滅證無生
滅以何因緣說諸行法無有去來由一切法
體無異故說是法時三万億菩薩摩訶薩得
無生法忍無量諸菩薩不退菩提心無量無
邊苾芻苾芻尼得法眼淨無量衆生發菩提
心爾時世尊而說頌曰
勝法能逆生死流　甚深微妙難得見
有情盲冥貪欲覆　由不見故受衆苦
爾時大衆俱從座起頂礼佛足而白佛言世
尊若所在處講宣讀誦此金光明最勝王經
我等大衆皆悉往彼為作聽衆是說法師令
得利益安樂無障身意泰然我等皆當心
供養亦令聽衆安隱快樂所住國土無諸怨
賊恐怖厄難飢饉之苦人民熾盛此說法處
道場之地一切諸天人非人等一切衆生不
應履踐及以汙穢何以故說法之處即是制
底當以香花繒綵幡蓋而為供養我等常為
守護令離衰損佛告大衆善男子汝等應當
精勤修習此妙經典是則正法久住於世
金光明經卷第四
柳 美里 役木

BD05023號　金光明最勝王經卷四　（16–15）

應履踐及以汙穢何以故說法之處即是制
底當以香花繒綵幡蓋而為供養我等常為
守護令離衰損佛告大衆善男子汝等應當
精勤修習此妙經典是則正法久住於世
金光明經卷第四
柳 美里 役木
闍 胡蓟 猱 六業 暨 鬻

BD05023號　金光明最勝王經卷四　（16–16）

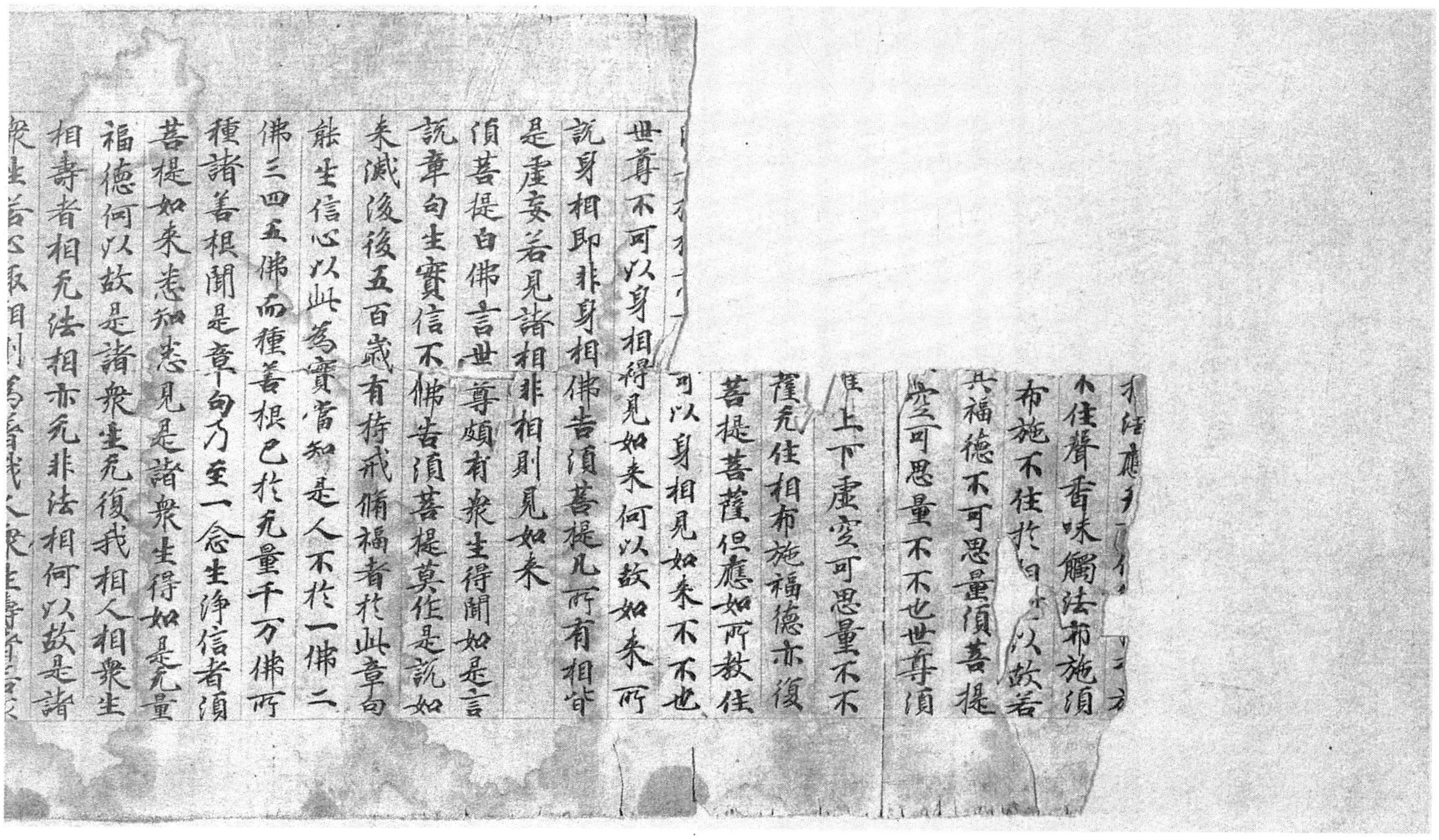
於法應无
不住聲香味觸法布施須
布施不住於相何以故若
其福德不可思量須菩提
空可思量不不也世尊須
維上下虛空可思量不不
薩无住相布施福德亦復
菩提菩薩但應如所教住
可以身相見如來不不也
世尊不可以身相得見如來何以故如來所
說身相即非身相佛告須菩提凡所有相皆
是虛妄若見諸相非相則見如來
須菩提白佛言世尊頗有衆生得聞如是言
說章句生實信不佛告須菩提莫作是說如
來滅後後五百歲有持戒脩福者於此章句
能生信心以此為實當知是人不於一佛二
佛三四五佛而種善根已於无量千万佛所
種諸善根聞是章句乃至一念生淨信者須
菩提如來悉知悉見是諸衆生得如是无量
福德何以故是諸衆生无復我相人相衆生
相壽者相无法相亦无非法相何以故是諸
衆生若心取相則為著我人衆生壽者

BD05024 號　金剛般若波羅蜜經　（3–1）

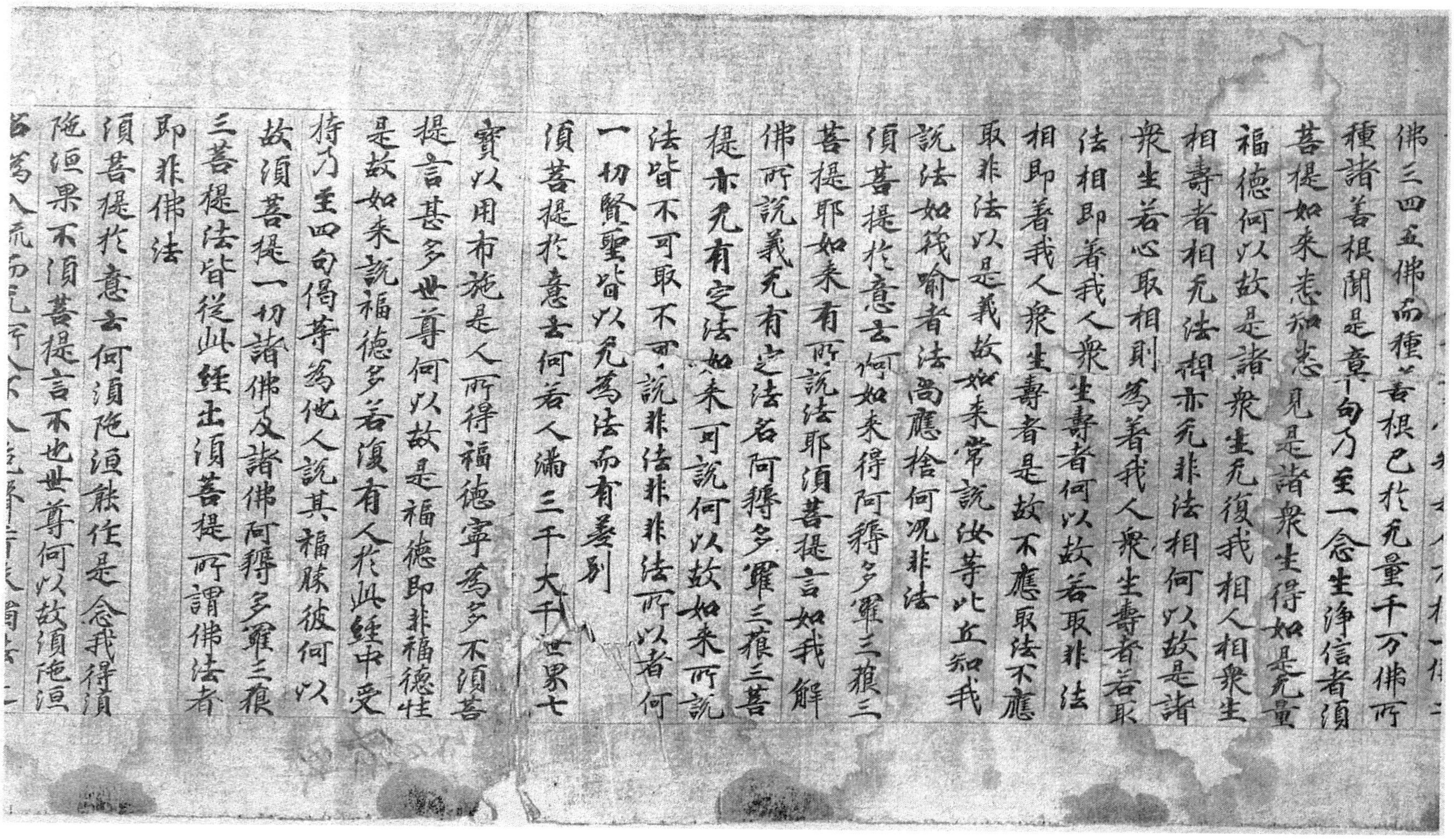
佛三四五佛而種善根已於无量千万佛所
種諸善根聞是章句乃至一念生淨信者須
菩提如來悉知悉見是諸衆生得如是无量
福德何以故是諸衆生无復我相人相衆生
相壽者相无法相亦无非法相何以故是諸
衆生若心取相則為著我人衆生壽者若取
法相即著我人衆生壽者何以故若取非法
相即著我人衆生壽者是故不應取法不應
取非法以是義故如來常說汝等比丘知我
說法如筏喻者法尚應捨何況非法
須菩提於意云何如來得阿耨多羅三藐三
菩提耶如來有所說法耶須菩提言如我解
佛所說義无有定法名阿耨多羅三藐三菩
提亦无有定法如來可說何以故如來所說
法皆不可取不可說非法非非法所以者何
一切賢聖皆以无為法而有差別
須菩提於意云何若人滿三千大千世界七
寶以用布施是人所得福德寧為多不須菩
提言甚多世尊何以故是福德即非福德性
是故如來說福德多若復有人於此經中受
持乃至四句偈等為他人說其福勝彼何以
故須菩提一切諸佛及諸佛阿耨多羅三藐
三菩提法皆從此經出須菩提所謂佛法者
即非佛法
須菩提於意云何須陀洹能作是念我得須
陀洹果不須菩提言不也世尊何以故須陀洹
名為入流而无所入不入

BD05024 號　金剛般若波羅蜜經　（3–2）

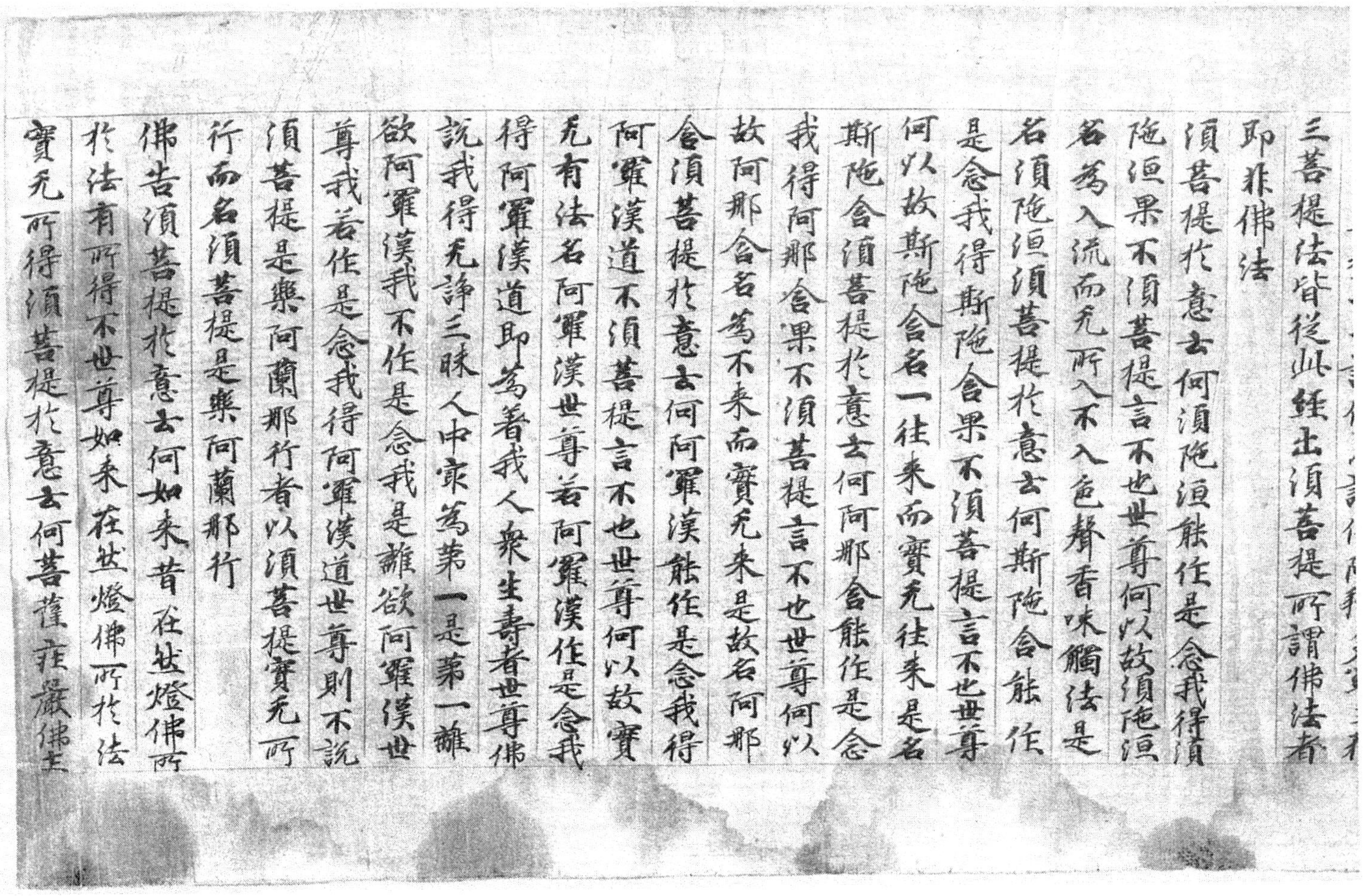

三菩提法皆從此經出須菩提所謂佛法者
即非佛法
須菩提於意云何須陁洹能作是念我得須
陁洹果不須菩提言不也世尊何以故須陁洹
名為入流而无所入不入色聲香味觸法是
名須陁洹須菩提於意云何斯陁含能作
是念我得斯陁含果不須菩提言不也世尊
何以故斯陁含名一往來而實无往來是名
斯陁含須菩提於意云何阿那含能作是念
我得阿那含果不須菩提言不也世尊何以
故阿那含名為不來而實无來是故名阿那
含須菩提於意云何阿羅漢能作是念我得
阿羅漢道不須菩提言不也世尊何以故實
无有法名阿羅漢世尊若阿羅漢作是念我
得阿羅漢道即為著我人衆生壽者世尊佛
説我得无諍三昧人中最為第一是第一離
欲阿羅漢我不作是念我是離欲阿羅漢世
尊我若作是念我得阿羅漢道世尊則不説
須菩提是樂阿蘭那行者以須菩提實无所
行而名須菩提是樂阿蘭那行
佛告須菩提於意云何如來昔在然燈佛所
於法有所得不世尊如來在然燈佛所於法
實无所得須菩提於意云何菩薩莊嚴佛土

BD05024 號　金剛般若波羅蜜經　（3–3）

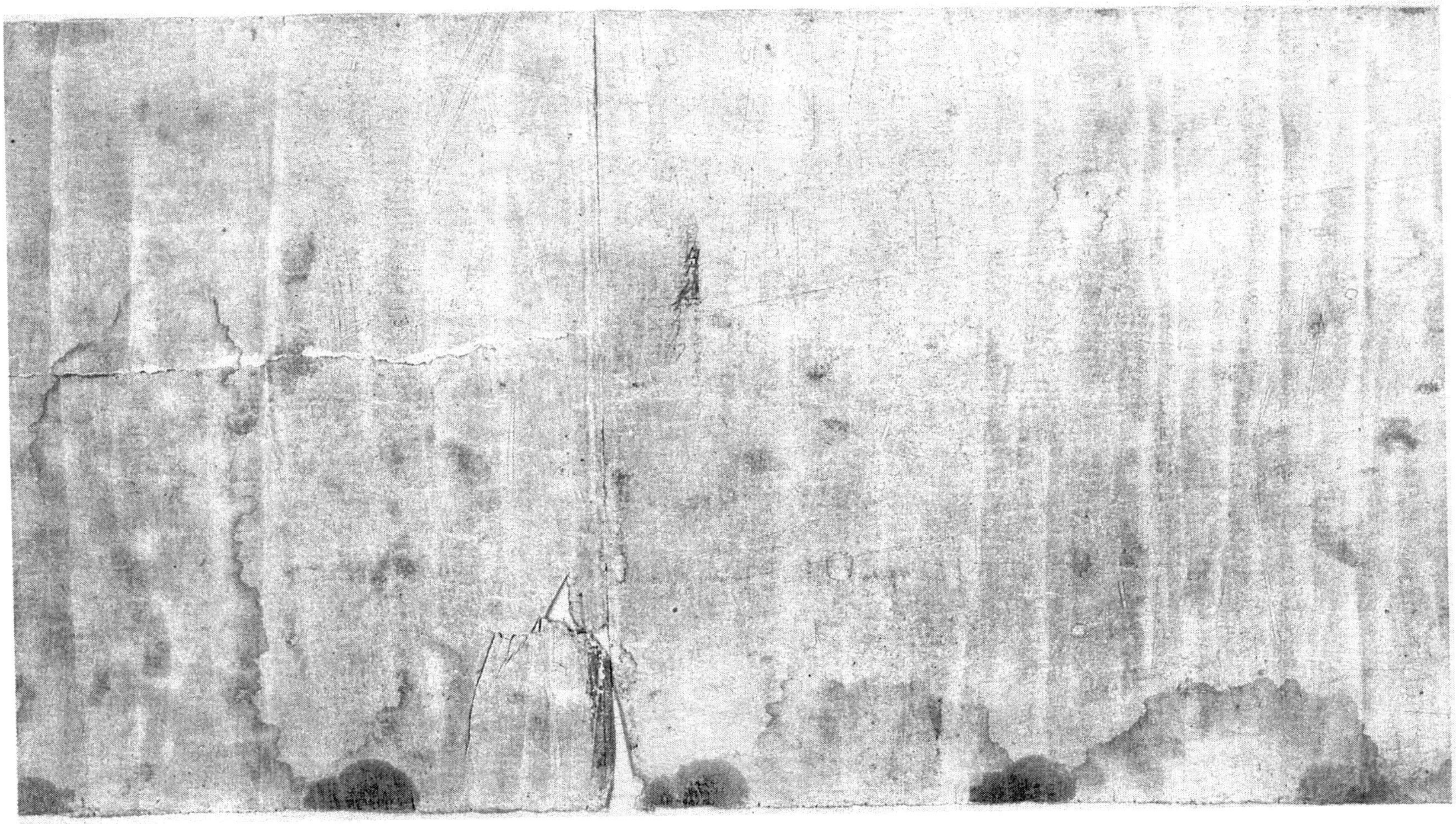

BD05024 號背　雜寫　（1–1）

……長老須菩提在
偏袒右肩右膝着地合掌恭敬而白佛言希
有世尊如来善護念諸菩薩善付囑諸菩
薩世尊善男子善女人發阿耨多羅三藐三菩
提心應云何住云何降伏其心佛言善哉善
哉須菩提如汝所說如来善護念諸菩薩善
付囑諸菩薩汝今諦聽當為汝說善男子善
女人發阿耨多羅三藐三菩提心應如是住如
是降伏其心唯然世尊願樂欲聞
佛告須菩提諸菩薩摩訶薩應如是降伏其
心所有一切眾生之類若卵生若胎生若濕生
若化生若有色若无色若有想若无想若
非有想若非无想我皆令入无餘涅槃而滅
度之如是滅度无量无數无邊眾生實无眾
生得滅度者何以故須菩提若菩薩有我
相人相眾生相壽者相即非菩薩
復次須菩提菩薩於法應无所住行於布施
所謂不住色布施不住聲香味觸法布施須
菩提菩薩應如是布施不住於相何以故若
菩薩不住相布施其福德不可思量須菩提

BD05025 號　金剛般若波羅蜜經　（15–1）

相人相眾生相壽者相即非菩薩
復次須菩提菩薩於法應无所住行於布施
所謂不住色布施不住聲香味觸法布施須
菩提菩薩應如是布施不住於相何以故若
菩薩不住相布施其福德不可思量須菩提
於意云何東方虛空可思量不不也世尊須
菩提南西北方四維上下虛空可思量不不
也世尊須菩提菩薩无住相布施福德亦復
如是不可思量須菩提菩薩但應如所教住
須菩提於意云何可以身相見如来不不也
世尊不可以身相得見如来何以故如来所說
身相即非身相佛告須菩提凡所有相皆
是虛妄若見諸相非相則見如来
須菩提白佛言世尊頗有眾生得聞如是言
說章句生〃信不佛告須菩提莫作是說如
来滅後後五百歲有持戒脩福者於此章句
能生信心以此為實當知是人不於一佛二
佛三四五佛而種善根已於无量千万佛所
種諸善根聞是章句乃至一念生淨信者須
菩提如来悉知悉見是諸眾生得如是无量
福德何以故是諸眾生无復我相人相眾生
相壽者相无法相亦无非法相何以故是諸
眾生若心取相則為著我人眾生壽者若取
法相即著我人眾生壽者何以故若取非法
相即著我人眾生壽者是故不應取法不應
取非法以是義故如来常說汝等比丘知我
說法如筏喻者法尚應捨何況非法

BD05025 號　金剛般若波羅蜜經　（15–2）

衆生若心取相則爲著我人衆生壽者若取
法相即著我人衆生壽者何以故若取非法
相即著我人衆生壽者是故不應取法不應
取非法以是義故如来常說汝等比丘知我
說法如筏喻者法尚應捨何况非法
須菩提於意云何如来得阿耨多羅三藐三
菩提耶如来有所說法耶須菩提言如我解
佛所說義无有定法名阿耨多羅三藐三菩
提亦无有定法如来可說何以故如来所說法
皆不可取不可說非法非非法所以者何一切
賢聖皆以无爲法而有差別
須菩提於意云何若人滿三千大千世界七
寶以用布施是人所得福德寧爲多不須菩
提言甚多世尊何以故是福德即非福德性
是故如来說福德多若復有人於此經中受
持乃至四句偈等爲他人說其福勝彼何以
故須菩提一切諸佛及諸佛阿耨多羅三藐
三菩提法皆從此經出須菩提所謂佛法者
即非佛法
須菩提於意云何須陁洹能作是念我得須
陁洹果不須菩提言不也世尊何以故須陁
洹名爲入流而无所入不入色聲香味觸法
是名須陁洹須菩提於意云何斯陁含能作
是念我得斯陁含果不須菩提言不也世尊
何以故斯陁含名一往来而實无往来是名
斯陁含須菩提於意云何阿那含能作是念
我得阿那含果不須菩提言不也世尊何以

BD05025 號　金剛般若波羅蜜經　（15–3）

洹名爲入流而无所入不入色聲香味觸法
是名須陁洹須菩提於意云何斯陁含能作
是念我得斯陁含果不須菩提言不也世尊
何以故斯陁含名一往来而實无往来是名
斯陁含須菩提於意云何阿那含能作是念
我得阿那含果不須菩提言不也世尊何以
故阿那含名爲不来而實无来是故名阿那
含須菩提於意云何阿羅漢能作是念我得
阿羅漢道不須菩提言不也世尊何以故實
无有法名阿羅漢世尊若阿羅漢作是念我
得阿羅漢道即爲著我人衆生壽者世尊佛
說我得无諍三昧人中最爲第一是第一離
欲阿羅漢我不作是念我是離欲阿羅漢世
尊我若作是念我得阿羅漢道世尊則不說
須菩提是樂阿蘭那行者以須菩提實无所
行而名須菩提是樂阿蘭那行
佛告須菩提於意云何如来昔在然燈佛所
於法有所得不世尊如来在然燈佛所於法
實无所得須菩提於意云何菩薩莊嚴佛土
不不也世尊何以故莊嚴佛土者即非莊嚴
是名莊嚴是故須菩提諸菩薩摩訶薩應如
是生清淨心不應住色生心不應住聲香味
觸法生心應无所住而生其心須菩提譬如
有人身如須弥山王於意云何是身爲大不
須菩提言甚大世尊何以故佛說非身是名
大身
須菩提如恒河中所有沙數如是沙等恒河

BD05025 號　金剛般若波羅蜜經　（15–4）

是生清淨心不應住色生心不應住聲香味
觸法生心應无所住而生其心須菩提譬如
有人身如須弥山王於意云何是身為大不
須菩提言甚大世尊何以故佛說非身是名
大身
須菩提如恒河中所有沙數如是沙等恒河
於意云何是諸恒河沙寧為多不須菩提言
甚多世尊但諸恒河尚多无數何況其沙須
菩提我今實言告汝若有善男子善女人以
七寶滿尓所恒河沙數三千大千世界以用布
施得福多不須菩提言甚多世尊佛告須
菩提若善男子善女人於此經中乃至受持
四句偈等為他人說而此福德勝前福德復
次須菩提隨說是經乃至四句偈等當知此
處一切世間天人阿脩羅皆應供養如佛塔
廟何況有人盡能受持讀誦須菩提當知是
人成就冣上第一希有之法若是經典所在之
處則為有佛若尊重弟子
尓時須菩提白佛言世尊當何名此經我等
云何奉持佛告須菩提是經名為金剛般若
波羅蜜以是名字汝當奉持所以者何須菩
提佛說般若波羅蜜則非般若波羅蜜須菩
提於意云何如来有所說法不須菩提白佛
言世尊如来无所說須菩提於意云何三千
大千世界所有微塵是為多不須菩提言甚
多世尊須菩提諸微塵如来說非微塵是名
微塵如来說世界非世界是名世界須菩提

BD05025號　金剛般若波羅蜜經　（15–5）

提於意云何如来有所說法不須菩提白佛
言世尊如来无所說須菩提於意云何三千
大千世界所有微塵是為多不須菩提言甚
多世尊須菩提諸微塵如来說非微塵是名
微塵如来說世界非世界是名世界須菩提
於意云何可以卅二相見如来不不也世尊
何以故如来說卅二相即是非相是名卅二
相須菩提若有善男子善女人以恒河沙等
身命布施若復有人於此經中乃至受持四
句偈等為他人說其福甚多
尓時須菩提聞說是經深解義趣涕淚悲泣
而白佛言希有世尊佛說如是甚深經典我
從昔来所得慧眼未曾得聞如是之經世尊
若復有人得聞是經信心清淨則生實相當
知是人成就第一希有功德世尊是實相者
則是非相是故如来說名實相世尊我今得
聞如是經典信解受持不足為難若當來世
後五百歲其有衆生聞是經典信解受持是
人則為第一希有何以故此人无我相人相衆
生相壽者相所以者何我相即是非相人
相衆生相壽者相即是非相何以故離一切
諸相則名諸佛
佛告須菩提如是如是若復有人得聞是經
不驚不怖不畏當知是人甚為希有何以故
須菩提如来說第一波羅蜜非第一波羅蜜
是名第一波羅蜜須菩提忍辱波羅蜜如来
說非忍辱波羅蜜何以故須菩提如我昔為

BD05025號　金剛般若波羅蜜經　（15–6）

佛告須菩提如是如是若復有人得聞是經
不驚不怖不畏當知是人甚為希有何以故
須菩提如来說第一波羅蜜非第一波羅蜜
是名第一波羅蜜須菩提忍辱波羅蜜如来
說非忍辱波羅蜜何以故須菩提如我昔為
歌利王割截身體我於尒時无我相无人相无
衆生相无壽者相何以故我於往昔節節
支解時若有我相人相衆生相壽者相應生
瞋恨須菩提又念過去於五百世作忍辱仙
人於尒所世无我相无人相无衆生相无壽者
相是故須菩提菩薩應離一切相發阿耨
多羅三藐三菩提心不應住色生心不應住
聲香味觸法生心應生无所住心若心有住
則為非住是故佛說菩薩心不應住色布施須
菩提菩薩為利益一切衆生應如是布施如
来說一切諸相即是非相又說一切衆生則
非衆生須菩提如来是真語者實語者如語
者不誑語者不異語者須菩提如来所得法
此法无實无虛須菩提若菩薩心住於法而
行布施如人入闇則无所見若菩薩心不住
法而行布施如人有目日光明照見種種色
須菩提當来之世若有善男子善女人能於
此經受持讀誦則為如来以佛智慧悉知是
人悉見是人皆得成就无量无邊功德
須菩提若有善男子善女人初日分以恒河
沙等身布施中日分復以恒河沙等身布施
後日分亦以恒河沙等身布施如是无量百

BD05025 號　金剛般若波羅蜜經　（15–7）

須菩提當来之世若有善男子善女人能於
此經受持讀誦則為如来以佛智慧悉知是
人悉見是人皆得成就无量无邊功德
須菩提若有善男子善女人初日分以恒河
沙等身布施中日分復以恒河沙等身布施
後日分亦以恒河沙等身布施如是无量百
千万億劫以身布施若復有人聞此經典信
心不逆其福勝彼何況書寫受持讀誦為人
解說須菩提以要言之是經有不可思議不
可稱量无邊功德如来為發大乘者說為發
㝡上乘者說若有人能受持讀誦廣為人說
如来悉知是人悉見是人皆成就不可量不
可稱无有邊不可思議功德如是人等則為
荷擔如来阿耨多羅三藐三菩提何以故須
菩提若樂小法者著我見人見衆生見壽者
見則於此經不能聽受讀誦為人解說須菩
提在在處處若有此經一切世間天人阿脩
羅所應供養當知此處則為是塔皆應恭敬
作禮圍繞以諸華香而散其處
復次須菩提善男子善女人受持讀誦此經
若為人輕賤是人先世罪業應墮惡道以今
世人輕賤故先世罪業則為消滅當得阿耨
多羅三藐三菩提須菩提我念過去无量阿
僧祇劫於然燈佛前得值八百四千万億那
由他諸佛悉皆供養承事无空過者若復有
人於後末世能受持讀誦此經所得功德於
我所供養諸佛功德百分不及一千万億分

BD05025 號　金剛般若波羅蜜經　（15–8）

多羅三藐三菩提須菩提我念過去无量阿
僧祇劫於然燈佛前得值八百四千万億那
由他諸佛悉皆供養承事无空過者若復有
人於後末世能受持讀誦此經所得功德於
我所供養諸佛功德百分不及一千万億分
乃至筭數譬喻所不能及須菩提若善男子
善女人於後末世有受持讀誦此經所得功
德我若具說者或有人聞心則狂亂狐疑不
信須菩提當知是經義不可思議果報亦不
可思議
尒時須菩提白佛言世尊善男子善女人發
阿耨多羅三藐三菩提心云何應住云何降
伏其心佛告須菩提善男子善女人發阿耨
多羅三藐三菩提者當生如是心我應滅度
一切衆生滅度一切衆生已而无有一衆生實
滅度者何以故若菩薩有我相人相衆生
相壽者相則非菩薩所以者何須菩提實无
有法發阿耨多羅三藐三菩提者須菩提於
意云何如來於然燈佛所有法得阿耨多羅
三藐三菩提不不也世尊如我解佛所說義
佛於然燈佛所无有法得阿耨多羅三藐三
菩提佛言如是如是須菩提實无有法如來
得阿耨多羅三藐三菩提須菩提若有法如
來得阿耨多羅三藐三菩提然燈佛則不與
我受記汝於來世當得作佛号釋迦牟尼以
實无有法得阿耨多羅三藐三菩提是故然
燈佛與我受記作是言汝於來世當得作佛

BD05025 號　金剛般若波羅蜜經　（15–9）

得阿耨多羅三藐三菩提須菩提若有法如
來得阿耨多羅三藐三菩提然燈佛則不與
我受記汝於來世當得作佛号釋迦牟尼以
實无有法得阿耨多羅三藐三菩提是故然
燈佛與我受記作是言汝於來世當得作佛
号釋迦牟尼何以故如來者即諸法如義若
有人言如來得阿耨多羅三藐三菩提須菩
提實无有法佛得阿耨多羅三藐三菩提須
菩提如來所得阿耨多羅三藐三菩提於是
中无實无虛是故如來說一切法皆是佛法
須菩提所言一切法者即非一切法是故名
一切法須菩提譬如人身長大須菩提言世
尊如來說人身長大則為非大身是名大身
須菩提菩薩亦如是若作是言我當滅度无
量衆生則不名菩薩何以故須菩提實无有
法名為菩薩是故佛說一切法无我无人无
衆生无壽者須菩提若菩薩作是言我當莊
嚴佛土是不名菩薩何以故如來說莊嚴佛
土者即非莊嚴是名莊嚴須菩提若菩薩通
達无我法者如來說名真是菩薩
須菩提於意云何如來有肉眼不如是世尊
如來有肉眼須菩提於意云何如來有天眼
不如是世尊如來有天眼須菩提於意云何
如來有慧眼不如是世尊如來有慧眼須菩
提於意云何如來有法眼不如是世尊如來
有法眼須菩提於意云何如來有佛眼不如
是世尊如來有佛眼須菩提於意云何恒河

BD05025 號　金剛般若波羅蜜經　（15–10）

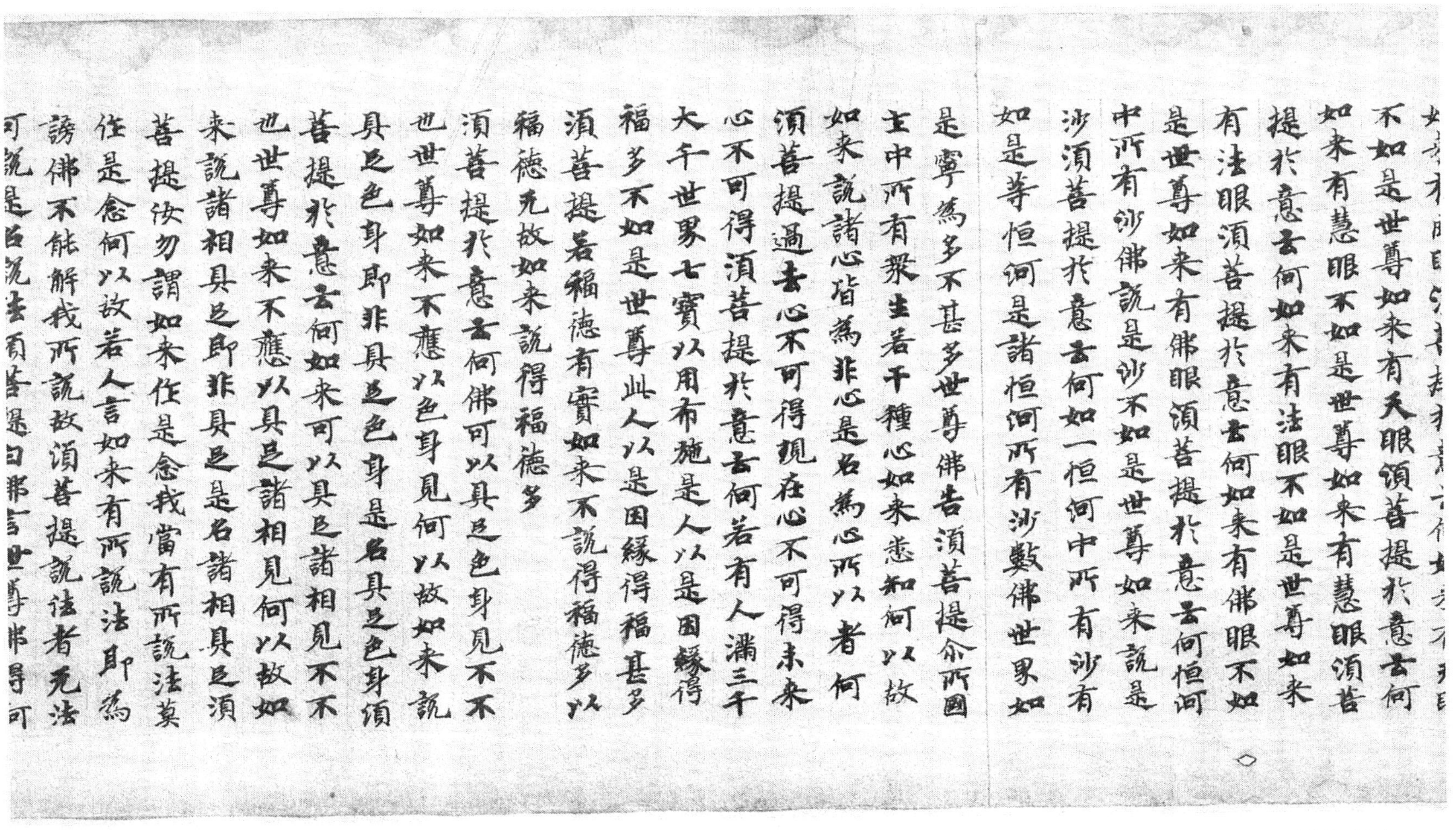

如来有肉眼須菩提於意云何如来有天眼
不如是世尊如来有天眼須菩提於意云何
如来有慧眼不如是世尊如来有慧眼須菩
提於意云何如来有法眼不如是世尊如来
有法眼須菩提於意云何如来有佛眼不如
是世尊如来有佛眼須菩提於意云何恒河
中所有沙佛說是沙不如是世尊如来說是
沙須菩提於意云何如一恒河中所有沙有
如是等恒河是諸恒河所有沙數佛世界如
是寧為多不甚多世尊佛告須菩提尒所國
土中所有衆生若干種心如来悉知何以故
如来說諸心皆為非心是名為心所以者何
須菩提過去心不可得現在心不可得未来
心不可得須菩提於意云何若有人滿三千
大千世界七寶以用布施是人以是因緣得
福多不如是世尊此人以是因緣得福甚多
須菩提若福德有實如来不說得福德多以
福德无故如来說得福德多
須菩提於意云何佛可以具足色身見不不
也世尊如来不應以色身見何以故如来說
具足色身即非具足色身是名具足色身須
菩提於意云何如来可以具足諸相見不不
也世尊如来不應以具足諸相見何以故如
来說諸相具足即非具足是名諸相具足須
菩提汝勿謂如来作是念我當有所說法莫
作是念何以故若人言如来有所說法即為
謗佛不能解我所說故須菩提說法者无法
可說是名說法須菩提白佛言世尊佛得阿

BD05025號　金剛般若波羅蜜經　（15–11）

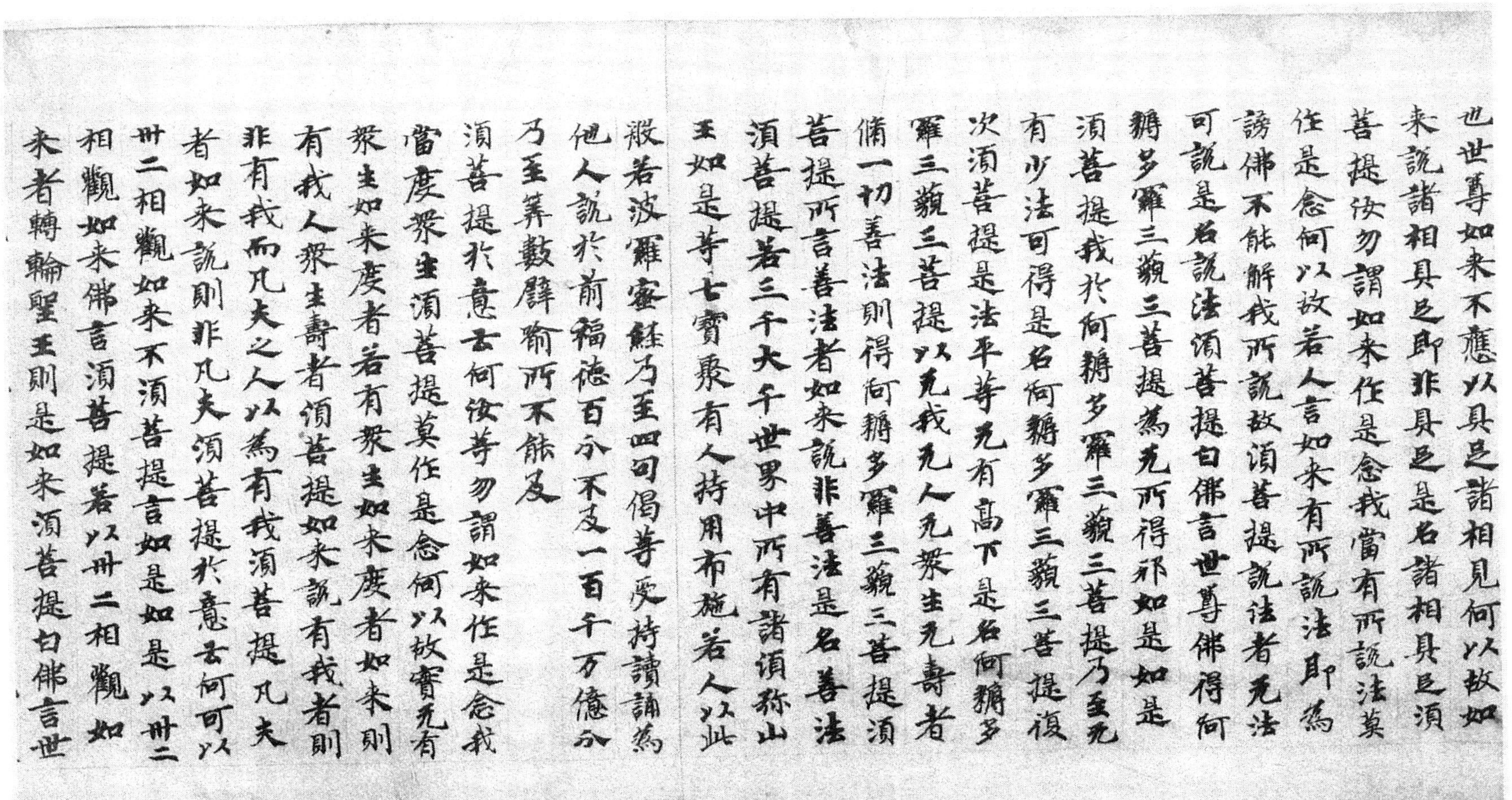

也世尊如来不應以具足諸相見何以故如
来說諸相具足即非具足是名諸相具足須
菩提汝勿謂如来作是念我當有所說法莫
作是念何以故若人言如来有所說法即為
謗佛不能解我所說故須菩提說法者无法
可說是名說法須菩提白佛言世尊佛得阿
耨多羅三藐三菩提為无所得耶如是如是
須菩提我於阿耨多羅三藐三菩提乃至无
有少法可得是名阿耨多羅三藐三菩提復
次須菩提是法平等无有高下是名阿耨多
羅三藐三菩提以无我无人无衆生无壽者
脩一切善法則得阿耨多羅三藐三菩提須
菩提所言善法者如来說非善法是名善法
須菩提若三千大千世界中所有諸須弥山
王如是等七寶聚有人持用布施若人以此
般若波羅蜜經乃至四句偈等受持讀誦為
他人說於前福德百分不及一百千万億分
乃至筭數譬喻所不能及
須菩提於意云何汝等勿謂如来作是念我
當度衆生須菩提莫作是念何以故實无有
衆生如来度者若有衆生如来度者如来則
有我人衆生壽者須菩提如来說有我者則
非有我而凡夫之人以為有我須菩提凡夫
者如来說則非凡夫須菩提於意云何可以
卅二相觀如来不須菩提言如是如是以卅二
相觀如来佛言須菩提若以卅二相觀如
来者轉輪聖王則是如来須菩提白佛言世

BD05025號　金剛般若波羅蜜經　（15–12）

有我人衆生壽者須菩提如来說有我者則
非有我而凡夫之人以為有我須菩提凡夫
者如来說則非凡夫須菩提於意云何可以
卅二相觀如来不須菩提言如是如是以卅二
相觀如来佛言須菩提若以卅二相觀如
来者轉輪聖王則是如来須菩提白佛言世
尊如我解佛所說義不應以卅二相觀如来
尒時世尊而說偈言
若以色見我　以音聲求我　是人行邪道　不能見如来
須菩提汝若作是念如来不以具足相故得
阿耨多羅三藐三菩提須菩提莫作是念如
来不以具足相故得阿耨多羅三藐三菩提
須菩提汝若作是念發阿耨多羅三藐三菩
提者說諸法斷滅莫作是念何以故發阿耨
多羅三藐三菩提者於法不說斷滅相須菩
提若菩薩以滿恒河沙等世界七寶布施若
復有人知一切法无我得成於忍此菩薩勝
前菩薩所得功德須菩提以諸菩薩不受福
德故須菩提白佛言世尊云何菩薩不受福
德須菩提菩薩所作福德不應貪著是故說
不受福德須菩提若有人言如来若来若去
若坐若卧是人不解我所說義何以故如来
者无所從来亦无所去故名如来須菩提若
善男子善女人以三千大千世界碎為微塵
於意云何是微塵衆寧為多不甚多世尊
何以故若是微塵衆實有者佛則不說是微塵
衆所以者何佛說微塵衆則非微塵衆是名

BD05025 號　金剛般若波羅蜜經　（15–13）

者无所從来亦无所去故名如来須菩提若
善男子善女人以三千大千世界碎為微塵
於意云何是微塵衆寧為多不甚多世尊
何以故若是微塵衆實有者佛則不說是微塵
衆所以者何佛說微塵衆則非微塵衆是名
微塵衆世尊如来所說三千大千世界則非
世界是名世界何以故若世界實有者則是
一合相如来說一合相則非一合相是名一合
相須菩提一合相者則是不可說但凡夫
之人貪著其事須菩提若人言佛說我見人
見衆生見壽者見須菩提於意云何是人解
我所說義不世尊是人不解如来所說義何
以故世尊說我見人見衆生見壽者見即非
我見人見衆生見壽者見是名我見人見衆
生見壽者見須菩提發阿耨多羅三藐三菩
提心者於一切法應如是知如是見如是信
解不生法相須菩提所言法相者如来說即非
法相是名法相須菩提若有人以滿无量阿
僧祇世界七寶持用布施若有善男子善女
人發菩薩心者持於此經乃至四句偈等受
持讀誦為人演說其福勝彼云何為人演說
不取於相如如不動何以故
一切有為法　如夢幻泡影　如露亦如電　應作如是觀
佛說是經已長老須菩提及諸比丘比丘尼
優婆塞優婆夷一切世間天人阿脩羅聞佛
所說皆大歡喜信受奉持

BD05025 號　金剛般若波羅蜜經　（15–14）

提心者於一切法應如是知如是見如是信
解不生法相須菩提所言法相者如來說即非
法相是名法相須菩提若有人以滿无量阿
僧祇世界七寶持用布施若有善男子善女
人發菩薩心者持於此經乃至四句偈等受
持讀誦為人演說其福勝彼云何為人演說
不取於相如如不動何以故
一切有為法　如夢幻泡影　如露亦如電　應作如是觀
佛說是經已長老須菩提及諸比丘比丘尼
優婆塞優婆夷一切世間天人阿脩羅聞佛
所說皆大歡喜信受奉持
金剛般若波羅蜜經

BD05025號　金剛般若波羅蜜經　（15–15）

般若波羅蜜多心經
觀自在菩薩行深般若波羅蜜多時照見五
蘊皆空度一切苦厄舍利子色不異空空不
異色色即是空空即是色受想行識亦復
如是舍利子是諸法空相不生不滅不垢不
淨不增不減是故空中无色无受想行識无
眼耳鼻舌身意无色聲香味觸法无眼界
乃至无意識界无无明亦无无明盡乃至无
老死亦无老死盡无苦集滅道无智亦无得
以无所得故菩提薩埵依般若波羅蜜多
故心无罣礙无罣礙故无有恐怖遠離顛倒夢
想究竟涅槃三世諸佛依般若波羅蜜多
故得阿耨多羅三藐三菩提故知般若波
羅蜜多是大神咒是大明咒是无上咒是无
等等咒能除一切苦真實不虛故說般若
波羅蜜多咒即說咒曰
揭諦揭諦　波羅揭諦　波羅僧揭諦　菩提薩婆訶

BD05026號　般若波羅蜜多心經　（2–1）

老死亦无老死盡无苦集滅道无智亦无得
以无所得故菩提薩埵依般若波羅蜜多
故心无罣礙无罣礙故无有恐怖遠離顛倒夢
想究竟涅槃三世諸佛依般若波羅蜜多
故得阿耨多羅三藐三菩提故知般若波
羅蜜多是大神呪是大明呪是无上呪是无
等等呪能除一切苦真實不虛故說般若
波羅蜜多呪即說呪曰
揭諦揭諦 波羅揭諦 波羅僧揭諦 菩提薩婆訶
多心經一卷

BD05026 號　般若波羅蜜多心經　（2–2）

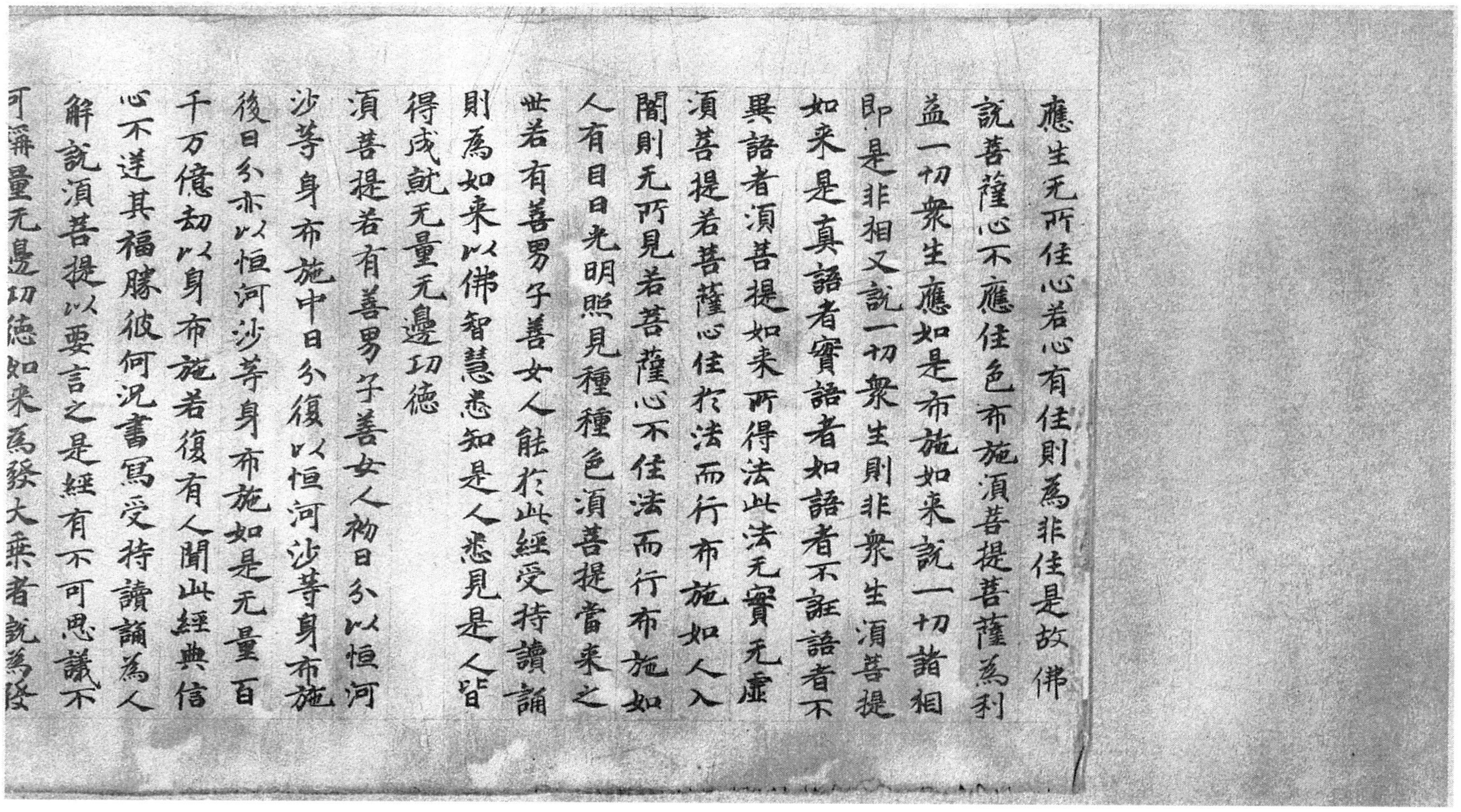

應生无所住心若心有住則為非住是故佛
說菩薩心不應住色布施須菩提菩薩為利
益一切衆生應如是布施如来說一切諸相
即是非相又說一切衆生則非衆生須菩提
如来是真語者實語者如語者不誑語者不
異語者須菩提如来所得法此法无實无虛
須菩提若菩薩心住於法而行布施如人入
闇則无所見若菩薩心不住法而行布施如
人有目日光明照見種種色須菩提當来之
世若有善男子善女人能於此經受持讀誦
則為如来以佛智慧悉知是人悉見是人皆
得成就无量无邊功德
須菩提若有善男子善女人初日分以恒河
沙等身布施中日分復以恒河沙等身布施
後日分亦以恒河沙等身布施如是无量百
千万億劫以身布施若復有人聞此經典信
心不逆其福勝彼何況書寫受持讀誦為人
解說須菩提以要言之是經有不可思議不
可稱量无邊功德如来為發大乘者說為發

BD05027 號　金剛般若波羅蜜經　（9–1）

沙等身布施中日分復以恒河沙等身布施
後日分亦以恒河沙等身布施如是无量百
千万億劫以身布施若復有人聞此經典信
心不逆其福勝彼何況書寫受持讀誦為人
解說須菩提以要言之是經有不可思議不
可稱量无邊功德如來為發大乘者說為發
最上乘者說若有人能受持讀誦廣為人說
如來悉知是人悉見是人皆得成就不可量
不可稱无有邊不可思議功德如是人等則
為荷擔如來阿耨多羅三藐三菩提何以故
須菩提若樂小法者著我見人見眾生見壽
者見則於此經不能聽受讀誦為人解說須
菩提在在處處若有此經一切世間天人阿
脩羅所應供養當知此處則為是塔皆應恭
敬作礼圍繞以諸華香而散其處
復次須菩提若善男子善女人受持讀誦此
經若為人輕賤是人先世罪業應墮惡道以
今世人輕賤故先世罪業則為消滅當得阿
耨多羅三藐三菩提須菩提我念過去无量
阿僧祇劫於然燈佛前得值八百四千万億
那由他諸佛悉皆供養承事无空過者若復
有人於後末世能受持讀誦此經所得功德
於我所供養諸佛功德百分不及一千万億
分乃至筭數譬喻所不能及須菩提若善男
子善女人於後末世有受持讀誦此經所得
功德我若具說者或有人聞心則狂亂狐疑

BD05027號　金剛般若波羅蜜經　（9–2）

那由他諸佛悉皆供養承事无空過者若復
有人於後末世能受持讀誦此經所得功德
於我所供養諸佛功德百分不及一千万億
分乃至筭數譬喻所不能及須菩提若善男
子善女人於後末世有受持讀誦此經所得
功德我若具說者或有人聞心則狂亂狐疑
不信須菩提當知是經義不可思議果報亦
不可思議
尒時須菩提白佛言世尊善男子善女人發
阿耨多羅三藐三菩提心云何應住云何降
伏其心佛告須菩提善男子善女人發阿耨
多羅三藐三菩提者當生如是心我應滅度
一切眾生滅度一切眾生已而无有一眾生
實滅度者何以故若菩薩有我相人相眾生
相壽者相則非菩薩所以者何須菩提實无
有法發阿耨多羅三藐三菩提者須菩提於
意云何如來於然燈佛所有法得阿耨多羅
三藐三菩提不不也世尊如我解佛所說義
佛於然燈佛所无有法得阿耨多羅三藐三
菩提佛言如是如是須菩提實无有法如來
得阿耨多羅三藐三菩提
須菩提若有法如來得阿耨多羅三藐三菩
提者然燈佛則不與我受記汝於來世當得
作佛号釋迦牟尼以實无有法得阿耨多羅
三藐三菩提是故然燈佛與我受記作是

BD05027號　金剛般若波羅蜜經　（9–3）

菩提佛言如是如是須菩提實无有法如來
得阿耨多羅三藐三菩提
須菩提若有法如來得阿耨多羅三藐三菩
提者然燈佛則不與我受記汝於來世當得
作佛号釋迦牟尼以實无有法得阿耨多羅
三藐三菩提是故然燈佛與我受記作是
言汝於來世當得作佛号釋迦牟尼何以故
如來者即諸法如義若有人言如來得阿耨
多羅三藐三菩提須菩提實无有法佛得阿
耨多羅三藐三菩提須菩提如來所得阿耨
多羅三藐三菩提於是中无實无虛是故如
來說一切法皆是佛法須菩提所言一切法
者即非一切法是故名一切法須菩提辟如
人身長大須菩提言世尊如來說人身長
大則為非大身是名大身須菩提菩薩亦如
是若作是言我當滅度无量衆生則不名菩
薩何以故須菩提實无有法名為菩薩是故佛
說一切法无我无人无衆生无壽者須菩提
若菩薩作是言我當莊嚴佛土是不名菩薩
何以故如來說莊嚴佛土者即非莊嚴是名
莊嚴須菩提若菩薩通達无我法者如來
說名真是菩薩
須菩提於意云何如來有肉眼不如是世尊
如來有肉眼須菩提於意云何如來有天眼
不如是世尊如來有天眼須菩提於意云何

何以故如來說莊嚴佛土者即非莊嚴是名
莊嚴須菩提若菩薩通達无我法者如來
說名真是菩薩
須菩提於意云何如來有肉眼不如是世尊
如來有肉眼須菩提於意云何如來有天眼
不如是世尊如來有天眼須菩提於意云何
如來有慧眼不如是世尊如來有慧眼須菩
提於意云何如來有法眼不如是世尊如來
有法眼須菩提於意云何如來有佛眼不如
是世尊如來有佛眼須菩提於意云何恒河
中所有沙佛說是沙不如是世尊如來說是
沙須菩提於意云何如一恒河中所有沙有
如是等恒河是諸恒河所有沙數佛世界如
是寧為多不甚多世尊佛告須菩提尒所
國土中所有衆生若干種心如來悉知何以故
如來說諸心皆為非心是名為心所以者何
須菩提過去心不可得現在心不可得未來
心不可得須菩提於意云何若有人滿三千
大千世界七寶以用布施是人以是因緣得
福多不如是世尊此人以是因緣得福甚多
須菩提若福德有實如來不說得福德多
以福德无故如來說得福德多
須菩提於意云何佛可以具足色身見不不
也世尊如來不應以具足色身見何以故如來
說具足色身即非具足色身是名具足色身

福多不如是世尊此人以是因緣得福甚多
須菩提若福德有實如來不說得福德多
以福德无故如來說得福德多
須菩提於意云何佛可以具足色身見不不
也世尊如來不應以具足色身見何以故如來
說具足色身即非具足色身是名具足色身
須菩提於意云何如來可以具足諸相見不不
也世尊如來不應以具足諸相見何以故如
來說諸相具足即非具足是名諸相具足須
菩提汝等勿謂如來作是念我當有所說法
莫作是念何以故若人言如來有所說法即
為謗佛不能我所說故須菩提說法者无
法可說是名說法須菩提白佛言世尊佛得
阿耨多羅三藐三菩提為无所得耶如是如
是須菩提我於阿耨多羅三藐三菩提乃至
无有少法可得是名阿耨多羅三藐三菩提
復次須菩提是法平等无有高下是名阿耨
多羅三藐三菩提以无我无人无眾生无壽
者脩一切善法則得阿耨多羅三藐三菩提
須菩提所言善法者如來說非善法是名
善法須菩提若三千大千世界中所有諸須
弥山王如是等七寶聚有人持用布施若人以
此般若波羅蜜經乃至四句偈等受持讀誦
為他人說於前福德百分不及一百千万億
分乃至筭數辟喻所不能及

BD05027號　金剛般若波羅蜜經　（9–6）

須菩提所言善法者如來說非善法是名
善法須菩提若三千大千世界中所有諸須
弥山王如是等七寶聚有人持用布施若人以
此般若波羅蜜經乃至四句偈等受持讀誦
為他人說於前福德百分不及一百千万億
分乃至筭數辟喻所不能及
須菩提於意云何汝等勿謂如來作是念我
當度眾生須菩提莫作是念何以故實无有
眾生如來度者若有眾生如來度者如來則
有我人眾生壽者須菩提如來說有我者則
非有我而凡夫之人以為有我須菩提凡夫
者如來說則非凡夫須菩提於意云何可以
三十二相觀如來不須菩提言如是如是以
三十二相觀如來佛言須菩提若以三十二
相觀如來者轉輪聖王則是如來須菩提白
佛言世尊如我解佛所說義不應以三十二
相觀如來爾時世尊而說偈言
若以色見我　以音聲求我　是人行邪道　不能見如來
須菩提汝若作是念如來不以具足相故得阿
耨多羅三藐三菩提須菩提莫作是念如來
不以具足相故得阿耨多羅三藐三菩提須
菩提汝若作是念發阿耨多羅三藐三菩提
者說諸法斷滅相莫作是念何以故發阿耨
多羅三藐三菩提者於法不說斷滅相須菩
提若菩薩以滿恒河沙等世界七寶布施

BD05027號　金剛般若波羅蜜經　（9–7）

不以具足相故得阿耨多羅三藐三菩提須
菩提汝若作是念發阿耨多羅三藐三菩提
者說諸法斷滅相莫作是念何以故發阿耨
多羅三藐三菩提者於法不說斷滅相須菩
提若菩薩以滿恒河沙等世界七寶布施
若復有人知一切法无我得成於忍此菩薩
勝前菩薩所得功德須菩提以諸菩薩不
受福德故須菩提白佛言世尊云何菩薩
不受福德須菩提菩薩所作福德不應貪著
是故說不受福德須菩提若有人言如來若
來若去若坐若卧是人不解我所說義何以
故如來者无所從來亦无所去故名如來
須菩提若善男子善女人以三千大千世界
碎為微塵於意云何是微塵衆寧為多不
甚多世尊何以故若是微塵衆實有者佛則
不說是微塵衆所以者何佛說微塵衆則非
微塵衆是名微塵衆世尊如來所說三千大
千世界則非世界是名世界何以故若世界實
有者則是一合相如來說一合相則非一合
相是名一合相須菩提一合相者則是不可
說但凡夫之人貪著其事
須菩提若人言佛說我見人見衆生見壽者
見須菩提於意云何是人解我所說義不不
也世尊是人不解如來所說義何以故世尊
說我見人見衆生見壽者見即非我見人見

BD05027號　金剛般若波羅蜜經　（9–8）

有者則是一合相如來說一合相則非一合
相是名一合相須菩提一合相者則是不可
說但凡夫之人貪著其事
須菩提若人言佛說我見人見衆生見壽者
見須菩提於意云何是人解我所說義不不
也世尊是人不解如來所說義何以故世尊
說我見人見衆生見壽者見即非我見人見
衆生見壽者見是名我見人見衆生見壽者
見須菩提發阿耨多羅三藐三菩提心者於
一切法應如是知如是見如是信解不生法
相須菩提所言法相者如來說即非法相是
名法相須菩提若有人以滿无量阿僧祇世
界七寶持用布施若有善男子善女人發菩
薩心者持於此經乃至四句偈等受持讀誦
為人演說其福勝彼云何為人演說不取於
相如如不動何以故
一切有為法　如夢幻泡影　如露亦如電　應作如是觀
佛說是經已長老須菩提及諸比丘比丘尼
優婆塞優婆夷一切世間天人阿脩羅聞佛
所說皆大歡喜信受奉行

BD05027號　金剛般若波羅蜜經　（9–9）

佛時具足功德國
薩淨土菩薩成佛時大乘衆生來生其國
布施是菩薩淨土菩薩成佛時一切能捨衆
生來生其國持戒是菩薩淨土菩薩成佛時
行十善道滿願衆生來生其國忍辱是菩薩
淨土菩薩成佛時卅二相
國精進是菩薩淨土菩薩成佛時勤
功德衆生來生其國禪定是菩薩
成佛時攝心不亂衆生來生其國智
薩淨土菩薩成
量心是菩薩淨土菩薩成佛時成就慈
捨衆生來生其國四攝法是菩薩淨土菩
成佛時解脫所攝衆生來生其國方便是
薩淨土菩薩成佛時於一切法方便无
生來生其國卅七道品是菩薩淨土
佛時念處正勤神足根力覺道衆生
國迴向心是菩薩淨土菩薩成佛時得
足功德國土說除八難是菩薩淨土菩
時國土无有三惡八難　　千不說
是菩薩淨土菩薩成佛時國土无有

BD05028號　維摩詰所說經卷上

（6–1）

生來生其國卅七道品是菩薩淨土
佛時念處正勤神足根力覺道衆生
國迴向心是菩薩淨土菩薩成佛時得
足功德國土說除八難是菩薩淨土菩
時國土无有三惡八難　　千不說
是菩薩淨土菩薩成佛時國土无有
名十善道是菩薩淨土菩薩成佛
定大富梵行所言誠諦常以濡語
善和諍訟言必饒益不嫉不恚正見
生其國如是寶積菩薩隨其直心則能發
隨其發行則得深心隨其深心則意調伏隨
意調伏則如說行隨如說行則能迴向隨其迴
向則有方便隨其方便
衆生則佛土淨隨佛土淨則說法淨隨說法
淨則智慧淨隨智慧淨則其心淨隨其心淨
則一切功德淨是故寶積若菩薩欲得淨
土當淨其心隨其心淨則佛土淨
尒時舍利弗承佛威神作是念若菩薩心淨
則佛土淨者我世尊本為菩薩時意豈不淨
而是佛土不淨若此佛知其念即告之
云何日月豈不淨耶而
尊是盲者過非日月咎舍利弗衆生罪故不
見如來佛國嚴淨非如來咎舍利弗我見此土
請淨而汝不見尒時螺髻梵王語舍利弗勿
作是意謂此佛土以為不淨所以者何我見釋

BD05028號　維摩詰所說經卷上

（6–2）

云何日月豈不淨耶而
尊是盲者過非日月咎舍利弗衆生罪故不
見如來佛國嚴淨非如來咎舍利弗我見此土
清淨而汝不見尒時螺髻梵王語舍利弗勿
作是意謂此佛土以為不淨所以者何我見釋
迦牟尼佛土清淨譬如自在天宮舍利弗言我
見此土丘陵坑坎荊棘沙礫土石諸山穢惡充
滿螺髻梵言仁者心有高下不依佛慧故見
此土為不淨耳舍利弗
皆平等深心清淨依佛智慧則能見此佛土
清淨於是佛以足指案地即時三千大千世
界若干百千珍寶嚴飾譬如寶莊嚴佛无量
功德寶莊嚴土一切大衆歎未曾有而皆自
見坐寶蓮華佛告舍利弗汝且觀是佛土嚴
淨舍利弗言唯然世尊本所不見本所不聞
今佛國土嚴淨悉現佛語舍利弗我佛
常淨若此為欲度
淨土耳譬如諸天共寶器食隨其福德
有異如是舍利弗若人心淨便見此土
莊嚴當佛現此國土嚴淨之時寶積
百長者子皆得无生法忍八万四千人發
多羅三藐三菩提心佛攝神足
復如故求聲聞乘三万二千天及人知有為
法皆悉无常遠塵離垢得法眼淨八千比丘
不受諸法漏盡意解

BD05028號　維摩詰所說經卷上　（6–3）

百長者子皆得无生法忍八万四千人發
多羅三藐三菩提心佛攝神足
復如故求聲聞乘三万二千天及人知有為
法皆悉无常遠塵離垢得法眼淨八千比丘
不受諸法漏盡意解
方便品第二
尒時毗耶離大城中有長者名維摩詰已曾
供養无量諸佛深殖善本得无生忍辯才无
礙遊戲神通逮諸總持獲无所畏降魔勞怨
入深法門善於智度通達方便大願成就明
了衆生心之所趣又能分別諸根利鈍久於
佛道心已純淑決定大乘諸有所作能善思
量住佛威儀心大如海諸佛咨嗟弟子釋梵
世主所敬欲度人故以善方便居毗耶離資
財无量攝諸貧民奉戒清淨攝諸毀禁以忍
調行攝諸恚怒以大精進攝諸懈怠一心禪
寂攝諸亂意以決定慧攝諸无智雖為白衣
奉持沙門清淨律行雖處居家不著三界示
有妻子常脩梵行現
寶飾而以相好嚴身雖復飲食而以禪悅為
味若至博弈戲處輒以度人受諸異道不毀
正信雖明世典常樂佛法一切見敬為供養
中最執持正法攝諸長幼一切治生諧偶雖
獲俗利不以喜悅遊諸四衢饒益衆生入治
政法救護一切入講論處道以大乘入諸學

BD05028號　維摩詰所說經卷上　（6–4）

寶飾而以相好嚴身雖復飲食而以禪悅爲
味若至愽弈戲處輙以度人受諸異道不毀
正信雖明世典常樂佛法一切見敬爲供養
中冣執持正法攝諸長幼一切治生諧偶雖
獲俗利不以喜悅遊諸四衢饒益衆生入治
政法救護一切入講論處道以大乘入諸學
堂誘開童蒙入諸婬舍示欲之過入諸酒肆
能立其志若在長者長者中尊爲說勝法若
在居士居士中尊斷其貪著若在刹利刹利
中尊教以忍辱若在婆羅門婆羅門中尊除
其我慢若在大臣大臣中尊教以正法若在
王子王子中尊示以忠孝若在内官内官中
尊化政宫女若在庶民庶民中尊令興福力
若在梵天梵天中尊誨以勝慧若在帝釋帝
釋中尊示現无常若在護世護世中尊護諸
衆生長者維摩詰以如是等无量方便饒益
衆生其以方便現身有疾以其疾故國王大
臣長者居士婆羅門等及諸王子幷餘官屬
无數千人皆往問疾其往者維摩詰因以身
疾廣爲說法諸仁者是身无常无彊无力无
堅速朽之法不可信也爲苦爲惱衆病所集
諸仁者如此身明智者所不怙是身如聚沫
不可撮摩是身如泡不得久立是身如炎從
渴愛生是身如芭蕉中无有堅是身如幻從
顛倒起是身如夢爲虛妄見是身如影從業
緣現是身如響屬諸因緣是身如浮雲須臾

无數千人皆往問疾其往者維摩詰因以身
疾廣爲說法諸仁者是身无常无彊无力无
堅速朽之法不可信也爲苦爲惱衆病所集
諸仁者如此身明智者所不怙是身如聚沫
不可撮摩是身如泡不得久立是身如炎從
渴愛生是身如芭蕉中无有堅是身如幻從
顛倒起是身如夢爲虛妄見是身如影從業
緣現是身如響屬諸因緣是身如浮雲須臾
變滅是身如電念念不住是身无主爲如地
是身无我爲如火是身无壽爲如風是身无
人爲如水是身不實四大爲家是身爲空離
我我所是身无知如草木瓦礫是身无作風
力所轉是身不淨穢惡充滿是身爲虛僞雖
假以澡浴衣食必歸磨滅是身爲灾百一病
惱是身如丘井爲老所逼是身无定爲要當
死是身如毒虵如怨賊如空聚陰界諸入所
共合成諸仁者此可患厭當樂佛身所以者
何佛身者即法身也從无量功德智慧生從
戒定慧解脫解脫知見生從慈悲喜捨生從
布施持戒忍辱柔和懃行精進禪定解脫三
昧多聞智慧諸波羅蜜生從方便生從六通

……子若有无
……觀世音菩
……聲皆得
……設入大火
火不能燒由是菩薩威……故若為大水所
漂稱其名号即得淺處若有百千万億衆
生為求金銀琉璃車𤦲馬瑙珊瑚虎珀真
珠等寶入於大海假使黑風吹其船舫
漂墮羅刹鬼國其中若有乃至一人稱觀
世音菩薩名者是諸人等皆得解脫羅刹之
難以是因緣名觀世音若復有人臨當被
害稱觀世音菩薩名者彼所執刀杖尋段
段壞而得解脫若三千大千國土滿中夜叉羅刹
欲來惱人聞其稱觀世音菩薩名者是諸惡
鬼尚不能以惡眼視之況復加害設復有人若
有罪若无罪杻械枷鎖檢繫其身稱觀世
音菩薩名者皆悉斷壞即得解脫若三千大
中怨賊有一商主將諸商人齎持重寶經過
險路其中一人作是唱言諸善男子勿得恐
怖汝等應當一心稱觀世音菩薩名号是菩

BD05029 號　觀世音經　（6–1）

鬼尚不能以惡眼視之況復加害設復有人若
有罪若无罪杻械枷鎖檢繫其身稱觀世
音菩薩名者皆悉斷壞即得解脫若三千大
中怨賊有一商主將諸商人齎持重寶經過
險路其中一人作是唱言諸善男子勿得恐
怖汝等應當一心稱觀世音菩薩名号是菩
薩能以无畏施於衆生汝等若稱名者於此
怨賊當得解脫衆商人聞俱發聲言南无觀
世音菩薩稱其名故即得解脫无盡意觀世
音菩薩摩訶薩威神之力巍巍如是若有衆
生多於婬欲常念恭敬觀世音菩薩便得離
欲若多瞋恚常念恭敬觀世音菩薩便得離
瞋若多愚癡常念恭敬觀世音菩薩便得離
癡无盡意觀世音菩薩有如是等大威神力
多所饒益是故衆生常應心念若有女人設欲
求男礼拜供養觀世音菩薩便生福德智
慧之男設欲求女便生端正有相之女宿殖
德本衆人愛敬无盡意觀世音菩薩有如是
力若有衆生恭敬礼拜觀世音菩薩福不唐
捐是故衆生皆應受持觀世音菩薩名号无
盡意若有人受持六十二億恒河沙菩薩名字復盡
形供養飲食衣服卧具醫藥於汝意云何是善男子善
女人功德多不无盡意言甚多世尊佛言若復有人受
持觀世尊佛言若復有人受持觀世音菩薩名号

BD05029 號　觀世音經　（6–2）

指是故衆生皆應受持觀世音菩薩名号无
盡意若有人受持六十二億恒河沙菩薩名字復盡
形供養飲食衣服卧具醫藥於汝意云何是善男子善
女人功德多不无盡意言甚多世尊佛言若復有人受
持觀世音菩薩名号
乃至一時礼拜供養是二人福正等无異於百千万億劫
不可窮盡无盡意受持觀世音菩薩名号得如是
无量无邊福德之利无盡意菩薩白佛言世尊觀
世音菩薩云何遊此娑婆世界而為衆生說法方便之
力其事云何佛告无盡意菩薩善男子若有國土衆
生應以佛身得度者觀世音菩薩即現佛身而為說
法應以辟支佛身得度者即現辟支佛身而為說法
應以聲聞身得度者即現聲聞身而為說法應以
梵王身得度者即現梵王身而為說法應以帝釋身得度
者即現帝釋身而為說法應以自在天身得度者即
現自在天身而為說法應以大自在天身得度即現
大自在天身而為說法應以天大將軍身得度者
即現天大將軍身而為說法應以毗沙門身得度者即
現毗沙門身而為說法應以小王身得度者即現小王
身而為說法應以長者身得度者即現長者身而為
說法應以居士身得度者即現居士身而為說法應
而為說法應以宰官身得度者即現宰官身而
為說法應以婆羅門身得度者即現婆羅門身

BD05029號　觀世音經

（6–3）

即現天大將軍身而為說法應以毗沙門身得度者即
現毗沙門身而為說法應以小王身得度者即現小王
身而為說法應以長者身得度者即現長者身而為
說法應以居士身得度者即現居士身而為說法應
而為說法應以宰官身得度者即現宰官身而
為說法應以婆羅門身得度者即現婆羅門身
而為說法應以比丘比丘尼優婆塞優婆夷身得
度者而為說法應以長者居士宰官婆羅門婦
女身得度者即現婦女身而為說法應以童男
童女身得度者即現童男童女身而為說法應
以天龍夜叉乾闥婆阿脩羅迦樓羅緊那羅摩
睺羅伽人非人等身得度者即皆現之而為說法
應以執金剛神得度者即現執金剛神而為說法无
盡意是觀世音菩薩成就如是功德以種種形遊
諸國土度脫衆生是故汝等應當一心供養觀世音
菩薩是觀世音菩薩摩訶薩於怖畏急難之中
能施无畏是故此娑婆世界皆号之為施无畏者无
盡意菩薩白佛言世尊我今當供養觀世音菩
薩即解頸衆寶珠瓔珞價直百千兩金而以與之
作是言仁者受此法施珎寶瓔珞時觀世音菩薩不
肯受之无盡意復白觀世音菩薩言仁者愍我等
故受此瓔珞尒時佛告觀世音菩薩當愍此无盡意
菩薩及四衆天龍夜叉乾闥婆阿脩羅迦樓羅緊那
羅摩睺羅伽人非人等故受是瓔珞即時觀世音

BD05029號　觀世音經

（6–4）

作是言仁者受此法施珎寶瓔珞時觀世音菩薩不
肯受之无盡意復白觀世音菩薩言仁者愍我等
故受此瓔珞尒時佛告觀世音菩薩當愍此无盡意
菩薩及四衆天龍夜叉乾闥婆阿脩羅迦樓羅緊那
羅摩睺羅伽人非人等故受是瓔珞即時觀世音
菩薩愍諸四衆及於天龍人非人等受其瓔珞分作
二分一分奉釋迦牟尼佛一分奉多寶佛塔无盡
意觀世音菩薩有如是自在神力遊於娑婆世界尒
時无盡意菩薩以偈問曰
世尊妙相具 我今重問彼 佛子何因緣 名為觀世音
具足妙相尊 偈荅无盡意 汝聽觀音行 善應諸方所
弘誓深如海 歷劫不思議 侍多千億佛 發大清淨願
我為汝略說 聞名及見身 心念不空過 能滅諸有苦
假使興害意 推落大火坑 念彼觀音力 火坑變成池
或漂流巨海 龍魚諸鬼難 念彼觀音力 波浪不能沒
或在須彌峯 為人所推墮 念彼觀音力 如日虛空住
或被惡人逐 墮落金剛山 念彼觀音力 不能損一毛
或值怨賊繞 各執刀加害 念彼觀音力 咸即起慈心
或遭王難苦 臨刑欲壽終 念彼觀音力 刀尋段段壞
或囚禁枷鎖 手足被杻械 念彼觀音力 釋然得解脫
呪咀諸毒藥 所欲害身者 念彼觀音力 還著於本人
或遇惡羅剎 毒龍諸鬼等 念彼觀音力 時悉不敢害
若惡獸圍繞 利牙爪可怖 念彼觀音力 疾走无邊方
蚖蛇及蝮蠍 氣毒烟火然 念彼觀音力 尋聲自迴去
雲雷鼓掣電 降雹澍大雨 念彼觀音力 應時得消散
衆生被困厄 无量苦逼身 觀音妙智力 能救世間苦
具足神通力 廣修智方便 十方諸國土 无剎不現身

BD05029 號　觀世音經

（6–5）

呪咀諸毒藥 所欲害身者 念彼觀音力 還著於本人
或遇惡羅剎 毒龍諸鬼等 念彼觀音力 時悉不敢害
若惡獸圍繞 利牙爪可怖 念彼觀音力 疾走无邊方
蚖蛇及蝮蠍 氣毒烟火然 念彼觀音力 尋聲自迴去
雲雷鼓掣電 降雹澍大雨 念彼觀音力 應時得消散
衆生被困厄 无量苦逼身 觀音妙智力 能救世間苦
具足神通力 廣修智方便 十方諸國土 无剎不現身
種種諸惡趣 地獄鬼畜生 生老病死苦 以漸悉令滅
真觀清淨觀 廣大智慧觀 悲觀及慈觀 常願常瞻仰
无垢清淨光 慧日破諸闇 能伏災風火 普明照世間
悲體戒雷震 慈意妙大雲 澍甘露法雨 滅除煩惱焰
諍訟經官處 怖畏軍陣中 念彼觀音力 衆怨悉退散
妙音觀世音 梵音海潮音 勝彼世間音 是故須常念
念念勿生疑 觀世音淨聖 於苦惱死厄 能為作依怙
具一切功德 慈眼視衆生 福聚海无量 是故應頂禮
尒時持地菩薩即從座起前白佛言世尊若
有衆生聞是觀世音菩薩品自在之業普門
示現神通力者當知是人功德不少佛說是
普門品時衆中八万四千衆生皆發无等等
阿耨多羅三藐三菩提心
觀世音經

BD05029 號　觀世音經

（6–6）

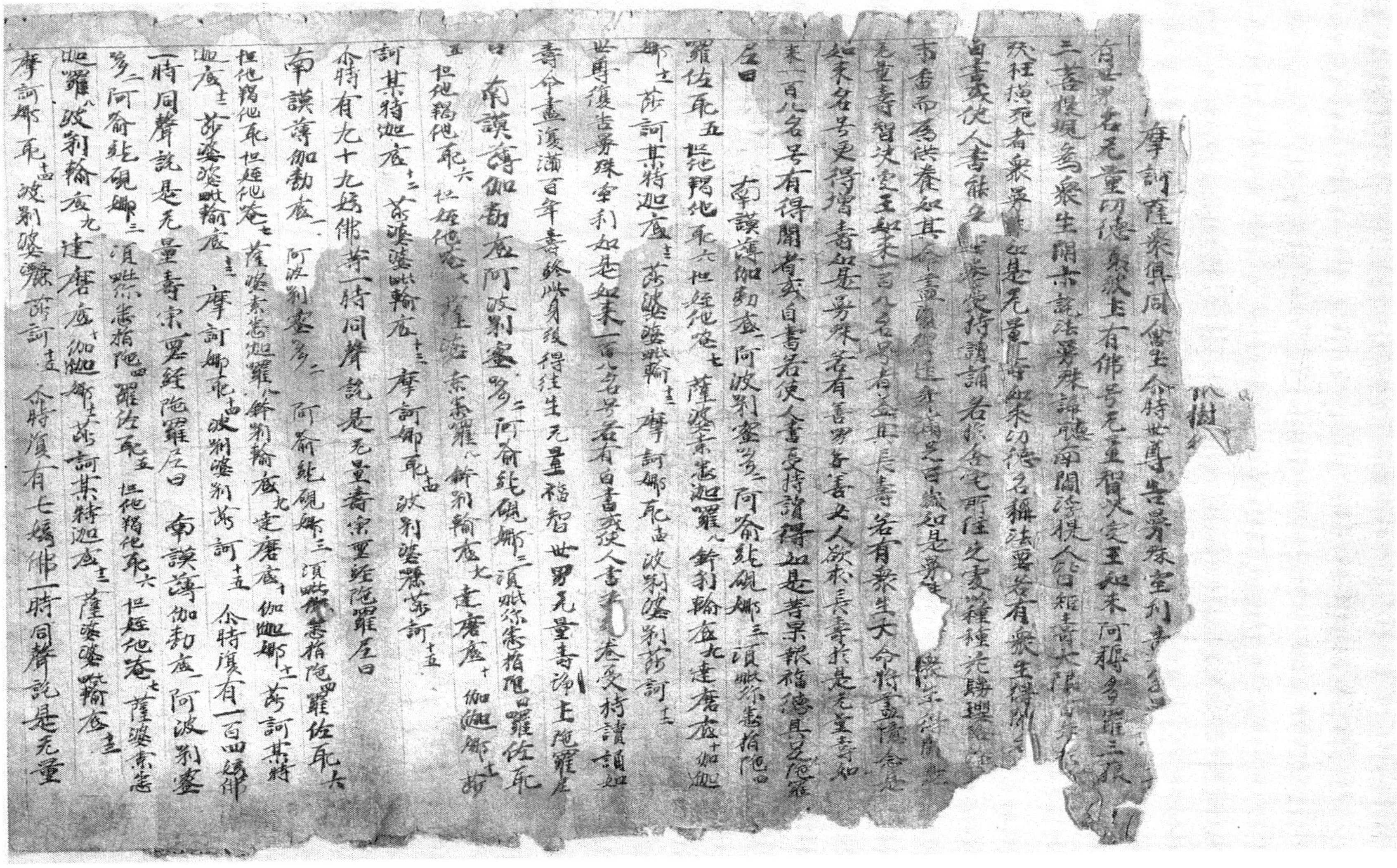
摩訶薩衆俱同會坐尒時世尊告曼殊室利
有世界名无量功德聚彼土有佛号无量智決定王如來阿耨多羅三藐
三菩提現爲衆生開示說法曼殊諦聽南閻浮提人皆短壽大限
殀枉橫死者衆多曼殊如是无量壽如來功德名稱法要若有衆生得
自書或使人書能令經卷受持讀誦若於舍宅所住之處種種花鬘瓔
末香而爲供養如其命盡復得延年滿足百歲如是曼殊若有衆生
无量壽智決定王如來一百八名号者益其長壽若有衆生大命將盡憶念是
如來名号更得增壽如是曼殊若有善男子善女人欲求長壽於是无量壽如
來一百八名号有得聞者或自書若使人書受持讀誦得如是善果報福德具足陀羅
尼曰 南謨薄伽勃底一阿波唎蜜多二阿喻紇硯娜三須毗你悉指陀四
囉佐耶五怛他羯他耶六怛姪他唵七薩婆桑悉迦囉八鉢唎輸底九達磨底十伽伽
娜十一莎訶其特迦底十二莎婆婆毗輸底十三摩訶娜耶十四波唎婆唎莎訶十五
世尊復告曼殊室利如是如來一百八名号若有自書或使人書寫經卷受持讀誦如
壽命盡復滿百年壽終此身後得往生无量福智世界无量壽淨土陀羅尼
曰 南謨薄伽勃底阿波唎蜜多二阿喻紇硯娜三須毗你悉指陀四囉佐耶
五怛他羯他耶六怛姪他唵七薩婆桑悉迦囉八鉢唎輸底九達磨底十伽伽娜十一莎
訶其特迦底十二莎婆婆毗輸底十三摩訶娜耶十四波唎婆囉莎訶十五
尒時有九十九姟佛等一時同聲說是无量壽宗要經陀羅尼曰
南謨薄伽勃底一阿波唎蜜多二阿喻紇硯娜三須毗你悉指陀四囉佐耶六
怛他羯他耶怛姪他唵七薩婆桑悉迦囉八鉢唎輸底九達磨底十伽伽娜十一莎訶其特
迦底十二莎婆婆毗輸底十三摩訶娜耶十四波唎婆唎莎訶十五尒時復有一百四姟佛
一時同聲說是无量壽宗要經陀羅尼曰 南謨薄伽勃底一阿波唎蜜
多二阿喻紇硯娜三須毗你悉指陀四囉佐耶五怛他羯他耶六怛姪他唵七薩婆桑悉
迦囉八鉢唎輸底九達磨底十伽伽娜十一莎訶其特迦底十二薩婆婆毗輸底十三
摩訶娜耶十四波唎婆囉莎訶十五尒時復有七姟佛一時同聲說是无量

BD05030 號　無量壽宗要經　（6–1）

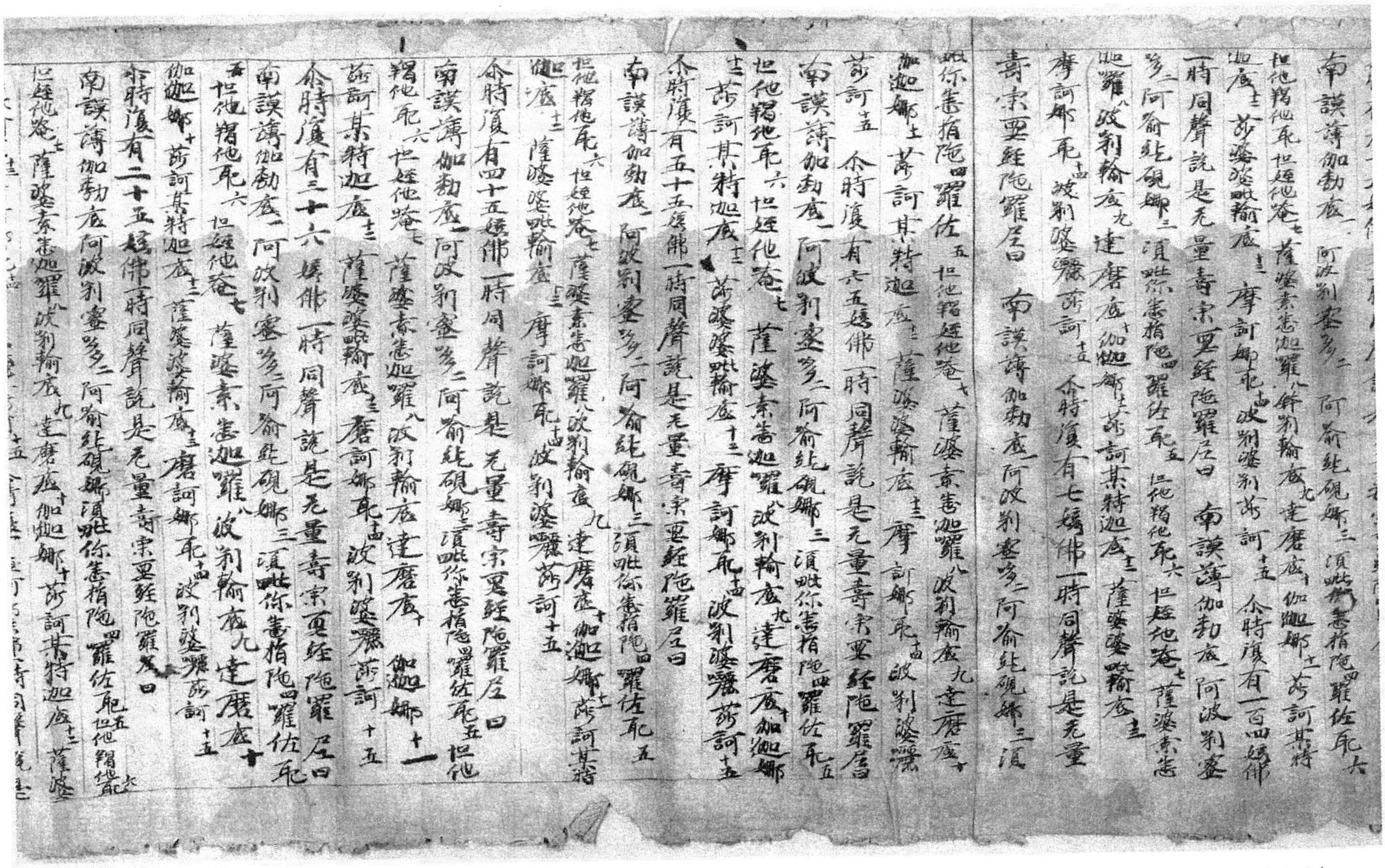
南謨薄伽勃底一阿波唎蜜多二阿喻紇硯娜三須毗你悉指陀四囉佐耶六
怛他羯他耶怛姪他唵七薩婆桑悉迦囉八鉢唎輸底九達磨底十伽伽娜十一莎訶其特
迦底十二莎婆婆毗輸底十三摩訶娜耶十四波唎婆唎莎訶十五尒時復有一百四姟佛
一時同聲說是无量壽宗要經陀羅尼曰 南謨薄伽勃底一阿波唎蜜
多二阿喻紇硯娜三須毗你悉指陀四囉佐耶五怛他羯他耶六怛姪他唵七薩婆桑悉
迦囉八鉢唎輸底九達磨底十伽伽娜十一莎訶其特迦底十二薩婆婆毗輸底十三
摩訶娜耶十四波唎婆囉莎訶十五尒時復有七姟佛一時同聲說是无量
壽宗要經陀羅尼曰 南謨薄伽勃底一阿波唎蜜多二阿喻紇硯娜三須
毗你悉指陀四囉佐五怛他羯娙他唵七薩婆桑悉迦囉八波唎輸底九達磨底十
伽伽娜十一莎訶其特迦底十二薩婆婆毗輸底十三摩訶娜耶十四波唎婆囉
莎訶十五尒時復有六十五姟佛一時同聲說是无量壽宗要經陀羅尼曰
南謨薄伽勃底一阿波唎蜜多二阿喻紇硯娜三須毗你悉指陀四囉佐耶五
怛他羯他耶六怛姪他唵七薩婆桑悉迦囉八波唎輸底九達磨底十伽伽娜
十一莎訶其特迦底十二莎婆婆毗輸底十三摩訶娜耶十四波唎婆囉莎訶十五
尒時復有五十五姟佛一時同聲說是无量壽宗要經陀羅尼曰
南謨薄伽勃底一阿波唎蜜多二阿喻紇硯娜三須毗你悉指陀四囉佐耶五
怛他羯他耶六怛姪他唵七薩婆桑悉迦囉八波唎輸底九達磨底十伽伽娜十一莎訶其特
迦底十二薩婆婆毗輸底十三摩訶娜耶十四波唎婆囉莎訶十五
尒時復有四十五姟佛一時同聲說是无量壽宗要經陀羅尼曰
南謨薄伽勃底一阿波唎蜜多二阿喻紇硯娜三須毗你悉指陀四囉佐耶五怛他
羯他耶六怛姪他唵七薩婆桑悉迦囉八波唎輸底九達磨底十伽伽娜十一
莎訶其特迦底十二薩婆婆毗輸底十三摩訶娜耶十四波唎婆囉莎訶十五
尒時復有三十六姟佛一時同聲說是无量壽宗要經陀羅尼曰
南謨薄伽勃底一阿波唎蜜多二阿喻紇硯娜三須毗你悉指陀四囉佐耶
五怛他羯他耶六怛姪他唵七薩婆桑悉迦囉八波唎輸底九達磨底十
伽伽娜十一莎訶其特迦底十二薩婆婆毗輸底十三磨訶娜耶十四波唎婆囉莎訶十五
尒時復有二十五姟佛一時同聲說是无量壽宗要經陀羅尼曰
南謨薄伽勃底阿波唎蜜多二阿喻紇硯娜三須毗你悉指陀四囉佐耶五怛他羯他耶六
怛姪他唵七薩婆桑悉迦囉八波唎輸底九達磨底十伽伽娜十一莎訶其特迦底十二薩婆

BD05030 號　無量壽宗要經　（6–2）

介時復有三十六姟佛一時同聲說是无量壽宗要經陀羅尼曰
南謨薄伽勃底一阿波唎蜜多二阿喻紇硯娜三須毗你悉指陀四囉佐耶
五怛他羯他耶六怛姪他唵七薩婆桑塞迦囉八波唎輸底九達磨底十
伽伽娜十一莎訶某特迦底十二薩婆婆毗輸底十三摩訶娜耶十四波唎婆羅莎訶十五
介時復有二十五姟佛一時同聲說是无量壽宗要經陀羅尼曰
南謨薄伽勃底阿波唎蜜多二阿喻紇硯娜須毗你悉指陀四囉佐耶五怛他羯他耶六
怛姪他唵七薩婆桑塞迦羅八波唎輸底九達磨底十伽伽娜十一莎訶某特迦底十二薩婆
婆毗輸底十三摩訶娜耶十四波唎婆羅莎訶十五 介時復有恒河沙姟佛一時同聲說是
无量壽宗要經陀羅尼曰 南謨薄伽勃底一阿波唎蜜多二阿喻紇硯娜三須毗你悉
指陀四囉佐耶五怛他羯他耶六怛姪他唵七薩婆桑塞迦囉八波唎輸底九達磨底十伽伽娜十一
莎訶某特迦底十二薩婆婆毗輸底十三摩訶娜耶十四波唎婆羅莎訶十五
善男子若有自書寫教人書寫是无量壽宗要經如其命盡復得長壽
而滿年陀羅尼曰
南謨薄伽勃底一阿波唎蜜多二阿喻紇硯娜三須毗你悉指陀四囉佐耶五怛他羯他耶六怛姪他唵七
薩婆桑塞迦囉八波唎輸底九達磨底十伽伽娜十一莎訶某特迦底十二薩婆婆毗輸底十三
摩訶娜耶十四波唎婆羅莎訶十五若有自書教人書寫是无量壽宗要經讀誦受持
畢竟不墮地獄在在所生得宿命智陀羅尼曰南謨薄伽勃底一阿波唎蜜多二
阿喻紇硯娜三須毗你悉指陀四囉佐耶五怛他羯他耶六怛姪他唵七薩婆桑塞迦羅八波唎輸底九
達磨底十伽伽娜十一莎訶某特迦底十二薩婆婆毗輸底十三摩訶娜耶十四波唎婆羅莎訶十五
若有自書教人書寫是无量壽宗要經讀誦如同書寫八万四千一切經典陀羅尼
曰南謨薄伽勃底一阿波唎蜜多二阿喻紇硯娜三須毗你悉指陀四囉佐耶五怛他羯他耶六怛姪他唵七
薩婆桑塞迦羅八波唎輸底九達磨底十伽伽娜十一莎訶某特迦底十二薩婆婆毗輸底十三摩訶娜
耶十四波唎婆羅莎訶十五若有自書寫教人書寫是无量壽宗要經即是書寫八万四千
部建立塔廟陀羅尼曰南謨薄伽勃底一阿波唎蜜多二阿喻紇硯娜三須毗你悉
指陀四囉佐耶五怛他羯他耶六怛姪他唵七薩婆桑塞迦羅八波唎輸底九達磨底十
伽伽娜十一莎訶某特迦底十二薩婆婆毗輸底十三摩訶娜耶十四波唎婆羅莎訶十五
若有自書寫教人書寫是无量壽宗要經能消五无間等一切重罪陀羅尼曰
南謨薄伽勃底一阿波唎蜜多二阿喻紇硯娜三須毗你悉指陀四囉佐耶五怛他羯他耶六
怛姪他唵七薩婆桑塞迦羅八波唎輸底九達磨底十伽伽娜十一莎訶某特迦底十二薩婆
婆毗輸底十三摩訶娜耶十四波唎婆羅莎訶十五若有自書寫教人書寫是无量
壽宗要經受持讀誦設有重罪猶如須弥盡能除滅陀羅尼曰

BD05030號　無量壽宗要經

（6–3）

伽伽娜十一莎訶某特迦底十二薩婆婆毗輸底十三摩訶娜耶十四波唎婆羅莎訶十五
若有自書寫教人書寫是无量壽宗要經能消五无間等一切重罪陀羅尼曰
南謨薄伽勃底一阿波唎蜜多二阿喻紇硯娜三須毗你悉指陀四囉佐耶五怛他羯他耶六
怛姪他唵七薩婆桑塞迦羅八波唎輸底九達磨底十伽伽娜十一莎訶某特迦底十二薩婆
婆毗輸底十三摩訶娜耶十四波唎婆羅莎訶十五若有自書寫教人書寫是无量
壽宗要經受持讀誦設有重罪猶如須弥盡能除滅陀羅尼曰
南謨薄伽勃底一阿波唎蜜多二阿喻紇硯娜三須毗你悉指陀四囉佐耶五怛他羯
他耶六怛姪他唵七薩婆桑塞迦羅八波唎輸底九達磨底十伽伽娜十一莎訶某特迦底
十二薩婆婆毗輸底十三摩訶耶十四波唎婆羅莎訶十五若有自書寫教人書寫是无
量壽宗要經受持讀誦若魔魔之眷屬夜叉羅刹不得其便終无枉死陀
羅尼曰 南謨薄伽勃底一阿波唎蜜多二阿喻紇硯娜三須毗你悉指陀四囉佐耶五怛他
羯他耶六怛姪他唵七薩婆桑塞迦羅八波唎輸底九達磨底十伽伽娜十一莎訶某特迦底
十二薩婆婆毗輸底十三摩訶娜耶十四波唎婆羅莎訶十五若有自書教人書寫是无量壽
宗要經受持讀誦當命終時有九十九姟佛現人前千佛授手能遊一切佛刹莫於
此經生於疑惑陀羅尼曰南謨薄伽勃底一阿波唎蜜多二阿喻紇硯娜三須毗你悉指陀四
囉佐耶五怛他羯他耶六怛姪他唵七薩婆桑塞迦羅八波唎輸底九達磨底十伽伽娜十一
莎訶某特迦底十二薩婆婆毗輸底十三摩訶娜耶十四波唎婆羅莎訶十五
若有自書寫教人書寫是无量壽宗要經受持讀誦常得四天大王隨其衛
護陀羅尼曰南謨薄伽勃底一阿波唎蜜多二阿喻紇硯娜三須毗你悉指陀
四囉佐耶五怛他羯他耶六怛姪他唵七薩婆桑塞迦羅八波唎輸底九達磨底十
伽伽娜十一莎訶某特迦底十二薩婆婆毗輸底十三摩訶娜耶十四波唎婆羅莎訶十五
若有自書教人書寫是无量壽宗要經受持讀誦當得往生西方極樂世界
阿弥陀淨土陀羅尼曰南謨薄伽勃底一阿波唎蜜多二阿喻紇硯娜三須毗你
悉指陀四囉佐耶五怛他羯他耶六怛姪他唵七薩婆桑塞迦羅八波唎輸底九達磨
底十伽伽娜十一莎訶某特迦底十二薩婆婆毗輸十三摩訶娜耶十四波唎婆羅莎訶十五
若有方所自書寫使人書寫是无量壽經典之處則為是塔皆應恭敬作礼若
是畜生或為鳥獸得聞是經如是等類皆當不久得成一切種智陀羅
尼曰南謨薄伽勃底一阿波唎蜜多二阿喻紇硯娜三須毗你悉指陀四囉佐耶五
怛他羯他耶六怛姪他唵七薩婆桑塞迦羅八波唎輸底九達磨底十伽伽娜十一
莎訶某特迦底十二薩婆婆毗輸底十三摩訶娜耶十四波唎婆羅莎訶十五
若有能於是經少分能惠施者等於三千大千世界滿中七寶布施陀羅尼曰

BD05030號　無量壽宗要經

（6–4）

若有方所自書寫使人書寫是无量壽經典之處則爲是塔皆應恭敬作礼若
是畜生或爲鳥獸得聞是經如是等類皆當不久得成一切種智陁羅
尼曰南謨薄伽勃底一阿波利蜜多二阿喻紇硯娜三須毗你悉指陁四囉佐耶五
怛他羯他耶六怛侄他奄七薩婆桑悉迦羅八波利輸底九達磨底十伽伽娜十一
莎訶其特迦底十二薩婆婆毗輸底十三摩訶娜耶十四波利婆獺莎訶十五
若有能於是經少分能惠施者等於三千大千世界滿中七寶布陁羅尼曰
南謨薄伽勃底一阿波利蜜多二阿喻紇硯娜三須毗你指悉陁四囉佐耶五
怛他羯他耶六怛侄他奄七薩婆桑悉迦羅八波利輸底九達磨底十伽伽娜十一莎訶
其特迦底十二薩婆婆毗輸底十三摩訶娜耶十四波利婆獺莎訶十五
若有能供養是經者則是供養一切諸經等无有異陁羅尼曰
南謨薄伽勃底一阿波利蜜多二阿喻紇硯娜三須毗你悉指陁四囉佐耶五怛他羯
他耶六怛侄他奄七薩婆桑悉迦羅八波利輸底九達磨底十伽伽娜十一莎訶其特迦底
薩婆婆毗輸底十三摩訶娜耶十四波利婆獺莎訶十五如是毗婆尸佛尸弃佛
毗舍浮佛俱留孫佛俱那含牟尼佛迦葉佛釋迦牟尼佛
若有人以七寶供養如是七佛其福有限書寫受持是无量壽經
典所有功德不可限量陁羅尼曰南謨薄伽勃底一阿波利蜜多二
阿喻紇硯娜三須毗你悉指陁四囉佐耶五怛他羯他耶六怛侄他奄七薩婆桑悉迦
囉八波利輸底九達磨底十伽伽娜十一莎訶其特迦底十二薩婆婆毗輸底十三摩訶
娜耶十四波利婆獺莎訶十五若有七寶等於須彌以用布施其福上能知其
限量是无量壽經典其福不可知數陁羅尼曰
南謨薄伽勃底一阿波利蜜多二阿喻紇硯娜三須毗你悉指陁四囉佐耶五
怛侄他奄七薩婆桑悉迦羅八波利輸底九達磨底十伽伽娜十一莎訶其特迦底
薩婆婆毗輸底十三摩訶娜耶十四波利婆獺莎訶十五
如是四大海水可知滴數是无量壽經典所生果報不可數量陁羅尼曰
南謨薄伽勃底一阿波利蜜多二阿喻紇兒娜三須毗你悉指陁四囉佐耶
五怛他羯他耶六怛侄他奄七薩婆桑悉迦羅八波利輸底九達磨底十伽伽娜十一莎訶
其特迦底十二薩婆婆毗輸底十三摩訶娜耶十四波利婆獺莎訶十五
若有自書使人書寫是无量壽經典又能護持供養即如恭敬
供養一切十方佛土如來无有別異陁羅尼曰南謨薄伽勃底
阿波利蜜多二阿喻紇硯娜三須毗你悉指陁四羅佐耶五怛他羯他耶六
怛侄他奄七薩婆桑悉迦羅八波利輸底九達磨底十伽伽娜十一莎訶其

BD05030號　無量壽宗要經

（6–5）

南謨薄伽勃底一阿波利蜜多二阿喻紇硯娜三須毗你悉指陁四囉佐耶五
怛侄他奄七薩婆桑悉迦羅八波利輸底九達磨底十伽伽娜十一莎訶其特迦底
薩婆婆毗輸底十三摩訶娜耶十四波利婆獺莎訶十五
如是四大海水可知滴數是无量壽經典所生果報不可數量陁羅尼曰
南謨薄伽勃底一阿波利蜜多二阿喻紇兒娜三須毗你悉指陁四囉佐耶
五怛他羯他耶六怛侄他奄七薩婆桑悉迦羅八波利輸底九達磨底十伽伽娜十一莎訶
其特迦底十二薩婆婆毗輸底十三摩訶娜耶十四波利婆獺莎訶十五
若有自書使人書寫是无量壽經典又能護持供養即如恭敬
供養一切十方佛土如來无有別異陁羅尼曰南謨薄伽勃底
阿波利蜜多二阿喻紇硯娜三須毗你悉指陁四羅佐耶五怛他羯他耶六
怛侄他奄七薩婆桑悉迦羅八波利輸底九達磨底十伽伽娜十一莎訶其
特迦底十二薩婆婆毗輸底十三摩訶娜耶十四波利婆獺莎訶十五
布施力能成正覺　悟布施力人師子　布施力能聲普聞　慈悲階漸最能入
持戒力能成正覺　悟持戒力人師子　持戒力能聲普聞　慈悲階漸最能入
忍辱力能成正覺　悟忍辱力人師子　忍辱力能聲普聞　慈悲階漸最能入
精進力能成正覺　悟精進力人師子　精進能聲普聞　慈悲階漸最能入
禪定力能成正覺　悟禪定力人師子　禪定力能聲普聞　慈悲階漸最能入
智慧力能成正覺　悟智慧力人師子　智慧力能聲普聞　慈悲階漸最能入
尒時如來說是經已一切世間天人阿脩羅揵闥婆等聞佛所說皆大歡喜
喜信受奉行
佛說无量壽宗要經

BD05030號　無量壽宗要經

（6–6）

須菩提若有善男子善女人以恒河沙等身
命布施若復有人於此經中乃至受持四句
偈等爲他人說其福甚多
尒時須菩提聞說是經深解義趣涕淚悲泣
而白佛言希有世尊佛說如是甚深經典我
從昔來所得慧眼未曾得聞如是之經世尊
若復有人得聞是經信心清淨則生實相當
知是人成就第一希有功德世尊是實相者
則是非相是故如來說名實相世尊我今得
聞如是經典信解受持不足爲難若當來世
後五百歲其有衆生得聞是經信解受持是
人則爲第一希有何以故此人无我相人相
衆生相壽者相所以者何我相即是非相人
相衆生相壽者相即是非相何以故離一切
諸相則名諸佛
佛告須菩提如是如是若復有人得聞是經
不驚不怖不畏當知是人甚爲希有何以故
須菩提如來說第一波羅蜜非第一波羅蜜
是名第一波羅蜜

BD05031號　金剛般若波羅蜜經　（11–1）

諸相則名諸佛
佛告須菩提如是如是若復有人得聞是經
不驚不怖不畏當知是人甚爲希有何以故
須菩提如來說第一波羅蜜非第一波羅蜜
是名第一波羅蜜
須菩提忍辱波羅蜜如來說非忍辱波羅蜜
何以故須菩提如我昔爲歌利王割截身體
我於尒時无我相无人相无衆生相无壽者
相何以故我於往昔節節支解時若有我相
人相衆生相壽者相應生瞋恨須菩提又念
過去於五百世作忍辱仙人於尒所世无我
相无人相无衆生相无壽者相是故須菩提
菩薩應離一切相發阿耨多羅三藐三菩提
心不應住色生心不應住聲香味觸法生心
應生无所住心若心有住則爲非住是故佛
說菩薩心不應住色布施須菩提菩薩爲利
益一切衆生應如是布施如來說一切諸相
即是非相又說一切衆生則非衆生
須菩提如來是真語者實語者如語者不誑
語者不異語者須菩提如來所得法此法无
實无虛
須菩提若菩薩心住於法而行布施如人入
闇則无所見若菩薩心不住法而行布施如
人有目日光明照見種種色

BD05031號　金剛般若波羅蜜經　（11–2）

實无虛
須菩提若菩薩心住於法而行布施如人入
暗則无所見若菩薩心不住法而行布施如
人有目日光明照見種種色
須菩提當来之世若有善男子善女人能於此
經受持讀誦則為如来以佛智慧悉知是人
悉見是人皆得成就无量无邊功德
須菩提若有善男子善女人初日分以恒河
沙等身布施中日分復以恒河沙等身布施
後日分亦以恒河沙等身布施如是无量百
千万億劫以身布施若復有人聞此經典信
心不逆其福勝彼何况書寫受持讀誦為人
解說
須菩提以要言之是經有不可思議不可稱
量无邊功德如来為發大乘者說為發最上
乘者說若有人能受持讀誦廣為人說如来
悉知是人悉見是人皆得成就不可量不可
稱无有邊不可思議功德如是人等則為荷
擔如来阿耨多羅三藐三菩提何以故須菩
提若樂小法者著我見人見衆生見壽者見
則於此經不能聽受讀誦為人解說須菩提
在在處處若有此經一切世間天人阿脩羅
所應供養當知此處則為是塔皆應恭敬作
礼圍遶以諸華香而散其處

BD05031號　金剛般若波羅蜜經　（11-3）

擔如来阿耨多羅三藐三菩提何以故須菩
提若樂小法者著我見人見衆生見壽者見
則於此經不能聽受讀誦為人解說須菩提
在在處處若有此經一切世間天人阿脩羅
所應供養當知此處則為是塔皆應恭敬作
礼圍遶以諸華香而散其處
復次須菩提善男子善女人受持讀誦此經
若為人輕賤是人先世罪業應墮惡道以今
世人輕賤故先世罪業則為消滅當得阿耨
多羅三藐三菩提須菩提我念過去无量阿
僧祇劫於然燈佛前得值八百四千万億那
由他諸佛悉皆供養承事无空過者若復有
人於後末世能受持讀誦此經所得功德於
我所供養諸佛功德百分不及一千万億分
乃至筭數譬喻所不能及須菩提若善男子
善女人於後末世有受持讀誦此經所得功
德我若具說者或有人聞心則狂亂狐疑不
信須菩提當知是經義不可思議果報亦不
可思議
尒時須菩提白佛言世尊善男子善女人發
阿耨多羅三藐三菩提心云何應住云何降
伏其心佛告須菩提善男子善女人發阿耨
多羅三藐三菩提者當生如是心我應滅度
一切衆生滅度一切衆生已而无有一衆生

BD05031號　金剛般若波羅蜜經　（11-4）

可思議
尒時須菩提白佛言世尊善男子善女人發
阿耨多羅三藐三菩提心云何應住云何降
伏其心佛告須菩提善男子善女人發阿耨
多羅三藐三菩提者當生如是心我應滅度
一切衆生滅度一切衆生已而无有一衆生
實滅度者何以故若菩薩有我相人相衆生
相壽者相則非菩薩所以者何須菩提實无
有法發阿耨多羅三藐三菩提者
須菩提於意云何如來於然燈佛所有法得
阿耨多羅三藐三菩提不不也世尊如我解
佛所說義佛於然燈佛所无有法得阿耨多
羅三藐三菩提佛言如是如是須菩提實无
有法如來得阿耨多羅三藐三菩提須菩提
若有法如來得阿耨多羅三藐三菩提然燈
佛則不與我受記汝於來世當得作佛号釋
迦牟尼以實无有法得阿耨多羅三藐三菩
提是故然燈佛與我受記作是言汝於來世
當得作佛号釋迦牟尼何以故如來者即諸
法如義若有人言如來得阿耨多羅三藐三
菩提須菩提實无有法佛得阿耨多羅三藐
三菩提須菩提如來所得阿耨多羅三藐三
菩提於是中无實无虛是故如來說一切法
皆是佛法須菩提所言一切法者即非一切
法是故名一切法

BD05031號　金剛般若波羅蜜經

法如義若有人言如來得阿耨多羅三藐三
菩提須菩提實无有法佛得阿耨多羅三藐
三菩提須菩提如來所得阿耨多羅三藐三
菩提於是中无實无虛是故如來說一切法
皆是佛法須菩提所言一切法者即非一切
法是故名一切法
須菩提譬如人身長大須菩提言世尊如來
說人身長大則為非大身是名大身
須菩提菩薩亦如是若作是言我當滅度无
量衆生則不名菩薩何以故須菩提實无有
法名為菩薩是故佛說一切法无我无人无
衆生无壽者須菩提若菩薩作是言我當莊
嚴佛土是不名菩薩何以故如來說莊嚴佛
土者即非莊嚴是名莊嚴須菩提若菩薩通
達无我法者如來說名真是菩薩
須菩提於意云何如來有肉眼不如是世尊
如來有肉眼須菩提於意云何如來有天眼
不如是世尊如來有天眼須菩提於意云何
如來有慧眼不如是世尊如來有慧眼須菩
提於意云何如來有法眼不如是世尊如來
有法眼須菩提於意云何如來有佛眼不如
是世尊如來有佛眼須菩提於意云何恒河
中所有沙佛說是沙不如是世尊如來說是
沙須菩提於意云何如一恒河中所有沙有
如是等恒河是諸恒河所有沙數佛世界如

BD05031號　金剛般若波羅蜜經

提於意云何如来有法眼不如是世尊如来
有法眼須菩提於意云何如来有佛眼不如
是世尊如来有佛眼須菩提於意云何恒河
中所有沙佛說是沙不如是世尊如来說是
沙須菩提於意云何如一恒河中所有沙有
如是等恒河是諸恒河所有沙數佛世界如
是寧為多不甚多世尊佛告須菩提尒所國
土中所有衆生若干種心如来悉知何以故
如来說諸心皆為非心是名為心所以者何
須菩提過去心不可得現在心不可得未来
心不可得須菩提於意云何若有人滿三千
大千世界七寶以用布施是人以是因緣得
福多不如是世尊此人以是因緣得福甚多
須菩提若福德有實如来不說得福德多
以福德无故如来說得福德多
須菩提於意云何佛可以具足色身見不不
也世尊如来不應以具足色身見何以故如
来說具足色身即非具足色身是名具足色
身須菩提於意云何如来可以具足諸相見
不不也世尊如来不應以具足諸相見何以
故如来說諸相具足即非具足是名諸相具
足須菩提汝勿謂如来作是念我當有所說
法莫作是念何以故若人言如来有所說法
即為謗佛不能解我所說故須菩提說法者
无法可說是名說法

BD05031號　金剛般若波羅蜜經　（11–7）

故如来說諸相具足即非具足是名諸相具
足須菩提汝勿謂如来作是念我當有所說
法莫作是念何以故若人言如来有所說法
即為謗佛不能解我所說故須菩提說法者
无法可說是名說法
須菩提白佛言世尊佛得阿耨多羅三藐三
菩提為无所得耶如是如是須菩提我於阿
耨多羅三藐三菩提乃至无有少法可得是
名阿耨多羅三藐三菩提復次須菩提是法
平等无有高下是名阿耨多羅三藐三菩提
以无我无人无衆生无壽者脩一切善法則
得阿耨多羅三藐三菩提須菩提所言善法
者如来說非善法是名善法
須菩提若三千大千世界中所有諸須弥山
王如是等七寶聚有人持用布施若人以此
般若波羅蜜經乃至四句偈等受持讀誦為
他人說於前福德百分不及一百千万億分
乃至筭數譬喻所不能及
須菩提於意云何汝等勿謂如来作是念我
當度衆生須菩提莫作是念何以故實无有
衆生如来度者若有衆生如来度者如来則
有我人衆生壽者須菩提如来說有我者則
非有我而凡夫之人以為有我須菩提凡夫
者如来說則非凡夫

BD05031號　金剛般若波羅蜜經　（11–8）

當度衆生須菩提莫作是念何以故實无有
衆生如來度者若有衆生如來度者如來則
有我人衆生壽者須菩提如來說有我者則
非有我而凡夫之人以為有我須菩提凡夫
者如來說則非凡夫
須菩提於意云何可以卅二相觀如來不須
菩提言如是如是以卅二相觀如來佛言須
菩提若以卅二相觀如來者轉輪聖王則是
如來須菩提白佛言世尊如我解佛所說義
不應以卅二相觀如來尒時世尊而說偈言
若以色見我 以音聲求我 是人行邪道 不能見如來
須菩提汝若作是念如來不以具足相故得
阿耨多羅三藐三菩提須菩提莫作是念如
來不以具足相故得阿耨多羅三藐三菩提
須菩提汝若作是念發阿耨多羅三藐三菩
提者說諸法斷滅莫作是念何以故發阿耨
多羅三藐三菩提者於法不說斷滅相須菩
提若菩薩以滿恒河沙等世界七寶布施若
復有人知一切法无我得成於忍此菩薩勝
前菩薩所得功德須菩提以諸菩薩不受福
德故須菩提白佛言世尊云何菩薩不受福
德須菩提菩薩所作福德不應貪著是故說
不受福德
須菩提若有人言如來若來若去若坐若卧

BD05031號　金剛般若波羅蜜經　（11–9）

前菩薩所得功德須菩提以諸菩薩不受福
德故須菩提白佛言世尊云何菩薩不受福
德須菩提菩薩所作福德不應貪著是故說
不受福德
須菩提若有人言如來若來若去若坐若卧
是人不解我所說義何以故如來者无所從
來亦无所去故名如來
須菩提若善男子善女人以三千大千世界
碎為微塵於意云何是微塵衆寧為多不甚
多世尊何以故若是微塵衆實有者佛則不
說是微塵衆所以者何佛說微塵衆則非微
塵衆是名微塵衆世尊如來所說三千大千
世界則非世界是名世界何以故若世界實
有者則是一合相如來說一合相則非一合相
是名一合相須菩提一合相者則是不可說
但凡夫之人貪著其事須菩提若人言佛說
我見人見衆生見壽者見須菩提於意云何
是人解我所說義不世尊是人不解如來所
說義何以故世尊說我見人見衆生見壽者
見即非我見人見衆生見壽者見是名我見
人見衆生見壽者見須菩提發阿耨多羅三
藐三菩提心者於一切法應如是知如是見
如是信解不生法相須菩提所言法相者如
來說即非法相是名法相須菩提若有人以
滿无量阿僧祇世界七寶持用布施若有善

BD05031號　金剛般若波羅蜜經　（11–10）

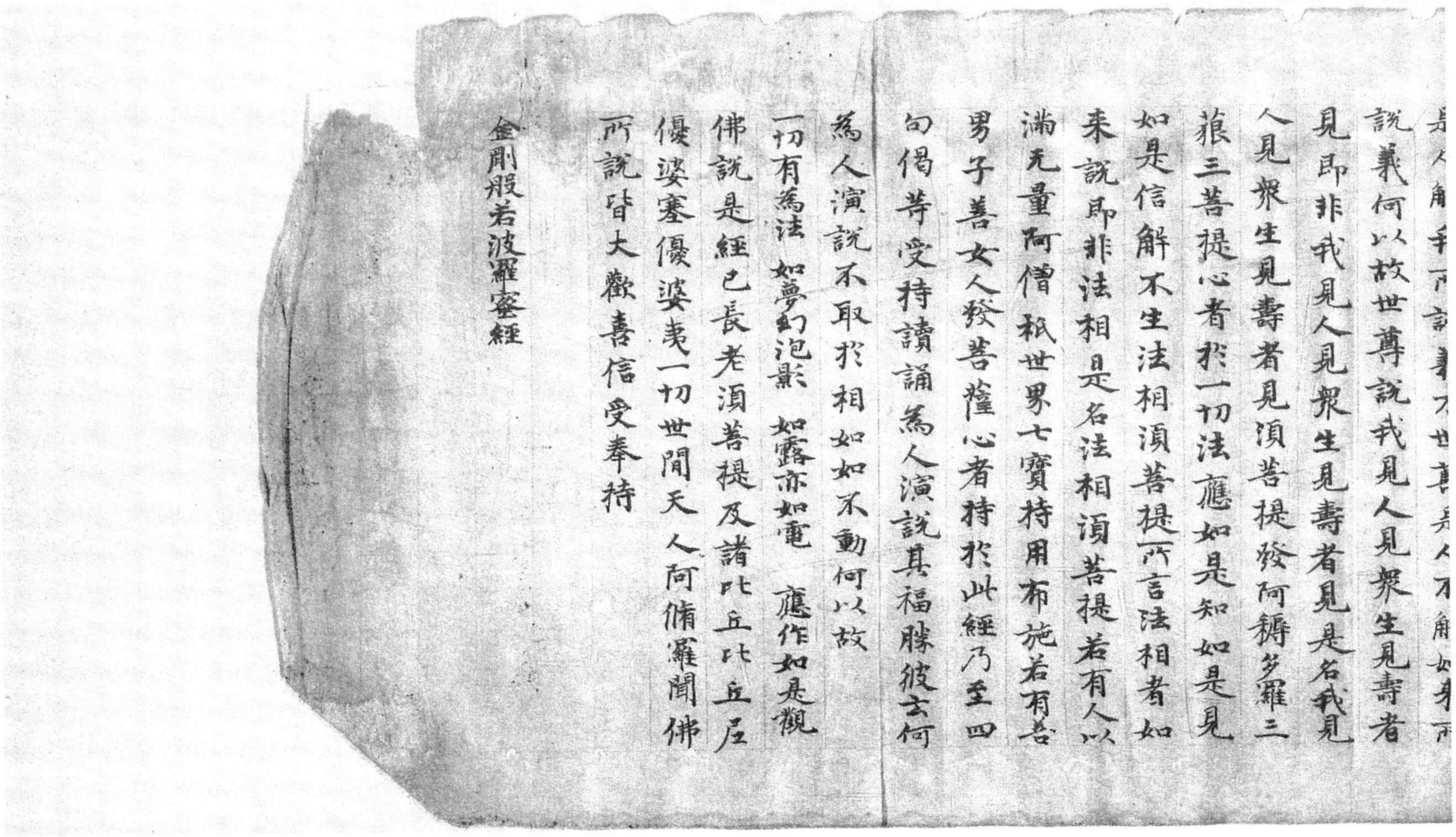

說義何以故世尊說我見人見衆生見壽者
見即非我見人見衆生見壽者見是名我見
人見衆生見壽者見須菩提發阿耨多羅三
藐三菩提心者於一切法應如是知如是見
如是信解不生法相須菩提所言法相者如
來說即非法相是名法相須菩提若有人以
滿无量阿僧祇世界七寶持用布施若有善
男子善女人發菩薩心者持於此經乃至四
句偈等受持讀誦為人演說其福勝彼云何
為人演說不取於相如如不動何以故
一切有為法　如夢幻泡影　如露亦如電　應作如是觀
佛說是經已長老須菩提及諸比丘比丘尼
優婆塞優婆夷一切世間天人阿脩羅聞佛
所說皆大歡喜信受奉持
金剛般若波羅蜜經

BD05031 號　金剛般若波羅蜜經　（11–11）

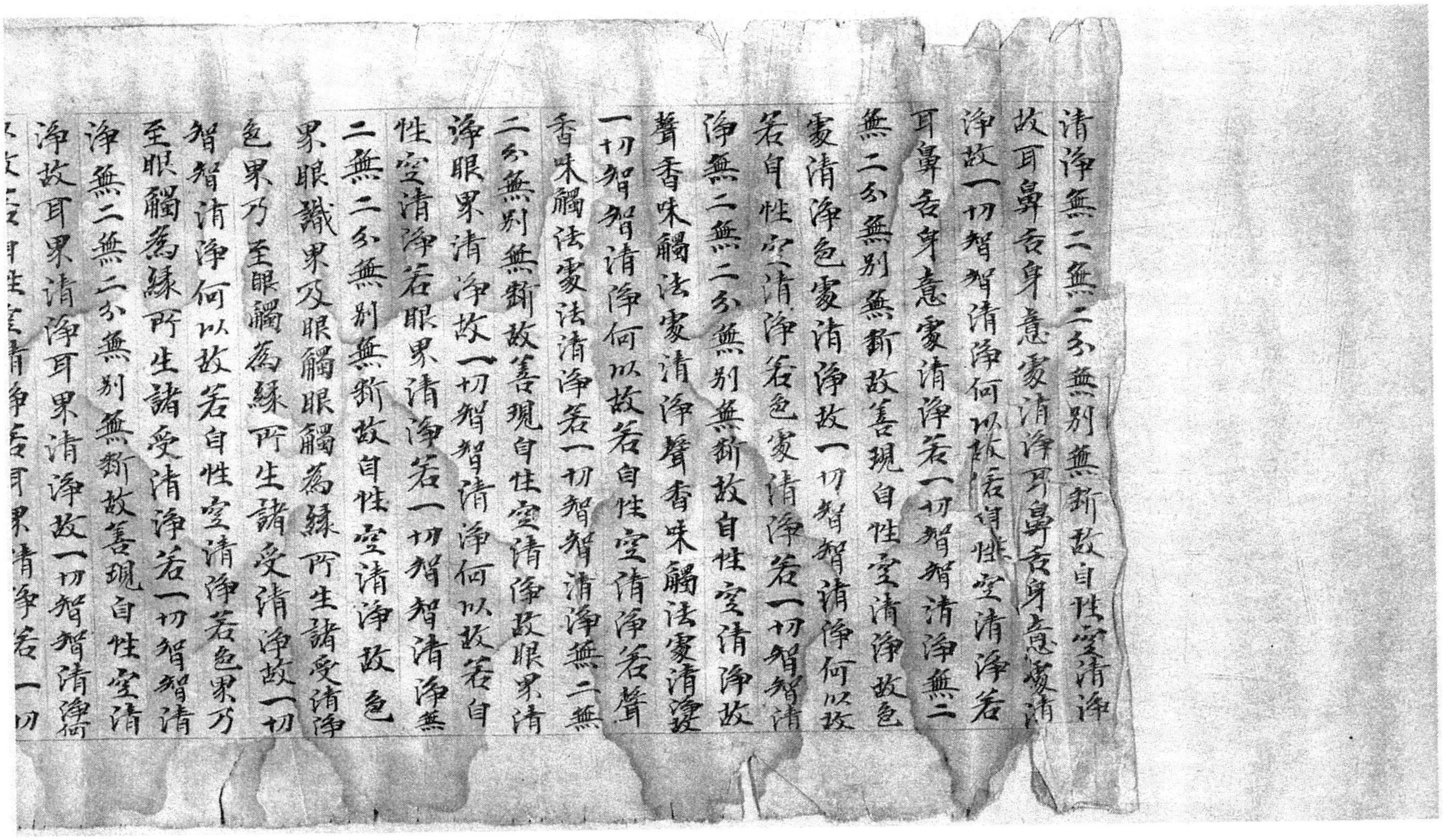

清淨無二無二分無別無斷故自性空清淨
故耳鼻舌身意處清淨耳鼻舌身意處清
淨故一切智智清淨何以故若自性空清淨若
耳鼻舌身意處清淨若一切智智清淨無二
無二分無別無斷故善現自性空清淨故色
處清淨色處清淨故一切智智清淨何以故
若自性空清淨若色處清淨若一切智智清
淨無二無二分無別無斷故自性空清淨故
聲香味觸法處清淨聲香味觸法處清淨故
一切智智清淨何以故若自性空清淨若聲
香味觸法處清淨若一切智智清淨無二無
二分無別無斷故善現自性空清淨故眼界清
淨眼界清淨故一切智智清淨何以故若自
性空清淨若眼界清淨若一切智智清淨無
二無二分無別無斷故自性空清淨故色
界眼識界及眼觸眼觸為緣所生諸受清淨
色界乃至眼觸為緣所生諸受清淨故一切
智智清淨何以故若自性空清淨若色界乃
至眼觸為緣所生諸受清淨若一切智智清
淨無二無二分無別無斷故善現自性空清
淨故耳界清淨耳界清淨故一切智智清淨何

BD05032 號　大般若波羅蜜多經卷二一六　（10–1）

界眼識界及眼觸眼觸為緣所生諸受清淨
色界乃至眼觸為緣所生諸受清淨故一切
智智清淨何以故若自性空清淨若色界乃
至眼觸為緣所生諸受清淨若一切智智清
淨無二無二分無別無斷故善現自性空清
淨故耳界清淨耳界清淨故一切智智清淨何
以故若自性空清淨若耳界清淨若一切
智智清淨無二無二分無別無斷故自性空
清淨故聲界耳識界及耳觸耳觸為緣所生
諸受清淨聲界乃至耳觸為緣所生諸受清
淨故一切智智清淨何以故若自性空清淨
若聲界乃至耳觸為緣所生諸受清淨若一
切智智清淨無二無二分無別無斷故善現
自性空清淨故鼻界清淨鼻界清淨故一切
智智清淨何以故若自性空清淨若鼻界清
淨若一切智智清淨無二無二分無別無斷
故自性空清淨故香界鼻識界及鼻觸鼻
觸為緣所生諸受清淨香界乃至鼻觸為緣
所生諸受清淨故一切智智清淨何以故若自
性空清淨若香界乃至鼻觸為緣所生諸受
清淨若一切智智清淨無二無二分無別無
斷故善現自性空清淨故舌界清淨舌界清
淨故一切智智清淨何以故若自性空清淨
若舌界清淨若一切智智清淨無二無二分
無別無斷故自性空清淨故味界舌識界
及舌觸舌觸為緣所生諸受清淨味界乃至舌
觸為緣所生諸受清淨故一切智智清淨何
以故若自性空清淨若味界乃至舌觸為緣

淨故一切智智清淨何以故若自性空清淨
若舌界清淨若一切智智清淨無二無二分
無別無斷故自性空清淨故味界舌識界
及舌觸舌觸為緣所生諸受清淨味界乃至舌
觸為緣所生諸受清淨故一切智智清淨何
以故若自性空清淨若味界乃至舌觸為緣
所生諸受清淨若一切智智清淨無二無二
分無別無斷故善現自性空清淨故身界清
淨身界清淨故一切智智清淨何以故若自
性空清淨若身界清淨若一切智智清淨無
二無二分無別無斷故自性空清淨故觸界
身識界及身觸身觸為緣所生諸受清淨
觸界乃至身觸為緣所生諸受清淨故一切智
智清淨何以故若自性空清淨若觸界乃至
身觸為緣所生諸受清淨若一切智智清淨
無二無二分無別無斷故善現自性空清淨故
意界清淨意界清淨故一切智智清淨何以
故若自性空清淨若意界清淨若一切智
智清淨無二無二分無別無斷故自性空清
淨故法界意識界及意觸意觸為緣所生諸
受清淨法界乃至意觸為緣所生諸受清淨
故一切智智清淨何以故若自性空清淨若
法界乃至意觸為緣所生諸受清淨若一切
智智清淨無二無二分無別無斷故善現自性
空清淨故地界清淨地界清淨故一切智
智清淨何以故若自性空清淨若地界清淨
若一切智智清淨無二無二分無別無斷故自

法界乃至意觸為緣所生諸受清淨若一切
智智清淨無二無二分無別無斷故善現自性
空清淨故地界清淨地界清淨故一切智
智清淨何以故若自性空清淨若地界清淨
若一切智智清淨無二無二分無別無斷故自
性空清淨故水火風空識界清淨水火風
空識界清淨故一切智智清淨何以故若自性
空清淨若水火風空識界清淨若一切智
智清淨無二無二分無別無斷故善現自性
空清淨故無明清淨無明清淨故一切智智
清淨何以故若自性空清淨若無明清淨若
一切智智清淨無二無二分無別無斷故自性
空清淨故行識名色六處觸受愛取有生
老死愁歎苦憂惱清淨行乃至老死愁歎苦
憂惱清淨故一切智智清淨何以故若自性
空清淨若行乃至老死愁歎苦憂惱清淨若
一切智智清淨無二無二分無別無斷故善
現自性空清淨故布施波羅蜜多清淨布施
波羅蜜多清淨故一切智智清淨何以故若
自性空清淨若布施波羅蜜多清淨若一切
智智清淨無二無二分無別無斷故自性空清
淨故淨戒安忍精進靜慮般若波羅蜜多
清淨淨戒乃至般若波羅蜜多清淨故一切
智智清淨何以故若自性空清淨若淨戒乃
至般若波羅蜜多清淨若一切智智清淨無
二無二分無別無斷故善現自性空清淨故
內空清淨內空清淨故一切智智清淨何以

BD05032 號　大般若波羅蜜多經卷二一六　（10–4）

清淨淨戒乃至般若波羅蜜多清淨故一切
智智清淨何以故若自性空清淨若淨戒乃
至般若波羅蜜多清淨若一切智智清淨無
二無二分無別無斷故善現自性空清淨故
內空清淨內空清淨故一切智智清淨何以
故若自性空清淨若內空清淨若一切智智
清淨無二無二分無別無斷故自性空清淨
故外空內外空空空大空勝義空有為空無
為空畢竟空無際空散空無變異空本性
空自相空共相空一切法空不可得空無性
空無性自性空清淨外空乃至無性自性空
清淨故一切智智清淨何以故若自性空清淨
若外空乃至無性自性空清淨若一切智智
清淨無二無二分無別無斷故善現自性空
清淨故真如清淨真如清淨故一切智智清
淨何以故若自性空清淨若真如清淨若一
切智智清淨無二無二分無別無斷故自性
空清淨故法界法性不虛妄性不變異性平
等性離生性法定法住實際虛空界不思議
界清淨法界乃至不思議界清淨故一切智智
清淨何以故若自性空清淨若法界乃至不
思議界清淨若一切智智清淨無二無二分
無別無斷故善現自性空清淨故苦聖諦清
淨苦聖諦清淨故一切智智清淨何以故若自
性空清淨若苦聖諦清淨若一切智智清淨
無二無二分無別無斷故自性空清淨故集
滅道聖諦清淨集滅道聖諦清淨故一切

BD05032 號　大般若波羅蜜多經卷二一六　（10–5）

無別無斷故善現自性空清淨故苦聖諦清
淨苦聖諦清淨故一切智智清淨何以故若自
性空清淨若苦聖諦清淨若一切智智清淨
無二無二分無別無斷故自性空清淨故集
滅道聖諦清淨集滅道聖諦清淨故一切
智智清淨何以故若自性空清淨若集滅道
聖諦清淨若一切智智清淨無二無二分無
別無斷故善現自性空清淨故四靜慮清
淨四靜慮清淨故一切智智清淨何以故若
自性空清淨若四靜慮清淨若一切智智清
淨無二無二分無別無斷故自性空清淨故
四無量四無色定清淨四無量四無色定清
淨故一切智智清淨何以故若自性空清淨
若四無量四無色定清淨若一切智智清淨
無二無二分無別無斷故善現自性空清淨
故八解脫清淨八解脫清淨故一切智智清
淨何以故若自性空清淨若八解脫清淨若
一切智智清淨無二無二分無別無斷故自
性空清淨故八勝處九次第定十遍處清淨
八勝處九次第定十遍處清淨故一切智智
清淨何以故若自性空清淨若八勝處九次
第定十遍處清淨若一切智智清淨無二無
二分無別無斷故善現自性空清淨故四念
住清淨四念住清淨故一切智智清淨何以
故若自性空清淨若四念住清淨若一切智
智清淨無二無二分無別無斷故自性空清
淨故四正斷四神足五根五力七等覺支八

BD05032 號　大般若波羅蜜多經卷二一六　（10–6）

第定十遍處清淨若一切智智清淨無二無
二分無別無斷故善現自性空清淨故四念
住清淨四念住清淨故一切智智清淨何以
故若自性空清淨若四念住清淨若一切智
智清淨無二無二分無別無斷故自性空清
淨故四正斷四神足五根五力七等覺支八
聖道支清淨四正斷乃至八聖道支清淨故
一切智智清淨何以故若自性空清淨若四
正斷乃至八聖道支清淨若一切智智清淨
無二無二分無別無斷故善現自性空清淨
故空解脫門清淨空解脫門清淨故一切智
智清淨何以故若自性空清淨若空解脫門
清淨若一切智智清淨無二無二分無別無
斷故自性空清淨故無相無願解脫門清淨
無相無願解脫門清淨故一切智智清淨何
以故若自性空清淨若無相無願解脫門清
淨若一切智智清淨無二無二分無別無斷
故善現自性空清淨故菩薩十地清淨菩薩
十地清淨故一切智智清淨何以故若自性
空清淨若菩薩十地清淨若一切智智清淨
故無二無二分無別無斷故
善現自性空清淨故五眼清淨五眼清淨故
一切智智清淨何以故若自性空清淨若五
眼清淨若一切智智清淨無二無二分無別
無斷故自性空清淨故六神通清淨六神通
清淨故一切智智清淨何以故若自性空清
淨若六神通清淨若一切智智清淨無二無
二分無別無斷故善現自性空清淨故佛十

BD05032 號　大般若波羅蜜多經卷二一六　（10–7）

一切智智清淨何以故若自性空清淨若五
眼清淨若一切智智清淨無二無二分無別
無斷故自性空清淨故六神通清淨六神通
清淨故一切智智清淨何以故若自性空清
淨若六神通清淨若一切智智清淨無二無
二分無別無斷故善現自性空清淨故佛十
力清淨佛十力清淨故一切智智清淨何以
故若自性空清淨若佛十力清淨若一切智
智清淨無二無二分無別無斷故自性空清
淨故四無所畏四無礙解大慈大悲大喜大捨
十八佛不共法清淨四無所畏乃至十八佛
不共法清淨故一切智智清淨何以故若
自性空清淨若四無所畏乃至十八佛不共
法清淨若一切智智清淨無二無二分無別
無斷故善現自性空清淨故無妄失法清
淨無妄失法清淨故一切智智清淨何以故若
自性空清淨若無妄失法清淨若一切智智
清淨無二無二分無別無斷故自性空清淨
故恒住捨性清淨恒住捨性清淨故一切智
智清淨何以故若自性空清淨若恒住捨性
清淨若一切智智清淨無二無二分無別無
斷故善現自性空清淨故一切智清淨一切
智清淨故一切智智清淨何以故若自性空清
淨若一切智清淨若一切智智清淨無二無
二分無別無斷故自性空清淨故道相智
一切相智清淨道相智一切相智清淨故一切
智智清淨何以故若自性空清淨若道相
智一切相智清淨若一切智智清淨無二

BD05032 號　大般若波羅蜜多經卷二一六　（10–8）

智清淨故一切智智清淨何以故若自性空清
淨若一切智智清淨無二無
二分無別無斷故自性空清淨故道相智
一切相智清淨道相智一切相智清淨故一切
智智清淨何以故若自性空清淨若道相
智一切相智清淨若一切智智清淨無二
無二分無別無斷故善現自性空清淨故一切
陁羅尼門清淨一切陁羅尼門清淨故一切
智智清淨何以故若自性空清淨若一切陁
羅尼門清淨若一切智智清淨無二無二分
無別無斷故自性空清淨故一切三摩地門
清淨一切三摩地門清淨故一切智智清淨
何以故若自性空清淨若一切三摩地門清
淨若一切智智清淨無二無二分無別無斷
故善現自性空清淨故預流果清淨預流果
清淨故一切智智清淨何以故若自性空清
淨若預流果清淨若一切智智清淨無二無
二分無別無斷故自性空清淨故一來不還
阿羅漢果清淨一來不還阿羅漢果清淨故
一切智智清淨何以故若自性空清淨若一
來不還阿羅漢果清淨若一切智智清淨無
二無二分無別無斷故善現無性空清淨故
獨覺菩提清淨獨覺菩提清淨故一切智智
清淨何以故若自性空清淨若獨覺菩提
清淨若一切智智清淨無二無二分無別無
斷故善現自性空清淨故一切菩薩摩訶薩行
清淨一切菩薩摩訶薩行清淨故一切智智
清淨何以故若自性空清淨若一切菩薩摩

BD05032 號　大般若波羅蜜多經卷二一六　（10–9）

獨覺菩提清淨獨覺菩提清淨故一切智
清淨何以故若自性空清淨若獨覺菩提
清淨若一切智智清淨無二無二分無別無
斷故善現自性空清淨故一切菩薩摩訶薩行
清淨一切菩薩摩訶薩行清淨故一切智智
清淨何以故若自性空清淨若一切菩薩摩
訶薩行清淨若一切智智清淨無二無二分
無別無斷故善現自性空清淨故諸佛無
上正等菩提清淨諸佛無上正等菩提清淨
故一切智智清淨何以故若自性空清淨若諸
佛無上正等菩提清淨若一切智智清淨無
二無二分無別無斷故
復次善現無性自性空清淨故色清淨色清
淨故一切智智清淨何以故若無性自性空
清淨若色清淨若一切智智清淨無二無二
分無別無斷故無性自性空清淨故受想行
識清淨受想行識清淨故一切智智清淨何
以故若無性自性空清淨若受想行識清淨
若一切智智清淨無二無二分無別無斷故善
現無性自性空清淨故眼處清淨眼處清淨
故一切智智清淨何以故若無性自性空清
淨若眼處清淨若一切智智清淨無二無二
分無別無斷故無性自性空清淨故耳鼻舌
身意處清淨耳鼻舌身意處清淨故一切智

BD05032 號　大般若波羅蜜多經卷二一六　（10–10）

數無量
…內空乃至無性自性
若無數若無量若無邊
皆無所有不可得故
復次善現我乃至見者
波羅蜜多亦無所有故
故當知淨戒波羅蜜多
蜜多無所有故當知安
有安忍波羅蜜多無所
蜜多亦無所有精進波羅
知靜慮波羅蜜多亦無所有靜慮波
無所有故當知般若波羅蜜多亦無所有般
若波羅蜜多無所有故當知虛空亦無所有
虛空無所有故當知大乘亦無所有大乘無
所有故當知無數亦無所有無數無所有故
當知無量亦無所有無量無所有故當知無
邊亦無所有無邊無所有故當知一切法亦
無所有由如是義故說大乘普能含受無數
無量無邊有情何以故善現若我乃至見者
若布施淨戒安忍精進靜慮般若波羅蜜多
若虛空若大乘若無數若無量若無邊若一
切法如是一切皆無所有不可得故

BD05033 號　大般若波羅蜜多經卷五八　（3–1）

邊亦無所有無邊無所有故當知一切法亦
無所有由如是義故說大乘善能含受無數
無量無邊有情何以故善現若我乃至見者
若布施淨戒安忍精進靜慮般若波羅蜜多
若虛空若大乘若無數若無量若無邊若一
切法如是一切皆無所有不可得故
復次善現我乃至見者無所有故當知四靜慮
亦無所有四靜慮無所有故當知四無量亦
無所有四無量無所有故當知四無色定亦無
所有四無色定無所有故當知虛空亦無所有
虛空無所有故當知大乘亦無所有大乘無
所有故當知無數亦無所有無數無所有
故當知無量亦無所有無量無所有故當
知無邊亦無所有無邊無所有故當知一
切法亦無所有由如是義故說大乘善能含
受無數無量無邊有情何以故善現若我乃
至見者若四靜慮四無量四無色定若虛空若
大乘若無數若無量若無邊若一切法如是
一切皆無所有不可得故
復次善現我乃至見者無所有故當知四念
住亦無所有四念住無所有故當知四正斷亦
無所有四正斷無所有故當知四神足亦無所
有四神足無所有故當知五根亦無所有五
根無所有故當知五力亦無所有五力無所
有故當知七等覺支亦無所有七等覺支
無所有故當知八聖道支亦無所有八聖道

復次善現我乃至見者無所有故當知四念
住亦無所有四念住無所有故當知四正斷亦
無所有四正斷無所有故當知四神足亦無所
有四神足無所有故當知五根亦無所有五
根無所有故當知五力亦無所有五力無所
有故當知七等覺支亦無所有七等覺支
無所有故當知八聖道支亦無所有八聖道
支無所有故當知虛空亦無所有虛空無所
有故當知大乘亦無所有大乘無所有故當
知無數亦無所有無數無所有故當知無量亦
無所有無量無所有故當知無邊亦無所
有無邊無所有故當知一切法亦無所有由
如是義故說大乘善能含受無數無量無邊
有情何以故善現若我乃至見者若四念住
乃至八聖道支若虛空若大乘若無數若無
量若無邊若一切法如是一切皆無所有不
可得故
復次善現我乃至見者無所有故當知空解脫
門亦無所有空解脫門無所有故當知無相
解脫門亦無所有無相解脫門無所有故當

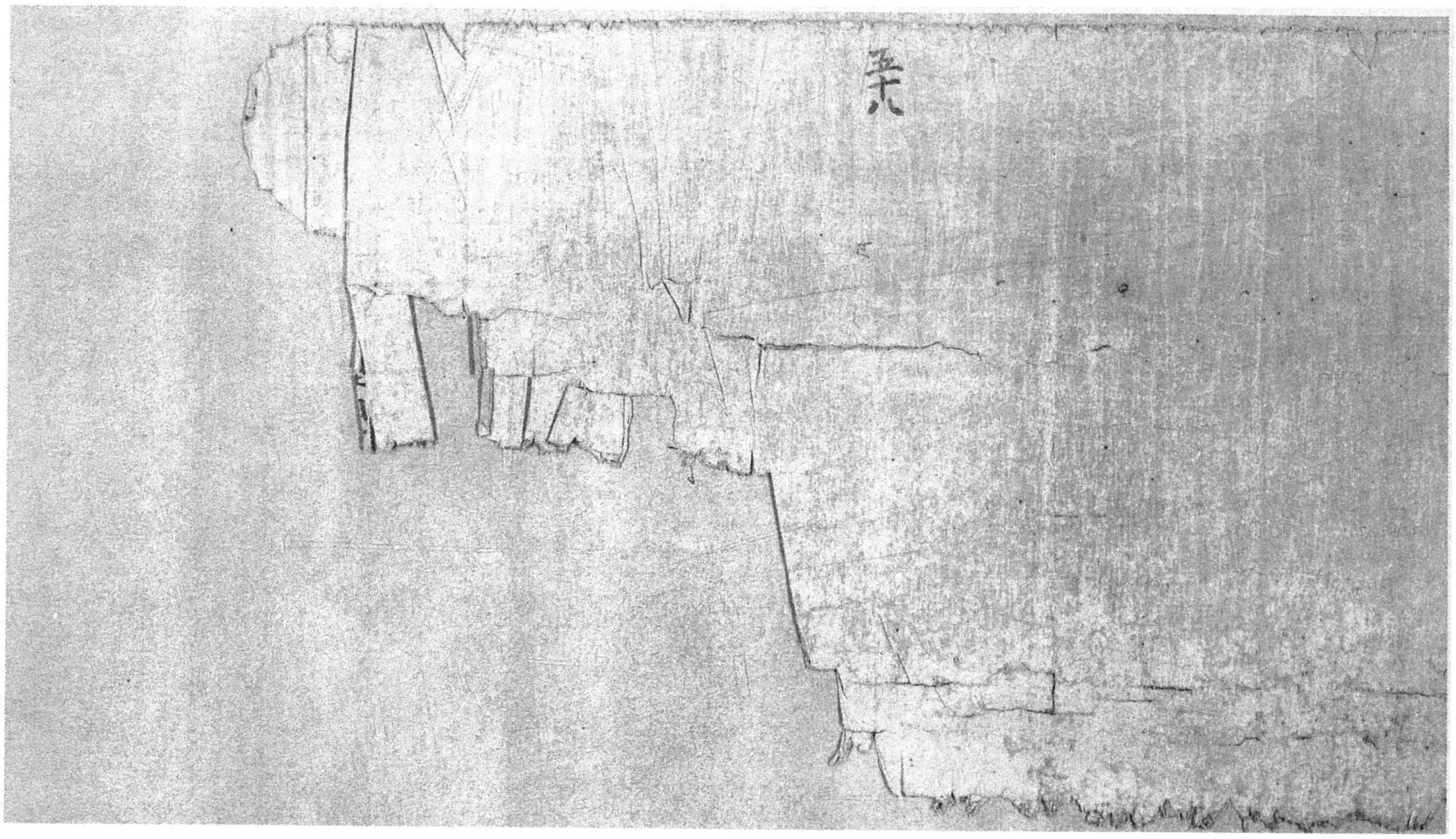

BD05033號背　勘記

（1–1）

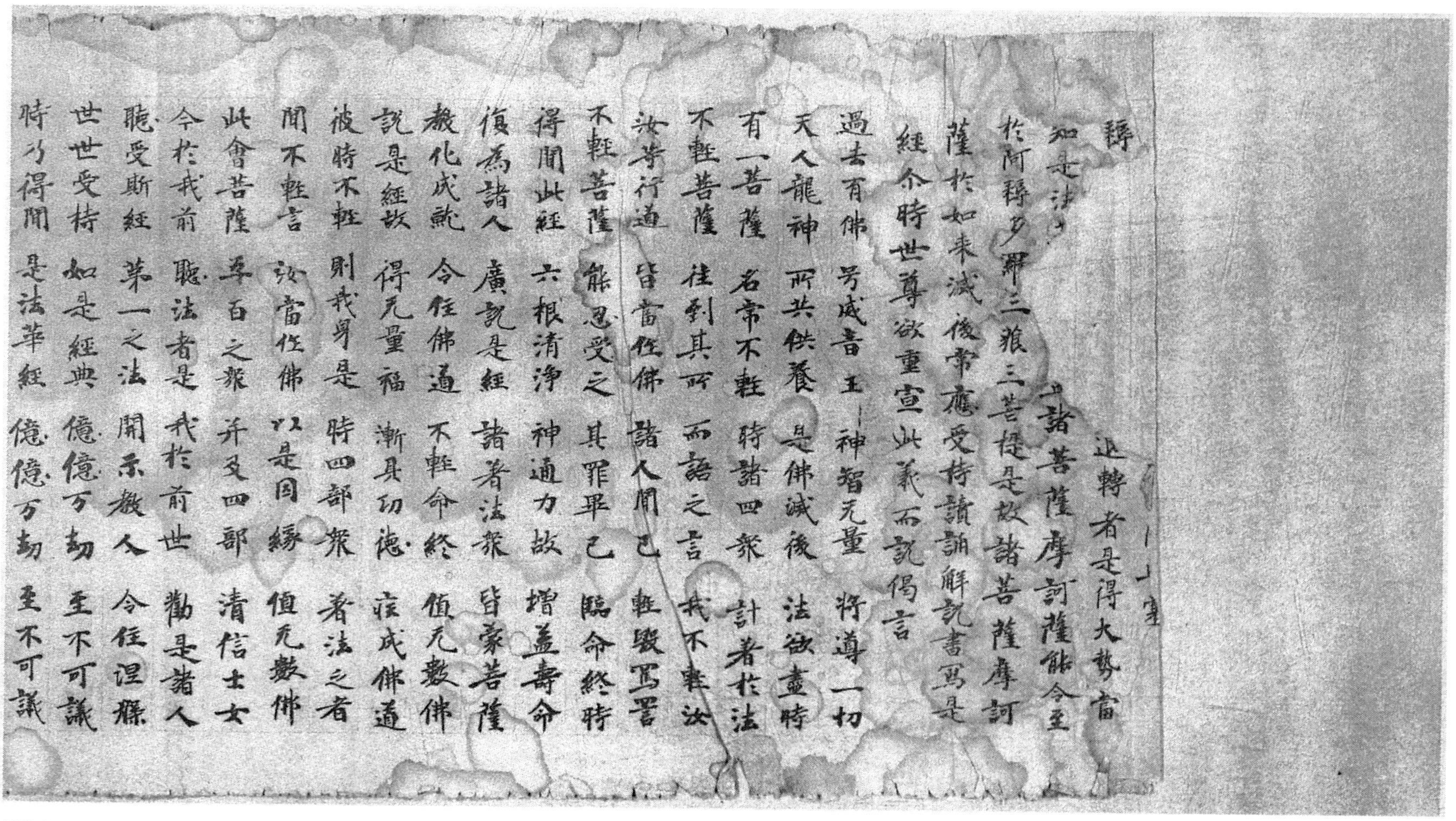
轉　止轉者是得大勢當
如是法　諸菩薩摩訶薩能令至
於阿耨多羅三藐三菩提是故諸菩薩摩訶
薩於如來滅後常應受持讀誦解說書寫是
經尒時世尊欲重宣此義而說偈言
過去有佛　号威音王　神智无量　將導一切
天人龍神　所共供養　是佛滅後　法欲盡時
有一菩薩　名常不輕　時諸四衆　計著於法
不輕菩薩　往到其所　而語之言　我不輕汝
汝等行道　皆當作佛　諸人聞已　輕毀罵詈
不輕菩薩　能忍受之　其罪畢已　臨命終時
得聞此經　六根清淨　神通力故　增益壽命
復為諸人　廣說是經　諸著法衆　皆蒙菩薩
教化成就　令住佛道　不輕命終　值无數佛
說是經故　得无量福　漸具功德　疾成佛道
彼時不輕　則我身是　時四部衆　著法之者
聞不輕言　汝當作佛　以是因緣　值无數佛
此會菩薩　五百之衆　并及四部　清信士女
今於我前　聽法者是　我於前世　勸是諸人
聽受斯經　第一之法　開示教人　令住涅槃
世世受持　如是經典　億億万劫　至不可議
時乃得聞　是法華經　億億万劫　至不可議

BD05034號　妙法蓮華經卷六

（14–1）

聞不能言　汝當往佛　以是因緣　值无數佛
此會菩薩　五百之衆　并及四部　清信士女
今於我前　聽法者是　我於前世　勸是諸人
聽受斯經　第一之法　開示教人　令住涅槃
世世受持　如是經典　億億万劫　至不可議
時乃得聞　是法華經　億億万劫　至不可議
諸佛世尊　時說是經　是故行者　於佛滅後
聞如是經　勿生疑惑　應當一心　廣說此經
世世值佛　疾成佛道

妙法蓮華經如來神力品第二十一

尒時千世界微塵等菩薩摩訶薩從地踊出
者皆於佛前一心合掌瞻仰尊顏而白佛言
世尊我等於佛滅後世尊分身所在國土滅
度之處當廣說此經所以者何我等亦自欲
得是真淨大法受持讀誦解說書寫而供養
之尒時世尊於文殊師利等无量百千万億
舊住娑婆世界菩薩摩訶薩及諸比丘比丘
尼優婆塞優婆夷天龍夜叉乾闥婆阿脩羅
迦樓羅緊那羅摩睺羅伽人非人等一切衆
前現大神力出廣長舌上至梵世一切毛孔放
於无量无數色光皆悉遍照十方世界衆寶
樹下師子座上諸佛亦復如是出廣長舌
放无量光釋迦牟尼佛及寶樹下諸佛現神
力時滿百千歲然後還攝舌相一時謦欬俱
共彈指是二音聲遍至十方諸佛世界地皆
六種震動其中衆生天龍夜叉乾闥婆阿脩
羅迦樓羅緊那羅摩睺羅伽人非人等以佛
神力故皆見此娑婆世界无量无邊百千万

BD05034號　妙法蓮華經卷六　（14–2）

放无量光釋迦牟尼佛及寶樹下諸佛現神
力時滿百千歲然後還攝舌相一時謦欬俱
共彈指是二音聲遍至十方諸佛世界地皆
六種震動其中衆生天龍夜叉乾闥婆阿脩
羅迦樓羅緊那羅摩睺羅伽人非人等以佛
神力故皆見此娑婆世界无量无邊百千万
億衆寶樹下師子座上諸佛及見釋迦牟尼
佛共多寶如來在寶塔中坐師子座又見无
量无邊百千万億菩薩摩訶薩及諸四衆恭
敬圍繞釋迦牟尼佛既見是已皆大歡喜得
未曾有即時諸天於虛空中高聲唱言過此
无量无邊百千万億阿僧祇世界有國名娑
婆是中有佛名釋迦牟尼今為諸菩薩摩訶
薩說大乘經名妙法蓮華教菩薩法佛所護
念汝等當深心隨喜亦當禮拜供養釋迦牟
尼佛彼諸衆生聞虛空中聲已合掌向娑婆
世界作如是言南无釋迦牟尼佛南无釋迦牟
尼佛以種種華香瓔珞幡蓋及諸嚴身之
具珎寶妙物皆共遙散娑婆世界所散諸物
從十方來譬如雲集變成寶帳遍覆此間諸
佛之上于時十方世界通達无礙如一佛土尒
時佛告上行等菩薩大衆諸佛神力如是
无量无邊不可思議若我以是神力於无量无
邊百千万億阿僧祇劫為屬累故說此經
功德猶不能盡以要言之如來一切所有之法
如來一切自在神力如來一切祕要之藏如
來一切甚深之事皆於此經宣示顯說是
[illegible]

BD05034號　妙法蓮華經卷六　（14–3）

无量无邊不可思議若我以是神力於无量无
邊百千万億阿僧祇劫為屬累故說此經
功德猶不能盡以要言之如來一切所有之法
如來一切自在神力如來一切秘要之藏如
來一切甚深之事皆於此經宣示顯說是
故汝等於如來滅後應一心受持讀誦解說
書寫如說修行所在國土若有受持讀誦解
說書寫如說修行若經卷所住之處若於園
中若於林中若於樹下若於僧坊若白衣舍
若在殿堂若山谷曠野是中皆應起塔供養
所以者何當知是處即是道場諸佛於此得
阿耨多羅三藐三菩提諸佛於此轉于法輪
諸佛於此而般涅槃尒時世尊欲重宣此義
而說偈言
諸佛救世者　住於大神通　為悅眾生故　現无量神力
舌相至梵天　身放无數光　為求佛道者　現此希有事
諸佛謦欬聲　及彈指之聲　周聞十方國　地皆六種動
以佛滅度後　能持是經故　諸佛皆歡喜　現无量神力
屬累是經故　讚美受持者　於无量劫中　猶故不能盡
是人之功德　无邊无有窮　如十方虛空　不可得邊際
能持是經者　則為已見我　亦見多寶佛　及諸分身者
又見我今日　教化諸菩薩　能持是經者　令我及分身
滅度多寶佛　一切皆歡喜　十方現在佛　并過去未來
亦見亦供養　亦令得歡喜　諸佛坐道場　所得秘要法
能持是經者　不久亦當得　能持是經者　於諸法之義
名字及言辭　樂說无窮盡　如風於空中　一切无障㝵
於如來滅後　知佛所說經　因緣及次第　隨義如實說
如日月光明　能除諸幽瞑　斯人行世間　能滅眾生闇

BD05034 號　妙法蓮華經卷六　（14–4）

亦見亦供養　亦令得歡喜　諸佛坐道場　所得秘要法
能持是經者　不久亦當得　能持是經者　於諸法之義
名字及言辭　樂說无窮盡　如風於空中　一切无障㝵
於如來滅後　知佛所說經　因緣及次第　隨義如實說
如日月光明　能除諸幽瞑　斯人行世間　能滅眾生闇
教无量菩薩　畢竟住一乘　是故有智者　聞此功德利
於我滅度後　應受持斯經　是人於佛道　決定无有疑

妙法蓮華經囑累品第二十二

尒時釋迦牟尼佛從法座起現大神力以右手
摩无量菩薩摩訶薩頂而作是言我於无
量百千万億阿僧祇劫修習是難得阿耨多
羅三藐三菩提法今以付囑汝等汝等應當
一心流布此法廣令增益如是三摩諸菩薩
摩訶薩頂而作是言我於无量百千万億阿
僧祇劫修習是難得阿耨多羅三藐三菩提
法今以付囑汝等汝等當受持讀誦廣宣此
法令一切眾生普得聞知所以者何如來有
大慈悲无諸慳悋亦无所畏能與眾生佛之
智慧如來智慧自然智慧如來是一切眾生
之大施主汝等亦應隨學如來之法勿生慳
悋於未來世若有善男子善女人信如來智
慧者當為演說此法華經使得聞知為令其
人得佛慧故若有眾生不信受者當於如來
餘深法中示教利喜汝等若能如是則為已
報諸佛之恩時諸菩薩摩訶薩聞佛作是說
已皆大歡喜遍滿其身益加恭敬曲躬低頭
合掌向佛俱發聲言如世尊勅當具奉行唯
然世尊願不有慮諸菩薩摩訶薩眾如是三

BD05034 號　妙法蓮華經卷六　（14–5）

餘深法中示教利喜汝等若能如是則為已
報諸佛之恩時諸菩薩摩訶薩聞佛作是說
已皆大歡喜遍滿其身益加恭敬曲躬低頭
合掌向佛俱發聲言如世尊勅當具奉行唯
然世尊願不有慮諸菩薩摩訶薩衆如是二
反俱發聲言如世尊勅當具奉行唯然世尊
願不有慮尒時釋迦牟尼佛令十方來諸分
身佛各還本土而作是言諸佛各隨所安多寶
佛塔還可如故說是語時十方无量分身諸
佛坐寶樹下師子座上者及多寶佛并上
行等无邊阿僧祇菩薩大衆舍利弗等聲聞
四衆及一切世間天人阿脩羅等聞佛所說
皆大歡喜

妙法蓮華經藥王菩薩本事品第二十三

尒時宿王華菩薩白佛言世尊藥王菩薩云
何遊於娑婆世界世尊是藥王菩薩有若干
百千万億那由他難行苦行善哉世尊願少
解說諸天龍神夜叉乾闥婆阿脩羅迦樓羅
緊那羅摩睺羅伽人非人等又他國土諸來
菩薩及此聲聞衆聞皆歡喜尒時佛告宿王
華菩薩乃往過去无量恒河沙劫有佛号日
月淨明德如來應供正遍知明行足善逝世
間解无上士調御丈夫天人師佛世尊其佛
有八十億大菩薩摩訶薩七十二恒河沙大
聲聞衆佛壽四万二千劫菩薩壽命亦等彼
國无有女人地獄餓鬼畜生阿脩羅等及以諸
難地平如掌琉璃所成寶樹莊嚴寶帳覆

月淨明德如來應供正遍知明行足善逝世
間解无上士調御丈夫天人師佛世尊其佛
有八十億大菩薩摩訶薩七十二恒河沙大
聲聞衆佛壽四万二千劫菩薩壽命亦等彼
國无有女人地獄餓鬼畜生阿脩羅等及以諸
難地平如掌琉璃所成寶樹莊嚴寶帳覆
上垂寶華幡寶瓶香爐周遍國界七寶為臺
一樹一臺其樹去臺盡一箭道此諸寶樹皆
有菩薩聲聞而坐其下諸寶臺上各有百億
諸天作天伎樂歌嘆於佛以為供養尒時彼
佛為一切衆生喜見菩薩及衆菩薩諸聲聞
衆說法華經是一切衆生喜見菩薩樂習苦
行於日月淨明德佛法中精進經行一心求
佛滿万二千歲已得現一切色身三昧得此
三昧已心大歡喜即作念言我得現一切色
身三昧皆是得聞法華經力我今當供養日
月淨明德佛及法華經即時入是三昧於虛
空中雨曼陀羅華摩訶曼陀羅華細末堅黑
栴檀滿虛空中如雲而下又雨海此岸栴檀
之香此香六銖價直娑婆世界以供養佛作
是供養已從三昧起而自念言我雖以神力
供養於佛不如以身供養即服諸香栴檀薰
陸兜樓婆畢力迦沉水膠香又飲瞻蔔諸華
香油滿千二百歲已香油塗身於日月淨明德
佛前以天寶衣而自纏身灌諸香油以神
通力願而自然身光明遍照八十億恒河沙
世界其中諸佛同時讚言善哉善哉善男子

供養於佛不如以身供養即服諸香栴檀薰
陸兜樓婆畢力迦沉水膠香又飲瞻蔔諸華
香油滿千二百歲已香油塗身於日月淨明德
佛前以天寶衣而自纏身灌諸香油以神
通力願而自然身光明遍照八十億恒河沙
世界其中諸佛同時讚言善哉善哉善男子
是真精進是名真法供養如來若以華香瓔
珞燒香末香塗香天繒幡蓋及海此岸栴檀
之香如是等種種諸物供養所不能及假使
國城妻子布施亦所不及善男子是名第一
之施於諸施中最尊最上以法供養諸如來
故作是語已而各默然其身火然千二百歲
過是已後其身乃盡一切眾生喜見菩薩作
如是法供養已命終之後復生日月淨明德
佛國中於淨德王家結跏趺坐忽然化生即
為其父而說偈言
大王今當知　我經行彼處　即時得一切　現諸身三昧
勤行大精進　捨所愛之身
說是偈已而白父言日月淨明德佛今故現在
我先供養佛已得解一切眾生語言陀羅
尼復聞是法華經八百千万億那由他甄迦
羅頻婆羅阿閦婆等偈大王我今當還供養
此佛白已即坐七寶之臺上昇虛空高七多
羅樹往到佛所頭面禮足合十指爪以偈讚
佛
容顏甚奇妙　光明照十方　我適曾供養　今復還親近
尒時一切眾生喜見菩薩說是偈已而白佛
言世尊世尊猶故在世尒時日月淨明德佛

BD05034號　妙法蓮華經卷六　（14–8）

此佛白已即坐七寶之臺上昇虛空高七多
羅樹往到佛所頭面禮足合十指爪以偈讚
佛
容顏甚奇妙　光明照十方　我適曾供養　今復還親近
尒時一切眾生喜見菩薩說是偈已而白佛
言世尊世尊猶故在世尒時日月淨明德佛
告一切眾生喜見菩薩善男子我涅槃時到
滅盡時至汝可安施床座我於今夜當般涅
槃又勑一切眾生喜見菩薩善男子我以佛
法屬累於汝及諸菩薩大弟子并阿耨多羅
三藐三菩提法亦以三千大千七寶世界諸
寶樹寶臺及給侍諸天悉付於汝我滅度後
所有舍利亦付屬汝當令流布廣設供養應
起若干千塔如是日月淨明德佛勑一切眾
生喜見菩薩已於夜後分入於涅槃尒時一
切眾生喜見菩薩見佛滅度悲感懊惱戀慕
於佛即以海此岸栴檀為積供養佛身而以
燒之火滅已後收取舍利作八万四千寶瓶
以起八万四千塔高三世界表剎莊嚴垂諸
幡蓋懸眾寶鈴尒時一切眾生喜見菩薩復
自念言我雖作是供養心猶未足我今當更供
養舍利便語諸菩薩大弟子及天龍夜叉
等一切大眾汝等當一心念我今供養日月
淨明德佛舍利作是語已即於八万四千塔
前然百福莊嚴臂七万二千歲而以供養令
無數求聲聞眾無量阿僧祇人發阿耨多羅
三藐三菩提心皆使得住現一切色身三昧

BD05034號　妙法蓮華經卷六　（14–9）

等一切大衆汝等當一心念我今供養日月
淨明德佛舍利作是語已即於八万四千塔
前然百福莊嚴臂七万二千歲而以供養令
无數求聲聞衆无量阿僧祇人發阿耨多羅
三藐三菩提心皆使得住現一切色身三昧
尒時諸菩薩天人阿脩羅等見其无臂憂
惱悲哀而作是言此一切衆生喜見菩薩是
我等師教化我者而今燒臂身不具足于時一
切衆生喜見菩薩於大衆中立此誓言我捨
兩臂必當得佛金色之身若實不虛令我兩
臂還復如故作是誓已自然還復由斯菩薩
福德智慧淳厚所致當尒之時三千大千世
界六種震動天雨寶華一切人天得未曾有
佛告宿王華菩薩於汝意云何一切衆生喜
見菩薩豈異人乎今藥王菩薩是也其所捨
身布施如是无量百千万億那由他數宿
王華若有發心欲得阿耨多羅三藐三菩提者
能然手指乃至足一指供養佛塔勝以國城
妻子及三千大千國土山林河池諸珍寶物
而供養者若復有人以七寶滿三千大千
世界供養於佛及大菩薩辟支佛阿羅漢
是人所得功德不如受持此法華經乃至一四
句偈其福最多宿王華譬如一切川流江河諸
水之中海為第一此法華經亦復如是於諸

BD05034 號　妙法蓮華經卷六　（14–10）

而供養者若復有人以七寶滿三千大千
世界供養於佛及大菩薩辟支佛阿羅漢
是人所得功德不如受持此法華經乃至一四
句偈其福最多宿王華譬如一切川流江河諸
水之中海為第一此法華經亦復如是於諸
如來所說經中最為深大又如土山黑山小鐵
圍山大鐵圍山及十寶山衆山之中須弥
山為第一此法華經亦復如是於諸經中最
為其上又如衆星之中月天子最為第一此
法華經亦復如是於千万億種諸經法中最
為照明又如日天子能除諸闇此經亦復如
是能破一切不善之闇又如諸小王中轉輪
聖王最為第一此經亦復如是於衆經中
最為其尊又如帝釋於三十三天中王此經亦
復如是諸經中王又如大梵天王一切衆生
之父此經亦復如是一切賢聖學无學及發
菩薩心者之父又如一切凡夫人中須陀洹
斯陀含阿那含阿羅漢辟支佛為第一此經
亦復如是一切如來所說若菩薩所說若聲
聞所說諸經法中最為第一有能受持是經
典者亦復如是於一切衆生中亦為第一一
切聲聞辟支佛中菩薩為第一此經亦復如
是於一切諸經法中最為第一如佛為諸法
王此經亦復如是諸經中王宿王華此經能
救一切衆生者此經能令一切衆生離諸苦

BD05034 號　妙法蓮華經卷六　（14–11）

切聲聞辟支佛中菩薩為第一此經亦復如
是於一切諸經法中最為第一如佛為諸法
王此經亦復如是諸經中王宿王華此經能
救一切衆生者此經能令一切衆生離諸苦
惱此經能大饒益一切衆生充滿其願如清
涼池能滿一切諸渴乏者如寒者得火如裸
者得衣如商人得主如子得母如渡得船如
病得醫如暗得燈如貧得寶如民得王如賈
客得海如炬除暗此法華經亦復如是能令
衆生離一切苦一切病痛能解一切生死之
縛若人得聞此法華經若自書若使人書所
得功德以佛智慧籌量多少不得其邊若書
是經卷華香瓔珞燒香末香塗香幡蓋衣服
種種之燈穌燈油燈諸香油燈瞻蔔油燈須
曼那油燈波羅羅油燈婆利師迦油燈那婆摩
利油燈供養所得功德亦復无量宿王華若
有人聞是藥王菩薩本事品者亦得无量无
邊功德若有女人聞是藥王菩薩本事品能
受持者盡是女身後不復受若如來滅後後
五百歲中若有女人聞是經典如說脩行於
此命終即往安樂世界阿彌陀佛大菩薩衆
圍繞住處生蓮華中寶座之上不復為貪欲
所惱亦復不為瞋恚愚癡所惱亦復不為憍
慢嫉妬諸垢所惱得菩薩神通无生法忍得
是忍已眼根清淨以是清淨眼根見七百万
二千億那由他恒河沙等諸佛如來是時諸
佛遙共讚言善哉善哉善男子汝能於釋迦

BD05034號　妙法蓮華經卷六

（14–12）

此命終即往安樂世界阿彌陀佛大菩薩衆
圍繞住處生蓮華中寶座之上不復為貪欲
所惱亦復不為瞋恚愚癡所惱亦復不為憍
慢嫉妬諸垢所惱得菩薩神通无生法忍得
是忍已眼根清淨以是清淨眼根見七百万
二千億那由他恒河沙等諸佛如來是時諸
佛遙共讚言善哉善哉善男子汝能於釋迦
牟尼佛法中受持讀誦思惟是經為他人說
所得福德无量无邊火不能燒水不能漂汝
之功德千佛共說不能令盡汝今已能破諸
魔賊壞生死軍諸餘怨敵皆悉摧滅善男子
百千諸佛以神通力共守護汝於一切世間
天人之中无如汝者唯除如來其諸聲聞辟
支佛乃至菩薩智慧禪定无有與汝等者宿
王華此菩薩成就如是功德智慧之力若有
人聞是藥王菩薩本事品能隨喜讚善者是
人現世口中常出青蓮華香身毛孔中常出
牛頭栴檀香所得功德如上所說是故宿王
華以此藥王菩薩本事品囑累於汝我滅度
後後五百歲中廣宣流布於閻浮提无令斷
絕惡魔魔民諸天龍夜叉鳩槃茶等得其便
也宿王華汝當以神通之力守護是經所以者
何此經則為閻浮提人病之良藥若人有
病得聞是經病即消滅不老不死宿王華汝
若見有受持是經者應以青蓮華盛滿末香
供散其上散已作是念言此人不久必當取
草坐於道場破諸魔軍當吹法螺擊大法
鼓度脫一切衆生老病死海是故求佛道者見

BD05034號　妙法蓮華經卷六

（14–13）

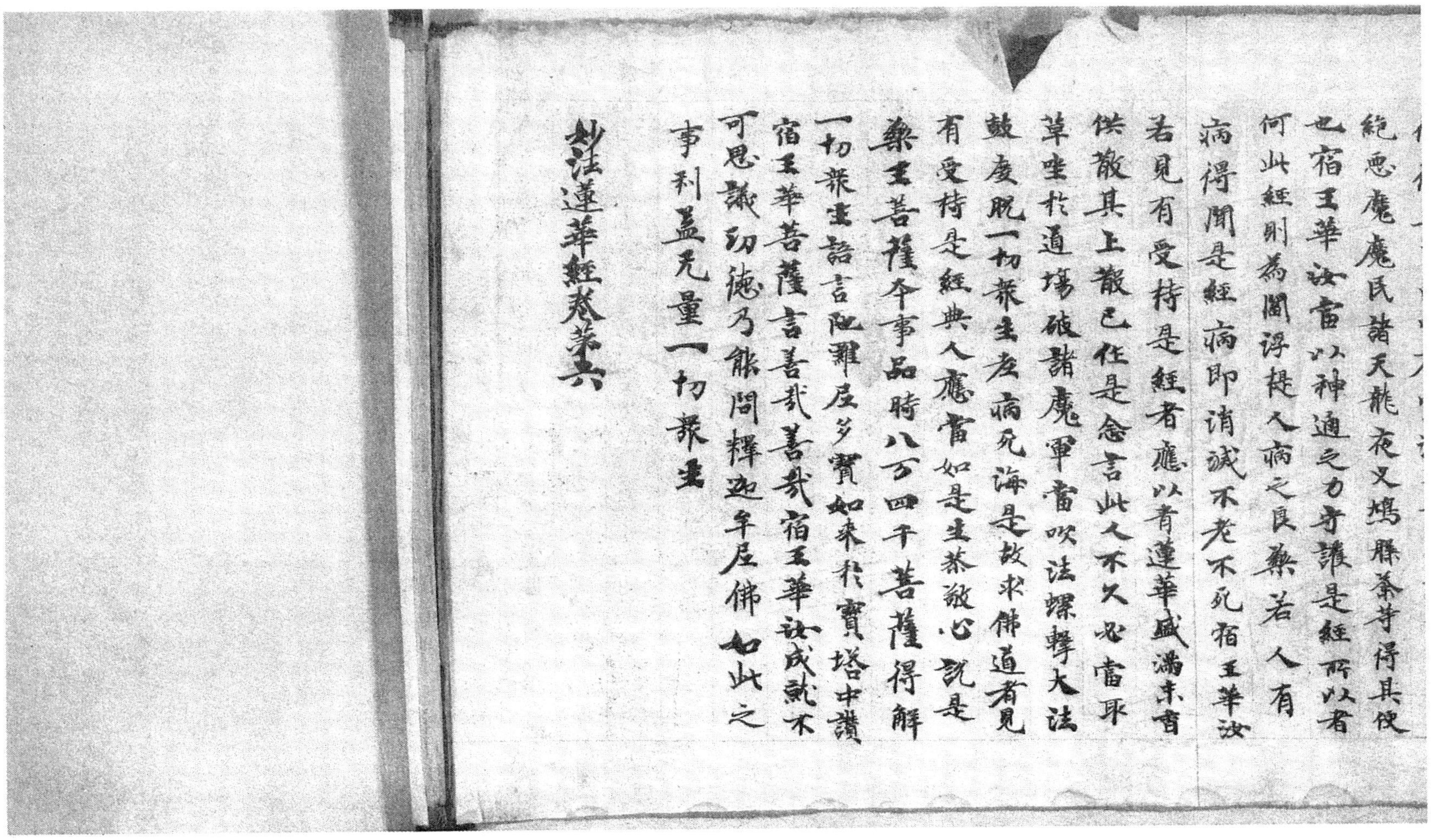

絕惡魔魔民諸天龍夜叉鳩槃荼等得其便
也宿王華汝當以神通之力守護是經所以者
何此經則為閻浮提人病之良藥若人有
病得聞是經病即消滅不老不死宿王華汝
若見有受持是經者應以青蓮華盛滿末香
供散其上散已作是念言此人不久必當取
草坐於道場破諸魔軍當吹法螺擊大法
鼓度脫一切眾生老病死海是故求佛道者見
有受持是經典人應當如是生恭敬心說是
藥王菩薩本事品時八万四千菩薩得解
一切眾生語言陁羅尼多寶如來於寶塔中讚
宿王華菩薩言善哉善哉宿王華汝成就不
可思議功德乃能問釋迦牟尼佛如此之
事利益无量一切眾生

妙法蓮華經卷第六

BD05034 號　妙法蓮華經卷六

（14–14）

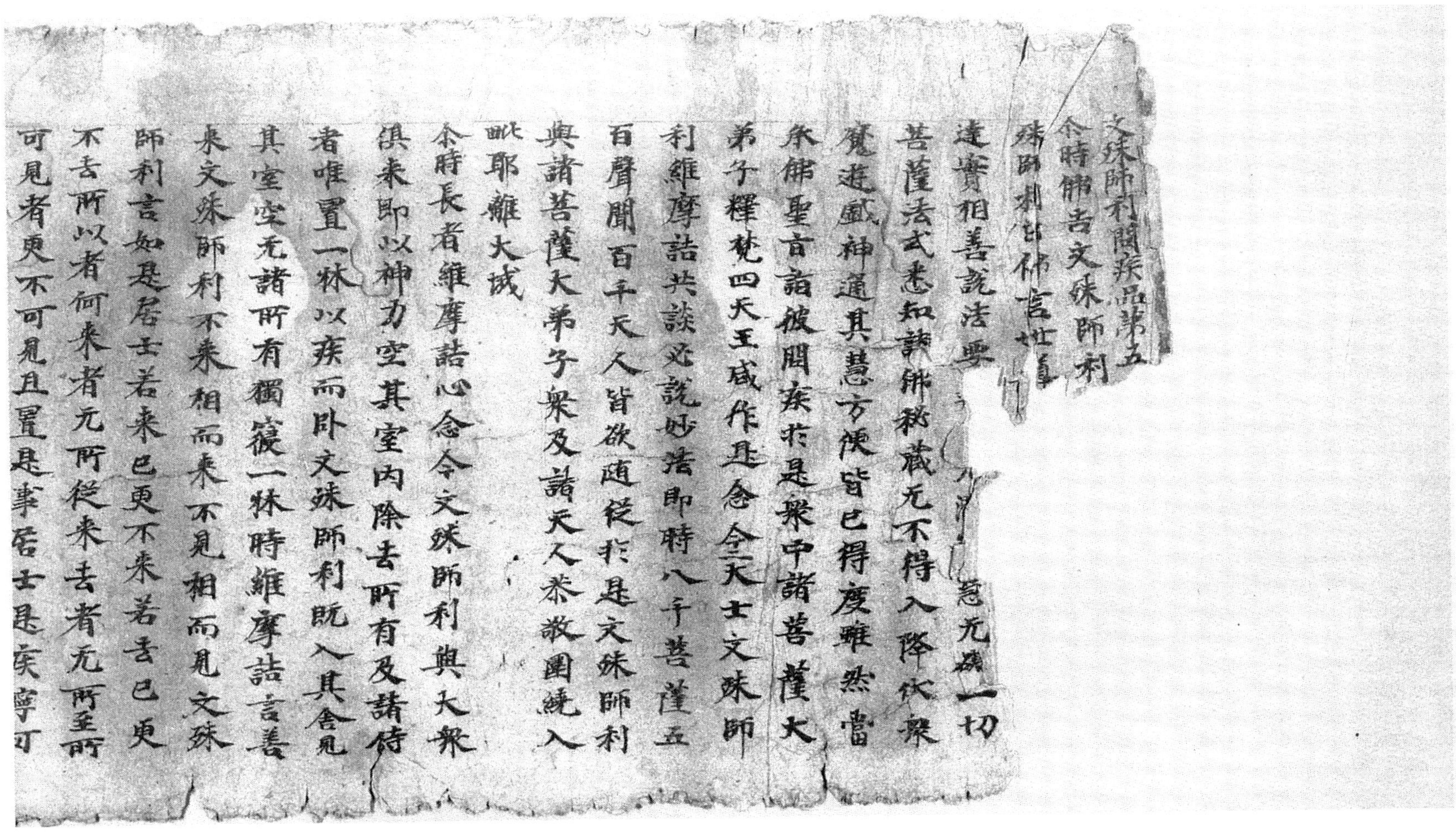

文殊師利問疾品第五
尒時佛告文殊師利
殊師利白佛言世尊
達實相善說法要
慧无礙一切
菩薩法式悉知諸佛秘藏无不得入降伏衆
魔遊戲神通其慧方便皆已得度雖然當
承佛聖旨詣彼問疾於是衆中諸菩薩大
弟子釋梵四天王咸作是念今二大士文殊師
利維摩詰共談必說妙法即時八千菩薩五
百聲聞百千天人皆欲隨從於是文殊師利
與諸菩薩大弟子衆及諸天人恭敬圍繞入
毗耶離大城
尒時長者維摩詰心念今文殊師利與大衆
俱來即以神力空其室內除去所有及諸侍
者唯置一牀以疾而臥文殊師利既入其舍見
其室空无諸所有獨寢一牀時維摩詰言善
來文殊師利不來相而來不見相而見文殊
師利言如是居士若來已更不來若去已更
不去所以者何來者无所從來去者无所至所
可見者更不可見且置是事居士是疾寧可

BD05035 號　維摩詰所說經卷中

（13–1）

其室空无諸所有獨寢一牀時維摩詰言善
來文殊師利不來相而來不見相而見文殊
師利言如是居士若來已更不來若去已更
不去所以者何來者无所從來去者无所至所
可見者更不可見且置是事居士是疾寧可
忍不療治有損不至增乎世尊慇勤致問无
量居士是疾何所因起其生久如當云何滅
維摩詰言從癡有愛則我病生以一切衆生
病是故我病若一切衆生得不病者則我病滅所
以者何菩薩為衆生故入生死有生死則有
病若衆生得離病者則菩薩无復病辟如
長者唯有一子其子得病父母亦病若子病
愈父母愈菩薩如是於諸衆生愛之若子
衆生病則菩薩病衆生病愈菩薩亦愈又
言是病何所因起菩薩病者以大悲起文
殊師利言居士此室何以空无侍者維摩
詰言諸佛國土亦復皆空又問以何為空
荅曰以空空又問空何用空荅曰以无分別
空故空又問空可分別耶荅曰分別亦空又
問空當於何求荅曰當於六十二見中求又
問六十二見當於何求荅曰當於諸佛解
脫中求又問諸佛解脫當於何求荅曰當
於一切衆生心行中求又仁所問何无侍者一
切衆魔及諸外道皆吾侍也所以者何衆魔
者樂生死菩薩於生死而不捨外道者樂諸
見菩薩於諸見而不動文殊師利言居士

脫中求又問諸佛解脫當於何求荅曰當
於一切衆生心行中求又仁所問何无侍者一
切衆魔及諸外道皆吾侍也所以者何衆魔
者樂生死菩薩於生死而不捨外道者樂諸
見菩薩於諸見而不動文殊師利言居士
所疾為何等相維摩詰言我病无形不可
見又問此病身合耶心合耶荅曰非身合
相離故亦非心合心如幻故又問地大水大火
大風大於此四大何大之病荅曰是病非地大
亦不離地大水火風大亦復如是而衆病從
四大起以其有病是故我病
尒時文殊師利問維摩詰言菩薩應云何
慰喻有疾菩薩維摩詰言說身无常不說
猒離於身說身有苦不說樂於涅槃說身
无我而說教導衆生說身空寂不說畢竟
寂滅說悔先罪而不說入於過去以己之疾愍
於彼疾當識宿世无數劫苦當念饒益一切衆
生憶所脩福念於淨命勿生憂惱常起精進
當作醫王療治衆病菩薩應如是慰喻有
疾菩薩令其歡喜
文殊師利言居士有疾菩薩云何調伏其心
維摩詰言有疾菩薩應作是念今我此病
皆從前世妄想顛倒諸煩惱生无有實法誰
受病者所以者何四大合故假名為身四大无
主身亦无我又此病起皆由著我是故於我

文殊師利言居士有疾菩薩云何調伏其心
維摩詰言有疾菩薩應作是念今我此病
皆從前世妄想顛倒諸煩惱生无有實法誰
受病者所以者何四大合故假名為身四大无
主身亦无我又此病起皆由着我是故於我
不應生着既知病本即除我想及衆生想
當起法想應作是念但以衆法合成此身
起唯法起滅唯法滅又此法者各不相知起
時不言我起滅時不言我滅彼有疾菩薩為
滅法想當作是念此法想者亦是顛倒顛
倒者即是大患我應離之云何為離離我我
所云何離我我所謂離二法云何離二法謂不
念內外諸法行於平等云何平等謂我等涅
槃等所以者何我及涅槃此二皆空以何為空
但以名字故空如此二法无決定性得是平
等无有餘病唯有空病空病亦空是有疾
菩薩以无所受而受諸受未具佛法亦不滅
受而取證也設身有苦念惡趣衆生起大悲
心我既調伏亦當調伏一切衆生但除其病而
不除法為斷病本而教導之何謂病本謂有
攀緣從有攀緣則為病本何所攀緣謂之三
界云何斷攀緣以无所得若无所得則无攀
緣何謂无所得謂二見何謂二見謂內見外見
是无所得文殊師利是為有疾菩薩調伏
其心為斷老病死苦是菩薩菩提若不如

攀緣從有攀緣則為病本何所攀緣謂之三
界云何斷攀緣以无所得若无所得則无攀
緣何謂无所得謂二見何謂二見謂內見外見
是无所得文殊師利是為有疾菩薩調伏
其心為斷老病死苦是菩薩菩提若不如
是已所脩治為无慧利譬如勝怨乃可為勇
如是斷除老病死者菩薩之謂也彼有
疾菩薩應復作是念如我此病非真非有衆
生病亦非真非有作是觀時於諸衆生若起愛
見大悲即應捨離所以者何菩薩斷除客塵
煩惱而起大悲愛見悲者則於生死有疲猒
心若能離此无有疲猒在在所生不為愛見
之所覆也所生无縛能為衆生說法解縛如
佛所說若自有縛能解彼縛无有是處若
无縛能解彼縛斯有是處是故菩薩不應
起縛何謂縛何謂解貪着禪味是菩薩縛
以方便生是菩薩解又无方便慧縛有方便慧
解无慧方便縛有慧方便解何謂无方便慧
縛謂菩薩以愛見心莊嚴佛土成就衆生於空
无相无作法中而自調伏是名无方便慧縛何
謂有方便慧解謂不以愛見心莊嚴佛土成就
衆生於空无相无作法中以自調伏而不疲猒
是名有方便慧解何謂无慧方便縛謂菩薩
住貪欲瞋恚邪見等諸煩惱而殖衆德本
是名无慧方便縛何謂有慧方便解謂離諸

无相无作法中而自調伏是名无方便慧縛何
謂有方便慧解謂不以愛見心莊嚴佛土成就
衆生於空无相无作法中以自調伏而不疲猒
是名有方便慧解何謂无慧方便縛謂菩薩
住貪欲瞋恚耶見等諸煩惱而殖衆德本
是名无慧方便縛何謂有慧方便解謂離諸
貪欲瞋恚邪見等諸煩惱而殖衆德本迴
向阿耨多羅三藐三菩提是名有慧方便解
文殊師利彼有疾菩薩應如是觀諸法又復
觀身无常苦空非我是名為慧雖身有疾常
在生死饒益一切而不厭惓是名方便又復觀
身身不離疾疾不離身是病是身非新非故
是名為慧設身有疾而不永滅是名方便文
殊師利有疾菩薩應如是調伏其心不住其
中亦復不住不調伏心所以者何若住不調伏
心是愚人法若住調伏心是聲聞法是故菩薩
不當住於調伏不調伏心離此二法是菩薩行
在於生死不為汙行住於涅槃不永滅度是菩
薩行非凡夫行非賢聖行是菩薩行非垢行
非淨行是菩薩行雖過魔行而現降衆魔是
菩薩行求一切智无非時求是菩薩行雖觀諸
法不生而不入正位是菩薩行雖觀十二緣起
而入諸耶見是菩薩行雖攝一切衆生而不愛著
是菩薩行雖樂遠離而不依身心盡是菩薩行
雖行三界而不壞法性是菩薩行雖行於空而
殖衆德本是菩薩行雖行无相而度衆生是菩

法不生而不入正位是菩薩行雖觀十二緣起
而入諸耶見是菩薩行雖攝一切衆生而不愛著
是菩薩行雖樂遠離而不依身心盡是菩薩行
雖行三界而不壞法性是菩薩行雖行於空而
殖衆德本是菩薩行雖行无相而度衆生是菩
薩行雖行无作而現受身是菩薩行雖行无起
而起一切善行是菩薩行雖行六波羅蜜而遍
知衆生心心數法是菩薩行雖行六通而不盡漏是
菩薩行雖行四无量心而不貪著生於梵世是菩
薩行雖行禪定解脫三昧而不隨禪生是菩薩
行雖行四念處而不永離身受心法是菩薩行
雖行四正勤而不捨身心精進是菩薩行雖行
四如意足而得自在神通是菩薩行雖行五根
分別衆生諸根利鈍是菩薩行雖行五力而樂
求佛十力是菩薩行雖行七覺分而分別佛之
智慧是菩薩行雖行八正道而樂行无量佛法
是菩薩行雖行止觀助道之法而不畢竟墮於
寂滅是菩薩行雖行諸法不生不滅而以相好莊
嚴其身是菩薩行雖現聲聞辟支佛威儀而
不捨佛法是菩薩行雖隨諸法究竟淨相而隨
所應為現其身是菩薩行雖觀諸佛國土永寂
如空而現種種清淨佛土是菩薩行雖得佛道
轉于法輪入於涅槃而不捨於菩薩之道是菩
薩行說是語時文殊師利所將大衆其中八千
天子皆發阿耨多羅三藐三菩提心

不思議品第六

所應為現其身是菩薩行雖觀諸佛國土永寂
如空而現種種清淨佛土是菩薩行雖得佛道
轉于法輪入於涅槃而不捨於菩薩之道是菩
薩行說是語時文殊師利所將大衆其中八千
天子皆發阿耨多羅三藐三菩提心
不思議品第六
尒時舍利弗見此室中无有牀座作是念斯
諸菩薩大弟子衆當於何坐長者維摩詰知
其意語舍利弗言云何仁者為法來邪求牀
座邪舍利弗言我為法來非為牀座維摩詰
言唯舍利弗夫求法者不貪軀命何況牀座
夫求法者非有色受想行識之求非有界入
之求非有欲色无色之求唯舍利弗夫求法者
不著佛求不著法求不著衆求夫求法者无
見苦求无斷集求无造盡證脩道之求所以
者何法无戲論若言我當見苦斷集證滅脩
道是則戲論非求法也唯舍利弗法名寂滅若行
生滅是求生滅非求法也法名无染若染
於法乃至涅槃是則染著非求法也法无行處
若行於法是則行處非求法也法无取捨若
取捨法是則取捨非求法也法无處所若著處
所是則著處非求法也法名无相若隨相識
是則求相非求法也法不可住若住於法是
則住法非求法也法不可見聞覺知若行見
聞覺知是則見聞覺知非求法也法名无為
若行有為是求有為非求法也是故舍利

BD05035號　維摩詰所說經卷中　（13–8）

取捨法是則取捨非求法也法无處所若著處
所是則著處非求法也法名无相若隨相識
是則求相非求法也法不可住若住於法是
則住法非求法也法不可見聞覺知若行見
聞覺知是則見聞覺知非求法也法名无為
若行有為是求有為非求法也是故舍利
弗若求法者於一切法應无所求說是語
時五百天子於諸法中得法眼淨
尒時長者維摩詰問文殊師利仁者遊於无
量千万億阿僧祇國何等佛土有如上妙功
德成就師子之座文殊師利言居士東方度
三十六恒河沙國有世界名須弥相其佛号須
弥燈王今現在彼佛身長八万四千由旬其師
子座高八万四千由旬嚴飾第一於是長者
維摩詰現神通力即時彼佛遣三万二千師
子座高廣嚴淨來入維摩詰室諸菩薩大
弟子釋梵四天王等昔所未見其室廣博悉包
容三万二千師子座无所妨礙於毗耶離城及
閻浮提四天下亦不迫迮悉見如故尒時維摩
詰語文殊師利就師子座與諸菩薩上人俱
坐當自立身如彼座像其得神通菩薩即自
變形為四万二千由旬坐師子座諸新發意
菩薩及大弟子皆不能昇尒時維摩詰語舍
利弗就師子座舍利弗言居士此座高廣吾
不能昇維摩詰言唯舍利弗為須弥燈王如
來作禮乃可得坐於是新發意菩薩及大弟

BD05035號　維摩詰所說經卷中　（13–9）

變形爲四万二千由旬坐師子座諸新發意
菩薩及大弟子皆不能昇尒時維摩詰語舍
利弗就師子座舍利弗言居士此座高廣吾
不能昇維摩詰言唯舍利弗爲須弥燈王如
來作礼乃可得坐於是新發意菩薩及大弟
子即爲須弥燈王如來作礼便得坐師子座
舍利弗言居士未曾有也如是小室乃容受
此高廣之座於毗耶離城无所妨礙又於閻
浮提聚落城邑及四天下諸天龍王鬼神宮
殿亦不迫迮維摩詰言唯舍利弗諸佛菩
薩有解脫名不可思議若菩薩住是解脫者
以須弥之高廣内芥子中无所增減須弥山
王本相如故而四天王忉利諸天不覺不知
己之所入唯應度者乃見須弥入芥子中是
名不可思議解脫法門又以四大海水入一毛
孔不嬈魚鼈黿鼉水性之屬而彼大海本
相如故諸龍鬼神阿脩羅等不覺不知己之所
入於此衆生亦无所嬈又舍利弗住不可思議
解脫菩薩斷取三千大千世界如陶家輪著
右掌中擲過恒河沙世界之外其中衆生不
覺不知己之所往又復還置本處都不使人有往
來想而此世界本相如故又舍利弗或有衆
生樂久住世而可度者菩薩即演七日以爲
一劫令彼衆生謂之一劫或有衆生不樂久
住而可度者菩薩即促一劫以爲七日令彼
衆生謂之七日又舍利弗住不可思議解脫
菩薩以一切佛土嚴飾之事集在一國示

BD05035 號　維摩詰所說經卷中

（13–10）

生樂久住世而可度者菩薩即演七日以爲
一劫令彼衆生謂之一劫或有衆生不樂久
住而可度者菩薩即促一劫以爲七日令彼
衆生謂之七日又舍利弗住不可思議解脫
菩薩以一切佛土嚴飾之事集在一國示諸
衆生又菩薩以一佛土衆生置之右掌飛到
十方遍示一切而不動本處又舍利弗十方
衆生供養諸佛之具菩薩於一毛孔皆令
得見又十方國土所有日月星於一毛
孔普使見之又舍利弗十方世界所有諸
風菩薩悉能吸著口中而身无損外諸
樹木亦不摧折又十方世界劫盡燒時以
一切火内於腹中火事如故而不爲害又
於下方過恒河沙等諸佛世界取一佛土
舉著上方過恒河沙无數世界如持鍼鋒
舉一棗葉而无所嬈又舍利弗住不可思
議解脫菩薩能以神通現作佛身或現
辟支佛身或現聲聞身或現帝釋身或
現梵王身或現世主身或現轉輪王身又
十方世界所有衆聲上中下音皆能變之
令作佛聲出无常苦空无我之音及十方
諸佛所說種種之法皆於其中普令得聞
舍利弗我今略說菩薩不可思議解脫之
力若廣說者窮劫不盡是時大迦葉聞說
菩薩不可思議解脫法門歎未曾有謂舍
利弗譬如有人於盲者前現衆色像非彼

BD05035 號　維摩詰所說經卷中

（13–11）

諸佛所說種種之法皆於其中普令得聞
舍利弗我今略說菩薩不可思議解脫之
力若廣說者窮劫不盡是時大迦葉聞說
菩薩不可思議解脫法門歎未曾有謂舍
利弗譬如有人於盲者前現衆色像非彼
所見一切聲聞聞是不可思議解脫法門
不能解了爲若此也智者聞是其誰不發
阿耨多羅三藐三菩提心我等何爲永絶其
根於此大乘已如敗種一切聲聞聞是不可
思議解脫法門皆應號泣聲震三千大千
世界一切菩薩應大欣慶頂受此法若有菩
薩信解不可思議解脫門者一切魔衆无
如之何大迦葉說是語時三万二千天子皆
發阿耨多羅三藐三菩提心
尒時維摩詰語大迦葉仁者十方无量阿
僧祇世界中作魔王者多是住不可思議解
脫菩薩以方便力教化衆生現作魔王又
迦葉十方无量菩薩或有人從乞手足耳
鼻頭目髓腦血肉皮骨聚落城邑妻子奴
婢象馬車乘金銀瑠璃車𤦲馬碯珊瑚虎
珀真珠珂貝衣服飲食如此乞者多是住
不可思議解脫菩薩以方便力而往試之
令其堅固所以者何住不可思議解脫菩薩
有威德力故行逼迫示諸衆生如是難事凡
夫下劣无有力勢不能如是逼迫菩薩譬如
龍象蹴蹋非驢所堪是名住不可思議解

BD05035號　維摩詰所說經卷中　（13–12）

薩信解不可思議解脫門者一切魔衆无
如之何大迦葉說是語時三万二千天子皆
發阿耨多羅三藐三菩提心
尒時維摩詰語大迦葉仁者十方无量阿
僧祇世界中作魔王者多是住不可思議解
脫菩薩以方便力教化衆生現作魔王又
迦葉十方无量菩薩或有人從乞手足耳
鼻頭目髓腦血肉皮骨聚落城邑妻子奴
婢象馬車乘金銀瑠璃車𤦲馬碯珊瑚虎
珀真珠珂貝衣服飲食如此乞者多是住
不可思議解脫菩薩以方便力而往試之
令其堅固所以者何住不可思議解脫菩薩
有威德力故行逼迫示諸衆生如是難事凡
夫下劣无有力勢不能如是逼迫菩薩譬如
龍象蹴蹋非驢所堪是名住不可思議解
脫菩薩智慧方便之門
觀衆生品第七
尒時文殊師利問維摩詰言菩薩云何觀

BD05035號　維摩詰所說經卷中　（13–13）

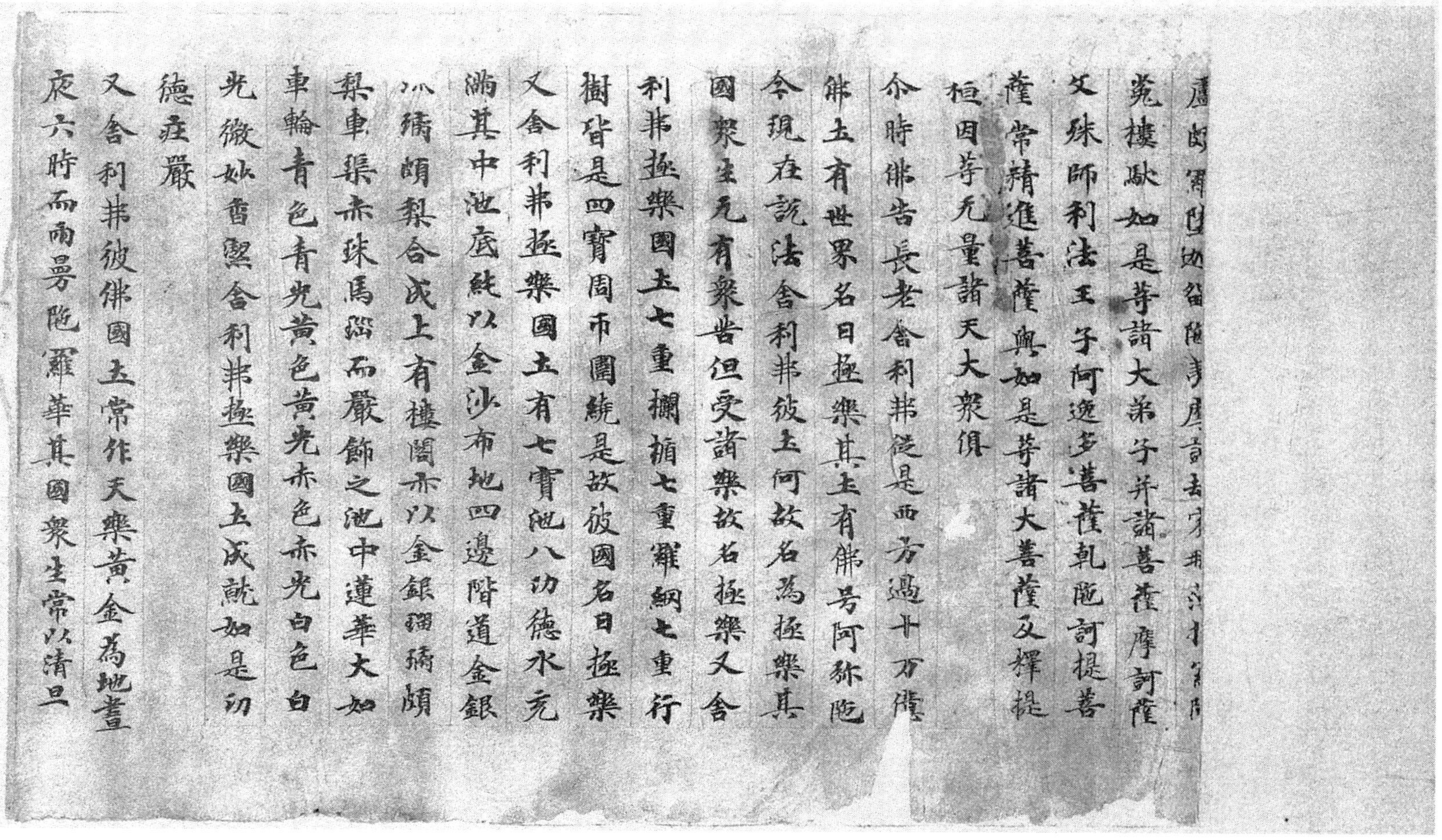

盧頗羅墮迦留陀夷摩訶劫賓那薄拘羅阿
㝹樓馱如是等諸大弟子并諸菩薩摩訶薩
文殊師利法王子阿逸多菩薩乾陁訶提菩
薩常精進菩薩與如是等諸大菩薩及釋提
桓因等无量諸天大衆俱
尒時佛告長老舍利弗從是西方過十万億
佛土有世界名曰極樂其土有佛号阿弥陁
今現在說法舍利弗彼土何故名為極樂其
國衆生无有衆苦但受諸樂故名極樂又舍
利弗極樂國土七重欄楯七重羅網七重行
樹皆是四寶周帀圍繞是故彼國名曰極樂
又舍利弗極樂國土有七寶池八功德水充
滿其中池底純以金沙布地四邊階道金銀
瑠璃頗梨合成上有樓閣亦以金銀瑠璃頗
梨車𤦲赤珠馬瑙而嚴飾之池中蓮華大如
車輪青色青光黃色黃光赤色赤光白色白
光微妙香潔舍利弗極樂國土成就如是功
德莊嚴
又舍利弗彼佛國土常作天樂黃金為地晝
夜六時而雨曼陁羅華其國衆生常以清旦

BD05036 號　阿彌陀經　　(1–1)

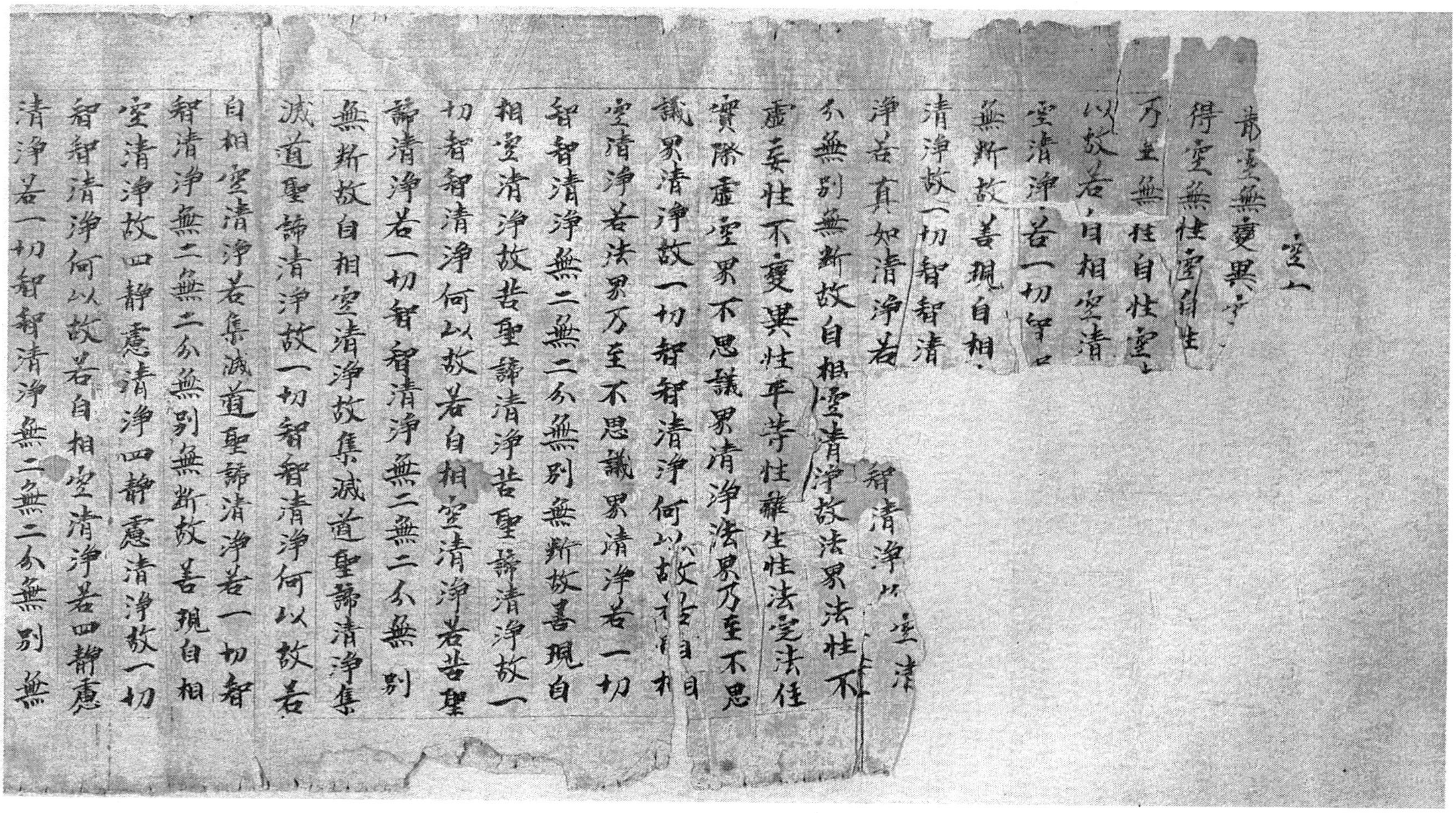

空上
畢竟空無變異空
得空無性空自性
乃至無性自性空
以故若自相空清
空清淨若一切智
無斷故善現自相
清淨故一切智智清
淨若真如清淨若
智清淨以空清
分無別無斷故自相空清淨故法界法性不
虛妄性不變異性平等性離生性法定法住
實際虛空界不思議界清淨法界乃至不思
議界清淨故一切智智清淨何以故若自相
空清淨若法界乃至不思議界清淨若一切
智智清淨無二無二分無別無斷故善現自
相空清淨故苦聖諦清淨苦聖諦清淨故一
切智智清淨何以故若自相空清淨若苦聖
諦清淨若一切智智清淨無二無二分無別
無斷故自相空清淨故集滅道聖諦清淨集
滅道聖諦清淨故一切智智清淨何以故若
自相空清淨若集滅道聖諦清淨若一切智
智清淨無二無二分無別無斷故善現自相
空清淨故四靜慮清淨四靜慮清淨故一切
智智清淨何以故若自相空清淨若四靜慮
清淨若一切智智清淨無二無二分無別無

BD05037 號　大般若波羅蜜多經卷二一四　　(22–1)

無斷故自相空清淨故集滅道聖諦清淨集
滅道聖諦清淨故一切智智清淨何以故若
自相空清淨若集滅道聖諦清淨若一切智
智清淨無二無二分無別無斷故善現自相
空清淨故四靜慮清淨四靜慮清淨故一切
智智清淨何以故若自相空清淨若四靜慮
清淨若一切智智清淨無二無二分無別無
斷故自相空清淨故四無量四無色定清淨
四無量四無色定清淨故一切智智清淨何
以故若自相空清淨若四無量四無色定清
淨若一切智智清淨無二無二分無別無斷
故善現自相空清淨故八解脫清淨八解脫
清淨故一切智智清淨何以故若自相空清
淨若八解脫清淨若一切智智清淨無二無
二分無別無斷故自相空清淨故八勝處九
次第定十遍處清淨八勝處九次第定十遍
處清淨故一切智智清淨何以故若自相空
清淨若八勝處九次第定十遍處清淨若一
切智智清淨無二無二分無別無斷故善現
自相空清淨故四念住清淨四念住清淨故一
切智智清淨何以故若自相空清淨若四念
住清淨若一切智智清淨無二無二分無別
無斷故自相空清淨故四正斷四神足五根
五力七等覺支八聖道支清淨四正斷乃至
八聖道支清淨故一切智智清淨何以故若
自相空清淨若四正斷乃至八聖道支清淨

切智智清淨何以故若自相空清淨若四念
住清淨若一切智智清淨無二無二分無別
無斷故自相空清淨故四正斷四神足五根
五力七等覺支八聖道支清淨四正斷乃至
八聖道支清淨故一切智智清淨何以故若
自相空清淨若四正斷乃至八聖道支清淨
若一切智智清淨無二無二分無別無斷故
善現自相空清淨故空解脫門清淨空解脫
門清淨故一切智智清淨何以故若自相空
清淨若空解脫門清淨若一切智智清淨無
二無二分無別無斷故自相空清淨故無相
無願解脫門清淨無相無願解脫門清淨故
一切智智清淨何以故若自相空清淨若無
相無願解脫門清淨若一切智智清淨無二
無二分無別無斷故善現自相空清淨故菩
薩十地清淨菩薩十地清淨故一切智智清
淨何以故若自相空清淨若菩薩十地清淨
若一切智智清淨無二無二分無別無斷故
善現自相空清淨故五眼清淨五眼清淨故
一切智智清淨何以故若自相空清淨若五
眼清淨若一切智智清淨無二無二分無別
無斷故自相空清淨故六神通清淨六神通
清淨故一切智智清淨何以故若自相空清
淨若六神通清淨若一切智智清淨無二無
二分無別無斷故善現自相空清淨故佛十
力清淨佛十力清淨故一切智智清淨何以

無斷故自相空清淨故六神通清淨六神通
清淨故一切智智清淨何以故若自相空清
淨若六神通清淨若一切智智清淨無二無
二分無別無斷故善現自相空清淨故佛十
力清淨佛十力清淨故一切智智清淨何以
故若自相空清淨若佛十力清淨若一切智
智清淨無二無二分無別無斷故自相空清
淨故四無所畏四無礙解大慈大悲大喜大
捨十八佛不共法清淨四無所畏乃至十八
佛不共法清淨故一切智智清淨何以故若
自相空清淨若四無所畏乃至十八佛不共
法清淨若一切智智清淨無二無二分無別
無斷故善現自相空清淨故無忘失法清淨
無忘失法清淨故一切智智清淨何以故若
自相空清淨若無忘失法清淨若一切智智
清淨無二無二分無別無斷故自相空清淨
故恒住捨性清淨恒住捨性清淨故一切
智智清淨何以故若自相空清淨若恒住捨性
清淨若一切智智清淨無二無二分無別無
斷故善現自相空清淨故一切智清淨一切
智清淨故一切智智清淨何以故若自相空
清淨若一切智清淨若一切智智清淨無二
無二分無別無斷故自相空清淨故道相智
一切相智清淨道相智一切相智清淨故一
切智智清淨何以故若自相空清淨若道相
智一切相智清淨若一切智智清淨無二無

清淨若一切智智清淨無二
無二分無別無斷故自相空清淨故道相智
一切相智清淨道相智一切相智清淨故一
切智智清淨何以故若自相空清淨若道相
智一切相智清淨若一切智智清淨無二無
二分無別無斷故善現自相空清淨故一切
陀羅尼門清淨一切陀羅尼門清淨故一切智
智清淨何以故若自相空清淨若一切陀
羅尼門清淨若一切智智清淨無二無二分
無別無斷故自相空清淨故一切三摩地門
清淨一切三摩地門清淨故一切智智清淨
何以故若自相空清淨若一切三摩地門清
淨若一切智智清淨無二無二分無別無斷
故
善現自相空清淨故預流果清淨預流果清
淨故一切智智清淨何以故若自相空清淨
若預流果清淨若一切智智清淨無二無二
分無別無斷故自相空清淨故一來不還阿
羅漢果清淨一來不還阿羅漢果清淨故一
切智智清淨何以故若自相空清淨若一來
不還阿羅漢果清淨若一切智智清淨無二
無二分無別無斷故善現自相空清淨故獨
覺菩提清淨獨覺菩提清淨故一切智智清
淨何以故若自相空清淨若獨覺菩提清淨
若一切智智清淨無二無二分無別無斷故
善現自相空清淨故一切菩薩摩訶薩行清
淨一切菩薩摩訶薩行清淨故一切智智清

無二分無別無斷故善現自相空清淨故獨
覺菩提清淨獨覺菩提清淨故一切智智清
淨何以故若自相空清淨若獨覺菩提清淨
若一切智智清淨無二無二分無別無斷故
善現自相空清淨故一切菩薩摩訶薩行清
淨一切菩薩摩訶薩行清淨故一切智智清
淨何以故若自相空清淨若一切菩薩摩訶
薩行清淨若一切智智清淨無二無二分無
別無斷故善現自相空清淨故諸佛無上正
等菩提清淨諸佛無上正等菩提清淨故一
切智智清淨何以故若自相空清淨若諸佛
無上正等菩提清淨若一切智智清淨無二
無二分無別無斷故
復次善現共相空清淨故色清淨色清淨故
一切智智清淨何以故若共相空清淨若色
清淨若一切智智清淨無二無二分無別無
斷故共相空清淨故受想行識清淨受想行
識清淨故一切智智清淨何以故若共相空
清淨若受想行識清淨若一切智智清淨無
二無二分無別無斷故善現共相空清淨故
眼處清淨眼處清淨故一切智智清淨何以
故若共相空清淨若眼處清淨若一切智智
清淨無二無二分無別無斷故共相空清淨
故耳鼻舌身意處清淨耳鼻舌身意處清
淨故一切智智清淨何以故若共相空清淨若
耳鼻舌身意處清淨若一切智智清淨無二
無二分無別無斷故善現共相空清淨故色

BD05037 號　大般若波羅蜜多經卷二一四　（22–6）

故若共相空清淨若眼處清淨若一切智智
清淨無二無二分無別無斷故共相空清淨
故耳鼻舌身意處清淨耳鼻舌身意處清
淨故一切智智清淨何以故若共相空清淨若
耳鼻舌身意處清淨若一切智智清淨無二
無二分無別無斷故善現共相空清淨故色
處清淨色處清淨故一切智智清淨何以故
若共相空清淨若色處清淨若一切智智清
淨無二無二分無別無斷故共相空清淨故
聲香味觸法處清淨聲香味觸法處清淨
故一切智智清淨何以故若共相空清淨若聲
香味觸法處清淨若一切智智清淨無二無
二分無別無斷故善現共相空清淨故眼界
清淨眼界清淨故一切智智清淨何以故若
共相空清淨若眼界清淨若一切智智清淨
無二無二分無別無斷故共相空清淨故色
界眼識界及眼觸眼觸為緣所生諸受清淨
色界乃至眼觸為緣所生諸受清淨故一切
智智清淨何以故若共相空清淨若色界乃
至眼觸為緣所生諸受清淨若一切智智清
淨無二無二分無別無斷故善現共相空清
淨故耳界清淨耳界清淨故一切智智清淨
何以故若共相空清淨若耳界清淨若一切
智智清淨無二無二分無別無斷故共相空
清淨故聲界耳識界及耳觸耳觸為緣所生
諸受清淨聲界乃至耳觸為緣所生諸受清
淨故一切智智清淨何以故若共相空清淨

BD05037 號　大般若波羅蜜多經卷二一四　（22–7）

淨故耳界清淨故一切智智清淨
何以故若共相空清淨若耳界清淨若一切
智智清淨無二無二分無別無斷故共相空
清淨故聲界耳識界及耳觸耳觸為緣所生
諸受清淨聲界乃至耳觸為緣所生諸受清
淨故一切智智清淨何以故若共相空清淨
若聲界乃至耳觸為緣所生諸受清淨若一
切智智清淨無二無二分無別無斷故善現
共相空清淨故鼻界清淨鼻界清淨故一切
智智清淨何以故若共相空清淨若鼻界清
淨若一切智智清淨無二無二分無別無斷
故共相空清淨故香界鼻識界及鼻觸鼻
觸為緣所生諸受清淨香界乃至鼻觸為緣
所生諸受清淨故一切智智清淨何以故若
共相空清淨若香界乃至鼻觸為緣所生諸
受清淨若一切智智清淨無二無二分無別
無斷故善現共相空清淨故舌界清淨舌界清
淨故一切智智清淨何以故若共相空清淨
若舌界清淨若一切智智清淨無二無二分
無別無斷故共相空清淨故味界舌識界及
舌觸舌觸為緣所生諸受清淨味界乃至舌
觸為緣所生諸受清淨故一切智智清淨何
以故若共相空清淨若味界乃至舌觸為緣
所生諸受清淨若一切智智清淨無二無二
分無別無斷故善現共相空清淨故身界清
淨身界清淨故一智智清淨何以故若共

舌觸舌觸為緣所生諸受清淨味界乃至舌
觸為緣所生諸受清淨故一切智智清淨何
以故若共相空清淨若味界乃至舌觸為緣
所生諸受清淨若一切智智清淨無二無二
分無別無斷故善現共相空清淨故身界清
淨身界清淨故一智智清淨何以故若共
相空清淨若身界清淨若一切智智清淨無
二無二分無別無斷故共相空清淨故觸界
身識界及身觸身觸為緣所生諸受清淨觸
界乃至身觸為緣所生諸受清淨故一切智
智清淨何以故若共相空清淨若觸界乃至
身觸為緣所生諸受清淨若一切智智清淨
無二無二分無別無斷故善現共相空清淨
故意界清淨意界清淨故一切智智清淨何
以故若共相空清淨若意界清淨若一切智
智清淨無二無二分無別無斷故共相空清
淨故法界意識界及意觸意觸為緣所生諸
受清淨法界乃至意觸為緣所生諸受清淨
故一切智智清淨何以故若共相空清淨若
法界乃至意觸為緣所生諸受清淨若一切
智智清淨無二無二分無別無斷故善現共
相空清淨故地界清淨地界清淨故一切智
智清淨何以故若共相空清淨若地界清淨
若一切智智清淨無二無二分無別無斷故
共相空清淨故水火風空識界清淨水火風
空識界清淨故一切智智清淨何以故若共

相空清淨故地界清淨地界清淨故一切智
智清淨何以故若共相空清淨若地界清淨
若一切智智清淨無二無二分無別無斷故
共相空清淨故水火風空識界清淨水火風
空識界清淨故一切智智清淨何以故若共
相空清淨若水火風空識界清淨若一切智
智清淨無二無二分無別無斷故善現共相
空清淨故無明清淨無明清淨故一切智智
清淨何以故若共相空清淨若無明清淨若
一切智智清淨無二無二分無別無斷故共
相空清淨故行識名色六處觸受愛取有生
老死愁歎苦憂惱清淨行乃至老死愁歎苦
憂惱清淨故一切智智清淨何以故若共相
空清淨若行乃至老死愁歎苦憂惱清淨若
一切智智清淨無二無二分無別無斷故
善現共相空清淨故布施波羅蜜多清淨布
施波羅蜜多清淨故一切智智清淨何以故
若共相空清淨若布施波羅蜜多清淨若一
切智智清淨無二無二分無別無斷故共相
空清淨故淨戒安忍精進靜慮般若波羅蜜
多清淨淨戒乃至般若波羅蜜多清淨故一
切智智清淨何以故若共相空清淨若淨戒
乃至般若波羅蜜多清淨若一切智智清淨
無二無二分無別無斷故善現共相空清淨
故內空清淨內空清淨故一切智智清淨何
以故若共相空清淨若內空清淨若一切智
智清淨無二無二分無別無斷故共相空清

切智智清淨何以故若共相空清淨若淨戒
乃至般若波羅蜜多清淨若一切智智清淨
無二無二分無別無斷故善現共相空清淨
故內空清淨內空清淨故一切智智清淨何
以故若共相空清淨若內空清淨若一切智
智清淨無二無二分無別無斷故共相空清
淨故外空內外空空空大空勝義空有為空
無為空畢竟空無際空散空無變異空本性
空自相空一切法空不可得空無性空自性
空無性自性空清淨外空乃至無性自性空
清淨故一切智智清淨何以故若共相空清
淨若外空乃至無性自性空清淨若一切智智
清淨無二無二分無別無斷故善現共相
空清淨故真如清淨真如清淨故一切智智
清淨何以故若共相空清淨若真如清淨若
一切智智清淨無二無二分無別無斷故共
相空清淨故法界法性不虛妄性不變異性
平等性離生性法定法住實際虛空界不思
議界清淨法界乃至不思議界清淨故一切
智智清淨何以故若共相空清淨若法界乃
至不思議界清淨若一切智智清淨無二無
二分無別無斷故善現共相空清淨故苦聖
諦清淨苦聖諦清淨故一切智智清淨何以
故若共相空清淨若苦聖諦清淨若一切智
智清淨無二無二分無別無斷故共相空清
淨故集滅道聖諦清淨集滅道聖諦清淨故
一切智智清淨何以故若共相空清淨若集

二分無別無斷故善現共相空清淨故苦聖
諦清淨苦聖諦清淨故一切智智清淨何以
故若共相空清淨若苦聖諦清淨若一切智
智清淨無二無二分無別無斷故共相空清
淨故集滅道聖諦清淨集滅道聖諦清淨故
一切智智清淨何以故若共相空清淨若集
滅道聖諦清淨若一切智智清淨無二無二
分無別無斷故善現共相空清淨故四靜慮
清淨四靜慮清淨故一切智智清淨何以故
若共相空清淨若四靜慮清淨若一切智智
清淨無二無二分無別無斷故共相空清淨
故四無量四無色定清淨四無量四無色定
清淨故一切智智清淨何以故若共相空清
淨若四無量四無色定清淨若一切智智清
淨無二無二分無別無斷故善現共相空清
淨故八解脫清淨八解脫清淨故一切智智
清淨何以故若共相空清淨若八解脫清淨
若一切智智清淨無二無二分無別無斷故
共相空清淨故八勝處九次第定十遍處清
淨八勝處九次第定十遍處清淨故一切智
智清淨何以故若共相空清淨若八勝處九
次第定十遍處清淨若一切智智清淨無二
無二分無別無斷故善現共相空清淨故四
念住清淨四念住清淨故一切智智清淨何
以故若共相空清淨若四念住清淨若一切
智智清淨無二無二分無別無斷故共相空
清淨故四正斷四神足五根五力七等覺支

BD05037號　大般若波羅蜜多經卷二一四　（22–12）

智清淨何以故若共相空清淨若八勝處九
次第定十遍處清淨若一切智智清淨無二
無二分無別無斷故善現共相空清淨故四
念住清淨四念住清淨故一切智智清淨何
以故若共相空清淨若四念住清淨若一切
智智清淨無二無二分無別無斷故共相空
清淨故四正斷四神足五根五力七等覺支
八聖道支清淨四正斷乃至八聖道支清淨
故一切智智清淨何以故若共相空清淨若
四正斷乃至八聖道支清淨若一切智智清
淨無二無二分無別無斷故善現共相空清
淨故空解脫門清淨空解脫門清淨故一切
智智清淨何以故若共相空清淨若空解脫
門清淨若一切智智清淨無二無二分無別
無斷故共相空清淨故無相無願解脫門清
淨無相無願解脫門清淨故一切智智清淨
何以故若共相空清淨若無相無願解脫門
清淨若一切智智清淨無二無二分無別無
斷故善現共相空清淨故菩薩十地清淨菩
薩十地清淨故一切智智清淨何以故若共
相空清淨若菩薩十地清淨若一切智智清
淨無二無二分無別無斷故
善現共相空清淨故五眼清淨五眼清淨故
一切智智清淨何以故若共相空清淨若五
眼清淨若一切智智清淨無二無二分無別
無斷故共相空清淨故六神通清淨六神通
清淨故一切智智清淨何以故若共相空清

BD05037號　大般若波羅蜜多經卷二一四　（22–13）

菩現共相空清淨故五眼清淨五眼清淨故
一切智智清淨何以故若共相空清淨若五
眼清淨若一切智智清淨無二無二分無別
無斷故共相空清淨故六神通清淨六神通
清淨故一切智智清淨何以故若共相空清
淨若六神通清淨若一切智智清淨無二無
二分無別無斷故善現共相空清淨故佛十
力清淨佛十力清淨故一切智智清淨何以
故若共相空清淨若佛十力清淨若一切智
智清淨無二無二分無別無斷故共相空清
淨故四無所畏四無礙解大慈大悲大喜大
捨十八佛不共法清淨四無所畏乃至十八
佛不共法清淨故一切智智清淨何以故若
共相空清淨若四無所畏乃至十八佛不共
法清淨若一切智智清淨無二無二分無別
無斷故善現共相空清淨故無忘失法清淨
無忘失法清淨故一切智智清淨何以故若
共相空清淨若無忘失法清淨若一切智智
清淨無二無二分無別無斷故共相空清淨
故恒住捨性清淨恒住捨性清淨故一切智
智清淨何以故若共相空清淨若恒住捨性
清淨若一切智智清淨無二無二分無別無
斷故善現共相空清淨故一切智清淨一切
智清淨故一切智智清淨何以故若共相空
清淨若一切智清淨若一切智智清淨無二
無二分無別無斷故共相空清淨故道相智

BD05037 號　大般若波羅蜜多經卷二一四　（22–14）

清淨若一切智智清淨無二無二分無別無
斷故善現共相空清淨故一切智清淨一切
智清淨故一切智智清淨何以故若共相空
清淨若一切智清淨若一切智智清淨無二
無二分無別無斷故共相空清淨故道相智
一切相智清淨道相智一切相智清淨故一
切智智清淨何以故若共相空清淨若道相
智一切相智清淨若一切智智清淨無二無
二分無別無斷故善現共相空清淨故一切
陁羅尼門清淨一切陁羅尼門清淨故一切
智智清淨何以故若共相空清淨若一切陁
羅尼門清淨若一切智智清淨無二無二分
無別無斷故共相空清淨故一切三摩地門
清淨一切三摩地門清淨故一切智智清淨
何以故若共相空清淨若一切三摩地門清
淨若一切智智清淨無二無二分無別無斷
故善現共相空清淨故預流果清淨預流果
清淨故一切智智清淨何以故若共相空清
淨若預流果清淨若一切智智清淨無二無
二分無別無斷故共相空清淨故一來不還
阿羅漢果清淨一來不還阿羅漢果清淨故
一切智智清淨何以故若共相空清淨若一
來不還阿羅漢果清淨若一切智智清淨無
二無二分無別無斷故善現共相空清淨故
獨覺菩提清淨獨覺菩提清淨故一切智智
清淨何以故若共相空清淨若獨覺菩提清

BD05037 號　大般若波羅蜜多經卷二一四　（22–15）

一切智智清淨何以故若共相空清淨若一
來不還阿羅漢果清淨若一切智智清淨無
二無二分無別無斷故善現共相空清淨故
獨覺菩提清淨獨覺菩提清淨故一切智智
清淨何以故若共相空清淨若獨覺菩提清
淨若一切智智清淨無二無二分無別無斷
故善現共相空清淨故一切菩薩摩訶薩行
清淨一切菩薩摩訶薩行清淨故一切智智
清淨何以故若共相空清淨若一切菩薩摩
訶薩行清淨若一切智智清淨無二無二分
無別無斷故善現共相空清淨故諸佛無上
正等菩提清淨諸佛無上正等菩提清淨故
一切智智清淨何以故若共相空清淨若諸
佛無上正等菩提清淨若一切智智清淨無
二無二分無別無斷故
復次善現一切法空清淨故色清淨色清淨
故一切智智清淨何以故若一切法空清淨
若色清淨若一切智智清淨無二無二分無
別無斷故一切法空清淨故受想行識清淨
受想行識清淨故一切智智清淨何以故若
一切法空清淨若受想行識清淨若一切智
智清淨無二無二分無別無斷故善現一切
法空清淨故眼處清淨眼處清淨故一切智
智清淨何以故若一切法空清淨若眼處清
淨若一切智智清淨無二無二分無別無斷
故一切法空清淨故耳鼻舌身意處清淨耳
鼻舌身意處清淨故一切智智清淨何以故

智清淨無二無二分無別無斷故善現一切
法空清淨故眼處清淨眼處清淨故一切智
智清淨何以故若一切法空清淨若眼處清
淨若一切智智清淨無二無二分無別無斷
故一切法空清淨故耳鼻舌身意處清淨耳
鼻舌身意處清淨故一切智智清淨何以故
若一切法空清淨若耳鼻舌身意處清淨若
一切智智清淨無二無二分無別無斷故善
現一切法空清淨故色處清淨色處清淨故
一切智智清淨何以故若一切法空清淨若
色處清淨若一切智智清淨無二無二分無
別無斷故一切法空清淨故聲香味觸法處
清淨聲香味觸法處清淨故一切智智清淨
何以故若一切法空清淨若聲香味觸法處
清淨若一切智智清淨無二無二分無別無
斷故善現一切法空清淨故眼界清淨眼界
清淨故一切智智清淨何以故若一切法空
清淨若眼界清淨若一切智智清淨無二無
二分無別無斷故一切法空清淨故色界眼
識界及眼觸眼觸爲緣所生諸受清淨色界
乃至眼觸爲緣所生諸受清淨故一切智智
清淨何以故若一切法空清淨若色界乃至
眼觸爲緣所生諸受清淨若一切智智清淨
無二無二分無別無斷故善現一切法空清
淨故耳界清淨耳界清淨故一切智智清淨
何以故若一切法空清淨若耳界清淨若一
切智智清淨無二無二分無別無斷故一切

清淨何以故若一切法空清淨若[illegible]
眼觸為緣所生諸受清淨若一切智智清淨
無二無二分無別無斷故善現一切法空清
淨故耳界清淨耳界清淨故一切智智清淨
何以故若一切法空清淨若耳界清淨若一
切智智清淨無二無二分無別無斷故一切
法空清淨故聲界耳識界及耳觸耳觸為緣
所生諸受清淨聲界乃至耳觸為緣所生諸
受清淨故一切智智清淨何以故若一切法空
清淨若聲界乃至耳觸為緣所生諸受清
淨若一切智智清淨無二無二分無別無斷
故善現一切法空清淨故鼻界清淨鼻界清
淨故一切智智清淨何以故若一切法空清
淨若鼻界清淨若一切智智清淨無二無二
分無別無斷故一切法空清淨故香界鼻識
界及鼻觸鼻觸為緣所生諸受清淨香界乃
至鼻觸為緣所生諸受清淨故一切智智清
淨何以故若一切法空清淨若香界乃至鼻
觸為緣所生諸受清淨若一切智智清淨無
二無二分無別無斷故善現一切法空清淨
故舌界清淨舌界清淨故一切智智清淨何
以故若一切法空清淨若舌界清淨若一切
智智清淨無二無二分無別無斷故一切法
空清淨故味界舌識界及舌觸舌觸為緣所
生諸受清淨味界乃至舌觸為緣所生諸
受清淨故一切智智清淨何以故若一切法
空清淨若味界乃至舌觸為緣所生諸受清

BD05037號　大般若波羅蜜多經卷二一四　（22–18）

智智清淨無二無二分無別無斷故一切法
空清淨故味界舌識界及舌觸舌觸為緣所
生諸受清淨味界乃至舌觸為緣所生諸
受清淨故一切智智清淨何以故若一切法
空清淨若味界乃至舌觸為緣所生諸受清
淨若一切智智清淨無二無二分無別無斷
故善現一切法空清淨故身界清淨身界清
淨故一切智智清淨何以故若一切法空清
淨若身界清淨若一切智智清淨無二無二
分無別無斷故一切法空清淨故觸界身識
界及身觸身觸為緣所生諸受清淨觸界乃
至身觸為緣所生諸受清淨故一切智智清
淨何以故若一切法空清淨若觸界乃至身
觸為緣所生諸受清淨若一切智智清淨无
二無二分無別無斷故善現一切法空清淨
故意界清淨意界清淨故一切智智清淨何
以故若一切法空清淨若意界清淨若一切
智智清淨無二無二分無別無斷故一切法
空清淨故法界意識界及意觸意觸為緣所
生諸受清淨法界乃至意觸為緣所生諸受
清淨故一切智智清淨何以故若一切法空
清淨若法界乃至意觸為緣所生諸受清淨
若一切智智清淨無二無二分無別無斷故
善現一切法空清淨故地界清淨地界清淨
故一切智智清淨何以故若一切法空清淨
若地界清淨若一切智智清淨無二無二分
無別無斷故一切法空清淨故水火風空識

BD05037號　大般若波羅蜜多經卷二一四　（22–19）

清淨故一切智智清淨何以故若一切法空
清淨若法界乃至意觸為緣所生諸受清淨
若一切智智清淨無二無二分無別無斷故
善現一切法空清淨故地界清淨地界清淨
故一切智智清淨何以故若一切法空清淨
若地界清淨若一切智智清淨無二無二分
無別無斷故一切法空清淨故水火風空識
界清淨水火風空識界清淨故一切智智清
淨何以故若一切法空清淨若水火風空識
界清淨若一切智智清淨無二無二分無別
無斷故善現一切法空清淨故無明清淨无
明清淨故一切智智清淨何以故若一切法
空清淨若無明清淨若一切智智清淨無二
無二分無別無斷故一切法空清淨故行識
名色六處觸受愛取有生老死愁歎苦憂
惱清淨行乃至老死愁歎苦憂惱清淨故
一切智智清淨何以故若一切法空清淨若
行乃至老死愁歎苦憂惱清淨若一切智智
清淨無二無二分無別無斷故
善現一切法空清淨故布施波羅蜜多清淨
布施波羅蜜多清淨故一切智智清淨何以故
若一切法空清淨若布施波羅蜜多清淨
若一切智智清淨無二無二分無別無斷故一切
法空清淨故淨戒安忍精進靜慮般若波羅
蜜多清淨淨戒乃至般若波羅蜜多清淨
故一切智智清淨何以故若一切法空清淨
若淨戒乃至般若波羅蜜多清淨若一切智

BD05037號　大般若波羅蜜多經卷二一四　（22–20）

若一切法空清淨若布施波羅蜜多清淨
若一切智智清淨無二無二分無別無斷故一切
法空清淨故淨戒安忍精進靜慮般若波羅
蜜多清淨淨戒乃至般若波羅蜜多清淨
故一切智智清淨何以故若一切法空清淨
若淨戒乃至般若波羅蜜多清淨若一切智
智清淨無二無二分無別無斷故善現一切
法空清淨故內空清淨內空清淨故一切智
智清淨何以故若一切法空清淨若內空清
淨若一切智智清淨無二無二分無別無斷
故一切法空清淨故外空內外空空空大空
勝義空有為空無為空畢竟空無際空散空
無變異空本性空自相空共相空不可得空
無性空自性空無性自性空清淨外空乃
至無性自性空清淨故一切智智清淨何以故
若一切法空清淨若外空乃至無性自性空
清淨若一切智智清淨無二無二分無別無
斷故善現一切法空清淨故真如清淨真如
清淨故一切智智清淨何以故若一切法空
清淨若真如清淨若一切智智清淨無二無
二分無別無斷故一切法空清淨故法界法
性不虛妄性不變異性平等性離生性法定
法住實際虛空界不思議界清淨法界乃
至不思議界清淨故一切智智清淨何以故
若一切法空清淨若法界乃至不思議界清
淨若一切智智清淨無二無二分無別無斷故

BD05037號　大般若波羅蜜多經卷二一四　（22–21）

清淨若真如清淨若一切智智清淨無二無
二分無別無斷故一切法空清淨故法界法
性不虛妄性不變異性平等性離生性法定
法住實際虛空界不思議界清淨法界乃
至不思議界清淨故一切智智清淨何以故
若一切法空清淨若法界乃至不思議界清
淨若一切智智清淨無二無二分無別無斷故

大般若波羅蜜多經卷第二百一十四

BD05037 號　大般若波羅蜜多經卷二一四　（22–22）

兑

幻乃至是尋香城亦不執由幻乃至尋香城
亦不執屬幻乃至屬尋香城亦不執依幻
乃至依尋香城
憍尸迦若菩薩摩訶薩脩行般若波羅蜜
多不執是无忘失法是恒捨性亦不執由无
忘失法由恒住捨性亦不執屬无忘失法屬
恒住捨性亦不執依无忘失法依恒住捨性
是菩薩摩訶薩脩行般若波羅蜜多雖知諸
法如幻乃至如尋香城而不執是幻乃至是尋
香城亦不執由幻乃至由尋香城亦不執
屬幻乃至屬尋香城亦不執依幻乃至依尋
香城
憍尸迦若菩薩摩訶薩脩行般若波羅蜜多
不執是一切智是道相智一切相智亦不執
由一切智由道相智一切相智亦不執屬一
切智屬道相智一切相智亦不執依一切智
依道相智一切相智是菩薩摩訶薩脩行般
若波羅蜜多雖知諸法如幻乃至如尋香城
而不執是幻乃至是尋香城亦不執由幻乃
至由尋香城亦不執屬幻乃至屬尋香城亦

BD05038 號　大般若波羅蜜多經（兑廢稿）卷二九二　（2–1）

兑

法如幻乃至如尋香城亦不執是幻乃至是尋香
香城亦不執由幻乃至由尋香城亦不執
屬幻乃至屬尋香城亦不執依幻乃至依尋
香城
憍尸迦若菩薩摩訶薩脩行般若波羅蜜多
不執是一切智是道相智一切相智亦不執
由一切智由道相智一切相智亦不執屬一
切智屬道相智一切相智亦不執依一切智
依道相智一切相智是菩薩摩訶薩脩行般
若波羅蜜多雖智諸法如幻乃至如尋香城
而不執是幻乃至是尋香城亦不執由幻乃
至由尋香城亦不執屬幻乃至屬尋香城亦
不執依幻乃至依尋香城
憍尸迦若菩薩摩訶薩脩行般若波羅蜜多
不執是一切陁羅尼門是一切三摩地門亦
不執由一切陁羅蜜門由一[illegible]三摩地門亦
不執屬一切陁羅尼門[illegible]摩地門亦
不執依一切陁羅屬門依一切三摩地門是
菩薩摩訶薩脩行般若波羅蜜多雖知諸法
如幻乃至如尋香城而執是幻乃至是尋

BD05038 號　大般若波羅蜜多經（兑廢稿）卷二九二　（2–2）

取有
慈歎
一切
清淨
布施波羅蜜多清淨
羅蜜多清淨故自相空清淨何以故
若一切智智清淨若布施波羅蜜多清淨若
自相空清淨無二無二分無別無斷故一切智
智清淨故淨戒安忍精進靜慮般若波羅蜜
多清淨淨戒乃至般若波羅蜜多清淨故自
相空清淨何以故若一切智智清淨若淨戒
乃至般若波羅蜜多清淨若自相空清淨
無二無二分無別無斷故善現一切智智清
淨故內空清淨內空清淨故自相空清淨何
以故若一切智智清淨若內空清淨若自相
空清淨無二無二分無別無斷故一切智智
清淨故外空內外空空空大空勝義空有為
空無為空畢竟空無際空散空無變異空本
性空共相空一切法空不可得空無性空自

BD05039 號　大般若波羅蜜多經卷二五四　（6–1）

無二無二分無別無斷故善現一切智智清
淨故內空清淨內空清淨故自相空清淨何
以故若一切智智清淨若內空清淨若自相
空清淨無二無二分無別無斷故一切智智
清淨故外空內外空空空大空勝義空有為
空無為空畢竟空無際空散空無變異空本
性空自相空一切法空不可得空無性空自
性空無性自性空清淨外空乃至無性自性
空清淨故自相空清淨何以故若一切智智
清淨若外空乃至無性自性空清淨若自相
空清淨無二無二分無別無斷故善現一切
智智清淨故真如清淨真如清淨故自相空
清淨何以故若一切智智清淨若真如清淨
若自相空清淨無二無二分無別無斷故一
切智智清淨故法界法性不虛妄性不變異
性平等性離生性法定法住實際虛空界不
思議界清淨法界乃至不思議界清淨故自
相空清淨何以故若一切智智清淨若法界
乃至不思議界清淨若自相空清淨無二無
二分無別無斷故善現一切智智清淨故苦
聖諦清淨苦聖諦清淨故自相空清淨何以
故若一切智智清淨若苦聖諦清淨若自相
空清淨無二無二分無別無斷故一切智智
清淨故集滅道聖諦清淨集滅道聖諦清淨
故自相空清淨何以故若一切智智清淨若集
滅道聖諦清淨若自相空清淨無二無二
分無別無斷故

BD05039 號　大般若波羅蜜多經卷二五四

（6–2）

二分無別無斷故善現一切智智清淨故苦
聖諦清淨苦聖諦清淨故自相空清淨何以
故若一切智智清淨若苦聖諦清淨若自相
空清淨無二無二分無別無斷故一切智智
清淨故集滅道聖諦清淨集滅道聖諦清淨
故自相空清淨何以故若一切智智清淨若集
滅道聖諦清淨若自相空清淨無二無二
分無別無斷故
善現一切智智清淨故四靜慮清淨四靜慮
清淨故自相空清淨何以故若一切智智清
淨若四靜慮清淨若自相空清淨無二無二
分無別無斷故一切智智清淨故四無量四
無色定清淨四無量四無色定清淨故自相
空清淨何以故若一切智智清淨若四無量
四無色定清淨若自相空清淨無二無二分
無別無斷故善現一切智智清淨故八解脫
清淨八解脫清淨故自相空清淨何以故若
一切智智清淨若八解脫清淨若自相空清
淨無二無二分無別無斷故一切智智清淨故
八勝處九次第定十遍處清淨八勝處九
次第定十遍處清淨故自相空清淨何以故
若一切智智清淨若八勝處九次第定十遍
處清淨若自相空清淨無二無二分無別無
斷故善現一切智智清淨故四念住清淨四
念住清淨故自相空清淨何以故若一切智
智清淨若四念住清淨若自相空清淨無二
無二分無別無斷故一切智智清淨故四正

BD05039 號　大般若波羅蜜多經卷二五四

（6–3）

若一切智智清淨若八勝處九次第定十遍
處清淨若自相空清淨無二無二分無別無
斷故善現一切智智清淨故四念住清淨四
念住清淨故自相空清淨何以故若一切智
智清淨若四念住清淨若自相空清淨無二
無二分無別無斷故一切智智清淨故四正
斷四神足五根五力七等覺支八聖道支清
淨四正斷乃至八聖道支清淨故自相空清
淨何以故若一切智智清淨若四正斷乃至
八聖道支清淨若自相空清淨無二無二分
無別無斷故善現一切智智清淨故空解脫
門清淨空解脫門清淨故自相空清淨何以
故若一切智智清淨若空解脫門清淨若自
相空清淨無二無二分無別無斷故一切智
智清淨故無相無願解脫門清淨無相無願
解脫門清淨故自相空清淨何以故若一切
智智清淨若無相無願解脫門清淨若自相
空清淨無二無二分無別無斷故善現一切智
智清淨故菩薩十地清淨菩薩十地清淨故
自相空清淨何以故若一切智智清淨若菩
薩十地清淨若自相空清淨無二無二分無
別無斷故
善現一切智智清淨故五眼清淨五眼清淨
故自相空清淨何以故若一切智智清淨若
五眼清淨若自相空清淨無二無二分無別
無斷故一切智智清淨故六神通清淨六神
通清淨故自相空清淨何以故若一切智智

BD05039號　大般若波羅蜜多經卷二五四　（6–4）

善現一切智智清淨故五眼清淨五眼清淨
故自相空清淨何以故若一切智智清淨若
五眼清淨若自相空清淨無二無二分無別
無斷故一切智智清淨故六神通清淨六神
通清淨故自相空清淨何以故若一切智智
清淨若六神通清淨若自相空清淨無二無
二分無別無斷故善現一切智智清淨故佛
十力清淨佛十力清淨故自相空清淨何以故
故若一切智智清淨若佛十力清淨若自相
空清淨無二無二分無別無斷故一切智智
清淨故四無所畏四無礙解大慈大悲大喜
大捨十八佛不共法清淨四無所畏乃至十
八佛不共法清淨故自相空清淨何以故若
一切智智清淨若四無所畏乃至十八佛不共
法清淨若自相空清淨無二無二分無別無
斷故善現一切智智清淨故無忘失法清
淨無忘失法清淨故自相空清淨何以故若
一切智智清淨若無忘失法清淨若自相空
清淨無二無二分無別無斷故一切智智清
淨故恒住捨性清淨恒住捨性清淨故自相
空清淨何以故若一切智智清淨若恒住捨
性清淨若自相空清淨無二無二分無別無
斷故善現一切智智清淨故一切智清淨
一切智清淨故自相空清淨何以故若一切智
智清淨若一切智清淨若自相空清淨無
二無二分無別無斷故一切智智清淨故道相

BD05039號　大般若波羅蜜多經卷二五四　（6–5）

淨無忘失法清淨故自相空清淨何以故若
一切智智清淨若無忘失法清淨若自相空
清淨無二無二分無別無斷故一切智智清
淨故恒住捨性清淨恒住捨性清淨故自相
空清淨何以故若一切智智清淨若恒住捨
性清淨若自相空清淨無二無二分無別無
斷故善現一切智智清淨故一切智清淨
一切智清淨故自相空清淨何以故若一切智
智清淨若一切智清淨若自相空清淨無
二無二分無別無斷故一切智智清淨故道相
智一切相智清淨道相智一切相智清淨故
自相空清淨何以故若一切智智清淨若道
相智一切相智清淨若自相空清淨無二無
二分無別無斷故善現一切智智清淨故一
切陀羅尼門清淨一切陀羅尼門清淨故自
相空清淨何以故若一切智智清淨若一
陀羅尼門清淨若自相空清淨無二無
無別無斷故一切智智清淨故一切三摩
切三摩地門清淨故自相空清淨
切三摩地門清
無二分無別無斷

BD05039 號　大般若波羅蜜多經卷二五四　（6–6）

座起現大神力以右手摩无量
言我於无量百千万億阿僧祇劫
脩習是難得阿耨多羅三藐三菩提法今以付囑汝等
汝等應當一心流布此法廣令增益如是三摩諸菩薩
摩訶薩頂而作是言我於无量百千万億阿僧祇劫脩
習是難得阿耨多羅三藐三菩提法今以付囑汝
等當受持讀誦廣宣此法令一切衆生普得聞知所以者
何如來有大慈悲无諸慳悋亦无所畏能與衆生佛之
智慧如來智慧自然智慧如來是一切衆生之大施主
汝等亦應隨學如來之法勿生慳悋於未來世若有善
男子善女人信如來智慧者當為演說此法華經使得聞
知為令其人得佛智慧故若有衆生不信受者當於如來
餘深法中示教利喜汝等若能如是則為已報諸佛之恩
時諸菩薩摩訶薩聞佛作是說已皆大歡喜遍滿其身益加
恭敬曲躬低頭合掌向佛俱發聲言如世尊勅當具奉行
唯然世尊願不有慮諸菩薩摩訶薩衆如是三反俱發聲
言如世尊勅當具奉行唯然世尊願不有慮尒時釋迦牟
尼佛令十方來諸分身佛各還本土而作是言諸佛各隨
所安多寶佛塔還可如故說是語時十方无量分身諸佛
坐寶樹下師子座上者及多寶佛并上行等无邊阿僧祇
菩薩大衆舍利弗等聲聞四衆及一切世間天人阿脩羅
等聞佛所說皆大歡喜

BD05040 號　妙法蓮華經卷六　（8–1）

言如世尊勅當具奉行唯然世尊願不有慮尒時釋迦牟
尼佛令十方來諸分身佛各還本土而作是言諸佛各隨
所安多寶佛塔還可如故說是語時十方无量分身諸佛
坐寶樹下師子座上者及多寶佛并上行等无邊阿僧祇
菩薩大衆舍利弗等聲聞四衆及一切世間天人阿脩羅
等聞佛所說皆大歡喜

妙法蓮華經藥王菩薩本事品第二十三

尒時宿王華菩薩白佛言世尊藥王菩薩云何遊於娑婆
世界世尊是藥王菩薩有若干百千万億那由他難行苦
行善哉世尊願少解說諸天龍神夜叉乾闥婆阿脩羅迦
樓羅緊那羅摩睺羅伽人非人等又他國土諸來菩薩及
此聲聞衆聞皆歡喜尒時佛告宿王華菩薩乃往過去无量
恒河沙劫有佛号日月淨明德如來應供正遍知明行足
善逝世間解无上士調御丈夫天人師佛世尊其佛有八
十億大菩薩摩訶薩七十二恒河沙大聲聞衆佛壽四万
二千劫菩薩壽命亦等彼國无有女人地獄餓鬼畜生阿
脩羅等及以諸難地平如掌琉璃所成寶樹莊嚴寶帳覆
上垂寶華幡寶瓶香爐周遍國界七寶為臺一樹一臺
其樹去臺盡一箭道此諸寶樹皆有菩薩聲聞而坐其
下諸寶臺上各有百千億諸天作天伎樂歌歎於佛以
為供養尒時彼佛為一切衆生喜見菩薩及衆菩薩諸
聲聞衆說法華經是一切衆生喜見菩薩樂習苦行於
日月淨明德佛法中精進經行一心求佛滿万二千歲
已得現一切色身三昧得此三昧已心大歡喜即作念
言我得現一切色身三昧皆是得聞法華經力我今當
供養日月淨明德佛及法華經即時入是三昧於虛空
中雨曼陁羅華摩訶曼陁羅華細末堅黑栴檀滿虛空

BD05040 號　妙法蓮華經卷六

（8–2）

聲聞衆說法華經是一切衆生喜見菩薩樂習苦行於
日月淨明德佛法中精進經行一心求佛滿万二千歲
已得現一切色身三昧得此三昧已心大歡喜即作念
言我得現一切色身三昧皆是得聞法華經力我今當
供養日月淨明德佛及法華經即時入是三昧於虛空
中雨曼陁羅華摩訶曼陁羅華細末堅黑栴檀滿虛空
中如雲而下又雨海此岸栴檀之香此香六銖價直娑
婆世界以供養佛作是供養已從三昧起而自念言我
雖以神力供養於佛不如以身供養即服諸香栴檀薰
陸兜樓婆畢力迦沉水膠香又飲瞻蔔諸華香油滿千
二百歲已香油塗身於日月淨明德佛前以天寶衣而
自纏身灌諸香油以神通力願而自然身光明遍照八
十億恒河沙世界其中諸佛同時讚言善哉善哉善男
子是真精進是名真法供養如來若以華香瓔珞燒香
末香塗香天繒幡蓋及海此岸栴檀之香如是等種種
諸物供養所不能及假使國城妻子布施亦所不及善
男子是名第一之施於諸施中最尊最上以法供養諸
如來故作是語已而各嘿然其身火然千二百歲過是
已後其身乃盡一切衆生喜見菩薩作如是法供養已
命終之後復生日月淨明德佛國中於淨德王家結跏
趺坐忽然化生即為其父而說偈言
大王今當知　我經行彼處　即時得一切　現諸身三昧
勤行大精進　捨所愛之身
說是偈已而白父言日月淨明德佛今故現在我先供
養佛已得解一切衆生語言陁羅尼復聞是法華經八

BD05040 號　妙法蓮華經卷六

（8–3）

趺坐忽然化生即爲其父而說偈言
大王今當知　我經行彼處　即時得一切　現諸身三昧
勤行大精進　捨所愛之身
說是偈已而白父言日月淨明德佛今故現在我先供
養佛已得解一切衆生語言陁羅尼復聞是法華經八
百千万億那由他甄迦羅頻婆羅阿閦婆等偈大王我
今當還供養此佛白已即坐七寶之臺上昇虛空高七
多羅樹往到佛所頭面礼足合十指爪以偈讚佛
容顔甚奇妙　光明照十方　我適曾供養　今復還親近
尒時一切衆生喜見菩薩說是偈已而白佛言世尊世尊
猶故在世尒時日月淨明德佛告一切衆生喜見菩薩善
男子我涅槃時到滅盡時至汝可安施床座我於今夜當般
涅槃又勅一切衆生喜見菩薩善男子我以佛法囑累於
汝及諸菩薩大弟子并阿耨多羅三藐三菩提法亦以三
千大千七寶世界諸寶樹寶臺及給侍諸天悉付於汝我
滅度後所有舍利亦付囑汝當令流布廣設供養應起若
干千塔如是日月淨明德佛勅一切衆生喜見菩薩已於
夜後分入於涅槃尒時一切衆生喜見菩薩見佛滅度悲
感懊惱戀慕於佛即以海此岸栴檀爲積供養佛身而以
燒之火滅已後收取舍利作八万四千寶瓶以起八万
四千塔高三世界表刹莊嚴垂諸幡蓋懸衆寶鈴尒時
一切衆生喜見菩薩復自念言我雖作是供養心猶未
足我今當更供養舍利便語諸菩薩大弟子及天龍夜
叉等一切大衆汝等當一心念我今供養日月淨明德
佛舍利作是語已即於八万四千塔前然百福莊嚴臂
七万二千歲而以供養令無數求聲聞衆無量阿僧祇

BD05040號　妙法蓮華經卷六　（8–4）

四千塔高三世界表刹莊嚴垂諸幡蓋懸衆寶鈴尒時
一切衆生喜見菩薩復自念言我雖作是供養心猶未
足我今當更供養舍利便語諸菩薩大弟子及天龍夜
叉等一切大衆汝等當一心念我今供養日月淨明德
佛舍利作是語已即於八万四千塔前然百福莊嚴臂
七万二千歲而以供養令無數求聲聞衆無量阿僧祇
人發阿耨多羅三藐三菩提心皆使得住現一切色身
三昧尒時諸菩薩天人阿脩羅等見其無臂憂惱悲哀
而作是言此一切衆生喜見菩薩是我等師教化我者
而今燒臂身不具足于時一切衆生喜見菩薩於大衆
中立誓言我捨兩臂必當得佛金色之身若實不虛令
我兩臂還復如故作是誓已自然還復由斯菩薩福德
智慧淳厚所致當尒之時三千大千世界六種震動天雨
寶華一切人天得未曾有佛告宿王華菩薩於汝意云何
一切衆生喜見菩薩豈異人乎今藥王菩薩是也其所捨
身布施如是無量百千万億那由他數宿王華若有發心
欲得阿耨多羅三藐三菩提者能然手指乃至足一
指供養佛塔勝以國城妻子及三千大千國土山林河池
諸珍寶物而供養者若復有人以七寶滿三千大千世界
供養於佛及大菩薩辟支佛阿羅漢是人所得功德不如
受持此法華經乃至一四句偈其福冣多宿王華譬如一
切川流江河諸水之中海爲第一此法華經亦復如是於
諸如來所說經中冣爲深大又如土山黑山小鐵圍山大
鐵圍山及十寶山衆山之中須彌山爲第一此法華經亦復
如是於諸經中冣爲其上又如衆星之中月天子冣爲第一
此法華經亦復如是於千万億種諸經法中冣爲照明又如
日天子能除諸闇此經亦復如是能破一切不善之闇又如

BD05040號　妙法蓮華經卷六　（8–5）

諸如来所説経中㝡為深大又如土山黒山小鐵圍山大
鐵圍山及十寶山衆山之中須弥山為第一此法華経亦復
如是於諸経中㝡為其上又如衆星之中月天子㝡為第一
此法華経亦復如是於千万億種諸経法中㝡為照明又如
日天子能除諸闇此経亦復如是能破一切不善之闇又如
諸小王中轉輪聖王㝡為第一此経亦復如是於衆経
中㝡為其尊又如帝釋於三十三天中王此経亦復如
是諸経中王又如大梵天王一切衆生之父此経亦復
如是一切賢聖學无學及發菩薩心者之父又如一切
凡夫人中須陁洹斯陁含阿那含阿羅漢辟支佛為第
一此経亦復如是一切如来所説若菩薩所説若聲聞
所説諸経法中㝡為第一有能受持是経典者亦復如
是於一切衆生中亦為第一一切聲聞辟支佛中菩薩
為第一此経亦復如是於一切諸経法中㝡為第一如
佛為諸法王此経亦復如是諸経中王宿王華此経能
救一切衆生者此経能令一切衆生離諸苦悩此経能
大饒益一切衆生充満其願如清凉池能満一切諸渴
之者如寒者得火如裸者得衣如商人得主如子得母
如度得船如病得醫如暗得燈如貧得寶如民得王如
賈客得海如炬除暗此法華経亦復如是能令衆生離
一切苦一切病痛能解一切生死之縛若人得聞此法
華経若自書若使人書所得功德以佛智慧籌量多少
不得其邊若書是経巻華香瓔珞燒香末香塗香幡蓋
衣服種種之燈蘇燈油燈諸香油燈瞻蔔油燈須曼油
燈波羅羅油燈婆利師迦油燈那婆摩利油燈供養所得
功德亦復无量宿王華若有人聞是藥王菩薩本事品
者亦得无量无邊功德若有女人聞是藥王菩薩本事

BD05040號　妙法蓮華經卷六　（8–6）

不得其邊若書是経巻華香瓔珞燒香末香塗香幡蓋
衣服種種之燈蘇燈油燈諸香油燈瞻蔔油燈須曼油
燈波羅羅油燈婆利師迦油燈那婆摩利油燈供養所得
功德亦復无量宿王華若有人聞是藥王菩薩本事品
者亦得无量无邊功德若有女人聞是藥王菩薩本事
品能受持者盡是女身後不復受若如来滅後後五百
歳中若有女人聞是経典如説修行於此命終即往安
樂世界阿弥陁佛大菩薩衆圍遶住處生蓮華中寶座
之上不復為貪欲所悩亦復不為瞋恚愚癡所悩亦復
不為憍慢嫉妬諸垢所悩得菩薩神通无生法忍得是
忍已眼根清淨以是清淨眼根見七百万二千億那由
他恒河沙等諸佛如来是時諸佛遥共讃言善哉善哉
善男子汝能於釋迦牟尼佛法中受持讀誦思惟是経
為他人説所得福德无量无邊火不能燒水不能漂汝
之功德千佛共説不能令盡汝今已能破諸魔賊壞生
死軍諸餘怨敵皆悉摧滅善男子百千諸佛以神通力
共守護汝於一切世間天人之中无如汝者唯除如来
其諸聲聞辟支佛乃至菩薩智慧禪定无有與汝等者
宿王華此菩薩成就如是功德智慧之力若有人聞是
藥王菩薩本事品能隨喜讃善者是人現世口中常出
青蓮華香身毛孔中常出牛頭栴檀香所得功德如上
所説是故宿王華以此藥王菩薩本事品囑累於汝我
滅度後後五百歳中廣宣流布於閻浮提无令斷絶惡
魔魔民諸天龍夜叉鳩槃荼等得其便也宿王華汝當
以神通之力守護是経所以者何此経則為閻浮提人
病之良藥若人有病得聞是経病即消滅不老不死宿
王華汝若見有受持是経者應以青蓮華盛満末香供
散其上散已作是[illegible]

BD05040號　妙法蓮華經卷六　（8–7）

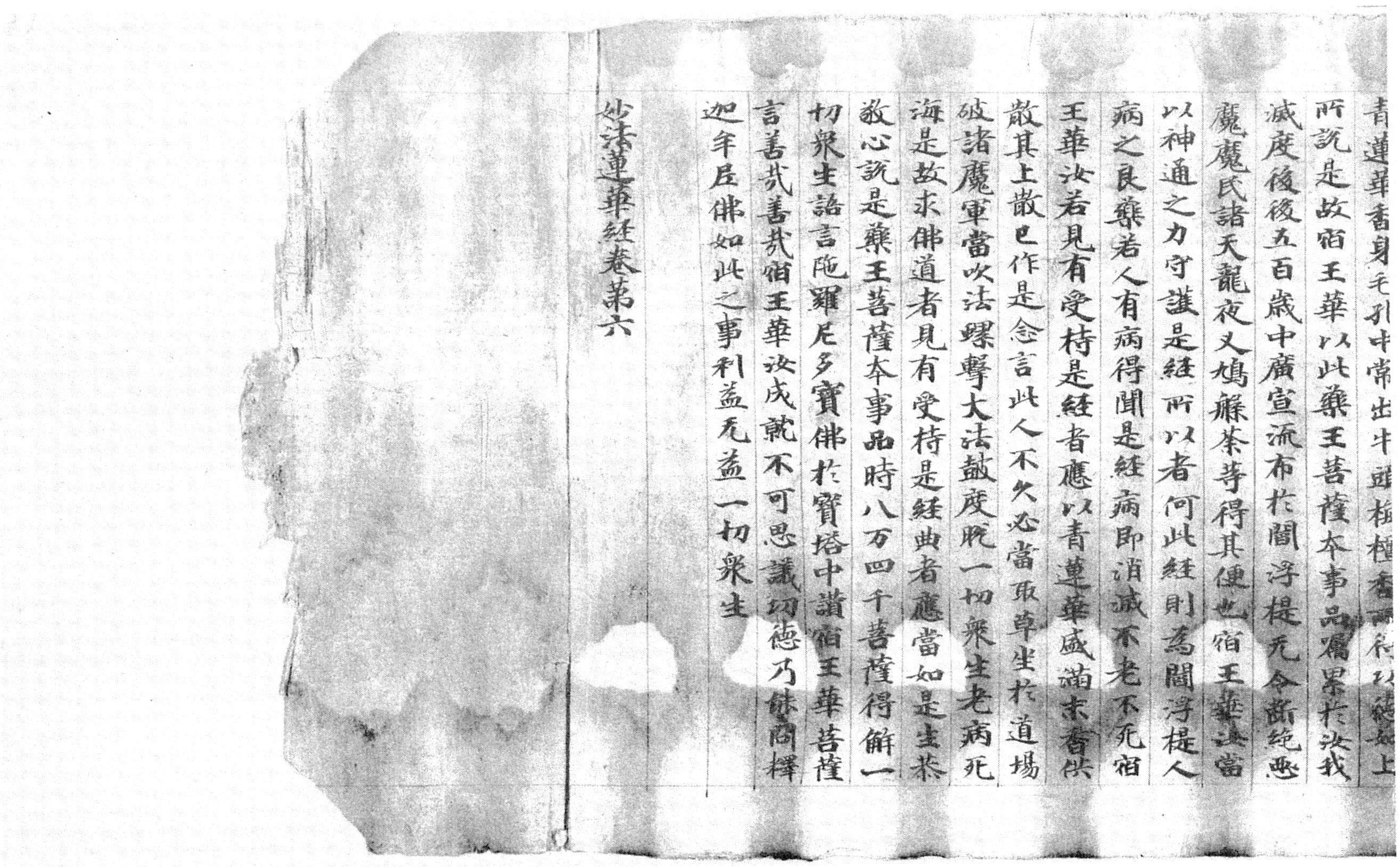

青蓮華香身毛孔中常出牛頭栴檀香所得功德如上
所說是故宿王華以此藥王菩薩本事品囑累於汝我
滅度後後五百歲中廣宣流布於閻浮提无令斷絶惡
魔魔民諸天龍夜叉鳩槃荼等得其便也宿王華汝當
以神通之力守護是經所以者何此經則為閻浮提人
病之良藥若人有病得聞是經病即消滅不老不死宿
王華汝若見有受持是經者應以青蓮華盛滿末香供
散其上散已作是念言此人不久必當取草坐於道場
破諸魔軍當吹法螺擊大法鼓度脫一切衆生老病死
海是故求佛道者見有受持是經典者應當如是生恭
敬心說是藥王菩薩本事品時八万四千菩薩得解一
切衆生語言陁羅尼多寶佛於寶塔中讚宿王華菩薩
言善哉善哉宿王華汝成就不可思議功德乃能問釋
迦牟尼佛如此之事利益无量一切衆生

妙法蓮華經卷第六

BD05040 號　妙法蓮華經卷六　　（8–8）

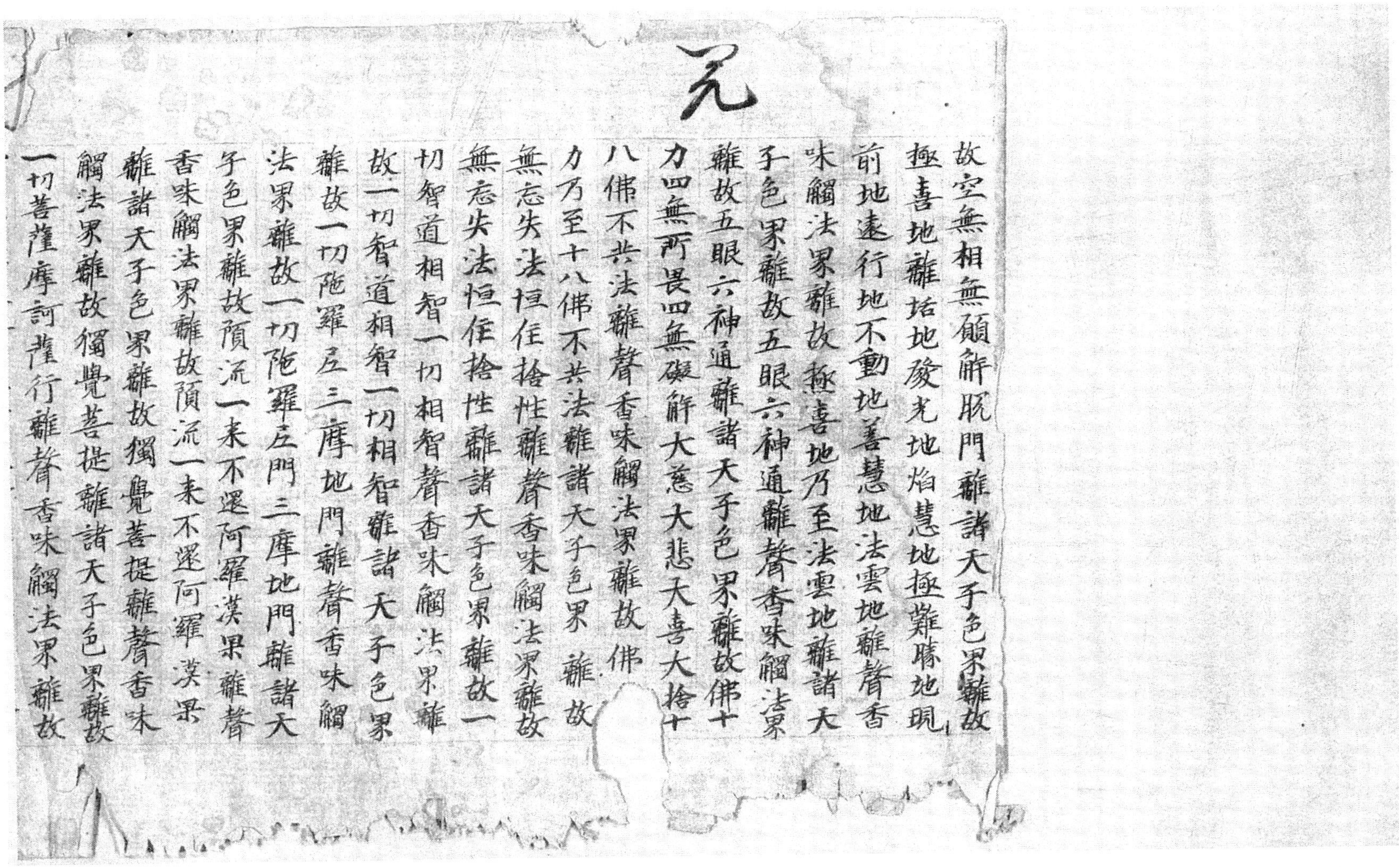

兑

故空無相無願解脫門離諸天子色界離故
極喜地離垢地發光地焰慧地極難勝地現
前地遠行地不動地善慧地法雲地離聲香
味觸法界離故極喜地乃至法雲地離諸天
子色界離故五眼六神通離聲香味觸法界
離故五眼六神通離諸天子色界離故佛十
力四無所畏四無礙解大慈大悲大喜大捨十
八佛不共法離聲香味觸法界離故佛
力乃至十八佛不共法離諸天子色界離故
無忘失法恒住捨性離聲香味觸法界離故
無忘失法恒住捨性離諸天子色界離故一
切智道相智一切相智聲香味觸法界離
故一切智道相智一切相智離諸天子色界
離故一切陁羅尼門三摩地門離聲香味觸
法界離故一切陁羅尼門三摩地門離諸天
子色界離故預流一來不還阿羅漢果離聲
香味觸法界離故預流一來不還阿羅漢果
離諸天子色界離故獨覺菩提離聲香味
觸法界離故獨覺菩提離諸天子色界離故
一切菩薩摩訶薩行離聲香味觸法界離故

BD05041 號　大般若波羅蜜多經（兑廢稿）卷三四三　　（2–1）

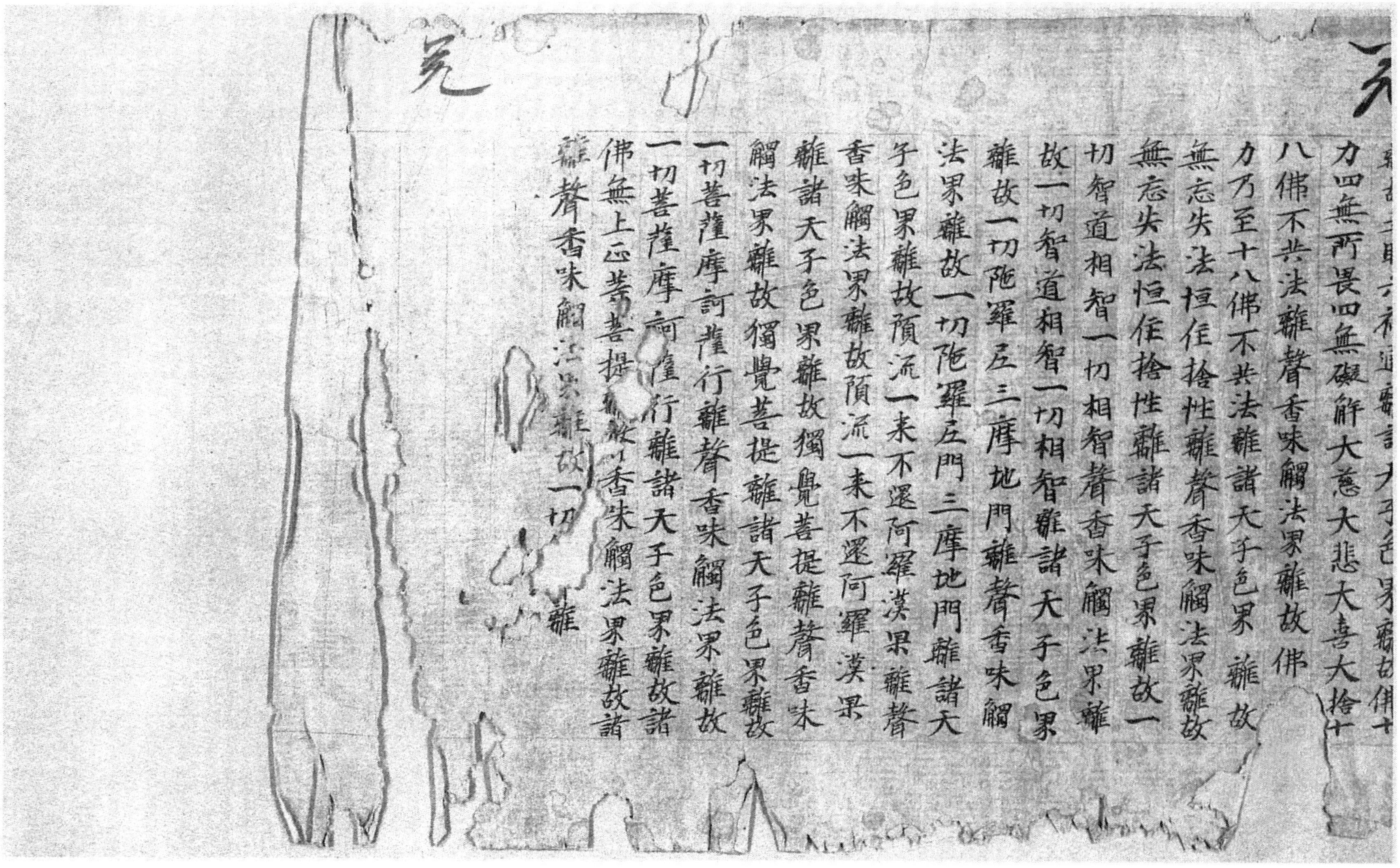

兑

……眼六神通離諸天子色界離故佛十
力四無所畏四無礙解大慈大悲大喜大捨十
八佛不共法離聲香味觸法界離故佛
力乃至十八佛不共法離諸天子色界離故
無忘失法恒住捨性離聲香味觸法界離故
無忘失法恒住捨性離諸天子色界離故一
切智道相智一切相智離聲香味觸法界離
故一切智道相智一切相智離諸天子色界
離故一切陁羅尼三摩地門離聲香味觸
法界離故一切陁羅尼門三摩地門離諸天
子色界離故預流一來不還阿羅漢果離聲
香味觸法界離故預流一來不還阿羅漢果
離諸天子色界離故獨覺菩提離聲香味
觸法界離故獨覺菩提離諸天子色界離故
一切菩薩摩訶薩行離聲香味觸法界離故
一切菩薩摩訶薩行離諸天子色界離故諸
佛無上正等菩提離聲香味觸法界離故諸
離聲香味觸法界離故一切　離

BD05041 號　大般若波羅蜜多經（兑廢稿）卷三四三　　（2–2）

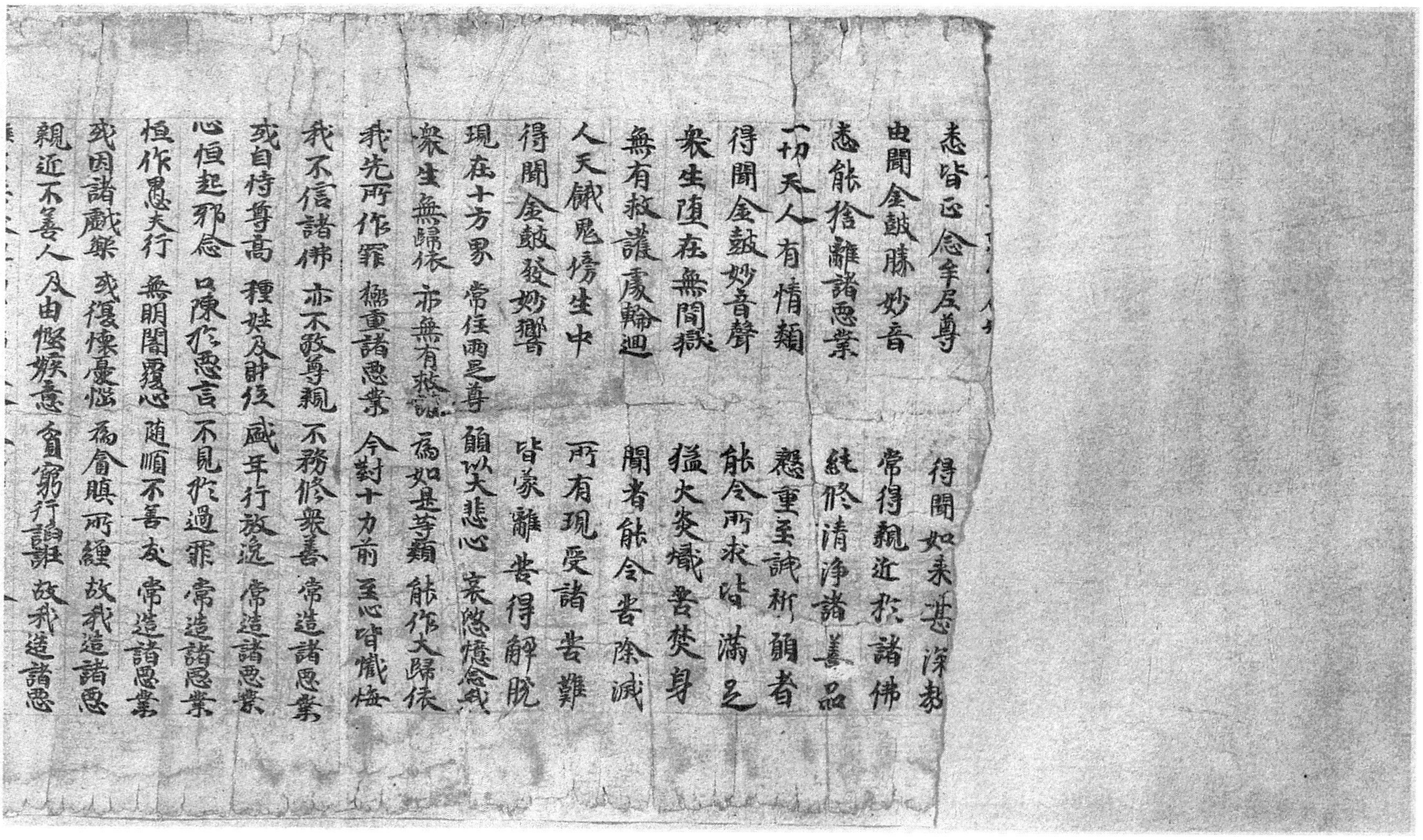

悉皆正念牟尼尊　得聞如來甚深教
由聞金鼓勝妙音　常得親近於諸佛
悉能捨離諸惡業　純修清淨諸善品
一切天人有情類　慇重至誠祈願者
得聞金鼓妙音聲　能令所求皆滿足
衆生墮在無間獄　猛火炎熾苦焚身
無有救護處輪迴　聞者能令苦除滅
人天餓鬼傍生中　所有現受諸苦難
得聞金鼓發妙響　皆蒙離苦得解脫
現在十方界　常住兩足尊　願以大悲心　哀愍憶念我
衆生無歸依　亦無有救護　為如是等類　能作大歸依
我先所作罪　極重諸惡業　今對十力前　至心皆懺悔
我不信諸佛　亦不敬尊親　不務修衆善　常造諸惡業
或自恃尊高　種姓及財位　盛年行放逸　常造諸惡業
心恒起邪念　口陳於惡言　不見於過罪　常造諸惡業
恒作愚夫行　無明闇覆心　隨順不善友　常造諸惡業
或因諸戲樂　或復懷憂惱　為貪瞋所纏　故我造諸惡
親近不善人　及由慳嫉意　貧窮行謟誑　故我造諸惡

BD05042 號　金光明最勝王經卷二　　（6–1）

我不信諸佛　亦不敬尊親　不務修衆善　常造諸惡業
或自恃尊高　種姓及財位　盛年行放逸　常造諸惡業
心恒起邪念　口陳於惡言　不見於過罪　常造諸惡業
恒作愚夫行　無明闇覆心　隨順不善友　常造諸惡業
或因諸戲樂　或復懷憂惱　爲貪瞋所纏　故我造諸惡
親近不善人　及由慳嫉意　貧窮行諂誑　故我造諸惡
雖不樂衆過　由有怖畏故　及不得自在　故我造諸惡
或爲躁動心　或因瞋恚恨　及以飢渴惱　故我造諸惡
由飲食衣服　及貪愛女人　煩惱火所燒　故我造諸惡
於佛法僧衆　不生恭敬心　作如是衆罪　我今悉懺悔
於獨覺菩薩　亦無恭敬心　作如是衆罪　我今悉懺悔
無知謗正法　不孝於父母　作如是衆罪　我今悉懺悔
由愚癡憍慢　及以貪瞋力　作如是衆罪　我今悉懺悔
我於十方界　供養無數佛　當願拔衆生　令離諸苦難
願一切有情　皆令住十地　福智圓滿已　成佛導群迷
我爲諸衆生　苦行百千劫　以大智慧力　皆令出苦海
我爲諸含識　演說甚深經　最勝金光明　能除諸惡業
若人百千劫　造諸極重罪　暫時能發露　衆惡盡消除
依此金光明　作如是懺悔　由斯能速盡　一切諸苦業
勝定百千種　不思議總持　根力覺道支　修習常無倦
我當至十地　具足珍寶處　圓滿佛功德　濟度生死流
我於諸佛海　甚深功德藏　妙智難思議　皆令得具足
唯願十方佛　觀察護念我　皆以大悲心　哀受我懺悔
我於多劫中　所造諸惡業　由斯生苦惱　哀愍願消除
我造諸惡業　常生憂怖心　於四威儀中　曾無歡樂想
諸佛具大悲　能除衆生怖　願受我懺悔　令得離憂苦
我有煩惱障　及以諸報業　願以大悲水　洗濯令清淨

唯願十方佛　觀察護念我　皆以大悲心　哀受我懺悔
我於多劫中　所造諸惡業　由斯生苦惱　哀愍願消除
我造諸惡業　常生憂怖心　於四威儀中　曾無歡樂想
諸佛具大悲　能除衆生怖　願受我懺悔　令得離憂苦
我有煩惱障　及以諸報業　願以大悲水　洗濯令清淨
我先作諸罪　及現造惡業　至心皆發露　咸願得蠲除
未來諸惡業　防護令不起　設令有違者　終不敢覆藏
身三語四種　意業復有三　繫縛諸有情　無始恒相續
由斯三種行　造作十惡業　如是衆多罪　我今皆懺悔
我造諸惡業　苦報當自受　今於諸佛前　至誠皆懺悔
於此贍部洲　及他方世界　所有諸善業　今我皆隨喜
願離十惡業　修行十善道　安住十地中　常見十方佛
我以身語意　所修福智業　願以此善根　速成無上慧
我今親對十力前　發露衆多苦難事
凡愚迷惑三有難　恒造極重惡業難
我所積集欲邪難　常起貪愛流轉難
於此世間躭著難　一切愚夫煩惱難
狂心散動顛倒難　及以親近惡友難
於生死中貪染難　瞋癡闇鈍造罪難
生八無暇惡處難　未曾積集功德難
我今皆於最勝前　懺悔無邊罪惡業
我今歸依諸善逝　我禮德海無上尊
如大金山照十方　唯願慈悲哀攝受
身色金光淨無垢　目如清淨紺琉璃
吉祥威德名稱尊　大悲慧日除衆闇
佛日光明常普遍　善淨無垢離諸塵
牟尼月照極清涼　[illegible]

我今歸依諸善逝　我禮德海無上尊
如大金山照十方　唯願慈悲哀攝受
身色金光淨無垢　目如清淨紺琉璃
吉祥威德名稱尊　大悲慧日除眾闇
佛日光明常普遍　善淨無垢離諸塵
牟尼月照極清涼　能除眾生煩惱熱
三十二相遍莊嚴　八十隨好皆圓滿
福德難思無與等　如日流光照世間
色如琉璃淨無垢　猶如滿月處虛空
妙頗黎網映金軀　種種光明以嚴飾
於生死苦暴流內　老病憂愁水所漂
如是苦海難堪忍　佛日舒光令永竭
我今稽首一切智　三千世界希有尊
光明晃耀紫金身　種種妙好皆嚴飾
如大海水量難知　大地微塵不可數
如妙高山叵稱量　亦如虛空無有際
諸佛功德亦如是　一切有情不能知
於無量劫諦思惟　無有能知德海岸
盡此大地諸山岳　析如微塵能算知
毛端渧海尚可量　佛之功德無能數
一切有情皆共讚　世尊名稱諸功德
清淨相好妙莊嚴　不可稱量知分齊
我之所有眾善業　願得速成無上尊
廣說正法利群生　悉令解脫於眾苦
降伏大力魔軍眾　當轉無上正法輪
久住劫數難思議　充足眾生甘露味
猶如過去諸最勝　六波羅蜜皆圓滿

BD05042 號　金光明最勝王經卷二　（6–4）

我之所有眾善業　願得速成無上尊
廣說正法利群生　悉令解脫於眾苦
降伏大力魔軍眾　當轉無上正法輪
久住劫數難思議　充足眾生甘露味
猶如過去諸最勝　六波羅蜜皆圓滿
滅諸貪欲及瞋癡　降伏煩惱除眾苦
願我常得宿命智　能憶過去百千生
亦常憶念牟尼尊　得聞諸佛甚深法
願我以斯諸善業　奉事無邊最勝尊
遠離一切不善因　恒得修行真妙法
一切世界諸眾生　悉皆離苦得安樂
所有諸根不具足　令彼身相皆圓滿
若有眾生遭病苦　身形羸瘦無所依
咸令病苦得消除　諸根色力皆充滿
若犯王法當刑戮　眾苦逼迫生憂惱
彼受如斯極苦時　無有歸依能救護
若受鞭杖枷鎖繫　種種苦具切其身
無量百千憂惱時　逼迫身心無暫樂
皆令得免於繫縛　及以鞭杖苦楚事
將臨刑者得命全　眾苦皆令永除盡
若有眾生飢渴逼　令得種種殊勝味
盲者得視聾者聞　跛者能行瘂能語
貧窮眾生獲寶藏　倉庫盈溢無所乏
皆令得受上妙樂　無一眾生受苦惱
一切人天皆樂見　容儀溫雅甚端嚴
悉皆現受無量樂　受用豐饒福德具
隨彼眾生念伎樂　眾妙音聲皆現前

BD05042 號　金光明最勝王經卷二　（6–5）

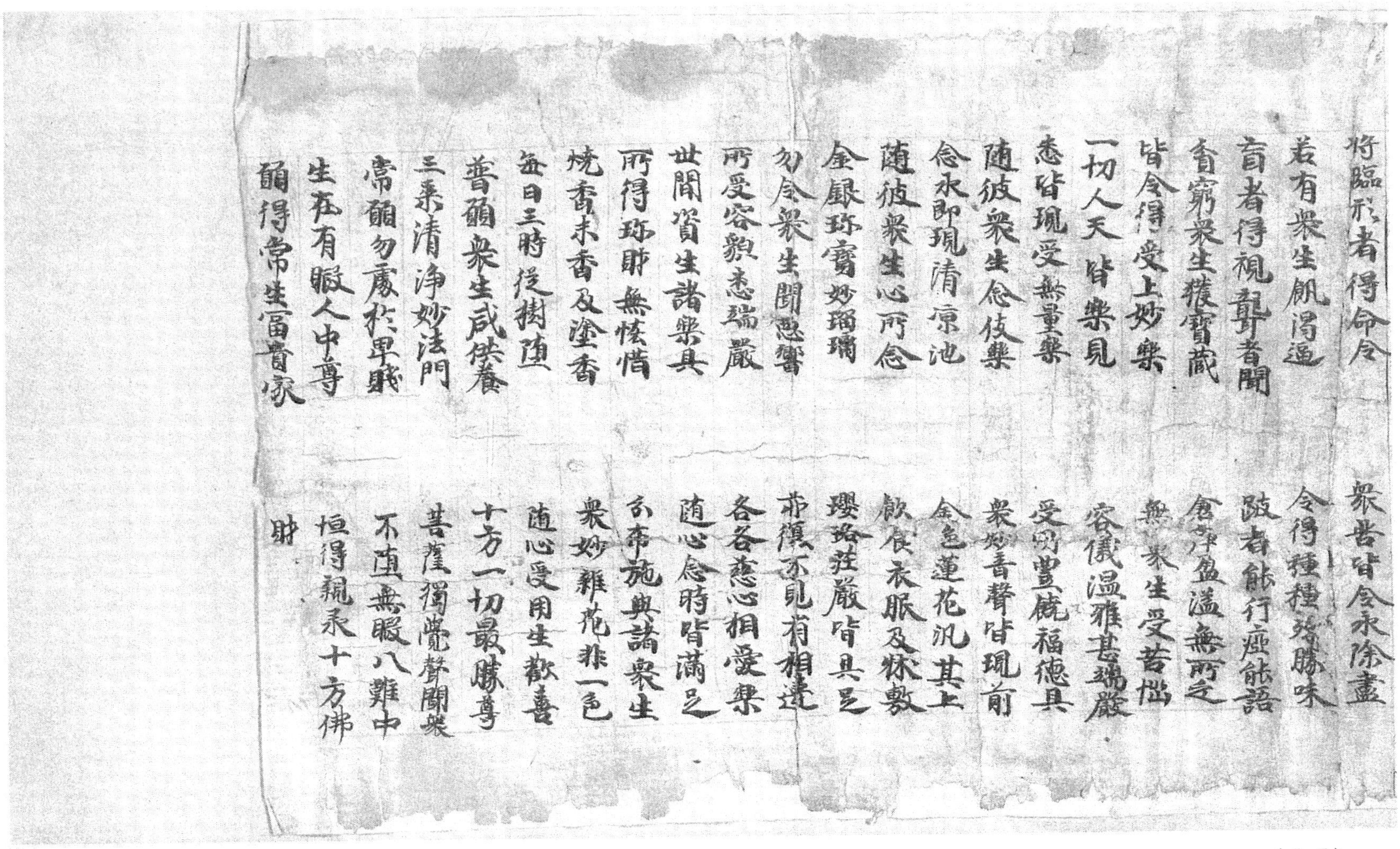

將臨死者得命全　衆苦皆令永除盡
若有衆生飢渴逼　令得種種殊勝味
盲者得視聾者聞　跛者能行瘂能語
貧窮衆生獲寶藏　倉庫盈溢無所乏
皆令得受上妙樂　無一衆生受苦惱
一切人天皆樂見　容儀溫雅甚端嚴
悉皆現受無量樂　受用豐饒福德具
隨彼衆生念伎樂　衆妙音聲皆現前
念水即現清涼池　金色蓮花泛其上
隨彼衆生心所念　飲食衣服及床敷
金銀珎寶妙瑠璃　瓔珞莊嚴皆具足
勿令衆生聞惡響　亦復不見有相違
所受容貌悉端嚴　各各慈心相愛樂
世間資生諸樂具　隨心念時皆滿足
所得珎財無悋惜　分布施與諸衆生
燒香末香及塗香　衆妙雜花非一色
每日三時從樹墮　隨心受用生歡喜
普願衆生咸供養　十方一切最勝尊
三乘清淨妙法門　菩薩獨覺聲聞衆
常願勿處於卑賤　不墮無暇八難中
生在有暇人中尊　恒得親承十方佛
願得常生富貴家　財

BD05042 號　金光明最勝王經卷二　（6–6）

維摩詰經香積品第十
於是舍利弗心念日時
何食時維摩詰知其
仁者受行豈雜欲　若欲食者
且待須臾當令汝得未曾有食時維摩詰即
入三昧以神通力示諸大衆上方界分過卌二恒
河沙佛土有國名衆香佛號香積今現在
其國香氣比於十方諸佛世界人天之香㝡
為第一彼土無有聲聞辟支佛名唯有清淨
大菩薩衆佛為說法其界一切皆以香作樓
閣經行香地苑園皆香其食香氣周流十方
無量世界時彼佛與諸菩薩方共坐食有諸
天子皆號香嚴悉發阿耨多羅三藐三菩提
心供養彼佛及諸菩薩此諸大衆莫不目見
時維摩詰問衆菩薩諸仁者誰能致彼佛飯
以文殊師利威神力故咸皆默然維摩詰言仁
者此諸大衆無乃可恥文殊師利曰如佛所
言勿輕未學於是維摩詰不起于坐居衆會
前化作菩薩相好光明威德殊勝蔽於衆會
而告之曰汝往上方界分度如卌二恒河沙佛
土有國名衆香佛號香積與諸菩薩方共
維摩詰稽首世尊

BD05043 號　維摩詰所說經卷下　（23–1）

者此諸大衆无乃可恥文殊師利曰如佛所
言勿軽未學於是維摩詰不起于坐居衆會
前化作菩薩相好光明威德殊勝蔽於衆會
而告之曰汝往上方界分度如卌二恒河沙佛
土有国名衆香佛号香積與諸菩薩方共
坐食汝往到彼如我辞曰維摩詰稽首世尊
之下致敬无量問訊起居少病少惱氣力安
不願得世尊所食之餘當於娑婆世界施作
佛事令此樂小法者得弘大道亦使如来名
聲普聞時化菩薩即於會前昇于上方舉
衆皆見其去到衆香界礼彼佛足又聞其言
維摩詰稽首世尊之下致敬无量問訊起居
少病少惱氣力安不願得世尊所食之餘欲
於娑婆世界施作佛事使此樂小法者得弘
大道亦使如来名聲普聞彼諸大士見化菩
薩歎未曾有今此上人從何所来娑婆世界
為在何許云何名為樂小法者即以問佛佛
告之曰下方度如卌二恒河沙佛土有世界
名娑婆佛号釋迦牟尼今現在於五濁惡世
為樂小法衆生敷演道教彼有菩薩名維摩
詰住不可思議解脫為諸菩薩說法故遣化
来稱揚我名并讚此土令彼菩薩增益功德
彼菩薩言其人何如乃作是化德力无畏神
足若斯佛言甚大一切十方皆遣化往施作佛
事饒益衆生於是香積如来以衆香鉢盛滿
香飯與化菩薩時彼九百万菩薩俱發聲
言我欲詣娑婆世界供養釋迦牟尼佛并欲見

BD05043 號　維摩詰所說經卷下　（23–2）

来稱揚我名并讚此土令彼菩薩增益功德
彼菩薩言其人何如乃作是化德力无畏神
足若斯佛言甚大一切十方皆遣化往施作佛
事饒益衆生於是香積如来以衆香鉢盛滿
香飯與化菩薩時彼九百万菩薩俱發聲
言我欲詣娑婆世界供養釋迦牟尼佛并欲見
維摩詰等諸菩薩衆佛言可往攝汝身香无
令彼諸衆生起惑著心又當捨汝本形勿使
彼國求菩薩者而自鄙恥又汝於彼莫懷輕
賤而作礙想所以者何十方国土皆如虛空
又諸佛為欲化諸樂小法者不盡現其清淨
土耳時化菩薩既受鉢飯與彼九百万菩薩
俱承佛威神及維摩詰力於彼世界忽然不
現須臾之間至維摩詰舍維摩詰即化作九
百万師子之座嚴好如前諸菩薩皆坐其上
化菩薩以滿鉢香飯與維摩詰飯香普薰
毘耶離城及三千大千世界時毘耶離婆羅門
居士等聞是香氣身意快然歎未曾有於是
長者主月蓋從八万四千人来入維摩詰舍見
其室中菩薩甚多諸師子座高廣嚴好皆
大歡喜礼衆菩薩及大弟子却住一面諸地
神虛空神及欲色界諸天聞此香氣亦皆来
入維摩詰舍時維摩詰語舍利弗等諸大聲
聞仁者可食如来甘露味飯大悲所薰无以
限意食之使不消也有異聲聞念是飯少而
此大衆人人當食化菩薩曰勿以聲聞小德

BD05043 號　維摩詰所說經卷下　（23–3）

[illegible]
入維摩詰舍時維摩詰語舍利弗等諸大聲
聞仁者可食如來甘露味飯大悲所熏无以
限意食之使不消也有異聲聞念是飯少而
此大眾人人當食化菩薩曰勿以聲聞小德
小智稱量如來无量福慧四海有竭此飯无
盡使一切人食揣若須彌乃至一劫猶不能
盡所以者何无盡戒定智慧解脫解脫知見
功德具足者所食之餘終不可盡於是鉢
飯悉飽眾會猶故不賜其諸菩薩聲聞天人食
此飯者身安快樂譬如一切樂莊嚴國諸菩
薩也又諸毛孔皆出妙香亦如眾香國土諸
樹之香
爾時維摩詰問眾香菩薩香積如來以何說
法彼菩薩曰我土如來无文字說但以眾香
令諸天人得入律行菩薩各各坐香樹下聞斯
妙香即獲一切德藏三昧得是三昧者菩薩
所有功德皆悉具足彼諸菩薩問維摩詰
今世尊釋迦牟尼以何說法維摩詰言此土
眾生剛強難化故佛為說剛強之語以調伏
之言是地獄是畜生是餓鬼是諸難處是愚
人生處是身邪行是身邪行報是口邪行是
口邪行報是意邪行是意邪行報是煞生是煞
生報是不與取是不與取報是邪婬是邪
婬報是妄語是妄語報是兩舌是兩舌報是
惡口是惡口報是无義語是无義語報是貪
嫉是貪嫉報是瞋惱是瞋惱報是邪見是邪
見報是慳悋是慳悋報是毀戒是毀戒報是

口邪行報是意邪行是意邪行報是煞生是煞
生報是不與取是不與取報是邪婬是邪
婬報是妄語是妄語報是兩舌是兩舌報是
惡口是惡口報是无義語是无義語報是貪
嫉是貪嫉報是瞋惱是瞋惱報是邪見是邪
見報是慳悋是慳悋報是毀戒是毀戒報是
瞋恚是瞋恚報是懈怠是懈怠報是亂意
是亂意報是愚癡是愚癡報是結戒是持戒
是犯戒是應作是不應作是鄣礙是不鄣礙是
得罪是離罪是淨是垢是有漏是无漏是邪
道是正道是有為是无為是世間是涅槃以
難化之人心如猨猴故以若干種法制御其心
乃可調伏譬如象馬𢤱悷不調加諸楚毒
乃至徹骨然後調伏如是剛強難化眾生故
以一切苦切之言乃可入律彼諸菩薩聞說
是已皆曰未曾有也世尊釋迦牟尼佛隱其无
量自在之力乃以貧所樂法度脫眾生
斯諸菩薩亦能勞謙以无量大悲生是佛土
維摩詰言此土菩薩於諸眾生大悲堅固誠
如所言然其一世饒益眾生多於彼國百千
劫行所以者何此娑婆世界有十事善法諸
餘淨土之所无有何等為十以施攝貧窮
以淨戒攝毀禁以忍辱攝瞋恚以精進攝懈
怠以禪定攝亂意以智慧攝愚癡說除難法
度八難者以大乘法度樂小乘者以諸善根
濟无德者常以四攝成就眾生是為十彼菩
薩曰菩薩成就幾法於此世界行无瘡疣生

餘淨土之所无有何等為十以施攝貧窮
以淨戒攝毀禁以忍辱攝瞋恚以精進攝懈
怠以禪定攝亂意以智慧攝愚癡說除難法
度八難者以大乘法度樂小乘者以諸善根
濟无德者常以四攝成就眾生是為十彼菩
薩曰菩薩成就幾法於此世界行无瘡疣生
于淨土維摩詰言菩薩成就八法於此世界
行无瘡疣生于淨土何等為八饒益眾生而
不望報代一切眾生受諸苦惱所作功德盡
以施之等心眾生謙下无礙於諸菩薩視之
如佛所未聞經聞之不疑不與聲聞而相違
背不嫉彼供不高己利而於其中調伏其心
常省己過不訟彼短恒以一心求諸功德是
為八維摩詰文殊師利於大眾中說是法時
百千天人皆發阿耨多羅三藐三菩提心十
千菩薩得无生法忍

菩薩行品第十一

是時佛說法於菴羅樹園其地忽然廣博
嚴事一切眾會皆作金色阿難白佛言世尊以
何因緣有此瑞應是處忽然廣博嚴事一切
眾會皆作金色佛告阿難是維摩詰文殊師
利與諸大眾恭敬圍遶發意欲來故先為此
瑞應於是維摩詰語文殊師利可共見佛與
諸菩薩禮事供養文殊師利言善哉行矣今
正是時維摩詰即以神力持諸大眾并師子
座置於右掌往詣佛所到已著地稽首佛足
右遶七帀一心合掌在一面立其諸菩薩即皆

利與諸大眾恭敬圍遶發意欲來故先為此
瑞應於是維摩詰語文殊師利可共見佛與
諸菩薩禮事供養文殊師利言善哉行矣今
正是時維摩詰即以神力持諸大眾并師子
座置於右掌往詣佛所到已著地稽首佛足
右遶七帀一心合掌在一面立其諸菩薩即皆
避坐稽首佛足亦遶七帀於一面立諸大
弟子釋梵四天王等亦皆避坐稽首佛足在
一面立於是世尊如法慰問諸菩薩已各令
復坐即皆受教眾坐已定佛語舍利弗汝見
菩薩大士自在神力之所為乎唯然已見於汝
意云何世尊我覩其為不可思議非意所圖
非度所測尒時阿難白佛言世尊今所聞香
自昔未有是為何香佛告阿難是彼菩薩毛
孔之香於是舍利弗語阿難言我等毛孔亦
出是香阿難言此所從來曰是長者維摩詰
從眾香國取佛餘飯於舍食者一切毛孔皆
香若此阿難問維摩詰是香氣住當久如維
摩詰言至此飯消曰此飯久如當消曰此飯
勢力至于七日然後乃消又阿難若聲聞人
未入正位食此飯者得入正位然後乃消已
入正位食此飯者得心解脫然後乃消若未
發大乘意食此飯者至發意乃消已發意食
此飯者得无生忍然後乃消已得无生忍食
此飯者至一生補處然後乃消譬如有藥名
曰上味其有服者身諸毒滅然後乃消此

入正位食此飯者得心解脫然後乃消若未
發大乘意食此飯者至發意乃消已發意食
此飯者得无生忍然後乃消已得无生忍食
此飯者至一生補處然後乃消譬如有藥名
曰上味其有服者身諸毒滅然後乃消此
飯如是滅除一切諸煩惱毒然後乃消阿難白
佛言未曾有也世尊如此香飯能作佛事佛
言如是如是阿難或有佛土以佛光明而作
佛事有以諸菩薩而作佛事有以佛所化人
而作佛事有以菩提樹而作佛事有以佛
衣服卧具而作佛事有以飯食而作佛事有以
園林臺觀而作佛事有以三十二相八十隨
形好而作佛事有以佛身而作佛事有以虛
空而作佛事衆生應以此緣得入律行有以
夢幻影響鏡中像水中月熱時焰如是等喻
而作佛事有以音聲語言文字而作佛事或
有清淨佛土寂寞无言无說无示无識无
作无為而作佛事如是阿難諸佛威儀進止諸
所施為无非佛事阿難有此四魔八万四千
諸煩惱門而諸衆生為之疲勞諸佛即以此
法而作佛事是名入一切諸佛法門菩薩入此
門者若見一切淨妙佛土不以為喜不貪
不高若見一切不淨佛土不以為憂不礙不
沒但於諸佛生清淨心歡喜恭敬未曾有也
諸佛如來功德平等為教化衆生故而現佛
土不同阿難汝見諸佛國土地有若干而虛
空无若干也如是見諸佛色身有若干耳其

BD05043號　維摩詰所說經卷下　(23–8)

門者若見一切淨妙佛土不以為喜不貪
不高若見一切不淨佛土不以為憂不礙不
沒但於諸佛生清淨心歡喜恭敬未曾有也
諸佛如來功德平等為教化衆生故而現佛
土不同阿難汝見諸佛國土地有若干而虛
空无若干也如是見諸佛色身有若干耳其
无礙慧无若干也阿難諸佛色身威相種姓
戒定智慧解脫解脫知見力无所畏不共之
法大慈大悲威儀所行及其壽命說法教化
成就衆生淨佛國土具諸佛法悉皆同等是
故名為三藐三佛陀名為多陀阿伽度名為
佛陀阿難若我廣說此三句義汝以劫壽不
能盡受正使三千大千世界滿中衆生皆如
阿難多聞第一得念總持此諸人等以劫之
壽亦不能受如是阿難諸佛阿耨多羅三藐
三菩提无有限量智慧辯才不可思議阿難
白佛言我從今已往不敢自謂以為多聞佛
告阿難勿起退意所以者何我說汝於聲聞
中為最多聞非謂菩薩身止阿難其有智者
不應限度諸菩薩也一切海淵尚可測量菩
薩禪定智慧總持辯才一切德不可量也阿
難汝等捨置菩薩所行是維摩詰一時所現
神通之力一切聲聞辟支佛於百千劫盡力
變化所不能作
尒時衆香世界菩薩來者合掌白佛言世尊
我等初見此土下劣相令自悔責捨離是
心所以者何諸佛方便不可思議為度衆生

BD05043號　維摩詰所說經卷下　(23–9)

神道之力一切聲聞辟支佛於百千劫盡力
變化所不能作
尒時衆香世界菩薩來者合掌白佛言世尊
我等初見此土下劣相今自悔責捨離是
心所以者何諸佛方便不可思議爲度衆生
故隨其所應現佛國異唯然世尊願賜少法
還於本土當念如來佛告諸菩薩有盡无盡
解脫法門汝等當學何謂爲盡謂有爲法何
謂无盡謂无爲法如菩薩者不盡有爲不住
无爲何謂不盡有爲謂不離大慈不捨大悲
深發一切智心而不忽長教化衆生終不猒
惓於四攝常念慎行護持正法不惜軀命
種諸善根无有疲猒志常安住方便迴向求
法不懈說法无悋勤供諸佛故入生死而无
所畏於諸榮辱心无憂喜不輕未學敬學
如佛墮惱者令發正念於遠離樂不以爲貴
不著己樂慶於彼樂在諸禪定如地獄想於
生死中如園觀想見來求者爲善師想捨諸
所有具一切智想見毀戒人起救護想諸
波羅蜜爲父母想道品之法爲眷屬想發行
善根无有齊限以諸淨國嚴飾之事成己佛
土行不限施具之想好除一切惡身口意淨
故生死无數劫意而有勇聞佛无量德志而
不惓以智慧劍破煩惱賊出陰界入荷負衆
生永使解脫以大精進摧伏魔軍常求无念
實相智慧行少欲知足而不捨世法不壞威
儀而能隨俗起神道慧引導衆生得念總持

故生死无數劫意而有勇聞佛无量德志而
不惓以智慧劍破煩惱賊出陰界入荷負衆
生永使解脫以大精進摧伏魔軍常求无念
實相智慧行少欲知足而不捨世法不壞威
儀而能隨俗起神道慧引導衆生得念總持
所聞不妄善別諸根斷衆生疑以樂說辯演
法无礙淨十善道受天人福修四无量開梵天
道勸請說法隨喜讚善得佛音聲身口意
善得佛威儀深修善法所行轉勝以大乘
教成菩薩僧心无放逸不失衆善行如此法是
名菩薩不盡有爲何謂菩薩不住无爲謂修
學空不以空爲證修學无相无作不以无相
无作爲證修學无起不以无起爲證觀於无
常而不猒善本觀世間苦而不惡生死觀於
无我而誨人不惓觀於寂滅而不永寂滅觀
於遠離而身心修善觀无所歸而歸趣善法
觀於无生而以生法荷負一切觀於无漏而不
斷諸漏觀无所行而以行法教化衆生觀於
空无而不捨大悲觀正法位而不隨小乘觀
諸法虛妄无牢无人无主无相本願未滿而
不虛福德禪定智慧脩如法是名菩薩不住
无爲又具福德故不住无爲具智慧故不盡
有爲大慈悲故不住无爲滿本願故不盡有
爲集法藥故不住无爲隨授藥故不盡有爲
知衆生病故不住无爲滅衆生病故不盡有
爲諸正士菩薩已脩此法不盡有爲不住无
爲是名盡无盡解脫法門汝等當學尒時彼

[illegible]
无為又具福德故不住无為具智慧故不盡
有為大慈悲故不住无為滿本願故不盡有
為集法藥故不住无為隨授藥故不盡有為
知眾生病故不住无為滅眾生病故不盡有
為諸正士菩薩已脩此法不盡有為不住无
為是名盡无盡解脫法門汝等當學尒時彼
諸菩薩聞說是法皆大歡喜以眾妙華若干
種色若干種香散遍三千大千世界供養於
佛及此經法并諸菩薩已稽首佛足歎未曾
有言釋迦牟尼佛乃能於此善行方便言已
忽然不現還到彼國
見阿閦佛品第十二
尒時世尊問維摩詰汝欲見如來為以何等
觀如來乎維摩詰言如自觀身實相觀佛亦
然我觀如來前際不來後際不去今則不住
不觀色不觀色如不觀色性不觀受想行識
不觀識如不觀識性非四大起同於虛空六
入无積眼耳鼻舌身心已過不在三界三垢
已離順三脫門三與无明等不一相不異相
相不自相不他相非无相非取相不此岸不
彼岸不中流而化眾生觀於寂滅亦不永滅
不此不彼不以此不以彼不可以智知不可
以識識无晦无明无名无相无強无弱非淨非
穢不在方不離方非有為非无為无示无
說不施不慳不戒不犯不忍不恚不進不怠
不定不亂不智不愚不誠不欺不來不去不

BD05043 號　維摩詰所說經卷下

（23–12）

不此不彼不以此不以彼不可以智知不可
以識識无晦无明无名无相无強无弱非淨非
穢不在方不離方非有為非无為无示无
說不施不慳不戒不犯不忍不恚不進不怠
不定不亂不智不愚不誠不欺不來不去不
出不入一切言語道斷非福田非不福田非
應供養非不應供養非取非捨非有相非无
相同真際等法性不可稱不可量過諸稱量
非大非小見非聞非覺非知離眾結縛等
諸智同眾生於諸法无分別一切无失无濁
无惱无作无起无生无滅无畏无憂无喜无
猒无著无已有无當有无今有不可以一切
言說分別顯示世尊如來身為若此作如是
觀以斯觀者名為正觀若他觀者名為邪觀
尒時舍利弗問維摩詰汝於何沒而來生此
維摩詰言汝所得法有沒生乎舍利弗言无
沒生也若諸法无沒生相云何問言汝於何
沒而來生此於意云何譬如幻師幻作男女
寧沒生耶舍利弗言无沒生也汝豈不聞佛
說諸法如幻相乎答曰如是若一切法如幻
相者云何問言汝於何沒而來生此舍利弗
沒者為虛誑法壞敗之相生者為虛誑法相
續之相菩薩雖沒不盡善本雖生不長諸惡
是時佛告舍利弗有國名妙喜佛号无動是
維摩詰於彼國沒而來生此舍利弗言未曾
有也世尊是人乃能捨清淨土而來樂此多
怒害處維摩詰語舍利弗於意云何日光出

BD05043 號　維摩詰所說經卷下

（23–13）

敗之相菩薩雖沒不盡善本雖生不長諸惡
是時佛告舍利有國名妙喜佛号无動是
維摩詰於彼國沒而来生此舍利弗言未曾
有也世尊是人乃能捨清淨土而来樂此多
怒害處維摩詰語舍利弗於意云何日光出
時與冥合乎荅曰不也日光出時則无衆冥
維摩詰夫日何故行閻浮提荅曰欲以明照
為之除冥維摩詰言菩薩如是雖生不淨
佛土為化衆生不與愚而共合也但滅衆
生煩惱闇耳
是時大衆渴仰欲見妙喜世界无動如来及
其菩薩聲聞之衆佛知一切衆會所念告維
摩詰言善男子為此衆會現妙喜國无動如
来及諸菩薩聲聞之衆皆欲見於是維摩
詰心念吾當不起于坐接妙喜國鐵圍山川
溪谷江河大海泉源須弥諸山及日月星宿
天龍鬼神梵天等宮并諸菩薩聲聞之衆城
邑聚落男女大小乃至无動如来及菩提樹
諸妙蓮華能於十方作佛事者三道寶階從
閻浮提至忉利天以此寶階諸天来下悉為
礼敬无動如来聽受經法閻浮提人亦登其
階上昇忉利見彼諸天妙喜世界成就如是
无量功徳上至阿迦膩吒天下至水際以右
手斷取如陶家輪入此世界猶持華鬘示一
切衆作是念已入於三昧現神通力以其右
手斷取妙喜世界置於此土彼得神通菩薩

BD05043 號　維摩詰所説經卷下

(23–14)

階上昇忉利見彼諸天妙喜世界成就如是
无量功徳上至阿迦膩吒天下至水際以右
手斷取如陶家輪入此世界猶持華鬘示一
切衆作是念已入於三昧現神通力以其右
手斷取妙喜世界置於此土彼得神通菩薩
及聲聞衆并餘天人俱發聲言唯然世尊
誰取我去願見救護无動佛言非我所為是維
摩詰神力所作其餘未得神通者不覺不知
已之所往妙喜世界雖入此土而不增減於
是世界亦不迫隘如本无異
尒時釋迦牟佛告諸大衆汝等且觀妙喜
世界无動如来其國嚴飾菩薩行淨弟子清
白皆曰唯然已見佛言若菩薩欲得如是清
淨佛土當學无動如来所行之道現此妙喜
國時娑婆世界十四那由他人發阿耨多羅
三藐三菩提心皆願生於妙喜佛土釋迦牟
尼佛即記之曰當生彼國時妙喜世界於此
國土所應饒益其事訖已還復本處舉衆
皆見佛告舍利弗汝見此妙喜世界及无動佛
不唯然已見世尊願使一切衆生得清淨土
如无動佛獲神通力如維摩詰世尊我等快
得善利得見是人親近供養其諸衆生若今
現在若佛滅後聞此經者亦得善利況復聞
已信解受持讀誦解說如法修行若有手得
是經典者便為已得法寶之藏若有讀誦解
釋其義如說修行則為諸佛之所護念其有

BD05043 號　維摩詰所説經卷下

(23–15)

得善利得見是人親近供養其諸衆生若今
現在若佛滅後聞此經者亦得善利況復聞
已信解受持讀誦解說如法脩行若有手得
是經典者便為已得法寶之藏若有讀誦解
釋其義如說脩行則為諸佛之所護念其有
供養如是人者當知則為供養於佛其有書
持此經卷者當知其室則有如来若聞是
經能隨喜者斯人則為取一切智若能信
解此經乃至一四句偈為他說者當知此人即
是受阿耨多羅三藐三菩提記

法供養品第十三

尒時釋提桓因於大衆中白佛言世尊我雖
從佛及文殊師利聞百千經未曾聞此不可
思議自在神通決定實相經典如我解佛所
說義趣若有衆生聞是經信解受持讀誦
之者必得是法不疑何況如說脩行斯人則
為閉衆惡趣開諸善門常為諸佛之所護念
降伏外學摧滅魔怨脩治菩提安處道場履
踐如来所行之跡世尊若有受持讀誦如說
脩行者我當與諸眷屬供養給事所在聚落
城邑山林曠野有是經處我亦與諸眷屬聽
受法故共到其所其未信者當令生信其已
信者當為作護佛言善哉善哉天帝如汝所
說吾助尒喜此經廣說過去未來現在諸佛不
可思議阿耨多羅三藐三菩提是故天帝
若善男子善女人受持讀誦供養是經者則
為供養去来今佛天帝正使三千大千世界

信者當為作護佛言善哉善哉天帝如汝所
說吾助尒喜此經廣說過去未來現在諸佛不
可思議阿耨多羅三藐三菩提是故天帝
若善男子善女人受持讀誦供養是經者則
為供養去来今佛天帝正使三千大千世界
如来滿中譬如甘蔗竹葦稻麻叢林若有善
男子善女人或一劫或減一劫恭敬尊重讚
歎供養奉諸所安至諸佛滅後以一一全身
舍利起七寶塔縱廣一四天下高至梵天
表刹莊嚴以一切華香瓔珞幢幡伎樂微妙
第一若一劫若減一劫而供養之於天帝意云
何其人植福寧為多不釋提桓因言多矣世
尊彼之福德若以百千億劫說不能盡佛告
天帝當知是善男子善女人聞是不可思議
解脫經典信解受持讀誦脩行福多於彼所
以者何諸佛菩提皆從是生菩提之相不可
限量以是因緣福不可量
佛告天帝過去無量阿僧祇劫時世有佛号
曰藥王如来應供正遍知明行足善逝世間
解无上士調御丈夫天人師佛世尊世界曰
大莊嚴劫曰莊嚴佛壽二十小劫其聲聞
僧三十六億那由他菩薩僧有十二億天帝是
時有轉輪聖王名曰寶蓋七寶具足主四天
下王有千子端正勇健能伏怨敵尒時寶蓋
與其眷屬供養藥王如来施諸所安至滿五
劫過五劫已告其千子汝等亦當如我以深

時有轉輪聖王名曰寶蓋七寶具足主四天
下王有千子端正勇健能伏怨敵尒時寶蓋
與其眷屬供藥王如來施諸所安至滿五
劫過五劫已告其千子汝等亦當我以深
心供養於佛於是千子受父王命供養藥王
如來復滿五劫一切施安其王一子名曰月蓋
獨坐思惟寧有供養殊過此者以佛神力
空中有天曰善男子法之供養勝諸供養即問
何謂法之供養天曰汝可往問藥王如來當
廣為汝說法之供養即時月蓋王子行詣
藥王如來稽首佛足却住一面白佛言世尊
諸供養中法供勝云何為法供養佛言善男
男子法供養者諸佛所說深經一切世間難
信難受微妙難見清淨无染非但分別思惟
之所能得菩薩法藏所攝陀羅尼印印之至
不退轉成就六度善分別義順菩提法衆經
之上入大慈悲離衆魔事及諸邪見順因緣
法无我无人无衆生无壽命空无相无作无
起能令衆生坐於道場而轉法輪諸天龍神
乹闥婆等所共歎譽能令衆生入佛法藏攝
諸賢聖一切智慧說衆菩薩所行之道依於
諸法實相之義明宣无常苦空无我寂滅能
救一切毀禁衆生諸魔外道及貪著者能使
怖畏諸佛賢聖所共稱歎背生死苦示涅槃
樂十方三世諸佛所說若聞如是等經信解
受持讀誦以方便力為諸衆生分別解說顯

諸法實相之義明宣无常苦空无我寂滅能
救一切毀禁衆生諸魔外道及貪著者能使
怖畏諸佛賢聖所共稱歎背生死苦示涅槃
樂十方三世諸佛所說若聞如是等經信解
受持讀誦以方便力為諸衆生分別解說顯
示分明守護法故是名法之供養又於諸法如
說修行隨順十二因緣離諸邪見得无生忍
決定无我无有衆生而於因緣果報无違无
諍離諸我所依於義不依語依於智不依識
依了義經不依不了義經依於法不依人隨
順法相无所入无所歸无明畢竟滅故諸行
亦畢竟滅乃至生畢竟滅故老死亦畢竟滅
作如是觀十二因緣无有盡相不復起見是
名最上法之供養
佛告天帝王子月蓋從藥王佛聞如是法得柔
順忍即解寶衣嚴身之具以供養佛白佛
言世尊如來後我當行法供養守護正法願
以威神加哀建立令我得降魔怨修菩薩
行佛知其深心念而記之曰汝於末後守
護法城天帝時王子月蓋見法清淨聞佛授
記以信出家修善法精進不久得五神通
逮菩薩道得陀羅尼无斷辯才於佛滅後以
其所得神通總持辯才之力滿十小劫藥王
如來所轉法輪隨而分布月蓋比丘以守護
法勤行精進即於此身化百萬億人於阿耨
多羅三藐三菩提立不退轉十四那由他人

其所得神通總持辯才之力滿十小劫藥王
如來所轉法輪隨而分布月蓋比丘以守護
法勤行精進即於此身化百萬億人於阿耨
多羅三藐三菩提立不退轉十四那由他人
深發聲聞辟支心无量衆生得生天上天帝
時王寶蓋豈異人乎今現得佛号寶焰如
來其王千子即賢劫中千佛是也從迦羅鳩
孫馱為始佛最後如來号曰樓至月蓋比
丘則我身是如是天帝當知此要以法供養
於諸供養為上為最第一无比是故天帝當
以法之供養供養於佛

囑累品第十四

於是佛告弥勒菩薩言弥勒我今以是无量
億阿僧祇劫所集阿耨多羅三藐三菩提法
付囑於汝如是輩經於佛滅後末世之中汝
等當以神力廣宣流布於閻浮提无令斷絶
所以者何未來世中當有善男子善女人及
天龍鬼神乾闥婆羅刹等發阿耨多羅三藐
三菩提心樂于大法若使不聞如是等經則
失善利如此輩人聞是等經必多信樂發希有
心當以頂受隨諸衆生所應得利而為廣說
弥勒當知菩薩有二相何謂為二一者好
於雜句文飾之事二者不畏深義如實能入
若好雜句文飾事者當知是為新學菩薩若
於如是无染无著甚深經典无有恐畏能
入其中聞已心淨受持讀誦如說修行當知是
為久脩道行弥勒復有二法名新學者不能

弥勒當知菩薩有二相何謂為二一者好
於雜句文飾之事二者不畏深義如實能入
若好雜句文飾事者當知是為新學菩薩若
於如是无染无著甚深經典无有恐畏能
入其中聞已心淨受持讀誦如說修行當知是
為久脩道行弥勒復有二法名新學者不能
決定於甚深法何等為二一者所未聞深經聞
之驚怖生疑不能隨順毀謗不信而作是
言我初不聞從何所來二者若有護持解說
如是深經者不肯親近供養恭敬或時於中
說其過惡有此二法當知是新學菩薩為
自毀傷不能於深法中調伏其心弥勒復有二
法菩薩雖信解深法猶自毀傷而不能得无
生法忍何等為二一者輕慢新學菩薩而不
教誨二者雖解深法而取相分別是為二法
弥勒菩薩聞說是已白佛言世尊未曾有
也如佛所說我當遠離如斯之惡奉持如來
无數阿僧祇劫所集阿耨多羅三藐三菩提法
若未來世善男子善女人求大乘者當令手
得如是等經與其念力使受持讀誦為他廣
說世尊若後末世有能受持讀誦為他說者
當知是為弥勒神力之所建立佛言善哉善哉
弥勒如汝所說佛助尒喜於是一切菩薩
合掌白佛我等亦於如來滅後十方國土廣
宣流布阿耨多羅三藐三菩提復當開導諸
說法者令得是經
尒時四天王白佛言世尊在在處處城邑聚

善哉弥勒如汝所說助尒喜於是一切菩薩
合掌白佛我等亦於如來滅後十方國土廣
宣流布阿耨多羅三藐三菩提法復當開導諸
說法者令得是經
尒時四天王白佛言世尊在在處處城邑聚
落山林曠野有是經卷讀誦解說者我當
率諸官屬為聽法故往詣其所擁護其人面
百由旬令无伺求得其便者是時佛告阿難
受持是經廣宣流布阿難言唯然我已受持
要者世尊當何名斯經佛言阿難是經名為
維摩詰所說亦名不可思議解法門如是受
持佛說是經已長者維摩詰文殊師利舍利
弗阿難等及諸天人阿脩羅一切大衆聞佛所
說皆大歡喜作礼而去
維摩詰經卷下

BD05043 號　維摩詰所說經卷下　(23–22)

維摩詰所說亦名不可思議解法門如是受
持佛說是經已長者維摩詰文殊師利舍利
弗阿難等及諸天人阿脩羅一切大衆聞佛所
說皆大歡喜作礼而去
維摩詰經卷下

BD05043 號　維摩詰所說經卷下　(23–23)

BD05044 號　諸星母陀羅尼經　　（3–1）

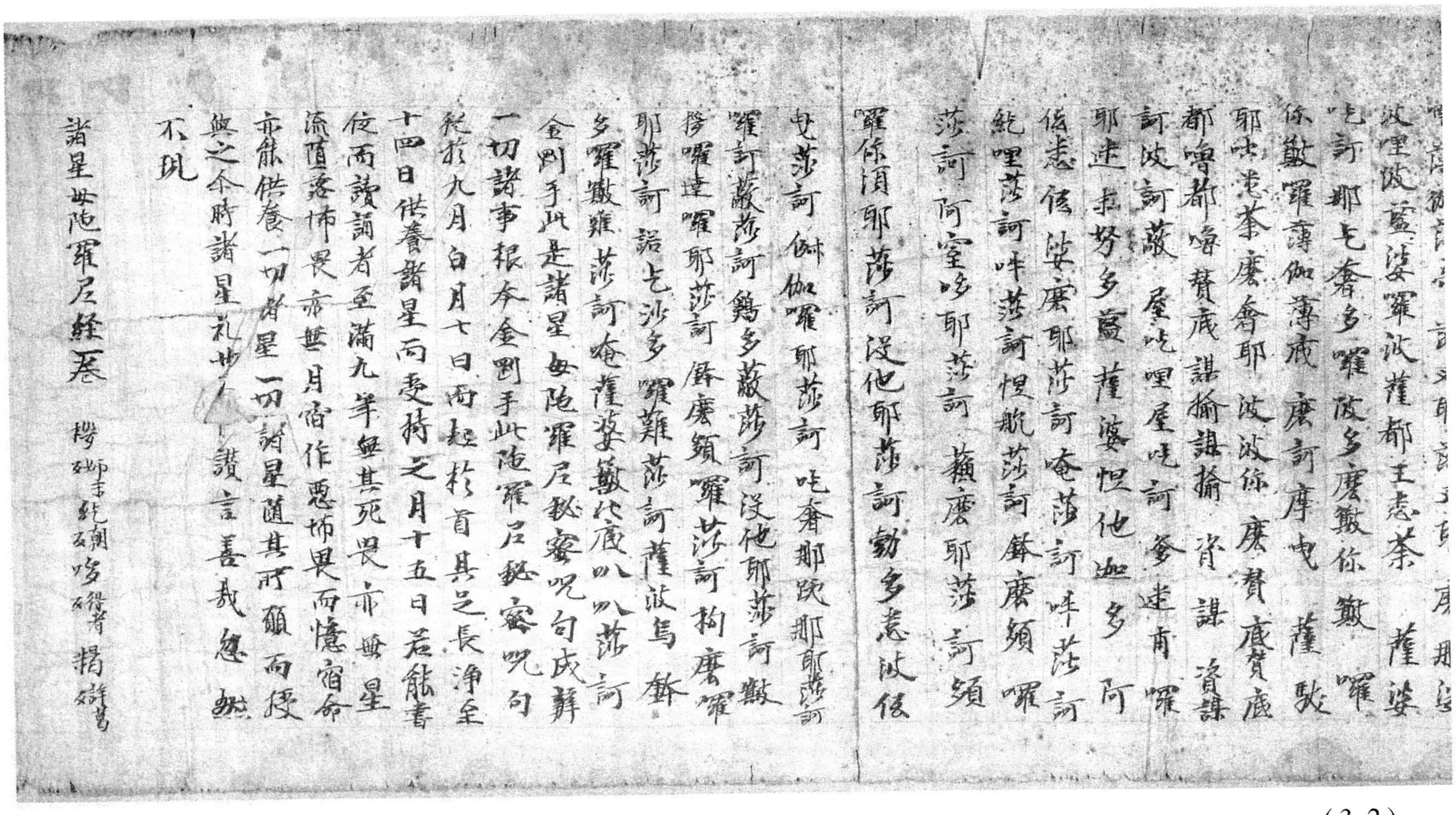

BD05044 號　諸星母陀羅尼經　　（3–2）

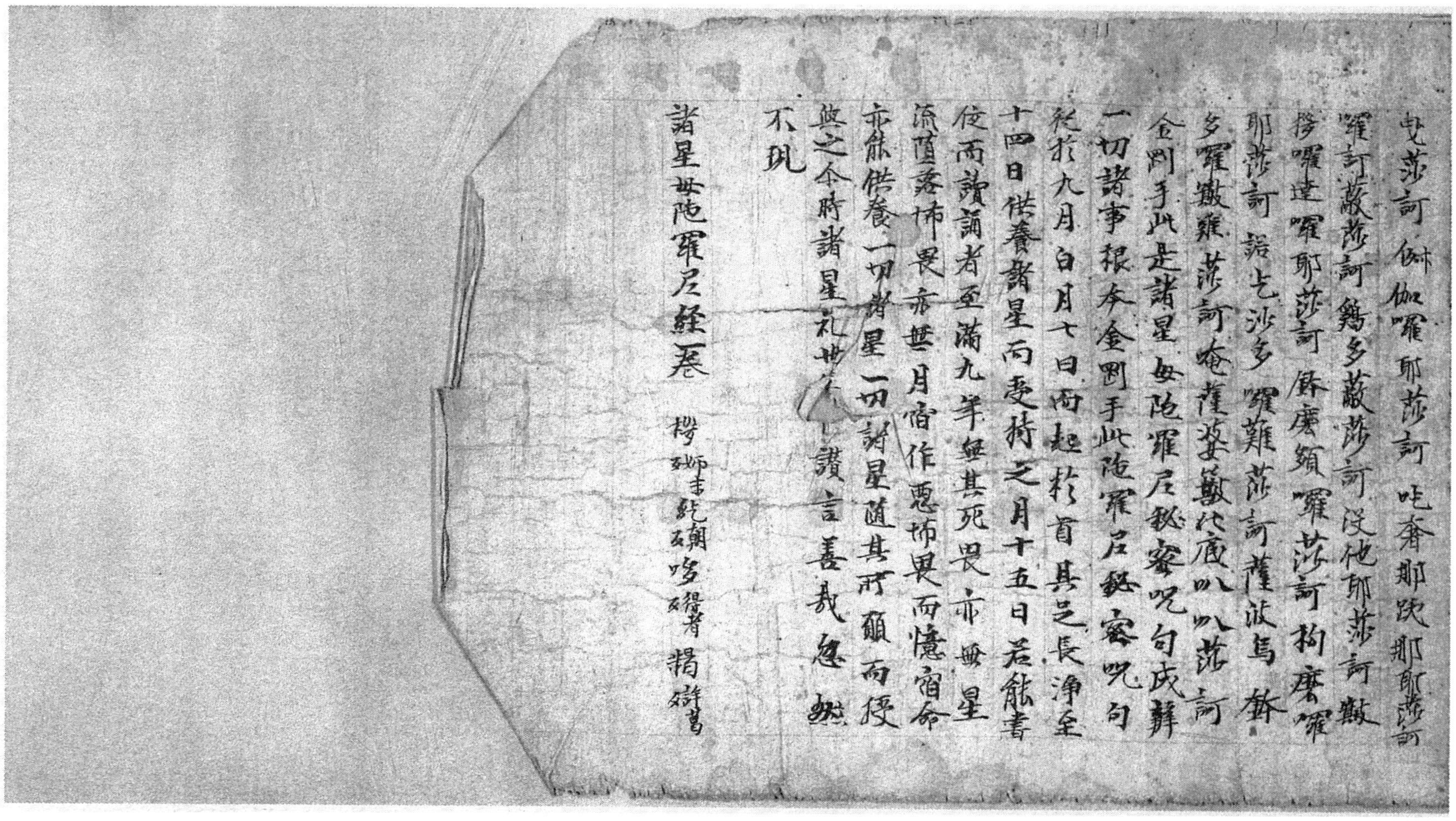

曳莎訶 俱伽囉耶莎訶 吒奢那跋那耶莎訶
囉訶薩莎訶 鷄多薩莎訶 沒他耶莎訶 [illegible]
[illegible]囉達囉耶莎訶 [illegible]麼[illegible]囉莎訶 枸麼囉
耶莎訶 諾乞沙多囉難莎訶 薩波烏鉢
多囉[illegible]雞莎訶 唵 薩婆[illegible]底叭叭莎訶
金剛手此是諸星母陀羅尼秘密呪句成辦
一切諸事根本金剛手此陀羅尼秘密呪句
能於九月白月七日而起於首其之長淨至
十四日供養諸星而受持之月十五日若能書
寫而讀誦者至滿九年無其死畏亦無星
流墮落怖畏亦無月宿作惡怖畏而憶宿命
亦能供養一切諸星一切諸星隨其所願而授
與之尒時諸星礼世尊已讚言善哉忽然
不現
諸星母陀羅尼經一卷 [illegible]

BD05044號　諸星母陀羅尼經

（3–3）

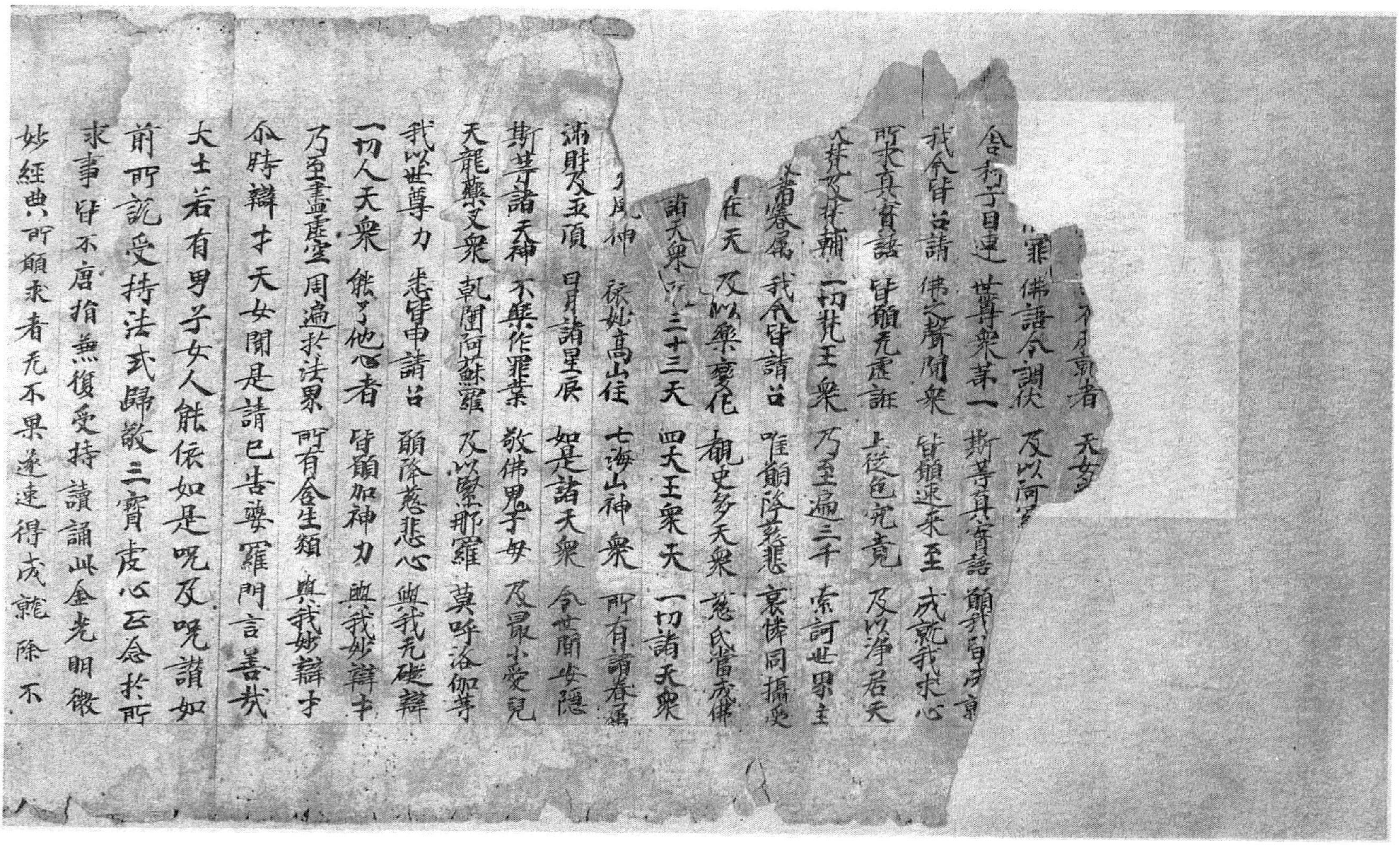

[illegible]有大勇者 天女[illegible]
[illegible]罪 佛語令調伏 及以阿[illegible]
舍利子目連 世尊衆第一 斯等真實語 願我皆成就
我今皆請 佛之聲聞衆 皆願速來至 成就我求心
所求真實語 皆願无虛誑 上從色究竟 及以淨居天
大梵及梵輔 一切梵王衆 乃至遍三千 索訶世界主
并諸眷屬 我今皆請召 唯願降慈悲 哀愍同攝受
自在天 及以樂變化 覩史多天衆 慈氏當成佛
諸天衆所 三十三天 四天王衆天 一切諸天衆
地水火風神 依妙高山住 七海山神衆 所有諸眷屬
滿財及五頂 日月諸星辰 如是諸天衆 令世間安隱
斯等諸天神 不樂作罪業 敬佛鬼子母 及最小愛兒
天龍藥叉衆 乾闥阿蘇羅 及以緊那羅 莫呼洛伽等
我以世尊力 悉皆申請召 願降慈悲心 與我无礙辯
一切人天衆 能了他心者 皆願加神力 與我妙辯才
乃至盡虛空 周遍於法界 所有含生類 與我妙辯才
尒時辯才天女聞是請已告婆羅門言善哉
大士若有男子女人能依如是呪及呪讚如
前所說受持法式歸敬三寶虔心正念於所
求事皆不唐捐無復受持讀誦此金光明微
妙經典所願求者无不果遂速得成就除不

BD05045號　金光明最勝王經卷八

（19–1）

[illegible]所有衆生類 與我如辯才
尒時辯才天女聞是請已告婆羅門言善哉
大士若有男子女人能依如是呪及呪讚如
前所說受持法式歸敬三寶虔心正念於所
求事皆不唐捐兼復受持讀誦此金光明微
妙經典所願求者无不果遂速得成就除不
至心時婆羅門深心歡喜合掌頂受
尒時佛告辯才天女善哉善哉善女天汝能
流布是妙經王擁護所有受持經者及能利
益一切衆生令得安樂說如是法施與辯才
不可思議得福无量諸發心者速趣菩提
金光明最勝王經大吉祥天女品第十六
尒時大吉祥天女即從座起前礼佛足合掌
恭敬白佛言世尊我若見有苾芻苾芻尼鄔
波索迦鄔波斯迦受持讀誦為人解說是金
光明最勝王經者我當專心恭敬供養此等
法師所謂飲食衣服臥具醫藥及餘一切所
須資具皆令圓滿無有乏少若晝若夜於此
經王所有句義觀察思量安樂而住令此經
典於贍部洲廣行流布為彼有情已於无量
百千佛所種善根者常使得聞不速隱沒復
於無量百千億劫當受人天種種勝樂常
得豐稔永除飢饉一切有情恒受安樂亦得值
遇諸佛世尊於未來世速證無上大菩提果
永絶三塗輪迴苦難世尊我念過去有瑠璃
金山寶花光照吉祥功德海如來應正等覺
十号具足我於彼所種諸善根由彼如來慈

得豐稔永除飢饉一切有情恒受安樂亦得值
遇諸佛世尊於未來世速證無上大菩提果
永絶三塗輪迴苦難世尊我念過去有瑠璃
金山寶花光照吉祥功德海如來應正等覺
十号具足我於彼所種諸善根由彼如來慈
悲愍念威神力故令我今日隨所念處隨所
視方隨所至國能令無量百千萬億衆生受
諸快樂乃至所須衣服飲食資生之具金銀
瑠璃硨磲碼碯珊瑚虎魄真珠等寶悉令充
足若復有人至心讀誦是金光明最勝王經
亦當日日燒衆名香及諸妙花為我供養彼瑠
璃金山寶花光照吉祥功德海如來應正等
覺復當每日於三時中稱念我名別以香
花及諸美食供養於我亦常聽受此妙經王
得如是福而說頌曰
由能如是持經故　自身眷屬離諸衰
所須衣食无之時　威光壽命難窮盡
能使地味常增長　諸天降雨隨時節
令彼天衆咸歡悅　及以園林穀果神
藂林果樹並滋榮　所有苗稼咸成就
欲求珍財皆滿願　隨所念者遂其心
佛告大吉祥天女善哉善哉汝能如是憶念
昔因報恩供養利益安樂无邊衆生流布是
經功德無盡
金光明最勝王經大吉祥天女增長財物品
尒時大吉祥天女復白佛言世尊北[illegible]堂

[illegible]
佛告大吉祥天女善哉善哉汝能如是憶念
昔因報恩供養利益安樂無邊衆生流布是
經功德無盡
金光明最勝王經大吉祥天女增長財物品
尒時大吉祥天女復白佛言世尊北方[illegible]室
羅末拏天王城名有財去城不遠有[illegible]曰
妙花福光中有勝殿七寶所成世尊我住
彼若復有人欲求五穀日日增多倉庫盈溢
者應當發起敬信之心淨治一室瞿摩塗地
應畫我像種種瓔珞周帀莊嚴當洗浴身著
淨衣服塗以名香入淨室內發心為我每日
三時稱彼佛名及此經名号而申礼敬南謨
瑠璃金山寶花光照吉祥功德海如來持諸
香花及以種種甘美飲食至心奉獻亦以香
花及諸飲食供養我像復持飲食散擲餘方
施諸神等實言邀請大吉祥天發所求願若
如所言是不虛者於我所請勿令空尒于時
吉祥天女知是事已便生慈念令其宅中財
增長即當誦呪請召於我先稱佛名及菩
[illegible]名字一心敬禮
南[illegible]切十方三世諸佛　南謨寶髻佛
南[illegible]光明寶幢佛　南謨金幢光佛
南謨金光藏佛　南謨金蓋寶積佛
南謨金花光幢佛　南謨大燈光佛
南謨大寶幢佛　南謨東方不動佛
南謨南方寶幢佛　南謨西方無量壽佛

BD05045 號　金光明最勝王經卷八　（19–4）

南[illegible]切十方三世諸佛　南謨寶髻佛
南[illegible]光明寶幢佛　南謨金幢光佛
南謨金光藏佛　南謨金蓋寶積佛
南謨金花光幢佛　南謨大燈光佛
南謨大寶幢佛　南謨東方不動佛
南謨南方寶幢佛　南謨西方無量壽佛
南謨北方天鼓音佛　南謨妙幢菩薩
南謨金光菩薩　南謨金藏菩薩
南謨常啼菩薩　南謨法上菩薩
南謨善安菩薩
敬礼如是佛菩薩已次當誦呪請召我大吉
祥天女由此呪力所求之事皆得成就即說
呪曰
南謨室唎莫訶天女　怛姪他
鉢唎脯啡拏折囇　三曼須
達唎設泥去下甘目　莫訶毗訶囉揭帝
三曼哆毗曇末泥　莫訶迦里也
鉢喇底瑟侘鉢泥　薩婆頞他娑彈泥
蘇鉢喇底晡囇　痾耶娜達摩多
莫訶毗俱比帝　莫訶迷咄嚕
鄔波僧呬羝　莫訶頡唎使
蘇僧近入里呬羝　三曼多頞他
阿奴波剌泥　莎訶
世尊若人持如是神呪請召我時我聞請
已即至其所令願得遂世尊是灌頂法句定
成就句真實之句无虛誑句是平等行於諸
衆生是正善根若有受持讀誦呪者應七日

BD05045 號　金光明最勝王經卷八　（19–5）

藥僧迦里四鞞　三曼多頞他
阿奴波剌泥　莎訶
世尊若人持如是神呪請召我時我聞請
已即至其所令願得遂世尊是灌頂法句定
成就句真實之句无虛誑句是平等行於諸
衆生是正善根若有受持讀誦呪者應七日
七夜受八支戒於晨朝時先嚼齒木淨澡
漱已及於晡後香花供養一切諸佛自陳其罪
當爲已身及諸含識迴向發願令所希求速
得成就淨治一室或在空閑阿蘭若處瞿摩
爲壇燒旃檀香而爲供養置一勝座幡蓋莊
嚴以諸名花布列壇內應當至心誦持前呪
希望我至我於尒時即便護念觀察是人來
入其室就座而坐受其供養從是以後當令
彼人於睡夢中得見於我隨所求事以實告
知若聚落空澤及僧住處隨所求者皆令圓
滿金銀財寶牛羊穀麥飲食衣服皆得隨心
受諸快樂既得如是勝妙果報當以上分供
養三寶及施於我廣修法會設諸飲食布列
香花既供養已所有供食貨之取直復爲供
養我當終身常住於此擁護是人令无闕乏
隨所希求悉皆稱意亦當時時給濟貧乏不
應慳惜獨爲已身常讀是經供養不絕當以
此福普施一切迴向菩提願出生死速得解脫
尒時世尊讚言善哉吉祥天女汝能如是
流布此經不可思議自他俱益
金光明最勝王經堅牢地神品第十八

BD05045號　金光明最勝王經卷八　（19–6）

隨所希求悉皆稱意亦當時時給濟貧乏不
應慳惜獨爲已身常讀是經供養不絕當以
此福普施一切迴向菩提願出生死速得解脫
尒時世尊讚言善哉吉祥天女汝能如是
流布此經不可思議自他俱益
金光明最勝王經堅牢地神品第十八
尒時堅牢地神即於衆中從座而起合掌恭
敬而白佛言世尊是金光明最勝王經若現
在世若未來世若在城邑聚落王宮樓觀及
阿蘭若山澤空林有此經王流布之處世尊
我當往詣其所供養恭敬擁護流通若有方
處爲說法師敷置高座演說經者我以神力
不現本身在於座所頂戴其足我得聞法深
心歡喜得飡法味增益威光慶悅无量自身
既得如是利益亦令大地深十六万八千踰
繕那至金剛輪際令其地味悉皆增益乃至
四海所有土地亦使肥濃田疇沃壤倍勝常
日亦復令此贍部洲中江河池沼所有諸樹
藥草叢林種種花果根莖枝葉及諸苗稼
形相愛樂所觀色香具足皆堪受用若諸
有情受用如是勝飲食已長命色力諸根安
隱增益光輝无諸痛惱心慧勇健无不堪能
又此大地凡有所須百千事業悉皆周備世
尊以是因緣諸贍部洲安隱豐樂人民熾盛
无諸衰惱所有衆生皆受安樂既受如是身
心快樂於此經王深加愛敬所在之處皆願

BD05045號　金光明最勝王經卷八　（19–7）

隱增益光輝无諸痛惱心慧勇健无不堪能
又此大地凡有所須百千事業悉皆周備世
尊以是因緣諸贍部洲安隱豐樂人民熾盛
无諸衰惱所有衆生皆受安樂既受如是身
心快樂於此經王深加愛敬所在之處皆願
受持供養恭敬尊重讚歎又復於彼說法大
師法座之處悉皆往彼為諸衆生勸請說是
最勝經王何以故世尊由說此經我之自身
并諸眷屬咸蒙利益光輝氣力勇猛威勢顏
容端正倍勝於常世尊我堅牢地神蒙法味
已令贍部洲縱廣七千踰繕那地皆沃壤乃
至如前所有衆生皆受安樂是故世尊時彼
衆生為報我恩應作是念我當必定聽受是
經恭敬供養尊重讚歎作是念已即從住處
城邑聚落舍宅空地詣法會所頂禮法師聽
受是經既聽受已各還本處心生慶喜共作
是言我等今者得聞甚深无上妙法即是攝
受不可思議功德之聚由經力故我等當值
无量无邊百千俱胝那庾多佛承事供養永
離三塗極苦之處復於未世百千生中常生
天上及在人間受諸勝樂時彼諸人各還本
處為諸人衆說是經王若一喻一品一昔因緣
一如來名一菩薩名一四句頌或復一句為諸
衆生說是經典乃至首題名字世尊隨
諸衆生所住之處其地悉皆沃壤肥濃過於
餘處凡是土地所生之物悉得增長滋茂

BD05045號　金光明最勝王經卷八　（19–8）

處為諸人衆說是經王若一喻一品一昔因緣
一如來名一菩薩名一四句頌或復一句為諸
衆生說是經典乃至首題名字世尊隨
諸衆生所住之處其地悉皆沃壤肥濃過於
餘處凡是土地所生之物悉得增長滋茂
廣大令諸衆生受於快樂多饒財寶好行惠
施心常堅固深信三寶作是語已爾時世尊告
堅牢地神曰若有衆生聞是金光明最勝
經王乃至一句命終之後當得往生三十三天
及餘天處若有衆生為欲供養是經王故莊
嚴宅宇乃至張一傘蓋懸一繒幡由是因緣
六天之上如念受生七寶妙宮隨意受用各
各自然有七千天女共相娛樂日夜常受不
可思議殊勝之樂作是語已爾時堅牢地神
白佛言世尊以是因緣若有四衆昇於法座
說是法時我當晝夜擁護是人自隱其身在
於座所頂戴其足世尊如是經典為彼衆生
已於百千佛所種善根者於贍部洲流布不
滅是諸衆生聽斯經者於未來世无量百
千俱胝那庾多劫天上人中常受勝樂得
遇諸佛速成阿耨多羅三藐三菩提不歷三
塗生死之苦爾時堅牢地神白佛言世尊我
有心呪能利人天安樂一切若有男子女人及
諸四衆欲得親見我真身者應當至心持此
陁羅尼隨其所願皆悉遂心所謂資財珍寶
伏藏及求神通長年妙藥并療衆病降伏怨
[illegible]

BD05045號　金光明最勝王經卷八　（19–9）

有心呪能利人天安樂一切若有男子女人及
諸四衆欲得親見我真身者應當至心持此
陁羅尼隨其所願皆悉遂心所謂資財珍寶
伏藏及求神通長年妙藥并療衆病降伏怨
敵制諸異論當持淨室安置道場洗浴身已
著鮮潔衣踞草座上於有舍利尊像之前或
有舍利制底之所燒香散飲食供養於白
月八日布灑星合即可誦此請召之呪
怛姪他只里只里　主嚕主嚕句嚕句嚕
拘拄句拄覩拄覩拄　縛訶上縛訶
伐捨伐捨　莎訶
世尊此之神呪若有四衆誦一百八遍請召
於我我為是人即來赴請又復世尊若有
衆生欲得見我現身共語者亦應如前安置法
式誦此神呪
怛姪他頞折泥去　頡力利泥室尸達哩
訶訶呬呬區嚕　伐㘑莎訶
世尊若人持此呪時應一百八遍并誦前呪
我必現身隨其所願悉得成就終不虛然若
欲誦此呪時先誦護身呪曰
怛姪他你室里　末捨羯撥捺撥矩撥
勃地上勃地㘑　底撥婢撥矩句撥
佉娑上只里　莎訶
世尊誦此呪時取五色線誦呪二十一遍作
二十一結繫在左臂肘後即便護身无有
所懼若有至心誦此呪者所求必遂我不妄語

BD05045號　金光明最勝王經卷八　（19–10）

勃地上勃地㘑　底撥婢撥矩句撥
佉娑上只里　莎訶
世尊誦此呪時取五色線誦呪二十一遍作
二十一結繫在左臂肘後即便護身无有
所懼若有至心誦此呪者所求必遂我不妄語
我以佛法僧寶而為要契證知是實
尒時世尊告地神曰善哉善哉汝能以是實
語神呪護此經王及說法者以是因緣令汝
獲得無量福報
金光明最勝王經僧慎尒耶藥叉大將品第十九
尒時僧慎尒耶藥叉大將并與二十八部藥
叉諸神於大衆中皆從座起偏袒右肩右膝
著地合掌向佛白言世尊此金光明最勝經
王若現在世及未來世所在宣揚流布之處
若於城邑聚落山澤空林或王宮殿或僧住
處世尊我僧慎尒耶藥叉大將并與二十八
部藥叉諸神俱詣其所各自隱形隨處擁護
彼說法師令離衰惱常受安樂及聽法者若
男若女童男童女於此經中乃至受持一四
句頌或持一句或此經王首題名号及此經
中一如來名一菩薩名發心稱念恭敬供養
者我當救護攝受令无災橫離苦得樂世尊
何故我名正了知此之因緣是佛親證我知
諸法我曉一切法隨所有一切法如所有一
法諸法種類體性差別世尊如是諸法我能
了知我有難思智光我有難思智炬我有難

BD05045號　金光明最勝王經卷八　（19–11）

中一如來名一菩薩名及以稱念恭敬供養
者我當救護攝受令无災橫離苦得樂世尊
何故我名正了知此之因緣是佛親證我知
諸法我曉一切法隨所有一切法如所有一
法諸法種類體性差別世尊如是諸法我能
了知我有難思智光我有難思智炬我有難
思智行我有難思智聚我於難思智境而
能通達世尊如我於一切法正智正曉正覺
能正觀察世尊以是因緣我藥叉大將名正
了知以是義故我能令彼說法之師言詞辯
了具足莊嚴亦令精氣從毛孔入身力充足
威光勇健難思智光皆得成就得正憶念无有
退屈增益彼身令无衰減諸根安樂常生歡
喜以是因緣為彼有情已於百千佛所種諸
善根修福業者於贍部洲廣宣流布不速隱
沒彼諸有情聞是經已得不可思議大智光
明及以无量福智之聚於未來世當受无量
俱胝那庾多劫不可思量人天勝樂常與諸
佛共相值遇速證無上正等菩提閻羅之界
三塗極苦不復經過
爾時正了知藥叉大將白佛言世尊我有陀
羅尼今對佛前親自陳說為欲饒益憐愍諸
有情故即說咒曰
南謨佛陀引也　南謨達摩也
南莫僧伽引也　南謨跋囉鉗火含摩也
南謨因達囉也　南謨折咄喃
莫曷囉闍喃　怛姪他四里四里

有情故即說咒曰
南謨佛陀引也　南謨達摩也
南莫僧伽引也　南謨跋囉鉗火含摩也
南謨因達囉也　南謨折咄喃
莫曷囉闍喃　怛姪他四里四里
弭里弭里瞿里　莫訶瞿里犍陀里
莫訶犍陀里　達羅弭雉
莫訶達羅弭雉　單荼曲勸駈閙苐去
訶訶訶訶訶　呬呬呬呬呬
呼呼呼呼咲　漢魯曇謎瞿曇謎
者者者者　只只只只主主主主
擨荼禰沙之鉢攞　尸揭囉上尸揭羅
塭底瑟佗呬　薄伽梵僧慎爾耶
莎訶
若復有人於此明咒能受持者我當給與資
生樂具飲食衣服花果珍異或求男女童男
童女金銀珍寶諸瓔珞具我皆供給隨所願
求令無闕乏此之明咒有大威力若誦咒時
我當速至其所令无障礙隨意成就若持此
咒時應知其法先畫一鋪僧慎爾耶藥叉形
像高四五尺手執鉾鑯於此像前作四方壇
安四滿瓶蜜水或沙糖水塗香末香燒香及
諸花鬘又於壇前作地火爐中安炭火以蘇
摩芥子燒於爐中口誦前咒一百八遍一遍
一燒乃至我藥叉大將自來現身問咒人曰
爾何所須意所求者即以事答我即隨言於

安四滿缾蜜水或沙糖水塗香抹香燒香及
諸花鬘又於壇前作地火爐中安炭火以蘇
摩芥子燒於爐中口誦前呪一百八遍一遍
一燒乃至我藥叉大將自來現身問呪人曰
尒何所須意所求者即以事答我即隨言於
所求事皆令滿足或須金銀及諸伏藏或欲
神仙乘空而去或求天眼通或知他心事於
一切有情隨意自在令斷煩惱速得解脫皆
得成就
尒時世尊告正了知藥叉大將曰善哉善哉
汝能如是利益一切衆生說此神呪擁護正
法福利无邊
金光明最勝王經王法正論品第廿
尒時此大地神女名曰堅牢於大衆中從座而
起頂礼佛足合掌恭敬白佛言世尊於諸
國中為人王者若无正法不能治國安養衆
生及以自身長居勝位唯願世尊慈悲哀愍
當為我說王法正論治國之要令諸人王得
聞法已如說修行正化於世能令勝位永保
安寧國內居人咸蒙利益
尒時世尊於大衆中告堅牢地神曰汝當諦
聽過去有王名力尊幢其王有子名曰妙幢
受灌頂位未久之頃尒時父王告妙幢言有
王法正論名天主教法我於昔時受灌頂位
而為國主我之父王名智力尊幢為我說是
王法正論我依此論於二万歲善治國土我

尒時世尊於大衆中告堅牢地神曰汝當諦
聽過去有王名力尊幢其王有子名曰妙幢
受灌頂位未久之頃尒時父王告妙幢言有
王法正論名天主教法我於昔時受灌頂位
而為國主我之父王名智力尊幢為我說是
王法正論我依此論於二万歲善治國土我
不曾憶起一念心行於非法汝於今日亦應
如是勿以非法而治於國云何名為王法正論
汝今善聽當為汝說尒時力尊幢王即為其
子以妙伽他說正論曰
我說王法論　利安諸有情　為斷世間疑　滅除衆過失
一切諸天主　及以人中王　當生歡喜心　合掌聽我說
往昔諸天衆　集在金剛山　四王從座起　請問於大梵
梵主最勝尊　天中大自在　願哀愍我等　為斷諸疑惑
云何處人世　而得名為天　復以何因緣　号名曰天子
云何生人間　獨得為人主　云何在天上　復得作天王
如是護世間　問彼梵王已　尒時梵天主　即便為彼說
護世汝當知　為利有情故　問我治國法　我說應善聽
由先善業力　生天得作王　若在於人中　統領為人主
諸天共加護　然後入母胎　既至母胎中　諸天復守護
雖生在人世　尊勝故名天　由諸天護持　亦得名天子
三十三天主　分力助人王　及一切諸天　亦資自在力
除滅諸非法　惡業令不生　教有情修善　使得生天上
人及蘇羅衆　并健闥婆等　羅剎旃荼羅　悉皆資半力
父母資半力　令捨惡修善　諸天共護持　示其善惡報
若造善惡業　令於現世中　諸天共護持　示其善惡報

雖生在人世　尊勝故名天　由諸天護持　亦得名天子
三十三天主　分力助人王　及一切諸天　亦資自在力
除滅諸非法　惡業令不生　教有情修善　使得生天上
人及蘇羅衆　并揵闥婆等　羅刹旃荼羅　悉皆資半力
父母資半力　令捨惡修善　諸天共護持　示其善惡報
若造善惡業　令於現世中　諸天共護持　示其善惡報
國人造惡業　王捨不禁制　斯非順正理　治擯當如法
若見惡不遮　非法便滋長　遂令王國內　姧詐日增多
王見國中人　造惡不遮止　三十三天衆　咸生忿怒心
因此損國政　諂偽行世間　被他怨敵侵　破壞其國土
居家及資具　積財皆散失　種種諍生　更互相侵奪
由正法得王　而不行其法　國人皆破散　如象踏蓮池
惡風起無恒　暴雨非時下　妖星多變怪　日月蝕無光
五穀衆花果　苗實皆不成　國土遭飢饉　由王捨正法
若王捨正法　以惡法化人　諸天處本宮　見已生憂惱
彼諸天王衆　共作如是言　此王作非法　惡黨相親附
王位不久安　諸天皆忿恨　由彼懷忿故　其國當敗亡
以非法教人　流行於國內　鬪諍多姧偽　疾疫生衆苦
天主不護念　餘天咸捨棄　國土當滅亡　王身受苦厄
父母及妻子　兄弟并姊妹　俱遭愛別離　乃至身亡歿
變怪流星墮　二日俱時出　他方怨賊來　國人遭喪亂
國所重大臣　枉横而身死　所愛象馬等　亦復皆散失
處處有兵戈　人多非法死　惡鬼來入國　疾疫遍流行
國中最大臣　及以諸輔相　其心懷諂佞　並悉行非法
見行非法者　而生於愛敬　於行善法人　苦楚而治罰
由愛敬惡人　治罰善人故　星宿及風雨　皆不以時行
有三種過生　正法當隱沒　衆生無光色　地肥皆下沉

BD05045號　金光明最勝王經卷八　（19–16）

國所重大臣　枉横而身死　所愛象馬等　亦復皆散失
處處有兵戈　人多非法死　惡鬼來入國　疾疫遍流行
國中最大臣　及以諸輔相　其心懷諂佞　並悉行非法
見行非法者　而生於愛敬　於行善法人　苦楚而治罰
由愛敬惡人　治罰善人故　星宿及風雨　皆不以時行
有三種過生　正法當隱沒　衆生無光色　地肥皆下沉
由敬惡輕善　復有三種過　非時降霜雹　飢疫苦流行
穀稼諸果實　滋味皆損減　於其國土中　衆生多疾病
國中諸樹林　先生甘美果　由斯皆損減　苦澀無滋味
先有妙園林　可愛遊戲處　忽然皆枯悴　見者生憂惱
稻麦諸果實　美味漸銷亡　食時心不喜　何能長諸大
衆生光色減　勢力盡衰微　食噉雖復多　不能令飽足
於其國界中　所有衆生類　少力無勇勢　所作不堪能
國人多疾患　衆苦逼其身　鬼魅遍流行　隨處生羅刹
若王作非法　親近於惡人　令三種世間　因斯受衰損
如是無邊過　出在於國中　皆由見惡人　棄捨不治擯
由諸天加護　得作於國王　而不以正法　守護於國界
若人修善行　當得生天上　若造惡業者　死必墮三塗
若王見國人　縱其造過失　三十三天衆　皆生熱惱心
不順諸天教　及以父母言　此是非法人　非王非孝子
若於自國中　見行非法者　如法當治罰　不應生捨棄
是故諸天衆　皆護持此王　以滅諸惡法　能修善根故
王於此世中　必招於現報　由於善惡業　行捨勸衆生
為示善惡報　故得作人王　諸天共護持　一切咸隨喜
由自利利他　治國以正法　見有諂佞者　應當如法治
假使失王位　及以害命緣　終不行惡法　見惡而捨棄

BD05045號　金光明最勝王經卷八　（19–17）

王於此世中　必招於現報　由於善惡業　行捨勸衆生
爲示善惡報　故得作人王　諸天共護持　一切咸隨喜
由自利利他　治國以正法　見有諂佞者　應當如法治
假使失王位　及以害命緣　終不行惡法　見惡而捨棄
害中極重者　无過失國位　皆因諂佞人　爲此當治罰
若有諂誑人　當失於國位　由斯損王政　如象入花園
天主皆瞋恨　阿蘇羅亦然　以彼爲人王　不以法治國
是故應如法　治罰於惡人　以善化衆生　不順於非法
寧捨於身命　不隨非法友　於親及非親　平等觀一切
若爲正法王　國內无偏黨　法王有名稱　普聞三界中
三十三天衆　歡喜作是言　贍部洲法王　彼即是我子
以善化衆生　正法治於國　勸行於正法　當令生我宮
天及諸天子　及以蘇羅衆　因王正法化　常得心歡喜
天衆皆歡喜　共護於人王　衆星依位行　日月无乖度
和風常應節　甘雨順時行　苗實皆善成　人无飢饉者
一切諸天衆　充滿於自宮　是故汝人王　忘身弘正法
應尊重法寶　由斯衆安樂　常當親正法　功德自莊嚴
眷屬常歡喜　能遠離諸惡　以法化衆生　恒令得安隱
令彼一切人　修行於十善　率土常豐樂　國土得安寧
王以法化人　善調於惡行　當得好名稱　安樂諸衆生
爾時大地一切人王及諸大衆聞佛說此古昔
人王治國要法得未曾有皆大歡喜信受
奉持

金光明經卷第八

㦰 履陟　挂 主誅

BD05045號　金光明最勝王經卷八　（19–18）

天及諸天子　及以蘇羅衆　因王正法化　常得心歡喜
天衆皆歡喜　共護於人王　衆星依位行　日月无乖度
和風常應節　甘雨順時行　苗實皆善成　人无飢饉者
一切諸天衆　充滿於自宮　是故汝人王　忘身弘正法
應尊重法寶　由斯衆安樂　常當親正法　功德自莊嚴
眷屬常歡喜　能遠離諸惡　以法化衆生　恒令得安隱
令彼一切人　修行於十善　率土常豐樂　國土得安寧
王以法化人　善調於惡行　當得好名稱　安樂諸衆生
爾時大地一切人王及諸大衆聞佛說此古昔
人王治國要法得未曾有皆大歡喜信受
奉持

金光明經卷第八

㦰 履陟　挂 主誅

BD05045號　金光明最勝王經卷八　（19–19）

土彌勒當知介
薩樂欲聽法是諸菩薩見
光明普照佛土得未曾有欲知此光所爲因
緣時有菩薩名曰妙光有八百弟子是時日
月燈明佛從三昧起因妙光菩薩說大乘經
名妙法蓮華教菩薩法佛所護念六十小劫不
起于座時會聽者亦坐一處六十小劫身心不
動聽佛所說謂如食頃是時衆中无有一人
若身若心而生懈惓日月燈明佛於六十小
劫說是經已即於梵魔沙門婆羅門及天人
阿脩羅衆中而宣此言如來於今日中夜當入
无餘涅槃時有菩薩名曰德藏日月燈明佛即
授其記告諸比丘是德藏菩薩次當作佛号
日淨身多陁阿伽度阿羅訶三藐三佛陁佛
授記已便於中夜入无餘涅槃佛滅度後妙光

BD05046號　妙法蓮華經卷一　(23–1)

无餘涅槃時有菩薩名曰德藏日月燈明佛即
授其記告諸比丘是德藏菩薩次當作佛号
日淨身多陁阿伽度阿羅訶三藐三佛陁佛
授記已便於中夜入无餘涅槃佛滅度後妙光
菩薩持妙法蓮華經滿八十小劫爲人演說日
月燈明佛八子皆師妙光妙光教化令其堅固
阿耨多羅三藐三菩提是諸王子供養无量
百千万億佛已皆成佛道其最後成佛者名曰
然燈八百弟子中有一人号曰求名貪著利養
雖復讀誦衆經而不通利多所忘失故号求
名是人亦以種諸善根因緣故得值无量百千
万億諸佛供養恭敬尊重讚歎彌勒當知介
時妙光菩薩豈異人乎我身是也求名菩薩
汝身是也今見此瑞與本无異是故惟忖今
日如來當說大乘經名妙法蓮華教菩薩
法佛所護念介時文殊師利於大衆中欲重
宣此義而說偈言
我念過去世　无量无數劫　有佛人中尊　号日月燈明
世尊演說法　度无量衆生　无數億菩薩　令入佛智慧
佛未出家時　[illegible]

BD05046號　妙法蓮華經卷一　(23–2)

宣此義而說偈言
我念過去世 无量无數劫 有佛人中尊 号日月燈明
世尊演說法 度无量衆生 无數億菩薩 令入佛智慧
佛未出家時 所生八王子 見大聖出家 亦隨脩梵行
時佛說大乘 經名无量義 於諸大衆中 而為廣分別
佛說此經已 即於法座上 跏趺坐三昧 名无量義處
天雨曼陁華 天鼓自然鳴 諸天龍鬼神 供養人中尊
一切諸佛土 即時大震動 佛放眉間光 現諸希有事
此光照東方 万八千佛土 示一切衆生 生死業報處
有見諸佛土 以衆寶莊嚴 瑠璃頗梨色 斯由佛光照
及見諸天人 龍神夜叉衆 乾闥緊那羅 各供養其佛
又見諸如來 自然成佛道 身色如金山 端嚴甚微妙
如淨瑠璃中 內現真金像 世尊在大衆 敷演深法義
一一諸佛土 聲聞衆无數 因佛光所照 悉見彼大衆
或有諸比丘 在於山林中 精進持淨戒 猶如護明珠
又見諸菩薩 行施忍辱等 其數如恒沙 斯由佛光照
又見諸菩薩 深入諸禪定 身心寂不動 以求无上道
又見諸菩薩 知法寂滅相 各於其國土 說法求佛道
尒時四部衆 見日月燈佛 現大神通力 其心皆歡喜

BD05046號　妙法蓮華經卷一　（23–3）

又見諸菩薩 深入諸禪定 身心寂不動 以求无上道
又見諸菩薩 知法寂滅相 各於其國土 說法求佛道
尒時四部衆 見日月燈佛 現大神通力 其心皆歡喜
各各自相問 是事何因緣 天人所奉尊 適從三昧起
讚妙光菩薩 汝為世間眼 一切所歸信 能奉持法藏
如我所說法 唯汝能證知 世尊既讚歎 令妙光歡喜
說是法華經 滿六十小劫 不起於此座 所說上妙法
是妙光法師 悉皆能受持 佛說是法華 令衆歡喜已
尋即於是日 告於天人衆 諸法實相義 已為汝等說
我今於中夜 當入於涅槃 汝一心精進 當離於放逸
諸佛甚難值 億劫時一遇 世尊諸子等 聞佛入涅槃
各各懷悲惱 佛滅一何速 聖主法之王 安慰无量衆
我若滅度時 汝等勿憂怖 是德藏菩薩 於无漏實相
心已得通達 其次當作佛 号曰為淨身 亦度无量衆
佛此夜滅度 如薪盡火滅 分布諸舍利 而起无量塔
比丘比丘尼 其數如恒沙 倍復加精進 以求无上道
是妙光法師 奉持佛法藏 八十小劫中 廣宣法華經
是諸八王子 妙光所開化 堅固无上道 當見无數佛
供養諸佛已 隨順行大道 相繼得成佛 轉次而授記

BD05046號　妙法蓮華經卷一　（23–4）

比丘比丘尼　其數如恒沙　倍復加精進　以求无上道
是妙光法師　奉持佛法藏　八十小劫中　廣宣法華經
是諸八王子　妙光所開化　堅固无上道　當見无數佛
供養諸佛已　隨順行大道　相継得成佛　轉次而授記
最後天中天　号曰燃燈佛　諸仙之導師　度脫无量衆
是妙光法師　時有一弟子　心常懷懈怠　貪著於名利
求名利无猒　多遊族姓家　棄捨所習誦　廢忘不通利
以是因緣故　号之為求名　亦行衆善業　得見无數佛
供養於諸佛　隨順行大道　具六波羅蜜　今見釋師子
其後當作佛　号名曰弥勒　廣度諸衆生　其數无有量
彼佛滅度後　懈怠者汝是　妙光法師者　今則我身是
我見燈明佛　本光瑞如此　以是知今佛　欲說法華經
今相如本瑞　是諸佛方便　今佛放光明　助發實相義
諸人今當知　合掌一心待　佛當雨法雨　充足求道者
諸求三乘人　若有疑悔者　佛當為除斷　令盡无有餘

妙法蓮華經方便品第二

尒時世尊從三昧安詳而起　告舍利弗　諸佛
智慧甚深无量　其智慧門難解難入　一切聲
聞辟支佛所不能知　所以者何　佛曽親近百千
万億无數諸佛　盡行諸佛无量道法　勇猛精

尒時世尊從三昧安詳而起告舍利弗諸佛
智慧甚深无量　其智慧門難解難入　一切聲
聞辟支佛所不能知　所以者何　佛曽親近百千
万億无數諸佛　盡行諸佛无量道法　勇猛精
進名稱普聞　成就甚深未曽有法　隨宜所說
意趣難解　舍利弗　吾從成佛已來　種種因緣
種種譬喻　廣演言教　无數方便　引導衆生　令離
諸著　所以者何　如來方便知見波羅蜜皆已具足
舍利弗　如來知見廣大深遠　无量无礙力无所
畏禪定解脫三昧　深入无際　成就一切未曽有
法　舍利弗　如來能種種分別　巧說諸法　言辞柔
耎悅可衆心　舍利弗　取要言之　无量无邊未
曽法　佛悉成就　止　舍利弗　不須復說　所以者何
佛所成就第一希有難解之法　唯佛與佛乃
能究盡諸法實相　所謂諸法如是相　如是性　如
是體　如是力　如是作　如是因　如是緣　如是果　如是
報　如是本末究竟等　尒時世尊欲重宣此義
而說偈言
世雄不可量　諸天及世人　一切衆生類　无能知佛者
佛力无所畏　解脫諸三昧　及佛諸餘法　无能測量者

[illegible]
報如是本末究竟等尒時世尊欲重宣此義
而說偈言
世雄不可量　諸天及世人　一切衆生類　无能知佛者
佛力无所畏　解脫諸三昧　及佛諸餘法　无能測量者
本從无數佛　具足行諸道　甚深微妙法　難見難可了
於无量億劫　行此諸道已　道場得成果　我已悉知見
如是大果報　種種性相義　我及十方佛　乃能知是事
是法不可示　言辞相寂滅　諸餘衆生類　无有能得解
除諸菩薩衆　信力堅固者　諸佛弟子衆　曾供養諸佛
一切漏已盡　住是最後身　如是諸人等　其力所不堪
假使滿世間　皆如舍利弗　盡思共度量　不能測佛智
正使滿十方　皆如舍利弗　及餘諸弟子　亦滿十方剎
盡思共度量　亦復不能知　辟支佛利智　无漏最後身
亦滿十方界　其數如竹林　斯等共一心　於億无量劫
欲思佛實智　莫能知少分　新發意菩薩　供養无數佛
了達諸義趣　又能善說法　如稻麻竹葦　充滿十方剎
一心以妙智　於恒河沙劫　咸皆共思量　不能知佛智
不退諸菩薩　其數如恒沙　一心共思求　亦復不能知
又告舍利弗　无漏不思議　甚深微妙法　我今已具得

欲思佛實智　莫能知少分　新發意菩薩　供養无數佛
了達諸義趣　又能善說法　如稻麻竹葦　充滿十方剎
一心以妙智　於恒河沙劫　咸皆共思量　不能知佛智
不退諸菩薩　其數如恒沙　一心共思求　亦復不能知
又告舍利弗　无漏不思議　甚深微妙法　我今已具得
唯我知是相　十方佛亦然　舍利弗當知　諸佛語无異
於佛所說法　當生大信力　世尊法久後　要當說真實
告諸聲聞衆　及求緣覺乘　我令脫苦縛　逮得涅槃者
佛以方便力　示以三乘教　衆生處處著　引之令得出
尒時大衆中有諸聲聞漏盡阿羅漢阿若憍
陳如等千二百人及發聲聞辟支佛心比丘比
丘尼優婆塞優婆夷各作是念今者世尊何
故慇懃稱嘆方便而作是言佛所得法甚深難
解有所言說意趣難知一切聲聞辟支佛所
不能及佛說一解脫義我等亦得此法到於
涅槃而今不知是義所趣尒時舍利弗知四衆心
疑自亦未了而白佛言世尊何因何緣慇懃稱
嘆諸佛第一方便甚深微妙難解之法我自
昔來未曾從佛聞如是說今者四衆咸皆有疑
唯願世尊敷演斯事世尊何故慇懃稱嘆甚

疑自亦未了而白佛言世尊何因何緣慇懃稱
歎諸佛第一方便甚深微妙難解之法我自
昔來未曾從佛聞如是說今者四衆咸皆有疑
唯願世尊敷演斯事世尊何故慇懃稱歎甚
深微妙難解之法尒時舍利弗欲重宣此義而
說偈言
慧日大聖尊　久乃說是法　自說得如是　力无畏三昧
禪定解脫等　不可思議法　道場所得法　无能發問者
我意難可測　亦无能問者　无問而自說　稱歎所行道
智慧甚深妙　諸佛之所得　无漏諸羅漢　及求涅槃者
今皆墮疑網　佛何故說是　其求緣覺者　比丘比丘尼
諸天龍鬼神　及乾闥婆等　相視懷猶豫　是事為云何
願佛為解說　於諸聲聞衆　佛說我第一　我今自於智
疑惑不能了　為是究竟法　為是所行道　佛口所生子
合掌瞻仰待　願出微妙音　時為如實說　諸天龍神等
其數如恒沙　求佛諸菩薩　大數有八万　又諸万億國
轉輪聖王至　合掌以敬心　欲聞具足道
尒時佛告舍利弗止止不須復說若說是事一
切世間諸天及人皆當驚疑舍利弗重白佛言

BD05046號　妙法蓮華經卷一　（23–9）

合掌瞻仰待　願出微妙音　時為如實說　諸天龍神等
其數如恒沙　求佛諸菩薩　大數有八万　又諸万億國
轉輪聖王至　合掌以敬心　欲聞具足道
尒時佛告舍利弗止止不須復說若說是事一
切世間諸天及人皆當驚疑舍利弗重白佛言
世尊唯願說之唯願說之所以者何是會无
數百千万億阿僧祇衆生曾見諸佛諸根
猛利智慧明了聞佛所說則能敬信尒時舍
利弗欲重宣此義而說偈言
法王无上尊　唯說願勿慮　是會无量衆　有能敬信者
佛復止舍利弗若說是事一切世間天人阿
脩羅皆當驚疑增上慢比丘將墜於大坑
尒時世尊重說偈言
止止不須說　我法妙難思　諸增上慢者　聞必不敬信
尒時舍利弗重白佛言世尊唯願說之唯願
說之今此會中如我等比百千万億世世已來曾
從佛受化如此人等必能敬信長夜安隱多所
饒益尒時舍利弗欲重宣此義而說偈言
无上兩足尊　願說第一法　我為佛長子　唯垂分別說
是會无量衆　能敬信此法　佛已曾世世　教化如是等

BD05046號　妙法蓮華經卷一　（23–10）

從佛受化如此人等必能敬信長夜安隱多所
饒益爾時舍利弗欲重宣此義而說偈言
無上兩足尊　願說第一法　我爲佛長子　唯垂分別說
是會無量衆　能敬信此法　佛已曾世世　教化如是等
皆一心合掌　欲聽受佛語　我等千二百　及餘求佛者
願爲此衆故　唯垂分別說　是等聞此法　則生大歡喜
爾時世尊告舍利弗汝已慇懃三請豈得不
說汝今諦聽善思念之吾當爲汝分別解說
說此語時會中有比丘比丘尼優婆塞優婆
夷五千人等即從座起禮佛而退所以者何
此輩罪根深重及增上慢未得謂得未證謂
證有如此失是以不住世尊默然而不制止
爾時佛告舍利弗我今此衆無復枝葉純有
貞實舍利弗如是增上慢人退亦佳矣汝今
善聽當爲汝說舍利弗言唯然世尊願樂欲
聞佛告舍利弗如是妙法諸佛如來時乃說之
如優曇鉢華時一現耳舍利弗汝等當信佛
之所說言不虛妄舍利弗諸佛隨宜說法意
趣難解所以者何我以無數方便種種因緣譬
喻言辭演說諸法是法非思量分別之所能解

BD05046號　妙法蓮華經卷一　　（23–11）

如優曇鉢華時一現耳舍利弗汝等當信佛
之所說言不虛妄舍利弗諸佛隨宜說法意
趣難解所以者何我以無數方便種種因緣譬
喻言辭演說諸法是法非思量分別之所能解
唯有諸佛乃能知之所以者何諸佛世尊唯
以一大事因緣故出現於世舍利弗云何名
諸佛世尊唯以一大事因緣故出現於世諸
佛世尊欲令衆生開佛知見使得清淨故出
現於世欲示衆生佛知見故出現於世欲令衆
生悟佛知見故出現於世欲令衆生入佛知見道
故出現於世舍利弗是爲諸佛唯以一大事因
緣故出現於世佛告舍利弗諸佛如來但教
化菩薩諸有所作常爲一事唯以佛之知見
示悟衆生舍利弗如來但以一佛乘故爲衆
生說法無有餘乘若二若三舍利弗一切十方
諸佛法亦如是舍利弗過去諸佛以無量無數
方便種種因緣譬喻言辭而爲衆生演說諸法
是法皆爲一佛乘故是諸衆生從諸佛聞法
究竟皆得一切種智舍利弗未來諸佛當

BD05046號　妙法蓮華經卷一　　（23–12）

諸佛法亦如是舍利弗過去諸佛以无量无數
方便種種因緣譬喻言辭而為衆生演說諸法
是法皆為一佛乘故是諸衆生從諸佛聞法
究竟皆得一切種智舍利弗未來諸佛當
出於世亦以无量无數方便種種因緣譬喻
言辭而為衆生演說諸法是法皆為一佛乘
故是諸衆生從佛聞法究竟皆得一切種智
舍利弗現在十方无量百千万億佛土中諸
佛世尊多所饒益安樂衆生是諸佛亦以无
量无數方便種種因緣譬喻言辭而為衆生
演說諸法是法皆為一佛乘故是諸衆生從
佛聞法究竟皆得一切種智舍利弗是諸
佛但教化菩薩欲以佛之知見示衆生故欲以
佛之知見悟衆生故欲令衆生入佛知見故舍
利弗我今亦復如是知諸衆生有種種欲深
心所著隨其本性以種種因緣譬喻言辭方
便力而為說法舍利弗如此皆為得一佛乘一
切種智故舍利弗十方世界中尚无二乘何況
有三舍利弗諸佛出於五濁惡世所謂劫濁、

BD05046號　妙法蓮華經卷一　（23–13）

心所著隨其本性以種種因緣譬喻言辭方
便力而為說法舍利弗如此皆為得一佛乘一
切種智故舍利弗十方世界中尚无二乘何況
有三舍利弗諸佛出於五濁惡世所謂劫濁、
煩惱濁衆生濁見濁命濁如是舍利弗劫濁亂
時衆生垢重慳貪嫉妬成就諸不善根故諸
佛以方便力於一佛乘分別說三舍利弗若
我弟子自謂阿羅漢辟支佛者不聞不知
諸佛如來但教化菩薩事此非佛弟子非
阿羅漢非辟支佛又舍利弗是諸比丘比丘
尼自謂已得阿羅漢是最後身究竟涅槃便
不復志求阿耨多羅三藐三菩提當知此輩
皆是增上慢人所以者何若有比丘實得阿羅
漢若不信此法无有是處除佛滅度後現
前无佛所以者何佛滅度後如是等經受持
讀誦解其義者是人難得若遇餘佛於此法
中便得決了舍利弗汝等當一心信解受持佛
語諸佛如來言无虛妄无有餘乘唯一佛乘
尒時世尊欲重宣此義而說偈言

BD05046號　妙法蓮華經卷一　（23–14）

讀誦解其義者，是人難得。若遇餘佛，於此法
中便得決了。舍利弗，汝等當一心信解受持佛
語。諸佛如來言无虛妄，无有餘乘，唯一佛乘。
尒時世尊欲重宣此義而說偈言：
比丘比丘尼　有懷增上慢　優婆塞我慢　優婆夷不信
如是四衆等　其數有五千　不自見其過　於戒有缺漏
護惜其瑕疵　是小智已出　衆中之糟糠　佛威德故去
斯人尠福德　不堪受是法　此衆无枝葉　唯有諸貞實
舍利弗善聽　諸佛所得法　无量方便力　而為衆生說
衆生心所念　種種所行道　若干諸欲性　先世善惡業
佛悉知是已　以諸緣譬喻　言辭方便力　令一切歡喜
或說脩多羅　伽陀及本事　本生未曾有　亦說於因緣
譬喻并祇夜　優波提舍經
鈍根樂小法　貪著於生死　於諸无量佛　不行深妙道
衆苦所惱亂　為是說涅槃　我設是方便　令得入佛慧
未曾說汝等　當得成佛道　所以未曾說　說時未至故
今正是其時　決定說大乘　我此九部法　隨順衆生說
入大乘為本　以故說是經　有佛子心淨　柔軟亦利根
无量諸佛所　而行深妙道　為此諸佛子　說是大乘經
我記如是人　來世成佛道　以深心念佛　脩持淨戒故

BD05046號　妙法蓮華經卷一　（23–15）

今正是其時　決定說大乘　我此九部法　隨順衆生說
入大乘為本　以故說是經　有佛子心淨　柔軟亦利根
无量諸佛所　而行深妙道　為此諸佛子　說是大乘經
我記如是人　來世成佛道　以深心念佛　脩持淨戒故
此等聞得佛　大喜充遍身　佛知彼心行　故為說大乘
聲聞若菩薩　聞我所說法　乃至於一偈　皆成佛无疑
十方佛土中　唯有一乘法　无二亦无三　除佛方便說
但以假名字　引導於衆生　說佛智慧故　諸佛出於世
唯此一事實　餘二則非真　終不以小乘　濟度於衆生
佛自住大乘　如其所得法　定慧力莊嚴　以此度衆生
自證无上道　大乘平等法　若以小乘化　乃至於一人
我則墮慳貪　此事為不可　若人信歸佛　如來不欺誑
亦无貪嫉意　斷諸法中惡　故佛於十方　而獨无所畏
我以相嚴身　光明照世間　无量衆所尊　為說實相印
舍利弗當知　我本立誓願　欲令一切衆　如我等无異
如我昔所願　今者已滿足　化一切衆生　皆令入佛道
若我遇衆生　盡教以佛道　无智者錯亂　迷惑不受教
我知此衆生　未曾脩善本　堅著於五欲　癡愛故生惱
以諸欲因緣　墜墮三惡道　輪迴六趣中　備受諸苦毒

BD05046號　妙法蓮華經卷一　（23–16）

如我昔所願　今者已滿足　化一切衆生　皆令入佛道
若我遇衆生　盡教以佛道　无智者錯亂　迷惑不受教
我知此衆生　未曾脩善本　堅著於五欲　癡愛故生惱
以諸欲因緣　墜墮三惡道　輪迴六趣中　備受諸苦毒
受胎之微形　世世常增長　薄德少福人　衆苦所逼迫
入邪見稠林　若有若无等　依止此諸見　具足六十二
深著虛妄法　堅受不可捨　我慢自矜高　諂曲心不實
於千万億劫　不聞佛名字　亦不聞正法　如是人難度
是故舍利弗　我為設方便　說諸盡苦道　示之以涅槃
我雖說涅槃　是亦非真滅　諸法從本來　常自寂滅相
佛子行道已　來世得作佛　我有方便力　開示三乘法
一切諸世尊　皆說一乘道　今此諸大衆　皆應除疑惑
諸佛語无異　唯一无二乘　過去无數劫　无量滅度佛
百千万億種　其數不可量　如是諸世尊　種種緣譬喻
无數方便力　演說諸法相　是諸世尊等　皆說一乘法
化无量衆生　令入於佛道　又諸大聖主　知一切世間
天人群生類　深心之所欲　更以異方便　助顯第一義
若有衆生類　值諸過去佛　若聞法布施　或持戒忍辱
精進禪智等　種種脩福德　如是諸人等　皆已成佛道
諸佛滅度已　若人善耎心　如是諸衆生　皆已成佛道

天人群生類　深心之所欲　更以異方便　助顯第一義
若有衆生類　值諸過去佛　若聞法布施　或持戒忍辱
精進禪智等　種種脩福德　如是諸人等　皆已成佛道
諸佛滅度已　若人善耎心　如是諸衆生　皆已成佛道
諸佛滅度已　供養舍利者　起万億種塔　金銀及頗梨
車璖與馬瑙　玫瑰琉璃珠　清淨廣嚴飾　莊校於諸塔
或有起石廟　栴檀及沈水　木樒并餘材　塼瓦泥土等
若於曠野中　積土成佛廟　乃至童子戲　聚沙為佛塔
如是諸人等　皆已成佛道　若人為佛故　建立諸形像
刻雕成衆相　皆已成佛道　或以七寶成　鍮石赤白銅
白鑞及鉛錫　鐵木及與泥　或以膠漆布　嚴飾作佛像
如是諸人等　皆已成佛道　綵畫作佛像　百福莊嚴相
自作若使人　皆已成佛道　乃至童子戲　若草木及筆
或以指爪甲　而畫作佛像　如是諸人等　漸漸積功德
具足大悲心　皆已成佛道　但化諸菩薩　度脫无量衆
若人於塔廟　寶像及畫像　以華香幡蓋　敬心而供養
若使人作樂　擊鼓吹角貝　簫笛琴箜篌　琵琶鐃銅鈸
如是衆妙音　盡持以供養　或以歡喜心　歌唄頌佛德
乃至一小音　皆已成佛道　若人散亂心　乃至以一華
[illegible]

若人於塔廟　寶像及畫像　以華香幡蓋　敬心而供養
若使人作樂　擊鼓吹角貝　簫笛琴箜篌　琵琶鐃銅鈸
如是衆妙音　盡持以供養　或以歡喜心　歌唄頌佛德
乃至一小音　皆已成佛道　若人散亂心　乃至以一華
供養於畫像　漸見无數佛　或有人禮拜　或復但合掌
乃至舉一手　或復小低頭　以此供養像　漸見无量佛
自成无上道　廣度无數衆　入无餘涅槃　如薪盡火滅
若人散亂心　入於塔廟中　一稱南无佛　皆已成佛道
於諸過去佛　現在或滅度　若有聞是法　皆已成佛道
未來諸世尊　其數无有量　是諸如來等　亦方便說法
一切諸如來　以无量方便　度脫諸衆生　入佛无漏智
若有聞法者　无一不成佛　諸佛本誓願　我所行佛道
普欲令衆生　亦同得此道　未來世諸佛　雖說百千億
无數諸法門　其實爲一乘　諸佛兩足尊　知法常无性
佛種從緣起　是故說一乘　是法住法位　世間相常住
於道場知已　導師方便說　天人所供養　現在十方佛
其數如恒沙　出現於世間　安隱衆生故　亦說如是法
知第一寂滅　以方便力故　雖示種種道　其實爲佛乘
知衆生諸行　深心之所念　過去所習業　欲性精進力
及諸根利鈍　以種種因緣　譬喻亦言辭　隨應方便說

BD05046號　妙法蓮華經卷一　（23–19）

於道場知已　導師方便說　天人所供養　現在十方佛
其數如恒沙　出現於世間　安隱衆生故　亦說如是法
知第一寂滅　以方便力故　雖示種種道　其實爲佛乘
知衆生諸行　深心之所念　過去所習業　欲性精進力
及諸根利鈍　以種種因緣　譬喻亦言辭　隨應方便說
今我亦如是　安隱衆生故　以種種法門　宣示於佛道
我以智慧力　知衆生性欲　方便說諸法　皆令得歡喜
舍利弗當知　我以佛眼觀　見六道衆生　貧窮无福慧
入生死險道　相續苦不斷　深著於五欲　如犛牛愛尾
以貪愛自蔽　盲瞑无所見　不求大勢佛　及與斷苦法
深入諸邪見　以苦欲捨苦　爲是衆生故　而起大悲心
我始坐道場　觀樹亦經行　於三七日中　思惟如是事
我所得智慧　微妙最第一　衆生諸根鈍　著樂癡所盲
如斯之等類　云何而可度　爾時諸梵王　及諸天帝釋
護世四天王　及大自在天　并餘諸天衆　眷屬百千万
恭敬合掌禮　請我轉法輪　我即自思惟　若但讚佛乘
衆生沒在苦　不能信是法　破法不信故　墜於三惡道
我寧不說法　疾入於涅槃　尋念過去佛　所行方便力
我今所得道　亦應說三乘　作是思惟時　十方佛皆現
梵音慰喻我　善哉釋迦文　第一之導師　得是无上法

BD05046號　妙法蓮華經卷一　（23–20）

恭敬合掌禮　請我轉法輪　我即自思惟　若但讚佛乘
衆生沒在苦　不能信是法　破法不信故　墜於三惡道
我寧不說法　疾入於涅槃　尋念過去佛　所行方便力
我今所得道　亦應說三乘　作是思惟時　十方佛皆現
梵音慰喻我　善哉釋迦文　第一之導師　得是無上法
隨諸一切佛　而用方便力　我等亦皆得　最妙第一法
為諸衆生類　分別說三乘　少智樂小法　不自信作佛
是故以方便　分別說諸果　雖復說三乘　但為教菩薩
舍利弗當知　我聞聖師子　深淨微妙音　稱南無諸佛
復作如是念　我出濁惡世　如諸佛所說　我亦隨順行
思惟是事已　即趣波羅柰
諸法寂滅相　不可以言宣　以方便力故　為五比丘說
是名轉法輪　便有涅槃音　及以阿羅漢　法僧差別名
從久遠劫來　讚示涅槃法　生死苦永盡　我常如是說
舍利弗當知　我見佛子等　志求佛道者　無量千萬億
咸以恭敬心　皆來至佛所　曾從諸佛聞　方便所說法
我即作是念　如來所以出　為說佛慧故　今正是其時
舍利弗當知　鈍根小智人　著相憍慢者　不能信是法
今我喜無畏　於諸菩薩中　正直捨方便　但說無上道
菩薩聞是法　疑網皆已除　千二百羅漢　悉亦當作佛

BD05046號　妙法蓮華經卷一　（23–21）

我即作是念　如來所以出　為說佛慧故　今正是其時
舍利弗當知　鈍根小智人　著相憍慢者　不能信是法
今我喜無畏　於諸菩薩中　正直捨方便　但說無上道
菩薩聞是法　疑網皆已除　千二百羅漢　悉亦當作佛
如三世諸佛　說法之儀式　我今亦如是　說無分別法
諸佛興出世　懸遠值遇難　正使出于世　說是法復難
無量無數劫　聞是法亦難　能聽是法者　斯人亦復難
譬如優曇華　一切皆愛樂　天人所希有　時時乃一出
聞法歡喜讚　乃至發一言　則為已供養　一切三世佛
是人甚希有　過於優曇華　汝等勿有疑　我為諸法王
普告諸大衆　但以一乘道　教化諸菩薩　無聲聞弟子
汝等舍利弗　聲聞及菩薩　當知是妙法　諸佛之秘要
以五濁惡世　但樂著諸欲　如是等衆生　終不求佛道
當來世惡人　聞佛說一乘　迷惑不信受　破法墮惡道
有慚愧清淨　志求佛道者　當為如是等　廣讚一乘道
舍利弗當知　諸佛法如是　以萬億方便　隨宜而說法
其不習學者　不能曉了此
汝等既已知　諸佛世之師　隨宜方便事　無復諸疑惑
心生大歡喜　自知當作佛

BD05046號　妙法蓮華經卷一　（23–22）

是人甚希有　過於優曇華　汝等勿有疑　我為諸法王
普告諸大衆　但以一乘道　教化諸菩薩　无聲聞弟子
汝等舍利弗　聲聞及菩薩　當知是妙法　諸佛之秘要
以五濁惡世　但樂著諸欲　如是等衆生　終不求佛道
當來世惡人　聞佛說一乘　迷惑不信受　破法墮惡道
有慚愧清淨　志求佛道者　當為如是等　廣讚一乘道
舍利弗當知　諸佛法如是　以万億方便　隨宜而說法
其不習學者　不能曉了此　汝等既已知　諸佛世之師　隨宜方便事　无復諸疑惑
心生大歡喜　自知當作佛

妙法蓮華經卷第一

BD05046號　妙法蓮華經卷一

（23–23）

云何淨諸度　所作云何起　云何而轉去　云何斷諸想
云何起三昧　破三有者誰　何處身云何　云何无有我
云何隨俗說　汝問相云何　及所問非我　云何為胎藏
及以餘支分　云何斷常見　云何心一境　云何言說智
戒種姓佛子　云何師弟子　衆生種性別
飲食及虛空　聰明魔施設　云何樹行布　是汝之所問
何因一切剎　種種相不同　或有如箜篌　腰鼓及衆花
或有離光明　仙人長苦行　或有好族姓　令衆生尊重
或有體卑陋　為人所輕賤　云何欲界中　修行不成佛
而於色究竟　乃昇等正覺　云何世間人　而能獲神通
何因稱比丘　何故名僧伽　云何化及報　真如智慧佛
云何使其心　得住七地中　此及於餘義　汝今咸問我
如先佛所說　一百八種句　一一相相應　遠離諸見過
亦離於世俗　言語所成法　我當為汝說　佛子應聽受
尒時大慧菩薩摩訶薩白佛言世尊何者是
一百八句佛言大慧所謂生句非生句常句
非常句相句非相句住異句非住異句剎那
句非剎那句自性句非自性句空句非空句
斷句非斷句心句非心句中句非中句恒句
非恒句緣句非緣句因句非因句煩惱句非

BD05047號　大乘入楞伽經卷一

（2–1）

或有離光明仙人長苦行 或有好族姓 令衆生尊重
或有體卑陋 爲人所輕賤 云何欲界中 修行不成佛
而於色究竟 乃昇等正覺 云何世間人 而能獲神通
何因稱比丘 何故名僧伽 云何化及報 真如智慧佛
云何使其心 得住七地中 此及於餘義 汝今咸問我
如先佛所說 一百八種句 二相相應 遠離諸見過
亦離於世俗 言語所成法 我當爲汝說 佛子應聽受
尒時大慧菩薩摩訶薩白佛言世尊何者是
一百八句佛言大慧所謂生句非生句常句
非常句相句非相句住異句非住異句剎那
句非剎那句自性句非自性句空句非空句
斷句非斷句心句非心句中句非中句恒句
非恒句緣句非緣句因句非因句煩惱句非
煩惱句愛句非愛句方便句非方便句善巧句
非善巧句清淨句非清淨句相應句非相
應句譬喻句非譬喻句弟子句非弟子句
師句非師句種姓句非種性句三乘句非三
乘句无影像句非无影像句願句非願句三
乘句无影像句非无影像句願句非願句三
輪句非三輪句標相句非標相句有句非有句
无句非无句俱句非俱句自證聖智句非自

BD05047號　大乘入楞伽經卷一

(2–2)

BD05047號背　雜寫

(1–1)

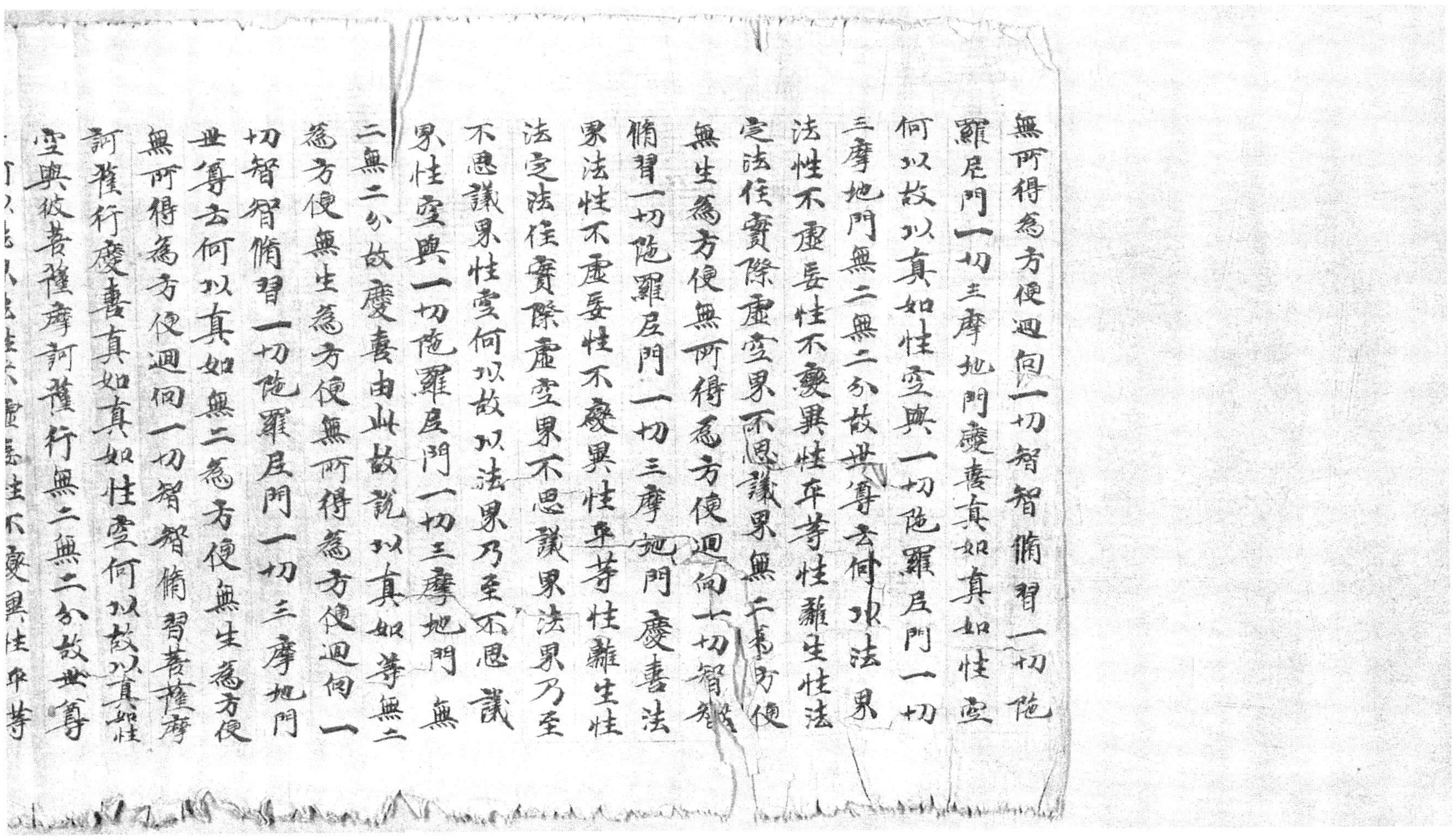
無所得為方便迴向一切智智脩習一切陁
羅尼門一切三摩地門慶喜真如真如性空
何以故以真如性空與一切陁羅尼門一切
三摩地門無二無二分故世尊云何以法界
法性不虛妄性不變異性平等性離生性法
定法住實際虛空界不思議界無二為方便
無生為方便無所得為方便迴向一切智智
脩習一切陁羅尼門一切三摩地門慶喜法
界法性不虛妄性不變異性平等性離生性
法定法住實際虛空界不思議界法界乃至
不思議界性空何以故以法界乃至不思議
界性空與一切陁羅尼門一切三摩地門無
二無二分故慶喜由此故說以真如等無二
為方便無生為方便無所得為方便迴向一
切智智脩習一切陁羅尼門一切三摩地門
世尊云何以真如無二為方便無生為方便
無所得為方便迴向一切智智脩習菩薩摩
訶薩行慶喜真如真如性空何以故以真如性
空與彼菩薩摩訶薩行無二無二分故世尊
云何以法界法性不虛妄性不變異性平等

BD05048號　大般若波羅蜜多經卷一一九　（2–1）

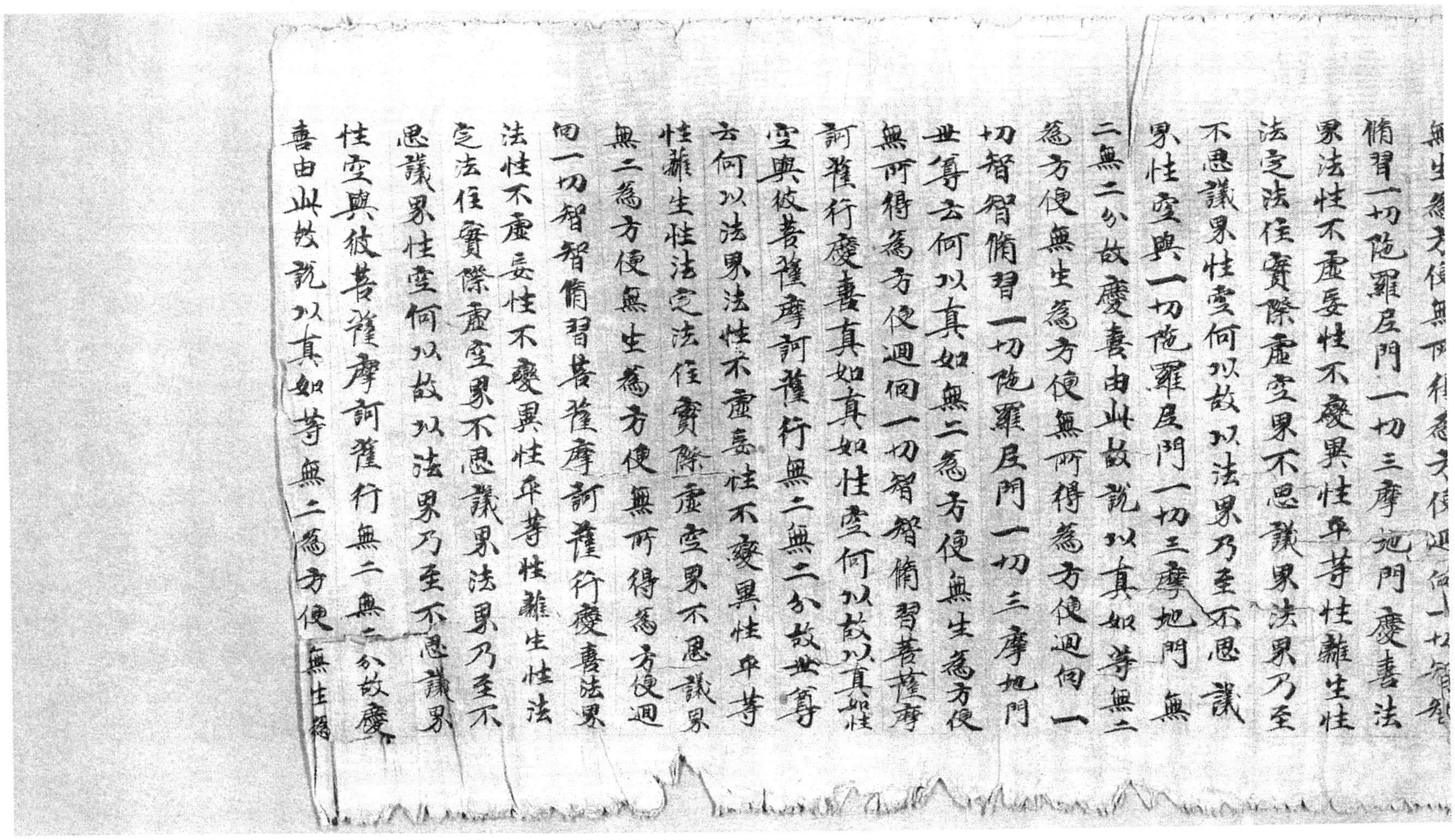
無生為方便無所得為方便迴向一切智智
脩習一切陁羅尼門一切三摩地門慶喜法
界法性不虛妄性不變異性平等性離生性
法定法住實際虛空界不思議界法界乃至
不思議界性空何以故以法界乃至不思議
界性空與一切陁羅尼門一切三摩地門無
二無二分故慶喜由此故說以真如等無二
為方便無生為方便無所得為方便迴向一
切智智脩習一切陁羅尼門一切三摩地門
世尊云何以真如無二為方便無生為方便
無所得為方便迴向一切智智脩習菩薩摩
訶薩行慶喜真如真如性空何以故以真如性
空與彼菩薩摩訶薩行無二無二分故世尊
云何以法界法性不虛妄性不變異性平等
性離生性法定法住實際虛空界不思議界
無二為方便無生為方便無所得為方便迴
向一切智智脩習菩薩摩訶薩行慶喜法界
法性不虛妄性不變異性平等性離生性法
定法住實際虛空界不思議界法界乃至不
思議界性空何以故以法界乃至不思議界
性空與彼菩薩摩訶薩行無二無二分故慶
喜由此故說以真如等無二為方便無生為

BD05048號　大般若波羅蜜多經卷一一九　（2–2）

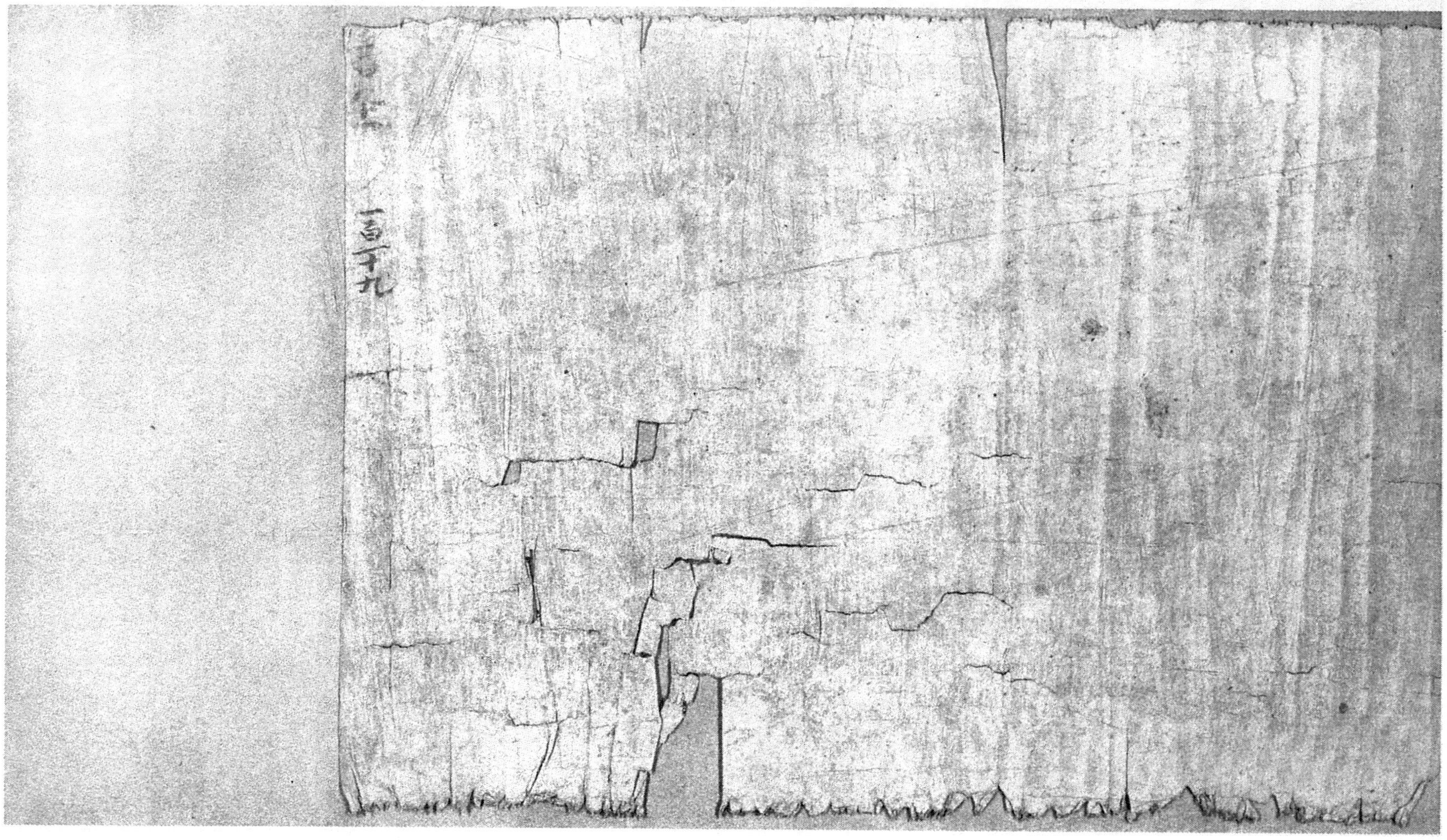

BD05048 號背　勘記

(1–1)

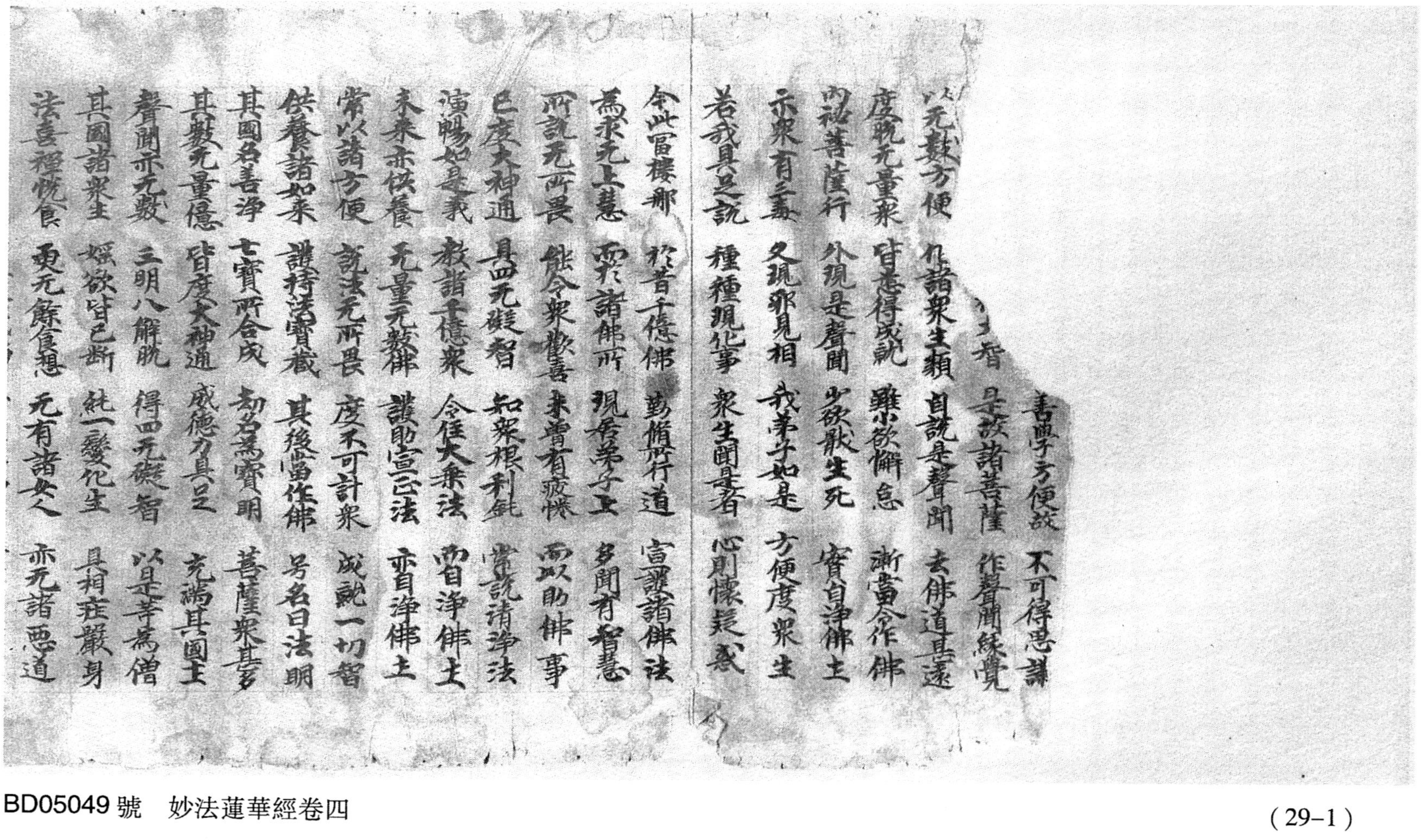
…善學方便故　不可得思議
…智　是故諸菩薩　作聲聞緣覺
以无數方便　化諸衆生類　自説是聲聞　去佛道甚遠
度脱无量衆　皆悉得成就　雖小欲懈怠　漸當令作佛
内祕菩薩行　外現是聲聞　少欲猒生死　實自淨佛土
示衆有三毒　又現耶見相　我弟子如是　方便度衆生
若我具足説　種種現化事　衆生聞是者　心則懷疑惑
今此富樓那　於昔千億佛　勤脩所行道　宣護諸佛法
爲求无上慧　而於諸佛所　現居弟子上　多聞有智慧
所説无所畏　能令衆歡喜　未曾有疲惓　而以助佛事
已度大神通　具四无礙智　知衆根利鈍　常説清淨法
演暢如是義　教諸千億衆　令住大乘法　而自淨佛土
未來亦供養　无量无數佛　護助宣正法　亦自淨佛土
常以諸方便　説法无所畏　度不可計衆　成就一切智
供養諸如來　護持法寶藏　其後當作佛　号名曰法明
其國名善淨　七寶所合成　劫名爲寶明　菩薩衆甚多
其數无量億　皆度大神通　威德力具足　充滿其國土
聲聞亦无數　三明八解脱　得四无礙智　以是等爲僧
其國諸衆生　婬欲皆已斷　純一變化生　具相莊嚴身
法喜禪悦食　更无餘食想　无有諸女人　亦无諸惡道

BD05049 號　妙法蓮華經卷四

(29–1)

常以諸方便　說法无所畏　度不可計衆　成就一切智
供養諸如來　護持法寶藏　其後當作佛　号名曰法明
其國名善淨　七寶所合成　劫名爲寶明　菩薩衆甚多
其數无量億　皆度大神通　威德力具足　充滿其國土
聲聞亦无數　三明八解脫　得四无礙智　以是等爲僧
其國諸衆生　婬欲皆已斷　純一變化生　具相莊嚴身
法喜禪悅食　更无餘食想　无有諸女人　亦无諸惡道
富樓那比丘　功德悉成滿　當得斯淨土　賢聖衆甚多
如是无量事　我今但略說
尒時千二百阿羅漢心自在者作是念我等
歡喜得未曾有若世尊各見授記如餘大弟
子者不亦快乎佛知此等心之所念告摩訶
迦葉是千二百阿羅漢我今當現前次第與
受阿耨多羅三藐三菩提記於此衆中我大
弟子憍陳如比丘當供養六万二千億佛然
後得成爲佛号曰普明如來應供正遍知明
行足善逝世間解无上士調御丈夫天人師
佛世尊其五百阿羅漢優樓頻螺迦葉伽耶
迦葉那提迦葉迦留陀夷優陀夷阿㝹樓馱
離波多劫賓那薄拘羅周陀莎伽陀等皆當
得阿耨多羅三藐三菩提盡同一号名曰普
明尒時世尊欲重宣此義而說偈言
憍陳如比丘　當見无量佛　過阿僧祇劫　乃成等正覺
常放大光明　具足諸神通　名聞遍十方　一切之所敬
常說无上道　故号爲普明　其國土清淨　菩薩皆勇猛
咸昇妙樓閣　遊諸十方國　以无上供具　奉獻於諸佛
作是供養已　心懷大歡喜　須臾還本國　有如是神力

BD05049號　妙法蓮華經卷四　（29–2）

憍陳如比丘　當見无量佛　過阿僧祇劫　乃成等正覺
常放大光明　具足諸神通　名聞遍十方　一切之所敬
常說无上道　故号爲普明　其國土清淨　菩薩皆勇猛
咸昇妙樓閣　遊諸十方國　以无上供具　奉獻於諸佛
作是供養已　心懷大歡喜　須臾還本國　有如是神力
佛壽六万劫　正法住倍壽　像法復倍是　法滅天人憂
其五百比丘　次第當作佛　同号曰普明　轉次而授記
我滅度之後　某甲當作佛　其所化世間　亦如我今日
國土之嚴淨　及諸神通力　菩薩聲聞衆　正法及像法
壽命劫多少　皆如上所說　迦葉汝已知　五百自在者
餘諸聲聞衆　亦當復如是　其不在此會　汝當爲宣說
尒時五百阿羅漢於佛前得受記已歡喜踊
躍即從座起到於佛前頭面礼足悔過自責
世尊我等常作是念自謂已得究竟滅度今
乃知之如无智者所以者何我等應得如來智
慧而便自以小智爲足世尊譬如有人至親
友家醉酒而卧是時親友官事當行以无
價寶珠繫其衣裏與之而去其人醉卧都
不覺知起已遊行到於他國爲衣食故勤
力求索甚大艱難若少有所得便以爲足於
後親友會遇見之而作是言咄哉丈夫何爲衣食
乃至如是我昔欲令汝得安樂五欲自恣於某
年日月以无價寶珠繫汝衣裏今故現在
而汝不知勤苦憂惱以求自活甚爲癡也汝
今可以此寶貿易所須常可如意无所乏短
佛亦如是爲菩薩時教化我等令發一切智
心而尋廢忘不知不覺既得阿羅漢道自謂

BD05049號　妙法蓮華經卷四　（29–3）

乃至如是我昔欲令汝得安樂五欲自恣於某
年日月以无價寶珠繫汝衣裏今故現在
而汝不知勤苦憂惱以求自活甚為癡也汝
今可以此寶貿易所須常可如意无所乏短
佛亦如是為菩薩時教化我等令發一切智
心而尋廢忘不知不覺既得阿羅漢道自謂
滅度資生艱難得少為足一切智願猶在不
失今者世尊覺悟我等作如是言諸比丘汝
等所得非究竟滅我久令汝等種佛善根以
方便故示涅槃相而汝謂為實得滅度世尊我
今乃知實是菩薩得受阿耨多羅三藐三
菩提記以是因緣甚大歡喜得未曾有尒
時阿若憍陳如等欲重宣此義而說偈言
我等聞无上　安隱授記聲　歡喜未曾有　礼无量智佛
今於世尊前　自悔諸過咎　於无量佛寶　得少涅槃分
如无智愚人　便自以為足　譬如貧窮人　往至親友家
其家甚大富　具設諸餚饍　以无價寶珠　繫著內衣裏
嘿與而捨去　時卧不覺知　是人既已起　遊行詣他國
求衣食自濟　資生甚艱難　得少便為足　更不願好者
不覺內衣裏　有无價寶珠　與珠之親友　後見此貧人
苦切責之已　示以所繫珠　貧人見此珠　其心大歡喜
富有諸財物　五欲而自恣　我等亦如是　世尊於長夜
常愍見教化　令種无上願　我等无智故　不覺亦不知
得少涅槃分　自足不求餘　今佛覺悟我　言非實滅度
得佛无上慧　尒乃為真滅　我今從佛聞　授記莊嚴事
及轉次授決　身心遍歡喜
妙法蓮華經授學无學人記品第九

BD05049號　妙法蓮華經卷四

(29-4)

富有諸財物　五欲而自恣　我等亦如是　世尊於長夜
常愍見教化　令種无上願　我等无智故　不覺亦不知
得少涅槃分　自足不求餘　今佛覺悟我　言非實滅度
得佛无上慧　尒乃為真滅　我今從佛聞　授記莊嚴事
及轉次授決　身心遍歡喜
妙法蓮華經授學无學人記品第九
尒時阿難羅睺羅而作是念我等每自思惟
設得受記不亦快乎即從座起到於佛前頭面
礼足俱白佛言世尊我等於此亦應有分唯有
如來我等所歸又我等為一切世間天人
阿脩羅所見知識阿難常為侍者護持法
藏羅睺羅是佛之子若佛見授阿耨多羅三
藐三菩提記者我願既滿衆望亦足尒時學
无學聲聞弟子二千人皆從座起偏袒右肩
到於佛前一心合掌瞻仰世尊如阿難羅睺
羅所願住立一面尒時佛告阿難汝於來世
當得作佛号山海慧自在通王如來應供正
遍知明行足善逝世間解无上士調御丈夫
天人師佛世尊當供養六十二億諸佛護持
法藏然後得阿耨多羅三藐三菩提教化二
十千萬億恒河沙諸菩薩等令成阿耨多羅
三藐三菩提國名常立勝幡其土清淨瑠璃
為地劫名妙音遍滿其佛壽命无量千萬億
阿僧祇劫若人於千萬億无量阿僧祇劫中
筭數校計不能得知正法住世倍於壽命
像法住世復倍正法阿難是山海慧自在通王
佛為十方无量千萬億恒河沙等諸佛如來

BD05049號　妙法蓮華經卷四

(29-5)

三藐三菩提國名常立勝幡其土清淨瑠璃
爲地劫名妙音遍滿其佛壽命无量千萬億
阿僧祇劫若人於千萬億无量阿僧祇劫中
筭數挍計不能得知正法住世倍於壽命
像法住世復倍正法阿難是山海慧自在通王
佛爲十方无量千萬億恒河沙等諸佛如來
所共讚歎稱其功德尒時世尊欲重宣此義
而說偈言
我今僧中說　阿難持法者　當供養諸佛　然後成正覺
号曰山海慧　自在通王佛　其國土清淨　名常立勝幡
教化諸菩薩　其數如恒沙　佛有大威德　名聞滿十方
壽命无有量　以愍衆生故　正法倍壽命　像法復倍是
如恒河沙等　无數諸衆生　於此佛法中　種佛道因緣
尒時會中新發意菩薩八千人咸作是念我
等尚不聞諸大菩薩得如是記有何因緣而
諸聲聞得如是決尒時世尊知諸菩薩心之
所念而告之曰諸善男子我與阿難等於空
王佛所同時發阿耨多羅三藐三菩提心阿
難常樂多聞我常勤精進是故我已得成阿
耨多羅三藐三菩提而阿難護持我法亦護
將來諸佛法藏教化成就諸菩薩衆其本
願如是故獲斯記阿難面於佛前自聞授記及
國土莊嚴所願具足心大歡喜得未曾有即
時憶念過去无量千萬億諸佛法藏通達无
礙如今所聞亦識本願尒時阿難而說偈言
世尊甚希有　令我念過去　无量諸佛法　如今日所聞
我今无復疑　安住於佛道　方便爲侍者　護持諸佛法

願如是故獲斯記阿難面於佛前自聞授記及
國土莊嚴所願具足心大歡喜得未曾有即
時憶念過去无量千萬億諸佛法藏通達无
礙如今所聞亦識本願尒時阿難而說偈言
世尊甚希有　令我念過去　无量諸佛法　如今日所聞
我今无復疑　安住於佛道　方便爲侍者　護持諸佛法
尒時佛告羅睺羅汝於來世當得作佛号蹈
七寶華如來應供正遍知明行足善逝世間
解无上士調御丈夫天人師佛世尊當供養
十世界微塵等數諸佛如來常爲諸佛而作
長子猶如今也是蹈七寶華佛國土莊嚴壽
命劫數所化弟子正法像法亦如山海慧自
在通王如來无異亦爲此佛而作長子過是
已後當得阿耨多羅三藐三菩提尒時世尊
欲重宣此義而說偈言
我爲太子時　羅睺爲長子　我今成佛道　受法爲法子
於未來世中　見无量億佛　皆爲其長子　一心求佛道
羅睺羅密行　唯我能知之　現爲我長子　以示諸衆生
无量億千萬　功德不可數　安住於佛法　以求无上道
尒時世尊見學无學二千人其意柔軟寂然
清淨一心觀佛佛告阿難汝見是學无學二
千人不唯然已見阿難是諸人等當供養五
十世界微塵數諸佛如來恭敬尊重護持法
藏末後同時於十方國各得成佛皆同一号
名曰寶相如來應供正遍知明行足善逝世
間解无上士調御丈夫天人師佛世尊壽命
一劫國土莊嚴聲聞菩薩正法像法皆悉同

藏末後同時於十方國各得成佛皆同一号
名曰寶相如来應供正遍知明行足善逝世
間解无上士調御丈夫天人師佛世尊壽命
一劫國土莊嚴聲聞菩薩正法像法皆悉同
等尒時世尊欲重宣此義而說偈言
是二千聲聞　今於我前住　悉皆與授記　未来當成佛
所供養諸佛　如上說塵數　護持其法藏　後當成正覺
各於十方國　悉同一名号　俱時坐道場　以證无上慧
皆名為寶相　國土及弟子　正法與像法　悉等无有異
咸以諸神通　度十方衆生　名聞普周遍　漸入於涅槃
尒時學无學二千人聞佛授記歡喜踊躍而說偈言
世尊慧燈明　我聞授記音　心歡喜充滿　如甘露見灌
妙法蓮華經法師品第十
尒時世尊因藥王菩薩告八万大士藥王汝見
是大衆中无量諸天龍王夜叉乾闥婆阿
脩羅迦樓羅緊那羅摩睺羅伽人與非人及
比丘比丘尼優婆塞優婆夷求聲聞者求
辟支佛者求佛道者如是等類咸於佛前聞妙
法華經一偈一句乃至一念隨喜者我皆與
受記當得阿耨多羅三藐三菩提佛告藥王
又如来滅度之後若有人聞妙法華經乃至
一偈一句一念隨喜者我亦與受阿耨多羅
三藐三菩提記若復有人受持讀誦解說書
寫妙法華經乃至一偈於此經卷敬視如佛
種種供養華香瓔珞末香塗香燒香繒蓋
幢幡衣服伎樂乃至合掌恭敬藥王當知是諸

BD05049號　妙法蓮華經卷四

（29–8）

三藐三菩提記若復有人受持讀誦解說書
寫妙法華經乃至一偈於此經卷敬視如佛
種種供養華香瓔珞末香塗香燒香繒蓋
幢幡衣服伎樂乃至合掌恭敬藥王當知是諸
人等已曾供養十萬億佛於諸佛所成就大
願愍衆生故生此人間藥王若有人問何等
衆生於未来世當得作佛應示是諸人等於未
来世必得作佛何以故若善男子善女人
於法華經乃至一句受持讀誦解說書寫種
種供養經卷華香瓔珞末香塗香燒香繒蓋
幢幡衣服伎樂合掌恭敬是人一切世間所
應瞻奉應以如来供養而供養之當知此人
是大菩薩成就阿耨多羅三藐三菩提哀愍
衆生願生此間廣演分別妙法華經何況盡
能受持種種供養者藥王當知是人自捨清淨
業報於我滅度後愍衆生故生於惡世廣
演此經若是善男子善女人我滅度後能竊
為一人說法華經乃至一句當知是人則如来
使如来所遣行如来事何況於大衆中廣為
人說藥王若有惡人以不善心於一劫中現
於佛前常毀罵佛其罪尚輕若人以一惡
言毀呰在家出家讀誦法華經者其罪甚
重藥王其有讀誦法華經者當知是人以佛莊
嚴而自莊嚴則為如来肩所荷擔其所至方
應隨向礼一心合掌恭敬供養尊重讚歎華
香瓔珞末香塗香燒香繒蓋幢幡衣服餚饌
作諸伎樂人中上供而供養之應持天寶而

BD05049號　妙法蓮華經卷四

（29–9）

重藥王其有讀誦法華經者當知是人以佛莊
嚴而自莊嚴則為如來肩所荷擔其所至方
應隨向礼一心合掌恭敬供養尊重讚歎華
香瓔珞末香塗香燒香繒蓋幢幡衣服餚饌
作諸伎樂人中上供而供養之應持天寶而
以散之天上寶聚應以奉獻所以者何是人
歡喜說法須臾聞之即得究竟阿耨多羅三
藐三菩提故尒時世尊欲重宣此義而說偈言
若欲住佛道　成就自然智　常當勤供養　受持法華者
其有欲疾得　一切種智慧　當受持是經　并供養持者
若有能受持　妙法華經者　當知佛所使　愍念諸衆生
諸有能受持　妙法華經者　捨於清淨土　愍衆故生此
當知如是人　自在所欲生　能於此惡世　廣說无上法
應以天華香　及天寶衣服　天上妙寶聚　供養說法者
吾滅後惡世　能持是經者　當合掌礼敬　如供養世尊
上饌衆甘美　及種種衣服　供養是佛子　冀得須臾聞
若能於後世　受持是經者　我遣在人中　行於如來事
若於一劫中　常懷不善心　作色而罵佛　獲无量重罪
其有讀誦持　是法華經者　須臾加惡言　其罪復過彼
有人求佛道　而於一劫中　合掌在我前　以无數偈讚
由是讚佛故　得无量功德　歎美持經者　其福復過彼
於八十億劫　以最妙色身　及與香味觸　供養持經者
如是供養已　若得須臾聞　則應自欣慶　我今獲大利
藥王今告汝　我所說諸經　而於此經中　法華最第一
尒時佛復告藥王菩薩摩訶薩我所說典无
量千万億已說今說當說而於其中此法華
經最為難信難解藥王此經是諸佛祕要之

BD05049號　妙法蓮華經卷四　（29–10）

於八十億劫　以最妙色身　及與香味觸　供養持經者
如是供養已　若得須臾聞　則應自欣慶　我今獲大利
藥王今告汝　我所說諸經　而於此經中　法華最第一
尒時佛復告藥王菩薩摩訶薩我所說典无
量千万億已說今說當說而於其中此法華
經最為難信難解藥王此經是諸佛祕要之
藏不可分布妄授與人諸佛世尊之所守護
從昔已來未曾顯說而此經者如來現在猶
多怨嫉況滅度後藥王當知如來滅後其能
書持讀誦供養為他人說者如來則為以衣
覆之又為他方現在諸佛之所護念是人有
大信力及志願力諸善根力當知是人與如
來共宿則為如來手摩其頭藥王在在處處
若說若讀若誦若書若經卷所住處皆應起
七寶塔極令高廣嚴飾不須復安舍利所以
者何此中已有如來全身此塔應以一切華
香瓔珞繒蓋幢幡伎樂歌頌供養恭敬尊重
讚歎若有人得見是塔礼拜供養當知是等
皆近阿耨多羅三藐三菩提藥王多有人在
家出家行菩薩道若不能見聞讀誦書
持供養是法華經者當知是人未善行菩薩
道若有得聞是經典者乃能善行菩薩之道
其有衆生求佛道者若見若聞是法華經聞
已信解受持者當知是人得近阿耨多羅三藐
三菩提藥王譬如有人渴乏須水於彼高原
穿鑿求之猶見乾土知水尚遠施功不已轉
見濕土遂漸至泥其心決定知水必近菩薩

BD05049號　妙法蓮華經卷四　（29–11）

其有衆生求佛道者若見若聞是法華經聞
已信解受持者當知是人得近阿耨多羅三藐
三菩提藥王譬如有人渴乏須水於彼高原
穿鑿求之猶見乾土知水尚遠施功不已轉
見濕土遂漸至泥其心決定知水必近菩薩
亦復如是若未聞未解未能修習是法華經
當知是人去阿耨多羅三藐三菩提尚遠若
得聞解思惟修習必知得近阿耨多羅三藐
三菩提所以者何一切菩薩阿耨多羅三藐
三菩提皆屬此經此經開方便門示真實相
是法華經藏深固幽遠无人能到今佛教化
成就菩薩而為開示藥王若有菩薩聞是法
華經驚疑怖畏當知是為新發意菩薩若
聲聞人聞是經驚疑怖畏當知是為增上慢者
藥王若有善男子善女人如來滅後欲為四
衆說是法華經者云何應說是善男子善女
人入如來室著如來衣坐如來座尒乃應為
四衆廣說斯經如來室者一切衆生中大慈
悲心是如來衣者柔和忍辱心是如來座者
一切法空是安住是中然後以不懈怠心為
諸菩薩及四衆廣說是法華經藥王我於餘
國遣化人為其集聽法衆亦遣化比丘比丘尼
優婆塞優婆夷聽其說法是諸化人聞法
信受隨順不逆若說法者在空閑處我時廣
遣天龍鬼神乾闥婆阿脩羅等聽其說法我
雖在異國時時令說法者得見我身若於此
經忘失句逗我還為說令得具足尒時世尊
欲重宣此義而說偈言

信受隨順不逆若說法者在空閑處我時廣
遣天龍鬼神乾闥婆阿脩羅等聽其說法我
雖在異國時時令說法者得見我身若於此
經忘失句逗我還為說令得具足尒時世尊
欲重宣此義而說偈言

欲捨諸懈怠　應當聽此經　是經難得聞　信受者亦難
如人渴須水　穿鑿於高原　猶見乾燥土　知去水尚遠
漸見濕土泥　決定知近水　藥王汝當知　如是諸人等
不聞法華經　去佛智甚遠　若聞是深經　決了聲聞法
是諸經之王　聞已諦思惟　當知此人等　近於佛智慧
若人說此經　應入如來室　著於如來衣　而坐如來座
處衆无所畏　廣為分別說　大慈悲為室　柔和忍辱衣
諸法空為座　處此為說法　若說此經時　有人惡口罵
加刀杖瓦石　念佛故應忍　我千万億土　現淨堅固身
於无量億劫　為衆生說法　若我滅度後　能說此經者
我遣化四衆　比丘比丘尼　及清信士女　供養於法師
引導諸衆生　集之令聽法　若人欲加惡　刀杖及瓦石
則遣變化人　為之作衛護　若說法之人　獨在空閑處
寂寞无人聲　讀誦此經典　我尒時為現　清淨光明身
若忘失章句　為說令通利　若人具是德　或為四衆說
空處讀誦經　皆得見我身　若人在空閑　我遣天龍王
夜叉鬼神等　為作聽法衆　是人樂說法　分別无罣礙
諸佛護念故　能令大衆喜　若親近法師　速得菩薩道
隨順是師學　得見恒沙佛

妙法蓮華經見寶塔品第十一

尒時佛前有七寶塔高五百由旬縱廣二百
五十由旬從地踊出住在空中種種寶物而莊

諸佛護念故　能令大衆喜　若親近法師　速得菩薩道
隨順是師學　得見恒沙佛
妙法蓮華經見寶塔品第十一
尒時佛前有七寶塔高五百由旬縱廣二百
五十由旬從地踊出住在空中種種寶物而莊
校之五千欄楯龕室千萬无數幢幡以為嚴
飾垂寶瓔珞寶鈴萬億而懸其上四面皆
出多摩羅跋栴檀之香充遍世界其諸幡蓋
以金銀琉璃車渠馬瑙真珠玫瑰七寶合成
高至四天王宮三十三天雨天曼陁羅華供
養寶塔餘諸天龍夜叉乾闥婆阿脩羅迦樓
羅緊那羅摩睺羅伽人非人等千萬億衆以
一切華香瓔珞幡蓋伎樂供養寶塔恭敬尊
重讚歎尒時寶塔中出大音聲歎言善哉
善哉釋迦牟尼世尊能以平等大慧教菩薩
法佛所護念妙法華經為大衆說如是如是釋
迦牟尼世尊如所說者皆是真實尒時四衆
見大寶塔住在空中又聞塔中所出音聲皆
得法喜恠未曾有從座而起恭敬合掌却住
一面尒時有菩薩摩訶薩名大樂說知一切
世間天人阿脩羅等心之所疑而白佛言世
尊以何因緣有此寶塔從地踊出又於其中
發是音聲尒時佛告大樂說菩薩此寶塔中
有如來全身乃往過去東方无量千万億阿
僧祇世界國名寶淨彼中有佛号曰多寶其
佛行菩薩道時作大誓願若我成佛滅度之
後於十方國土有說法華經處我之塔廟為

BD05049號　妙法蓮華經卷四　　(29–14)

發是音聲尒時佛告大樂說菩薩此寶塔中
有如來全身乃往過去東方无量千万億阿
僧祇世界國名寶淨彼中有佛号曰多寶其
佛行菩薩道時作大誓願若我成佛滅度之
後於十方國土有說法華經處我之塔廟為
聽是經故踊現其前為作證明讚言善哉彼
佛成道已臨滅度時於天人大衆中告諸比
丘我滅度後欲供養我全身者應起一大塔
其佛神通願力十方世界在在處處若有說
法華經者彼之寶塔皆踊出其前全身在於
塔中讚言善哉善哉大樂說今多寶如來塔
聞說法華經故從地踊出讚言善哉善哉是
時大樂說菩薩以如來神力故白佛言世尊我
等願欲見此佛身佛告大樂說菩薩摩訶
薩是多寶佛有深重願若我寶塔為聽法
華經故出於諸佛前時其有欲以我身示四衆
者彼佛分身諸佛在於十方世界說法盡還
集一處然後我身乃出現尒大樂說我分身
諸佛在於十方世界說法者今應當集大樂
說白佛言世尊我等亦願欲見世尊分身諸
佛礼拜供養尒時佛放白毫一光即見東方
五百萬億那由他恒河沙等國土諸佛彼諸
國土皆以頗梨為地寶樹寶衣以為莊嚴
无數千万億菩薩充滿其中遍張寶幔寶網羅
上彼國諸佛以大妙音而說諸法及見无量千
萬億菩薩遍滿諸國為衆說法南西北方四
維上下白毫相光所照之處亦復如是尒時

BD05049號　妙法蓮華經卷四　　(29–15)

五百萬億那由他恒河沙等國土諸佛彼諸
國土皆以頗梨為地寶樹寶衣以為莊嚴
无數千万億菩薩充滿其中遍張寶幔寶網羅
上彼國諸佛以大妙音而說諸法及見无量千
萬億菩薩遍滿諸國為衆說法南西北方四
維上下白毫相光所照之處亦復如是尒時
十方諸佛各告衆菩薩言善男子我今應往
娑婆世界釋迦牟尼佛所并供養多寶如來
寶塔時娑婆世界即變清淨琉璃為地寶樹
莊嚴黃金為繩以界八道无諸聚落村營城
邑大海江河山川林藪燒大寶香曼陁羅華
遍布其地以寶網幔羅覆其上懸諸寶鈴唯
留此會衆移諸天人置於他土是時諸佛各
將一大菩薩以為侍者至娑婆世界各到寶
樹下一一寶樹高五百由旬枝葉華菓次苐
莊嚴諸寶樹下皆有師子之座高五由旬亦
以大寶而挍飾之尒時諸佛各於此座結加
趺坐如是展轉遍滿三千大千世界而於釋迦
牟尼佛欲容受所分身諸佛故八方各更變
二百万億那由他國皆令清淨无有地獄餓
鬼畜生及阿脩羅又移諸天人置於他土所
化之國亦以琉璃為地寶樹莊嚴樹高五百
由旬枝葉華菓次苐嚴飾樹下皆有寶師子
座高五由旬種種諸寶以為莊挍亦无大海
江河及目真隣陁山摩訶目真隣陁山鐵圍
山大鐵圍山須弥山等諸山王通為一佛國
土寶地平正寶交露幔遍覆其上懸諸幡蓋
燒大寶香諸天寶華遍布其地釋迦牟尼佛

由旬枝葉華菓次苐嚴飾樹下皆有寶師子
座高五由旬種種諸寶以為莊挍亦无大海
江河及目真隣陁山摩訶目真隣陁山鐵圍
山大鐵圍山須弥山等諸山王通為一佛國
土寶地平正寶交露幔遍覆其上懸諸幡蓋
燒大寶香諸天寶華遍布其地釋迦牟尼佛
為諸佛當來坐故復於八方各變二百萬億
那由他國皆令清淨无有地獄餓鬼畜生及
阿脩羅又移諸天人置於他土所化之國亦
以琉璃為地寶樹莊嚴樹高五百由旬枝葉
華菓次苐莊嚴樹下皆有寶師子座高五由
旬亦以大寶而挍飾之亦以大海江河及目真
隣陁山摩訶目真隣陁山鐵圍山大鐵圍
山須弥山等諸山王通為一佛國土寶地平正
寶交露幔遍覆其上懸諸幡蓋燒大寶香
諸天寶華遍布其地尒時東方釋迦牟尼佛
所分之身百千万億那由他恒河沙等國土中
諸佛各各說法來集於此如是次苐十方諸
佛皆悉來集坐於八方尒時一一方四百萬
億那由他國土諸佛如來遍滿其中是時諸
佛各在寶樹下坐師子座皆遣侍者問訊釋
迦牟尼佛各賷寶華滿掬而告之言善男子
汝往詣耆闍崛山釋迦牟尼佛所如我辭曰
少病少惱氣力安樂及菩薩聲聞衆悉安隱
不以此寶華散佛供養而作是言彼某甲佛
與欲開此寶塔諸佛遣使亦復如是尒時釋
迦牟尼佛見所分身佛悉已來集各各坐於

迦牟尼佛各齎寶華滿掬而告之言善男子
汝往詣耆闍崛山釋迦牟尼佛所如我辭曰
少病少惱氣力安樂及菩薩聲聞眾悉安隱
不以此寶華散佛供養而作是言彼某甲佛
與欲開此寶塔諸佛遣使亦復如是尒時釋
迦牟尼佛見所分身佛悉已來集各各坐於
師子之座皆聞諸佛與欲同開寶塔即從座
起住虛空中一切四眾起立合掌一心觀佛於
是釋迦牟尼佛以右指開七寶塔戶出大
音聲如却關鑰開大城門即時一切眾會皆
見多寶如來於寶塔中坐師子座全身不散
如入禪定又聞其言善哉善哉釋迦牟尼佛
快說是法華經我為聽是經故而來至此尒
時四眾等見過去无量千萬劫滅度佛說如
是言歎未曾有以天寶華聚散多寶佛及
釋迦牟尼佛上尒時多寶佛於寶塔中分半
座與釋迦牟尼佛而作是言釋迦牟尼佛可
就此座即時釋迦牟尼佛入其塔中坐其半
座結加趺坐尒時大眾見二如來在七寶塔
中師子座上結加趺坐各作是念佛座高遠
唯願如來以神通力令我等輩俱處虛空即
時釋迦牟尼佛以神通力接諸大眾皆在虛
空以大音聲普告四眾誰能於此娑婆國土
廣說妙法華經今正是時如來不久當入涅
槃佛欲以此妙法華經付囑有在尒時世尊
欲重宣此義而說偈言
聖主世尊　雖久滅度　在寶塔中　尚為法來

BD05049號　妙法蓮華經卷四　（29–18）

空以大音聲普告四眾誰能於此娑婆國土
廣說妙法華經今正是時如來不久當入涅
槃佛欲以此妙法華經付囑有在尒時世尊
欲重宣此義而說偈言
聖主世尊　雖久滅度　在寶塔中　尚為法來
諸人云何　不勤為法　此佛滅度　无央數劫
處處聽法　以難遇故　彼佛本願　我滅度後
在在所往　常為聽法　又我分身　无量諸佛
如恒沙等　來欲聽法　及見滅度　多寶如來
各捨妙土　及弟子眾　天人龍神　諸供養事
令法久住　故來至此　為坐諸佛　以神通力
移无量眾　令國清淨　諸佛各各　詣寶樹下
如清淨池　蓮華莊嚴　其寶樹下　諸師子座
佛坐其上　光明嚴飾　如夜闇中　然大炬火
身出妙香　遍十方國　眾生蒙薰　喜不自勝
譬如大風　吹小樹枝　以是方便　令法久住
告諸大眾　我滅度後　誰能護持　讀說斯經
今於佛前　自說誓言　其多寶佛　雖久滅度
以大誓願　而師子吼　多寶如來　及與我身
所集化佛　當知此意　諸佛子等　誰能護法
當發大願　令得久住　其有能護　此經法者
則為供養　我及多寶　此多寶佛　處於寶塔
常遊十方　為是經故　亦復供養　諸來化佛
莊嚴光飾　諸世界者　若說此經　則為見我
多寶如來　及諸化佛　諸善男子　各諦思惟
此為難事　宜發大願　諸餘經典　數如恒沙
雖說此等　未足為難　若接須彌　擲置他方

BD05049號　妙法蓮華經卷四　（29–19）

則為供養 我及多寶 此多寶佛 處於寶塔
常遊十方 為是經故 亦復供養 諸來化佛
莊嚴光飾 諸世界者 若說此經 則為見我
多寶如來 及諸化佛 諸善男子 各諦思惟
此為難事 宜發大願 諸餘經典 數如恒沙
雖說此等 未足為難 若接須弥 擲置他方
无數佛土 亦未為難 若以足指 動大千界
遠擲他國 亦未為難 若立有頂 為眾演說
无量餘經 亦未為難 若佛滅後 於惡世中
能說此經 是則為難 假使有人 手把虛空
而以遊行 亦未為難 於我滅後 若自書持
若使人書 是則為難 若以大地 置足甲上
昇於梵天 亦未為難 佛滅度後 於惡世中
暫讀此經 是則為難 假使劫燒 擔負乾草
入中不燒 亦未為難 我滅度後 若持此經
為一人說 是則為難 若持八萬 四千法藏
十二部經 為人演說 令諸聽者 得六神通
雖能如是 亦未為難 於我滅後 聽受此經
問其義趣 是則為難 若人說法 令千万億
无量无數 恒沙眾生 得阿羅漢 具六神通
雖有是益 亦未為難 於我滅後 若能奉持
如斯經典 是則為難 我為佛道 於无量土
從始至今 廣說諸經 而於其中 此經第一
若有能持 則持佛身 諸善男子 於我滅後
誰能受持 讀誦此經 今於佛前 自說誓言
此經難持 若暫持者 我則歡喜 諸佛亦然
如是之人 諸佛所歎 是則勇猛 是則精進

從始至今 廣說諸經 而於其中 此經第一
若有能持 則持佛身 諸善男子 於我滅後
誰能受持 讀誦此經 今於佛前 自說誓言
此經難持 若暫持者 我則歡喜 諸佛亦然
如是之人 諸佛所歎 是則勇猛 是則精進
是名持戒 行頭陁者 則為疾得 无上佛道
能於來世 讀持此經 是真佛子 住淳善地
佛滅度後 能解其義 是諸天人 世間之眼
於恐畏世 能須臾說 一切天人 皆應供養

妙法蓮華經提婆達多品第十二

尒時佛告諸菩薩及天人四眾吾於過去无
量劫中求法華經无有懈惓於多劫中常作
國王發願求於无上菩提心不退轉為欲滿
足六波羅蜜勤行布施心无悋惜象馬七珍
國城妻子奴婢僕從頭目髓腦身肉手足不
惜軀命時世人民壽命无量為於法故捐捨
國位委政太子擊鼓宣令四方求法誰能為
我說大乘經者吾當終身供給走使時有仙人
來白王言我有大乘名妙法蓮華若不違我當
為宣說王聞仙言歡喜踊躍即隨仙人供給
所須採菓汲水拾薪設食乃至以身而為牀座
身心无惓于時奉事經於千歲為於法故精勤給
侍令无所乏尒時世尊欲重宣此義而說偈言
我念過去劫 為求大法故 雖作世國王 不貪五欲樂
搥鍾告四方 誰有大法者 若為我解說 身當為奴僕
時有阿私仙 來白於大王 我有微妙法 世間所希有
若能修行者 吾當為汝說 時王聞仙言 心生大喜悅

侍令无所乏尒時世尊欲宣此義而說偈言
我念過去劫　為求大法故　雖作世國王　不貪五欲樂
捶鍾告四方　誰有大法者　若為我解說　身當為奴僕
時有阿私仙　來白於大王　我有微妙法　世間所希有
若能脩行者　吾當為汝說　時王聞仙言　心生大喜悅
即便隨仙人　供給於所須　採薪及菓蓏　隨時恭敬與
情存妙法故　身心无懈惓　普為諸衆生　勤求於大法
亦不為己身　及以五欲樂　故為大國王　勤求獲此法
遂致得成佛　今故為汝說
佛告諸比丘尒時王者則我身是時仙人者
今提婆達多是由提婆達多善知識故令我
具足六波羅蜜慈悲喜捨三十二相八十種
好紫磨金色十力四无所畏四攝法十八不共
神通道力成等正覺廣度衆生皆因提婆
達多善知識故告諸四衆提婆達多却後過
无量劫當得成佛号曰天王如來應供正遍
知明行足善逝世間解无上士調御丈夫天
人師佛世尊世界名天道時天王佛住世二十
中劫廣為衆生說於妙法恒河沙衆生得
阿羅漢果无量衆生發緣覺心恒河沙衆生
發无上道心得无生忍至不退轉時天王佛
般涅槃後正法住世二十中劫全身舍利起
七寶塔高下六十由旬縱廣四十由旬諸天人
民悉以雜華末香燒香塗香衣服瓔珞幢幡
寶蓋伎樂歌頌礼拜供養七寶妙塔无量衆
生得阿羅漢无量衆生悟辟支佛不可思議
衆生發菩提心至不退轉佛告諸比丘未來

般涅槃後正法住世二十中劫全身舍利起
七寶塔高下六十由旬縱廣四十由旬諸天人
民悉以雜華末香燒香塗香衣服瓔珞幢幡
寶蓋伎樂歌頌礼拜供養七寶妙塔无量衆
生得阿羅漢无量衆生悟辟支佛不可思議
衆生發菩提心至不退轉佛告諸比丘未來
世中若有善男子善女人聞妙法華經提婆
達多品淨心信敬不生疑惑者不墮地獄餓
鬼畜生生十方佛前所生之處常聞此經若
生人天中受勝妙樂若在佛前蓮華化生於
時下方多寶世尊所從菩薩名曰智積白多
寶佛當還本土釋迦牟尼佛告智積曰善男
子且待須臾此有菩薩名文殊師利可與相
見論說妙法可還本土尒時文殊師利坐千
葉蓮華大如車輪俱來菩薩亦坐寶華從於
大海娑竭龍宮自然踊出住虛空中詣靈鷲
山從蓮華下至於佛所頭面敬礼二世尊足
脩敬已畢往智積所共相慰問却坐一面智
積菩薩問文殊師利仁往龍宮所化衆生其
數幾何文殊師利言其數无量不可稱計非
口所宣非心所測且待須臾自當有證所言
未竟无數菩薩坐寶蓮華從海踊出詣靈鷲
山住在虛空此諸菩薩皆是文殊師利之所
化度具菩薩行皆共論說六波羅蜜本聲聞
人在虛空中說聲聞行今皆脩行大乘空義
文殊師利謂智積曰於海教化其事如是尒
時智積菩薩以偈讚曰

山住在虛空此諸菩薩皆是文殊師利之所
化度具菩薩行皆共論說六波羅蜜本聲聞
人在虛空中說聲聞行今皆修行大乘空義
文殊師利謂智積曰於海教化其事如是尒
時智積菩薩以偈讚曰
大智德勇健　化度无量衆　今此諸大會　及我皆已見
演暢實相義　開闡一乘法　廣度諸衆生　令速成菩提
文殊師利言我於海中唯常宣說妙法華經
智積問文殊師利言此經甚深微妙諸經中
寶世所希有頗有衆生勤加精進脩行此經
速得佛不文殊師利言有娑竭羅龍王女年
始八歲智慧利根善知衆生諸根行業得陁
羅尼諸佛所說甚深秘藏悉能受持深入禪
定了達諸法於刹那頃發菩提心得不退轉
辯才无㝵慈念衆生猶如赤子功德具足心
念口演微妙廣大慈悲仁讓志意和雅能生
菩提智積菩薩言我見釋迦如來於无量劫
難行苦行積功累德求菩提道未曾止息觀
三千大千世界乃至无有如芥子許非是菩
薩捨身命處為衆生故然後乃得成菩提道
不信此女於須臾頃便成正覺言論未訖時
龍王女忽現於前頭面禮敬却住一面以偈讚曰
深達罪福相　遍照於十方　微妙淨法身　具相三十二
以八十種好　用莊嚴法身　天人所戴仰　龍神咸恭敬
一切衆生類　无不宗奉者　又聞成菩提　唯佛當證知
我闡大乘教　度脫苦衆生
時舍利弗語龍女言汝謂不久得无上道是

BD05049 號　妙法蓮華經卷四

（29–24）

龍王女忽現於前頭面禮敬却住一面以偈讚曰
深達罪福相　遍照於十方　微妙淨法身　具相三十二
以八十種好　用莊嚴法身　天人所戴仰　龍神咸恭敬
一切衆生類　无不宗奉者　又聞成菩提　唯佛當證知
我闡大乘教　度脫苦衆生
時舍利弗語龍女言汝謂不久得无上道是
事難信所以者何女身垢穢非是法器云何
能得无上菩提佛道懸曠經无量劫勤苦積
行具脩諸度然後乃成又女人身猶有五障
一者不得作梵天王二者帝釋三者魔王四
者轉輪聖王五者佛身云何女身速得成佛
尒時龍女有一寶珠價直三千大千世界持
以上佛佛即受之龍女謂智積菩薩尊者舍
利弗言我獻寶珠世尊納受是事疾不荅言
甚疾女言以汝神力觀我成佛復速於此當
時衆會皆見龍女忽然之間變成男子具菩
薩行即往南方无垢世界坐寶蓮華成等正
覺三十二相八十種好普為十方一切衆生
演說妙法尒時娑婆世界菩薩聲聞天龍八
部人與非人皆遥見彼龍女成佛普為時會
人天說法心大歡喜悉遥敬禮无量衆生聞
法解悟得不退轉无量衆生得受道記无垢
世界六反震動娑婆世界三千衆生住不退
地三千衆生發菩提心而得受記智積菩薩
及舍利弗一切衆會嘿然信受
妙法蓮華經持品第十三
尒時藥王菩薩摩訶薩及大樂說菩薩摩訶
薩與二萬菩薩眷屬具皆於佛前作是誓言

BD05049 號　妙法蓮華經卷四

（29–25）

地三千衆生發菩提心而得受記 智積菩薩
及舍利弗一切衆會嘿然信受
妙法蓮華經持品第十三
尒時藥王菩薩摩訶薩及大樂說菩薩摩訶
薩與二萬菩薩眷屬俱皆於佛前作是誓
言唯願世尊不以為慮我等於佛滅後當奉持
讀誦說此經典後惡世衆生善根轉少多增
上慢貪利供養增不善根遠離解脫雖難可
教化我等當起大忍力讀誦此經持說書寫
種種供養不惜身命尒時衆中五百阿羅漢
得受記者白佛言世尊我等亦自誓願於異
國土廣說此經復有學无學八千人得受記
者從座而起合掌向佛作是誓言世尊我等
亦當於他國土廣說此經所以者何是娑婆
國中人多弊惡懷增上慢功德淺薄瞋濁諂
曲心不實故尒時佛姨母摩訶波闍波提比
丘尼與學无學比丘尼六千人俱從座而起
一心合掌瞻仰尊顏目不暫捨於時世尊告
憍曇弥何故憂色而視如來汝心將无謂我
不說汝名授阿耨多羅三藐三菩提記耶憍
曇弥我先惣說一切聲聞皆授記今汝欲
知記者將來之世當於六万八千億諸佛法
中為大法師及六千學无學比丘尼俱為法
師汝如是漸漸具菩薩道當得作佛号一切
衆生喜見如來應供正遍知明行足善逝世
間解无上士調御丈夫天人師佛世尊憍曇
弥是一切衆生喜見佛及六千菩薩轉次受

中為大法師及六千學无學比丘尼俱為法
師汝如是漸漸具菩薩道當得作佛号一切
衆生喜見如來應供正遍知明行足善逝世
間解无上士調御丈夫天人師佛世尊憍曇
弥是一切衆生喜見佛及六千菩薩轉次授
記得阿耨多羅三藐三菩提尒時羅睺羅母
耶輸陁羅比丘尼作是念世尊於授記中獨
不說我名佛告耶輸陁羅汝於來世百千萬
億諸佛法中脩菩薩行為大法師漸具佛道於
善國中當得作佛号具足千萬光相如來應
供正遍知明行足善逝世間解无上士調御
丈夫天人師佛世尊壽无量阿僧祇劫尒
時摩訶波闍波提比丘尼及耶輸陁羅比丘
尼并其眷屬皆大歡喜得未曾有即於佛
前而說偈言
世尊導師　安隱天人　我等聞記　心安具足
諸比丘尼說是偈已白佛言世尊我等亦能
於他方國土廣宣此經尒時世尊視八十萬
億那由他諸菩薩摩訶薩是諸菩薩皆是
惟越致轉不退法輪得諸陁羅尼即從座起
至於佛前一心合掌而作是念若世尊告勅
我等持說此經者當如佛教廣宣斯法復作
是念佛令嘿然不見告勅我當云何時諸菩
薩敬順佛意并欲自滿本願便於佛前作
師子吼而發誓言世尊我等於如來滅後周旋
往反十方世界能令衆生書寫此經受持讀
誦解說其義如法脩行正憶念皆是佛之威

至於佛前一心合掌而作是念若世尊告勅
我等持說此經者當如佛教廣宣斯法復作
是念佛今默然不見告勅我當云何時諸菩
薩敬順佛意并欲自滿本願便於佛前作
師子吼而發誓言世尊我等於如來滅後周旋
往反十方世界能令眾生書寫此經受持讀
誦解說其義如法脩行正憶念皆是佛之威
力唯願世尊在於他方遙見守護即時諸菩
薩俱同發聲而說偈言
唯願不為慮　於佛滅度後　恐怖惡世中　我等當廣說
諸有無智人　惡口罵詈等　及加刀杖者　我等皆當忍
惡世中比丘　邪智心諂曲　未得謂為得　我慢心充滿
或有阿練若　納衣在空閑　自謂行真道　輕賤人間者
貪著利養故　與白衣說法　為世所恭敬　如六通羅漢
是人懷惡心　常念世俗事　假名阿練若　好出我等過
而作如是言　此諸比丘等　為貪利養故　說外道論議
自作此經典　誑惑世間人　為求名聞故　分別於是經
常在大眾中　欲毀我等故　向國王大臣　婆羅門居士
及餘比丘眾　誹謗說我惡　謂是邪見人　說外道論議
我等敬佛故　悉忍是諸惡　為斯所輕言　汝等皆是佛
如此輕慢言　皆當忍受之　濁劫惡世中　多有諸恐怖
惡鬼入其身　罵詈毀辱我　我等敬信佛　當著忍辱鎧
為說是經故　忍此諸難事　我不愛身命　但惜無上道
我等於來世　護持佛所囑　世尊自當知　濁世惡比丘
不知佛方便　隨宜所說法　惡口而顰蹙　數數見擯出
遠離於塔寺　如是等眾惡　念佛告勅故　皆當忍是事
諸聚落城邑　其有求法者　我皆到其所　說佛所囑法

BD05049 號　妙法蓮華經卷四

（29–28）

貪著利養故　與白衣說法　為世所恭敬　如六通羅漢
是人懷惡心　常念世俗事　假名阿練若　好出我等過
而作如是言　此諸比丘等　為貪利養故　說外道論議
自作此經典　誑惑世間人　為求名聞故　分別於是經
常在大眾中　欲毀我等故　向國王大臣　婆羅門居士
及餘比丘眾　誹謗說我惡　謂是邪見人　說外道論議
我等敬佛故　悉忍是諸惡　為斯所輕言　汝等皆是佛
如此輕慢言　皆當忍受之　濁劫惡世中　多有諸恐怖
惡鬼入其身　罵詈毀辱我　我等敬信佛　當著忍辱鎧
為說是經故　忍此諸難事　我不愛身命　但惜無上道
我等於來世　護持佛所囑　世尊自當知　濁世惡比丘
不知佛方便　隨宜所說法　惡口而顰蹙　數數見擯出
遠離於塔寺　如是等眾惡　念佛告勅故　皆當忍是事
諸聚落城邑　其有求法者　我皆到其所　說佛所囑法
我是世尊使　處眾無所畏　我當善說法　願佛安隱住
我於世尊前　諸來十方佛　發如是誓言　佛自知我心

妙法蓮華經卷第四

BD05049 號　妙法蓮華經卷四

（29–29）

皆爲汝等而現其相時多寶佛告彼菩薩善
男子來文殊師利法王子欲見汝身于時妙
音菩薩於彼國沒與八万四千菩薩俱共發
來所經諸國六種震動皆悉雨於七寶蓮華
百千天樂不鼓自鳴是菩薩目如廣大青蓮
華葉正使和合百千万月其面貌端正復過
於此身真金色无量百千功德莊嚴威德熾
盛光明照曜諸相具足如那羅延堅固之身
入七寶臺上昇虛空去地七多羅樹諸菩薩
衆恭敬圍繞而來詣此娑婆世界耆闍崛山
到已下七寶臺以價直百千瓔珞持至釋迦
牟尼佛所頭面礼足奉上瓔珞而白佛言世
尊淨華宿王智佛問訊世尊少病少惱起居
輕利安樂行不四大調和不世事可忍不衆
生易度不无多貪欲瞋恚愚癡嫉妬慳慢不
无不孝父母不敬沙門邪見不善心不攝五
情不世尊衆生能降伏諸魔怨不久滅度多
寶如來在七寶塔中來聽法不又問訊多寶
如來安隱少惱堪忍久住不世尊我今欲見
多寶佛身唯願世尊示我令見尒時釋迦
牟尼佛語多寶佛是妙音菩薩欲得相見時多

BD05050號　妙法蓮華經卷七　（4–1）

无不孝父母不敬沙門邪見不善心不攝五
情不世尊衆生能降伏諸魔怨不久滅度多
寶如來在七寶塔中來聽法不又問訊多寶
如來安隱少惱堪忍久住不世尊我今欲見
多寶佛身唯願世尊示我令見尒時釋迦
牟尼佛語多寶佛是妙音菩薩欲得相見時多
寶佛告妙音言善哉善哉汝能爲供養釋迦
牟尼佛及聽法華經并見文殊師利等故
來至此尒時華德菩薩白佛言世尊是妙音
菩薩種何善根脩何功德有是神力佛告華
德菩薩過去有佛名雲雷音王多陁阿伽度阿
羅呵三藐三佛陁國名現一切世間劫名喜
見妙音菩薩於万二千歲以十万種伎樂供
養雲雷音王佛并奉上八万四千七寶鉢以
是因緣果報今生淨華宿王智佛國有是神
力華德於汝意云何尒時雲雷音王佛所妙
音菩薩伎樂供養奉上寶器者豈異人乎今
此妙音菩薩摩訶薩是華德是妙音菩薩已
曾供養親近无量諸佛久植德本又值恒河
沙等百千万億那由他佛華德汝但見妙音
菩薩其身在此而是菩薩現種種身處處
爲諸衆生說是經典或現梵王身或現帝
釋身或現自在天身或現大自在天身或現天
大將軍身或現毗沙門天王身或現轉輪聖王身或
現諸小王身或現長者身或現居士身或現
宰官身或現婆羅門身或現比丘比丘尼優

BD05050號　妙法蓮華經卷七　（4–2）

菩薩其身在此而是菩薩現種種身處處
為諸衆生說是經典或現梵王身或現帝
釋身或現自在天身或現大自在天身或現天
大将軍身或現毗沙門天王身或現轉輪聖王身或
現諸小王身或現長者身或現居士身或現
宰官身或現婆羅門身或現比丘比丘尼優
婆塞優婆夷身或現長者居士婦女身或現
宰官婦女身或現婆羅門婦女身或現童男
童女身或現天龍夜叉乾闥婆阿脩羅迦樓
羅緊那羅摩睺羅伽人非人等身而說是經
諸有地獄餓鬼畜生及衆難處皆能救濟乃
至於王後宮變為女身而說是經華德是妙
音菩薩能救護娑婆世界諸衆生者是妙音
菩薩如是種種變化現身在此娑婆國土為
諸衆生說是經典於神通變化智慧无所損
減是菩薩以若干智慧明照娑婆世界令一
切衆生各得所知於十方恒河沙世界中亦復
如是若應以聲聞形得度者現聲聞形而
為說法應以辟支佛形得度者現辟支佛形
而為說法應以菩薩形得度者現菩薩形而
為說法應以佛形得度者即現佛形而為說
法如是種種隨所應度而為現形乃至應以
滅度而得度者示現滅度華德妙音菩薩摩
訶薩成就大神通智慧之力其事如是尒時華
德菩薩白佛言世尊是妙音菩薩深種善根
世尊是菩薩住何三昧而能如是在所變現

BD05050 號　妙法蓮華經卷七　（4–3）

而為說法應以菩薩形得度者現菩薩形而
為說法應以佛形得度者即現佛形而為說
法如是種種隨所應度而為現形乃至應以
滅度而得度者示現滅度華德妙音菩薩摩
訶薩成就大神通智慧之力其事如是尒時華
德菩薩白佛言世尊是妙音菩薩深種善根
世尊是菩薩住何三昧而能如是在所變現
度脫衆生佛告華德菩薩善男子其三昧
名現一切色身妙音菩薩住是三昧中能如
是饒益无量衆生說是妙音菩薩品時與妙
音菩薩俱來者八万四千人皆得現一切色
身三昧此娑婆世界无量菩薩亦得是三昧
及陁羅尼尒時妙音菩薩摩訶薩供養釋迦
牟尼佛及多寶佛塔已還歸本土所經諸
國六種震動雨寶蓮華作百千万億種種伎
樂既到本國與八万四千菩薩圍繞淨華宿王
智佛所白佛言世尊我到娑婆世界饒益衆
生見釋迦牟尼佛及見多寶佛塔礼拜供養
又見文殊師利法王子菩薩及見藥王菩薩

BD05050 號　妙法蓮華經卷七　（4–4）

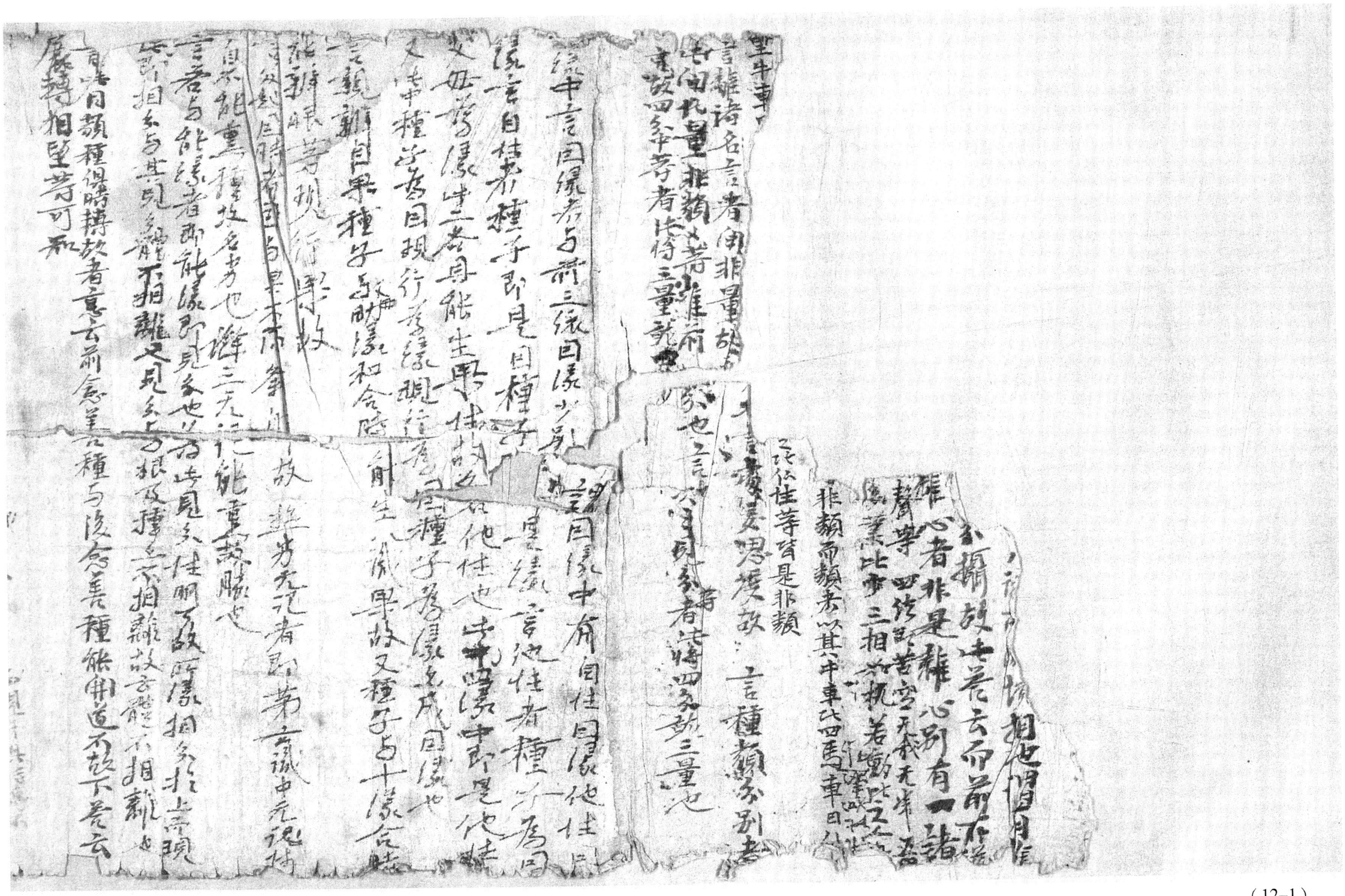

BD05051 號　大乘百法明門論疏釋（擬）

（12–1）

又此中種子為因現行為緣親生現行此種子為因緣亦成因緣也
二者現新自果種子與所緣和合時能生此識果故又種子與十緣合時
能辨根等現行果故
言俱起同時者因與果不同剎那故 然此若無者即第六識中無記性
自然能熏種故名為也 辯三有…能熏故勝也
言者與能緣者即能緣即見分也若此見分便闕不故所緣相分於此上無現
與所相分與其見分體不相離又見分與根及種子亦不相離故云體不相離也
言自類因類種俱時轉故者意云前念善種與後念善種能開道不故下是云
展轉相望等可知
言然種自類因果不俱者問既種子能與諸識為依者種子能與種子為依不生等
義故此答云然種自類前後等也要須滅後一剎那要須…
言依與所依者依者是相依義因緣二法相依方能現行於中但所依者是
因依義心所依處故不取依也
言又起同時自類等者種子與現行不隔剎那故
言等無間緣者為起見分託種起種與見分無間斷故成等無間故種與見分為
及起同能自類現果者不簡剎那實因成果故名同時此唯望現行
望彼種子為因緣性
言所緣者上緣是所緣下緣是緣意云要有相分為緣緣心方生故下所慮所託皆是
相分心或相應分是見分 言帶己相者是帶相分也此中不說能緣心也
多同類種者難云前念種子與後念種子成無間不言不成等無間緣為相
識說是故多種不成開道識種乃有多種如…善善等相望亦成無記間
十地位中等者許斷惑有二種一無間道二解脫道從初地時前剎那無間道中斷煩惱時是有
後剎那解脫中道證理即是無漏會初地從二地時前剎那是初地解脫道中無漏後剎那是
無間道中有漏於此中道斷二地惑盡後剎那解脫道中證二地真如乃至十地皆然名亦故知無漏
與有漏開道
等皆起已者眼等六識與業八識同時轉故既成佛已不復起與有漏開道也如木成灰不可為
木等智起已智知亦閒生位中為許流惑潤生之時將無漏智卻成有漏

BD05051號　大乘百法明門論疏釋（擬）

（12–2）

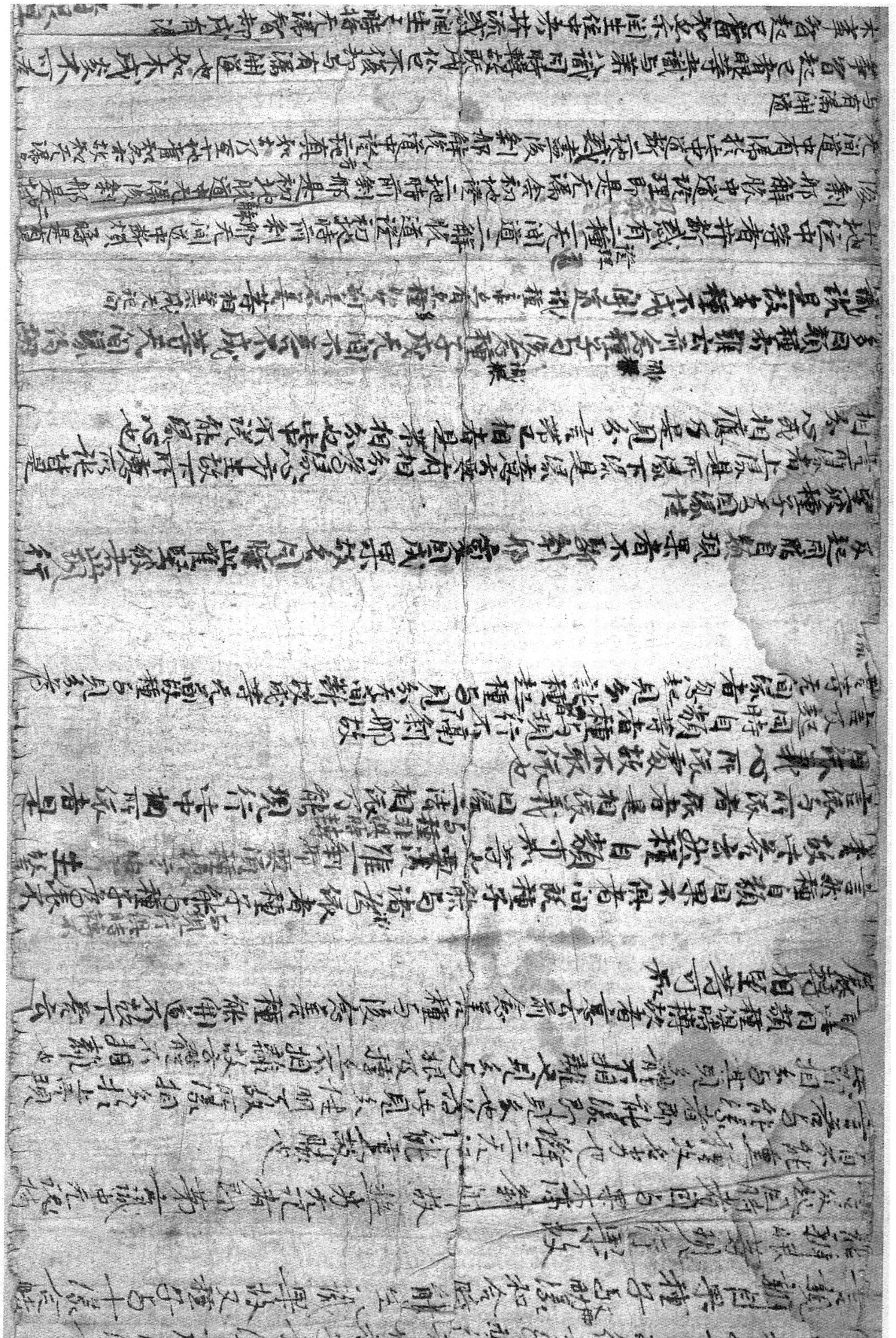

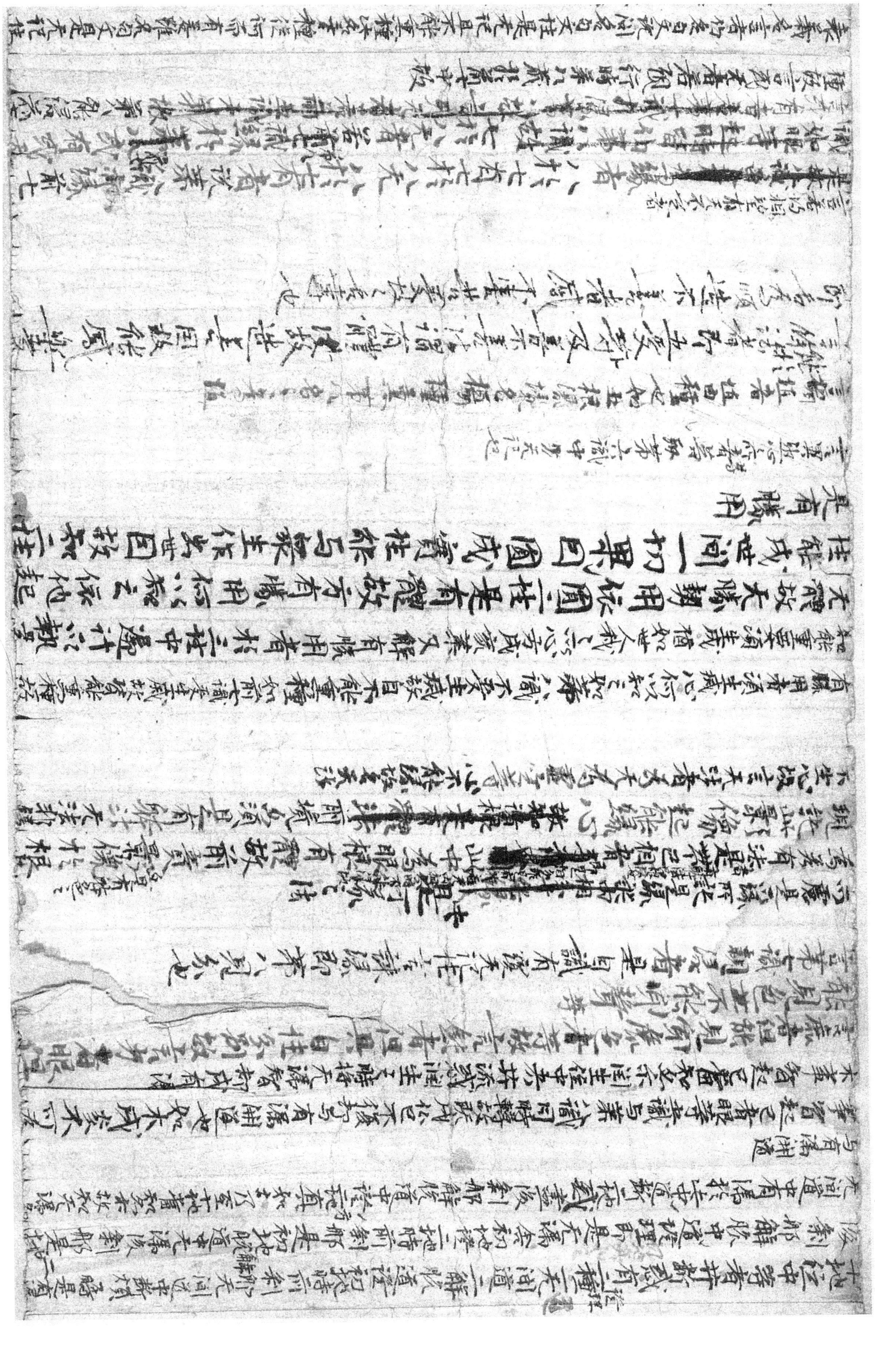

BD05051號　大乘百法明門論疏釋（擬）　（12–3）

言若乃相望有无不定者
是故七識為所緣者八於七有七於八无八於七有者謂第八識為緣前七
識如眼等起時留仰第八識故七於八无者若第七識緣於第八或有或无
言或有者第七識未得轉依常緣第八言或无者若轉依後亦緣真如等故第八能緣前七
種故言或无者若現行時第八識非前七所熏故
表義名言者即是句文說何名句文住是无記且不能熏種今名言種從何而有答雖名句文是无記性
但以名句詮法之時便熏成種非是名句自能熏種
由因外緣者外緣即言等三處境界若无外境依何起言
顯境名言依見分生若无見分境不能顯已顯境已便起名言已有名言便熏成種名言種
問四緣與十緣有何差別答四緣但約識生起處說十緣通內外故但廣略有殊緣義不別
問第八无記位與三性中无記有何別答无記名同義有差別第八无記是諸論住即
真如是三性中无記約彼亦有故有別也　問賴耶為生滅故成所熏性為不生滅若非生滅
不同前後轉非不生滅故不相違為住堅之境也故且堅住等四義也
第七識除一緣境者即除自體也　十中除依淨所依緣也　第七識住緣賴耶見分為我即此見分是第八所依根故亦依之緣
更无別體故除之緣境也言四緣者總共二依緣　親緣辨自體緣故言動分起緣　開道今
起緣　說依彼轉者此唯論中說依彼轉者此第七識但依第八而轉也　而緣彼故者
識但緣第八見分為我故知一緣即是一依但除自體一緣自除
是天香味等者　若論其食有四種　一者段食揣段攝故　二者觸食為根境識
三者思食謂思業煩惱　四者識食謂阿賴耶　又有四食　一不淨住食在凡夫位亦通
衣食及所居處皆不淨故　二淨不淨依住食謂須斯二果望前凡夫即淨望後
者不淨　三清淨依住食為阿羅漢業習不生　四視見依止住食為諸菩薩現生五道
化衆生　四食三乘共有　所言食者續後有義
由違緣者為業識作用違故違緣諸職等　不能取境故言違緣
言所緣緣境有斷滅者若在果位成所作智緣真之時則无間斷若緣俗則与真
如有間斷故又緣有真之時有間斷无眾生時无作用故
熟窮增異熟識體者但據八識盡非據等那識種習也　又前言此身是異熟解說
并要據其種方名據解
非常故念滅住生　非斷故為相生解
吾名不舍體即七地并舍阿賴耶名　我執　不舍異熟識體　法執　二舍體不舍名為已去并舍異識體
不舍无漏識名　三名體俱不舍為即諸佛阿賴耶名異熟識體俱舍　四名體俱不舍者
即凡夫賴耶名異熟識俱不舍故諸佛无漏識名體俱不舍　亦　問異熟賴耶何故須舍若異
熟識體是无記種起法執故阿賴耶名約我執起故須舍之

非常故七識依生　非斷故爲起生時

吾名不舍體即七地并舍阿賴耶名不舍異熟識體二舍體不舍名爲巳去并舍異熟識體
不舍无漏識名三名體俱不舍爲即諸仏阿賴耶名異熟識體俱舍四名體俱不舍
即凡夫賴耶名異熟識俱不舍故諸仏无漏識名體俱不舍　問異熟賴耶何故須舍答異
熟識體是无記種起法執故阿賴耶名約我執起故須舍之
言所緣境者有二境有二此中唯取佛境謂四智見聖人若諸理
者起故等唯約定起故也　言事者即凡夫所緣事相即見色等也
言隨因勢力者有二一隨内因種子故二如世間十人同行九人皆欲作善等一人雖不欲
作爲前九人勢力牽故亦隨彼作
於非觀境者是无漏法即遍計是
言於所觀境者即觀行人所觀之境及散位人所觀善惡境也
謂心境故前念後更无異境緣故名境於所觀念念相續故名一住
於曾未受體類者即未曾受五塵境如未見色不能念故體類者即五塵之流類
領者領納義似者相似義領彼三和似觸之義也
无心起時者等處説心起此五同生
對境所緣境事多分不同者等也　言多不同者少分還同如起欲已
時有印持故乃至起定俱有惠故
於非觀境者

善十一

敬法爲增上者教有三種一制教即諸戒律二化教即五戒十善三證法實理者大乘之理也
者謂法理雖有總重罪地獄不昇法寶之理當知於是　精者精勤
勇悍者勇猛義悍者精進義如世人養未若有一業不得名精今此亦尔於无記等不名精進唯善
善性乃得此名
沉對者悍者動也決者　定多惠少故沉定中患心故浮定多增長愚癡惠多增長
耶見離此二法乃名行舍行者行也舍者平等之義行此平等之行故名行舍問一住善之
中何要三定善前輕安唯在色界已上是定之體此八舍通在三界是定之用前二輕離
重故与定相應今行舍還与定相應故是平等義

BD05051號　大乘百法明門論疏釋（擬）

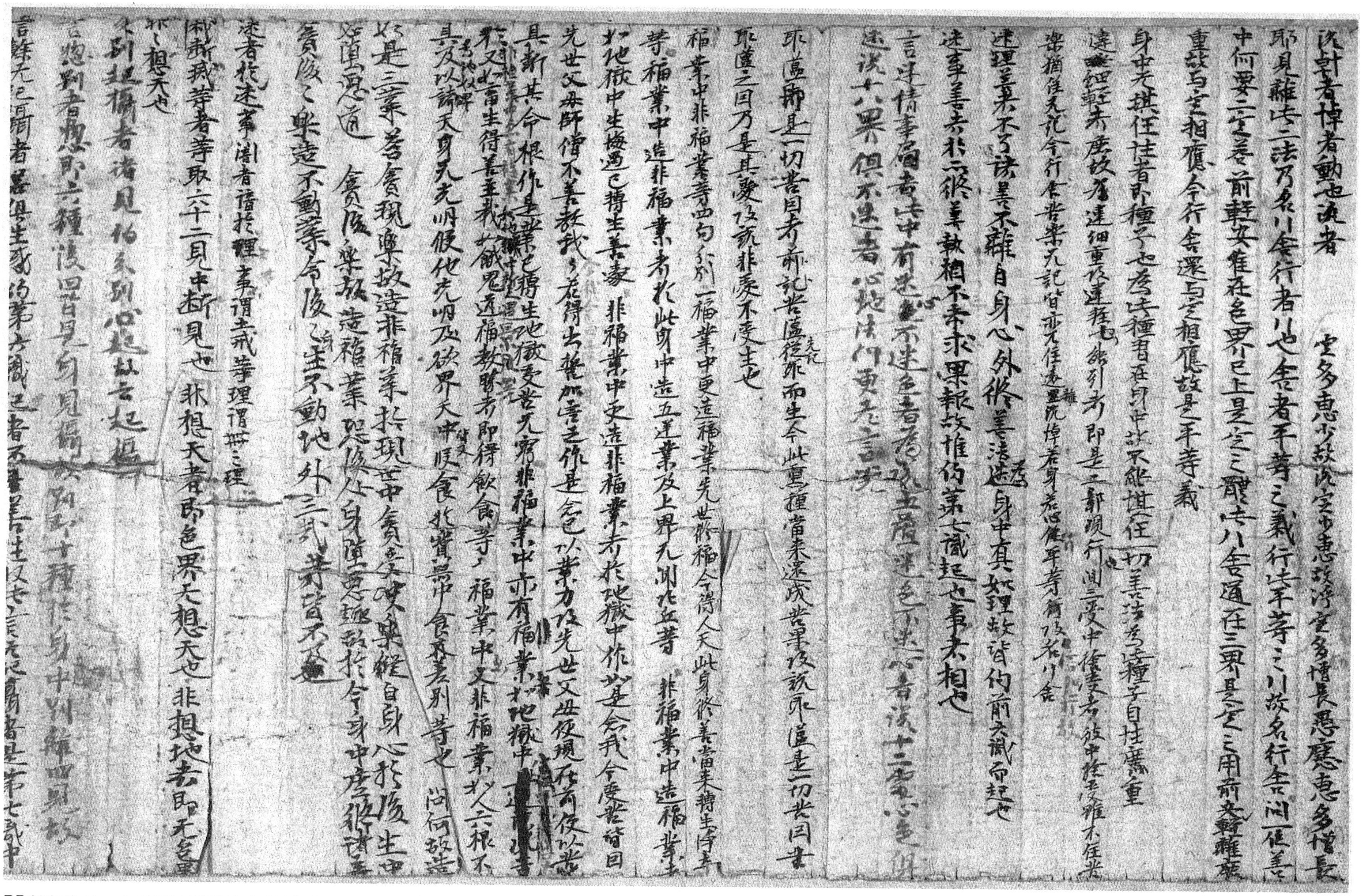

BD05051號　大乘百法明門論疏釋（擬）

（12–6）

BD05051號　大乘百法明門論疏釋（擬）

（12–7）

依對現者二人相依也對者是相對　鄙嗇者悋惜也雖有財物不能惠施故名悋嗇　曲順時儀者
令裡越度也是私四私等也　瞻沉即是睡之前相雖然未瞻睇身則沉重心則惛昧
唯深通不善无記二性者若現行者是不善性若不現行名无記性是故八不現行時
亦无記攝故云通也　又於善中亦有染性如云染着善數相是也故言寬也
一言謂非煩惱等者七言義中後煩惱者即七轉識煩惱是壞散即是忘故
等即等取下十九
言是昏惛解非別　自性者若於无記而遮精者但是昏惛解別无精進之自性
也
後論无記有其二種一業无記即四无記伯責而論一罪業无記唯約心說為不接傷害物命長无故
故是非業昔有一猪山上度石才般一石落山下有一比丘被其石損害來世中還受无記報
思能弘相即是其尋思能擇法即是其伺尋求之時思多惠少伺察之時惠多思少
非是不遍行增相故別說也　淨无記通惡作者前之七識起現行時皆有一叉輕耶无記與否
无記少不与惡作相應後說異熟不相應者唯約第八本體也
言四非是染者顯四不定不与第七識染无記相應也
因緣无別者因為心王緣為心所与心若同一體是則因緣无有差別
由味愛故者即愛著也
言三无色天者即无色界前之三天故曰三无色天也有頂地者即第四非
非想天也
以睇安庚者地等異處物受故形相增感者地則山高者則岸洞千尋水則海水无崖大則
一旦一未能壞大安則風能洞很積大海數室析樹起大哥用者地能生
長一切小能起潮六田　大能　一切風能動遙一切若无風力一切万物无

BD05051號　大乘百法明門論疏釋（擬）　（12–8）

以勝受處者地等四大遍一切處故形相增盛者地則山高萬丈海深千尋水則海水无涯大則
一是二義能壞大空則風能洞浪於大海發塵折樹起大音用者地能生
長一切水能潤漬六田火能成一切風能動遥一切若无風力一切万物无
由生長 言因義者是何由義
若亦何不用餘造色是有對者其中難云若无表色是四大所造性者何不用此无表以為
有對 答以能造大種性微細故所造色亦微細故前十種色極微成故是有對此无表色非極微成
故是无對 極略迥色雖是極微未成為色亦无對也 俱舍論説二種色者於共別色中解爲二色
目者名也 想名為色 別名於別中別名者眼等色非一
言法界一分者謂第六識所緣之境是色法故即法處所攝色也 言諸
所者即前六識相應心所也
香能離質漸潛伏其形存鼻根中故名也 處者散也
和雜香者猶如化土等香以一切香和合成故一炷七日和合味亦如歡喜丸之流
教啞者有語言時對啞无言語時日謝即語无是聲 既无語及愚論告也 職所引聲者仏爲引成
无漏法故
隨質有无等者隨質有可意味能益其根有不可意味即損根故言隨也 如李生時隨質有苦
味則損根熟時隨質有甜則益根故言隨質有无
隨物而生者隨物方有觸生乃受冷煖等 律儀有四句分別
戒共謗色等諸仏常与八聖道相應是道共戒 常与定相應名定共戒 諸善思願者諸仏常發四弘
願也
由見相不住類同者 見不即是前七識見不此皆執邪執妄故乃 既妄見之起乃偏 可妄想
亦差及滴 相似無從起邪能妄及乃 起故相見皆從起邪妄生故方性類同那也
況俗亦乃者 仏同小乘觀青之等時都仍以起愚故是解假相見
亦識心乡影像此影像 [illegible] 識但緣第八 [illegible] 是獨影受者之本
言彼説現處等者 現處謂是睡眠八纏之中有睡眠故之名現處
隨眠謂是種子故名不相應
前言種者謂種子自在既皆仍種何要重説善所種子仍三種仍謂生得善不説謂得及加行善今自在成也
仍謂思假為加行故重於藏中故於生死得自在加行善者加八善即是謂得善等即等取生得善也
謂思修加行有力故今生得善更增長故

(12–9)

BD05051 號　大乘百法明門論疏釋（擬）

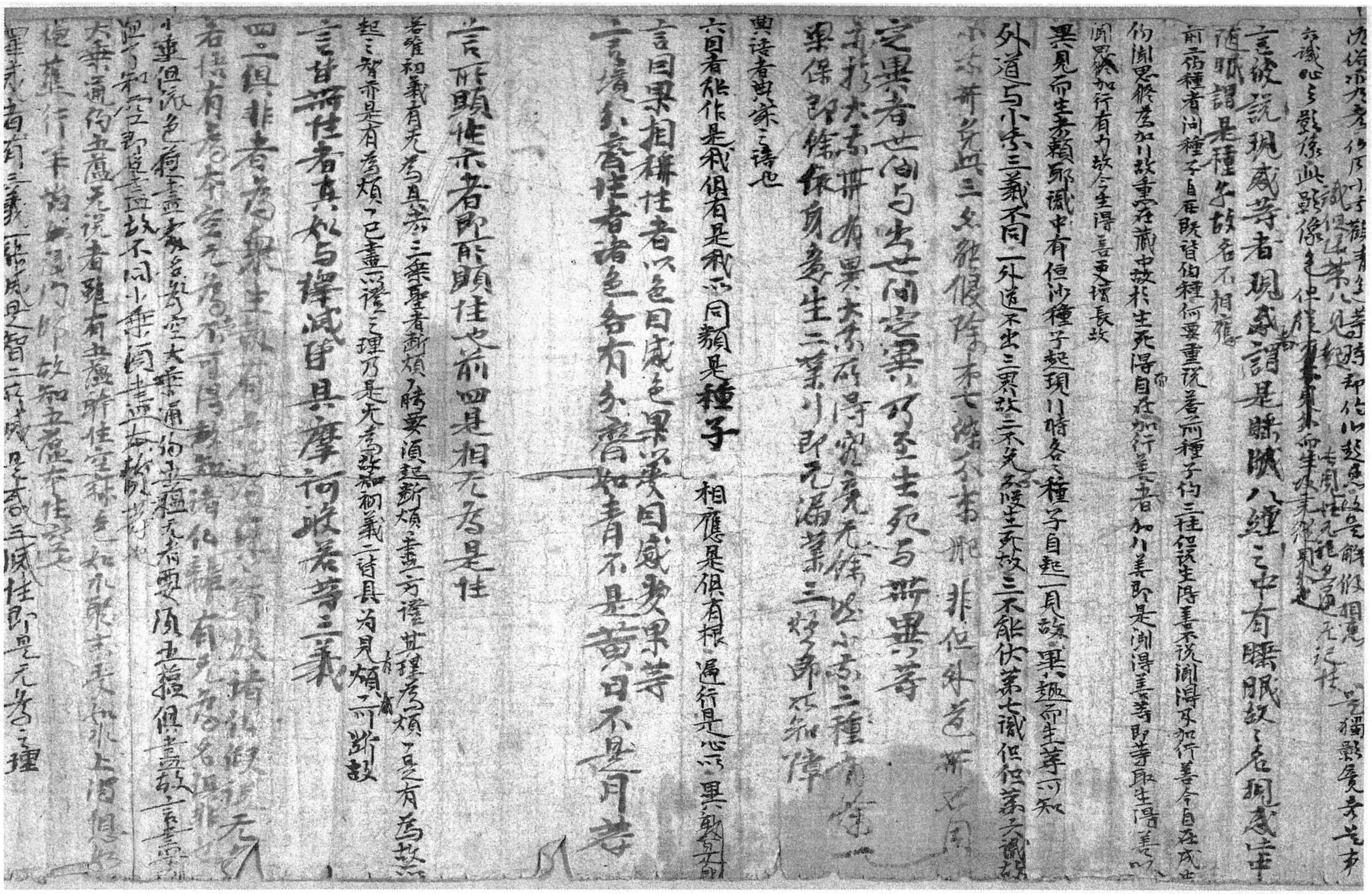

BD05051號　大乘百法明門論疏釋（擬）　（12–10）

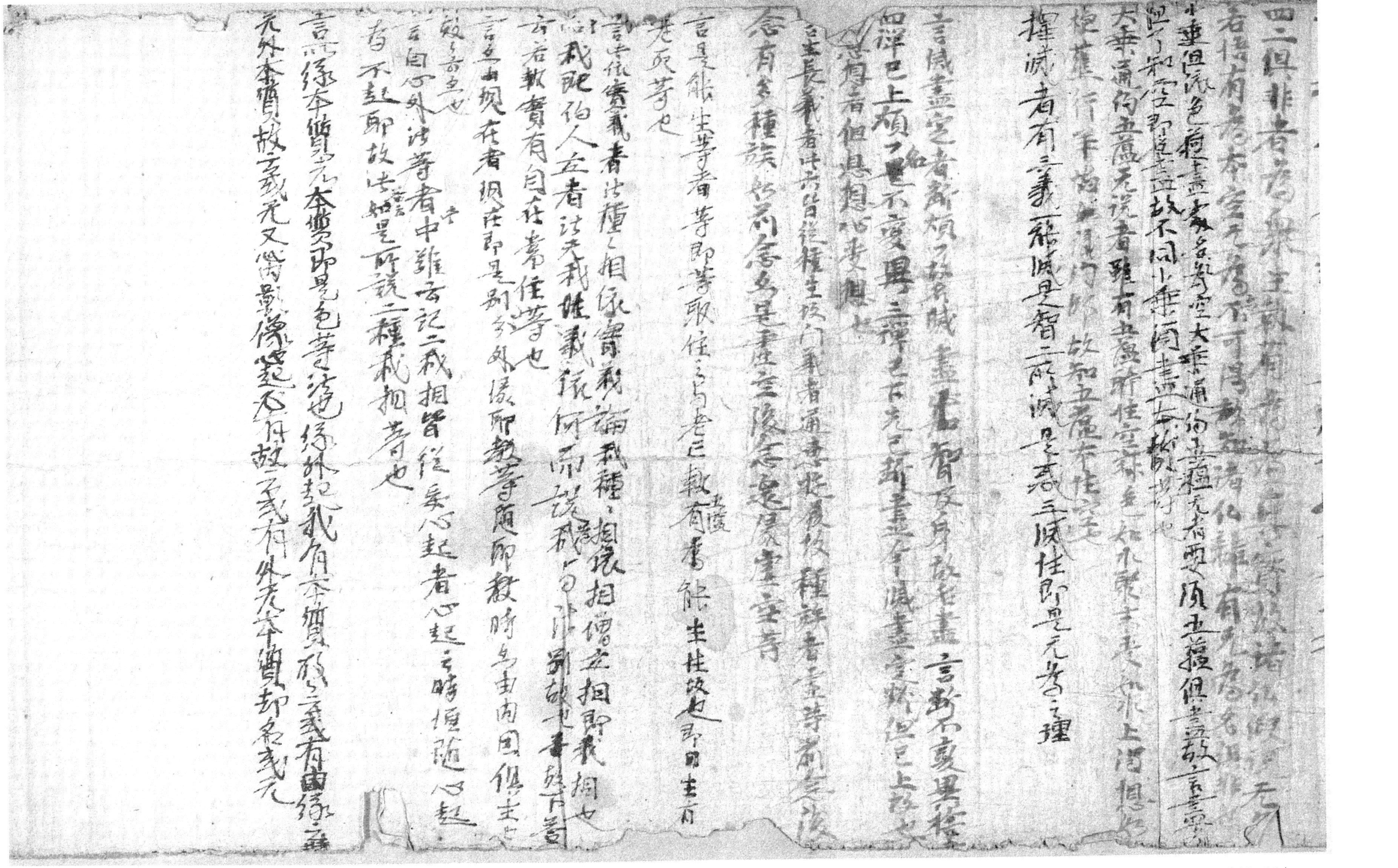

BD05051號　大乘百法明門論疏釋（擬）

（12–11）

BD05051 號　大乘百法明門論疏釋（擬）

（12–12）

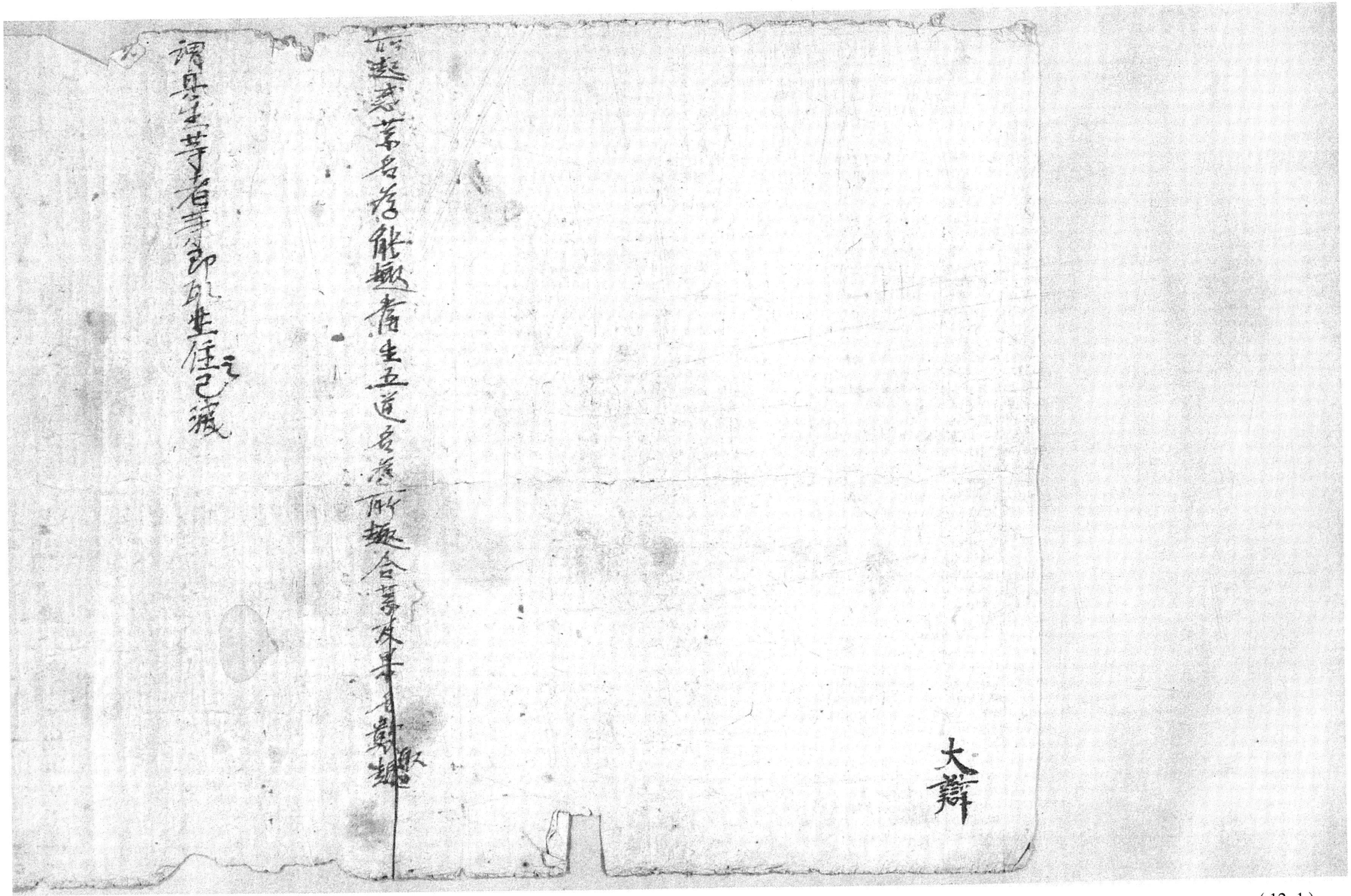

BD05051 號背　大乘百法明門論疏釋（擬）

（12–1）

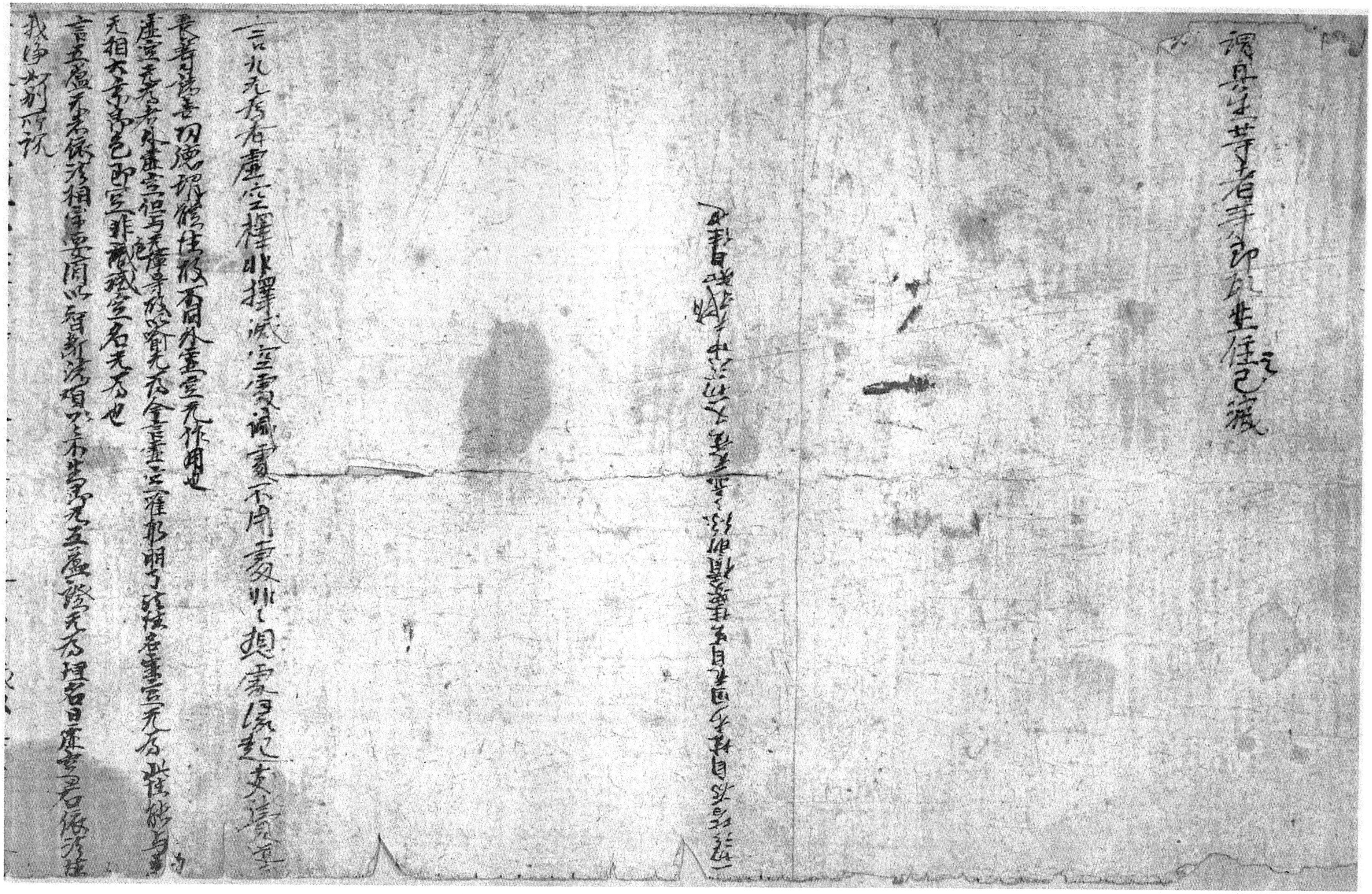

BD05051 號背　大乘百法明門論疏釋（擬）

表等諸法一切德用體性故不同外道空無作用也
虛空無為者外道虛空但有無障礙故喻無為今言虛空唯取明了諸法名虛空無為此擇能導
無相大乘即色即空非識識空名無為也
言五蘊無為者依諸法相要用以智斷諸煩惱不生名無為五蘊險無為理名曰虛空名依諸法
我淨如所說
言不常法者謂凡夫無常計常等是虛妄常為我淨聖人無為不生不滅故是之不常為常
言相似者生已未滅已來由如其相續住故
用故名滅 言滅相者四相之中滅是一相也
言表此後無者表知死後復身無作
有漏心時者即是散位之時不在定故起計執也
若相種子者即是同分妄見別業妄見 若相即是同分妄見所熏種子
言假相惠者偽相起惠故名假相如觀青時偽青色起惠等可知
為諸小乘根性淺故若不觀色為障隱者惠不起故又假第六識起
惠觀青等色觀者假相也相即是解此惠解是意識境也
而義有異者前明從有色析至極微此約本極微有故不假以惠分析方知
諸根所隨者眼等四根皆隨身根而轉故也身根由如廣故於也又女根由
如音隨相也

諸根所隨者眼等四根皆隨身根而轉故也身根由心有故於七支七根由

名音唇相也

六根六識法界者唐云六根眼等六識

疏云六根六識十二法界者謂意根處所緣諸法相應心所及不相應行

皆法界攝簡相應心所不取不相應行唯一分

七心者即六識及意根有七名意故

大辯

廿

言解類是同者尋伺與思惠為解故類同者此二皆是意識境故是第六識之流類也

言障觀者睡眠能障定故觀即是定止觀息也

言能觀是同者尋伺與遍為能故觀同者皆是意識境故是第六識之流類也
言所觀者謂眼能障定故觀所是定之患也
是心住睡眠為天力故令身不能動轉及第六識亦不行也今說心言離不能動轉為有力故第六
意識內門取境故有餘也
兼三界共計有煩惱九十八於中八十八見所斷初見道時斷得證須陀洹果餘十煩惱
是修道斷都束為九品利根者
四諦者有四智四忍斷欲界四諦下煩惱四類忍四類智斷上二界四諦下煩惱
四諦十六行相差別名者苦諦 無常苦空無我 因集生緣 滅靜妙離 道如行出
生滅故非常 逼迫性故苦 違我所見故空 違我見故非我 能生諸法故因 多種故
故集 恒產資故生 各別助故緣 諸縛斷故滅 三相息故靜 無眾患故妙
脫衆災故離 通行義故道 契正理故如 正趣向故行 永超出故
言自有染心而非不善者十三本六八通三界故若欲界攝通於二性偽上界攝唯无記性
不能發業故 下界之中有无記法多通故
小乘見修斷惑者 頌云 苦下具一切 集滅離三見 道除於二見 上界不行恚
欲界苦下十謂根本十煩惱集滅各七道下有八通計三十二色界四下各除瞋有廿八无色亦然
廿八三界四諦下通計八十八使見斷 修斷者欲中有四貪瞋癡慢 上二界各除瞋計十
各忍智有八上二品起下 智對法下惑起上 都計九十八隨煩惱
大乘根本惑欲界四諦各十計四十 色无色四諦各除瞋各九計七十二通前總四十計一百一十二分別起者見
道斷 修道俱生欲界有六謂貪瞋慢无明身見邊見 色无色各除瞋各五通計十六修道
斷 都計一百廿八煩惱
理是无漏謂无名相故
故若細說者前剎那說是有漏後剎那智名為无漏為有相可斷故
通達位後无三相也 若偽漏論无間道是有漏有相故解脫道是无漏无相
用上之三相後之三心謂无相故无三相也大乘菩薩斷惑之中前之四位皆有上之三相
三解智斷又去心後便出三界更无相故无所求也 小乘卅四心中前卅三心皆

(12–5)

BD05051 號背　大乘百法明門論疏釋（擬）

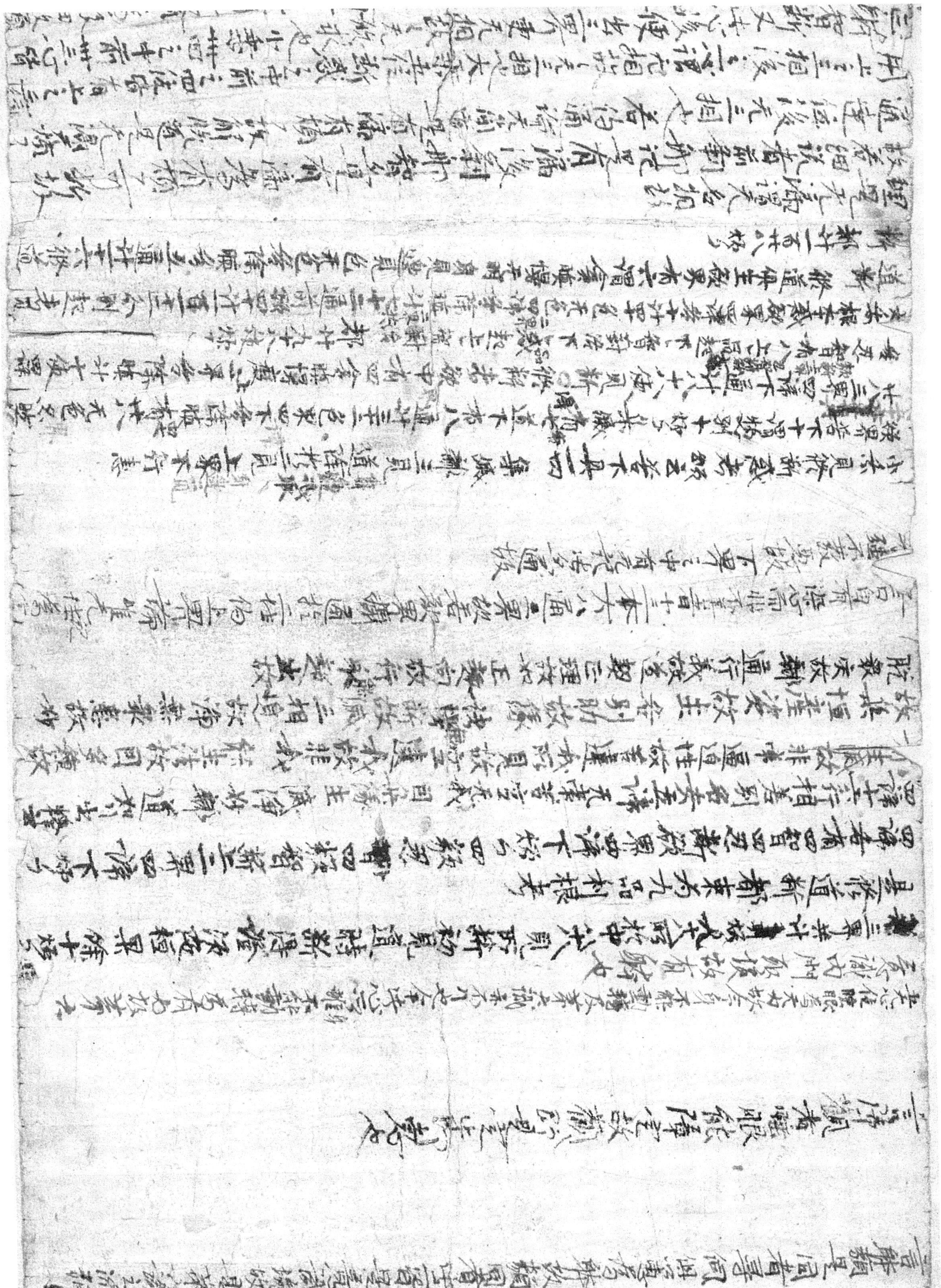

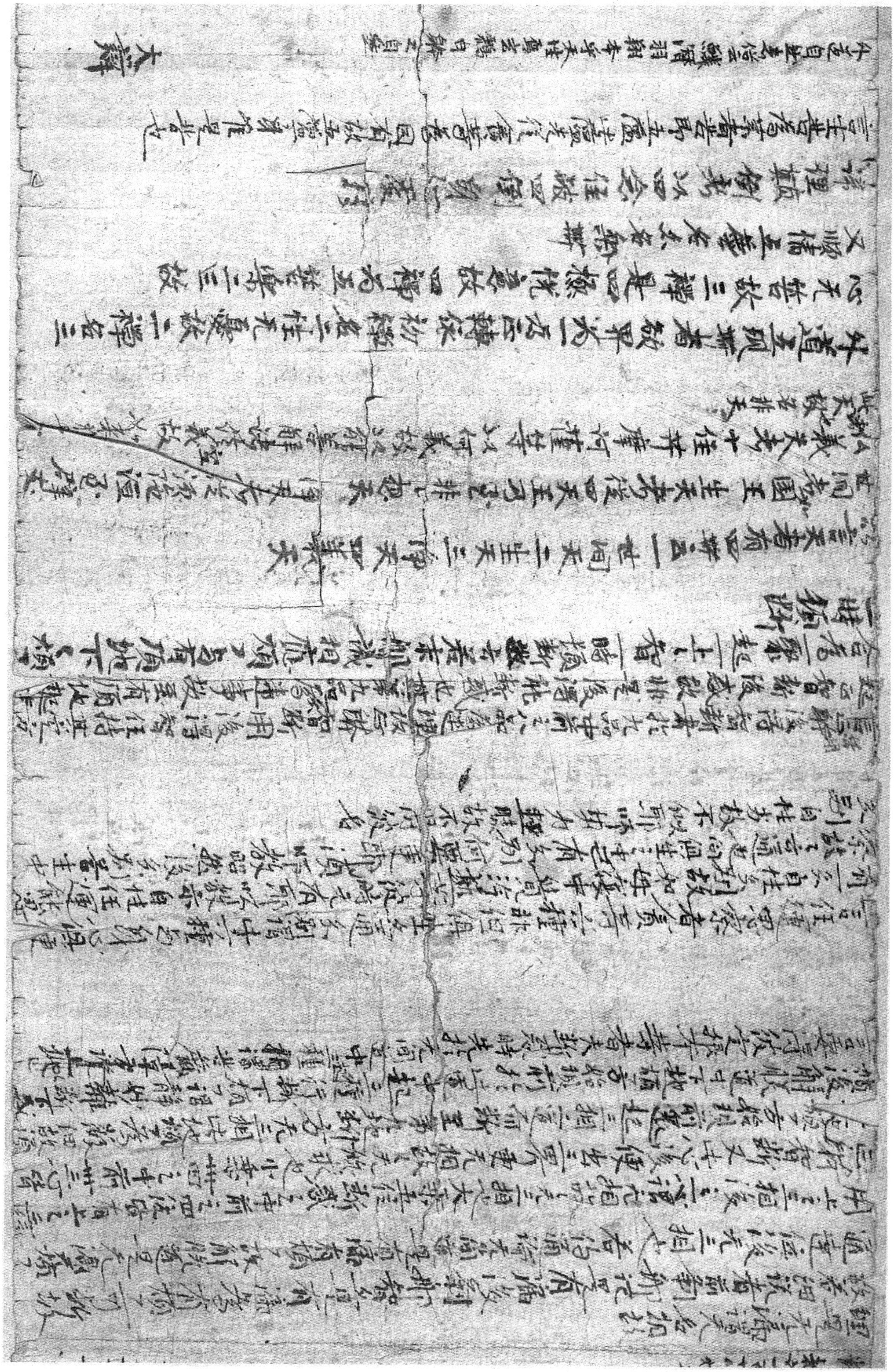

BD05051號背　大乘百法明門論疏釋（擬）

（12-6）

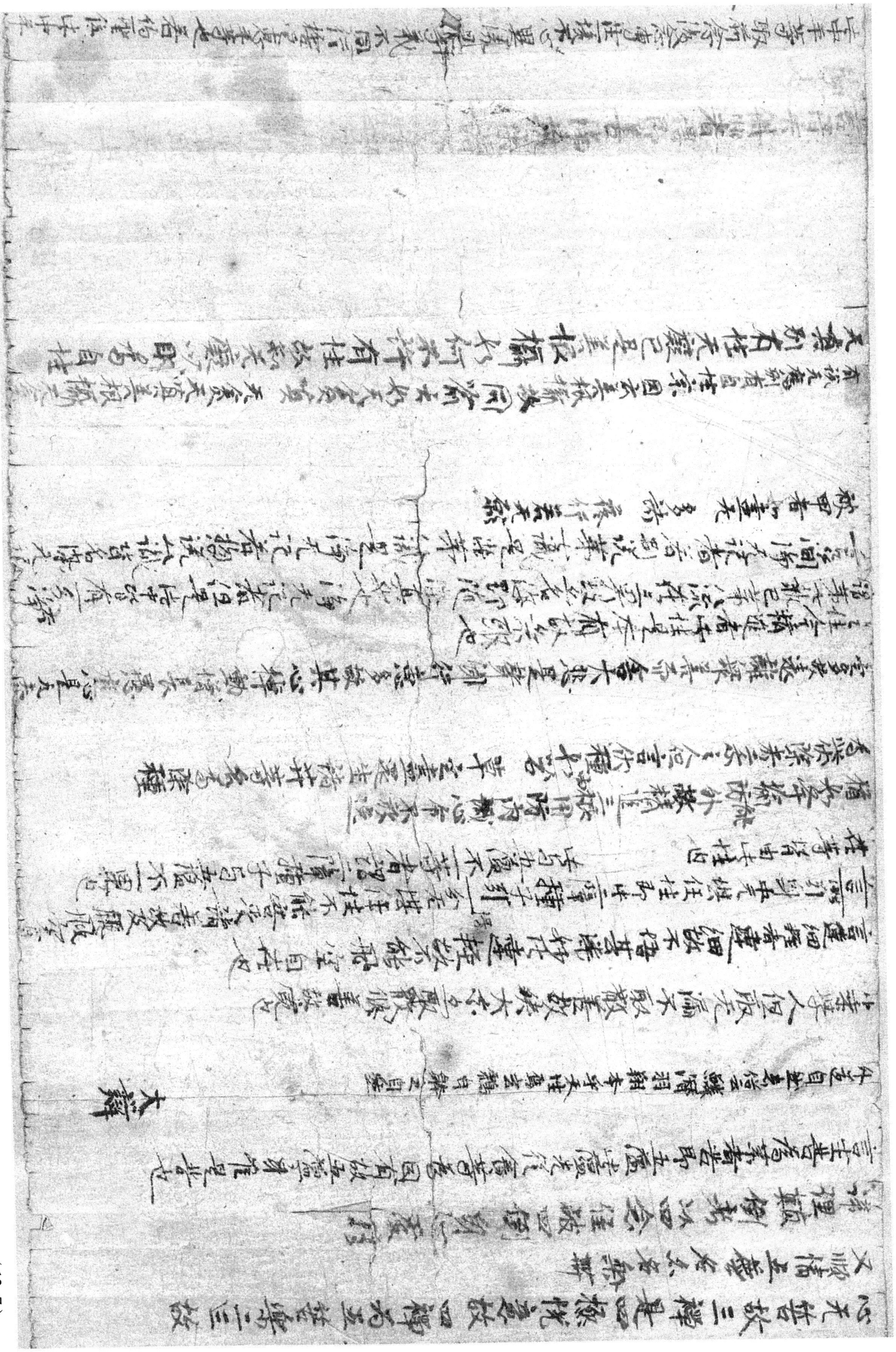

BD05051號背　大乘百法明門論疏釋（擬）

（12–7）

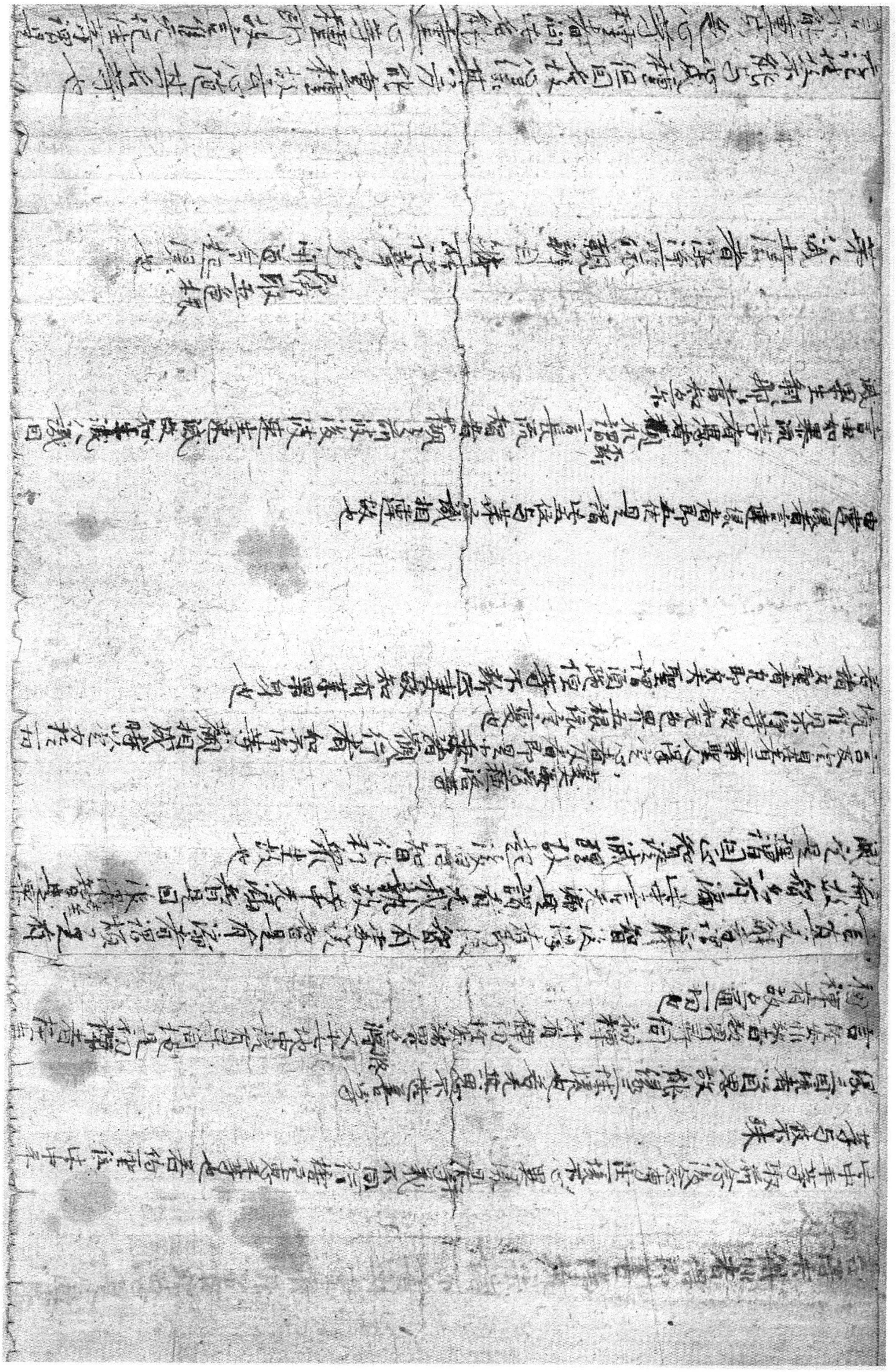

BD05051號背　大乘百法明門論疏釋（擬）　（12–8）

BD05051號背　大乘百法明門論疏釋（擬）

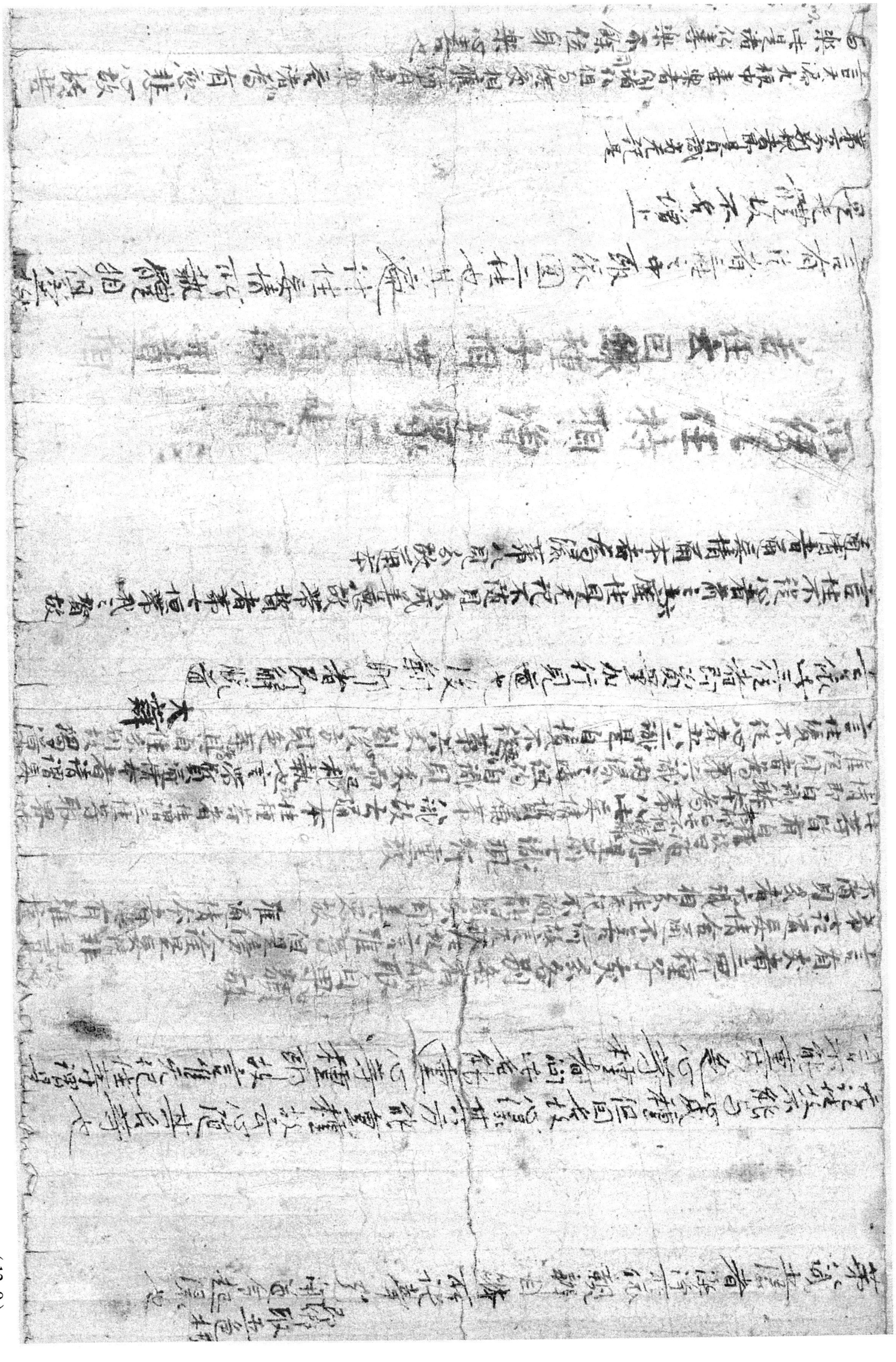

（12–9）

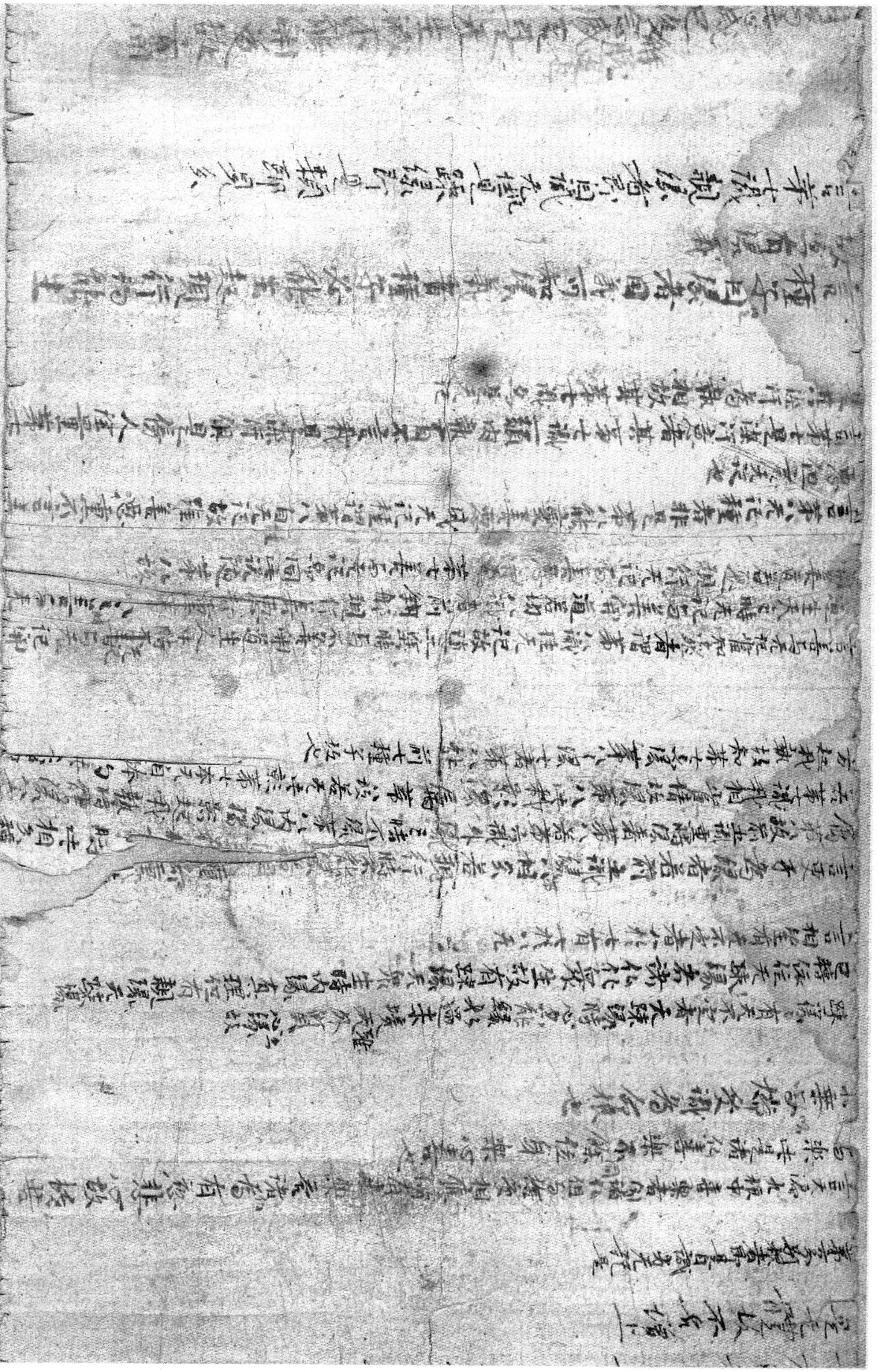

BD05051號背　大乘百法明門論疏釋（擬）

（12–10）

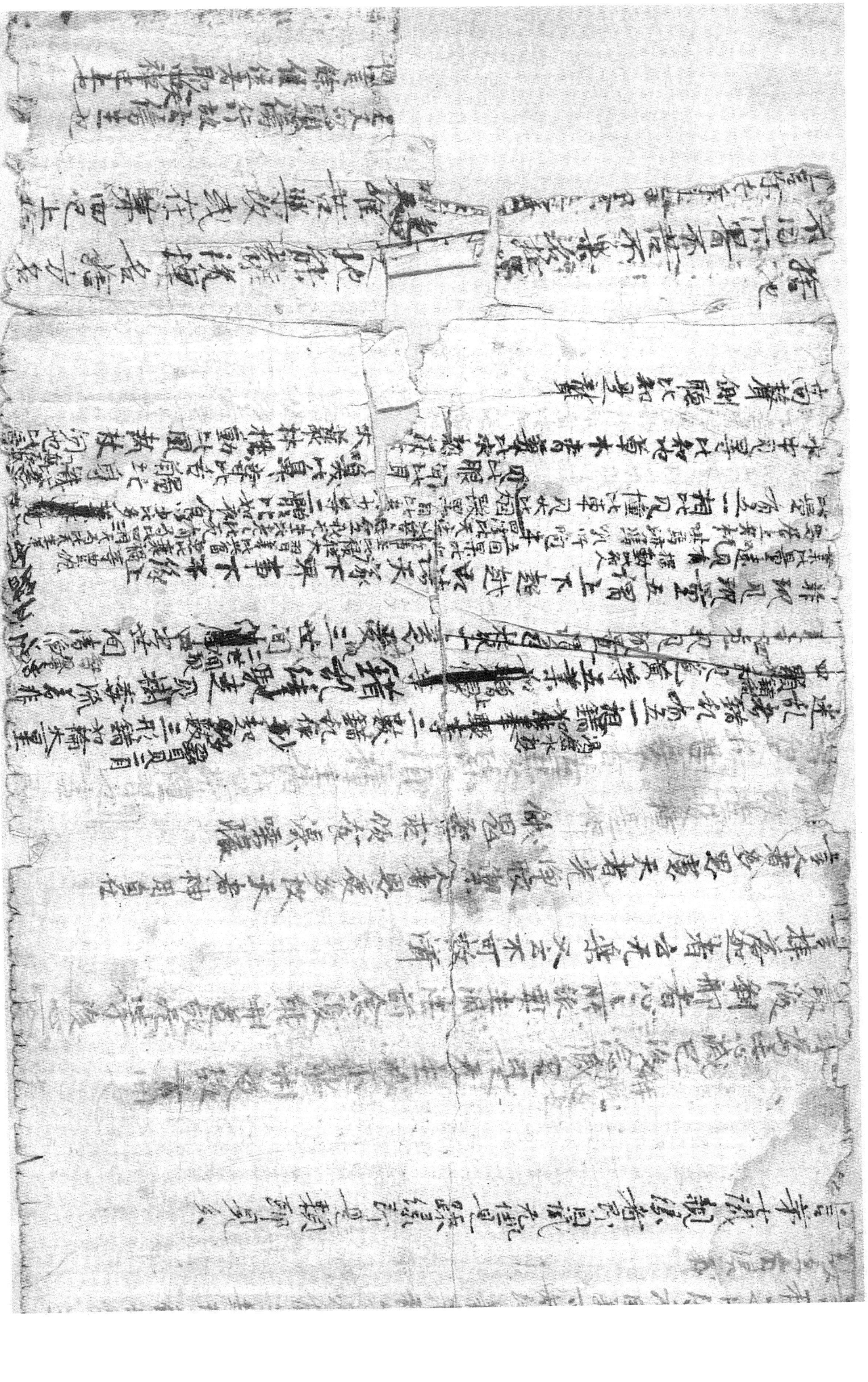

BD05051號背　大乘百法明門論疏釋（擬）

（12–11）

（12–12）

書

中若於林中若於樹下若於僧坊若白衣舍
若在殿堂若山谷曠野是中皆應起塔供養
所以者何當知是處即是道場諸佛於此得
阿耨多羅三藐三菩提諸佛於此轉于法輪
諸佛於此而般涅槃尒時世尊欲重宣此義
而說偈言
諸佛救世者　住於大神通　為悅衆生故　現无量神力
舌相至梵天　身放无數光　為求佛道者　現此希有事
諸佛謦欬聲　及彈指之聲　周聞十方國　地皆六種動
以佛滅度後　能持是經故　諸佛皆歡喜　現无量神力
囑累是經故　讚美受持者　於无量劫中　猶故不能盡
是人之功德　无邊无有窮　如十方虛空　不可得邊際
能持是經者　則為已見我　亦見多寶佛　及諸分身者
又見我今日　教化諸菩薩　能持是經者　令我及分身
滅度多寶佛　一切皆歡喜　十方現在佛　并過去未來
亦見亦供養　亦令得歡喜　諸佛坐道場　所得秘要法
能持是經者　不久亦當得　能持是經者　於諸法之義

BD05052號　妙法蓮華經卷六　（6–1）

能持是經者　則為已見我　亦見多寶佛　及諸分身者
又見我今日　教化諸菩薩　能持是經者　令我及分身
滅度多寶佛　一切皆歡喜　十方現在佛　并過去未來
亦見亦供養　亦令得歡喜　諸佛坐道場　所得秘要法
能持是經者　不久亦當得　能持是經者　於諸法之義
名字及言辭　樂說无窮盡　如風於空中　一切无障礙
於如來滅後　知佛所說經　因緣及次第　隨義如實說
如日月光明　能除諸幽冥　斯人行世間　能滅衆生闇
教无量菩薩　畢竟住一乘　是故有智者　聞此功德利
於我滅度後　應受持斯經　是人於佛道　決定无有疑
妙法蓮華經囑累品第二十二
尒時釋迦牟尼佛從法座起現大神力以右手
摩无量菩薩摩訶薩頂而作是言我於无量
百千万億阿僧祇劫修集是難得阿耨多羅
三藐三菩提法今以付囑汝等汝等應當一
心流布此法廣令增益如是三摩諸菩薩摩
訶薩頂而作是言我於无量百千万億阿僧
祇劫修集是難得阿耨多羅三藐三菩提
法今以付囑汝等汝等當受持讀誦廣宣此
法令一切衆生普得聞知所以者何如來有大
慈悲无諸慳悋亦无所畏能与衆生佛之智
慧如來智慧自然智慧如來是一切衆生之
大施主汝等亦應隨學如來之法勿生慳悋
於未來世若有善男子善女人信如來智慧
者當為演說此法華經使得聞知為令其人
得佛慧故若有衆生不信受者當於如來

BD05052號　妙法蓮華經卷六　（6–2）

慈悲无諸慳悋亦无所畏能与衆生佛之智
慧如来智慧自然智慧如来是一切衆生之
大施主汝等亦應隨學如来之法勿生慳悋
於未来世若有善男子善女人信如来智慧
者當為演説此法華經使得聞知為令其人
得佛慧故若有衆生不信受者當於如来
餘深法中示教利喜汝等若能如是則為已
報諸佛之恩時諸菩薩摩訶薩聞佛作是説
已皆大歡喜遍滿其身益加恭敬曲躬低頭
合掌向佛俱發聲言如世尊勅當具奉行唯
然世尊願不有慮諸菩薩摩訶薩衆如是三
反俱發聲言如世尊勅當具奉行唯然世尊
願不有慮尒時釋迦牟尼佛令十方来諸分
身佛各還本土而作是言諸佛各隨所安多
寶佛塔還可如故説是語時十方无量分身
諸佛坐寶樹下師子座上者及多寶佛并上
行等无邊阿僧祇菩薩大衆舍利弗等聲
聞四衆及一切世間天人阿脩羅等聞佛所説
皆大歡喜
妙法蓮華經藥王菩薩本事品第二十三
尒時宿王華菩薩白佛言世尊藥王菩薩云
何遊於娑婆世界世尊是藥王菩薩有若干
百千万億那由他難行苦行善哉世尊願少
解説諸天龍神夜叉乾闥婆阿脩羅迦樓羅
緊那羅摩睺羅伽人非人等又他方國土諸来
菩薩及此聲聞衆聞皆歡喜尒時佛告宿王

BD05052 號　妙法蓮華經卷六　（6–3）

何遊於娑婆世界世尊是藥王菩薩有若干
百千万億那由他難行苦行善哉世尊願少
解説諸天龍神夜叉乾闥婆阿脩羅迦樓羅
緊那羅摩睺羅伽人非人等又他方國土諸来
菩薩及此聲聞衆聞皆歡喜尒時佛告宿王
華菩薩乃往過去无量恒河沙劫有佛号日
月淨明德如来應供正遍知明行足善逝世
間解无上士調御丈夫天人師佛世尊其佛
有八十億大菩薩摩訶薩七十二恒河沙大
聲聞衆佛壽四万二千劫菩薩壽命亦等
彼國无有女人地獄餓鬼畜生阿脩羅等及以
諸難地平如掌瑠璃所成寶樹莊嚴寶帳覆
上垂寶華幡寶缾香爐周遍國界七寶為
臺一樹一臺其樹去臺盡一箭道此諸寶樹
皆有菩薩聲聞而坐其下諸寶臺上各有百
億諸天作天伎樂歌歎於佛以為供養尒時彼
佛為一切衆生喜見菩薩及衆菩薩諸聲聞
衆説法華經是一切衆生喜見菩薩樂集苦
行於日月淨明德佛法中精進經行一心求
佛滿万二千歲已得現一切色身三昧得此三
昧已心大歡喜即作念言我得現一切色身
三昧皆是得聞法華經力我今當供養日月
淨明德佛及法華經即時入是三昧於虛空
中雨曼陁羅華摩訶曼陁羅華細末堅黑
栴檀滿虛空中如雲而下又雨海此岸栴檀
之香此香六銖價直娑婆世界以供養佛作是

BD05052 號　妙法蓮華經卷六　（6–4）

昧已心大歡喜即作念言我得現一切色身
三昧皆是得聞法華經力我今當供養日月
淨明德佛及法華經即時入是三昧於虛空
中雨曼陀羅華摩訶曼陀羅華細末堅黑
栴檀滿虛空中如雲而下又雨海此岸栴檀
之香此香六銖價直娑婆世界以供養佛作是
養於佛不如以身供養即服諸香栴檀薰陸
兜樓婆畢力迦沉水膠香又飲瞻蔔諸華
香油滿千二百歲已香油塗身於日月淨明
德佛前以天寶衣而自纏身灌諸香油以神
通力願而自然身光明遍照八十億恒河沙世
界其中諸佛同時讚言善哉善哉善男子
是真精進是名真法供養如來若以華香瓔
珞燒香末香塗香天繒幡蓋及海此岸栴檀
之香如是等種種諸物供養所不能及假使
國城妻子布施亦所不及善男子是名第一
之施於諸施中最尊最上以法供養諸如來
故作是語已而各默然其身火然千二百歲
過是已後其身乃盡一切衆生喜見菩薩作
如是法供養已命終之後復生日月淨明德
佛國中於淨德王家結加趺坐忽然化生即
為其父而說偈言
大王今當知　我經行彼處　即時得一切　現諸身三昧
懃行大精進　捨所愛之身
說是偈已而白父言日月淨明德佛今故現在
我先供養佛已得解一切衆生語言陀羅尼

BD05052號　妙法蓮華經卷六

（6–5）

珞燒香末香塗香天繒幡蓋及海此岸栴檀
之香如是等種種諸物供養所不能及假使
國城妻子布施亦所不及善男子是名第一
之施於諸施中最尊最上以法供養諸如來
故作是語已而各默然其身火然千二百歲
過是已後其身乃盡一切衆生喜見菩薩作
如是法供養已命終之後復生日月淨明德
佛國中於淨德王家結加趺坐忽然化生即
為其父而說偈言
大王今當知　我經行彼處　即時得一切　現諸身三昧
懃行大精進　捨所愛之身
說是偈已而白父言日月淨明德佛今故現在
我先供養佛已得解一切衆生語言陀羅尼
復聞是法華經八百千万億那由他甄
婆羅阿閦婆等偈大王我今當
佛白已即坐七寶之臺
樹往到佛所

BD05052號　妙法蓮華經卷六

（6–6）

住捨性若常若无常說无忘失法若樂若苦
說恒住捨性若樂若苦說无忘失法若我若无
我說恒住捨性若我若无我說无忘失法若
淨若不淨說恒住捨性若淨若不淨若有能
依如是等法修行淨戒是行淨戒波羅蜜多
復作是說行淨戒者應求无忘失法若常若
无常應求恒住捨性若常若无常應求无忘
失法若樂若苦應求恒住捨性若樂若苦應
求无忘失法若我若无我應求恒住捨性若
我若无我應求无忘失法若淨若不淨應求
恒住捨性若淨若不淨若有能求如是等法
修行淨戒是行淨戒波羅蜜多憍尸迦若善
男子善女人等如是求无忘失法若常若无
常求恒住捨性若常若无常求无忘失法若
樂若苦求恒住捨性若樂若苦求无忘失法
若我若无我求恒住捨性若我若无我求无
忘失法若淨若不淨求恒住捨性若淨若不
淨依此等法行淨戒者我說名為行有所得
相似淨戒波羅蜜多憍尸迦如前所說當知
皆是說有所得相似淨戒波羅蜜多

BD05053 號　大般若波羅蜜多經卷一四三　（2–1）

我若无我應求无忘失法若淨若不淨應求
恒住捨性若淨若不淨若有能求如是等法
修行淨戒是行淨戒波羅蜜多憍尸迦若善
男子善女人等如是求无忘失法若常若无
常求恒住捨性若常若无常求无忘失法若
樂若苦求恒住捨性若樂若苦求无忘失法
若我若无我求恒住捨性若我若无我求无
忘失法若淨若不淨求恒住捨性若淨若不
淨依此等法行淨戒者我說名為行有所得
相似淨戒波羅蜜多憍尸迦如前所說當知
皆是說有所得相似淨戒波羅蜜多
復次憍尸迦若善男子善女人等為發无上
菩提心者說一切智若常若无常說道相智
一切相智若常若无常說一切智若樂若苦
說道相智一切相智若樂若苦說一切智若
我若无我說道相智一切相智若我若无我
說一切智若淨若不淨說道相智一切相智
若淨若不淨若有能依如是等法修行淨戒
是行淨戒波羅蜜多復作是說行淨戒者應
求一切智若常若无常應求道相智一切相
智若常若无常應求一切智若樂若苦應求

BD05053 號　大般若波羅蜜多經卷一四三　（2–2）

空共相空一切法
空无性自性空无
得為方便迴向一
法性不虛妄性不
定法住實際虛空
外空空空大空勝
空无際空散空无
相空一切法空不可
性自性空外空乃至无性
故以外空乃至无性自性空性
乃至不思議界无二无二分故
說以内空等无二為方便无
所得為方便迴向一切智智
至不思議界世尊云何以以空无二為方
无生為方便无所得為方便迴向一切智智
安住苦集滅道聖諦慶喜内空内空性空何
以故以内空性空與苦集滅道聖諦无二无
二分故世尊云何以外空内外空空空大空
勝義空有為空无為空畢竟空无際空散
空无變異空本性空自相空共相空一切法空
不可得空无性空自性空无性自性空无二
為方便无生為方便无所得為方便迴向一切

BD05054 號　大般若波羅蜜多經卷一一八　　（5–1）

以故以内空性空與苦集滅道聖諦无二无
二分故世尊云何以外空内外空空空大空
勝義空有為空无為空畢竟空无際空散
空无變異空本性空自相空共相空一切法空
不可得空无性空自性空无性自性空无二
為方便无生為方便无所得為方便迴向一切
智智安住苦集滅道聖諦慶喜外空内外
空空空大空勝義空有為空无為空畢竟空
无際空散空无變異空本性空自相空共相
空一切法空不可得空无性空自性空无性
自性空外空乃至无性自性空性空何以故
以外空乃至無性自性空與苦集滅道聖諦
无二无二分故慶喜由此故說以内空等無
二為方便无生為方便无所得為方便迴向
一切智智安住苦集滅道聖諦
世尊云何以内空无二為方便无生為方便
无所得為方便迴向一切智智脩習四靜慮
四无量四无色定慶喜内空内空性空何以
故以内空性空與四靜慮四无量四无色定
無二無二分故世尊云何以外空内外空空
空大空勝義空有為空无為空畢竟空无際
空散空无變異空本性空自相空共相空一
切法空不可得空无性空自性空无性自性
空无二為方便无生為方便无所得為方便
迴向一切智智脩習四靜慮四无量四无色
定慶喜外空内外空空空大空勝義空有
為空无為空畢竟空无際空散空无變異空

BD05054 號　大般若波羅蜜多經卷一一八　　（5–2）

空无二為方便无生為方便无所得為方便
迴向一切智智脩習四靜慮四无量四无色
定慶喜外空內外空空空大空勝義空有
為空无為空畢竟空无際空散空无變異空
本性空自相空共相空一切法空不可得空无
性空自性空無性自性空外空乃至無性自
性空性空何以故以外空乃至無性自性空
性空與四靜慮四無量四無色定無二無二
分故慶喜由此故說以內空等無二為方便
無生為方便無所得為方便迴向一切智智
脩習四靜慮四無量四無色定世尊云何以內
空無二為方便無生為方便無所得為方便
迴向一切智智脩習八解脫八勝處九次
第定十遍處慶喜內空內空性空何以故以
內空性空與八解脫八勝處九次第定十遍
處無二無二分故世尊云何以外空內外空
空空大空勝義空有為空無為空畢竟空無
際空散空無變異空本性空自相空共相空
一切法空不可得空無性空自性空無性自
性空無二為方便無生為方便無所得為方
便迴向一切智智脩習八解脫八勝處九次
第定十遍處慶喜外空內外空空空大空勝
義空有為空無為空畢竟空無際空散空無
變異空本性空自相空共相空一切法空不
可得空無性空自性空無性自性空外空乃
至無性自性空性空何以故以外空乃至無

BD05054號　大般若波羅蜜多經卷一一八　（5–3）

便迴向一切智智脩習八解脫八勝處九次
第定十遍處慶喜外空內外空空空大空勝
義空有為空無為空畢竟空無際空散空無
變異空本性空自相空共相空一切法空不
可得空無性空自性空無性自性空外空乃
至無性自性空性空何以故以外空乃至無
性自性空性空與八解脫八勝處九次第定
十遍處無二無二分故慶喜由此故說以內
空等無二為方便無生為方便無所得為方
便迴向一切智智脩習八解脫八勝處九次
第定十遍處世尊云何以內空無二為方便
無生為方便無所得為方便迴向一切智智
脩習四念住四正斷四神足五根五力七等
覺支八聖道支慶喜內空內空性空何以故
以內空性空與四念住四正斷四神足五根
五力七等覺支八聖道支無二無二分故世
尊云何以外空內外空空空大空勝義空有
為空無為空畢竟空無際空散空無變異空
本性空自相空共相空一切法空不可得空
無性空自性空無性自性空無二為方便無
生為方便無所得為方便迴向一切智智脩
習四念住四正斷四神足五根五力七等覺
支八聖道支慶喜外空內外空空空大空勝
義空有為空無為空畢竟空無際空散空無
變異空本性空自相空共相空一切法空不
可得空無性空自性空無性自性空外空乃

BD05054號　大般若波羅蜜多經卷一一八　（5–4）

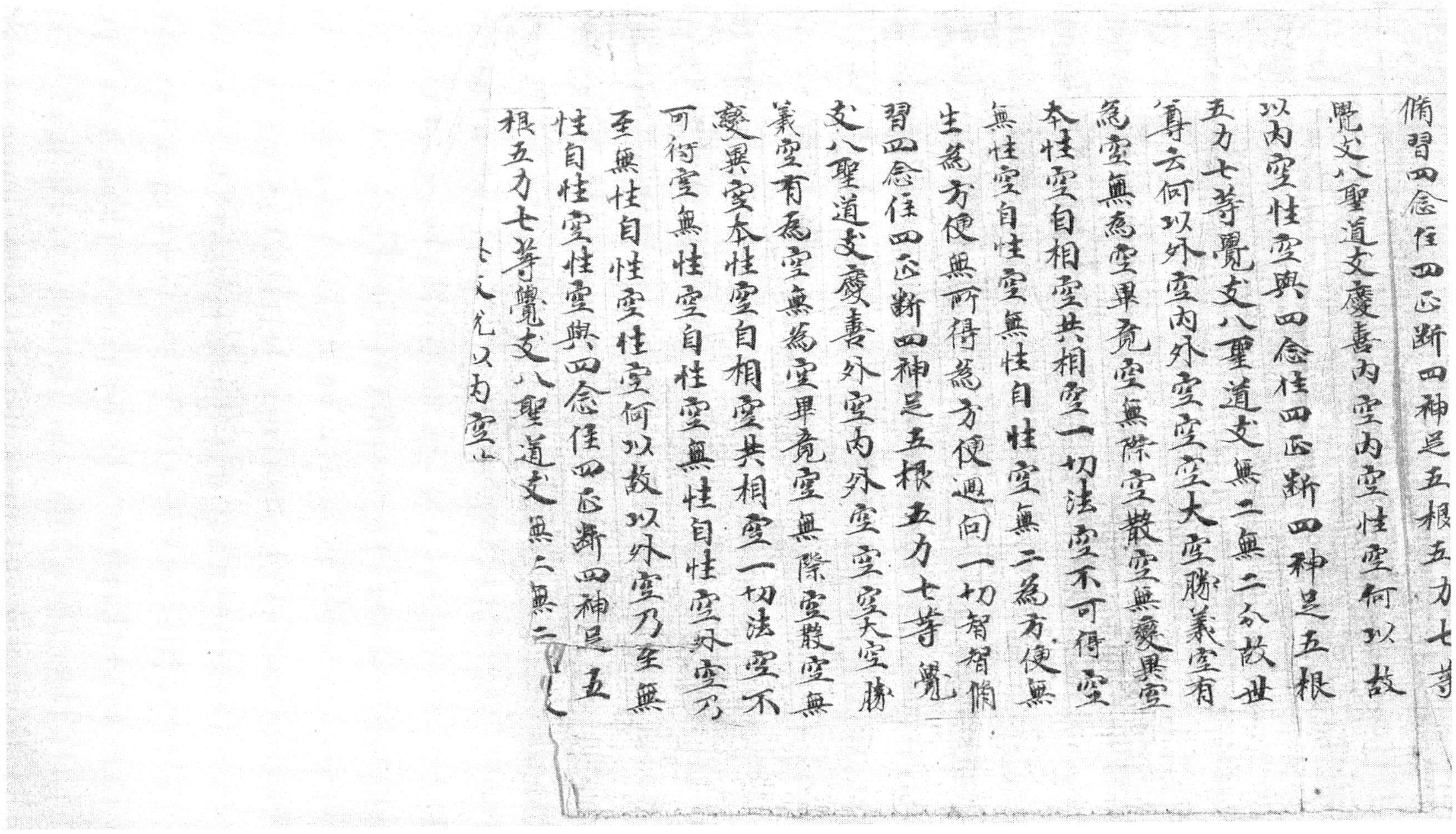

脩習四念住四正斷四神足五根五力七等
覺支八聖道支慶喜內空內空性空何以故
以內空性空與四念住四正斷四神足五根
五力七等覺支八聖道支無二無二分故世
尊云何以外空內外空空空大空勝義空有
為空無為空畢竟空無際空散空無變異空
本性空自相空共相空一切法空不可得空
無性空自性空無性自性空無二為方便無
生為方便無所得為方便迴向一切智智脩
習四念住四正斷四神足五根五力七等覺
支八聖道支慶喜外空內外空空空大空勝
義空有為空無為空畢竟空無際空散空無
變異空本性空自相空共相空一切法空不
可得空無性空自性空無性自性空外空乃
至無性自性空性空何以故以外空乃至無
性自性空性空與四念住四正斷四神足五
根五力七等覺支八聖道支無二無二

BD05054 號　大般若波羅蜜多經卷一一八　（5–5）

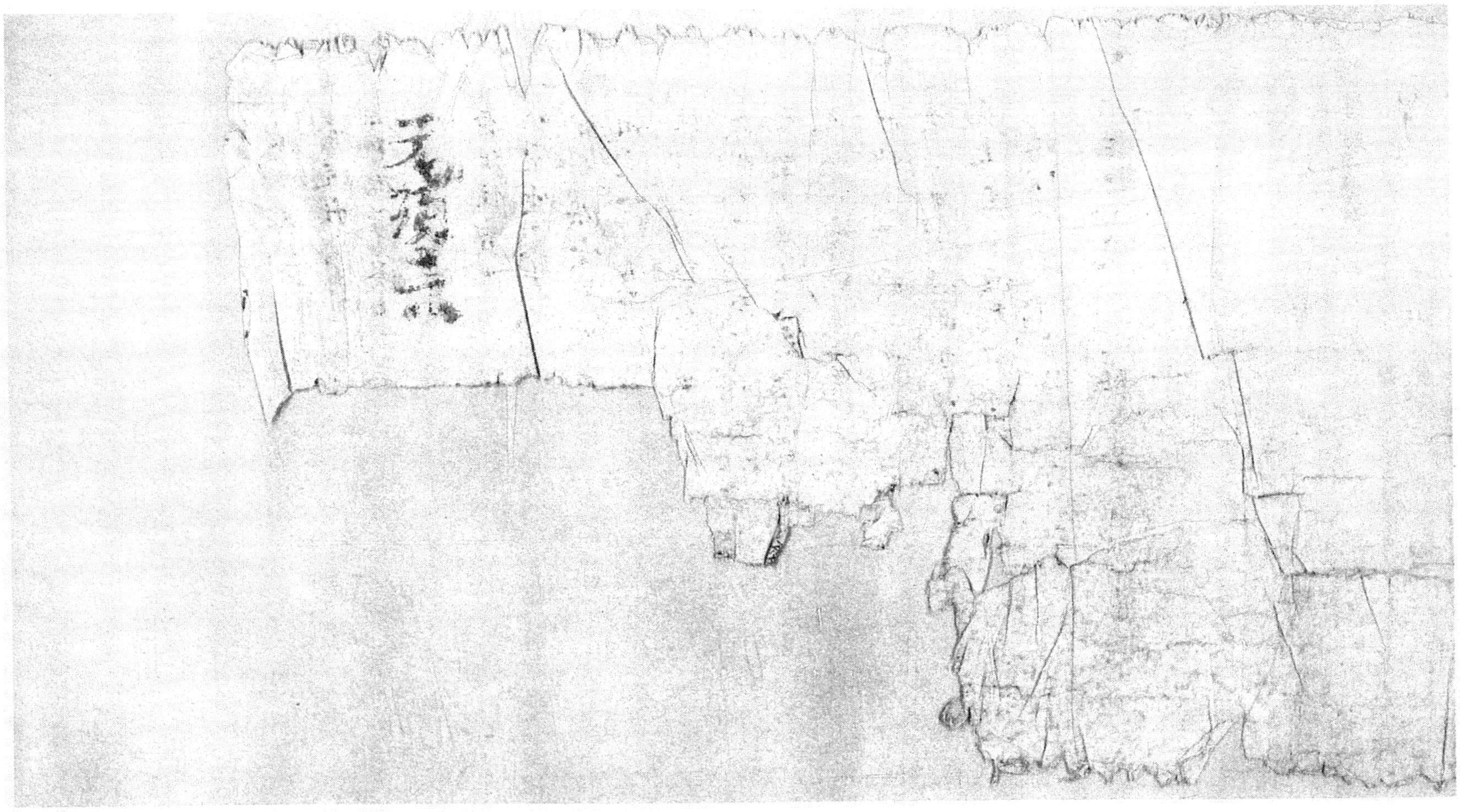

BD05054 號背　勘記　（1–1）

大般涅槃經現病品第六　卷十一
爾時迦葉菩薩白佛言世尊如來已免一切疾
病患苦悉除无復怖畏世尊一切衆生有四
毒箭則為病因何等為四貪欲瞋恚愚癡
憍慢若有病因則有病生所謂愛熱肺病上
氣吐逆膚體瘖瘖其心悶亂下利噦噎小便
淋瀝眼耳疼痛背滿腹脹顛狂乾消鬼魅所
著如是種種身心諸病諸佛世尊悉无復有
今日如來何緣顧命文殊師利而作是言我
今背痛汝等當為大衆說法有二因緣則无
病苦何等為二一者憐愍一切衆生二者給施
病者醫藥如來往昔已於无量万億劫中
脩菩薩道常行愛語利益衆生不令苦惱施
疾病者種種醫藥何緣於今日自言有病世尊
世有病人或坐或臥不安處所或索飲食勅
戒家屬脩治產業何故如來默然而臥不教
弟子聲聞人等尸波羅蜜諸禪解脫三摩跋
提脩諸正勤何緣不說如是甚深大乘經典

BD05055號　大般涅槃經（北本）卷一一　（22–1）

疾病者種種醫藥何緣於今日自言有病世尊
世有病人或坐或臥不安處所或索飲食勅
戒家屬脩治產業何故如來默然而臥不教
弟子聲聞人等尸波羅蜜諸禪解脫三摩跋
提脩諸正勤何緣不說如是甚深大乘經典
如來何故不以无量方便教大迦葉人中象王
諸大人等令不退於阿耨多羅三藐三菩
提何故不治諸惡比丘受畜一切不淨物者
世尊實无有病云何默然右脅而臥諸菩薩
等凡所給施病者醫藥所得善根悉施衆生
而共迴向一切種智為除衆生諸煩惱障業
障報障煩惱障者貪欲瞋恚愚癡忿恚纏蓋
煩惱嫉妬慳悋姧詐諛諂无慚无愧慢慢慢
不如慢增上慢我慢耶慢憍慢放逸貢高懟
恨諍訟耶命諂媚詐現異相以利求利惡求
多求无有恭敬不隨教誨親近惡友貪利无
猒纏縛難解欲於惡欲貪於惡貪身見有見
及以无見頻申憙睡欠呿不樂貪嗜飲食其
心瞢瞢心緣異想不善思惟身口多惡好憙
多語諸根闇鈍發言多虛常為欲覺恚覺害
覺之所覆蓋是名煩惱障業障者五无間罪
重惡之病報障者生在地獄畜生餓鬼誹謗
正法及一闡提是名報障如是三障名為大病
而諸菩薩於无量劫脩菩提時給施一切
疾病醫藥常作是願願令衆生永斷如是三

BD05055號　大般涅槃經（北本）卷一一　（22–2）

覺之而[illegible]
重惡之病報障者生在地獄畜生餓鬼誹謗
正法及一闡提是名報障如是三障名為大病
而諸菩薩於无量劫脩菩提時給施一切
疾病醫藥常作是願願令衆生永斷如是三
障重病復次世尊菩薩摩訶薩脩菩提時給
施一切病者醫藥常作是願願令衆生永斷諸
病得成如來金剛之身又願一切无量衆生
作妙藥王斷除一切諸惡重病願諸衆生得
阿伽陀藥以是藥力能除一切无量惡毒又
願衆生於阿耨多羅三藐三菩提无有退轉
速得成就无上佛藥消除一切煩惱毒箭又
願衆生勤脩精進成就如來金剛之心作微
妙藥療治衆病不令有人生諍訟想亦願衆
生作大藥樹療治一切諸惡重病又願衆生
拔出毒箭得成如來无上光明又願衆生得
入如來智慧大藥微密法藏世尊菩薩如是
已於无量百千万億那由他劫發是誓願令
諸衆生悉无復病何緣如來乃於今日唱言
有疾復次世尊世有病人不能坐起俯仰進
止食飲不御漿水不下亦復不能教戒諸子
脩治家業尒時父母妻子兄弟親屬知識各
於是人生必死想世尊如來今日亦復如是
右脅而卧无所論說此閻浮提有諸愚人當
作是念如來正覺必當涅槃生滅盡想而如
來性實不畢竟入於涅槃何以故如來常住

BD05055 號　大般涅槃經（北本）卷一一　（22–3）

止食飲不御漿水不下亦復不能教戒諸子
脩治家業尒時父母妻子兄弟親屬知識各
於是人生必死想世尊如來今日亦復如是
右脅而卧无所論說此閻浮提有諸愚人當
作是念如來正覺必當涅槃生滅盡想而如
來性實不畢竟入於涅槃何以故如來常住
无變易故以是因緣不應說言我今背痛復
次世尊世有病者身體羸損若偃若側卧著
牀褥尒時家室心生便賤起必死想如來今
者亦復如是當為外道九十五種之所輕慢
生无常想彼諸外道當作是言不如我等以
我性人自在時節微塵等法而為常住无有
變易沙門瞿曇无常所遷是變易法以是義
故世尊今日不應黙然右脅而卧復次世尊
世有病者四大增損互不調適羸瘦乏極是
故不能隨意坐起卧著牀褥如來四大无不
和適身力具足亦无羸損世尊如十小牛力
不如一大牛力十大牛力不如一青牛力十
青牛力不如一凡象力十凡象力不如一野
象力十野象力不如一二牙象力十二牙象
力不如一四牙象力十四牙象力不如雪山
一白象力十雪山白象力不如一香象力十
香象力不如一青象力十青象力不如一黃
象力十黃象力不如一赤象力十赤象力不
如一白象力十白象力不如一山象力十山
象力不如一優鉢羅象力十優鉢羅象力不

BD05055 號　大般涅槃經（北本）卷一一　（22–4）

一白象力十雪山白象力不如一香象力十
香象力不如一青象力十青象力不如一黄
象力十黄象力不如一赤象力十赤象力不
如一白象力十白象力不如一山象力十山
象力不如優鉢羅象力十優鉢羅象力不
如一拘物頭象力十拘物頭象力不如一分
陁利象力十分陁利象力不如人中一力士力
力十人中力士力不如一鉢揵提力十鉢揵提
力不如一八臂那羅延力十那羅延力不如
一十住菩薩一節之力一切凡夫身中諸節
節不相到人中力士節頭相到鉢揵提身
諸節相連那羅延身節頭相拘十住菩薩諸
節骨解蟠龍相結是故菩薩其力最大世界
成時從金剛際起金剛座上至道場菩提樹
下菩薩坐已其心即時逮得十力如来今者
不應如彼嬰孩小兒嬰孩小兒愚癡无智无
所能說以是義故隨意偃側无人譏呵如来
世尊有大智慧照明一切人中之龍具大威
德成就神通无上仙人永斷疑網已拔毒箭
進止安詳威儀具足得无所畏今者何故右
脅而卧令諸人天悲憂苦惱尔時迦葉菩薩
即於佛前而說偈言
瞿曇大聖德　願起演妙法　不應如小兒　病者卧床席
調御天人師　倚卧雙樹間　下愚凡夫見　當言必涅槃
不知方等典　甚深佛行處　不見微密藏　猶盲不見道

BD05055 號　大般涅槃經（北本）卷一一　（22–5）

即於佛前而說偈言
瞿曇大聖德　願起演妙法　不應如小兒　病者卧床席
調御天人師　倚卧雙樹間　下愚凡夫見　當言必涅槃
不知方等典　甚深佛行處　不見微密藏　猶盲不見道
唯有諸菩薩　文殊師利等　能解是甚深　譬如善射者
三世諸世尊　大悲爲根本　如是大慈悲　今爲何所在
若无大悲者　是則不名佛　佛若必涅槃　是則不名常
唯願无上尊　哀受我等請　利益於衆生　摧伏諸外道
尔時世尊大悲熏心知諸衆生各各所念將欲
隨順畢竟利益即從卧起結跏趺坐顏貌
熈怡如融金聚面目端嚴猶月盛滿形容清
淨无諸垢穢放大光明充遍虚空其光大盛
過百千日照于東方南西北方四維上下諸
佛世界惠施衆生大智之炬悉令得滅无明
黑闇令百千億那由他衆生安心不退菩提
之心尔時世尊心无疑慮如師子王以三十
二大人之相八十種好莊嚴其身於其身上
一切毛孔一一毛孔出一蓮華其華微妙各具
千葉純真金色瑠璃爲莖金剛爲鬚玫瑰
爲臺形大團圓猶如車輪是諸蓮華各出種
種雜色光明青黄赤白紫頗梨色是諸光明
皆悉遍至阿鼻地獄想地獄黑繩地獄衆合
地獄叫喚地獄大叫喚地獄焦熱地獄大焦
熱地獄是八地獄其中衆生常爲諸苦之所
逼切所謂燒煮火炙斫刺刳剝遇斯光已如

BD05055 號　大般涅槃經（北本）卷一一　（22–6）

種雜色光明青黃赤白紫頗梨色是諸光明
皆悉遍至阿鼻地獄想地獄黑繩地獄衆合
地獄叫喚地獄大叫喚地獄焦熱地獄大焦
熱地獄是八地獄其中衆生常爲諸苦之所
逼切所謂燒煑火炙斫剌刻剝遇斯光已如
是衆苦悉滅无餘安隱清凉快樂无極是光
明中宣說如來祕密之藏言諸衆生皆有佛
性衆生聞已即便命終生人天中乃至八種
寒氷地獄所謂阿波波地獄阿吒吒地獄阿
羅羅地獄阿婆婆地獄優鉢羅地獄波頭摩
地獄拘物頭地獄分陁利地獄是中衆生常
爲寒苦之所逼惱所謂劈裂身體碎壞互相
殘害遇斯光已如是等苦亦滅无餘即得調
和煴燸適身是光明中亦復宣說如來密藏
言諸衆生皆有佛性衆生聞已即便命終生
人天中尒時於此閻浮提界及餘世界所有
地獄皆悉空虛无受罪者除一闡提餓鬼衆
生飢渴所逼以髮纏身於百千歲未曾得聞
漿水之名遇斯光已飢渴即除是光明中亦
說如來微密祕藏言諸衆生皆有佛性衆生
聞已即便命終生人天中令諸餓鬼亦悉空
虛除謗大乘方等正典畜生衆生互相煞害
共相殘食遇斯光已恚心悉滅是光明中亦
說如來祕密之藏言諸衆生皆有佛性衆生
聞已即便命終生人天中當尒之時畜生亦
[illegible]有一佛圓光一尋

BD05055號　大般涅槃經（北本）卷一一　（22–7）

虛除謗大乘方等正典畜生衆生互相煞害
共相殘食遇斯光已恚心悉滅是光明中亦
說如來祕密之藏言諸衆生皆有佛性衆生
聞已即便命終生人天中當尒之時畜生亦
盡除謗正法是一一華各有一佛圓光一尋
金色晃曜微妙端嚴最上无比三十二相八十
種好莊嚴其身是諸世尊或有坐者或有
行者或有卧者或有住者或震雷者或澍雨
者或放電光或復放風或出烟炎身如大聚
或有示現七寶諸山池泉河水山林樹木或
復示現七寶國土城邑聚落宮殿室宅或復
示現象馬師子虎狼孔雀鳳凰諸鳥或復示
現令閻浮提所有衆生悉見地獄畜生餓鬼
或復示現欲界六天復有世尊或說陰界諸
入多諸過患或復有說四聖諦法或復有說
諸法因緣或復有說諸業煩惱皆因緣生或
復有說我與无我或復有說苦樂二法或復
有說常无常等或有說淨與不淨復有世
尊爲諸菩薩演說所行六波羅蜜或復有說
諸大菩薩所得功德或復有諸佛世尊所
得功德或復有說聲聞之人所得功德或復
有說隨順一乘或復有說三乘成道或有世
尊左脅出水右脅出火或有示現初生出家
坐於道場菩提樹下轉妙法輪入乎涅槃或
有世尊作師子吼我此會中有得一果二果
三果至第四果或復有說出離生死无量因

BD05055號　大般涅槃經（北本）卷一一　（22–8）

有說隨順一乘或復有說三乘戊道或有世
尊左脅出水右脅出火或有示現初生出家
生於道場菩提樹下轉妙法輪入乎涅槃或
有世尊作師子吼我此會中有得一果二果
三果至第四果或復有說出離生死无量因
緣尒時於此閻浮提中所有衆生遇斯光已
盲者見色聾者聽聲瘂者能言拘躄能行
貧者得財慳者能施恚者慈心不信者信如
是世界无一衆生脩行惡法除一闡提尒時一
切天龍鬼神乹闥婆阿脩羅迦樓羅緊那羅
摩睺羅伽羅刹揵陀憂摩陀阿婆魔羅人非
人等悉共同聲唱如是言善哉善哉无上天
尊多所利益說是語已踊躍歡喜或歌或儛
或身動轉以種種華散佛及僧所謂天優鉢
羅華拘物頭華波頭摩華分陁利華曼陁羅
華摩訶曼陁羅華曼殊沙華摩訶曼殊沙
華散陁那華摩訶散陁那華盧脂那華摩訶盧
脂那華香華大香華適意華大適意華愛見
華大愛見華端嚴華第一端嚴華復散諸香
所謂沈水多伽樓香旃檀欝金和合雜香海
岸聚香復以天上寶幢幡蓋諸天伎樂箏
笛笙瑟箜篌鼓吹供養於佛而說偈言
我今稽首大精進　无上正覺兩足尊
天人大衆所不知　唯有瞿曇乃能了
世尊往昔為我故　於无量劫脩苦行

BD05055 號　大般涅槃經（北本）卷一一　（22–9）

岸聚香復以天上寶幢幡蓋諸天伎樂箏
笛笙瑟箜篌鼓吹供養於佛而說偈言
我今稽首大精進　无上正覺兩足尊
天人大衆所不知　唯有瞿曇乃能了
世尊往昔為我故　於无量劫脩苦行
如何一旦放本誓　而便捨命欲涅槃
一切衆生不能見　諸佛世尊秘密藏
以是因緣難得出　輪轉生死墮惡道
如佛所說阿羅漢　一切皆當至涅槃
如是甚深佛行處　凡夫下愚誰能知
故諸衆生甘露法　為欲斷除其煩惱
若有服此甘露已　不復受生老病死
如來世尊已療治　百千无量諸衆生
今其所有諸重病　一切消滅无遺餘
世尊久已捨病苦　故得名為第七佛
唯願今日雨法雨　潤漬我等功德種
是諸大衆及人天　如是請已默然住
說是偈時蓮華臺中一切諸佛從閻浮提
遍至淨居悉皆聞之尒時佛告迦葉菩薩
善哉善哉善男子汝已具足如是甚深微妙
智慧不為一切諸魔外道之所破壞善男子
汝已安住不為一切諸耶惡風之所傾動善男
子汝今成就樂說辯才已曾供養過去无量
恒河沙等諸佛世尊是故能問如來正覺如
是之義善男子我於往昔无量无邊億那由
他百千万劫已除病根永離倚卧迦葉過去无

BD05055 號　大般涅槃經（北本）卷一一　（22–10）

汝已安住不為一切諸邪風之所傾動善男
子汝今成就樂說辯才已曾供養過去无量
恒河沙等諸佛世尊是故能問如來正覺如
是之義善男子我於往昔无量无邊億那由
他百千万劫已除病根永離倚卧迦葉過去无
量阿僧祇劫有佛出世号无上勝如來應供正
遍知明行足善逝世間解无上士調御丈夫
天人師佛世尊為諸聲聞說是大乘大涅槃
經開示分別顯發其義我於尒時亦為彼佛
為作聲聞受持如是大涅槃典讀誦通利書
寫經卷廣為他人開示分別解說其義以是
善根迴向阿耨多羅三藐三菩提善男子我
從是來未曾為惡煩惱業緣墮於惡道誹
謗正法作一闡提受黄門身无根二根反逆父
母煞阿羅漢破塔壞僧出佛身血犯四重禁
從是已來身心安隱无諸苦惱迦葉我今實
无一切疾病所以者何諸佛世尊久已遠離
一切病故迦葉是諸衆生不知大乘方等密
語便謂如來真實有疾迦葉如言如來人中
師子而如來者實非師子如是之言即是如
來祕密之教迦葉如言如來人中大龍而我
已於无量劫中捨離是業迦葉如言如來是
人是天而我真實非人非天亦非鬼神乾闥
婆阿脩羅迦樓羅緊那羅摩睺羅伽非我
非命非可養育非人士夫非作非不作非受非
不受非世尊非聲聞非說非不說如是等語

BD05055 號　大般涅槃經（北本）卷一一　（22–11）

人是天而我真實非人非天亦非鬼神乾闥
婆阿脩羅迦樓羅緊那羅摩睺羅伽非我
非命非可養育非人士夫非作非不作非受非
不受非世尊非聲聞非說非不說如是等語
皆是如來祕密之教迦葉如言如來猶如大
海須弥山王而如來者實非醎味同於石山
當知是語亦是如來祕密之教迦葉如言如
來如分陁利而我實非分陁利也如是之言
即是如來祕密之教迦葉如言如來猶如父
母而如來者實非父母如是之言亦是如來
祕密之教迦葉如言如來是大船師而如來
者實非船師如是之言亦是如來祕密之教
迦葉如言如來猶如商主而如來者實非商
主如是之言亦是如來祕密之教迦葉如言
如來能摧伏魔而如來者實无惡心欲令他
伏如是之言皆是如來祕密之教迦葉如言
如來能治癰瘡而我實非治癰師也如是之
言亦是如來祕密之教迦葉如我先說若有
善男子善女人善能脩治身口意業捨命之
時雖有親族取其屍骸或以火燒或投大水
或棄冢間狐狼禽獸競共食噉然心意識即
生善道而是心法實无去來亦无所至直是
前後相似相續相貌不異如是之言即是如
來祕密之教迦葉我今言病亦復如是亦是
如來祕密之教是故顧命文殊師利吾今背
痛女等當為四衆說法迦葉如來正覺實无

BD05055 號　大般涅槃經（北本）卷一一　（22–12）

或棄冢間狐狼禽獸競共食噉然心意識即
生善道而是心法實无去來亦无所至直是
前後相似相續相貌不異如是之言即是如
来秘密之教迦葉我今言病亦復如是亦是
如来秘密之教是故顧命文殊師利吾今背
痛汝等當為四衆說法迦葉如来正覺實无
有病右脇而卧亦不畢竟入於涅槃迦葉是
大涅槃即是諸佛甚深禪定如是禪定非是
聲聞緣覺行處迦葉汝先所問如来何故倚
卧不起不索飲食戒勑家屬脩治産業迦葉
虚空之性亦无起坐求索飲食勑戒家屬
脩治産業亦无去来生滅老壯出没傷破解
脫繫縛亦不自說亦不說他亦不自解亦不解
他非安非病善男子諸佛世尊亦復如是猶
如虚空云何當有諸病苦耶迦葉世有三人
其病難治一謗大乘二五逆罪三一闡提如
是三病世中極重悉非聲聞緣覺菩薩之所
能治善男子譬如有病必死難治若有瞻病
隨意醫藥若无瞻病隨意醫藥如是之病定
不可治當知是人必死不疑善男子是三種
人亦復如是若有聲聞緣覺菩薩或有說
法或不說法不能令其發阿耨多羅三藐三菩
提心迦葉譬如病人若有瞻病隨意醫藥則
可令差若无此三則不可差聲聞緣覺亦復
如是從佛菩薩得聞法已即能發於阿耨多
羅三藐三菩提心非不聞法能發心也迦葉

BD05055號　大般涅槃經（北本）卷一一　（22–13）

人亦復如是若有聲聞緣覺菩薩或有說
法或不說法不能令其發阿耨多羅三藐三菩
提心迦葉譬如病人若有瞻病隨意醫藥則
可令差若无此三則不可差聲聞緣覺亦復
如是從佛菩薩得聞法已即能發於阿耨多
羅三藐三菩提心非不聞法能發心也迦葉
譬如病人若有瞻病隨意醫藥若无瞻病隨
意醫藥皆悉可差有一種人亦復如是或值
聲聞不值聲聞或值緣覺不值緣覺或值
菩薩不值菩薩或值如来不值如来或得聞法
或不聞法自然得成阿耨多羅三藐三菩提
所謂有人或為自身或為他身或為怖畏或
為利養或為論諂或為誑他書寫如是大涅
槃經受持讀誦供養恭敬為他說者迦葉有
五種人於是大乘大涅槃典有病行處非如
来也何等為五一斷三結得須陁洹果不墮
地獄畜生餓鬼人天七返永斷諸苦入於涅
槃迦葉是名一人有病行處是人未来過八
万劫便當得成阿耨多羅三藐三菩提迦葉
第二人者斷三結薄貪恚癡得斯陁含果一
往来永斷諸苦入於涅槃迦葉是名第二人
有病行處是人未来過六万劫便當得成阿
耨多羅三藐三菩提迦葉第三人者斷五下
結得阿那含果更不来此永斷諸苦入於涅槃
是名第三人有病行處是人未来過四万劫
便當得成阿耨多羅三藐三菩提迦葉第

BD05055號　大般涅槃經（北本）卷一一　（22–14）

有病行處是人未來過六万劫便當得成阿
耨多羅三藐三菩提迦葉苐三人者斷五下
結得阿那含果更不來此永斷諸苦入於涅槃
是名苐三人有病行處是人未來過四万劫
便當得成阿耨多羅三藐三菩提迦葉苐
四人者永斷貪欲瞋恚愚癡得阿羅漢果煩
惱无餘入於涅槃亦非麒麟獨一之行是名
苐四人有病行處是人未來過二万劫便當
得成阿耨多羅三藐三菩提迦葉苐五人者
永斷貪欲瞋恚愚癡得辟支佛道煩惱无餘
入於涅槃真是麒麟獨一之行是名苐五人
有病行處是人未來過十千劫便當得成
阿耨多羅三藐三菩提迦葉是名苐五人有
病行處非如來也
大般涅槃經聖行品苐七
尒時佛告迦葉菩薩善男子菩薩摩訶薩應
當於是大涅槃經專心思惟五種之行何等
為五一者聖行二者梵行三者天行四者嬰
兒行五者病行善男子菩薩摩訶薩常當脩
習是五種行復有一行是如來行所謂大乘大
涅槃經迦葉云何菩薩摩訶薩所脩聖行
菩薩摩訶薩若從聲聞若從如來得聞如
是大涅槃經聞已生信信已應作如是思惟諸
佛世尊有无上道有大正法大衆正行復有
方等大乘經典我今當為愛樂貪求大乘經
故捨離所愛妻子眷屬所居舍宅金銀珎寶

BD05055號　大般涅槃經（北本）卷一一　（22–15）

是大涅槃經聞已生信信已應作如是思惟諸
佛世尊有无上道有大正法大衆正行復有
方等大乘經典我今當為愛樂貪求大乘經
故捨離所愛妻子眷屬所居舍宅金銀珎寶
微妙瓔珞香華伎樂奴婢僕使男女大小象
馬車乘牛羊鷄犬猪豕之屬復作是念居家
迫迮猶如牢獄一切煩惱由之而生出家寬曠
猶如虛空一切善法因之增長若在家居不
得盡壽淨脩梵行我今應當剃除鬚髮出
家學道作是念已我今定當出家脩學无上
正真菩提之道菩薩如是欲出家時天魔波
旬生大苦惱言是菩薩復當與我興大戰諍
善男子如是菩薩何處當復與人戰諍是時
菩薩即至僧坊若見如來及佛弟子威儀
具足諸根寂靜其心柔和清淨寂滅即至其
所而求出家剃除鬚髮服三法衣既出家已奉
持禁戒威儀不缺進止安詳无所觸犯乃至
小罪心生怖畏護戒之心猶如金剛善男子
譬如有人帶持浮囊欲度大海尒時海中有
一羅刹即從其人乞索浮囊其人聞已即作
是念我今若與必定沒死答言羅刹汝寧煞
我浮囊叵得羅刹復言汝若不能全與我者
見惠其半是人猶故不肯與之羅刹復言汝
若不能惠我半者幸願與我三分之一是人
不肯羅刹復言若不能者當施手許是人不
肯羅刹復言汝今若復不能與我如手許者

BD05055號　大般涅槃經（北本）卷一一　（22–16）

我浮囊臣得羅剎復言汝若不能全與我者
見惠其半是人猶故不肯與之羅剎復言汝
若不能惠我半者幸願與我三分之一是人
不肯羅剎復言若不能者當施手許是人不
肯羅剎復言汝今若復不能與我如手許者
我今飢窮衆苦所逼願當濟我如微塵許是
人復言汝今所索誠復不多然我今日方當
度海不知前塗近遠如何若與汝者氣當漸
出大海之難何由得過脫能中路沒水而死善
男子菩薩摩訶薩護持禁戒亦復如是如
彼度人護惜浮囊菩薩如是護戒之時常有
煩惱諸惡羅剎語菩薩言汝當信我終不相
欺但破四禁護持餘戒以是因緣令汝安隱
得入涅槃菩薩尒時應作是言我今寧持如
是禁戒墮阿鼻獄終不毀犯而生天上煩惱
羅剎復作是言卿若不能破四禁者可破僧
殘以是因緣令汝安隱得入涅槃菩薩亦應
不隨其語羅剎復言卿若不能犯僧殘者亦
可故犯偷蘭遮罪以是因緣令汝安隱得入
涅槃菩薩尒時亦復不隨羅剎復言卿若不
能犯偷蘭遮可犯捨墮以是因緣可得安隱
入於涅槃菩薩尒時亦不隨之羅剎復言卿
若不能犯捨墮者可破波夜提以是因緣令
汝安隱得入涅槃菩薩尒時亦不隨之羅剎
復言若不能犯波夜提者幸可毀破突吉羅
戒以是因緣可得安隱入於涅槃菩薩尒時心

BD05055號　大般涅槃經（北本）卷一一　（22–17）

能犯偷蘭遮可犯捨墮以是因緣可得安隱
入於涅槃菩薩尒時亦不隨之羅剎復言卿
若不能犯捨墮者可破波夜提以是因緣令
汝安隱得入涅槃菩薩尒時亦不隨之羅剎
復言若不能犯波夜提者幸可毀破突吉羅
戒以是因緣可得安隱入於涅槃菩薩尒時心
自念言我今若犯突吉羅罪不發露者則
不能度生死彼岸而得涅槃菩薩摩訶薩
於是微小諸戒律中護持堅固心如金剛菩
薩摩訶薩持四重禁及突吉羅敬重堅固等
无差別菩薩若能如是堅持則爲具足五枝
諸戒所謂具足菩薩根本業清淨戒前後眷屬
餘清淨戒非諸惡覺清淨戒護持正念念
清淨戒迴向阿耨多羅三藐三菩提戒迦葉
是菩薩摩訶薩復有二種戒一者受世教戒
二者得正法戒菩薩若受正法戒者終不爲惡
受世教戒者白四羯磨然後乃得復次善
男子有二種戒一者性重戒二者息世譏嫌
戒性重戒者謂四禁也息世譏嫌者不作販
賣輕秤小斗欺誑於人因他形勢取人財物
害心繫縛破壞成功然明而臥田宅種殖家
業坐肆不畜象馬車乘牛羊駝驢雞犬獼猴
孔雀鸚鵡共命及拘枳羅豺狼虎豹猫狸猪
豕及餘惡獸童男童女大男大女奴婢僮僕
金銀琉璃頗梨真珠車𤦲馬瑙珊瑚璧玉珂
貝諸寶赤銅白鑞鍮石盂器氍毹氀毼拘執

BD05055號　大般涅槃經（北本）卷一一　（22–18）

害心擊縛破壞成以然明而卧田宅種殖家
業坐肆不畜象馬車乘牛羊駝驢雞犬獼猴
孔雀鸚鵡共命及拘枳羅豺狼虎豹猫狸豬
豕及餘惡獸童男童女大男大女奴婢僮僕
金銀瑠璃頗梨真珠車璩馬瑙珊瑚璧玉珂
貝諸寶赤銅白鑞鍮石盂器氍毹㲮㲪拘執
䘥衣一切穀米大小麦豆床粟稻麻生熟食
具常受一食不曾再食若行乞食及僧中食
常知止足不受别請不食肉不飲酒五辛能
薰悉不食之是故其身无有臭處常為諸天
一切世人恭敬供養尊重讚歎趣足而食終
不長受所受衣服纔足覆身進止常與三衣
鉢俱終不捨離如鳥二翼不畜根子莖子節
子蘖子子子不畜寶藏若金若銀飲食廚庫
衣裳服飾高廣大牀象牙金牀雜色編織悉
不用坐不畜一切細濡席不坐象薦馬薦不
以細濡上妙衣裳用敷牀卧其牀兩頭不置
二枕亦不受畜妙好丹枕安黄木枕終不觀
看象鬪馬鬪車鬪兵鬪男鬪女鬪牛鬪羊鬪
水牛雞雉鸚鵡等鬪亦不故往觀看軍陣不
應故聽吹貝鼓角琴瑟箏笛箜篌歌叫伎樂
之聲除供養佛樗蒲圍碁波羅塞戲師子象
鬪彈碁六博拍毱擲石投壺牽道八道行成
一切戲笑悉不觀作終不占相手脚面目不以
爪鏡芝草楊枝鉢盂髑髏而作卜筮亦不仰
觀虛空星宿除欲解睡不作王家往反使

之聲除供養佛樗蒲圍碁波羅塞戲師子象
鬪彈碁六博拍毱擲石投壺牽道八道行成
一切戲笑悉不觀作終不占相手脚面目不以
爪鏡芝草楊枝鉢盂髑髏而作卜筮亦不仰
觀虛空星宿除欲解睡不作王家往反使
命以此語彼以彼語此終不諂諂邪命自活
亦不宣說王臣盜賊鬪諍飲食國土飢饉恐
怖豐樂安隱之事善男子是名菩薩摩訶薩
息世譏嫌戒善男子菩薩摩訶薩堅持如是
遮制之戒與性重戒等无差别善男子菩薩
摩訶薩受持如是諸禁戒已作是願言寧以
此身投於熾然猛火深坑終不毀犯過去未
來現在諸佛所制禁戒與剎利女婆羅門女
居士女而行不淨復次善男子菩薩摩訶薩
復作是願寧以熱鐵周匝纏身終不敢以破
戒之身受於信心檀越衣服復次善男子菩
薩摩訶薩復作是願寧以此口吞熱鐵丸終
不敢以毀戒之口食於信心檀越飲食復次
善男子菩薩摩訶薩作是願寧卧此身大
熱地上終不敢以破戒之身受於信心檀越床
卧敷具復次善男子菩薩摩訶薩復作
是願我寧以身受三百矛終不敢以毀戒之身
受於信心檀越醫藥復次善男子菩薩摩訶
薩復作是願寧以此身投熱鐵鑊終不敢以破
戒之身受信心檀越房舍屋宅復次善男子
菩薩摩訶薩復作是願寧以鐵椎打碎此

卧敷具復次善男子菩薩摩訶薩復作
是願我寧以身受三百矛終不敢以毀戒之身
受於信心檀越毉藥復次善男子菩薩摩訶
薩復作是願寧以此身投熱鐵鑊終不敢以破
戒之身受信心檀越房舍屋宅復次善男子
菩薩摩訶薩復作是願寧以鐵椎打碎此
身從頭至足令如微塵不以破戒受諸刹利
婆羅門居士恭敬礼拜復次善男子菩薩摩
訶薩復作是願寧以熱鐵挑其兩目不以染
心視他好色復次善男子菩薩摩訶薩復作
是願寧以鐵錐遍身棱刺不以染心聽好音
聲復次善男子菩薩摩訶薩復作是願寧以
利刀割去其鼻不以染心貪嗅諸香復次善
男子菩薩摩訶薩復作是願寧以利刀割截
其舌不以染心貪著美味復次善男子菩薩
摩訶薩復作是願寧以利斧斬斫其身不以
染心貪著諸觸何以故以是因緣能令行者
墮於地獄畜生餓鬼迦葉是名菩薩摩訶薩
護持禁戒菩薩摩訶薩護持如是諸禁戒已
悉以施與一切衆生以是因緣願令衆生護
持禁戒得清淨戒善戒不缺戒不析戒大乘
戒不退戒隨順戒畢竟戒具足成就波羅蜜
戒善男子菩薩摩訶薩脩治如是清淨戒時
即得住於初不動地云何名為不動地也善
薩住是不動地中不動不墮不退不散善男子
譬如須弥山随藍猛風不能令動墮落退散

戒善男子菩薩摩訶薩脩治如是清淨戒時
即得住於初不動地云何名為不動地也善
薩住是不動地中不動不墮不退不散善男子
譬如須弥山随藍猛風不能令動墮落退散
菩薩摩訶薩住是地中亦復如是不為色聲
香味所動不墮地獄畜生餓鬼不退聲聞辟
支佛地不為異見耶風所散而作耶命復次
善男子又復動者不為貪欲恚癡所動又復
墮者不墮四重又復退者不退戒還家又復
散者不為違逆大乘經者之所散壞復次善
薩摩訶薩亦復不為諸煩惱魔之所傾動不
為陰魔所墮乃至坐於道場菩提樹下雖有
天魔不能令其退於阿耨多羅三藐三菩提
亦復不為死魔所散善男子是名菩薩摩訶
薩脩習聖行善男子云何名為聖行聖行者
佛及菩薩之所行故故名聖行以何等故名
佛菩薩為聖人耶如是等人有聖法故常觀
諸法性空寂故以是義故故名聖人有聖戒
故復名聖人有聖定慧故故名聖人有七聖
財所謂信戒慚愧多聞智慧捨離故名聖人
有七聖覺故名聖人以是義故復名聖人

大般涅槃經卷第十一

其福々
空可思量不
菩提南西北方四維上下虛空可思量不不
也世尊須菩提菩薩无住相布施福德亦復
如是不可思量須菩提菩薩但應如所教住
須菩提於意云何可以身相見如來不不也
世尊不可以身相得見如來何以故如來所
說身相即非身相佛告須菩提凡所有相
皆是虛妄若見諸相非相則見如來
須菩提白佛言世尊頗有衆生得聞如是言
說章句生實信不佛告須菩提莫作是說
如來滅後後五百歲有持戒脩福者於此章句
能生信心以此為實當知是人不於一佛二佛
三四五佛而種善根已於无量千万佛所種
諸善根聞是章句乃至一念生淨信者須
菩提如來悉知悉見是諸衆生得如是无量
福德何以故是諸衆生无復我相人相衆
生相壽者相无法相亦无非法相何以故是諸
衆生若心取相則為著我人衆生壽者若取
法相即著我人衆生壽者何以故若取非法

BD05056號　金剛般若波羅蜜經　（14–1）

諸善根聞是章句乃至一念生淨信者須
菩提如來悉知悉見是諸衆生得如是无量
福德何以故是諸衆生无復我相人相衆
生相壽者相无法相亦无非法相何以故是諸
衆生若心取相則為著我人衆生壽者若取
法相即著我人衆生壽者何以故若取非法
相即著我人衆生壽者是故不應取法不應
取非法以是義故如來常說汝等比丘知我
說法如筏喻者法尚應捨何況非法
須菩提於意云何如來得阿耨多羅三藐三
菩提耶如來有所說法耶須菩提言如我
解佛所說義无有定法名阿耨多羅三藐三
菩提亦无有定法如來可說何以故如來所
說法皆不可取不可說非法非非法所以者何
一切賢聖皆以无為法而有差別
須菩提於意云何若人滿三千大千世界七
寶以用布施是人所得福德寧為多不須
菩提言甚多世尊何以故是福德即非福德
性是故如來說福德多若復有人於此經中受
持乃至四句偈等為他人說其福勝彼何以
故須菩提一切諸佛及諸佛阿耨多羅三藐
三菩提法皆從此經出須菩提所謂佛法
者即非佛法
須菩提於意云何須陁洹能作是念我得
須陁洹果不須菩提言不也世尊何以故須陁
洹名為入流而无所入不入色聲香味觸法

BD05056號　金剛般若波羅蜜經　（14–2）

三菩提法皆從此經出須菩提所謂佛法
者即非佛法
須菩提於意云何須陁洹能作是念我得
須陁洹果不須菩提言不也世尊何以故須陁
洹名為入流而无所入不入色聲香味觸法
是名須陁洹須菩提於意云何斯陁含能
作是念我得斯陁含果不須菩提言不也世
尊何以故斯陁含名一往來而實无往來是
名斯陁含須菩提於意云何阿那含能作是
念我得阿那含果不須菩提言不也世尊何以
故阿那含名為不來而實无來是故名阿那
含須菩提於意云何阿羅漢能作是念我得
阿羅漢道不須菩提言不也世尊何以故實
无有法名阿羅漢世尊若阿羅漢作是念我
得阿羅漢道即為著我人衆生壽者世尊
佛說我得无諍三昧人中最為第一是第一
離欲阿羅漢我不作是念我是離欲阿羅漢
世尊我若作是念我得阿羅漢道世尊則不
說須菩提是樂阿蘭那行者以須菩提實
无所行而名須菩提是樂阿蘭那行
佛告須菩提於意云何如來昔在然燈佛所
於法有所得不世尊如來在然燈佛所於法
實无所得須菩提於意云何菩薩莊嚴佛土
不不也世尊何以故莊嚴佛土者則非莊嚴
是名莊嚴是故須菩提諸菩薩摩訶薩應

BD05056 號　金剛般若波羅蜜經

（14–3）

於法有所得不世尊如來在然燈佛所於法
實无所得須菩提於意云何菩薩莊嚴佛土
不不也世尊何以故莊嚴佛土者則非莊嚴
是名莊嚴是故須菩提諸菩薩摩訶薩應
如是生清淨心不應住色生心不應住聲香
味觸法生心應无所住而生其心須菩提譬如
有人身如須弥山王於意云何是身為大不
須菩提言甚大世尊何以故佛說非身是名
大身須菩提如恒河中所有沙數如是沙等
恒河於意云何是諸恒河沙寧為多不須菩
提言甚多世尊但諸恒河尚多无數何況其
沙須菩提我今實言告汝若有善男子善
女人以七寶滿尒所恒河沙數三千大千世界
以用布施得福多不須菩提言甚多世尊佛
告須菩提若善男子善女人於此經中乃至
受持四句偈等為他人說而此福德勝前福
德復次須菩提隨說是經乃至四句偈等當
知此處一切世間天人阿脩羅皆應供養如
佛塔廟何況有人盡能受持讀誦須菩提當
知是人成就最上第一希有之法若是經典
所在之處則為有佛若尊重弟子
尒時須菩提白佛言世尊當何名此經我等
云何奉持佛告須菩提是經名為金剛般
若波羅蜜以是名字汝當奉持所以者何須菩
提佛說般若波羅蜜則非般若波羅蜜須
菩提於意云何如來有所說法不須菩提白佛

BD05056 號　金剛般若波羅蜜經

（14–4）

尒時須菩提白佛言世尊當何名此經我等
云何奉持佛告須菩提是經名為金剛般
若波羅蜜以是名字汝當奉持所以者何須菩
提佛說般若波羅蜜則非般若波羅蜜須
菩提於意云何如來有所說法不須菩提白佛
言世尊如來无所說須菩提於意云何三千
大千世界所有微塵是為多不須菩提言甚
多世尊須菩提諸微塵如來說非微塵是名
微塵如來說世界非世界是名世界須菩提
於意云何可以三十二相見如來不不也世
尊何以故如來說三十二相即是非相是名
三十二相須菩提若有善男子善女人以恒
河沙等身命布施若復有人於此經中乃至
受持四句偈等為他人說其福甚多
尒時須菩提聞說是經深解義趣涕淚悲
泣而白佛言希有世尊佛說如是甚深經典我
從昔來所得慧眼未曾得聞如是之經世尊
若復有人得聞是經信心清淨則生實相當
知是人成就第一希有功德世尊是實相者
則是非相是故如來說名實相世尊我今得
聞如是經典信解受持不足為難若當來世
後五百歲其有眾生得聞是經信解受持是
人則為第一希有何以故此人无我相人相眾
生相壽者相所以者何我相即是非相人相
眾生相壽者相即是非相何以故離一切
諸相則名諸佛

BD05056 號　金剛般若波羅蜜經　（14–5）

聞如是經典信解受持不足為難若當來世
後五百歲其有眾生得聞是經信解受持是
人則為第一希有何以故此人无我相人相眾
生相壽者相所以者何我相即是非相人相
眾生相壽者相即是非相何以故離一切
諸相則名諸佛
佛告須菩提如是如是若復有人得聞是
經不驚不怖不畏當知是人甚為希有何以故
須菩提如來說第一波羅蜜非第一波羅蜜
是名第一波羅蜜
須菩提忍辱波羅蜜如來說非忍辱波羅
蜜何以故須菩提如我昔為歌利王割截
身體我於尒時无我相无人相无眾生相无
壽者相何以故我於往昔節節支解時若有我
相人相眾生相壽者相應生瞋恨須菩提又
念過去於五百世作忍辱仙人於尒所世无我
相无人相无眾生相无壽者相是故須菩提
菩薩應離一切相發阿耨多羅三藐三菩
提心不應住色生心不應住聲香味觸法生心
應生无所住心若心有住則為非住是故佛
說菩薩心不應住色布施須菩提菩薩為
利益一切眾生應如是布施如來說一切諸
相即是非相又說一切眾生則非眾生須菩提
如來是真語者實語者如語者不誑語者不異
語者須菩提如來所得法此法无實无虛須
菩提若菩薩心住於法而行布施如人入闇

BD05056 號　金剛般若波羅蜜經　（14–6）

利益一切衆生應如是布施如來說一切諸
相即是非相又說一切衆生則非衆生須菩提
如來是真語者實語者如語者不誑語者不異
語者須菩提如來所得法此法无實无虛須
菩提若菩薩心住於法而行布施如人入闇
則无所見若菩薩心不住法而行布施如人
有目日光明照見種種色須菩提當來之
世若有善男子善女人能於此經受持讀誦
則為如來以佛智慧悉知是人悉見是人皆得
成就无量无邊功德
須菩提若有善男子善女人初日分以恒河
沙等身布施中日分復以恒河沙等身布施
後日分亦以恒河沙等身布施如是无量百
千万億劫以身布施若復有人聞此經典信
心不逆其福勝彼何況書寫受持讀誦為人
解說須菩提以要言之是經有不可思議不
可稱量无邊功德如來為發大乘者說為發
最上乘者說若有人能受持讀誦廣為人說
如來悉知是人悉見是人皆得成就不可量不
可稱无有邊不可思議功德如是人等則為
荷擔如來阿耨多羅三藐三菩提何以故須
菩提若樂小法者著我見人見衆生見壽者
見則於此經不能聽受讀誦為人解說須
菩提在在處處若有此經一切世間天人阿
脩羅所應供養當知此處則為是塔皆應
恭敬作禮圍繞以諸華香而散其處

BD05056號　金剛般若波羅蜜經　（14–7）

菩提若樂小法者著我見人見衆生見壽者
見則於此經不能聽受讀誦為人解說須
菩提在在處處若有此經一切世間天人阿
脩羅所應供養當知此處則為是塔皆應
恭敬作禮圍繞以諸華香而散其處
復次須菩提善男子善女人受持讀誦此經
若為人輕賤是人先世罪業應墮惡道以今
世人輕賤故先世罪業則為消滅當得阿耨
多羅三藐三菩提須菩提我念過去无量阿
僧祇劫於然燈佛前得值八百四千万億那
由他諸佛悉皆供養承事无空過者若復
有人於後末世能受持讀誦此經所得功德於
我所供養諸佛功德百分不及一百千万億分
乃至筭數譬喻所不能及須菩提若善男
子善女人於後末世有受持讀誦此經所得功
德我若具說者或有人聞心則狂亂狐疑不
須菩提當知是經義不可思議果報亦不
可思議
尒時須菩提白佛言世尊善男子善女人發
阿耨多羅三藐三菩提心云何應住云何降
伏其心佛告須菩提善男子善女人發阿耨
多羅三藐三菩提者當生如是心我應滅度
一切衆生滅度一切衆生已而无有一衆生
滅度者何以故若菩薩有我相人相衆生相
壽者相則非菩薩所以者何須菩提實无
有法發阿耨多羅三藐三菩提者須菩提於

BD05056號　金剛般若波羅蜜經　（14–8）

多羅三藐三菩提者當生如是心我應滅度
一切衆生滅度一切衆生已而无有一衆生實
滅度者何以故若菩薩有我相人相衆生相
壽者相則非菩薩所以者何須菩提實无
有法發阿耨多羅三藐三菩提者須菩提於
意云何如來於然燈佛所有法得阿耨多羅
三藐三菩提不不也世尊如我解佛所說義
佛於然燈佛所无有法得阿耨多羅三藐三
菩提佛言如是如是須菩提實无有法如來
得阿耨多羅三藐三菩提須菩提若有法如
來得阿耨多羅三藐三菩提者然燈佛則不
與我受記汝於來世當得作佛号釋迦牟尼以
實无有法得阿耨多羅三藐三菩提是故然
燈佛與我受記作是言汝於來世當得作
佛号釋迦牟尼何以故如來者即諸法如義
若有人言如來得阿耨多羅三藐三菩提須
菩提實无有法佛得阿耨多羅三藐三菩提
須菩提如來所得阿耨多羅三藐三菩提於
是中无實无虛是故如來說一切法皆是佛
法須菩提所言一切法者即非一切法是故
名一切法須菩提譬如人身長大須菩提言
世尊如來說人身長大則為非大身是名大
身須菩提菩薩亦如是若作是言我當滅度
无量衆生則不名菩薩何以故須菩提實无
有法名為菩薩是故佛說一切法无我无人
无衆生无壽者須菩提若菩薩作是言我當

BD05056號　金剛般若波羅蜜經　（14–9）

世尊如來說人身長大則為非大身是名大
身須菩提菩薩亦如是若作是言我當滅度
无量衆生則不名菩薩何以故須菩提實无
有法名為菩薩是故佛說一切法无我无人
无衆生无壽者須菩提若菩薩作是言我當
莊嚴佛土是不名菩薩何以故如來說莊嚴
佛土者即非莊嚴是名莊嚴須菩提若菩薩
通達无我法者如來說名真是菩薩
須菩提於意云何如來有肉眼不如是世尊
如來有肉眼須菩提於意云何如來有天眼
不如是世尊如來有天眼須菩提於意云何
如來有慧眼不如是世尊如來有慧眼須菩
提於意云何如來有法眼不如是世尊如來
有法眼須菩提於意云何如來有佛眼不如
是世尊如來有佛眼須菩提於意云何恒河
中所有沙佛說是沙不如是世尊如來說是
沙須菩提於意云何如一恒河中所有沙有如
是等恒河是諸恒河所有沙數佛世界如是
寧為多不甚多世尊佛告須菩提介所國土中
所有衆生若干種心如來悉知何以故如來說
諸心皆為非心是名為心所以者何須菩提過
去心不可得現在心不可得未來心不可
得須菩提於意云何若有人滿三千大千世
界七寶以用布施是人以是因緣得福多不
如是世尊此人以是因緣得福甚多須菩提
若福德有實如來不說得福德多以福德

BD05056號　金剛般若波羅蜜經　（14–10）

去心不可得現在心不可得未來心不可
得須菩提於意云何若有人滿三千大千世
界七寶以用布施是人以是因緣得福多不
如是世尊此人以是因緣得福甚多須菩提
若福德有實如來不說得福德多以福德
无故如來說得福德多
須菩提於意云何佛可以具足色身見不不
也世尊如來不應以色身見何以故如來說
具足色身即非具足色身是名具足色身須
菩提於意云何如來可以具足諸相見不不
也世尊如來不應以具足諸相見何以故如來
說諸相具足即非具足是名諸相具足須菩
提汝勿謂如來作是念我當有所說法莫作
是念何以故若人言如來有所說法即為謗佛
不能解我所說故須菩提說法者无法可說
是名說法須菩提白佛言世尊佛得阿耨多
羅三藐三菩提為无所得耶如是如是須菩
提我於阿耨多羅三藐三菩提乃至无有少
法可得是名阿耨多羅三藐三菩提復次須
菩提是法平等无有高下是名阿耨多羅
三藐三菩提以无我无人无衆生无壽者脩一
切善法則得阿耨多羅三藐三菩提須菩提
所言善法者如來說非善法是名善法須
菩提若三千大千世界中所有諸尒山王
如是等七寶聚有人持用布施若人以此般
若波羅蜜經乃至四句偈等受持為他人說

切善法則得阿耨多羅三藐三菩提須菩提
所言善法者如來說非善法是名善法須
菩提若三千大千世界中所有諸尒山王
如是等七寶聚有人持用布施若人以此般
若波羅蜜經乃至四句偈等受持為他人說
於前福德百分不及一百千万億分乃至筭
數譬喻所不能及
須菩提於意云何汝等勿謂如來作是念我
當度衆生須菩提莫作是念何以故實无有
衆生如來度者若有衆生如來度者如來則
有我人衆生壽者須菩提如來說有我者則
非有我而凡夫之人以為有我須菩提凡夫
者如來說則非凡夫須菩提於意云何可以
三十二相觀如來不須菩提言如是如是以
三十二相觀如來佛言須菩提若以三十二相
觀如來者轉輪聖王則是如來須菩提白
佛言世尊如我解佛所說義不應以三十二
相觀如來尒時世尊而說偈言
若以色見我　以音聲求我　是人行邪道　不能見如來
須菩提汝若作是念如來不以具足相故得
阿耨多羅三藐三菩提須菩提莫作是念
如來不以具足相故得阿耨多羅三藐三菩提
須菩提汝若作是念發阿耨多羅三藐三菩
提者說諸法斷滅相莫作是念何以故發阿
耨多羅三藐三菩提者於法不說斷滅相須
…菩薩以滿恒河沙等世界七寶布施

如来不以具足相故得阿耨多羅三藐三菩提
須菩提汝若作是念發阿耨多羅三藐三菩
提者說諸法斷滅相莫作是念何以故發阿
耨多羅三藐三菩提者於法不說斷滅相須
菩提若菩薩以滿恒河沙等世界七寶布施
若復有人知一切法无我得成於忍此菩薩
勝前菩薩所得功德須菩提以諸菩薩不受
福德故須菩提白佛言世尊云何菩薩不受福
德須菩提菩薩所作福德不應貪著是故說
不受福德須菩提若有人言如来若来若去若坐若卧是人不解我所說義何以故如来者无
所從来亦无所去故名如来
須菩提若善男子善女人以三千大千世界
碎為微塵於意云何是微塵衆寧為多不甚
多世尊何以故若是微塵衆實有者佛則不
說是微塵衆所以者何佛說微塵衆則非微
塵衆是名微塵衆世尊如来所說三千大千
世界則非世界是名世界何以故若世界實有
者則是一合相如来說一合相則非一合相是
名一合相須菩提一合相者則是不可說但
凡夫之人貪著其事須菩提若人言佛說
我見人見衆生見壽者見須菩提於意云何
是人解我所說義不世尊是人不解如来所
說義何以故世尊說我見人見衆生見壽者
見即非我見人見衆生見壽者見是名我見
人見衆生見壽者見須菩提發阿耨多羅

名一合相須菩提一合相者則是不可說但
凡夫之人貪著其事須菩提若人言佛說
我見人見衆生見壽者見須菩提於意云何
是人解我所說義不世尊是人不解如来所
說義何以故世尊說我見人見衆生見壽者
見即非我見人見衆生見壽者見是名我見
人見衆生見壽者見須菩提發阿耨多羅
三藐三菩提心者於一切法應如是知如是見
如是信解不生法相須菩提所言法相者如
来說即非法相是名法相須菩提若有人以
滿无量阿僧祇世界七寶持用布施若有善
男子善女人發菩薩心者持於此經乃至四句
偈等受持讀誦為人演說其福勝彼云何為
人演說不取於相如如不動何以故
一切有為法　如夢幻泡影　如露亦如電　應作如是觀
佛說是經已長老須菩提及諸比丘比丘尼
優婆塞優婆夷一切世間天人阿脩羅聞佛
所說皆大歡喜信受奉行

金剛般若波羅蜜經

善現一切智智清淨故四靜慮清淨四靜慮
清淨故離生性清淨何以故若一切智智清
淨若四靜慮清淨若離生性清淨无二无二
分无別无斷故一切智智清淨故四无量四
无色定清淨四无量四无色定清淨故離生
性清淨何以故若一切智智清淨若四无量
四无色定清淨若離生性清淨无二无二分
无別无斷故善現一切智智清淨故八解脫
清淨八解脫清淨故生性清淨何以故若一
切智智清淨若八解脫清淨若離生性清
淨无二无二分无別无斷故一切智智清淨
故八勝處九次第定十遍處清淨八勝處九次
第定十遍處清淨故離生性清淨何以故
若一切智智清淨若八勝處九次第定十遍
處清淨若離生性清淨无二无二分无別无
斷故善現一切智智清淨故四念住清淨四
念住清淨故離生性清淨何以故若一切智
智清淨若四念住清淨若離生性清淨无二
无二分无別无斷故一切智智清淨故四正斷

BD05057號　大般若波羅蜜多經卷二六〇　（6–1）

若一切智智清淨若八勝處九次第定十遍
處清淨若離生性清淨无二无二分无別无
斷故善現一切智智清淨故四念住清淨四
念住清淨故離生性清淨何以故若一切智
智清淨若四念住清淨若離生性清淨无二
无二分无別无斷故一切智智清淨故四正斷
四神足五根五力七等覺支八聖道支清
淨四正斷乃至八聖道支清淨故離生性清
淨何以故若一切智智清淨若四正斷乃至
八聖道支清淨若離生性清淨无二无二分
无別无斷故善現一切智智清淨故空解脫
門清淨空解脫門清淨故離生性清淨何以
故若一切智智清淨若空解脫門清淨若離
生性清淨无二无二分无別无斷故一切智
智清淨故无相无願解脫門清淨无相无願
解脫門清淨故離生性清淨何以故若一切
智智清淨若无相无願解脫門清淨若離生
性清淨无二无二分无別无斷故善現一切
智智清淨故菩薩十地清淨菩薩十地清淨
故離生性清淨何以故若一切智智清淨若
菩薩十地清淨若離生性清淨无二无二分
无別无斷故
善現一切智智清淨故五眼清淨五眼清淨故
離生性清淨何以故若一切智智清淨若五
眼清淨若離生性清淨无二无二分无別无
斷故一切智智清淨故六神通清淨六神通
清淨故離生性清淨何以故若一切智智

BD05057號　大般若波羅蜜多經卷二六〇　（6–2）

无別无斷故
善現一切智智清淨故五眼清淨五眼清淨故
離生性清淨何以故若一切智智清淨若五
眼清淨若離生性清淨无二无二分无別无
斷故一切智智清淨故六神通清淨六神通
清淨故離生性清淨何以故若一切智智
清淨若六神通清淨若離生性清淨无二无
二分无別无斷故善現一切智智清淨故佛
十力清淨佛十力清淨故離生性清淨何以
故若一切智智清淨若佛十力清淨若離生
性清淨无二无二分无別无斷故一切智智
清淨故四无所畏四无导解大慈大悲大喜
大捨十八佛不共法清淨四无所畏乃至十
八佛不共法清淨故離生性清淨何以故若
一切智智清淨若四无所畏乃至十八佛不
共法清淨若離生性清淨无二无二分无別
无斷故善現一切智智清淨故无忘失法
清淨无忘失法清淨故離生性清淨何以故若
一切智智清淨若无忘失法清淨若離生性
清淨无二无二分无別无斷故一切智智清
淨故恒住捨性清淨恒住捨性清淨故離生
性清淨何以故若一切智智清淨若恒住捨
性清淨若離生性清淨无二无二分无別无
斷故善現一切智智清淨故一切智清淨一
切智清淨故離生性清淨何以故若一切智
智清淨若一切智清淨若離生性清淨无二
无二分无別无斷故一切智智清淨故道相

性清淨若離生性清淨无二无二分无別无
斷故善現一切智智清淨故一切智清淨一
切智清淨故離生性清淨何以故若一切智
智清淨若一切智清淨若離生性清淨无二
无二分无別无斷故一切智智清淨故道相
智一切相智清淨道相智一切相智清淨故
離生性清淨何以故若一切智智清淨若道
相智一切相智清淨若離生性清淨无二无
二分无別无斷故善現一切智智清淨故一
切陁羅尼門清淨一切陁羅尼門清淨故離
生性清淨何以故若一切智智清淨若一切
陁羅尼門清淨若離生性清淨无二无二分
无別无斷故一切智智清淨故一切三摩地
門清淨一切三摩地門清淨故離生性清淨
何以故若一切智智清淨若一切三摩地門
清淨若離生性清淨无二无二分无別无斷
故善現一切智智清淨故預流果清淨預流果
清淨故離生性清淨何以故若一切智智清
淨若預流果清淨若離生性清淨无二无二
分无別无斷故一切智智清淨故一來不還
阿羅漢果清淨一來不還阿羅漢果清淨故
離生性清淨何以故若一切智智清淨若一
來不還阿羅漢果清淨若離生性清淨无二
无二分无別无斷故善現一切智智清淨故
獨覺菩提清淨獨覺菩提清淨故離生性清
淨何以故若一切智智清淨若獨覺菩提清
淨若離生性清淨无二无二分无別无斷

乘不還阿羅漢果清淨若離生性清淨无二
无二分无別无斷故善現一切智智清淨故
獨覺菩提清淨獨覺菩提清淨故離生性清
淨何以故若一切智智清淨若獨覺菩提清
淨若離生性清淨无二无二分无別无斷
故
善現一切智智清淨故一切菩薩摩訶薩行
清淨一切菩薩摩訶薩行清淨故離生性清
淨何以故若一切智智清淨若一切菩薩摩
訶薩行清淨若離生性清淨无二无二分无
別无斷故善現一切智智清淨故諸佛无上
正等菩提清淨諸佛无上正等菩提清淨故
離生性清淨何以故若一切智智清淨若諸
佛无上正等菩提清淨若離生性清淨无二
无二分无別无斷故
復次善現一切智智清淨故色清淨色清淨
故法定清淨何以故若一切智智清淨若色
清淨若法定清淨无二无二分无別无斷故
一切智智清淨故受想行識清淨受想行識
清淨故法定清淨何以故若一切智智清淨
若受想行識清淨若法定清淨无二无二分
无別无斷故善現一切智智清淨故眼處清
淨眼處清淨故法定清淨何以故若一切智
智清淨若眼處清淨若法定清淨无二无二
分无別无斷故一切智智清淨故耳鼻舌身
意處清淨耳鼻舌身意處清淨故法定清淨
何以故若一切智智清淨

BD05057 號　大般若波羅蜜多經卷二六〇　（6–5）

復次善現一切智智清淨故色清淨色清淨
故法定清淨何以故若一切智智清淨若色
清淨若法定清淨无二无二分无別无斷故
一切智智清淨故受想行識清淨受想行識
清淨故法定清淨何以故若一切智智清淨
若受想行識清淨若法定清淨无二无二分
无別无斷故善現一切智智清淨故眼處清
淨眼處清淨故法定清淨何以故若一切智
智清淨若眼處清淨若法定清淨无二无二
分无別无斷故一切智智清淨故耳鼻舌身
意處清淨耳鼻舌身意處清淨故法定清淨
何以故若一切智智清淨若耳鼻舌身意處
清淨若法定清淨无二无二分无別无斷故
善現一切智智清淨故色處清淨色處清淨
故法定清淨何以故若一切智智清淨若色
處清淨若法定清淨无二无二分无別无斷
故一切智智清淨故聲香味觸法處清淨聲
香味觸法處清淨故法定清淨何以故若一
切智智清淨若聲香味觸法處清淨若法定

BD05057 號　大般若波羅蜜多經卷二六〇　（6–6）

空佛知是
即為說一切種和
如來隨宜說法能受所以者
尊隨宜說法難解難知尒時世尊欲重
義而說偈言
破有法王　出現世間　隨衆生欲　種種說法
如來尊重　智慧深遠　久黙斯要　不務速說
有智若聞　則能信解　无智疑悔　則為永失
是故迦葉　隨力為說　以種種緣　令得正見
迦葉當知　譬如大雲　起於世間　遍覆一切
惠雲含潤　電光晃曜　雷聲遠震　令衆悅豫
日光掩蔽　地上清涼　靉靆垂布　如可承攬
其雨普等　四方俱下　流澍无量　率土充洽
山川險谷　幽邃所生　卉木藥草　大小諸樹
百穀苗稼　甘蔗蒲桃　雨之所潤　无不豐足
乾地普洽　藥草並茂　其雲所出　一味之水
草木叢林　隨分受潤　一切諸樹　上中下等
稱其大小　各得生長　根莖枝葉　華菓光色
一雨所及　皆得鮮澤　如其體相　性分大小
所潤是一　而各滋茂　佛亦如是　出現於世

BD05058號　妙法蓮華經卷三　（23–1）

百穀苗稼　甘蔗蒲桃　雨之所潤　无不豐足
乾地普洽　藥草並茂　其雲所出　一味之水
草木叢林　隨分受潤　一切諸樹　上中下等
稱其大小　各得生長　根莖枝葉　華菓光色
一雨所及　皆得鮮澤　如其體相　性分大小
所潤是一　而各滋茂　佛亦如是　出現於世
譬如大雲　普覆一切　既出于世　為諸衆生
分別演說　諸法之實　大聖世尊　於諸天人
一切衆中　而宣是言　我為如來　兩足之尊
出于世間　猶如大雲　充潤一切　枯槁衆生
皆令離苦　得安隱樂　世間之樂　及涅槃樂
諸天人衆　一心善聽　皆應到此　覲无上尊
我為世尊　无能及者　安隱衆生　故現於世
為大衆說　甘露淨法　其法一味　解脫涅槃
以一妙音　演暢斯義　常為大乘　而作因緣
我觀一切　普皆平等　无有彼此　愛憎之心
我无貪著　亦无限礙　恒為一切　平等說法
如為一人　衆多亦然　常演說法　曾无他事
去來坐立　終不疲猒　充足世間　如雨普潤
貴賤上下　持戒毀戒　威儀具足　及不具足
正見邪見　利根鈍根　等雨法雨　而无懈惓
一切衆生　聞我法者　隨力所受　住於諸地
或處人天　轉輪聖王　釋梵諸王　是小藥草
知无漏法　能得涅槃　起六神通　及得三明
獨處山林　常行禪定　得緣覺證　是中藥草
求世尊處　我當作佛　行精進定　是上藥草
又諸佛子　專心佛道　常行慈悲　自知作佛

BD05058號　妙法蓮華經卷三　（23–2）

一切眾生　聞我法者　隨力所受　住於諸地
或處人天　轉輪聖王　釋梵諸王　是小藥草
知无漏法　能得涅槃　起六神通　及得三明
獨處山林　常行禪定　得緣覺證　是中藥草
求世尊處　我當作佛　行精進定　是上藥草
又諸佛子　專心佛道　常行慈悲　自知作佛
決定无疑　是名小樹　安住神通　轉不退輪
度无量億　百千眾生　如是菩薩　名為大樹
佛平等說　如一味雨　隨眾生性　所受不同
如彼草木　所稟各異　佛以此喻　方便開示
種種言辭　演說一法　於佛智慧　如海一渧
我雨法雨　充滿世間　一味之法　隨力修行
如彼叢林　藥草諸樹　隨其大小　漸增茂好
諸佛之法　常以一味　令諸世間　普得具足
漸次修行　皆得道果　聲聞緣覺　處於山林
住最後身　聞法得果　是名藥草　各得增長
若諸菩薩　智慧堅固　了達三界　求最上乘
是名小樹　而得增長　復有住禪　得神通力
聞諸法空　心大歡喜　放无數光　度諸眾生
是名大樹　而得增長　如是迦葉　佛所說法
譬如大雲　以一味雨　潤於人華　各得成實
迦葉當知　以諸因緣　種種譬喻　開示佛道
是我方便　諸佛亦然　今為汝等　說最實事
諸聲聞眾　皆非滅度　汝等所行　是菩薩道
漸漸修學　悉當成佛

妙法蓮華經授記品第六

尒時世尊說是偈已告諸大眾唱如是言我
此弟子摩訶迦葉於未來世當得奉覲三百

BD05058號　妙法蓮華經卷三　（23–3）

是我方便　諸佛亦然　今為汝等　說最實事
諸聲聞眾　皆非滅度　汝等所行　是菩薩道
漸漸修學　悉當成佛

妙法蓮華經授記品第六

尒時世尊說是偈已告諸大眾唱如是言我
此弟子摩訶迦葉於未來世當得奉覲三百
万億諸佛世尊供養恭敬尊重讚歎廣宣諸
佛无量大法於最後身得成為佛名曰光明
如來應供正遍知明行足善逝世間解无上
士調御丈夫天人師佛世尊國名光德劫名
大莊嚴佛壽十二小劫正法住世二十小劫
像法亦住二十小劫國界嚴飾无諸穢惡瓦
礫荊蕀便利不淨其土平正无有高下坑坎
堆阜瑠璃為地寶樹行列黃金為繩以界道
側散諸寶華周遍清淨其國菩薩无量千億
諸聲聞眾亦復无數无有魔事雖有魔及
魔民皆護佛法尒時世尊欲重宣此義而說
偈言
告諸比丘　我以佛眼　見是迦葉　於未來世
過无數劫　當得作佛　而於來世　供養奉覲
三百万億　諸佛世尊　為佛智慧　淨修梵行
供養最上　二足尊已　修習一切　无上之慧
於最後身　得成為佛　其土清淨　瑠璃為地
多諸寶樹　行列道側　金繩界道　見者歡喜
常出好香　散眾名華　種種奇妙　以為莊嚴
其地平正　无有丘坑　諸菩薩眾　不可稱計
其心調柔　逮大神通　奉持諸佛　大乘經典
諸聲聞眾　无漏後身　法王之子　亦不可計

BD05058號　妙法蓮華經卷三　（23–4）

供養最上　二足尊已　修習一切　无上之慧
於最後身　得成為佛　其土清淨　瑠璃為地
多諸寶樹　行列道側　金繩界道　見者歡喜
常出好香　散衆名華　種種奇妙　以為莊嚴
其地平正　无有丘坑　諸菩薩衆　不可稱計
其心調柔　逮大神通　奉持諸佛　大乘經典
諸聲聞衆　无漏後身　法王之子　亦不可計
乃以天眼　不能數知　其佛當壽　十二小劫
正法住世　二十小劫　像法亦住　二十小劫
光明世尊　其事如是
尒時大目揵連須菩提摩訶迦栴延等皆
悉悚慄一心合掌瞻仰世尊目不暫捨即共
同聲而說偈言
大雄猛世尊　諸釋之法王　哀愍我等故　而賜佛音聲
若知我深心　見為授記者　如以甘露灑　除熱得清涼
如從飢國來　忽遇大王饍　心猶懷疑懼　未敢即便食
若復得王教　然後乃敢食　我等亦如是　每惟小乘過
不知當云何　得佛无上慧　雖聞佛音聲　言我等作佛
心尚懷憂懼　如未敢便食　若蒙佛授記　尒乃快安樂
大雄猛世尊　常欲安世間　願賜我等記　如飢須教食
尒時世尊知諸大弟子心之所念告諸比丘
是須菩提於當來世奉覲三百万億那由他
佛供養恭敬尊重讚歎常脩梵行具菩薩道
於最後身得成為佛号曰名相如來應供正
遍知明行足善逝世間解无上士調御丈夫
天人師佛世尊劫名有寶國名寶生其土平
正頗梨為地寶樹莊嚴无諸丘坑沙礫荊棘
便利之穢寶華覆地周遍清淨其土人民皆

BD05058號　妙法蓮華經卷三　(23-5)

佛供養恭敬尊重讚歎常脩梵行具菩薩道
於最後身得成為佛号曰名相如來應供正
遍知明行足善逝世間解无上士調御丈夫
天人師佛世尊劫名有寶國名寶生其土平
正頗梨為地寶樹莊嚴无諸丘坑沙礫荊棘
便利之穢寶華覆地周遍清淨其土人民皆
處寶臺珎妙樓閣聲聞弟子无量无邊筭數
譬喻所不能知諸菩薩衆无數千万億那由
他佛壽十二小劫正法住世二十小劫像法
亦住二十小劫其佛常處虛空為衆說法度
脫无量菩薩及聲聞衆尒時世尊欲重宣此
義而說偈言
諸比丘衆　今告汝等　皆當一心　聽我所說
我大弟子　須菩提者　當得作佛　号曰名相
當供无數　万億諸佛　隨佛所行　漸具大道
最後身得　三十二相　端正姝妙　猶如寶山
其佛國土　嚴淨第一　衆生見者　无不愛樂
佛於其中　度无量衆　其佛法中　多諸菩薩
皆悉利根　轉不退輪　彼國常以　菩薩莊嚴
諸聲聞衆　不可稱數　皆得三明　具六神通
住八解脫　有大威德　其佛說法　現於无量
神通變化　不可思議　諸天人民　數如恒沙
皆共合掌　聽受佛語　其佛當壽　十二小劫
正法住世　二十小劫　像法亦住　二十小劫
尒時世尊復告諸比丘衆我今語汝是大迦
旃延於當來世以諸供具供養奉事八千億
佛恭敬尊重諸佛滅後各起塔廟高千由旬
縱廣正等五百由旬皆以金銀瑠璃車渠馬

BD05058號　妙法蓮華經卷三　(23-6)

皆共合掌聽受佛語 其佛當壽十二小劫
正法住世二十小劫 像法亦住二十小劫
尒時世尊復告諸比丘衆我今語汝是大迦
旃延於當來世以諸供具供養奉事八千億
佛恭敬尊重諸佛滅後各起塔廟高千由旬
縱廣正等五百由旬皆以金銀瑠璃車𤦲馬
瑙真珠玫瑰七寶合成衆華瓔珞塗香末香燒
香繒蓋幢幡供養塔廟過是已後當復供養
二万億佛亦復如是供養是諸佛已具菩薩
道當得作佛号曰閻浮那提金光如来應供
正遍知明行足善逝世間解无上士調御丈
夫天人師佛世尊其土平正頗梨為地寶樹
莊嚴黃金為繩以界道側妙華覆地周遍清
淨見者歡喜无四惡道地獄餓鬼畜生阿脩
羅道多有天人諸聲聞衆及諸菩薩无量万
億莊嚴其國佛壽十二小劫正法住世二十
小劫像法亦住二十小劫尒時世尊欲重宣
此義而說偈言
諸比丘衆 皆一心聽 如我所說 真實无異
是迦旃延 當以種種 妙好供具 供養諸佛
諸佛滅後 起七寶塔 亦以華香 供養舍利
其最後身 得佛智慧 成等正覺 國土清淨
度脫无量 万億衆生 皆為十方 之所供養
佛之光明 无能勝者 其佛号曰 閻浮金光
菩薩聲聞 斷一切有 无量无數 莊嚴其國
尒時世尊復告大衆我今語汝是大目揵連
當以種種供具供養八千諸佛恭敬尊重諸
佛滅後各起塔廟高千由旬縱廣正等五百

度脫无量 万億衆生 皆為十方 之所供養
佛之光明 无能勝者 其佛号曰 閻浮金光
菩薩聲聞 斷一切有 无量无數 莊嚴其國
尒時世尊復告大衆我今語汝是大目揵連
當以種種供具供養八千諸佛恭敬尊重諸
佛滅後各起塔廟高千由旬縱廣正等五百
由旬以金銀瑠璃車𤦲馬瑙真珠玫瑰七寶
合成衆華瓔珞塗香末香燒香繒蓋幢幡以
用供養過是已後當復供養二百万億諸佛
亦復如是當得成佛号曰多摩羅跋栴檀香
如来應供正遍知明行足善逝世間解无上
士調御丈夫天人師佛世尊劫名喜滿國名
意樂其土平正頗梨為地寶樹莊嚴散真
珠華周遍清淨見者歡喜多諸天人菩薩聲
聞其數无量佛壽二十四小劫正法住世四十
小劫像法亦住四十小劫尒時世尊欲重宣
此義而說偈言
我此弟子 大目揵連 捨是身已 得見八千
二百万億 諸佛世尊 為佛道故 供養恭敬
於諸佛所 常脩梵行 於无量劫 奉持佛法
諸佛滅後 起七寶塔 長表金刹 華香伎樂
而以供養 諸佛塔廟 漸漸具足 菩薩道已
於意樂國 而得作佛 号多摩羅 栴檀之香
其佛壽命 二十四劫 常為天人 演說佛道
聲聞无量 如恒河沙 三明六通 有大威德
菩薩无數 志固精進 於佛智慧 皆不退轉
佛滅度後 正法當住 四十小劫 像法亦尒
我諸弟子 威德具足 其數五百 皆當授記

於是數外 當得作佛 号多摩羅 栴檀之香
其佛壽命 二十四劫 常為天人 演說佛道
聲聞无量 如恒河沙 三明六通 有大威德
菩薩无數 志固精進 於佛智慧 皆不退轉
佛滅度後 正法當住 四十小劫 像法亦尒
我諸弟子 威德具足 其數五百 皆當授記
於未來世 咸得成佛 我及汝等 宿世因緣
吾今當說 汝等善聽

妙法蓮華經化城喻品第七

佛告諸比丘乃往過去无量无邊不可思議
阿僧祇劫尒時有佛名大通智勝如來應供
正遍知明行足善逝世間解无上士調御丈
夫天人師佛世尊其國名好成劫名大相諸
比丘彼佛滅度已來甚大久遠譬如三千大
千世界所有地種假使有人磨以為墨過於
東方千國土乃下一點大如微塵又過千國
土復下一點如是展轉盡地種墨於汝等意
云何是諸國土若算師若算師弟子能得邊
際知其數不不也世尊諸比丘是人所經國
土若點不點盡末為塵一塵一劫彼佛滅度
已來復過是數无量无邊百千万億阿僧祇
劫我以如來知見力故觀彼久遠猶若今日
尒時世尊欲重宣此義而說偈言
我念過去世 无量无邊劫 有佛兩足尊 名大通智勝
如人以力磨 三千大千土 盡此諸地種 皆悉以為墨
過於千國土 乃下一塵點 如是展轉點 盡此諸塵墨
如是諸國土 點與不點等 復盡末為塵 一塵為一劫
此諸微塵數 其劫復過是 彼佛滅度來 如是无量劫

BD05058號　妙法蓮華經卷三　（23–9）

我念過去世 无量无邊劫 有佛兩足尊 名大通智勝
如人以力磨 三千大千土 盡此諸地種 皆悉以為墨
過於千國土 乃下一塵點 如是展轉點 盡此諸塵墨
如是諸國土 點與不點等 復盡末為塵 一塵為一劫
此諸微塵數 其劫復過是 彼佛滅度來 如是无量劫
如來无礙智 知彼佛滅度 及聲聞菩薩 如見今滅度
諸比丘當知 佛智淨微妙 无漏无所礙 通達无量劫
佛告諸比丘大通智勝佛壽五百四十万億
那由他劫其佛本坐道場破魔軍已垂得阿
耨多羅三藐三菩提而諸佛法不現在前如
是一小劫乃至十小劫結加趺坐身心不動
而諸佛法猶不在前尒時忉利諸天先為彼
佛於菩提樹下敷師子座高一由旬佛於此
座當得阿耨多羅三藐三菩提適坐此座時
諸梵天王雨衆天華面百由旬香風時來吹
去萎華更雨新者如是不絕滿十小劫供養
於佛乃至滅度常雨此華四王諸天為供養
佛常擊天鼓其餘諸天作天伎樂滿十小劫
至于滅度亦復如是諸比丘大通智勝佛過
十小劫諸佛之法乃現在前成阿耨多羅三
藐三菩提其佛未出家時有十六子其第一
者名曰智積諸子各有種種珍異玩好之具
聞父得成阿耨多羅三藐三菩提皆捨所珍
往詣佛所諸母涕泣而隨送之其祖轉輪聖
王與一百大臣及餘百千万億人民皆共圍
繞隨至道場咸欲親近大通智勝如來供養
恭敬尊重讚歎到已頭面礼足繞佛畢已一
心合掌瞻仰世尊以偈頌曰

BD05058號　妙法蓮華經卷三　（23–10）

王與一百大臣及餘百千万億人民皆共圍
繞隨至道場咸欲親近大通智勝如來供養
恭敬尊重讚歎到已頭面礼足繞佛畢已一
心合掌瞻仰世尊以偈頌曰
大威德世尊　為度衆生故　於无量億歲　尒乃得成佛
諸願已具足　善哉吉无上　世尊甚希有　一坐十小劫
身體及手足　靜然安不動　其心常惔怕　未曾有散亂
究竟永寂滅　安住无漏法　今者見世尊　安隱成佛道
我等得善利　稱慶大歡喜　衆生常苦惱　盲瞑无導師
不識苦盡道　不知求解脫　長夜增惡趣　減損諸天衆
從瞑入於瞑　永不聞佛名　今佛得最上　安隱无漏法
我等及天人　為得最大利　是故咸稽首　歸命无上尊
尒時十六王子偈讚佛已勸請世尊轉於法
輪咸作是言世尊說法多所安隱憐愍饒益
諸天人民重說偈言
世雄无等倫　百福自莊嚴　得无上智慧　願為世間說
度脫於我等　及諸衆生類　為分別顯示　令得是智慧
若我等得佛　衆生亦復然　世尊知衆生　深心之所念
亦知所行道　又知智慧力　欲樂及脩福　宿命所行業
世尊悉知已　當轉无上輪
佛告諸比丘大通智勝佛得阿耨多羅三藐
三菩提時十方各有五百万億諸佛世界六種
震動其國中間幽瞑之處日月威光所不能
照而皆大明其中衆生各得相見咸作是言
此中云何忽生衆生又其國界諸天宮殿乃
至梵宮六種震動大光普照遍滿世界勝諸
天光尒時東方五百万億諸國土中梵天宮

震動其國中間幽瞑之處日月威光所不能
照而皆大明其中衆生各得相見咸作是言
此中云何忽生衆生又其國界諸天宮殿乃
至梵宮六種震動大光普照遍滿世界勝諸
天光尒時東方五百万億諸國土中梵天宮
殿光明照曜倍於常明諸梵天王各作是念
今者宮殿光明昔所未有以何因緣而現此
相是時諸梵天王即各相詣共議此事時彼
衆中有一大梵天王名救一切為諸梵衆而
說偈言
我等諸宮殿　光明昔未有　此是何因緣　宜各共求之
為大德天生　為佛出世間　而此大光明　遍照於十方
尒時五百万億國土諸梵天王與宮殿俱各
以衣裓盛諸天華共詣西方推尋是相見大
通智勝如來處于道場菩提樹下坐師子座
諸天龍王乾闥婆緊那羅摩睺羅伽人非人
等恭敬圍繞及見十六王子請佛轉法輪即
時諸梵天王頭面礼佛繞百千帀即以天華
而散佛上其所散華如須彌山并以供養佛
菩提樹其菩提樹高十由旬華供養已各以
宮殿奉上彼佛而作是言唯見哀愍饒益我
等所獻宮殿願垂納處時諸梵天王即於佛
前一心同聲以偈頌曰
世尊甚希有　難可得值遇　具无量功德　能救護一切
天人之大師　哀愍於世間　十方諸衆生　普皆蒙饒益
我等所從來　五百万億國　捨深禪定樂　為供養佛故
我等先世福　宮殿甚嚴飾　今以奉世尊　唯願哀納受
尒時諸梵天王偈讚佛已各作是言唯願世

前一心同聲以偈頌曰
世尊甚希有　難可得值遇　具无量功德　能救護一切
天人之大師　哀愍於世間　十方諸衆生　普皆蒙饒益
我等所從來　五百万億國　捨深禪定樂　為供養佛故
我等先世福　宮殿甚嚴飾　今以奉世尊　唯願哀納受
尒時諸梵天王偈讚佛已各作是言唯願世
尊轉於法輪度脫衆生開涅槃道時諸梵天
王一心同聲而說偈言
世雄兩足尊　唯願演說法　以大慈悲力　度苦惱衆生
尒時大通智勝如來黙然許之又諸比丘東
南方五百万億國土諸大梵王各自見宮殿
光明照曜昔所未有歡喜踊躍生希有心即
各相詣共議此事而彼衆中有一大梵天王
名曰大悲為諸梵衆而說偈言
是事何因緣　而現如此相　我等諸宮殿　光明昔未有
為大德天生　為佛出世間　未曾見此相　當共一心求
過千万億土　尋光共推之　多是佛出世　度脫苦衆生
尒時五百万億諸梵天王與宮殿俱各以衣
裓盛諸天華共詣西北方推尋是相見大通
智勝如來處于道場菩提樹下坐師子座諸
天龍王乾闥婆緊那羅摩睺羅伽人非人等
恭敬圍繞及見十六王子請佛轉法輪時諸梵
天王頭面礼佛繞百千帀即以天華而散佛
上所散之華如須彌山并以供養佛菩提樹
華供養已各以宮殿奉上彼佛而作是言唯
見哀愍饒益我等所獻宮殿願垂納受尒時
諸梵天王即於佛前一心同聲以偈頌曰
聖主天中王　迦陵頻伽聲　哀愍衆生者　我等今敬礼

BD05058號　妙法蓮華經卷三　（23–13）

上所散之華如須彌山并以供養佛菩提樹
華供養已各以宮殿奉上彼佛而作是言唯
見哀愍饒益我等所獻宮殿願垂納受尒時
諸梵天王即於佛前一心同聲以偈頌曰
聖主天中王　迦陵頻伽聲　哀愍衆生者　我等今敬礼
世尊甚希有　久遠乃一現　一百八十劫　空過无有佛
三惡道充滿　諸天衆減少　今佛出於世　為衆生作眼
世間所歸趣　救護於一切　為衆生之父　哀愍饒益者
我等宿福慶　今得值世尊
尒時諸梵天王偈讚佛已各作是言唯願世
尊哀愍一切轉於法輪度脫衆生時諸梵天
王一心同聲而說偈言
大聖轉法輪　顯示諸法相　度苦惱衆生　令得大歡喜
衆生聞此法　得道若生天　諸惡道減少　忍善者增益
尒時大通智勝如來黙然許之又諸比丘南
方五百万億國土諸大梵王各自見宮殿光
明照曜昔所未有歡喜踊躍生希有心即各
相詣共議此事以何因緣我等宮殿有此光
曜而彼衆中有一大梵天王名曰妙法為諸
梵衆而說偈言
我等諸宮殿　光明甚威曜　此非无因緣　是相宜求之
過於百千劫　未曾見是相　為大德天生　為佛出世間
尒時五百万億諸梵天王與宮殿俱各以衣
裓盛諸天華共詣北方推尋是相見大通智
勝如來處于道場菩提樹下坐師子座諸天
龍王乾闥婆緊那羅摩睺羅伽人非人等恭
敬圍繞及見十六王子請佛轉法輪時諸梵

BD05058號　妙法蓮華經卷三　（23–14）

過於百千劫 未曾見是相 為大德天生 為佛出世間
尒時五百万億諸梵天王與宮殿俱各以衣
裓盛諸天華共詣北方推尋是相見大通智
勝如來處于道場菩提樹下坐師子座諸天
龍王乾闥婆緊那羅摩睺羅伽人非人等恭
敬圍繞及見十六王子請佛轉法輪時諸梵
天王頭面礼佛繞百千帀即以天華而散佛
上所散之華如須弥山并以供養佛菩提樹
華供養已各以宮殿奉上彼佛而作是言唯
見哀愍饒益我等所獻宮殿願垂納處尒時
諸梵天王即於佛前一心同聲以偈頌曰
世尊甚難見 破諸煩惱者 過百三十劫 今乃得一見
諸飢渴衆生 以法雨充滿 昔所未曾覩 无量智慧者
如優曇鉢華 今日乃值遇 我等諸宮殿 蒙光故嚴餝
世尊大慈愍 唯願垂納受
尒時諸梵天王偈讚佛已各作是言唯願世
尊轉於法輪令一切世間諸天魔梵沙門婆
羅門皆獲安隱而得度脫時諸梵天王一心
同聲以偈頌曰
唯願天人尊 轉无上法輪 擊于大法鼓 而吹大法螺
普雨大法雨 度无量衆生 我等咸歸請 當演深遠音
尒時大通智勝如來嘿然許之西南方乃至
下方亦復如是尒時上方五百万億國土諸
大梵王皆悉自覩所止宮殿光明威曜昔所
未有歡喜踊躍生希有心即各相詣共議此
事以何因緣我等宮殿有斯光明時彼衆中
有一大梵天王名曰尸棄為諸梵衆而說偈
言

大梵王皆悉自覩所止宮殿光明威曜昔所
未有歡喜踊躍生希有心即各相詣共議此
事以何因緣我等宮殿有斯光明時彼衆中
有一大梵天王名曰尸棄為諸梵衆而說偈
言
今以何因緣 我等諸宮殿 威德光明曜 嚴飾未曾有
如是之妙相 昔所未聞見 為大德天生 為佛出世間
尒時五百万億諸梵天王與宮殿俱各以衣
裓盛諸天華共詣下方推尋是相見大通智
勝如來處于道場菩提樹下坐師子座諸天
龍王乾闥婆緊那羅摩睺羅伽人非人等恭
敬圍繞及見十六王子請佛轉法輪時諸梵
天王頭面礼佛繞百千帀即以天華而散佛
上所散之華如須弥山并以供養佛菩提樹
華供養已各以宮殿奉上彼佛而作是言唯
見哀愍饒益我等所獻宮殿願垂納處時諸
梵天王即於佛前一心同聲以偈頌曰
善哉見諸佛 救世之聖尊 能於三界獄 勉出諸衆生
普智天人尊 哀愍群萌類 能開甘露門 廣度於一切
於昔无量劫 空過无有佛 世尊未出時 十方常闇瞑
三惡道增長 阿脩羅亦盛 諸天衆轉減 死多墮惡道
不從佛聞法 常行不善事 色力及智慧 斯等皆減少
罪業因緣故 失樂及樂想 住於邪見法 不識善儀則
不蒙佛所化 常墮於惡道 佛為世間眼 久遠時乃出
哀愍諸衆生 故現於世間 超出成正覺 我等甚欣慶
及餘一切衆 喜歎未曾有 我等諸宮殿 蒙光故嚴飾
今以奉世尊 唯垂哀納受 願以此功德 普及於一切

不從佛聞法　常行不善事　色力及智慧　斯等皆減少
罪業因緣故　失樂及樂想　住於邪見法　不識善儀則
不蒙佛所化　常墮於惡道　佛為世間眼　久遠時乃出
哀愍諸衆生　故現於世間　超出成正覺　我等甚欣慶
及餘一切衆　喜歎未曾有　我等諸宮殿　蒙光故嚴飾
今以奉世尊　唯垂哀納受　願以此功德　普及於一切
我等與衆生　皆共成佛道
尒時五百万億諸梵天王偈讚佛已各白佛
言唯願世尊轉於法輪多所安隱多所度脫
時諸梵天王而説偈言
世尊轉法輪　擊甘露法鼓　度苦惱衆生　開示涅槃道
唯願受我請　以大微妙音　哀愍而敷演　无量劫習法
尒時大通智勝如來受十方諸梵天王及十
六王子請即時三轉十二行法輪若沙門婆
羅門若天魔梵及餘世間所不能轉謂是苦
是苦集是苦滅是苦滅道及廣説十二因緣
法无明緣行行緣識識緣名色名色緣六入
六入緣觸觸緣受受緣愛愛緣取取緣有有
緣生生緣老死憂悲苦惱无明滅則行滅行
滅則識滅識滅則名色滅名色滅則六入滅
六入滅則觸滅觸滅則受滅受滅則愛滅愛
滅則取滅取滅則有滅有滅則生滅生滅則
老死憂悲苦惱滅佛於天人大衆之中説是
法時六百万億那由他人以不受一切法故
而於諸漏心得解脫皆得深妙禪定三明六
通具八解脫第二第三第四説法時千万億
恒河沙那由他等衆生亦以不受一切法故
而於諸漏心得解脫從是已後諸聲聞衆无

BD05058號　妙法蓮華經卷三　　(23–17)

老死憂悲苦惱滅佛於天人大衆之中説是
法時六百万億那由他人以不受一切法故
而於諸漏心得解脫皆得深妙禪定三明六
通具八解脫第二第三第四説法時千万億
恒河沙那由他等衆生亦以不受一切法故
而於諸漏心得解脫從是已後諸聲聞衆无
量无邊不可稱數尒時十六王子皆以童子
出家而為沙弥諸根通利智慧明了已曾供
養百千万億諸佛淨脩梵行求阿耨多羅三
藐三菩提俱白佛言世尊是諸无量千万億
大德聲聞皆已成就世尊亦當為我等説阿
耨多羅三藐三菩提法我等聞已皆共脩學
世尊我等志願如來知見深心所念佛自證
知尒時轉輪聖王所將衆中八万億人見十
六王子出家亦求出家王即聽許尒時彼佛
受沙弥請過二万劫已乃於四衆之中説是
大乘經名妙法蓮華教菩薩法佛所護念説
是經已十六沙弥為阿耨多羅三藐三菩提
故皆共受持諷誦通利説是經時十六菩薩
沙弥皆悉信受聲聞衆中亦有信解其餘衆
生千万億種皆生疑惑佛説是經於八千劫
未曾休廢説此經已即入靜室住於禪定八
万四千劫是時十六菩薩沙弥知佛入室寂
然禪定各昇法座亦於八万四千劫為四部
衆廣説分別妙法華經一一皆度六百万億
那由他恒河沙等衆生示教利喜令發阿耨
多羅三藐三菩提心大通智勝佛過八万四
千劫已從三昧起往詣法座安詳而坐普告

BD05058號　妙法蓮華經卷三　　(23–18)

万四千劫是時十六菩薩沙弥知佛入室寂
然禪定各升法座亦於八万四千劫為四部
衆廣說分別妙法華經一一皆度六百万億
那由他恒河沙等衆生示教利喜令發阿耨
多羅三藐三菩提心大通智勝佛過八万四
千劫已從三昧起往詣法座安詳而坐普告
大衆是十六菩薩沙弥甚為希有諸根通利
智慧明了已曾供養无量千万億數諸佛於
諸佛所常脩梵行受持佛智開示衆生令入
其中汝等皆當數數親近而供養之所以者
何若聲聞辟支佛及諸菩薩能信是十六菩
薩所說經法受持不毀者是人皆當得阿耨
多羅三藐三菩提如來之慧佛告諸比丘是
十六菩薩常樂說是妙法蓮華經一一菩薩
所化六百万億那由他恒河沙等衆生世世
所生與菩薩俱從其聞法悉皆信解以此因
緣得值四万億諸佛世尊于今不盡諸比丘
我今語汝彼佛弟子十六沙弥今皆得阿耨
多羅三藐三菩提於十方國土現在說法有
无量百千万億菩薩聲聞以為眷屬其二沙
弥東方作佛一名阿閦在歡喜國二名須弥頂
東南方二佛一名師子音二名師子相南
方二佛一名虛空住二名常滅西南方二佛
一名帝相二名梵相西方二佛一名阿弥陁
二名度一切世間苦惱西北方二佛一名多
摩羅跋栴檀香神通二名須弥相北方二佛
一名雲自在二名雲自在王東北方佛名壞
一切世間怖畏第十六我釋迦牟尼佛於娑

方二佛一名虛空住二名常滅西南方二佛
一名帝相二名梵相西方二佛一名阿弥陁
二名度一切世間苦惱西北方二佛一名多
摩羅跋栴檀香神通二名須弥相北方二佛
一名雲自在二名雲自在王東北方佛名壞
一切世間怖畏第十六我釋迦牟尼佛於娑
婆國土成阿耨多羅三藐三菩提諸比丘我
等為沙弥時各各教化无量百千万億恒河
沙等衆生從我聞法為阿耨多羅三藐三菩
提此諸衆生于今有住聲聞地者我常教化
阿耨多羅三藐三菩提是諸人等應以是法
漸入佛道所以者何如來智慧難信難解尒
時所化无量恒河沙等衆生者汝等諸比丘
及我滅度後未來世中聲聞弟子是也我滅
度後復有弟子不聞是經不知不覺菩薩所
行自於所得功德生滅度想當入涅槃我於
餘國作佛更有異名是人雖生滅度之想入
於涅槃而於彼土求佛智慧得聞是經唯以
佛乘而得滅度更无餘乘除諸如來方便說
法諸比丘若如來自知涅槃時到衆又清淨
信解堅固了達空法深入禪定便集諸菩薩
及聲聞衆為說是經世間无有二乘而得滅
度唯一佛乘得滅度耳比丘當知如來方便
深入衆生之性知其志樂小法深著五欲為
是等故說於涅槃是人若聞則便信受譬如
五百由旬險難惡道曠絕无人怖畏之處若
有多衆欲過此道至珍寶處有一導師聰慧

度唯一佛乘得滅度耳比丘當知如來方便
深入眾生之性知其志樂小法深著五欲為
是等故說於涅槃是人若聞則便信受譬如
五百由旬險難惡道曠絕无人怖畏之處若
有多眾欲過此道至珎寶處有一導師聰慧
明達善知險道通塞之相將導眾人欲過此
難所將人眾中路懈退白導師言我等疲極
而復怖畏不能復進前路猶遠今欲退還導
師多諸方便而作是念此等可愍云何捨大
珎寶而欲退還作是念已以方便力於險道
中過三百由旬化作一城告眾人言汝等勿
怖莫得退還今此大城可於中止隨意所作
若入是城快得安隱若能前至寶所亦可得
去是時疲極之眾心大歡喜歎未曾有我等
今者免斯惡道快得安隱於是眾人前入化
城生已度想生安隱想尒時導師知此人眾
既得止息无復疲惓即滅化城語眾人言汝
等去來寶處在近向者大城我所化作為止
息耳諸比丘如來亦復如是今為汝等作大
導師知諸生死煩惱惡道險難長遠應去應
度若眾生但聞一佛乘者則不欲見佛不欲
親近便作是念佛道長遠久受懃苦乃可得
成佛知是心怯弱下劣以方便力而於中道
為止息故說二涅槃若眾生住於二地如來
尒時即便為說汝等所作未辦汝所住地近
於佛慧當觀察籌量所得涅槃非真實也但
是如來方便之力於一佛乘分別說三如彼

度若眾生但聞一佛乘者則不欲見佛不欲
親近便作是念佛道長遠久受懃苦乃可得
成佛知是心怯弱下劣以方便力而於中道
為止息故說二涅槃若眾生住於二地如來
尒時即便為說汝等所作未辦汝所住地近
於佛慧當觀察籌量所得涅槃非真實也但
是如來方便之力於一佛乘分別說三如彼
導師為止息故化作大城既知息已而告之
言寶處在近此城非實我化作耳尒時世尊
欲重宣此義而說偈言
大通智勝佛　十劫坐道場　佛法不現前　不得成佛道
諸天神龍王　阿脩羅眾等　常雨於天華　以供養彼佛
諸天擊天鼓　并作眾伎樂　香風吹萎華　更雨新好者
過十小劫已　乃得成佛道　諸天及世人　心皆懷踊躍
彼佛十六子　皆與其眷屬　千万億圍繞　俱行至佛所
頭面礼佛足　而請轉法輪　聖師子法雨　充我及一切
世尊甚難值　久遠時一現　為覺悟群生　震動於一切
東方諸世界　五百万億國　梵宮殿光曜　昔所未曾有
諸梵見此相　尋來至佛所　散華以供養　并奉上宮殿
請佛轉法輪　以偈而讚歎　佛知時未至　受請嘿然坐
三方及四維　上下亦復尒　散華奉宮殿　請佛轉法輪
世尊甚難值　願以大慈悲　廣開甘露門　轉无上法輪
无量慧世尊　受彼眾人請　為宣種種法　四諦十二緣
无明至老死　皆從生緣有　如是眾過患　汝等應當知
宣暢是法時　六百万億姟　得盡諸苦際　皆成阿羅漢
第二說法時　千万恒沙眾　於諸法不受　亦得阿羅漢
從是後得道　其數无有量　万億劫筭數　不能得其邊
時十六王子　出家作沙彌　皆共請彼佛　演說大乘法

无量慧世尊　受彼衆人請　為宣種種法　四諦十二緣
无明至老死　皆從生緣有　如是衆過患　汝等應當知
宣暢是法時　六百万億姟　得盡諸苦際　皆成阿羅漢
第二說法時　千万恒沙衆　於諸法不受　亦得阿羅漢
從是後得道　其數无有量　万億劫筭數　不能得其邊
時十六王子　出家作沙弥　皆共請彼佛　演說大乘法
我等及營從　皆當成佛道　願得如世尊　慧眼第一淨
佛知童子心　宿世之所行　以无量因緣　種種諸譬喻
說六波羅蜜　及諸神通事　分別真實法　菩薩所行道
說是法華經　如恒河沙偈　彼佛說經已　靜室入禪定
一心一處坐　八万四千劫　是諸沙弥等　知佛禪未出
為无量億衆　說佛无上慧　各各坐法座　說是大乘經
於佛宴寂後　宣揚助法化　一一沙弥等　所度諸衆生
有六百万億　恒河沙等衆　彼佛滅度後　是諸聞法者
在在諸佛土　常與師俱生　是十六沙弥　具足行佛道
今現在十方　各得成正覺　尒時聞法者　各在諸佛所
其有住聲聞　漸教以佛道　我在十六數　曾亦為汝說
是故以方便　引汝趣佛慧　以是本因緣　今說法華經
令汝入佛道　慎勿懷驚懼　譬如險惡道　迥絕多毒獸
又復无水草　人所怖畏處　无數千万衆　欲過此險道
其路甚曠遠　經五百由旬　時有一導師　強識有智慧
明了心決定　在險濟衆難　衆人皆疲惓　而白導師言
我等今頓乏　於此欲退還　導師作是念　此輩甚可愍
如何欲退還　而失大珍寶　尋時思方便　當設神通力
化作大城郭　莊嚴諸舍宅　周帀有園林　渠流及浴池
重門高樓閣　男女皆充滿　即作是化已　慰衆言勿懼

BD05058 號　妙法蓮華經卷三　（23–23）

道
皆如是言我
覲三百
歎廣宣
諸佛無量大法於最後身得成為佛名曰光明
如來應供正遍知明行足善逝世間解無上
士調御丈夫天人師佛世尊國名光德劫名
大莊嚴佛壽十二小劫正法住世二十小劫像
法亦住二十小劫國界嚴飾無諸穢惡瓦礫
荊棘便利不淨其土平正無有高下坑坎
堆阜瑠璃為地寶樹行列黃金為繩以界
道側散諸寶華周遍清　國菩薩無量千
億諸聲聞衆亦復無數無有魔事雖有魔及
魔民皆護佛法尒時世尊欲重宣此義而說偈
言

BD05059 號　妙法蓮華經卷三　（24–1）

堆阜瑠璃為地寶樹行列黄金為繩以界
道側散諸寶華周遍清淨 其國菩薩無量千
億諸聲聞衆亦復無數 無有魔事雖有魔及
魔民皆護佛法 尒時世尊欲重宣此義而說偈
言
告諸比丘 我以佛眼 見是迦葉 於未來世
過無數劫 當得作佛 而於來世 供養奉覲
三百萬億 諸佛世尊 為佛智慧 淨脩梵行
供養最上 二足尊已 脩習一切 無上之慧
於最後身 得成為佛 其土清淨 瑠璃為地
多諸寶樹 行列道側 金繩界道 見者歡喜
常出好香 散衆名華 種種奇妙 以為莊嚴
其地平正 無有丘坑 諸菩薩衆 不可稱計
其心調柔 逮大神通 奉持諸佛 大乘經典
諸聲聞衆 無漏後身 法王之子 亦不可計
乃以天眼 不能數知 其佛當壽 十二小劫
正法住世 二十小劫 像法亦住 二十小劫
光明世尊 其事如是
尒時大目揵連須菩提摩訶迦旃延等皆悉
悚慄一心合掌瞻仰尊顏目不暫捨即共同
聲而說偈言
大雄猛世尊 諸釋之法王 哀愍我等故 而賜佛音聲
若知我深心 見為授記者 如以甘露灑 除熱得清涼
如從飢國來 忽遇大王饍 心猶懷疑懼 未敢即便食
若復得王教 然後乃敢食 我等亦如是 每惟小乘過

悚慄一心合掌瞻仰尊顏目不暫捨即共同
聲而說偈言
大雄猛世尊 諸釋之法王 哀愍我等故 而賜佛音聲
若知我深心 見為授記者 如以甘露灑 除熱得清涼
如從飢國來 忽遇大王饍 心猶懷疑懼 未敢即便食
若復得王教 然後乃敢食 我等亦如是 每惟小乘過
不知當云何 得佛無上慧 雖聞佛音聲 言我等作佛
心尚懷憂懼 如未敢便食 若蒙佛授記 尒乃快安樂
大雄猛世尊 常欲安世間 願賜我等記 如飢須教食
尒時世尊知諸大弟子心之所念告諸比丘
是須菩提於當來世奉覲三百萬億那由他
佛供養恭敬尊重讚歎常脩梵行具菩薩道
於最後身得成為佛号曰名相如來應供正
遍知明行足善逝世間解無上士調御丈夫
天人師佛世尊劫名有寶國名寶生其土平
正頗梨為地寶樹莊嚴無諸丘坑沙礫荊棘
便利之穢寶華覆地周遍清淨其土人民皆
處寶臺珎妙樓閣聲聞弟子無量無邊筭數
譬喻所不能知諸菩薩衆無數千萬億那由他
佛壽十二小劫正法住世二十小劫像法亦
住二十小劫其佛常處虚空為衆說法度
脫無量菩薩及聲聞衆尒時世尊欲重宣此
義而說偈言
諸比丘衆 今告汝等 皆當一心 聽我所說
我大弟子 須菩提者 當得作佛 号曰名相

佛壽十二小劫正法住世二十小劫像法亦住二十小劫
住二十小劫其佛常處虛空為衆說法度
脫無量菩薩及聲聞衆爾時世尊欲重宣此
義而說偈言
諸比丘衆　今告汝等　皆當一心　聽我所說
我大弟子　須菩提者　當得作佛　號曰名相
當供無數　萬億諸佛　隨佛所行　漸具大道
最後身得　三十二相　端正姝妙　猶如寶山
其佛國土　嚴淨第一　衆生見者　無不愛樂
佛於其中　度無量衆　其佛法中　多諸菩薩
皆悉利根　轉不退輪　彼國常以　菩薩莊嚴
諸聲聞衆　不可稱數　皆得三明　具六神通
住八解脫　有大威德　其佛說法　現於無量
神通變化　不可思議　諸天人民　數如恒沙
皆共合掌　聽受佛語　其佛當壽　十二小劫
正法住世　二十小劫　像法亦住　二十小劫
爾時世尊復告諸比丘衆我今語汝是大迦
旃延於當來世以諸供具供養奉事八千億
佛恭敬尊重諸佛滅後各起塔廟高千由旬
縱廣正等五百由旬以金銀琉璃車𤦲馬瑙真
珠玫瑰七寶合成衆華瓔珞塗香末香燒
香繒蓋幢幡供養塔廟過是已後當復供養
二萬億佛亦復如是供養是諸佛已具菩薩
道當得作佛號曰閻浮那提金光如來應供
正遍知明行足善逝世間解無上士調御丈

BD05059號　妙法蓮華經卷三　（24–4）

香繒蓋幢幡供養塔廟過是已後當復供養
二萬億佛亦復如是供養是諸佛已具菩薩
道當得作佛號曰閻浮那提金光如來應供
正遍知明行足善逝世間解無上士調御丈
夫天人師佛世尊其土平正頗梨為地寶樹
莊嚴黃金為繩以界道側妙華覆地周遍清
淨見者歡喜無四惡道地獄餓鬼畜生阿脩
羅道多有天人諸聲聞衆及諸菩薩無量萬
億莊嚴其國佛壽十二小劫正法住世二十小
劫像法亦住二十小劫爾時世尊欲重宣此
義而說偈言
諸比丘衆　皆一心聽　如我所說　真實無異
是迦旃延　當以種種　妙好供具　供養諸佛
諸佛滅後　起七寶塔　亦以華香　供養舍利
其最後身　得佛智慧　成等正覺　國土清淨
度脫無量　萬億衆生　皆為十方　之所供養
佛之光明　無能勝者　其佛號曰　閻浮金光
菩薩聲聞　斷一切有　無量無數　莊嚴其國
爾時世尊復告大衆我今語汝是大目揵連
當以種種供具供養八千諸佛恭敬尊重諸
佛滅後各起塔廟高千由旬縱廣正等五百
由旬以金銀琉璃車𤦲馬瑙真珠玫瑰七寶
合成衆華瓔珞塗香末香燒香繒蓋幢幡以
用供養過是已後當復供養二百萬億諸佛
亦復如是當得成佛號曰多摩羅跋栴檀香

BD05059號　妙法蓮華經卷三　（24–5）

當以種種供具供養八千諸佛恭敬尊重諸
佛滅後各起塔廟高千由旬縱廣正等五百
由旬以金銀瑠璃車𤦲馬瑙真珠玫瑰七寶
合成衆華瓔珞塗香抹香燒香繒蓋幢幡以
用供養過是已後當復供養二百萬億諸佛
亦復如是當得成佛号曰多摩羅跋栴檀香
如來應供正遍知明行足善逝世間解無上
士調御丈夫天人師佛世尊劫名喜滿國名
意樂其土平正頗梨為地寶樹莊嚴散真
珠華周遍清淨見者歡喜多諸天人菩薩聲
聞其數無量佛壽二十四小劫正法住世四十
小劫像法亦住四十小劫尒時世尊欲重宣
此義而說偈言

我此弟子　大目揵連　捨是身已　得見八千
二百萬億　諸佛世尊　為佛道故　供養恭敬
於諸佛所　常脩梵行　於無量劫　奉持佛法
諸佛滅後　起七寶塔　長表金刹　華香伎樂
而以供養　諸佛塔廟　漸漸具足　菩薩道已
於意樂國　而得作佛　号多摩羅　栴檀之香
其佛壽命　二十四劫　常為天人　演說佛道
聲聞無量　如恒河沙　三明六通　有大威德
菩薩無數　志固精進　於佛智慧　皆不退轉
佛滅度後　正法當住　四十小劫　像法亦尒
我諸弟子　威德具足　其數五百　皆當授記
於未來世　咸得成佛

聲聞無量　如恒河沙　三明六通　有大威德
菩薩無數　志固精進　於佛智慧　皆不退轉
佛滅度後　正法當住　四十小劫　像法亦尒
我諸弟子　威德具足　其數五百　皆當授記
於未來世　咸得成佛
我及汝等　宿世因緣　吾今當說　汝等善聽

妙法蓮華經化城喻品第七

佛告諸比丘乃往過去無量無邊不可思議
阿僧祇劫尒時有佛名大通智勝如來應供
正遍知明行足善逝世間解無上士調御丈
夫天人師佛世尊其國名好成劫名大相諸
比丘彼佛滅度已來甚大久遠譬如三千大
千世界所有地種假使有人磨以為墨過於
東方千國土乃下一點大如微塵又過千國土
復下一點如是展轉盡地種量於汝等意
云何是諸國土若筭師若筭師弟子能得邊
際知其數不不也世尊諸比丘是人所經國
土若點不點盡末為塵一塵一劫彼佛滅度
已來復過是數無量無邊百千萬億阿僧祇
劫我以如來知見力故觀彼久遠猶若今日
尒時世尊欲重宣此義而說偈言

我念過去世　無量無邊劫　有佛兩足尊　名大通智勝
如人以力磨　三千大千土　盡此諸地種　皆悉以為墨
過於千國土　乃下一塵點　如是展轉點　盡此諸塵墨
如是諸國土　點與不點等　復盡抹為塵　一塵為一劫

尒時世尊欲重宣此義而說偈言
我念過去世　無量無邊劫　有佛兩足尊　名大通智勝
如人以力磨　三千大千土　盡此諸地種　皆悉以為墨
過於千國土　乃下一塵點　如是展轉點　盡此諸塵墨
如是諸國土　點與不點等　復盡抹為塵　一塵為一劫
此諸微塵數　其劫復過是　彼佛滅度來　如是無量劫
如來無礙智　知彼佛滅度　及聲聞菩薩　如見今滅度
諸比丘當知　佛智淨微妙　無漏無所礙　通達無量劫
佛告諸比丘大通智勝佛壽五百四十萬億那
由他劫其佛本坐道場破魔軍已垂得阿耨
多羅三藐三菩提而諸佛法不現在前如
是一小劫乃至十小劫結加趺坐身心不動而
諸佛法猶不在前尒時忉利諸天先為彼佛
於菩提樹下敷師子座高一由旬佛於此坐
當得阿耨多羅三藐三菩提適坐此座時
諸梵天王雨衆天華面百由旬香風時來吹去
萎華更雨新者如是不絕滿十小劫供養
於佛乃至滅度常雨此華四王諸天為供養
佛常擊天鼓其餘諸天作天伎樂滿十小劫
至于滅度亦復如是諸比丘大通智勝佛過
十小劫諸之法乃現在前成阿耨多羅三
藐三菩提其佛未出家時有十六子其第一
者名曰智積諸子各有種種珍異玩好之具
聞父得成阿耨多羅三藐三菩提皆捨所珍往
詣佛所諸母涕泣而隨送之其祖轉輪聖王

BD05059號　妙法蓮華經卷三　（24–8）

十小劫諸之法乃現在前成阿耨多羅三
藐三菩提其佛未出家時有十六子其第一
者名曰智積諸子各有種種珍異玩好之具
聞父得成阿耨多羅三藐三菩提皆捨所珍往
詣佛所諸母涕泣而隨送之其祖轉輪聖王
與一百大臣及餘百千萬億人民皆共圍繞
隨至道場咸欲親近大通智勝如來供養
恭敬尊重讚歎到已頭面礼足繞佛畢已一
心合掌瞻仰世尊以偈頌曰
大威德世尊　為度衆生故　於無量億歲　尒乃得成佛
諸願已具足　善哉吉無上　世尊甚希有　一坐十小劫
身體及手足　靜然安不動　其心常憺怕　未曾有散亂
究竟永寂滅　安住無漏法　今者見世尊　安隱成佛道
我等得善利　稱慶大歡喜　衆生常苦惱　盲瞑無導師
不識苦盡道　不知求解脫　長夜增惡趣　減損諸天衆
從瞑入於瞑　永不聞佛名　今佛得最上　安隱無漏道
我等及天人　為得最大利　是故咸稽首　歸命無上尊
尒時十六王子偈讚佛已勸請世尊轉於法輪
咸作是言世尊說法多所安隱憐愍饒益諸
天人民重說偈言
世雄無等倫　百福自莊嚴　得無上智慧　願為世間說
度脫於我等　及諸衆生類　為分別顯示　令得是智慧
若我等得佛　衆生亦復然　世尊知衆生　深心之所念
亦知所行道　又知智慧力　欲樂及脩福　宿命所行業

BD05059號　妙法蓮華經卷三　（24–9）

天人民重說偈言
世雄無等倫　百福自莊嚴　得無上智慧　願為世間說
度脫於我等　及諸衆生類　為分別顯示　令得是智慧
若我等得佛　衆生亦復然　世尊知衆生　深心之所念
亦知所行道　又知智慧力　欲樂及脩福　宿命所行業
世尊悉知已　當轉無上輪
佛告諸比丘大通智勝佛得阿耨多羅三藐
三菩提時十方各五百萬億諸佛世界六種
震動其國中間幽冥之處日月威光所不能照
而皆大明其中衆生各得相見咸作是言此
中云何忽生衆生又其國界諸天宮殿乃至梵
宮六種震動大光普照遍滿世界勝諸天光
尒時東方五百萬億諸國土中梵天宮殿光
明照曜倍於常明諸梵天王各作是念今者
宮殿光明昔所未有以何因緣而現此相是
時諸梵天王即各相詣共議此事時彼衆中
有一大梵天王名救一切為諸梵衆而說偈言
我等諸宮殿　光明昔未有　此是何因緣　宜各共求之
為大德天生　為佛出世間　而此大光明　遍照於十方
尒時五百萬億國土諸梵天王與宮殿俱各
以衣裓盛諸天華共詣西方推尋是相見大
通智勝如來處于道場菩提樹下坐師子座
諸天龍王乾闥婆緊那羅摩睺羅伽人非人等
恭敬圍遶及見十六王子請佛轉法輪即時

以衣裓盛諸天華共詣西方推尋是相見大
通智勝如來處于道場菩提樹下坐師子座
諸天龍王乾闥婆緊那羅摩睺羅伽人非人等
恭敬圍遶及見十六王子請佛轉法輪即時
諸梵天王頭面礼佛遶百千帀即以天華而
散佛上其所散華如須弥山并以供養佛
菩提樹其菩提樹高十由旬華供養已各以宮
殿奉上彼佛而作是言唯見哀愍饒益我
等所獻宮殿願垂納處時諸梵天王即於佛
前一心同聲以偈頌曰
世尊甚希有　難可得值遇　具無量功德　能救護一切
天人之大師　哀愍於世間　十方諸衆生　普皆蒙饒益
我等所從來　五百萬億國　捨深禪定樂　為供養佛故
我等先世福　宮殿甚嚴飾　今以奉世尊　唯願哀納受
尒時諸梵天王偈讚佛已各作是言唯願世尊
轉於法輪度脫衆生開涅槃道時諸梵天王
一心同聲而說偈言
世雄兩足尊　唯願演說法　以大慈悲力　度苦惱衆生
尒時大通智勝如來默然許之又諸比丘東南
方五百萬億國土諸大梵王各自見宮殿光
明照曜昔所未有歡喜踊躍生希有心即各
相詣共議此事時彼衆中有一大梵天王名
曰大悲為諸梵衆而說偈言
是事何因緣　而現如此相　我等諸宮殿　光明昔未有

明照曜昔所未有歡喜踊躍生希有心即各
相詣共議此事時彼衆中有一大梵天王名
曰大悲爲諸梵衆而説偈言
是事何因緣　而現如此相　我等諸宮殿　光明昔未有
爲大德天生　爲佛出世間　未曾見此相　當共一心求
過千萬億土　尋光共推之　多是佛出世　度脱苦衆生
尒時五百萬億諸梵天王與宮殿俱各以衣裓
盛諸天華共詣西北方推尋是相見大通智勝
如來處于道場菩提樹下坐師子座諸天龍
王乾闥婆緊那羅摩睺羅伽人非人等恭
敬圍繞及見十六王子請佛轉法輪時諸梵天
王頭面礼佛遶百千帀即以天華而散佛上
所散之華如須弥山并以供養佛菩提樹
供養已各以宮殿奉上彼佛而作是言唯見哀
愍饒益我等所獻宮殿願垂納受尒時諸梵
天王即於佛前一心同聲以偈頌曰
聖主天中王　迦陵頻伽聲　哀愍衆生者　我等今敬礼
世尊甚希有　久遠乃一現　一百八十劫　空過無有佛
三惡道充滿　諸天衆減少　今佛出於世　爲衆生作眼
世間所歸趣　救護於一切　爲衆生之父　哀愍饒益者
我等宿福慶　今得値世尊
尒時諸梵天王偈讃佛已各作是言唯願世
尊哀愍一切轉於法輪度脱衆生時諸梵天
王一心同聲而説偈言
大聖轉法輪　顯示諸法相　度苦惱衆生　令得大歡喜

BD05059號　妙法蓮華經卷三

（24–12）

我等宿福慶　今得値世尊
尒時諸梵天王偈讃佛已各作是言唯願世
尊哀愍一切轉於法輪度脱衆生時諸梵天
王一心同聲而説偈言
大聖轉法輪　顯示諸法相　度苦惱衆生　令得大歡喜
衆生聞此法　得道若生天　諸惡道減少　忍善增益
尒時大通智勝如來默然許之又諸比丘南
方五百萬億國土諸大梵王各見宮殿光明照
曜昔所未有歡喜踊躍生希有心即各相
詣共議此事以何因緣我等宮殿有此光曜
而彼衆中有一大梵天王名曰妙法爲諸梵
衆而説偈言
我等諸宮殿　光明甚威曜　此非無因緣　是相宜求之
過於百千劫　未曾見是相　爲大德天生　爲佛出世間
尒時五百萬億諸梵天王與宮殿俱各以衣
裓盛諸天華共詣北方推尋是相見大通智
勝如來處于道場菩提樹下坐師子座諸天
龍王乾闥婆緊那羅摩睺羅伽人非人等恭
敬圍遶及見十六王子請佛轉法輪時諸梵
天王頭面礼佛遶百千帀即以天華而散佛
上所散之華如須弥山并以供養佛菩提樹
華供養已各以宮殿奉上彼佛而作是言唯
見哀愍饒益我等所獻宮殿願垂納受尒時
諸梵天王即於佛前一心同聲以偈頌曰

BD05059號　妙法蓮華經卷三

（24–13）

上所散之華如須弥山并以供養佛菩提樹
華供養已各以宮殿奉上彼佛而作是言唯
見哀愍饒益我等所獻宮殿願垂納受尒時
諸梵天王即於佛前一心同聲以偈頌曰
世尊甚難見　破諸煩惱者　過百三十劫　今乃得一見
諸飢渴衆生　以法雨充滿　昔所未曾見　無量智慧者
如優曇鉢羅　今日乃值遇　我等諸宮殿　蒙光故嚴飾
世尊大慈愍　唯願垂納受
尒時諸梵天王偈讚佛已各作是言唯願世尊
轉於法輪令一切世間諸天魔梵沙門婆
羅門皆獲安隱而得度脫時諸梵天王一心
同聲以偈頌曰
唯願天人尊　轉無上法輪　擊于大法鼓　而吹大法螺
普雨大法雨　度無量衆生　我等咸歸請　當演深遠音
尒時大通智勝如來默然許之西南方乃至下方
亦復如是尒時上方五百萬億國土諸大
梵王皆悉自覩所止宮殿光明威曜昔所未
有歡喜踊躍生希有心即各相詣共議此事
以何因緣我等宮殿有斯光明時彼衆中有
一大梵天王名曰尸棄為諸梵衆而說偈言
今以何因緣　我等諸宮殿　威德光明曜　嚴飾未曾有
如是之妙相　昔所未聞見　為大德天生　為佛出世間
尒時五百萬億諸梵天王與宮殿俱各以衣裓
盛諸天華共詣下方推尋是相見大通智勝

BD05059號　妙法蓮華經卷三　（24–14）

今以何因緣　我等諸宮殿　威德光明曜　嚴飾未曾有
如是之妙相　昔所未聞見　為大德天生　為佛出世間
尒時五百萬億諸梵天王與宮殿俱各以衣裓
盛諸天華共詣下方推尋是相見大通智勝
如來處于道場菩提樹下坐師子座諸天
龍王乾闥婆緊那羅摩睺羅伽人非人等恭
敬圍遶及見十六王子請佛轉法輪時諸梵天
王頭面礼佛遶百千帀即以天華而散佛
上所散之華如須弥山并以供養佛菩提樹
華供養已各以宮殿奉上彼佛而作是言唯
見哀愍饒益我等所獻宮殿願垂納受時諸
梵天王即於佛前一心同聲以偈頌曰
善哉見諸佛　救世之聖尊　能於三界獄　勉出諸衆生
普智天人尊　哀愍群萌類　能開甘露門　廣度於一切
於昔無量劫　空過無有佛　世尊未出時　十方常暗暝
三惡道增長　阿脩羅亦盛　諸天衆轉減　死多墮惡道
不從佛聞法　常行不善事　色力及智慧　斯等皆減少
罪業因緣故　失樂及樂想　住於邪見法　不識善儀則
不蒙佛所化　常墮於惡道　佛為世間眼　久遠時乃出
哀愍諸衆生　故現於世間　超出成正覺　我等甚欣慶
及餘一切衆　喜歎未曾有　我等諸宮殿　蒙光故嚴飾
今以奉世尊　唯垂哀納受　願以此功德　普及於一切
我等與衆生　皆共成佛道
尒時五百萬億諸梵天王偈讚佛已各白佛言

BD05059號　妙法蓮華經卷三　（24–15）

哀愍諸衆生　故現於世間　超出成正覺　我等甚欣慶
及餘一切衆　喜歎未曾有　我等諸宮殿　蒙光故嚴飾
今以奉世尊　唯垂哀納受　願以此功德　普及於一切
我等與衆生　皆共成佛道
尒時五百萬億諸梵天王偈讚佛已各白佛言
唯願世尊轉於法輪多所安隱多所度脫時
諸梵天王而說偈言
世尊轉法輪　擊甘露法鼓　度苦惱衆生　開示涅槃道
唯願受我請　以大微妙音　哀愍而敷演　無量劫習法
尒時大通智勝如來受十方諸梵天王及十六
王子請即時三轉十二行法輪若沙門婆羅
門若天魔梵及餘世間所不能轉謂是苦
是苦集是苦滅是苦滅道及廣說十二因緣
法無明緣行行緣識識緣名色名色緣六入六
入緣觸觸緣受受緣愛愛緣取取緣有有緣
生生緣老死憂悲苦惱無明滅則行滅行滅
則識滅識滅則名色滅名色滅則六入滅六入
滅則觸滅觸滅則受滅受滅則愛滅愛滅則
取滅取滅則有滅有滅則生滅生滅則老死憂
悲苦惱滅佛於天人大衆之中說是法
時六百萬億那由他人以不受一切法故而
於諸漏心得解脫皆得深妙禪定三明六
通具八解脫第二第三第四說法時千萬億
恒河沙那由他等衆生亦以不受一切法故
而於諸漏心得解脫從是已後諸聲聞衆無

BD05059號　妙法蓮華經卷三　（24–16）

悲苦惱滅佛於天人大衆之中說是法
時六百萬億那由他人以不受一切法故而
於諸漏心得解脫皆得深妙禪定三明六
通具八解脫第二第三第四說法時千萬億
恒河沙那由他等衆生亦以不受一切法故
而於諸漏心得解脫從是已後諸聲聞衆無
量無邊不可稱數尒時十六王子皆以童子
出家而為沙彌諸根通利智慧明了已曾供
養百千萬億諸佛淨脩梵行求阿耨多羅三
藐三菩提俱白佛言世尊是諸無量千萬億
大德聲聞皆已成就世尊亦當為我等說阿
耨多羅三藐三菩提法我等聞已皆共脩學
世尊我等志願如來知見深心所念佛自證
知尒時轉輪聖王所將衆中八萬億人見十
六王子出家亦求出家王即聽許尒時彼佛
受沙彌請過二萬劫已乃於四衆之中說是
大乘經名妙法蓮華教菩薩法佛所護念說
是經已十六沙彌為阿耨多羅三藐三菩提
故皆共受持諷誦通利說是經時十六菩薩
沙彌皆悉信受聲聞衆中亦有信解其餘衆
生千萬億種皆生疑惑佛說是經於八千劫
未曾休廢說此經已即入靜室住於禪定八
萬四千劫是時十六菩薩沙彌知佛入室寂
然禪定各昇法座亦於八萬四千劫為四部
衆廣說分別妙法華經一一皆度六百萬億

BD05059號　妙法蓮華經卷三　（24–17）

生千萬億種皆生疑惑佛說是經於八千劫
未曾休癈說此經已即入靜室住於禪定八
萬四千劫是時十六菩薩沙弥知佛入室寂
然禪定各昇法座亦於八萬四千劫為四部
衆廣說分別妙法華經一一皆度六百萬億
那由他恒河沙等衆生示教利喜令發阿耨
多羅三藐三菩提心大通智勝佛過八萬四
千劫已從三昧起往詣法座安詳而坐普告
大衆是十六菩薩沙弥甚為希有諸根通利
智慧明了已曾供養無量千萬億數諸佛於
諸佛所常脩梵行受持佛智開示衆生令入
其中汝等皆當數數親近而供養之所以者
何若聲聞辟支佛及諸菩薩能信是十六菩
薩所說經法受持不毀者是人皆當得阿耨
多羅三藐三菩提如來之慧佛告諸比丘是
十六菩薩常樂說是妙法蓮華經一一菩薩
所化六百萬億那由他恒河沙等衆生世世所
與菩薩俱從其聞法悉皆信解以此因緣得
值四萬億諸佛世尊于今不盡諸比丘我
令語汝彼佛弟子十六沙弥今皆得阿耨
多羅三藐三菩提於十方國土現在說法有
無量百千萬億菩薩聲聞以為眷屬其二沙
弥東方作佛一名阿閦在歡喜國二名須弥
頂東南方二佛一名師子音二名師子相南

令語汝彼佛弟子十六沙弥今皆得阿耨
多羅三藐三菩提於十方國土現在說法有
無量百千萬億菩薩聲聞以為眷屬其二沙
弥東方作佛一名阿閦在歡喜國二名須弥
頂東南方二佛一名師子音二名師子相南
方二佛一名虛空住二名常滅西南方二佛
一名帝相二名梵相西方二佛一名阿弥陁
二名度一切世間苦惱西北方二佛一名多
摩羅跋栴檀香神通二名須弥相北方二佛
一名雲自在二名雲自在王東北方佛名壞
一切世間怖畏第十六我釋迦牟尼佛於娑
婆國土成阿耨多羅三藐三菩提諸比丘我
等為沙弥時各各教化無量百千萬億恒河
沙等衆生從我聞法為阿耨多羅三藐三菩
提此諸衆生于今有住聲聞地者我常教化
阿耨多羅三藐三菩提是諸人等應以是法
漸入佛道所以者何如來智慧難信難解尒時
所化無量恒河沙等衆生者汝等諸比丘及我
滅度後未來世中聲聞弟子是也我滅度後
復有弟子不聞是經不知不覺菩薩所行
自於所得功德生滅度想當入涅槃我於
餘國作佛更有異名是人雖生滅度之想入
於涅槃而於彼土求佛智慧得聞是經唯以
佛乘而得滅度更無餘乘除諸如來方便說
法諸比丘若如來自知涅槃時到衆又清淨

自於所得功德生滅度想當入涅槃我於
餘國作佛更有異名是人雖生滅度之想入
於涅槃而於彼土求佛智慧得聞是經唯以
佛乘而得滅度更無餘乘除諸如來方便說
法諸比丘若如來自知涅槃時到衆又清淨
信解堅固了達空法深入禪定便集諸菩薩
及聲聞衆為說是經世間無有二乘而得滅
度唯一佛乘得滅度耳比丘當知如來方便深
入衆生之性知其志樂小法深著五欲為是
等故說於涅槃是人若聞則便信受譬如
五百由旬險難惡道曠絕無人怖畏之處若
有多衆欲過此道至珎寶處有一導師聰慧
明達善知險道通塞之相將導衆人欲過此
難所將人衆中路懈退白導師言我等疲極
而復怖畏不能復進前路猶遠今欲退還導
師多諸方便而作是念此等可愍云何捨大
珎寶而欲退還作是念已以方便力於險道
中過三百由旬化作一城告衆人言汝等勿
怖莫得退還今此大城可於中止隨意所作
若入是城快得安隱若能前至寶所亦可得
去是時疲極之衆心大歡喜歎未曾有我等
今者免斯惡道快得安隱於是衆人前入化
城生已度想生安隱想尒時導師知此人衆
既得止息無復疲惓即滅化城語衆人言汝
等去來寶處在近向者大城我所化作為止

BD05059號　妙法蓮華經卷三　（24–20）

若入是城快得安隱若能前至寶所亦可得
去是時疲極之衆心大歡喜歎未曾有我等
今者免斯惡道快得安隱於是衆人前入化
城生已度想生安隱想尒時導師知此人衆
既得止息無復疲惓即滅化城語衆人言汝
等去來寶處在近向者大城我所化作為止
息耳諸比丘如來亦復如是今為汝等作大
導師知諸生死煩惱惡道險難長遠應去應
度若衆生但聞一佛乘者則不欲見佛不欲
親近便作是念佛道長遠久受勤苦乃可得
成佛知是心怯弱下劣以方便力而於中道為
止息故說二涅槃若衆生住於二地如來尒時
即便為說汝等所作未辦汝所住地近於佛
慧當觀察籌量所得涅槃非真實也但是
如來方便之力於一佛乘分別說三如彼導
師為止息故化作大城既知息已而告之言
寶處在近此城非實我化作耳尒時世尊欲
重宣此義而說偈言
大通智勝佛　十劫坐道場　佛法不現前　不得成佛道
諸天神龍王　阿脩羅衆等　常雨於天華　以供養彼佛
諸天擊天鼓　并作衆伎樂　香風吹萎華　更雨新好者
過十小劫已　乃得成佛道　諸天及世人　心皆懷踊躍
彼佛十六子　皆與其眷屬　千萬億圍遶　俱行至佛所
頭面禮佛足　而請轉法輪　聖師子法雨　充我及一切
世尊甚難值　久遠時一現　為覺悟群生　震動於一切

BD05059號　妙法蓮華經卷三　（24–21）

諸天擊天鼓　并作衆伎樂　香風吹萎華　更雨新好者
過十小劫已　乃得成佛道　諸天及世人　心皆懷踊躍
彼佛十六子　皆與其眷屬　千萬億圍遶　俱行至佛所
頭面礼佛足　而請轉法輪　聖師子法雨　充我及一切
世尊甚難值　久遠時一現　為覺悟群生　震動於一切
東方諸世界　五百萬億國　梵宮殿光曜　昔所未曾有
諸梵見此相　尋來至佛所　散華以供養　并奉上宮殿
請佛轉法輪　以偈而讚歎　佛知時未至　受請默然坐
三方及四維　上下亦復尒　散華奉宮殿　請佛轉法輪
世尊甚難值　願以大慈悲　廣開甘露門　轉無上法輪
無量慧世尊　受彼衆人請　為宣種種法　四諦十二緣
無明至老死　皆從生緣有　如是衆過患　汝等應當知
宣暢是法時　六百萬億姟　得盡諸苦際　皆成阿羅漢
第二說法時　千萬恒沙衆　於諸法不受　亦得阿羅漢
從是後得道　其數無有量　萬億劫筭數　不能得其邊
時十六王子　出家作沙弥　皆共請彼佛　演說大乘法
我等及營從　皆當成佛道　願得如世尊　慧眼第一淨
佛知童子心　宿世之所行　以無量因緣　種種諸譬喻
說六波羅蜜　及諸神通事　分別真實法　菩薩所行道
說是法華經　如恒河沙偈　彼佛說經已　靜室入禪定
一心一處坐　八萬四千劫　是諸沙弥等　知佛禪未出
為无量億衆　說佛無上慧　各各坐法座　說是大乘經
於佛宴寂後　宣揚助法化　一一沙弥等　所度諸衆生
有六百萬億　恒河沙等衆　彼佛滅度後　是諸聞法者
在在諸佛土　常與師俱生　是十六沙弥　具足行佛道

BD05059號　妙法蓮華經卷三　（24–22）

一心一處坐　八萬四千劫　是諸沙弥等　知佛禪未出
為无量億衆　說佛無上慧　各各坐法座　說是大乘經
於佛宴寂後　宣揚助法化　一一沙弥等　所度諸衆生
有六百萬億　恒河沙等衆　彼佛滅度後　是諸聞法者
在在諸佛土　常與師俱生　是十六沙弥　具足行佛道
今現在十方　各得成正覺　尒時聞法者　各在諸佛所
其有住聲聞　漸教以佛道　我在十六數　曾亦為汝說
是故以方便　引汝趣佛慧　以是本因緣　今說法華經
令汝入佛道　慎勿懷驚懼　譬如險惡道　迥絕多毒獸
又復無水草　人所怖畏處　無數千萬衆　欲過此險道
其路甚曠遠　經五百由旬　時有一導師　強識有智慧
明了心決定　在險濟衆難　衆人皆疲惓　而白導師言
我等今頓乏　於此欲退還　導師作是念　此輩甚可愍
如何欲退還　而失大珍寶　尋時思方便　當設神通力
化作大城郭　莊嚴諸舍宅　周帀有園林　渠流及浴池
重門高樓閣　男女皆充滿　即作是化已　慰衆言勿懼
汝等入此城　各可隨所樂　諸人既入城　心皆大歡喜
皆生安隱想　自謂已得度　導師知息已　集衆而告言
汝等當前進　此是化城耳　我見汝疲極　中路欲退還
故以方便力　權化作此城　汝今勤精進　當共至寶所
我亦復如是　為一切導師　見諸求道者　中路而懈廢
不能度生死　煩惱諸險道　故以方便力　為息說涅槃
言汝等苦滅　所作皆已辦　既知到涅槃　皆得阿羅漢
尒乃集大衆　為說真實法　諸佛方便力　分別說三乘
唯有一佛乘　息處故說二　今為汝說實　汝所得非滅

BD05059號　妙法蓮華經卷三　（24–23）

重門高樓閣　男女皆充滿　即作是化已　慰衆言勿懼
汝等入此城　各可隨所樂　諸人既入城　心皆大歡喜
皆生安隱想　自謂已得度　導師知息已　集衆而告言
汝等當前進　此是化城耳　我見汝疲極　中路欲退還
故以方便力　權化作此城　汝今勤精進　當共至寶所
我亦復如是　為一切導師　見諸求道者　中路而懈癈
不能度生死　煩惱諸嶮道　故以方便力　為息說涅槃
言汝等苦滅　所作皆已辦　既知到涅槃　皆得阿羅漢
尒乃集大衆　為說真實法　諸佛方便力　分別說三乘
唯有一佛乘　息處故說二　今為汝說實　汝所得非滅
為佛一切智　當發大精進　汝證一切智　十力等佛法
具三十二相　乃是真實滅　諸佛之導師　為息說涅槃
既知是息已　引入於佛慧

妙法蓮華經卷第三

BD05059 號　妙法蓮華經卷三　（24–24）

无諍三昧人中　為第一是第一離
我不作是念我是離欲阿羅漢世
是念我得阿羅漢道世尊則不說
提是樂阿蘭那行者以須菩提實无所
而名須菩提是樂阿蘭那行
佛告須菩提於意云何如來昔在然燈佛所
所得不世尊如來在然燈佛所於法
得
提於意云何菩薩莊嚴佛土不不也世
以故莊嚴佛土者則非莊嚴是名莊嚴
菩提諸菩薩摩訶薩應如是生清淨
住色生心不應住聲香味觸法生心
住而生其心須菩提譬如有人身如
於意云何是身為大不須菩提言
尊何以故佛說非身是名大身
如恒河中所有沙數如是沙等恒河
云何是諸恒河沙寧為多不須菩提言
世尊但諸恒河尚多无數何況其沙須

BD05060 號　金剛般若波羅蜜經　（2–1）

提於意云何菩薩莊嚴佛土不不也世
以故莊嚴佛土者則非莊嚴是名莊嚴
菩提諸菩薩摩訶薩應如是生清淨
住色生心不應住聲香味觸法生心
住而生其心須菩提譬如有人身如
王於意云何是身為大不須菩提言
尊何以故佛說非身是名大身
如恒河中所有沙數如是沙等恒河
云何是諸恒河沙寧為多不須菩提言
世尊但諸恒河尚多无數何況其沙須
今實言告汝若有善男子善女人以
滿爾所恒河沙數三千大千世界以用
得福多不須菩提言甚多世尊佛告須
若善男子善女人於此經中乃至受持
偈等為他人說而此福德勝前福德
菩提隨說是經乃至四句偈等當知
世間天人阿脩羅皆應供養如佛
况有人盡能受持讀誦須菩提當知
成就最上第一希有之法若是經典所
之處則為有佛若尊重弟子
時須菩提白佛言世尊當何名此經我等
何奉持佛告須菩提是經名為金剛般若
以是名字汝當奉持所以者何須菩

BD05060 號　金剛般若波羅蜜經　（2–2）

般若波羅蜜則非般若波羅蜜須菩
意云何如來有所說法不須菩提白佛
尊如來无所說須菩提於意云何三千
世界所有微塵是為多不須菩提言甚
尊須菩提諸微塵如來說非微塵是名
如來說世界非世界是名世界須菩提
何可以三十二相見如來不不也世
以三十二相得見如來何以故如來說
相即是非相是名三十二相
若有善男子善女人以恒河沙等身
若復有人於此經中乃至受持四句
為他人說其福甚多
菩提聞說是經深解義趣涕淚悲泣
佛言希有世尊佛說如是甚深經典我

BD05061 號　金剛般若波羅蜜經　（3–1）

一相即是非相是名三十二相
若有善男子善女人以恒河沙等身
若復有人於此經中乃至受持四句
為他人説其福甚多
菩提聞説是經深解義趣涕淚悲泣
言希有世尊佛説如是甚深經典我
所得慧眼未曾得聞如是之經世尊
人得聞是經信心清淨則生實相當
就第一希有功德世尊是實相者
是故如來説名實相世尊我今得
典信解受持不足為難若當來世
其有衆生得聞是經信解受持是
一希有何以故此人无我相人相衆
者相所以者何我相即是非相人相
壽者相即是非相何以故離一切諸
佛
提如是如是若復有人得聞是經
不畏當知是人甚為希有何以故
來説第一波羅蜜非第一波羅蜜
波羅蜜
辱波羅蜜如來説非忍辱波羅蜜
如我昔為歌利王割截身體我
无我相无人相无衆生相无壽者相
於往昔節節支解時若有我相人

BD05061 號　金剛般若波羅蜜經　（3–2）

是故如來説名實相世尊我今得
典信解受持不足為難若當來世
其有衆生得聞是經信解受持是
一希有何以故此人无我相人相衆
者相所以者何我相即是非相人相
壽者相即是非相何以故離一切諸
佛
提如是如是若復有人得聞是經
不畏當知是人甚為希有何以故
來説第一波羅蜜非第一波羅蜜
波羅蜜
辱波羅蜜如來説非忍辱波羅蜜
如我昔為歌利王割截身體我
无我相无人相无衆生相无壽者相
於往昔節節支解時若有我相人
相壽者相應生瞋恨須菩提又念過
作忍辱仙人於尒所世无我相

BD05061 號　金剛般若波羅蜜經　（3–3）

如是降伏其心唯然
佛告須菩提諸菩薩
其心所有一切衆生之
生若化生若有色若无
非有想若非无想我皆……而滅度
之如是滅度无量无數无邊衆生實无衆生
得滅度者何以故須菩提若菩薩有我相
人相衆生相壽者相即非菩薩
復次須菩提菩薩於法應无所住行於布
施所謂不住色布施不住聲香味觸法布
施須菩提菩薩應如是布施不住於相何以故
若菩薩不住相布施其福德不可思量須菩
提於意云何東方虛空可思量不不也世尊須
菩提南西北方四維上下虛空可思量不不
也世尊須菩提菩薩无住相布施福德亦
復如是不可思量須菩提菩薩但應如所教
住須菩提於意云何可以身相見如來不不也
世尊不可以身相得見如來何以故如來所說

BD05062號　金剛般若波羅蜜經　（16–1）

若菩薩不住相布施其福德不可思量須菩
提於意云何東方虛空可思量不不也世尊須
菩提南西北方四維上下虛空可思量不不
也世尊須菩提菩薩无住相布施福德亦
復如是不可思量須菩提菩薩但應如所教
住須菩提於意云何可以身相見如來不不也
世尊不可以身相得見如來何以故如來所說
身相即非身相佛告須菩提凡所有相皆
是虛妄若見諸相非相則見如來
須菩提白佛言世尊頗有衆生得聞如是
言說章句生實信不佛告須菩提莫作是說
如來滅後後五百歲有持戒修福者於此章
句能生信心以此為實當知是人不於一佛二
佛三四五佛而種善根已於无量千万佛所
種諸善根聞是章句乃至一念生淨信者
須菩提如來悉知悉見是諸衆生得如是无
量福德何以故是諸衆生无復我相人相衆
生相壽者相无法相亦无非法相何以故是諸
衆生若心取相則為着我人衆生壽者若取
法相即着我人衆生壽者何以故若取非法
相即着我人衆生壽者是故不應取法不應
取非法以是義故如來常說汝等比丘知我
說法如筏喻者法尚應捨何況非法
須菩提於意云何如來得阿耨多羅三藐三
菩提耶如來有所說法耶須菩提言如我解

BD05062號　金剛般若波羅蜜經　（16–2）

衆生若心取相則爲著我人衆生壽者若取
法相即著我人衆生壽者何以故若取非法
相即著我人衆生壽者是故不應取法不應
取非法以是義故如來常說汝等比丘知我
說法如筏喻者法尚應捨何況非法
須菩提於意云何如來得阿耨多羅三藐三
菩提耶如來有所說法耶須菩提言如我解
佛所說義无有定法名阿耨多羅三藐三
菩提亦无有定法如來可說何以故如來所說
法皆不可取不可說非法非非法所以者何
一切賢聖皆以无爲法而有差別
須菩提於意云何若人滿三千大千世界七
寶以用布施是人所得福德寧爲多不須
菩提言甚多世尊何以故是福德即非福德
性是故如來說福德多若復有人於此經中受
持乃至四句偈等爲他人說其福勝彼何以
故須菩提一切諸佛及諸佛阿耨多羅三藐
三菩提法皆從此經出須菩提所謂佛法者即
非佛法須菩提於意云何須陁洹能作是念我
得須陁洹果不須菩提言不也世尊何以故須陁
洹名爲入流而无所入不入色聲香味觸法是
名須陁洹須菩提於意云何斯陁含能作是
念我得斯陁含果不須菩提言不也世尊何
以故斯陁含名一往來而實无往來是名斯
陁含須菩提於意云何阿那含能作是念

BD05062 號　金剛般若波羅蜜經　（16–3）

名須陁洹須菩提於意云何斯陁含能作是
念我得斯陁含果不須菩提言不也世尊何
以故斯陁含名一往來而實无往來是名斯
陁含須菩提於意云何阿那含能作是念
我得阿那含果不須菩提言不也世尊何以
故阿那含名爲不來而實无來是故名阿那
含須菩提於意云何阿羅漢能作是念我得
阿羅漢道不須菩提言不也世尊何以故實
无有法名阿羅漢世尊若阿羅漢作是念我
得阿羅漢道即爲著我人衆生壽者世尊佛
說我得无諍三昧人中最爲第一是第一離
欲阿羅漢我不作是念我是離欲阿羅漢世尊
我若作是念我得阿羅漢道世尊則不說
須菩提是樂阿蘭那行者以須菩提實无
所行而名須菩提是樂阿蘭那行
佛告須菩提於意云何如來昔在然燈佛所
於法有所得不世尊如來在然燈佛所於法
實无所得須菩提於意云何菩薩莊嚴佛土
不不也世尊何以故莊嚴佛土者則非莊嚴
是名莊嚴是故須菩提諸菩薩摩訶薩應如
是生清淨心不應住色生心不應住聲香味
觸法生心應无所住而生其心須菩提譬如
有人身如須彌山王於意云何是身爲大不
須菩提言甚大世尊何以故佛說非身是大

BD05062 號　金剛般若波羅蜜經　（16–4）

是名荘嚴是故須菩提諸菩薩摩訶薩應如
是生清淨心不應住色生心不應住聲香味
觸法生心應无所住而生其心須菩提譬如
有人身如須弥山王於意云何是身為大不
須菩提言甚大世尊何以故佛說非身是大
身須菩提如恒河中所有沙數如是沙等恒
河於意云何是諸恒河沙寧為多不須菩提言
甚多世尊但諸恒河尚多无數何況其沙須菩
提我今實言告汝若有善男子善女人以七
寶滿尒所恒河沙數三千大千世界以用布
施得福多不須菩提言甚多世尊佛告須
菩提若善男子善女人於此經中乃至受持
四句偈等為他人說而此福德勝前福德
復次須菩提隨說是經乃至四句偈等當知
此處一切世間天人阿脩羅皆應供養如佛塔
廟何況有人盡能受持讀誦須菩提當知是
人成就最上第一希有之法若是經典所在
之處則為有佛若尊重弟子
尒時須菩提白佛言世尊當何名此經我等
云何奉持佛告須菩提是經名為金剛般若
波羅蜜以是名字汝當奉持所以者何須菩
提佛說般若波羅蜜則非般若波羅蜜須
菩提於意云何如來有所說法不須菩提白佛
言世尊如來无所說須菩提於意云何三千
大千世界所有微塵是為多不須菩提言甚

波羅蜜以是名字汝當奉持所以者何須菩
提佛說般若波羅蜜則非般若波羅蜜須
菩提於意云何如來有所說法不須菩提白佛
言世尊如來无所說須菩提於意云何三千
大千世界所有微塵是為多不須菩提言甚
多世尊須菩提諸微塵如來說非微塵是名
微塵如來說世界非世界是名世界須菩提
於意云何可以三十二相見如來不不也世
尊不可以三十二相得見如來何以故如來
說三十二相即是非相是名三十二相
須菩提若有善男子善女人以恒河沙等身
命布施若復有人於此經中乃至受持四句
偈等為他人說其福甚多
尒時須菩提聞說是經深解義趣涕淚悲
泣而白佛言希有世尊佛說如是甚深經典我
從昔來所得慧眼未曾得聞如是之經世尊
若復有人得聞是經信心清淨則生實相當
知是人成就第一希有功德世尊是實相者
則是非相是故如來說名實相世尊我今得
聞如是經典信解受持不足為難若當來世
後五百歲其有眾生得聞是經信解受持
是人則為第一希有何以故此人无我相人相
眾生相壽者相所以者何我相即是非相人
相眾生相壽者相即是非相何以故離一切
諸相則名諸佛

後五百歲其有衆生得聞是經信解受持
是人則爲第一希有何以故此人无我相人相
衆生相壽者相所以者何我相即是非相人
相衆生相壽者相即是非相何以故離一切
諸相則名諸佛
佛告須菩提如是如是若復有人得聞是經
不驚不怖不畏當知是人甚爲希有何以故
須菩提如來說第一波羅蜜非第一波羅蜜
是名第一波羅蜜
須菩提忍辱波羅蜜如來說非忍辱波羅蜜
何以故須菩提如我昔爲歌利王割截身體
我於尒時无我相无人相无衆生相无壽者
相何以故我於往昔節節支解時若有我相
人相衆生相壽者相應生瞋恨須菩提又念
過去於五百世作忍辱仙人於尒所世无我
相无人相无衆生相无壽者相是故須菩提
菩薩應離一切相發阿耨多羅三藐三菩提
心不應住色生心不應住聲香味觸法生心
應生无所住心若心有住則爲非住是故佛
說菩薩心不應住色布施須菩提菩薩爲利
益一切衆生應如是布施如來說一切諸相
即是非相又說一切衆生則非衆生
須菩提如來是真語者實語者如語者不誑
語者不異語者須菩提如來所得法此法无
實无虛須菩提若菩薩心住於法而行布施如

說菩薩心不應住色布施須菩提菩薩爲利
益一切衆生應如是布施如來說一切諸相
即是非相又說一切衆生則非衆生
須菩提如來是真語者實語者如語者不誑
語者不異語者須菩提如來所得法此法无
實无虛須菩提若菩薩心住於法而行布施如
人入闇則无所見若菩薩心不住法而行布施如
人有目日光明照見種種色
須菩提當來之世若有善男子善女人能於此
經受持讀誦則爲如來以佛智慧悉知是人
悉見是人皆得成就无量无邊功德
須菩提若有善男子善女人初日分以恒河
沙等身布施中日分復以恒河沙等身布
施後日分亦以恒河沙等身布施如是无量
百千万億劫以身布施若復有人聞此經典信
心不逆其福勝彼何況書寫受持讀誦爲
人解說須菩提以要言之是經有不可思議不
可稱量无邊功德如來爲發大乘者說爲發
最上乘者說若有人能受持讀誦廣爲人說
如來悉知是人悉見是人皆得成就不可量
不可稱无有邊不可思議功德如是人等則
爲荷擔如來阿耨多羅三藐三菩提何以故
須菩提若樂小法者著我見人見衆生見壽
者見則於此經不能聽受讀誦爲人解說須
菩提在在處處若有此經一切世間天人阿脩
羅所應供養當知此處則爲是塔皆應恭

不可稱无有邊不可思議功德如是人等則
為荷擔如來阿耨多羅三藐三菩提何以故
須菩提若樂小法者著我見人見衆生見壽
者見則於此經不能聽受讀誦為人解說須
菩提在在處處若有此經一切世間天人阿脩
羅所應供養當知此處則為是塔皆應恭
敬作禮圍遶以諸華香而散其處
復次須菩提善男子善女人受持讀誦此經
若為人輕賤是人先世罪業應墮惡道以今
世人輕賤故先世罪業則為消滅當得阿耨
多羅三藐三菩提須菩提我念過去无量阿
僧祇劫於然燈佛前得值八百四千万億那
由他諸佛悉皆供養承事无空過者若復
有人於後末世能受持讀誦此經所得功德於
我所供養諸佛功德百分不及一千万億分
乃至筭數譬喻所不能及須菩提若善男
子善女人於後末世有受持讀誦此經所得功
德我若具說者或有人聞心則狂亂狐疑不
信須菩提當知是經義不可思議果報亦不
可思議
尒時須菩提白佛言世尊善男子善女人發
阿耨多羅三藐三菩提心云何應住云何降
伏其心佛告須菩提善男子善女人發阿耨
多羅三藐三菩提者當生如是心我應滅度
一切衆生滅度一切衆生已而无有一衆生

BD05062 號　金剛般若波羅蜜經　（16–9）

尒時須菩提白佛言世尊善男子善女人發
阿耨多羅三藐三菩提心云何應住云何降
伏其心佛告須菩提善男子善女人發阿耨
多羅三藐三菩提者當生如是心我應滅度
一切衆生滅度一切衆生已而无有一衆生
實滅度者何以故若菩薩有我相人相衆生
相壽者相則非菩薩所以者何須菩提實
无有法發阿耨多羅三藐三菩提者
須菩提於意云何如來於然燈佛所有法得
阿耨多羅三藐三菩提不不也世尊如我解
佛所說義佛於然燈佛所无有法得阿耨多
羅三藐三菩提佛言如是如是須菩提實无
有法如來得阿耨多羅三藐三菩提須菩
提若有法如來得阿耨多羅三藐三菩提者
然燈佛則不與我受記汝於來世當得作佛號
釋迦牟尼以實无有法得阿耨多羅三藐三
菩提是故然燈佛與我受記作是言汝於來
世當得作佛號釋迦牟尼何以故如來者即
諸法如義若有人言如來得阿耨多羅三藐三
菩提須菩提實无有法佛得阿耨多羅三藐三
三菩提須菩提如來所得阿耨多羅三藐三
菩提於是中无實无虛是故如來說一切法
皆是佛法須菩提所言一切法者即非一切
法是故名一切法
須菩提譬如人身長大須菩提言世尊如來

BD05062 號　金剛般若波羅蜜經　（16–10）

三菩提須菩提如來所得阿耨多羅三藐三
菩提於是中无實无虛是故如來說一切法
皆是佛法須菩提所言一切法者即非一切
法是故名一切法
須菩提譬如人身長大須菩提言世尊如來
說人身長大則為非大身是名大身
須菩提菩薩亦如是若作是言我當滅度
无量衆生則不名菩薩何以故須菩提實无
有法名為菩薩是故佛說一切法无我无人无
衆生无壽者須菩提若菩薩作是言我當莊
嚴佛土是不名菩薩何以故如來說莊嚴佛
土者即非莊嚴是名莊嚴須菩提若菩薩
通達无我法者如來說名真是菩薩
須菩提於意云何如來有肉眼不如是世尊
如來有肉眼須菩提於意云何如來有天眼
不如是世尊如來有天眼須菩提於意云何
如來有慧眼不如是世尊如來有慧眼須菩
提於意云何如來有法眼不如是世尊如來
有法眼須菩提於意云何如來有佛眼不如
是世尊如來有佛眼須菩提於意云何恒河
中所有沙佛說是沙不如是世尊如來說是
沙須菩提於意云何如一恒河中所有沙有
如是等恒河是諸恒河所有沙數佛世界如
是寧為多不甚多世尊佛告須菩提尒所
國土中所有衆生若干種心如來悉知何以故

BD05062號　金剛般若波羅蜜經　（16–11）

中所有沙佛說是沙不如是世尊如來說是
沙須菩提於意云何如一恒河中所有沙有
如是等恒河是諸恒河所有沙數佛世界如
是寧為多不甚多世尊佛告須菩提尒所
國土中所有衆生若干種心如來悉知何以故
如來說諸心皆為非心是名為心所以者何須
菩提過去心不可得現在心不可得未來心
不可得須菩提於意云何若有人滿三千大
千世界七寶以用布施是人以是因緣得福
多不如是世尊此人以是因緣得福甚多
須菩提若福德有實如來不說得福德多
以福德无故如來說得福德多
須菩提於意云何佛可以具足色身見不不
也世尊如來不應以具足色身見何以故如
來說具足色身即非具足色身是名具足色
身須菩提於意云何如來可以具足諸相見
不不也世尊如來不應以具足諸相見何以故
如來說諸相具足即非具足是名諸相具足
須菩提汝勿謂如來作是念我當有所說法
莫作是念何以故若人言如來有所說法即
為謗佛不能解我所說故須菩提說法者
无法可說是名說法須菩提白佛言世尊佛得
阿耨多羅三藐三菩提為无所得邪如是如是須
菩提我於阿耨多羅三藐三菩提乃至无有少法
可得是名阿耨多羅三藐三菩提復次須菩提

BD05062號　金剛般若波羅蜜經　（16–12）

為說佛不能解我所說故須菩提說法者
无法可說是名說法須菩提白佛言世尊佛得
阿耨多羅三藐三菩提爲无所得耶如是如是須
菩提我於阿耨多羅三藐三菩提乃至无有少法
可得是名阿耨多羅三藐三菩提復次須菩提
是法平等无有高下是名阿耨多羅三藐三
菩提以无我无人无衆生无壽者脩一切善法
則得阿耨多羅三藐三菩提須菩提所言善
法者如來說非善法是名善法須菩提若
三千大千世界中所有諸須弥山王如是等七
寶聚有人持用布施若人以此般若波羅蜜經乃
至四句偈等受持讀誦爲他人說於前福德百
分不及一百千万億分乃至筭數譬喻所不能及
須菩提於意云何汝等勿謂如來作是念我
當度衆生須菩提莫作是念何以故實无有
衆生如來度者若有衆生如來度者如來
則有我人衆生壽者須菩提如來說有我
者則非有我而凡夫之人以爲有我須菩提
凡夫者如來說則非凡夫
須菩提於意云何可以卅二相觀如來不須
菩提言如是如是以卅二相觀如來佛言須
菩提若以卅二相觀如來者轉輪聖王則是
如來須菩提白佛言世尊如我解佛所說義
不應以卅二相觀如來尒時世尊而說偈言
若以色見我　以音聲求我　是人行邪道　不能見如來
須菩提汝若作是念如來不以具足相故得

菩提言如是如是以卅二相觀如來佛言須
菩提若以卅二相觀如來者轉輪聖王則是
如來須菩提白佛言世尊如我解佛所說義
不應以卅二相觀如來尒時世尊而說偈言
若以色見我　以音聲求我　是人行邪道　不能見如來
須菩提汝若作是念如來不以具足相故得
阿耨多羅三藐三菩提須菩提莫作是念
如來不以具足相故得阿耨多羅三藐三菩
提須菩提汝若作是念發阿耨多羅三藐三
菩提者說諸法斷滅莫作是念何以故發阿
耨多羅三藐三菩提者於法不說斷滅相須
菩提若菩薩以滿恒河沙等世界七寶布施
若復有人知一切法无我得成於忍此菩薩勝
前菩薩所得功德須菩提以諸菩薩不受福
德故須菩提白佛言世尊云何菩薩不受福
德須菩提菩薩所作福德不應貪著是故
說不受福德
須菩提若有人言如來若來若去若坐若卧
是人不解我所說義何以故如來者无所從
來亦无所去故名如來
須菩提若善男子善女人以三千大千世界
碎爲微塵於意云何是微塵衆寧爲多不
甚多世尊何以故若是微塵衆實有者佛則
不說是微塵衆所以者何佛說微塵衆則
非微塵衆是名微塵衆世尊如來所說三千

來亦无所去故名如來
須菩提若善男子善女人以三千大千世界
碎爲微塵於意云何是微塵衆寧爲多不
甚多世尊何以故若是微塵衆實有者佛則
不說是微塵衆所以者何佛說微塵衆則
非微塵衆是名微塵衆世尊如來所說三千
大千世界則非世界是名世界何以故若世界
實有者則是一合相如來說一合相則非一合
相是名一合相須菩提一合相者則是不可說
但凡夫之人貪著其事須菩提若人言佛說
我見人見衆生見壽者見須菩提於意云何
是人解我所說義不世尊是人不解如來所
說義何以故世尊說我見人見衆生見壽者
見即非我見人見衆生見壽者見是名我見
人見衆生見壽者見須菩提發阿耨多羅
三藐三菩提心者於一切法應如是知如是見
如是信解不生法相須菩提所言法相者如來
說即非法相是名法相須菩提若有人以滿
无量阿僧祇世界七寶持用布施若有善
男子善女人發菩薩心者持於此經乃至四
句偈等受持讀誦爲人演說其福勝彼云
何爲人演說不取於相如如不動何以故
一切有爲法　如夢幻泡影　如露亦如電　應作如是觀
佛說是經已長老須菩提及諸比丘比丘尼
優婆塞優婆夷一切世間天人阿脩羅聞

BD05062號　金剛般若波羅蜜經　（16–15）

見即非我見人見衆生見壽者見是名我見
人見衆生見壽者見須菩提發阿耨多羅
三藐三菩提心者於一切法應如是知如是見
如是信解不生法相須菩提所言法相者如來
說即非法相是名法相須菩提若有人以滿
无量阿僧祇世界七寶持用布施若有善
男子善女人發菩薩心者持於此經乃至四
句偈等受持讀誦爲人演說其福勝彼云
何爲人演說不取於相如如不動何以故
一切有爲法　如夢幻泡影　如露亦如電　應作如是觀
佛說是經已長老須菩提及諸比丘比丘尼
優婆塞優婆夷一切世間天人阿脩羅聞
佛所說皆大歡喜信受奉行

金剛般若波羅蜜經

BD05062號　金剛般若波羅蜜經　（16–16）

大般涅槃經機感荼毗品　卅二
尒時拘尸城內一切男女悲泣流淚不知荼
毗法則　鄭言如來涅槃如何法則可以
荼毗尒時帝釋具陳上事而以[illegible]佛所
說依輪王法尒時拘尸城內一切人民悲泣
流淚悤入城中即作鐵棺七寶莊嚴即辦微
妙无價白疊千張无數細軟妙兜羅綿辦无
數微妙栴檀沉水百千万種和香香泥香水
一切繒蓋幡華菩如雲遍滿空中積高須弥
旣辦已訖悲哀流淚將至佛所授如來前悲
咽不勝而中供養尒時拘尸城內一切人民
及諸大衆重復悲哀哽咽流淚復持无量香
華幢蓋一切供具如雲遍滿空中手相執手
拒胷哽咽涕泣盈目哀振大千授如來前悲
哀供養尒時大衆悲哽嗜咽深重敬心各以
細妙白疊鄣手扶於如來入鐵棺中注滿香

BD05063 號　大般涅槃經後分卷下　（23–1）

及諸大衆重復悲哀哽咽流淚復持无量香
華幢蓋一切供具如雲遍滿空中手相執手
拒胷哽咽涕泣盈目哀振大千授如來前悲
哀供養尒時大衆悲哽嗜咽深重敬心各以
細妙白疊鄣手扶於如來入鐵棺中注滿香
油棺門即閉尒時拘尸城內一切士女貪福
善心相欲攝取如來功德不令天人一切大
衆同轝佛棺即共詳議遣四力士壯大无雙
脫其所著纓絡衣服期心請轝如來聖棺欲
入城內自申供養盡其神力都不能勝尒時
城內復遣八大力士至聖棺所脫所著衣共
轝佛棺皆盡神力都亦不得拘尸城內復遣
十六㨿大力士來至棺所脫所著衣共轝佛
棺亦不能勝尒時樓豆語力士言縱使盡城
內人男女大小轝如來棺欲入城內亦不能
得何況汝等而能勝耶汝等當請大衆及諸
天力助汝轝棺乃得入城樓豆所言未訖尒
時帝釋即持微妙大七寶蓋无數香華幢幡
音樂與諸天衆悲泣流淚垂在空中供養聖
棺至第六天及色界天皆如帝釋供養聖棺
尒時世尊大悲普覆令諸世間得平等心得
福无異於娑羅林即自轝棺昇虛空中高
一多羅樹拘尸城內一切人民及諸世間人天
大衆等共不得轝佛聖棺尒時帝釋及諸
天衆即持七寶大蓋四柱寶臺四面莊嚴七

BD05063 號　大般涅槃經後分卷下　（23–2）

尒時世尊大悲普覆令諸世間得平等心得
福无異於娑羅林即自舉棺昇虗空中高
一多羅樹拘尸城内一切人民及諸世間人天
大衆菩共不得舉佛聖棺尒時帝釋及諸
天衆即持七寶大蓋四柱寶臺四面莊嚴七
寶纓絡垂虗空中覆佛聖棺无數香華幢幡
纓絡音樂微妙雜彩空中供養至第六天色
界諸天倍前帝釋覆佛聖棺及申供養尒時拘
尸城内一切人民見佛聖棺昇在空中搥胷大哭
悲咽懊惱尒時一切天人於大聖尊寶棺前
路遍散七寶真珠香華纓絡微妙雜彩繽紛
如雲地及虗空悉皆遍滿哀泣流淚供養如
来七寶靈棺同聲唱言苦哉苦哉我等无福
舉佛聖棺遂不能得我等孤露何有善根
尒時世尊大聖金棺於娑羅林靈空之中徐
徐乘空從拘尸城西門而入尒時拘尸城内一
切士女无數菩薩聲聞天人大衆地及靈
空悉皆遍滿隨從如来大聖靈棺手相執手
號聲大哭搥胷叫喚噎咽流淚各持无數香
華寶幢幡蓋地及靈空悉皆遍滿悲號哀
嘆供養靈棺其拘尸那城一面從廣四十八由旬
尒時如来七寶金棺徐徐乘空從拘尸城東
門而出乘空右繞入城南門漸漸空行從北
門出乘空右繞還從拘尸西門而入如是展
轉繞三迊已乘空徐徐還入西門乘空而行

BD05063 號　大般涅槃經後分卷下　（23–3）

尒時如来七寶金棺徐徐乘空從拘尸城東
門而出乘空右繞入城南門漸漸空行從北
門出乘空右繞還從拘尸西門而入如是展
轉繞三迊已乘空徐徐還入西門乘空而行
從東門出空行左繞入城北門漸漸空行從
南門出乘空右繞還入西門如是展轉繞經
四迊如是左右繞拘尸城經于七迊
尒時七寶聖棺當入城時一切大衆悲號哽
咽各持无數微妙香木栴檀沉水一切寶香
文理香潔普薰世界復持无數寶幢幡蓋
香華瓔珞至荼毗所悲哀供養尒時四天大王
及諸天衆悲泣流淚各持天上上妙栴檀沉
水表裏香潔芬馥周遍各五百根大如車輪
復持一切寶香寶幢寶蓋妙華瓔珞至荼毗
所悲哀供養第二天各一千根第三天各二千
第四天各三千第五天各四千第六天各五千
及幡華至荼毗所悲哀供養尒時色界无
色諸天唯有香華至荼毗所悲哀供養尒時
一切世間大衆各持微妙栴檀沉水香華幡
蓋至荼毗所悲哀供養尒時樓豆涕泣普
哀悼无極從諸天人乞妙香木栴檀沉水足
六千根文理香潔芬馥周遍至荼毗所悲哀
供養阿耨達池四面縱廣二百由旬出四大
河佛初成道恒河北岸一樹栴檀隨佛而生
大如車輪高七多羅樹香氣普薰供養如
来其香樹神與樹俱生常取此香供養於佛

BD05063 號　大般涅槃經後分卷下　（23–4）

六牙根文理香潔芬馥周遍至荼毗所悲哀
供養阿耨達池四面縱廣二百由旬出四大
河佛初成道恒河北岸一樹栴檀隨佛而生
大如車輪高七多羅樹香氣普薰供養如
来其香樹神與樹俱生常取此香供養於佛
佛入涅槃此一檀樹即隨佛滅皮葉俱落神亦
隨死有諸異神取此香樹送荼毗所悲哀供養
其地乃是三世諸佛荼毗之處大覺世尊乘
本願力亦於是處荼毗是處有諸往古諸佛
无量寶塔金剛不壞堅固之處尒時如来大
聖寶棺漸漸空行至荼毗所徐徐乘空下安
七寶林其林一切衆妙瓔珞无價雜彩以為
莊嚴於是時須復經七日尒時拘尸城內一
切士女无數菩薩聲聞三十三天一切大衆悲
哀哽咽持諸幡蓋寶幢香華隨從佛棺經
於七日以佛力一切天人无飢渴想一无思食
唯見哀泣戀慕如来既滿七日大聖如来將
欲出棺尒時拘尸城內一切士女无數大衆
復大哀泣振動世界復持香華无數幢蓋微
妙天樂捉佛棺前哀咽供養是時大衆悲哽
流淚各以細微白疊自鄣其手深重敬心從
寶棺中扶於如来紫磨黃金三十二相八十
種好堅固不壞金剛之身安詳而出置七寶
林
尒時大衆重大悲哀聲振十方普佛世界

流淚各以細微白疊自鄣其手深重敬心從
寶棺中扶於如来紫磨黃金三十二相八十
種好堅固不壞金剛之身安詳而出置七寶
林
尒時大衆重大悲哀聲振十方普佛世界
復持一切香華繒蓋音樂深心供養悶絕哽
咽捉如来前是時大衆復更悲咽盈目流淚
各持无數香水香泥深重敬心從頭至足灌
洗如来三十二相八十種好无量福德智慧莊
嚴金剛堅固紫磨黃金不壞色身復洗
寶棺微妙清淨既灌洗已是時大衆復大號哭
悲哀嗚咽燒微妙香散七寶華无數寶幡幢
蓋地及虛空悉皆遍滿悲哀號泣供養如来是
時大衆銜哀嗚咽即持无數妙兜羅綿從頭
至足纏裹如来金剛色身既纏身已復以
上妙无價白疊千張於兜羅上次第相重纏
如来身纏身已訖是時大衆重大悲哀號哭悶
絕復持香華幡蓋寶幢音樂哽咽供養是時大
衆哀泣流淚深重敬心各以白疊鄣手嗚咽
悲哽共扶如来入寶棺中注滿香油棺門尋
閉尒時大衆重大悲哀聲振世界復持香華
幡蓋音樂號悼悲泣供養寶棺尒時一切大
衆所集微妙香木積高須弥芬馥香氣普
薰世界相重密次成大香樓四面七寶莊嚴幢
蓋幡華纓絡雜彩遍空如雲以為莊嚴人天
音樂悲哀供養是時天人大衆將欲舉棺置

幡蓋音樂號啕悲泣供養寶棺尒時一切大
衆所集微妙香木積高須弥芬馥香氣普
薰世界相重安次成大香樓四面七寶莊嚴幢
蓋幡華瓔珞雜彩遍空如雲以為莊嚴人天
音樂悲哀供養是時天人大衆將欲舉棺置
香樓上復大悲哀搥胷大叫聲振大千復持
幢蓋香華音樂悲哀供養是時大衆哀悼悲
結深重敬心各以白疊鄣手共舉如來大聖
寶棺置於莊嚴妙香樓上復大號泣絶而復
穌唱言苦哉皆哉何期孤露无有依持悲咽
流淚復散香華寶幢幡蓋音樂雜彩一切盡
心悲哀供養尒時如來大聖寶棺既上微妙
寶香樓已將欲舉火荼毗如來是時大衆復
大號哭驚振大千復更深重悲哀供養大聖
寶棺及妙香樓尒時一切大衆哀泣盈目合
一時大哭荼毗香樓哀振大千一切世界復
持七寶香燭大如車輪豔彩光明遍照世界
以香華遍滿供養是時寶燭至香樓所自然
弥滅是時一切諸天復持无上七寶大燭豔
光普照悲哀流淚投香樓所皆悉弥滅尒時
一切海神持海中火七寶大燭无數光豔投
香樓所亦皆弥滅是時大衆長時號哭一切
供養不知如來何緣未畢投大香樓荼毗不
然尒時世尊大悲普閤待迦葉衆來至乃
然時大迦葉與五百弟子在耆闍崛山去拘尸
城五十由旬身心忻然入于三昧於正受中

BD05063 號　大般涅槃經後分卷下　（23–7）

供養不知如來何緣未畢投大香樓荼毗不
然尒時世尊大悲普閤待迦葉衆來至乃
然時大迦葉與五百弟子在耆闍崛山去拘尸
城五十由旬身心忻然入于三昧於正受中
傯尒心驚舉身戰慄從定中出見諸山地皆
大振動即知如來已入涅槃告諸弟子我佛
大師入般涅槃時經七日已入棺中苦哉皆
我應當疾往至如來所恐已荼毗不得見佛
三十二相八十種好真淨色身迦葉以敬佛
故不敢飛空往如來所即將弟子尋路疾行
悲哀速往正滿七日至拘尸城城東路首迦
葉遇見一婆羅門執一天華隨路而來迦葉
問言仁者何來荅曰佛般涅槃我於荼毗所
來復問此是何華荅言於荼毗所得此天華
迦葉就乞荅言不得我期將歸提示六親家
中供養迦葉就借着其頂上便即悶絶昬迷
躃地喑咽悲哽良久乃穌即自惟忖於此號
泣不見如來八十種好紫磨色身何所追覓
即與弟子疾共前進至拘尸城北門而入於
其城中入一僧坊見諸比丘蔟聚一處語迦
葉言汝等遠來深勞苦耶安坐待食迦葉
荅言我之大師已入涅槃我有何情安此待食
諸比丘言汝師是誰荅言汝不知耶哀哉痛
苦大覺世尊今已涅槃比丘聞已各大歡喜
而作是言快哉快哉如來在世禁制我等戒
律嚴峻我等甚不堪忍不能依行今已涅槃

BD05063 號　大般涅槃經後分卷下　（23–8）

葉言汝等遠来深勞苦耶安坐待食迦葉
荅言我之大師已入涅槃我有何情安此待食
諸比丘言汝師是誰荅言汝不知耶哀我痛
苦大覺世尊今已涅槃比丘聞已各大歡喜
而作是言快哉快哉如来在世葉制我等戒
律嚴峻我等甚不堪忍不能依行今已涅槃
嚴峻葉戒已應放捨汝且待食有何急耶佛
神力故掩諸天耳及大迦葉諸弟子等皆悉
不聞悪比丘語唯有迦葉獨自聞之於是迦
葉即将弟子悲泣流淚疾往佛所是時迦葉
與諸弟子竊共思念我等如何得諸供物将
至佛所供養如来迦葉復言我自生長在此
城中乞供養物亦應可得将諸弟子即就城
内次苐告乞得妙白疊足滿千張復得无數妙
兜羅綿復得无量寶華香泥香水香油寶幢
幡蓋音樂絃歌纓絡雜彩悉皆具足迦葉與
諸弟子悲哀流淚即将疾往出城西門尒時
迦葉即聞荼毗之所一切大衆悲咽號哭共
聞帝釋已供養訖如何得火然此香樓荼毗
如来帝釋荅言人衆且待摩訶迦葉即時而
至釋言未訖一切大衆正於哀中即見迦葉與
諸弟子尋路悲来衆即停哀便為開路迦葉
前進遥見佛棺将諸弟子一時礼拜號哭哽
咽悶絶躃地昏濁亂心良久乃醒流淚不勝
漸漸前行問大衆言如何得開大悲聖棺大
衆荅言佛入涅槃已經二七怨有楨壞如何

至釋言未訖一切大衆正於哀中即見迦葉與
諸弟子尋路悲来衆即停哀便為開路迦葉
前進遥見佛棺将諸弟子一時礼拜號哭哽
咽悶絶躃地昏濁亂心良久乃醒流淚不勝
漸漸前行問大衆言如何得開大悲聖棺大
衆荅言佛入涅槃已經二七怨有楨壞如何
得開迦葉荅言如来之身金剛堅固常樂我
淨不可俎壞德香芬馥若栴檀山作是語已
涕淚交流至佛棺所尒時如来大悲平等為
迦葉故棺自然開白疊千張及兜羅綿皆即
解散顯出三十二相八十種好真金紫磨堅
固色身迦葉與諸弟子見已悶絶躃地嗜咽
哀哽良久乃蘇涕泣盈目與諸弟子徐上香
樓近佛棺邊復更嗜咽號哭悲哽即以所得
香華幡蓋寶幢纓絡音樂絃歌哀號供養
即以香泥香水灌洗如来金色之身燒香散
華哀泣供養灌洗已訖迦葉與諸弟子持其
所得妙兜羅綿纏於如来紫磨色身次以舊
綿纏新綿上兜羅纏已復以所得白疊千張
次苐相重於兜羅上纏如来身纏白疊已
復持舊疊著新疊上次苐相纏纏已訖棺
門即閉七寶纓珞一切莊嚴尒時迦葉復重悲
哀與諸弟子右繞七迊盈目流淚長跪合掌
説偈哀歎
苦我苦我大聖尊　　我今荼毒苦切心
世尊滅度一何速　　大悲不能留待我

汝持舊疊著新疊上次葉相纏捻纏已訖棺
門即閉七寶瓔珞一切莊嚴尒時迦葉復重悲
哀與諸弟子右繞七迊盈目流淚長跪合掌
說偈哀歎
苦哉苦哉大聖尊　我今荼毒苦切心
世尊滅度一何速　大悲不能留待我
我於崛山禪定中　適觀如來悉不見
又觀見佛已涅槃　偅尒心戰大振驚
忽見闇雲遍世界　復覩山地大振動
即知如來已涅槃　故我疾來已不見
世尊大悲不普我　令我不見佛涅槃
不蒙一言相教告　我今孤露何所依
世尊我今大痛苦　情亂迷悶昏濁心
我今爲礼世尊頂　爲復哀礼如來胷
爲復敬礼大聖手　爲復悲礼如來臂
爲復敬礼如來齊　爲復深心礼佛足
何苦不見佛涅槃　唯願示我敬礼處
如來在世衆安樂　令入涅槃皆大苦
哀哉哀哉深大苦　大悲亦教所礼處
尒時迦葉哽咽悲哀說是偈已世尊大悲即
現二足千輻輪相出於棺外迴示迦葉從千
輻輪放千光明遍照十方一切世界尒時迦
葉與諸弟子見佛足已一時礼拜千輻輪相
即更悶絕昏迷躃地良久乃醒與諸弟子哀
號哽咽右繞七迊繞七迊已復礼佛足悲哀
哭泣聲振世界復更說偈哀歎佛足

輻輪放千光明遍照十方一切世界尒時迦
葉與諸弟子見佛足已一時礼拜千輻輪相
即更悶絕昏迷躃地良久乃醒與諸弟子哀
號哽咽右繞七迊繞七迊已復礼佛足悲哀
哭泣聲振世界復更說偈哀歎佛足
如來究竟大悲心　平等慈光无二照
衆生有感无不應　示我二足千輻輪
我今深心歸命礼　千輻輪相二尊足
千輻輪中放千光　遍照十方普佛剎
我今歸依頭面礼　千輻輪相長光照
衆生遇光皆解脫　三途八難皆離苦
我復歸依頭面礼　輪光普救諸惡趣
世尊往昔无數劫　爲我等故脩苦行
今證得此金剛體　足下由放千光明
悲哀稽首歸命礼　安於衆生千輻輪
佛脩衆德爲一切　脩道樹日降四魔
四魔降已伏外道　衆生因此得正見
稽首歸依頭面礼　衆生正見光明足
佛爲一切真慈父　足光平等度衆生
我復歸依頭面礼　平等離苦輪足光
我遇千輻光明足　悲喜交流哀切心
我復悲哀頭面礼　有感千輻輪光相
稽首歸依輪足光　乘究竟　乘出三界
敬礼天人歸依足　輪光普照三有苦
衆生未得脫苦門　皆悉歸命輪光足
我等輪迴未出離　如何輪足見放捨

我復悲哀頭面礼　育感千輻輪光相
稽首歸依輪足光　乘究竟乘出三界
敬礼天人歸依足　輪光普照三有苦
衆生未得脫苦門　皆悉歸命輪光足
我等輪迴未出離　如何輪足見放捨
哀哉哀哉諸衆生　長夜莫覩輪足光
悔過世尊大慈悲　示敬千輻輪光足
哀哉今遇輪光相　自此當何復再覩
尒時迦葉與諸弟子說是偈已復重悶絕𡧮
迷躃地良久漸醒悲哀哽咽不能自裁大
覺世尊千輻輪相金剛雙足還自入棺封閉如
故尒時城內一切女天人大衆見大迦葉復
重號哭𨁂骨大叫哀振大千无量世界各
将所持悲哽供養
尒時拘尸城內有四力士瓔珞嚴身持七寶
炬大如車輪艷光普照以焚香樓荼毗如来
炬投香樓自然殄滅迦葉告言大聖寶棺三
界之火所不能燒何况汝力而能焚耶城內
復有八大力士更持七寶大炬光艷一切将
投棺所已皆殄滅城內復有十六大力士
各持七寶大炬来投香樓亦悉殄滅城內復
有三十六大力士各持七寶大炬来投之
皆殄滅
尒時迦葉告諸力士一切大衆汝等當知縱
使一切天人所有炬火不能荼毗如来寶棺
汝等不須勞苦強欲爲作尒時城內士女天

BD05063號　大般涅槃經後分卷下

（23–13）

各持七寶大炬来投香樓亦悉殄滅城內復
有三十六大力士各持七寶大炬来投之
皆殄滅
尒時迦葉告諸力士一切大衆汝等當知縱
使一切天人所有炬火不能荼毗如来寶棺
汝等不須勞苦強欲爲作尒時城內士女天
人大衆復重悲哀各以所持號泣供養一時
礼拜右繞七匝悲號大哭聲振三千尒時如
来以大悲力從心胷中火踊棺外漸漸荼毗
經于七日焚妙香樓尒乃方盡尒時城內士
女天人大衆於七日間悲號哭泣哀聲不斷
各以所持供養不歇尒時四天王各作是念
我以香水注火令滅急收舍利天上供養作
是念已即持七寶金瓶盛滿香水復将須弥
四埵四大香潔出甘乳樹樹各千圍高百由
旬隨四天王同時而下至荼毗所樹流甘乳
王寫香瓶一時注火注已火勢轉高都无滅
也尒時海神莎伽羅龍王及江神河神見火
不滅各作是念我取香水注火令滅急收舍
利住處住養作是念已各持寶瓶盛取无量
香水至荼毗所一時注火注已火勢如故都
亦不滅尒時樓豆語四天王及海神等汝注
香水令火滅者可不欲取舍利還本所居而
供養耶答言實尒樓豆語四天王言汝大貪
心汝居天上舍利隨汝若在天宮地居之人
如何得往而供養耶復語海神汝等住在大

BD05063號　大般涅槃經後分卷下

（23–14）

香水至荼毗所一時注火注已火勢如故都
亦不滅尒時樓豆語四天王及海神等汝注
香水令火滅者可不欲取舍利還本所居而
供養耶荅言實尒樓豆語四天王言汝大貪
心汝居天上舍利随汝若在天宫地居之人
如何得往而供養耶復語海神汝等住在大
海江河如来舍利汝权取者地居之人如何
得往而供養耶尒時四天王即皆懴悔悔已
各還天宫尒時大海江河神等皆亦懴悔誠
如聖言悔已各還

大般涅槃經聖軀廓閏品

尒時帝釋持七寶瓶及供養具至荼毗所其
火一時自然滅盡帝釋即開如来寶棺欲請
佛牙樓豆即問汝何為耶荅言欲請佛牙還
天供養樓豆言莫輒自取可待大衆尒乃共
分釋言佛先與我一牙舍利是以我来火即
自滅帝釋說是語已即開寶棺於佛口中右
畔上頷取牙舍利即還天上起塔供養尒時
有二捷疾羅剎隱身随釋衆皆不見盜取一
雙佛牙舍利尒時城内一切士女一切大衆
即一時来欲諍舍利樓豆告言大衆當知待
且安詳如佛所說應當如法共分供養尒時
城内士女一切大衆不聞樓豆所言乃各執
持矛矟弓箭刀劒胃索一切戰具各自莊嚴
欲取舍利尒時城内人衆即開佛棺兜羅白
疊莬然不燒火衆見已復大號哭流淚盈目

BD05063號　大般涅槃經後分卷下　（23–15）

城内士女一切大衆不聞樓豆所言乃各執
持矛矟弓箭刀劒胃索一切戰具各自莊嚴
欲取舍利尒時城内人衆即開佛棺兜羅白
疊莬然不燒火衆見已復大號哭流淚盈目
各持所持悲哀供養深心礼拜流淚長跪同
說偈讚

如来以大自在力　於一切世得自在
大悲本願處斯土　周旋苦海度衆生
无量智慧神通力　出没生死无罣㝵
能以一身為多身　多身一身為无量
神變普應咸皆見　无緣即現入涅槃
我等福盡无應緣　故乃如来見放捨
佛於莎羅寶棺中　大力士舉皆不起
大悲之力自輕舉　昇空高一多羅樹
乘虛徐繞拘尸城　七日大聖繞七迊
繞已自臨荼毗所　不共神力所施為
一切天人莫能測　佛於大般涅槃中
舍刵不壞力自在　一切荼毗火不然
自於心中出慈火　梵燒七日示現盡
人天不能滅此火　如来大悲示應力
帝釋来至火便滅　妙兜羅綿纏佛身
大火熾燒覩不然　白疊随佛寶棺内
火中儼然而不燒　方知如来自在力
於法自在為法王　敬礼大悲三界尊
敬礼聖中无畏者　敬礼普覆大慈力

BD05063號　大般涅槃經後分卷下　（23–16）

帝釋來至大便滅　妙兜羅綿纏佛身
大火焚燒覩不然　白疊隨佛實棺内
火中儼然而不燒　方知如來自在力
於法自在為法王　敬礼大悲三界尊
敬礼聖中无畏者　敬礼普覆大慈力
敬礼神變自在者　我等從今離世尊
没苦无能見救護　哀哉哀哉大聖尊
方今長別何由見
尒時大衆説是偈已重復悲泣各以所持盡
哀供養尒時樓豆普為天人一切大衆與城
内人共於棺所徐舉白疊及兜羅綿其迦葉
等白疊千張火全不燒其城内人白疊千張
除外一雙餘者灰燼其兜羅綿蕩然如故尒
時樓豆取此白疊及兜羅綿細破分之與諸
大衆令起寶塔而供養之樓豆復取疊灰亦
細分衆令起寶塔而供養之其餘燼炭无
復得分衆各自取起塔供養其城内人先已遣
匠造八金壜八師子座各以七寶而為莊嚴
其七寶壜各受一斛各置七寶師子座上其
八師子七寶之座座別各有三十二力士各
嚴七寶纓絡雜彩纏身共舉七寶八師子
座座上復各有八彩女身嚴七寶瓔珞雜彩持
七寶壜座上復各有八彩女嚴身瓔珞執七
寶蓋覆金壜上座上復各有八彩女身嚴瓔
珞持七寶劒衛七寶壜座上復各有八彩女
身嚴瓔珞執雜毛纛竪壜四面座別各有无

嚴七寶纓絡雜彩纏身共舉七寶八師子
座座上復各有八彩女身嚴七寶瓔珞雜彩持
七寶壜座上復各有八彩女嚴身瓔珞執七
寶蓋覆金壜上座上復各有八彩女身嚴瓔
珞持七寶劒衛七寶壜座上復各有八彩女
身嚴瓔珞執雜毛纛竪壜四面座別各有无
量人衆持妙音樂幢幡寶蓋香華瓔珞圍繞
供養座各復有无量人衆各持弓箭矛矟罥
索長鉤一切戰具而圍繞之從拘尸城前後
圍繞向荼毗所其八師子七寶之座出城去
後城内人衆即持无數香泥香水尋力士後
平治塗地作香泥路廣博嚴事向荼毗所其
路兩邊无數寶幢幡蓋香華真珠瓔珞衆
妙雜彩音樂絃歌嚴餝路邊儼然供養待大
聖尊舍利而還其諸力士持八師子七寶之座
圍繞至荼毗所即大哀泣號哭哽咽聲振大
千各以所持深心供養
尒時世尊大悲力故碎金剛體成末舍利唯
留四牙不可俎壞尒時大衆既見舍利復重
悲哀以其所持流淚供養尒時樓豆與城内
人涕泣盈目收取舍利著師子座七寶塔中
满八金壜舍利便盡尒時一切天人大衆見
佛舍利入金壜中重更悲哭涕泣流淚各持
所持深心供養尒時城内諸大力士及諸士
女持欲持佛舍利金壜向拘尸城尒時大衆
復重悲哀各將所持流淚供養尒時城内諸

佛舍利入金壜中重更悲哭涕泣流淚各持
所持深心供養尒時城内諸大力士及諸士
女持欲持佛舍利金壜向拘尸城尒時大衆
復重悲哀各將所持流淚供養尒時城内諸
大力士及圍繞衆并城内人悲咽流淚舉八
師子七寶之座隨香泥路迴向拘尸尒時一
切人天大衆復大悲哀聲振世界各將所持
隨從舍利哀號供養如来舍利至城内已置
四衢道中尒時拘尸城人即嚴四兵无數軍
衆身著鉀鎧各執戰具繞拘尸城四面周迊
无數重兵儼然而住擬防外人来抄標故雖
為儀式无戰諍心復有五百大呪術師守城
四門為遮難故復有无數寶幢幡蓋微妙莊
嚴大雜毛毳於城四維儼然供養為標式故
尒時城内一切士女天人大衆復大悲哀各
將所持珍心供養其舍利塔置師子座經于
七日於七日中一切大衆日夜悲號哀聲不
斷盡以所持深心供養其八師子七寶之座
各有五百大呪術師各共持之遮有天龍夜
叉神鬼来欺奪等故經一日間尒時如来本生
眷屬迦毗羅國王諸釋種等佛神力故都不
覺知佛入涅槃佛涅槃後經三七日尒乃方
知時彼國王諸釋種等悲哭號即共疾来
至拘尸城見諸兵衆无數千人圍繞城外復
見寶幢幡蓋列城四維殯發國界復見大呪
術師守城四門王及釋種等問呪師言佛涅槃

BD05063號　大般涅槃經後分卷下　（23–19）

眷屬迦毗羅國王諸釋種等佛神力故都不
覺知佛入涅槃佛涅槃後經三七日尒乃方
知時彼國王諸釋種等悲哭號即共疾来
至拘尸城見諸兵衆无數千人圍繞城外復
見寶幢幡蓋列城四維殯發國界復見大呪
術師守城四門王及釋種等問呪師言佛涅槃
耶荅云佛涅槃来過四七日荼毗已竟將分
舍利王言我等是佛所生眷屬佛神力故令我
不知如来涅槃我今欲見如来舍利卿可開
路令我得入呪師兵衆聞是語已即聽入城王
及釋種得入城已見佛舍利在師子座悲號
哽咽涕淚交流右繞七迊繞七迊已収淚而
言我今欲請如来舍利一分將還供養大衆
荅曰雖知汝是釋種眷屬然佛世尊先已有
言分布舍利未見及汝各有請主汝如何得
汝可還耶尒時王及釋種不果所請號哭悲
哀悶絶躃地良久乃醒悲不自勝語衆人言
如来世尊是我釋種慜汝等故於此涅槃汝
等如何見有欺忽乃不分我一分舍利作是
語訖各礼舍利右繞七迊悲泣流淚生忿恨
心慨悼還家
尒時摩伽陁王阿闍世王宮父王已深生悔
恨身生惡瘡既遇世尊月愛光觸身瘡漸差
来詣佛所求哀懺悔世尊大悲即以甘露微妙
法藥洗蕩身瘡極重罪滅即還本宮都不覺
知如来涅槃於涅槃夜夢見月落日從地出

BD05063號　大般涅槃經後分卷下　（23–20）

心慨悼還家
尒時摩伽陁王阿闍世王害父王已深生悔
恨身生惡瘡既遇世尊月受光觸身瘡漸愈
來詣佛所求哀懺悔世尊大悲即以甘露微妙
法藥洗蕩身瘡極重罪滅即還本部不覺
知如來涅槃於涅槃夜夢見月落日從地出
星宿雲雨繽紛而隕復有煙氣從地而出見
七彗星現於天上復夢天上有大火聚遍空
熾然一時墮地夢已尋覺心大驚戰即召諸
臣具陳斯夢此何祥耶臣荅王言是佛涅槃
不祥之相佛滅度後三界衆生六道 有識
煩惱橫起故現大火從天落也佛入滅度月
愛慈光慧雲普闇悲皆滅沒即雲月落星
落地者佛涅槃後八万律儀一切戒法衆生
違反不依佛教乃行耶法墮於地獄日出地
者佛涅槃後三塗惡道皆聚日光出現世間故
感斯夢王聞是語將諸臣從夜半即來至拘
尸城見諸无數四兵之衆防衛拘尸无量重
數復見城門有呪術師防亡外難王見是已
即問呪師佛涅槃耶呪師荅言佛涅槃來已
經四七當今大衆將分舍利王言佛入涅 槃
我都不知我於夜夢見不祥事以問諸臣方
知如來入大涅槃我欲入城礼拜如來金剛
舍利汝為通路呪師聞已即聽前入王至城
內四衢道中見師子座舍利金塔復覩大衆
悲哀供養王與從衆一切礼拜悲泣流淚右

BD05063號　大般涅槃經後分卷下　（23–21）

經四七當今大衆將分舍利王言佛入涅 槃
我都不知我於夜夢見不祥事以問諸臣方
知如來入大涅槃我欲入城礼拜如來金剛
舍利汝為通路呪師聞已即聽前入王至城
內四衢道中見師子座舍利金塔復覩大衆
悲哀供養王與從衆一切礼拜悲泣流淚右
繞七匝哀慟供養尒時王就大衆請求如來
一分舍利還國供養大衆荅言何晩至耶佛
已先訖分布方法舍利皆已各有所請无有
仁分仁可還宮阿闍世王不果所請愁憂不
樂即礼舍利惆悵而還
尒時毗離外道名王佛涅槃後經三七已尒
乃方知即將臣從疾往拘尸既至拘尸即見
无數四兵之衆防衛拘尸繞无量重尒時阿
勒伽羅王佛涅槃後經三七已尒乃方知即
將臣從疾往拘尸既至拘尸即見无數四兵
之衆防衛拘尸繞无量重尒時毗穠陁不畏
王佛入涅槃經三七已尒乃方知尒時遮羅
加羅國王佛入涅槃經三七已尒乃知尒時
師伽那王佛入涅槃經三七已尒乃方知
尒時波肩羅外道名王佛入涅槃經三七已
尒乃方知即將臣從疾往拘尸既至拘尸即
見无數四兵之衆防衛拘尸繞无量重復見
城門有大呪師防亡外難王問呪師佛涅槃
耶荅言佛涅槃來已經四七當今大衆將分
舍利王語呪師佛入涅槃我都不知故今晩

BD05063號　大般涅槃經後分卷下　（23–22）

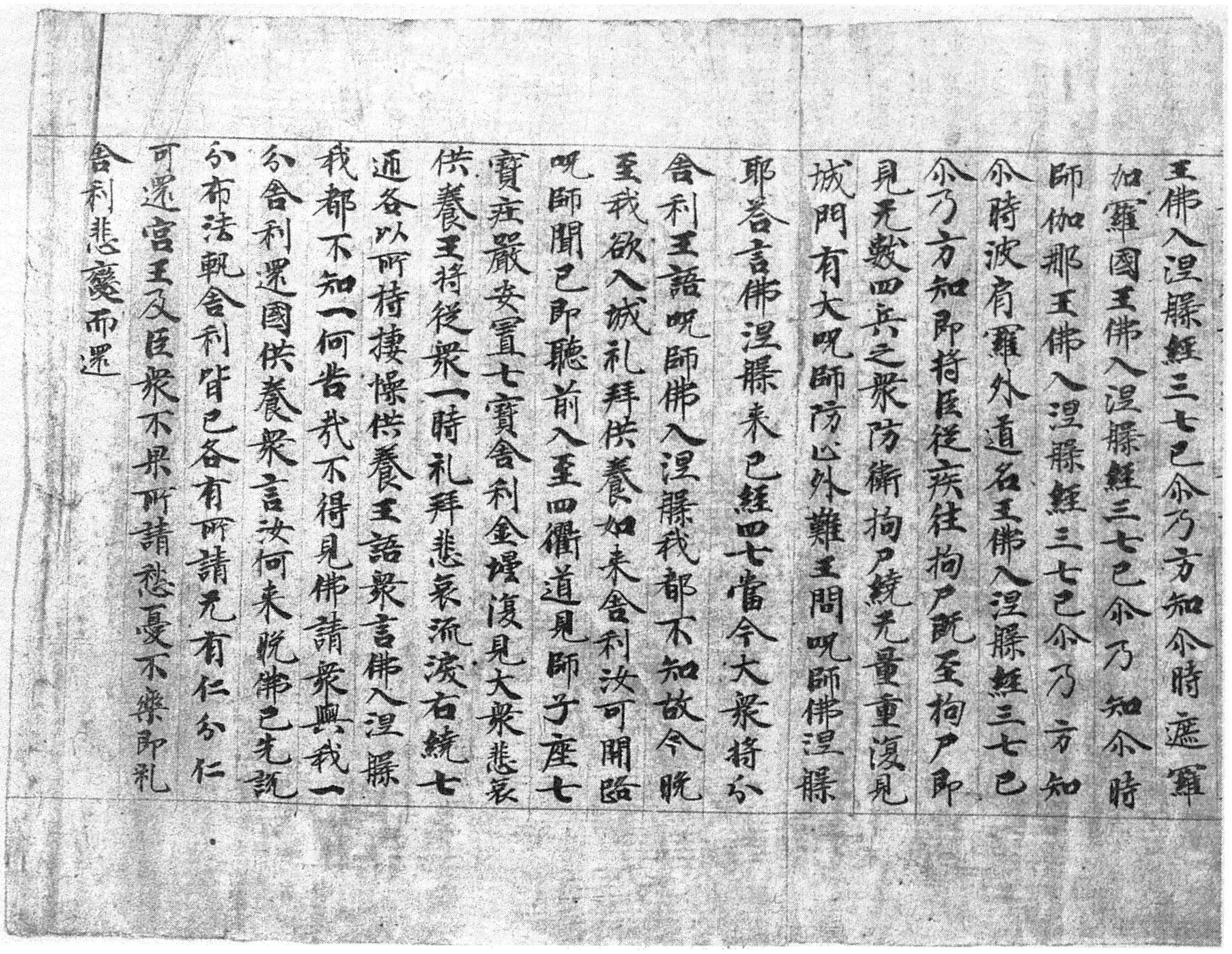
王佛入涅槃經三七已尒乃方知尒時遮羅
伽羅國王佛入涅槃經三七已尒乃知尒時
師伽耶王佛入涅槃經三七已尒乃方知
尒時波肩羅外道名王佛入涅槃經三七已
尒乃方知即将臣從疾往拘尸既至拘尸即
見无數四兵之衆防衛拘尸繞无量重復見
城門有大呪師防心外難王問呪師佛涅槃
耶答言佛涅槃来已經四七當今大衆将分
舍利王語呪師佛入涅槃我都不知故今晚
至我欲入城礼拜供養如来舍利汝可開路
呪師聞已即聽前入至四衢道見師子座七
寶莊嚴安置七寶舍利金壜復見大衆悲哀
供養王将從衆一時礼拜悲哀流淚右繞七
匝各以所持搕㨶供養王語衆言佛入涅槃
我都不知一何苦哉不得見佛請衆與我一
分舍利還國供養衆言汝何来晚佛已先許
分布法軌舍利皆已各有所請无有仁分仁
可還宫王及臣衆不果所請愁憂不樂即礼
舍利悲戀而還

BD05063 號　大般涅槃經後分卷下　　（23–23）

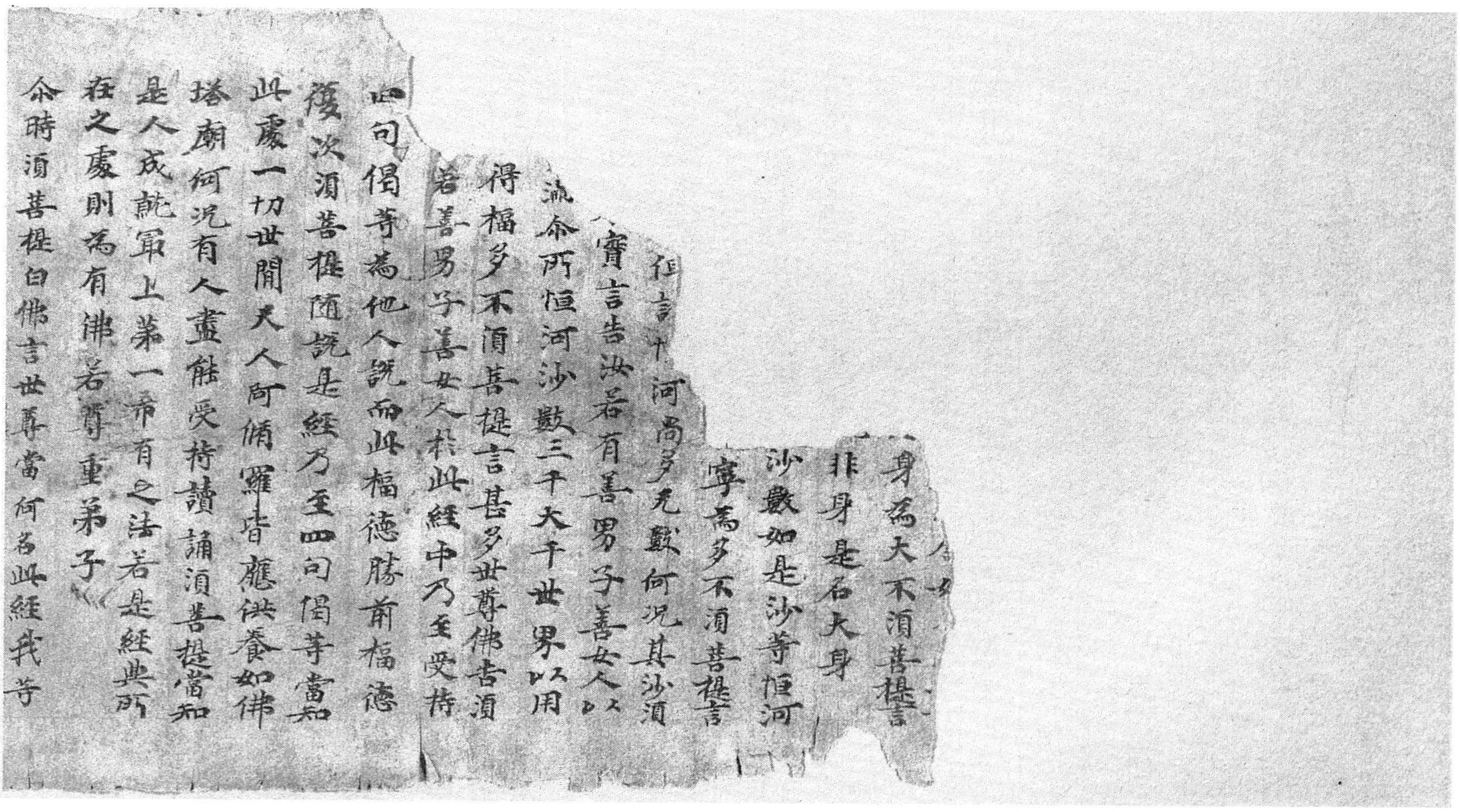
身為大不須菩提言
非身是名大身
沙數如是沙等恒河
寧為多不須菩提言
但諸恒河尚多无數何況其沙須
實言告汝若有善男子善女人以
滿尒所恒河沙數三千大千世界以用
得福多不須菩提言甚多世尊佛告須
菩提若善男子善女人於此經中乃至受持
四句偈等為他人說而此福德勝前福德
復次須菩提隨說是經乃至四句偈等當知
此處一切世間天人阿脩羅皆應供養如佛
塔廟何况有人盡能受持讀誦須菩提當知
是人成就最上第一希有之法若是經典所
在之處則為有佛若尊重弟子
尒時須菩提白佛言世尊當何名此經我等

BD05064 號　金剛般若波羅蜜經　　（13–1）

復次須菩提隨說是經乃至四句偈等當知
此處一切世間天人阿脩羅皆應供養如佛
塔廟何況有人盡能受持讀誦須菩提當知
是人成就最上第一希有之法若是經典所
在之處則為有佛若尊重弟子
尒時須菩提白佛言世尊當何名此經我等
云何奉持佛告須菩提是經名為金剛般若
波羅蜜以是名字汝當奉持所以者何須菩
提佛說般若波羅蜜則非般若波羅蜜須菩
提於意云何如來有所說法不須菩提白佛
言世尊如來无所說須菩提於意云何三千
大千世界所有微塵是為多不須菩提言甚
多世尊須菩提諸微塵如來說非微塵是名
微塵如來說世界非世界是名世界須菩提
於意云何可以三十二相見如來不不也世
尊不可以三十二相得見如來何以故如來
說三十二相即是非相是名三十二相
須菩提若有善男子善女人以恒河沙等身
命布施若復有人於此經中乃至受持四句
偈等為他人說其福甚多
尒時須菩提聞說是經深解義趣涕淚悲泣
而白佛言希有世尊佛說如是甚深經典我
從昔來所得慧眼未曾得聞如是之經世尊
若復有人得聞是經信心清淨則生實相當
知是人成就第一希有功德世尊是實相者

BD05064 號　金剛般若波羅蜜經　（13–2）

偈等為他人說其福甚多
尒時須菩提聞說是經深解義趣涕淚悲泣
而白佛言希有世尊佛說如是甚深經典我
從昔來所得慧眼未曾得聞如是之經世尊
若復有人得聞是經信心清淨則生實相當
知是人成就第一希有功德世尊是實相者
則是非相是故如來說名實相世尊我今得
聞如是經典信解受持不足為難若當來世
後五百歲其有衆生得聞是經信解受持是
人則為第一希有何以故此人无我相人相
衆生相壽者相所以者何我相即是非相人
相衆生相壽者相即是非相何以故離一切
諸相則名諸佛
佛告須菩提如是如是若復有人得聞是經
不驚不怖不畏當知是人甚為希有何以故
須菩提如來說第一波羅蜜非第一波羅蜜
是名第一波羅蜜
須菩提忍辱波羅蜜如來說非忍辱波羅蜜
何以故須菩提如我昔為歌利王割截身體
我於尒時无我相无人相无衆生相无壽者
相何以故我於往昔節節支解時若有我
相人相衆生相壽者相應生瞋恨須菩提又念
過去於五百世作忍辱仙人於尒所世无我
相无人相无衆生相无壽者相是故須菩提
菩薩應離一切相發阿耨多羅三藐三菩提

BD05064 號　金剛般若波羅蜜經　（13–3）

相何以故我於往昔節節支解時若有我
相人相衆生相壽者相應生瞋恨須菩提又念
過去於五百世作忍辱仙人於尒所世无我
相无人相无衆生相无壽者相是故須菩提
菩薩應離一切相發阿耨多羅三藐三菩提
心不應住色生心不應住聲香味觸法生心
應生无所住心若心有住則為非住是故佛
說菩薩心不應住色布施須菩提菩薩為
利益一切衆生應如是布施如來說一切諸相
即是非相又說一切衆生則非衆生
須菩提如來是真語者實語者如語者不誑
語者不異語者須菩提如來所得法此法无
實无虛
須菩提若菩薩心住於法而行布施如人入
闇則无所見若菩薩心不住法而行布施如
人有目日光明照見種種色
須菩提當來之世若有善男子善女人能於此
經受持讀誦則為如來以佛智慧悉知是人
悉見是人皆得成就无量无邊功德
須菩提若有善男子善女人初日分以恒河
沙等身布施中日分復以恒河沙等身布施
後日分亦以恒河沙等身布施如是无量百
千万億劫以身布施若復有人聞此經典信
心不逆其福勝彼何況書寫受持讀誦為人
解說

BD05064 號　金剛般若波羅蜜經　（13–4）

沙等身布施中日分復以恒河沙等身布施
後日分亦以恒河沙等身布施如是无量百
千万億劫以身布施若復有人聞此經典信
心不逆其福勝彼何況書寫受持讀誦為人
解說
須菩提以要言之是經有不可思議不可稱
量无邊功德如來為發大乘者說為發最上
乘者說若有人能受持讀誦廣為人說如來
悉知是人悉見是人皆得成就不可量不可
稱无有邊不可思議功德如是人等則為荷
擔如來阿耨多羅三藐三菩提何以故須菩
提若樂小法者著我見人見衆生見壽者見
則於此經不能聽受讀誦為人解說須菩提
在在處處若有此經一切世間天人阿修羅
所應供養當知此處則為是塔皆應恭敬作
禮圍遶以諸華香而散其處
復次須菩提善男子善女人受持讀誦此經
若為人輕賤是人先世罪業應墮惡道以今
世人輕賤故先世罪業則為消滅當得阿耨
多羅三藐三菩提須菩提我念過去无量阿
僧祇劫於然燈佛前得值八百四千万億那
由他諸佛悉皆供養承事无空過者若復有
人於後末世能受持讀誦此經所得功德於
我所供養諸佛功德百分不及一千万億分
乃至筭數譬喻所不能及須菩提若善男子

BD05064 號　金剛般若波羅蜜經　（13–5）

僧祇劫於然燈佛前得值八百四千万億那
由他諸佛悉皆供養承事无空過者若復有
人於後末世能受持讀誦此經所得功德於
我所供養諸佛功德百分不及一千万億分
乃至筭數譬喻所不能及須菩提若善男子
善女人於後末世有受持讀誦此經所得功
德我若具說者或有人聞心則狂亂狐疑不
信須菩提當知是經義不可思議果報亦不
可思議
尒時須菩提白佛言世尊善男子善女人發
阿耨多羅三藐三菩提心云何應住云何降
伏其心佛告須菩提善男子善女人發阿耨
多羅三藐三菩提者當生如是心我應滅度
一切衆生滅度一切衆生已而无有一衆生
實滅度者何以故若菩薩有我相人相衆生
相壽者相則非菩薩所以者何須菩提實无
有法發阿耨多羅三藐三菩提者
須菩提於意云何如來於然燈佛所有法得
阿耨多羅三藐三菩提不不也世尊如我解
佛所說義佛於然燈佛所无有法得阿耨多
羅三藐三菩提佛言如是如是須菩提實无
有法如來得阿耨多羅三藐三菩提須菩提
若有法如來得阿耨多羅三藐三菩提然燈
佛則不與我受記汝於來世當得作佛号釋

佛所說義佛於然燈佛所无有法得阿耨多
羅三藐三菩提佛言如是如是須菩提實无
有法如來得阿耨多羅三藐三菩提須菩提
若有法如來得阿耨多羅三藐三菩提然燈
佛則不與我受記汝於來世當得作佛号釋
迦牟尼以實无有法得阿耨多羅三藐三菩
提是故然燈佛與我受記作是言汝於來世
當得作佛号釋迦牟尼何以故如來者即諸
法如義若有人言如來得阿耨多羅三藐三
菩提須菩提實无有法佛得阿耨多羅三藐
三菩提須菩提如來所得阿耨多羅三藐三
菩提於是中无實无虛是故如來說一切法
皆是佛法須菩提所言一切法者即非一切
法是故名一切法
須菩提譬如人身長大須菩提言世尊如來
說人身長大則為非大身是名大身
須菩提菩薩亦如是若作是言我當滅度无
量衆生則不名菩薩何以故須菩提實无有
法名為菩薩是故佛說一切法无我无人无
衆生无壽者須菩提若菩薩作是言我當莊
嚴佛土是不名菩薩何以故如來說莊嚴佛
土者即非莊嚴是名莊嚴須菩提若菩薩通
達无我法者如來說名真是菩薩
須菩提於意云何如來有肉眼不如是世尊　如

衆生无壽者須菩提若菩薩作是言我當莊
嚴佛土是不名菩薩何以故如來說莊嚴佛
土者即非莊嚴是名莊嚴須菩提若菩薩通
達无我法者如來說名真是菩薩
須菩提於意云何如來有肉眼不如是世尊如
來有肉眼須菩提於意云何如來有天眼
不如是世尊如來有天眼須菩提於意云何
如來有慧眼不如是世尊如來有慧眼須菩
提於意云何如來有法眼不如是世尊如來
有法眼須菩提於意云何如來有佛眼不如
是世尊如來有佛眼須菩提於意云何恒河
中所有沙佛說是沙不如是世尊如來說是
沙須菩提於意云何如一恒河中所有沙有
如是等恒河是諸恒河所有沙數佛世界如
是寧為多不甚多世尊佛告須菩提尒所國
土中所有衆生若干種心如來悉知何以故如
來說諸心皆為非心是名為心所以者何
須菩提過去心不可得現在心不可得未來
心不可得須菩提於意云何若有人滿三千
大千世界七寶以用布施是人以是因緣得
福多不如是世尊此人以是因緣得福甚多
須菩提若福德有實如來不說得福德多以
福德无故如來說得福德多
須菩提於意云何佛可以具足色身見不不
也世尊如來不應以具足色身見何以故如

BD05064號　金剛般若波羅蜜經　（13–8）

大千世界七寶以用布施是人以是因緣得
福多不如是世尊此人以是因緣得福甚多
須菩提若福德有實如來不說得福德多以
福德无故如來說得福德多
須菩提於意云何佛可以具足色身見不不
也世尊如來不應以具足色身見何以故如
來說具足色身即非具足色身是名具足
色身須菩提於意云何如來可以具足諸相見
不不也世尊如來不應以具足諸相見何以
故如來說諸相具足即非具足是名諸相具
足須菩提汝勿謂如來作是念我當有所說
法莫作是念何以故若人言如來有所說法
即為謗佛不能解我所說故須菩提說法者
无法可說是名說法
須菩提白佛言世尊佛得阿耨多羅三藐三
菩提為无所得耶如是如是須菩提我於阿
耨多羅三藐三菩提乃至无有少法可得
是名阿耨多羅三藐三菩提復次須菩提是法
平等无有高下是名阿耨多羅三藐三菩提
以无我无人无衆生无壽者脩一切善法則
得阿耨多羅三藐三菩提須菩提所言善法
者如來說非善法是名善法
須菩提若三千大千世界中所有諸須弥山
王如是等七寶聚有人持用布施若人以此
般若波羅蜜經乃至四句偈等受持讀誦為

BD05064號　金剛般若波羅蜜經　（13–9）

得阿耨多羅三藐三菩提須菩提所言善法
者如來說非善法是名善法
須菩提若三千大千世界中所有諸須彌山
王如是等七寶聚有人持用布施若人以此
般若波羅蜜經乃至四句偈等受持讀誦為
他人說於前福德百分不及一百千万億分
乃至筭數譬喻所不能及
須菩提於意云何汝等勿謂如來作是念我
當度眾生須菩提莫作是念何以故實无有
眾生如來度者若有眾生如來度者如來則
有我人眾生壽者須菩提如來說有我者則
非有我而凡夫之人以為有我須菩提凡夫
者如來說則非凡夫
須菩提於意云何可以卅二相觀如來不須
菩提言如是如是以卅二相觀如來佛言須
菩提若以卅二相觀如來者轉輪聖王則是
如來須菩提白佛言世尊如我解佛所說義
不應以卅二相觀如來尒時世尊而說偈言
若以色見我　以音聲求我　是人行邪道　不能見如來
須菩提汝若作是念如來不以具足相故
得阿耨多羅三藐三菩提須菩提莫作是念
如來不以具足相故得阿耨多羅三藐三菩
提須菩提汝若作是念發阿耨多羅三藐三
菩提者說諸法斷滅莫作是念何以故發阿

BD05064號　金剛般若波羅蜜經　（13–10）

若以色見我　以音聲求我　是人行邪道　不能見如來
須菩提汝若作是念如來不以具足相故
得阿耨多羅三藐三菩提須菩提莫作是念
如來不以具足相故得阿耨多羅三藐三菩
提須菩提汝若作是念發阿耨多羅三藐三
菩提者說諸法斷滅莫作是念何以故發阿
耨多羅三藐三菩提者於法不說斷滅相須
菩提若菩薩以滿恒河沙等世界七寶布施
若復有人知一切法无我得成於忍此菩薩
勝前菩薩所得功德須菩提以諸菩薩不受
福德故須菩提白佛言世尊云何菩薩不受
福德須菩提菩薩所作福德不應貪著是故
說不受福德
須菩提若有人言如來若來若去若坐若卧
是人不解我所說義何以故如來者无所從
來亦无所去故名如來
須菩提若善男子善女人以三千大千世界
碎為微塵於意云何是微塵眾寧為多不甚
多世尊何以故若是微塵眾實有者佛則不
說是微塵眾所以者何佛說微塵眾則非微
塵眾是名微塵眾世尊如來所說三千大千
世界則非世界是名世界何以故若世界
實有者則是一合相如來說一合相則非一合相
是名一合相須菩提一合相者則是不可說
但凡夫之人貪著其事須菩提若人言佛說

BD05064號　金剛般若波羅蜜經　（13–11）

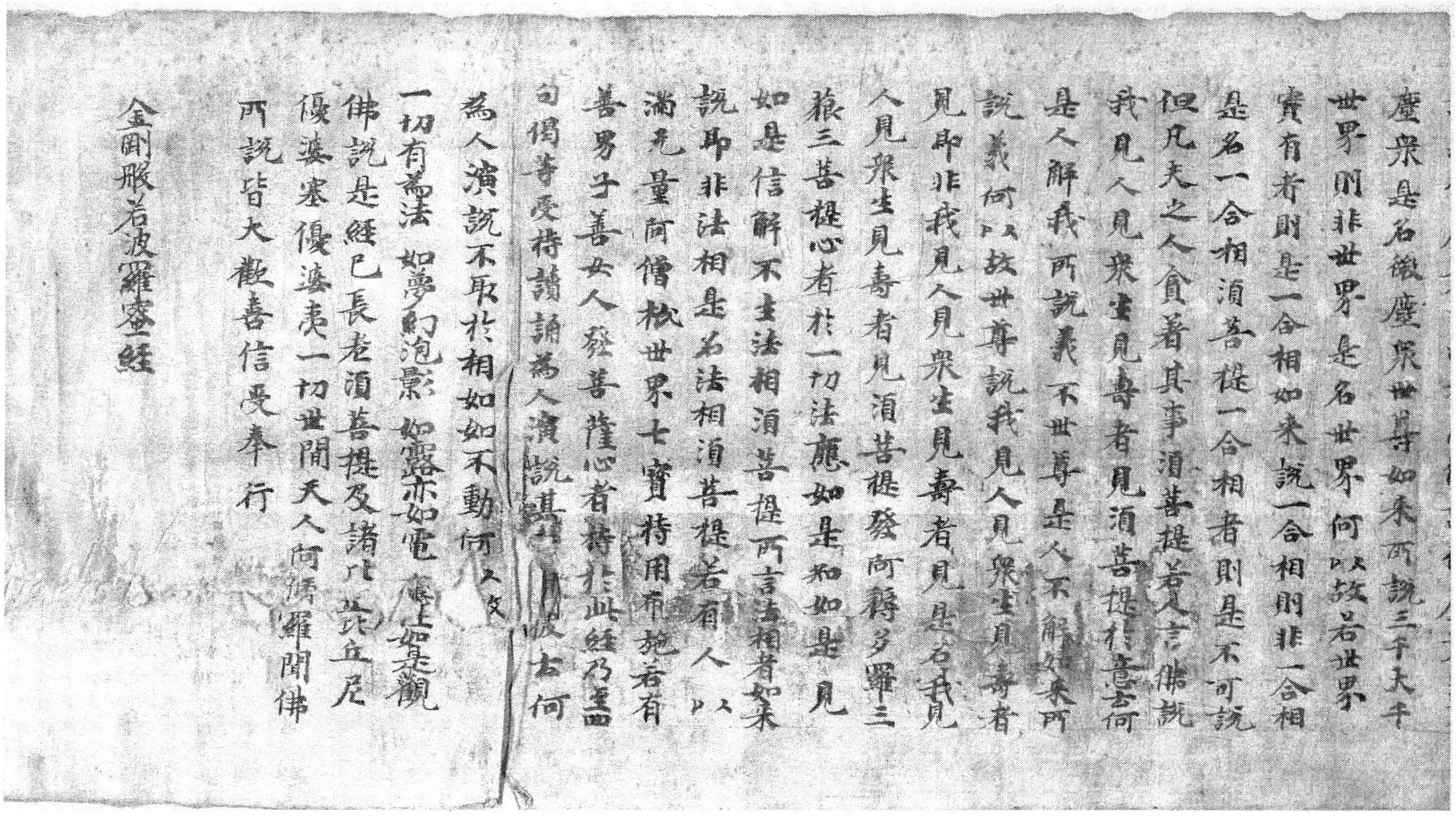

塵衆是名微塵衆世尊如来所說三千大千
世界則非世界是名世界何以故若世界
實有者則是一合相如来說一合相則非一合相
是名一合相須菩提一合相者則是不可說
但凡夫之人貪著其事須菩提若人言佛說
我見人見衆生見壽者見須菩提於意云何
是人解我所說義不世尊是人不解如来所
說義何以故世尊說我見人見衆生見壽者
見即非我見人見衆生見壽者見是名我見
人見衆生見壽者見須菩提發阿耨多羅三
藐三菩提心者於一切法應如是知如是見
如是信解不生法相須菩提所言法相者如来
說即非法相是名法相須菩提若有人以
滿无量阿僧祇世界七寶持用布施若有
善男子善女人發菩薩心者持於此經乃至四
句偈等受持讀誦為人演說其福勝彼云何
為人演說不取於相如如不動何以故
一切有為法　如夢幻泡影　如露亦如電　應作如是觀
佛說是經已長老須菩提及諸比丘比丘尼
優婆塞優婆夷一切世間天人阿修羅聞佛
所說皆大歡喜信受奉行
金剛般若波羅蜜經

BD05064號　金剛般若波羅蜜經　（13–12）

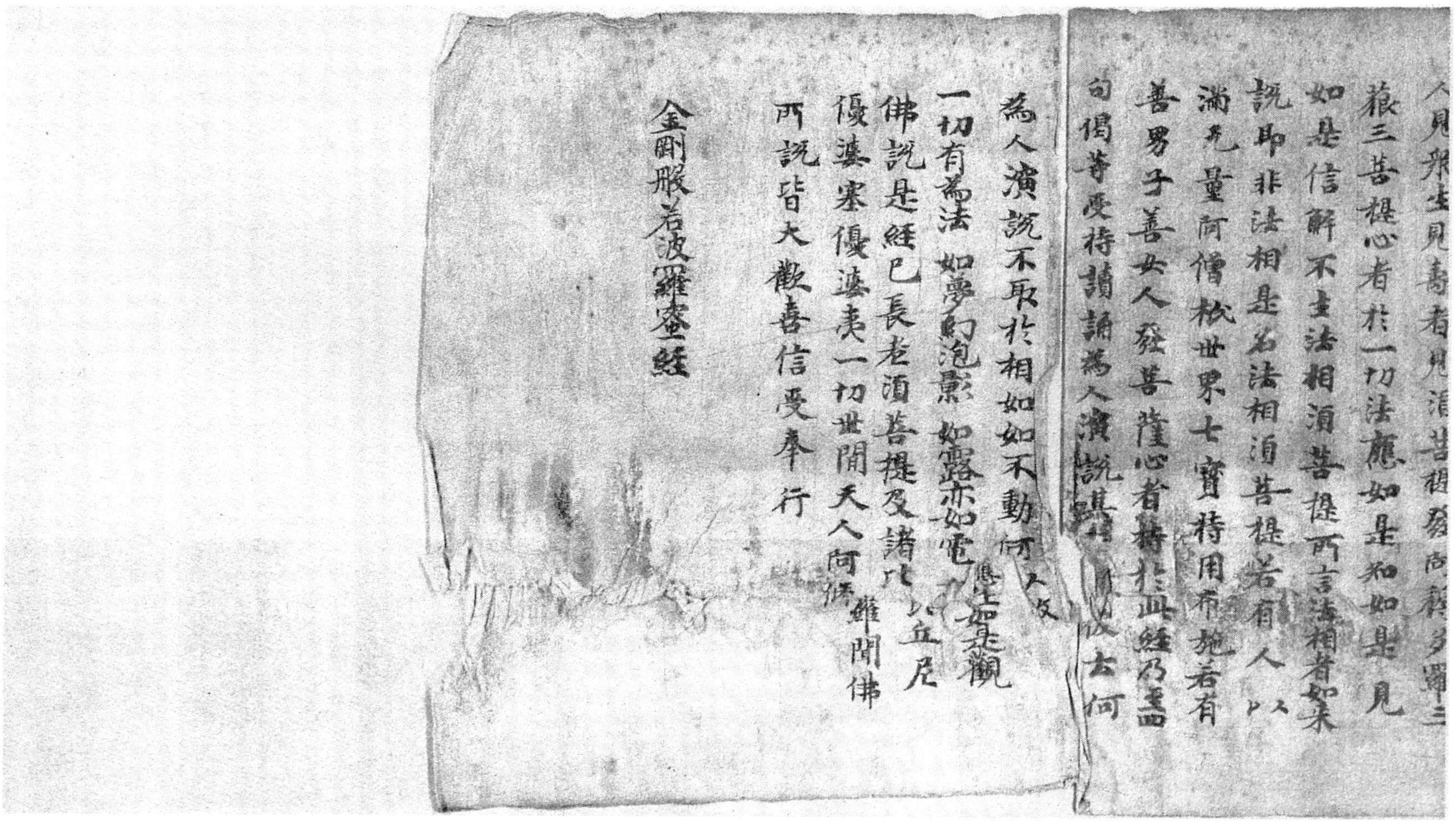

人見衆生見壽者見須菩提發阿耨多羅三
藐三菩提心者於一切法應如是知如是見
如是信解不生法相須菩提所言法相者如来
說即非法相是名法相須菩提若有人以
滿无量阿僧祇世界七寶持用布施若有
善男子善女人發菩薩心者持於此經乃至四
句偈等受持讀誦為人演說其福勝彼云何
為人演說不取於相如如不動何以故
一切有為法　如夢幻泡影　如露亦如電　應作如是觀
佛說是經已長老須菩提及諸比丘比丘尼
優婆塞優婆夷一切世間天人阿修羅聞佛
所說皆大歡喜信受奉行
金剛般若波羅蜜經

BD05064號　金剛般若波羅蜜經　（13–13）

大悲清淨何以故若一切智智清淨若菩
薩十地清淨若大悲清淨無二無二分無別
無斷故善現一切智智清淨故五眼清淨五
眼清淨故大悲清淨何以故若一切智智清
淨若五眼清淨若大悲清淨無二無二分無
別無斷故一切智智清淨故六神通清淨六
神通清淨故大悲清淨何以故若一切智智
清淨若六神通清淨若大悲清淨無二無二
分無別無斷故善現一切智智清淨故佛十
力清淨佛十力清淨故大悲清淨何以故若
一切智智清淨若佛十力清淨若大悲清淨
無二無二分無別無斷故一切智智清淨故
四無所畏四無礙解大慈大喜大捨十八佛
不共法清淨四無所畏乃至十八佛不共法
清淨故大悲清淨何以故若一切智智清淨
若四無所畏乃至十八佛不共法清淨若大
悲清淨無二無二分無別無斷故善現一切
智智清淨故無忘失法清淨無忘失法清淨
故大悲清淨何以故若一切智智清淨若無

BD05065號　大般若波羅蜜多經卷二七七　（3–1）

無二無二分無別無斷故一切智智清淨故
四無所畏四無礙解大慈大喜大捨十八佛
不共法清淨四無所畏乃至十八佛不共法
清淨故大悲清淨何以故若一切智智清淨
若四無所畏乃至十八佛不共法清淨若大
悲清淨無二無二分無別無斷故善現一切
智智清淨故無忘失法清淨無忘失法清淨
故大悲清淨何以故若一切智智清淨若無
忘失法清淨若大悲清淨無二無二分無別
無斷故一切智智清淨故恒住捨性清淨恒
住捨性清淨故大悲清淨何以故若一切智
智清淨若恒住捨性清淨若大悲清淨無二
無二分無別無斷故善現一切智智清淨故
一切智清淨一切智清淨故大悲清淨何以故
若一切智智清淨若一切智清淨若大悲
清淨無二無二分無別無斷故一切智智清
淨故道相智一切相智清淨道相智一切相
智清淨故大悲清淨何以故若一切智智清
淨若道相智一切相智清淨若大悲清淨無
二無二分無別無斷故善現一切智智清淨
故一切陀羅尼門清淨一切陀羅尼門清淨故
大悲清淨何以故若一切智智清淨若一
切陀羅尼門清淨若大悲清淨無二無二分
無別無斷故一切智智清淨故一切三摩地門
清淨一切三摩地門清淨故大悲清淨何以故
若一切智智清淨若一切三摩地門清淨若
大悲清淨無二無二分無別無斷故

BD05065號　大般若波羅蜜多經卷二七七　（3–2）

切陁羅尼門清淨若大悲清淨無二無二分
無別無斷故一切智智清淨故一切三摩地門
清淨一切三摩地門清淨故大悲清淨何以故
若一切智智清淨若一切三摩地門清淨若
大悲清淨無二無二分無別無斷故
善現一切智智清淨故預流果清淨預流果
清淨故大悲清淨何以故若一切智智清淨
若預流果清淨若大悲清淨無二無二分無
別無斷故一切智智清淨故一來不還阿羅
漢果清淨一來不還阿羅漢果清淨故大悲
清淨何以故若一切智智清淨若一來不還
阿羅漢果清淨若大悲清淨無二無二分無
別無斷故善現一切智智清淨故獨覺菩提
清淨獨覺菩提清淨故大悲清淨何以故若
一切智智清淨若獨覺菩提清淨若大悲清
淨無二無二分無別無斷故善現一切智智
清淨故一切菩薩摩訶薩行清淨一切菩薩
摩訶薩行清淨故大悲清淨何以故若一切
智智清淨若一切菩薩摩訶薩行清淨若大
悲清淨無二無二分無別無斷故善現一切
智智清淨故諸佛無上正等菩提清淨諸佛
無上正等菩提清淨故大悲清淨何以故若
一切智智清淨若諸佛無上正等菩提清淨

BD05065 號　大般若波羅蜜多經卷二七七　（3–3）

又復不行　上中下法　有為无為　實不實法
亦不分別　是男是女　不得諸法　不知不見
是則名為　菩薩行處　一切諸法　空无所有
无有常住　亦无起滅　是名智者　所親近處
顛倒分別　諸法有无　是實非實　是生非生
在於閑處　脩攝其心　安住不動　如須彌山
觀一切法　皆无所有　猶如虛空　无有堅固
不生不出　不動不退　常住一相　是名近處
若有比丘　於我滅後　入是行處　及親近處
說斯經時　无有怯弱
菩薩有時　入於靜室　以正憶念　隨義觀法
從禪定起　為諸國王　王子臣民　婆羅門等
開化演暢　說斯經典　其心安隱　无有怯弱
文殊師利　是名菩薩　安住初法　能於後世
說法華經
又文殊師利如來滅後於末法中欲說是經

BD05066 號　妙法蓮華經卷五　（4–1）

說斯經時　无有怯弱
菩薩有時　入於靜室　以正憶念　隨義觀法
從禪定起　為諸國王　王子臣民　婆羅門等
開化演暢　說斯經典　其心安隱　无有怯弱
文殊師利　是名菩薩　安住初法　能於後世
說法華經
又文殊師利如來滅後於末法中欲說是經
應住安樂行若口宣說若讀經時不樂說
人及經典過亦不輕慢諸餘法師不說他人
好惡長短於聲聞人亦不稱名說其過惡
亦不稱名讚歎其美又亦不生怨嫌之心善
脩如是安樂心故諸有聽者不逆其意有所
難問不以小乘法荅但以大乘而為解說令
得一切種智尒時世尊欲重宣此義而說偈言
菩薩常樂　安隱說法　於清淨地　而施床座
以油塗身　澡浴塵穢　著新淨衣　內外俱淨
安處法座　隨問為說　若有比丘　及比丘尼
諸優婆塞　及優婆夷　國王王子　群臣士民
以微妙義　和顏為說　若有難問　隨義而荅
因緣譬喻　敷演分別　以是方便　皆使發心
漸漸增益　入於佛道　除嬾墮意　及懈怠想
離諸憂惱　慈心說法　晝夜常說　无上道教
以諸因緣　无量譬喻　開示眾生　咸令歡喜
衣服臥具　飲食醫藥　而於其中　无所希望
但一心念　說法因緣　願成佛道　令眾生亦尒
是則大利　安樂供養

BD05066號　妙法蓮華經卷五　（4–2）

以諸因緣　无量譬喻　開示眾生　咸令歡喜
衣服臥具　飲食醫藥　而於其中　无所希望
但一心念　說法因緣　願成佛道　令眾生亦尒
是則大利　安樂供養
我滅度後　若有比丘　能演說斯　妙法華經
心无嫉恚　諸惱障礙　亦无憂愁　及罵詈者
又无怖畏　加刀杖等　亦无擯出　安住忍故
智者如是　善脩其心　能住安樂　如我上說
其人功德　千萬億劫　筭數譬喻　說不能盡
又文殊師利菩薩摩訶薩於後末世法欲滅
時受持讀誦斯經典者无懷嫉妬諂誑之心
亦勿輕罵學佛道者求其長短若比丘比丘
尼優婆塞優婆夷求聲聞者求辟支佛者求
菩薩道者无得惱之令其疑悔語其人言汝
等去道甚遠終不能得一切種智所以者何
汝是放逸之人於道懈怠故又亦不應戲論
諸法有所諍競當於一切眾生起大悲想於
諸如來起慈父想於諸菩薩起大師想於十
方諸來菩薩常應深心恭敬禮拜於一切眾
生平等說法以順法故不多不少乃至深愛
法者亦不為多說文殊師利是菩薩摩訶薩
於後末世法欲滅時有成就是第三安樂行
者說是法時无能惱亂得好同學共讀誦
是經亦得大眾而來聽受聽已能持持已能
誦誦已能說說已能書若使人書供養經卷
恭敬尊重讚歎尒時世尊欲重宣此義而

BD05066號　妙法蓮華經卷五　（4–3）

又文殊師利菩薩摩訶薩於後末世法欲滅
時受持讀誦斯經典者无懷嫉妬諂誑之心
亦勿輕罵學佛道者求其長短若比丘比丘
尼優婆塞優婆夷求聲聞者求辟支佛者求
菩薩道者无得惱之令其疑悔語其人言汝
等去道甚遠終不能得一切種智所以者何
汝是放逸之人於道懈怠故又亦不應戲論
諸法有所諍競當於一切衆生起大悲想於
諸如来起慈父想於諸菩薩起大師想於十
方諸来菩薩常應深心恭敬礼拜於一切衆
生平等說法以順法故不多不少乃至深愛
法者亦不為多說文殊師利是菩薩摩訶薩
於後末世法欲滅時有成就是第三安樂行
者說是法時无能惱亂得好同學共讀誦
是經亦得大衆而來聽受聽已能持持已能
誦誦已能說說已能書若使人書供養經卷
恭敬尊重讚歎尒時世尊欲重宣此義而
說偈言

BD05066 號　妙法蓮華經卷五　（4–4）

[illegible]
色菩薩摩訶[illegible]相亦復如[illegible]有
色不可覩見然能普於十方法界示現種種
功德莊嚴善男子辟如猫狸繞見於鼠鼠即
入穴不敢出菩薩摩訶薩發菩提心亦復如
是暫以慧眼觀諸惑業皆即竄匿不復出生
善男子辟如有人著閻浮金莊嚴之具暎蔽
一切皆如聚墨菩薩摩訶薩亦復如是著菩
提心莊嚴之具暎蔽一切凡夫二乘功德莊
嚴悉无光色善男子如好慈石少分之力即
能吸壞諸鐵鉤鎖菩薩摩訶薩發菩提心亦
復如是若起一念悉能壞滅一切見欲无明
鉤鎖善男子如有慈石鐵若見之即皆散去
无留住者菩薩摩訶薩發菩提心亦復如是
諸業煩惱二乘解脫若暫見之即皆散滅
亦无住者善男子辟如有人善入大海一切水族
无能為害假使入於摩竭魚口亦不為彼之

BD05067 號　大方廣佛華嚴經（唐譯八十卷本）卷七八　（4–1）

[illegible]
復如是若起一念恚能壞滅一切見欲无明
鉤鎖善男子如有慈石鐵若見之即皆散去
无留住者菩薩摩訶薩發菩提心亦復如是
諸業煩惱二乘解脫若暫見之即皆散滅
亦无住者善男子譬如有人善入大海一切水族
无能為害假使入於摩竭魚口亦不為彼之
所吞噬菩薩摩訶薩亦復如是發菩提心
入生死海諸業煩惱不能為害假使入於聲
聞緣覺實際法中亦不為其之所留難善男
子譬如有人飲甘露漿一切諸物不能為害
菩薩摩訶薩亦復如是飲菩提心甘露法漿
不墮聲聞辟支佛地以具廣大悲願力故善
男子譬如有人得安繕那藥以塗其目雖行
人間人所不見菩薩摩訶薩亦復如是得菩
提心安繕那藥能以方便入魔境界一切衆
魔所不能見善男子譬如有人依附於王不
畏餘人菩薩摩訶薩亦復如是依菩提心大
勢力王不畏障蓋惡道之難善男子譬如有
人住於水中不畏火焚菩薩摩訶薩亦復如
是住菩提心善根水中不畏二乘解脫智火
善男子譬如有人依倚猛將即不怖畏一切
怨敵菩薩摩訶薩亦復如是依菩提心勇猛
大將不畏一切惡行怨敵善男子如釋天王
執金剛杵摧伏一切阿脩羅衆菩薩摩訶薩
亦復如是持菩提心金剛之杵摧伏一切諸
魔外道善男子譬如有人服延齡藥長得

BD05067號　大方廣佛華嚴經（唐譯八十卷本）卷七八　（4–2）

善男子譬如有人依倚猛將即不怖畏一切
怨敵菩薩摩訶薩亦復如是依菩提心勇猛
大將不畏一切惡行怨敵善男子如釋天王
執金剛杵摧伏一切阿脩羅衆菩薩摩訶薩
亦復如是持菩提心金剛之杵摧伏一切諸
魔外道善男子譬如有人服延齡藥長得
充健不老不瘦菩薩摩訶薩亦復如是服菩
提心延齡之藥於无數劫脩菩薩行心无疲
猒亦无染着善男子譬如有人調和藥汁必
當先取好清淨水菩薩摩訶薩亦復如是欲
脩菩薩一切行願先當發起菩提之心善男子
如人護身先護命根菩薩摩訶薩亦復如是
護持佛法亦當先護菩提之心善男子譬如有
人命根若斷不能利益父母宗親菩薩摩訶
薩亦復如是捨菩提心不能利益一切衆生不
能成就諸佛功德善男子譬如大海无能壞
者菩提心海亦復如是諸業煩惱二乘之心
所不能壞善男子譬如日光星宿光明不能
暎蔽菩提心日亦復如是一切二乘无漏智
光所不能蔽善男子如王子初生即為大
臣之所尊重以種性自在故菩薩摩訶薩亦
復如是於佛法中發菩提心即為耆宿久脩
梵行聲聞緣覺所共尊重以大悲自在故善
男子譬如王子年雖幼稚一切大臣皆悉敬
礼菩薩摩訶薩亦復如是雖初發心脩菩薩
行二乘耆舊皆應敬礼善男子譬如王子雖

BD05067號　大方廣佛華嚴經（唐譯八十卷本）卷七八　（4–3）

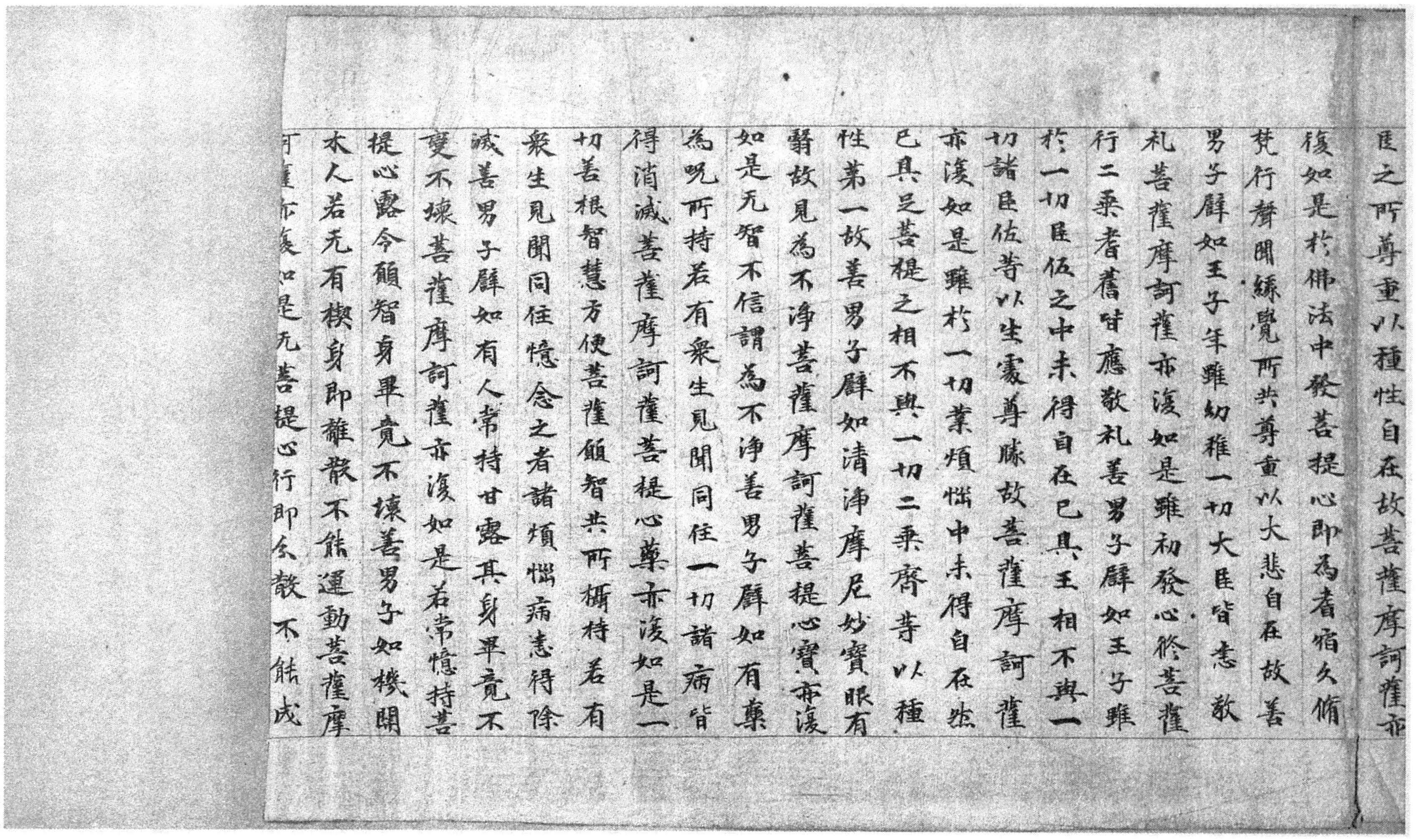

臣之所尊重以種性自在故菩薩摩訶薩亦
復如是於佛法中發菩提心即為耆宿久脩
梵行聲聞緣覺所共尊重以大悲自在故善
男子辟如王子年雖幼稚一切大臣皆悉敬
礼菩薩摩訶薩亦復如是雖初發心於菩薩
行二乘耆舊皆應敬礼善男子辟如王子雖
於一切臣佐之中未得自在已具王相不與一
切諸臣佐等以生處尊勝故菩薩摩訶薩
亦復如是雖於一切業煩惱中未得自在然
已具足菩提之相不與一切二乘齊等以種
性苐一故善男子辟如清淨摩尼妙寶眼有
翳故見為不淨菩薩摩訶薩菩提心寶亦復
如是无智不信謂為不淨善男子辟如有藥
為呪所持若有衆生見聞同住一切諸病皆
得消滅菩薩摩訶薩菩提心藥亦復如是一
切善根智慧方便菩薩願智共所攝持若有
衆生見聞同住憶念之者諸煩惱病悉得除
滅善男子辟如有人常持甘露其身畢竟不
變不壞菩薩摩訶薩亦復如是若常憶持菩
提心露令願智身畢竟不壞善男子如機關
木人若无有楔身即離散不能運動菩薩摩
訶薩亦復如是无菩提心行即分散不能成

BD05067 號　大方廣佛華嚴經（唐譯八十卷本）卷七八　（4–4）

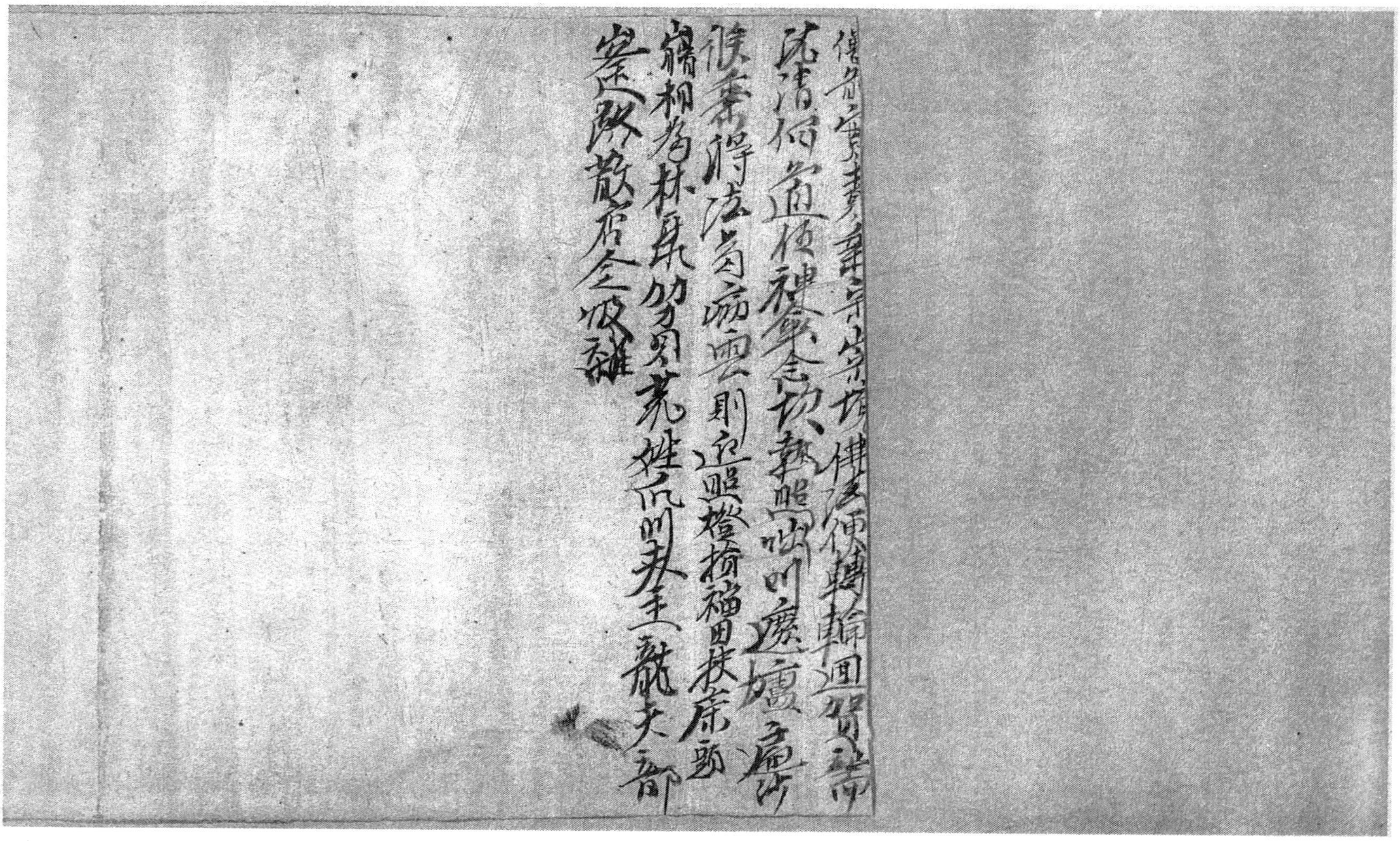

BD05067 號背　待考雜文（擬）　（1–1）

身須菩提於意云何如來可以具足諸相見
不不也世尊如來不應以具足諸相見何以
故如來說諸相具足即非具足是名諸相具
足須菩提汝勿謂如來作是念我當有所說
法莫作是念何以故若人言如來有所說法
即為謗佛不能解我所說故須菩提說法者
无法可說是名說法
須菩提白佛言世尊佛得阿耨多羅三藐三
菩提為无所得耶如是如是須菩提我於阿
耨多羅三藐三菩提乃至无有少法可得是
名阿耨多羅三藐三菩提復次須菩提是法
平等无有高下是名阿耨多羅三藐三菩提
以无我无人无衆生无壽者脩一切善法則
得阿耨多羅三藐三菩提須菩提所言善法
者如來說非善法是名善法
須菩提若三千大千世界中所有諸須弥山
王如是等七寶聚有人持用布施若人以此

BD05068號　金剛般若波羅蜜經　（5-1）

名阿耨多羅三藐三菩提復次須菩提是法
平等无有高下是名阿耨多羅三藐三菩提
以无我无人无衆生无壽者脩一切善法則
得阿耨多羅三藐三菩提須菩提所言善法
者如來說非善法是名善法
須菩提若三千大千世界中所有諸須弥山
王如是等七寶聚有人持用布施若人以此
般若波羅蜜經乃至四句偈等受持讀誦
為他人說於前福德百分不及一百千万億分
乃至筭數譬喻所不能及
須菩提於意云何汝等勿謂如來作是念
我當度衆生須菩提莫作是念何以故實无有
衆生如來度者若有衆生如來度者如來則
有我人衆生壽者須菩提如來說有我者則
非有我而凡夫之人以為有我須菩提凡夫
者如來說則非凡夫
須菩提於意云何可以卅二相觀如來不須
菩提言如是如是以卅二相觀如來佛言須
菩提若以卅二相觀如來者轉輪聖王則是
如來須菩提白佛言世尊如我解佛所說義
不應以卅二相觀如來尒時世尊而說偈言
若以色見我以音聲求我是人行邪道不能見如來
須菩提汝若作是念如來不以具足相故得
阿耨多羅三藐三菩提須菩提莫作是念如
來不以具足相故得阿耨多羅三藐三菩提
須菩提汝若作是念發阿耨多羅三藐三菩

BD05068號　金剛般若波羅蜜經　（5-2）

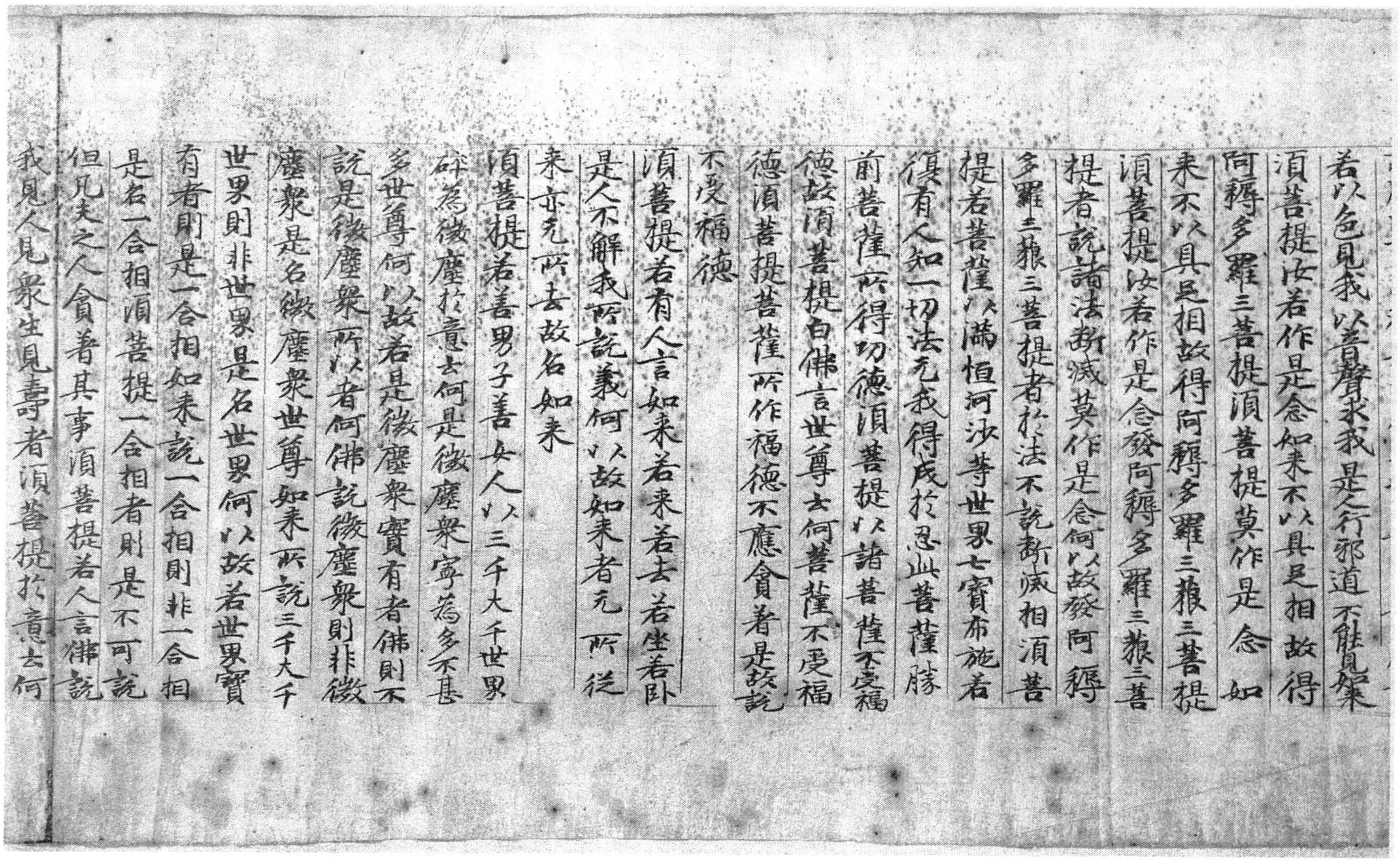

若以色見我以音聲求我是人行邪道不能見如來
須菩提汝若作是念如來不以具足相故得
阿耨多羅三藐三菩提須菩提莫作是念 如
來不以具足相故得阿耨多羅三藐三菩提
須菩提汝若作是念發阿耨多羅三藐三菩
提者說諸法斷滅莫作是念何以故發阿耨
多羅三藐三菩提者於法不說斷滅相須菩
提若菩薩以滿恒河沙等世界七寶布施若
復有人知一切法无我得成於忍此菩薩勝
前菩薩所得功德須菩提以諸菩薩不受福
德故須菩提白佛言世尊云何菩薩不受福
德須菩提菩薩所作福德不應貪著是故說
不受福德
須菩提若有人言如來若來若去若坐若卧
是人不解我所說義何以故如來者无所從
來亦无所去故名如來
須菩提若善男子善女人以三千大千世界
碎為微塵於意云何是微塵衆寧為多不甚
多世尊何以故若是微塵衆實有者佛則不
說是微塵衆所以者何佛說微塵衆則非微
塵衆是名微塵衆世尊如來所說三千大千
世界則非世界是名世界何以故若世界實
有者則是一合相如來說一合相則非一合相
是名一合相須菩提一合相者則是不可說
但凡夫之人貪著其事須菩提若人言佛說
我見人見衆生見壽者見須菩提於意云何

BD05068號　金剛般若波羅蜜經　（5–3）

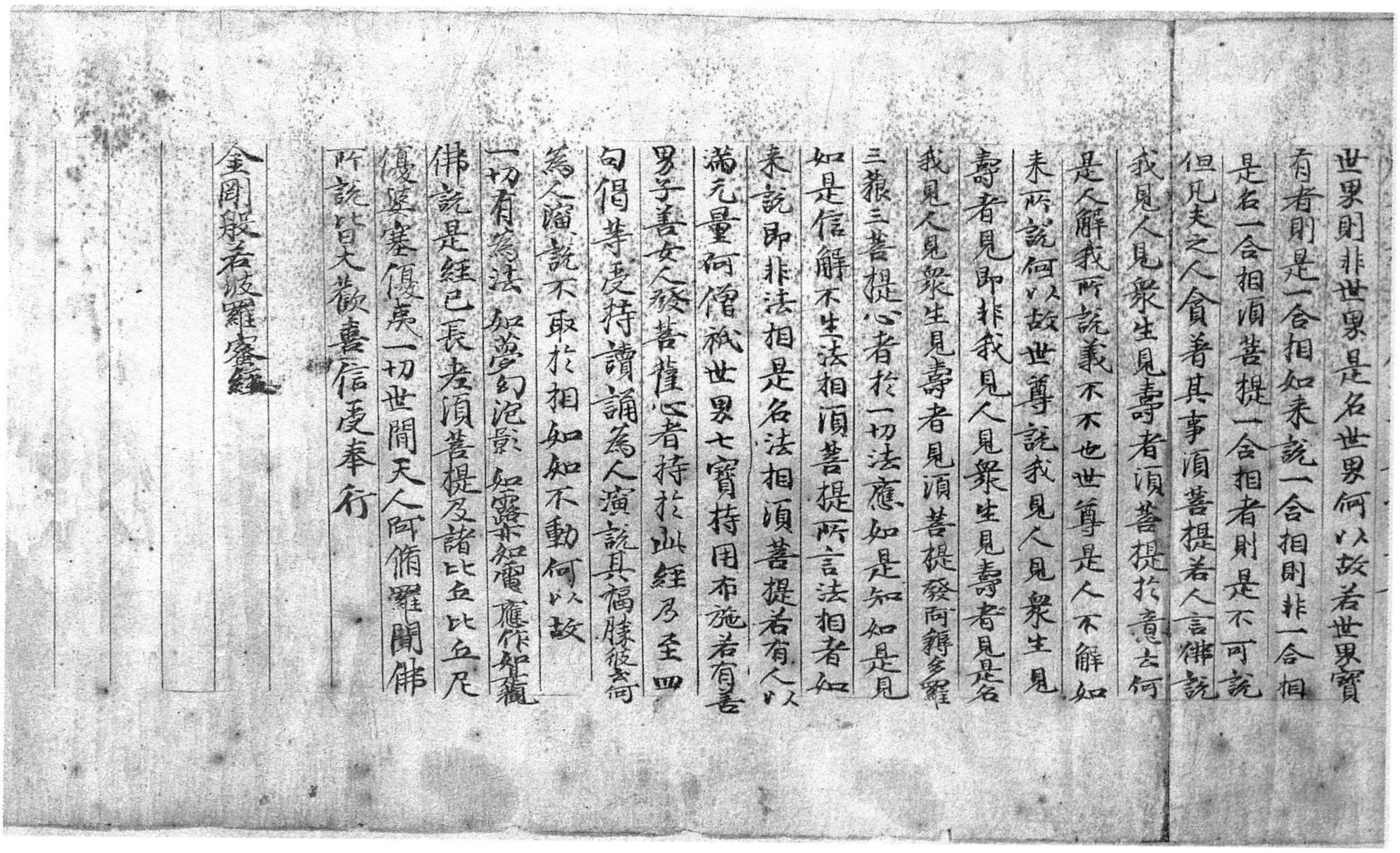

世界則非世界是名世界何以故若世界實
有者則是一合相如來說一合相則非一合相
是名一合相須菩提一合相者則是不可說
但凡夫之人貪著其事須菩提若人言佛說
我見人見衆生見壽者見須菩提於意云何
是人解我所說義不不也世尊是人不解如
來所說義何以故世尊說我見人見衆生見
壽者見即非我見人見衆生見壽者見是名
我見人見衆生見壽者見須菩提發阿耨多羅
三藐三菩提心者於一切法應如是知如是見
如是信解不生法相須菩提所言法相者如
來說即非法相是名法相須菩提若有人以
滿无量阿僧祇世界七寶持用布施若有善
男子善女人發菩薩心者持於此經乃至四
句偈等受持讀誦為人演說其福勝彼云何
為人演說不取於相如如不動何以故
一切有為法　如夢幻泡影　如露亦如電　應作如是觀
佛說是經已長老須菩提及諸比丘比丘尼
優婆塞優婆夷一切世間天人阿脩羅聞佛
所說皆大歡喜信受奉行

金剛般若波羅蜜經

BD05068號　金剛般若波羅蜜經　（5–4）

滿無量阿僧祇世界七寶持用布施若有善
男子善女人發菩薩心者持於此經乃至四
句偈等受持讀誦為人演說其福勝彼云何
為人演說不取於相如如不動何以故
一切有為法　如夢幻泡影　如露亦如電　應作如是觀
佛說是經已長老須菩提及諸比丘比丘尼
優婆塞優婆夷一切世間天人阿脩羅聞佛
所說皆大歡喜信受奉行

金剛般若波羅蜜經

BD05068號　金剛般若波羅蜜經　（5–5）

淨無二無二分無別無斷故善現一切智
淨故無忘失法清淨無忘失法清淨故
清淨何以故若一切智智清淨若無忘失法
清淨若內空清淨無二無二分無別無斷故
一切智智清淨故恒住捨性清淨恒住捨性
清淨故內空清淨何以故若一切智智清淨
若恒住捨性清淨若內空清淨無二無二
無別無斷故善現一切智智清淨故一切智
淨一切智清淨故內空清淨何以故若一切智
智清淨若一切智清淨若內空清淨無二無二
分無別無斷故一切智智清淨故道相智一
切相智清淨道相智一切相智清淨故內
清淨何以故若一切智智清淨若道相智
切相智清淨若內空清淨無二無二分無別
無斷故善現一切智智清淨故一切陀羅尼
門清淨一切陀羅尼門清淨故內空清淨何

BD05069號　大般若波羅蜜多經卷二四八　（13–1）

分無別無斷故一切智智清淨故道相智一
切相智清淨道相智一切相智清淨故一
清淨何以故若一切智智清淨若道相智一
切相智清淨若內空清淨無二無二分無別
無斷故善現一切智智清淨故一切陁羅尼
門清淨一切陁羅尼門清淨故內空清淨何
以故若一切智智清淨若一切陁羅尼門清
淨若內空清淨無二無二分無別無斷故一
切智智清淨故一切三摩地門清淨一切三
摩地門清淨故內空清淨何以故若一切智
智清淨若一切三摩地門清淨若內空清淨
無二無二分無別無斷故
善現一切智智清淨故預流果清淨預流
清淨故內空清淨何以故若一切智智清
若預流果清淨若內空清淨無二無二分無
別無斷故一切智智清淨故一來不還阿羅
漢果清淨一來不還阿羅漢果清淨故內空
清淨何以故若一切智智清淨若一來不還
阿羅漢果清淨若內空清淨無二無二分無
別無斷故善現一切智智清淨故獨覺菩提
清淨獨覺菩提清淨故內空清淨何以故若
一切智智清淨若獨覺菩提清淨若內空清
淨無二無二分無別無斷故善現一切智智
清淨故一切菩薩摩訶薩行清淨一切菩薩
摩訶薩行清淨故內空清淨何以故若一切
智智清淨若一切菩薩摩訶薩行清淨若內

BD05069號　大般若波羅蜜多經卷二四八　（13–2）

一切智智清淨若獨覺菩提清淨若內空清
淨無二無二分無別無斷故善現一切智智
清淨故一切菩薩摩訶薩行清淨一切菩薩
摩訶薩行清淨故內空清淨何以故若一切
智智清淨若一切菩薩摩訶薩行清淨若內
空清淨無二無二分無別無斷故善現一切
智智清淨故諸佛無上正等菩提清淨諸佛
無上正等菩提清淨故內空清淨何以故若
一切智智清淨若諸佛無上正等菩提清淨
若內空清淨無二無二分無別無斷故
復次善現一切智智清淨故色清淨色清淨
故外空清淨何以故若一切智智清淨若色
清淨若外空清淨無二無二分無別無斷故
一切智智清淨故受想行識清淨受想行識
清淨故外空清淨何以故若一切智智清淨
若受想行識清淨若外空清淨無二無二分
無別無斷故善現一切智智清淨故眼處清
淨眼處清淨故外空清淨何以故若一切智
智清淨若眼處清淨若外空清淨無二無二
分無別無斷故一切智智清淨故耳鼻舌身
意處清淨耳鼻舌身意處清淨故外空清淨
何以故若一切智智清淨若耳鼻舌身意處
清淨若外空清淨無二無二分無別無斷故
善現一切智智清淨故色處清淨色處清淨
故外空清淨何以故若一切智智清淨若色
處清淨若外空清淨無二無二分無別無斷

BD05069號　大般若波羅蜜多經卷二四八　（13–3）

何以故若一切智智清淨若耳鼻舌身意處
清淨若外空清淨無二無二分無別無斷故
善現一切智智清淨故色處清淨色處清淨
故外空清淨何以故若一切智智清淨若色
處清淨若外空清淨無二無二分無別無斷
故一切智智清淨故聲香味觸法處清淨聲
香味觸法處清淨故外空清淨何以故若一
切智智清淨若聲香味觸法處清淨若外空
清淨無二無二分無別無斷故善現一切智
智清淨故眼界清淨眼界清淨故外空清淨
何以故若一切智智清淨若眼界清淨若外
空清淨無二無二分無別無斷故一切智智
清淨故色界眼識界及眼觸眼觸為緣所生
諸受清淨色界乃至眼觸為緣所生諸受清
淨故外空清淨何以故若一切智智清淨若
色界乃至眼觸為緣所生諸受清淨若外空
清淨無二無二分無別無斷故善現一切智
智清淨故耳界清淨耳界清淨故外空清淨
何以故若一切智智清淨若耳界清淨若外
空清淨無二無二分無別無斷故一切智智
清淨故聲界耳識界及耳觸耳觸為緣所生
諸受清淨聲界乃至耳觸為緣所生諸受清
淨故外空清淨何以故若一切智智清淨若
聲界乃至耳觸為緣所生諸受清淨若外空
清淨無二無二分無別無斷故善現一切智
智清淨故鼻界清淨鼻界清淨故外空清

BD05069 號　大般若波羅蜜多經卷二四八　（13–4）

諸受清淨聲界乃至耳觸為緣所生諸受清
淨故外空清淨何以故若一切智智清淨若
聲界乃至耳觸為緣所生諸受清淨若外空
清淨無二無二分無別無斷故善現一切智
智清淨故鼻界清淨鼻界清淨故外空清
淨何以故若一切智智清淨若鼻界清淨若外
空清淨無二無二分無別無斷故一切智智清
淨故香界鼻識界及鼻觸鼻觸為緣所生
諸受清淨香界乃至鼻觸為緣所生諸受清
淨故外空清淨何以故若一切智智清淨若
香界乃至鼻觸為緣所生諸受清淨若外空
清淨無二無二分無別無斷故善現一切智智
清淨故舌界清淨舌界清淨故外空清淨
何以故若一切智智清淨若舌界清淨若外
空清淨無二無二分無別無斷故一切智智
清淨故味界舌識界及舌觸舌觸為緣所生
諸受清淨味界乃至舌觸為緣所生諸受清
淨故外空清淨何以故若一切智智清淨若
味界乃至舌觸為緣所生諸受清淨若外空
清淨無二無二分無別無斷故善現一切智
智清淨故身界清淨身界清淨故外空清淨
何以故若一切智智清淨若身界清淨若外
空清淨無二無二分無別無斷故一切智智
清淨故觸界身識界及身觸身觸為緣所生
諸受清淨觸界乃至身觸為緣所生諸受清
淨故外空清淨何以故若一切智智清淨若

BD05069 號　大般若波羅蜜多經卷二四八　（13–5）

智清淨故身界清淨身界清淨故外空清淨
何以故若一切智智清淨若身界清淨若外
空清淨無二無二分無別無斷故一切智智
清淨故觸界身識界及身觸身觸為緣所生
諸受清淨觸界乃至身觸為緣所生諸受清
淨故外空清淨何以故若一切智智清淨若
觸界乃至身觸為緣所生諸受清淨若外空
清淨無二無二分無別無斷故善現一切智
智清淨故意界清淨意界清淨故外空清淨
何以故若一切智智清淨若意界清淨若外
空清淨無二無二分無別無斷故一切智智
清淨故法界意識界及意觸意觸為緣所生
諸受清淨法界乃至意觸為緣所生諸受清
淨故外空清淨何以故若一切智智清淨若
法界乃至意觸為緣所生諸受清淨若外空
清淨無二無二分無別無斷故善現一切智
智清淨故地界清淨地界清淨故外空清淨
何以故若一切智智清淨若地界清淨若外
空清淨無二無二分無別無斷故一切智智
清淨故水火風空識界清淨水火風空識界
清淨故外空清淨何以故若一切智智清淨
若水火風空識界清淨若外空清淨無二無
二分無別無斷故善現一切智智清淨故無
明清淨無明清淨故外空清淨何以故若一
切智智清淨若無明清淨若外空清淨無二
無二分無別無斷故一切智智清淨故行識
名色六處觸受愛取有生老死愁歎苦憂惱

BD05069 號　大般若波羅蜜多經卷二四八　（13–6）

二分無別無斷故善現一切智智清淨故無
明清淨無明清淨故外空清淨何以故若一
切智智清淨若無明清淨若外空清淨無二
無二分無別無斷故一切智智清淨故行識
名色六處觸受愛取有生老死愁歎苦憂惱
清淨行乃至老死愁歎苦憂惱清淨故外空
清淨何以故若一切智智清淨若行乃至老
死愁歎苦憂惱清淨若外空清淨無二無二
分無別無斷故
善現一切智智清淨故布施波羅蜜多清淨
布施波羅蜜多清淨故外空清淨何以故若
一切智智清淨若布施波羅蜜多清淨若外
空清淨無二無二分無別無斷故一切智智
清淨故淨戒安忍精進靜慮般若波羅蜜多
清淨淨戒乃至般若波羅蜜多清淨故外空
清淨何以故若一切智智清淨若淨戒乃至
般若波羅蜜多清淨若外空清淨無二無二
分無別無斷故善現一切智智清淨故內空
清淨內空清淨故外空清淨何以故若一切
智智清淨若內空清淨若外空清淨無二無
二分無別無斷故一切智智清淨故內外空
空空大空勝義空有為空無為空畢竟空無
際空散空無變異空本性空自相空共相空
一切法空不可得空無性空自性空無性自
性空清淨內外空乃至無性自性空清淨

BD05069 號　大般若波羅蜜多經卷二四八　（13–7）

二分無別無斷故一切智智清淨故內外空
空空大空勝義空有為空無為空畢竟空無
際空散空無變異空本性空自相空共相空
一切法空不可得空無性空自性空無性自
性空清淨內外空乃至無性自性空清淨
外空清淨何以故若一切智智清淨若內外
空乃至無性自性空清淨若外空清淨無二
無二分無別無斷故善現一切智智清淨故
真如清淨真如清淨故外空清淨何以故若
一切智智清淨若真如清淨若外空清淨無
二無二分無別無斷故一切智智清淨故法
界法性不虛妄性不變異性平等性離生性
法定法住實際虛空界不思議界清淨法界
乃至不思議界清淨故外空清淨何以故若
一切智智清淨若法界乃至不思議界清淨
若外空清淨無二無二分無別無斷故善現
一切智智清淨故苦聖諦清淨苦聖諦清淨
故外空清淨何以故若一切智智清淨若苦
聖諦清淨若外空清淨無二無二分無別無
斷故一切智智清淨故集滅道聖諦清淨集
滅道聖諦清淨故外空清淨何以故若一切
智智清淨若集滅道聖諦清淨若外空清淨
無二無二分無別無斷故善現一切智智清
淨故四靜慮清淨四靜慮清淨故外空清淨
何以故若一切智智清淨若四靜慮清淨若
外空清淨無二無二分無別無斷故一切智

BD05069號　大般若波羅蜜多經卷二四八　（13–8）

滅道聖諦清淨故外空清淨何以故若一切
智智清淨若集滅道聖諦清淨若外空清淨
無二無二分無別無斷故善現一切智智清
淨故四靜慮清淨四靜慮清淨故外空清淨
何以故若一切智智清淨若四靜慮清淨若
外空清淨無二無二分無別無斷故一切智
智清淨故四無量四無色定清淨四無量四無
色定清淨故外空清淨何以故若一切智智
清淨若四無量四無色定清淨若外空
清淨無二無二分無別無斷故善現一切智智
清淨故八解脫清淨八解脫清淨故外空
清淨何以故若一切智智清淨若八解脫
清淨若外空清淨無二無二分無別無斷故一切
智智清淨故八勝處九次第定十遍處清淨
八勝處九次第定十遍處清淨故外空清淨
何以故若一切智智清淨若八勝處九次第
定十遍處清淨若外空清淨無二無二分無
別無斷故善現一切智智清淨故四念住清
淨四念住清淨故外空清淨何以故若一切
智智清淨若四念住清淨若外空清淨無二
無二分無別無斷故一切智智清淨故四正
斷四神足五根五力七等覺支八聖道支清
淨四正斷乃至八聖道支清淨故外空清淨
何以故若一切智智清淨若四正斷乃至八
聖道支清淨若外空清淨無二無二分無別
無斷故善現一切智智清淨故空解脫門清

BD05069號　大般若波羅蜜多經卷二四八　（13–9）

斷四神足五根五力七等覺支八聖道支清
淨四正斷乃至八聖道支清淨故外空清淨
何以故若一切智智清淨若四正斷乃至八
聖道支清淨若外空清淨無二無二分無別
無斷故善現一切智智清淨故空解脫門清
淨空解脫門清淨故外空清淨何以故若一
切智智清淨若空解脫門清淨若外空清淨
無二無二分無別無斷故一切智智清淨故
無相無願解脫門清淨無相無願解脫門清
淨故外空清淨何以故若一切智智清淨若
無相無願解脫門清淨若外空清淨無二無
二分無別無斷故善現一切智智清淨故菩
薩十地清淨菩薩十地清淨故外空清淨何
以故若一切智智清淨若菩薩十地清淨若
外空清淨無二無二分無別無斷故
善現一切智智清淨故五眼清淨五眼清淨
故外空清淨何以故若一切智智清淨若五
眼清淨若外空清淨無二無二分無別無斷
故一切智智清淨故六神通清淨六神通清
淨故外空清淨何以故若一切智智清淨若
六神通清淨若外空清淨無二無二分無別
無斷故善現一切智智清淨故佛十力清淨
佛十力清淨故外空清淨何以故若一切智
智清淨若佛十力清淨若外空清淨無二無
二分無別無斷故一切智智清淨故四無所
畏四無礙解大慈大悲大喜大捨十八佛不

BD05069號　大般若波羅蜜多經卷二四八　（13–10）

六神通清淨若外空清淨無二無二分無別
無斷故善現一切智智清淨故佛十力清淨
佛十力清淨故外空清淨何以故若一切智
智清淨若佛十力清淨若外空清淨無二無
二分無別無斷故一切智智清淨故四無所
畏四無礙解大慈大悲大喜大捨十八佛不
共法清淨四無所畏乃至十八佛不共法清
淨故外空清淨何以故若一切智智清淨若
四無所畏乃至十八佛不共法清淨若外空
清淨無二無二分無別無斷故善現一切智
智清淨故無忘失法清淨無忘失法清淨故
外空清淨何以故若一切智智清淨若無忘
失法清淨若外空清淨無二無二分無別無
斷故一切智智清淨故恒住捨性清淨恒住
捨性清淨故外空清淨何以故若一切智智
清淨若恒住捨性清淨若外空清淨無二無
二分無別無斷故善現一切智智清淨故一
切智智清淨一切智清淨故外空清淨何以故
若一切智智清淨若一切智清淨若外空清
淨無二無二分無別無斷故一切智智清淨
故道相智一切相智清淨道相智一切相智
清淨故外空清淨何以故若一切智智清淨
若道相智一切相智清淨若外空清淨無二
無二分無別無斷故善現一切智智清淨故
一切陀羅尼門清淨一切陀羅尼門清淨故
外空清淨何以故若一切智智清淨若一切

BD05069號　大般若波羅蜜多經卷二四八　（13–11）

清淨故外空清淨何以故若一切智智清淨
若道相智一切相智清淨若外空清淨無二
無二分無別無斷故善現一切智智清淨故
一切陁羅尼門清淨一切陁羅尼門清淨故
外空清淨何以故若一切智智清淨若一切
陁羅尼門清淨若外空清淨無二無二分無
別無斷故一切智智清淨故一切三摩地門
清淨一切三摩地門清淨故外空清淨何以
故若一切智智清淨若一切三摩地門清淨
若外空清淨無二無二分無別無斷故
善現一切智智清淨故預流果清淨預流果
清淨故外空清淨何以故若一切智智清淨
若預流果清淨若外空清淨無二無二分無
別無斷故一切智智清淨故一來不還阿羅
漢果清淨一來不還阿羅漢果清淨故外空
清淨何以故若一切智智清淨若一來不還阿
羅漢果清淨若外空清淨無二無二分無
別無斷故善現一切智智清淨故獨覺菩提
清淨獨覺菩提清淨故外空清淨何以故若
一切智智清淨若獨覺菩提清淨若外空清
淨無二無二分無別無斷故善現一切智智
清淨故一切菩薩摩訶薩行清淨一切菩薩
摩訶薩行清淨故外空清淨何以故若一切
智智清淨若一切菩薩摩訶薩行清淨若外
空清淨無二無二分無別無斷故善現一切
智智清淨故諸佛無上正等菩提清淨諸佛

BD05069號　大般若波羅蜜多經卷二四八　（13–12）

羅漢果清淨若外空清淨無二無二分無
別無斷故善現一切智智清淨故獨覺菩提
清淨獨覺菩提清淨故外空清淨何以故若
一切智智清淨若獨覺菩提清淨若外空清
淨無二無二分無別無斷故善現一切智智
清淨故一切菩薩摩訶薩行清淨一切菩薩
摩訶薩行清淨故外空清淨何以故若一切
智智清淨若一切菩薩摩訶薩行清淨若外
空清淨無二無二分無別無斷故善現一切
智智清淨故諸佛無上正等菩提清淨諸佛
無上正等菩提清淨故外空清淨何以故若
一切智智清淨若諸佛無上正等菩提清淨
若外空清淨无二无二分无別无斷故

大般若波羅蜜多經卷第二百卌八

BD05069號　大般若波羅蜜多經卷二四八　（13–13）

又菩薩摩訶薩不應於女人身取能生欲想相
而為說法亦不樂見若入他家不與小女處女寡女
等共語亦復不近五種不男之人以為親厚不獨
入他家若有因緣須獨入時但一心念佛若為女
人說法不露齒笑不現胷臆乃至為法猶不親
厚況復餘事不樂畜年少弟子沙彌小兒亦
不樂與同師常好坐禪在於閑處脩攝其心
文殊師利是名初親近處復次菩薩摩訶薩
觀一切法空如實相不顛倒不動不退不轉
如虛空无所有性一切語言道斷不生不出不
起无名无相實无所有无量无邊无礙无障
但以因緣有從顛倒生故說常樂觀如是法
相是名菩薩摩訶薩第二親近處尒時世尊
欲重宣此義而說偈言
若有菩薩　於後惡世　无怖畏心　欲說是經
應入行處　及親近處　常離國王　及國王子
大臣官長　兇險戲者　及旃陀羅　外道梵志
亦不親近　增上慢人　貪著小乘　三藏學者
破戒比丘　名字羅漢　及比丘尼　好戲笑者
深著五欲　求現滅度　諸優婆夷　皆勿親近

BD05070號　妙法蓮華經卷五　（2–1）

起无名无相實无所有无量无邊无礙无障
但以因緣有從顛倒生故說常樂觀如是法
相是名菩薩摩訶薩第二親近處尒時世尊
欲重宣此義而說偈言
若有菩薩　於後惡世　无怖畏心　欲說是經
應入行處　及親近處　常離國王　及國王子
大臣官長　兇險戲者　及旃陀羅　外道梵志
亦不親近　增上慢人　貪著小乘　三藏學者
破戒比丘　名字羅漢　及比丘尼　好戲笑者
深著五欲　求現滅度　諸優婆夷　皆勿親近
若是人等　以好心來　到菩薩所　為聞佛道
菩薩則以　无所畏心　不懷悕望　而為說法
寡女處女　及諸不男　皆勿親近　以為親厚
亦莫親近　屠兒魁膾　畋獵魚捕　為利殺害
販肉自活　衒賣女色　如是之人　皆勿親近
兇險相撲　種種嬉戲　諸婬女等　盡勿親近
莫獨屏處　為女說法　若說法時　无得戲笑
入里乞食　將一比丘　若无比丘　一心念佛
是則名為　行處近處　以此二處　能安樂說

BD05070號　妙法蓮華經卷五　（2–2）

著 錄 凡 例

本目錄採用條目式著錄法。諸條目意義如下：

1.1　著錄編號。用漢語拼音首字“BD”表示，意為“北京圖書館藏敦煌遺書”，簡稱“北敦號”。文獻寫在背面者，標註為“背”。一件遺書上抄有多個文獻者，用數字1、2、3等標示小號。一號中包括幾件遺書，且遺書形態各自獨立者，用字母A、B、C等區別。

1.2　著錄分類號。本條記目錄暫不分類，該項空缺。

1.3　著錄文獻的名稱、卷本、卷次。

1.4　著錄千字文編號。

1.5　著錄縮微膠卷號。

2.1　著錄遺書的總體數據。包括長度、寬度、紙數、正面抄寫總行數與每行字數、背面抄寫總行數與每行字數。如該遺書首尾有殘破，則對殘破部分單獨度量，用加號加在總長度上。凡屬這種情況，長度用括弧標註。

2.2　著錄每紙數據。包括每紙長度及抄寫行數或界欄數。

2.3　著錄遺書的外觀。包括：（1）裝幀形式。（2）首尾存況。（3）護首、軸、軸頭、天竿、縹帶，經名是書寫還是貼簽，有無經名號，扉頁、扉畫。（4）卷面殘破情況及其位置。（5）尾部情況。（6）有無附加物（蟲繭、油污、線繩及其他）。（7）有無裱補及其年代。（8）界欄。（9）修整。（10）其他需要交待的問題。

2.4　著錄一件遺書抄寫多個文獻的情況。

3.1　著錄文獻首部文字與對照本核對的結果。

3.2　著錄文獻尾部文字與對照本核對的結果。

3.3　著錄錄文。

3.4　著錄對文獻的說明。

4.1　著錄文獻首題。

4.2　著錄文獻尾題。

5　著錄本文獻與對照本的不同之處。

6.1　著錄本遺書首部可與另一遺書綴接的編號。

6.2　著錄本遺書尾部可與另一遺書綴接的編號。

7.1　著錄題記、題名、勘記等。

7.2　著錄印章。

7.3　著錄雜寫。

7.4　著錄護首及扉頁的內容。

8　著錄年代。

9.1　著錄字體。如有武周新字、合體字、避諱字等，予以說明。

9.2　著錄卷面二次加工的情況。包括句讀、點標、科分、間隔號、行間加行、行間加字、硃筆、墨塗、倒乙、刪除、兑廢等。

10　著錄敦煌遺書發現後，近現代人所加內容，裝裱、題記、印章等。

11　備註。著錄揭裱互見、圖版本出處及其他需要說明的問題。

上述諸條，有則著錄，無則空缺。

為避文繁，上述著錄中出現的各種參考、對照文獻，暫且不列版本說明。全目結束時，將統一編制本條記目錄出現的各種參考書目。

本條記目錄為農曆年份標註其公曆紀年時，未進行歲頭年末之換算，請讀者使用時注意自行換算。

條　記　目　錄

BD05001—BD05070

1.1　BD05001 號
1.3　大般若波羅蜜多經卷二六〇
1.4　珠 001
1.5　084:2690
2.1　188.9×26.2 厘米；4 紙；112 行，行 17 字。
2.2　01：47.5，28；　02：47.0，28；　03：47.2，28；
　　04：47.2，28。
2.3　卷軸裝。首尾均脱。有烏絲欄。
3.1　首殘→大正 220，6/316A28。
3.2　尾殘→6/317B22。
6.1　首→BD04959 號。
6.2　尾→BD05057 號。
8　8～9 世紀。吐蕃統治時期寫本。
9.1　楷書。
11　圖版：《敦煌寶藏》，74/430A～432A。

1.1　BD05002 號
1.3　金剛般若波羅蜜經
1.4　珠 002
1.5　094:3797
2.1　450.1×26.5 厘米；11 紙；257 行，行 17 字；
2.2　01：43.0，25；　02：43.5，25；　03：43.6，24；
　　04：43.0，24；　05：43.3，24；　06：43.0，24；
　　07：43.0，24；　08：43.0，25；　09：43.0，24；
　　10：43.2，25；　11：18.5，13。
2.3　卷軸裝。首殘尾全。經黄紙。卷尾上下有蟲繭。第 1 紙背有古代裱補。有烏絲欄。
3.1　首殘→大正 235，8/749B15。
3.2　尾全→8/752C3。
4.2　金剛般若波羅蜜經（尾）。
5　與《大正藏》本對照，本卷經文無冥司偈，參見《大正藏》，8/751C16～19。
8　7～8 世紀。唐寫本。
9.1　楷書。
11　圖版：《敦煌寶藏》，80/383B～390A。

1.1　BD05003 號
1.3　大般若波羅蜜多經卷六八
1.4　珠 003
1.5　084:2187
2.1　139×25 厘米；3 紙；82 行，行 17 字。
2.2　01：45.0，26；　02：47.0，28；　03：47.0，28。
2.3　卷軸裝。首全尾脱。第 1、2 紙有破裂。背有古代裱補。有烏絲欄。
3.1　首全→大正 220，5/382B8。
3.2　尾殘→5/383B7。
4.1　大般若波羅蜜多經卷第六十八，/初分無所得品第十八之八，三藏法師玄奘奉詔譯/（首）。
8　8～9 世紀。吐蕃統治時期寫本。
9.1　楷書。
11　圖版：《敦煌寶藏》，72/213A～214B。

1.1　BD05004 號
1.3　大般若波羅蜜多經卷三二五
1.4　珠 004
1.5　084:2884
2.1　（4+188.2+2.7）×25.4 厘米；5 紙；120 行，行 17 字。
2.2　01：4+38.7，27；　02：45.2，28；　03：45.4，28；
　　04：45.7，28；　05：13.2+2.7，09。
2.3　卷軸裝。首尾均殘。卷面有油污、變脆，多破裂，首尾殘缺。有烏絲欄。
3.1　首 3 行上殘→大正 220，6/663B19～21。
3.2　尾行中殘→6/664C20～21。
8　8～9 世紀。吐蕃統治時期寫本。
9.1　楷書。
11　圖版：《敦煌寶藏》，75/344A～346B。

1.1　BD05005 號
1.3　大般若波羅蜜多經卷一八五
1.4　珠 005
1.5　084:2457
2.1　(13.2＋705.2)×25.8 厘米；16 紙；436 行，行 17 字。
2.2　01：13.2＋29.2，26；　02：45.5，28；　03：45.5，28；
04：45.5，28；　05：45.5，28；　06：45.5，28；
07：45.5，28；　08：45.5，28；　09：45.5，28；
10：45.5，28；　11：45.5，28；　12：45.6，28；
13：45.4，28；　14：45.6，28；　15：45.4，28；
16：39.0，18。
2.3　卷軸裝。首尾均全。紙張砑光上蠟。卷首有殘缺，卷面有水漬及破裂。尾有原軸，兩端塗硃漆。有烏絲欄。已修整。
3.1　首 8 行中殘→大正 220，5/993C2～12。
3.2　尾全→5/998C6。
4.1　大般若波羅蜜□…□，/初分難信解品第□…□奘奉詔譯/(首)。
4.2　大般若波羅蜜多經卷第一百八十五（尾）。
8　8～9 世紀。吐蕃統治時期寫本。
9.1　楷書。
11　圖版：《敦煌寶藏》，73/362B～371B。

1.1　BD05006 號
1.3　維摩詰所說經卷上
1.4　珠 006
1.5　070:0966
2.1　(7＋105＋2)×26 厘米；4 紙；67 行，行 17 字。
2.2　01：7＋12.5，10；　02：46.5，28；　03：46.0，28；
04：02.0，01。
2.3　卷軸裝。首尾均殘。卷面污穢，有等距離殘洞；通卷下邊殘缺。有烏絲欄。
3.1　首 2 行上殘→大正 475，14/539B22～23。
3.2　尾 4 行下殘→14/540B3～6。
8　9～10 世紀。歸義軍時期寫本。
9.1　楷書。
9.2　有行間校加字。
11　圖版：《敦煌寶藏》，64/183B～185A。

1.1　BD05007 號
1.3　維摩詰所說經卷上
1.4　珠 007
1.5　070:0954
2.1　(35.5＋723.5＋2.5)×25 厘米；17 紙；411 行，行 17 字。
2.2　01：35.5，20；　02：46.0，25；　03：46.0，24；
04：46.0，24；　05：46.0，25；　06：46.0，25；
07：46.0，25；　08：46.0，25；　09：46.0，25；
10：46.0，25；　11：46.0，25；　12：46.0，25；
13：46.0，25；　14：46.0，25；　15：46.0，25；
16：46.0，25；　17：33.5＋2.5，18。
2.3　卷軸裝。首尾均殘。卷首右下殘缺。通卷有水漬、黴斑，后半卷尤甚。卷上下邊有破裂殘缺。卷尾有蟲繭。背有古代裱補。有烏絲欄。
3.1　首 20 行下殘→大正 475，14/539A15～B7。
3.2　尾全→14/544A19。
4.2　□摩詰經卷上（尾）。
8　9～10 世紀。歸義軍時期寫本。
9.1　楷書。
11　圖版：《敦煌寶藏》，64/136A～146A。

1.1　BD05008 號
1.3　大般若波羅蜜多經卷二六〇
1.4　珠 008
1.5　084:2692
2.1　134.2×26.2 厘米；3 紙；74 行，行 17 字。
2.2　01：47.5，28；　02：47.2，28；　03：39.5，18。
2.3　卷軸裝。首脫尾全。尾有原軸，兩端塗硃漆，軸已脫落。有燕尾。有烏絲欄。
3.1　首殘→大正 220，6/318C19。
3.2　尾全→6/319C4。
4.2　大般若波羅蜜多經卷第二百六十（尾）。
6.1　首→BD05057 號。
8　8～9 世紀。吐蕃統治時期寫本。
9.1　楷書。
9.2　有刮改。
11　圖版：《敦煌寶藏》，74/435A～436B。

1.1　BD05009 號
1.3　大般涅槃經（北本）卷二一
1.4　珠 009
1.5　115:6415
2.1　(5＋852.9)×25.8 厘米；19 紙；523 行，行 17 字。
2.2　01：5＋35，25；　02：45.5，28；　03：45.5，28；
04：45.5，28；　05：45.5，28；　06：45.5，28；
07：45.3，28；　08：45.5，28；　09：45.3，28；
10：45.5，28；　11：45.5，28；　12：45.5，28；
13：45.5，28；　14：45.5，28；　15：45.5，28；
16：45.5，28；　17：45.5，28；　18：45.3，28；
19：45.0，22。
2.3　卷軸裝。首殘尾全。經黄打紙，砑光上蠟。卷首殘破嚴重。有烏絲欄。
3.1　首 3 行上殘→大正 374，12/487A8～10。
3.2　尾全→12/493B6。
4.2　大般涅槃經卷第廿一（尾）。

8　7～8世紀。唐寫本。
9.1　楷書。
9.2　有校改。
11　圖版：《敦煌寶藏》，99/71B～83A。

1.1　BD05010號
1.3　觀世音經
1.4　珠010
1.5　111:6271
2.1　82.1×24.3厘米；3紙；41行，行17字。
2.2　01：07.3，04；　02：45.5，28；　03：29.3，09。
2.3　卷軸裝。首殘尾全。卷面殘損嚴重。卷背有古代裱補。有燕尾。
3.1　首1行下殘→大正262，9/57B28～C01。
3.2　尾全→9/58B07。
4.2　觀世音經一卷（尾）。
8　7～8世紀。唐寫本。
9.1　楷書。
11　圖版：《敦煌寶藏》，97/508A～509A。

1.1　BD05011號
1.3　妙法蓮華經卷一
1.4　珠011
1.5　105:4679
2.1　212.7×24.9厘米；6紙；123行，行20字（偈）。
2.2　01：05.3，03；　02：47.9，28；　03：47.4，28；
　　04：47.8，28；　05：47.7，28；　06：16.6，08。
2.3　卷軸裝。首斷尾全。有烏絲欄。
2.4　本遺書包括2個文獻：（一）《妙法蓮華經》卷一，123行，抄寫在正面，今編為BD05011號。（二）《白畫馬》（擬），抄寫在背面，今編為BD05011號背。
3.1　首殘→大正262，9/7C10。
3.2　尾全→9/10B21。
4.2　妙法蓮華經卷第一（尾）。
7.3　第2紙背面有藏文雜寫1行：
　　"Smon－Lam－dang－vgyod－tsang－Su－gso－ba"（祈願、懺悔、祈禱）。
8　7～8世紀。唐寫本。
9.1　楷書。
9.2　個別字旁注有硃筆藏文。
11　圖版：《敦煌寶藏》，85/260B～263A。

1.1　BD05011號背
1.3　白畫馬（擬）
1.4　珠011
1.5　105:4679
2.4　本遺書由2個文獻組成，本號為第2個。餘參見BD05011號之第2項、第11項。
3.4　說明：
　　本文獻為白畫，畫馬一匹。體態變形。但從馬鬃、馬尾特徵，仍可辨識。
8　8～9世紀。吐蕃統治時期寫本。

1.1　BD05012號
1.3　大般若波羅蜜多經卷五三四
1.4　珠012
1.5　084:3303
2.1　95.9×25.9厘米；2紙；56行，行17字。
2.2　01：48.1，28；　02：47.8，28。
2.3　卷軸裝。首尾均脫。有烏絲欄。
3.1　首殘→大正220，7/743C13。
3.2　尾殘→7/744B11。
6.1　首→BD05226號。
6.2　尾→BD04835號。
8　8世紀。唐寫本。
9.1　楷書。
11　圖版：《敦煌寶藏》，77/166B～167B。

1.1　BD05013號
1.3　大般若波羅蜜多經卷一一六
1.4　珠013
1.5　084:2315
2.1　（8.2＋582.3）×26.2厘米；14紙；345行，行17字。
2.2　01：08.2，05；　02：47.5，28；　03：47.3，28；
　　04：47.5，28；　05：47.5，28；　06：46.8，28；
　　07：47.5，28；　08：47.5，28；　09：47.5，28；
　　10：47.3，28；　11：47.5，28；　12：47.4，28；
　　13：47.0，28；　14：14.0，04。
2.3　卷軸裝。首殘尾全。卷首右下殘破嚴重，卷中有破裂，接縫處多有開裂。有燕尾。尾有原軸，兩端塗硃漆。有烏絲欄。
3.1　首5行下殘→大正220，5/636C24～27。
3.2　尾全→5/640C21。
4.2　大般若波羅蜜多經卷第一百一十六（尾）。
8　8～9世紀。吐蕃統治時期寫本。
9.1　楷書。
11　圖版：《敦煌寶藏》，72/622B～630A。

1.1　BD05014號
1.3　維摩詰所說經卷中
1.4　珠014
1.5　070:1107
2.1　（66.5＋3）×26厘米；2紙；40行，行17字。
2.2　01：36.5，21；　02：30＋3，19。
2.3　卷軸裝。首尾均殘。卷面多水漬，紙張變色。上下邊有破

裂。有烏絲欄。
3.1　首殘→大正475，14/545C5。
3.2　尾行上殘→14/546A19～20。
6.1　首→BD05015號。
6.2　尾→BD04823號。
8　8～9世紀。吐蕃統治時期寫本。
9.1　楷書。
11　圖版：《敦煌寶藏》，65/350A～350B。

1.1　BD05015號
1.3　維摩詰所說經卷中
1.4　珠015
1.5　070:1125
2.1　(18+144+2)×25.5厘米；5紙；96行，行17字。
2.2　01：09.0，05；　02：9+39，28；　03：47.5，28；
04：47.5，28；　05：10+2，07。
2.3　卷軸裝。首尾均殘。卷面有水漬、污穢，有殘缺破損。有烏絲欄。
3.1　首10行上下殘→大正475，14/544B20～29。
3.2　尾行下殘→14/545C5。
6.2　尾→BD05014號。
8　8～9世紀。吐蕃統治時期寫本。
9.1　楷書。
11　圖版：《敦煌寶藏》，65/387A～389A。

1.1　BD05016號
1.3　梵網經盧舍那佛說菩薩心地戒品第十卷下
1.4　珠016
1.5　143:6728
2.1　(3+639)×24.6厘米；14紙；正面358行，行17字；背面5行，行字不等。
2.2　01：3+21，13；　02：50.0，28；　03：50.0，28；
04：50.0，28；　05：50.5，28；　06：46.0，25；
07：50.0，27；　08：50.0，27；　09：49.5，27；
10：50.0，27；　11：44.0，25；　12：43.5，25；
13：43.5，25；　14：41+2，25。
2.3　卷軸裝。首尾均殘。卷面有水漬，多殘破。背有古代裱補。有烏絲欄。已修整。
2.4　本遺書包括2個文獻：(一)《梵網經盧舍那佛說菩薩心地戒品》，358行，抄寫在正面，今編為BD05016號。(二)《社人色物行付主人》(擬)，5行，抄寫在背面2張裱補紙上，今編為BD05016號背。
3.1　首1行中下殘→大正1484，24/1005B15～16。
3.2　尾1行上中殘→24/1010A4。
5　與《大正藏》本相比，本號第331行～第353行所抄《七佛偈》為《大正藏》本所無。該《七佛偈》內容大致相當於《大正藏》1427，22/564C8～565A20。
8　7～8世紀。唐寫本。
9.1　楷書。
9.2　有行間校加字。
11　圖版：《敦煌寶藏》，101/360B～370A。
從該件背揭下古代裱補紙共2塊，今編為BD16210號。

1.1　BD05016號背
1.3　社人色物行付主人（擬）
1.4　珠016
1.5　143:6728
2.4　本遺書由2個文獻組成，本號為第2個，抄寫在背面2張裱補紙上，共5行。餘參見BD05016號之第2項、第11項。
3.3　錄文：
裱補紙A錄文如下：
社人色物，行（?）付主人，乃加生布兩段一疋，及生布一段二丈八，/布一段二丈一尺，又生細布一段二丈五尺，行付索郎。又本/付孟賢◇◇。/
（錄文完）
裱補紙B錄文如下：
□…□又生/
□…□◇◇/
（錄文完）
8　9～10世紀。歸義軍時期寫本。
9.1　行楷。

1.1　BD05017號
1.3　大般若波羅蜜多經卷三三九
1.4　珠017
1.5　084:2917
2.1　245.1×25.5厘米；5紙；140行，行17字。
2.2　01：49.3，28；　02：49.0，28；　03：49.0，28；
04：49.0，28；　05：48.8，28。
2.3　卷軸裝。首尾均脫。有烏絲欄。
3.1　首殘→大正220，6/740A24。
3.2　尾殘→6/741C18。
6.1　首→BD05227號。
6.2　尾→BD04818號。
8　9～10世紀。歸義軍時期寫本。
9.1　楷書。
11　圖版：《敦煌寶藏》，75/467A～470A。

1.1　BD05018號
1.3　維摩詰所說經卷中
1.4　珠018
1.5　070:1108
2.1　241×25.5厘米；5紙；139行，行17字。
2.2　01：48.5，28；　02：48.5，28；　03：48.5，28；

04：48.5，28；　05：47.0，27。
2.3　卷軸裝。首尾均脱。卷面有蟲繭。第1紙下邊有破裂。第2、3紙接縫處下部開裂。有烏絲欄。
3.1　首殘→大正475，14/545A26。
3.2　尾殘→14/547A2。
8　7～8世紀。唐寫本。
9.1　楷書。
11　圖版：《敦煌寶藏》，65/351A～354A。

1.1　BD05019號
1.3　妙法蓮華經卷一
1.4　珠019
1.5　105:4585
2.1　(22.9+514.3)×25厘米；13紙；319行，行17字。
2.2　01：11.1，07；　02：11.8+34.3，28；　03：46.0，28；
04：46.0，28；　05：45.9，28；　06：46.1，28；
07：46.0，28；　08：45.9，28；　09：46.0，28；
10：46.0，28；　11：46.0，28；　12：45.8，28；
13：20.3，04。
2.3　卷軸裝。首殘尾全。經黄紙。卷首殘破嚴重，右下殘缺；卷面多黴爛，卷尾正背面有蟲繭。有烏絲欄。
3.1　首13行下殘→大正262，9/4B10～C1。
3.2　尾全→9/10B21。
4.2　妙法蓮華經卷第一（尾）。
8　7～8世紀。唐寫本。
9.1　楷書。
11　圖版：《敦煌寶藏》，84/635A～642B。

1.1　BD05020號
1.3　妙法蓮華經卷二
1.4　珠020
1.5　105:4916
2.1　234.9×27.5厘米；5紙；140行，行16～18字。
2.2　01：41.5，24；　02：48.4，29；　03：48.1，29；
04：48.1，29；　05：48.8，29。
2.3　卷軸裝。首殘尾脱。首紙上下邊有殘損，第2紙有殘洞，接縫處有開裂。卷面卷背有烏糞，卷背尤多。有烏絲欄。
3.1　首殘→大正262，9/13B24。
3.2　尾殘→9/15C2。
8　7～8世紀。唐寫本。
9.1　楷書。
11　圖版：《敦煌寶藏》，87/224B～228A。

1.1　BD05021號
1.3　大般若波羅蜜多經卷二九五
1.4　珠021
1.5　084:2808
2.1　90.5×25.4厘米；2紙；56行，行17字。
2.2　01：45.0，28；　02：45.5，28。
2.3　卷軸裝。首尾均脱。卷面有破裂及殘洞，通卷上邊下邊殘缺嚴重。第1紙為宿墨所寫，入潢時字跡洇化流散。背面多烏糞，已清洗。有烏絲欄。已修整。
3.1　首殘→大正220，6/502A7。
3.2　尾殘→6/502C4。
7.1　第1紙背面有勘記“第四十袟”；第2紙背面有勘記“六十袟”。這兩條勘記雖然也屬《大般若經》，但與本遺書無關。
8　8～9世紀。吐蕃統治時期寫本。
9.1　楷書。
11　圖版：《敦煌寶藏》，75/163A～164A。

1.1　BD05022號
1.3　金剛般若波羅蜜經
1.4　珠022
1.5　094:3728
2.1　(1+376.3+2)×26.5厘米；11紙；230行，行17字。
2.2　01：1+19，13；　02：39.3，24；　03：39.5，24；
04：40.0，24；　05：40.0，24；　06：39.7，24；
07：39.8，24；　08：39.7，24；　09：39.8，24；
10：39.5，24；　11：02.0，01。
2.3　卷軸裝。首尾均殘。打紙，研光上蠟。第1紙殘破，第7、8紙接縫處開裂，卷面有黴斑，卷中有破裂及殘洞。背有古代裱補。有烏絲欄。已修整。
3.1　首1行上下殘→大正235，8/749A27～28。
3.2　尾1行下殘→8/752A15。
5　與《大正藏》本對照，本卷經文無冥司偈，參見《大正藏》，8/751C16～19。
8　7～8世紀。唐寫本。
9.1　楷書。
11　圖版：《敦煌寶藏》，80/56B～61A。

1.1　BD05023號
1.3　金光明最勝王經卷四
1.4　珠023
1.5　083:1666
2.1　(21.6+580.3)×25.5厘米；14紙；351行，行17字。
2.2　01：15.0，09；　02：6.6+39，28；　03：45.7，28；
04：45.9，28；　05：45.8，28；　06：46.0，28；
07：45.5，28；　08：46.0，28；　09：45.7，28；
10：46.0，28；　11：45.8，28；　12：45.7，28；
13：44.0，27；　14：39.2，07。
2.3　卷軸裝。首殘尾全。卷端碎損嚴重，卷端有殘片，已綴接。有燕尾。有烏絲欄。已修整。
3.1　首13行下殘→大正665，16/418A12～26。
3.2　尾全→16/422B21。

4.2　金光明經卷第四（尾）。
5　尾附音義。
8　8～9 世紀。吐蕃統治時期寫本。
9.1　楷書。
9.2　有行間校加字。
11　圖版：《敦煌寶藏》，69/177B～185A。
　　卷内另夾有一塊殘片，文與卷端文字重複，今編為 BD16527 號。

1.1　BD05024 號
1.3　金剛般若波羅蜜經
1.4　珠 024
1.5　094:3693
2.1　(15＋86.5)×26 厘米；3 紙；61 行，行 17 字。
2.2　01：07.5，05；　02：7.5＋40，28；　03：46.5，28。
2.3　卷軸裝。首殘尾脱。卷首横向破裂，右上殘缺；第 2 紙通紙横裂，接縫處均有開裂。有烏絲欄。
3.1　首 9 行上殘→大正 235，8/749A12～21。
3.2　尾殘→8/749C19。
7.3　第 3 紙下邊有雜寫“殿”等 3 字。卷背有雜寫 2 字，字跡不清。
8　8 世紀。唐寫本。
9.1　楷書。
11　圖版：《敦煌寶藏》，79/551A～552A。

1.1　BD05025 號
1.3　金剛般若波羅蜜經
1.4　珠 025
1.5　094:3558
2.1　(2.5＋511.2)×26 厘米；12 紙；301 行，行 17 字。
2.2　01：2.5＋32.3，22；　02：46.5，28；　03：46.3，28；
　　04：46.5，28；　05：46.5，28；　06：46.6，28；
　　07：46.5，28；　08：46.5，28；　09：46.5，28；
　　10：46.5，28；　11：46.3，27；　12：14.2，拖尾。
2.3　卷軸裝。首殘尾全。經黄紙。第 2 紙有殘洞，卷尾有等距離蟲蛀殘洞。背有古代裱補。有燕尾。有烏絲欄。已修整。
3.1　首 2 行中下殘→大正 235，8/748C24～26。
3.2　尾全→8/752C3。
4.2　金剛般若波羅蜜經（尾）。
5　與《大正藏》本對照，本卷經文無冥司偈，參見《大正藏》，8/751C16～19。
8　7～8 世紀。唐寫本。
9.1　楷書。
11　圖版：《敦煌寶藏》，78/531B～538A。

1.1　BD05026 號
1.3　般若波羅蜜多心經
1.4　珠 026
1.5　102:4482
2.1　48×25.5 厘米；1 紙；18 行，行 17 字。
2.3　卷軸裝。首尾均全。卷面油污變色，紙張變硬、變脆。卷端及下邊有殘缺破損，有烏絲欄。
3.1　首全→大正 251，8/848C4。
3.2　尾全→8/848C24。
4.1　般若波羅蜜多心經（首）。
4.2　多心經一卷（尾）。
8　7～8 世紀。唐寫本。
9.1　楷書。
11　圖版：《敦煌寶藏》，83/313A。

1.1　BD05027 號
1.3　金剛般若波羅蜜經
1.4　珠 027
1.5　094:4112
2.1　300.2×24.7 厘米；6 紙；167 行，行 17 字。
2.2　01：50.0，28；　02：50.3，28；　03：50.0，28；
　　04：50.2，28；　05：50.0，28；　06：49.7，27。
2.3　卷軸裝。首脱尾全。經黄紙。通卷上下邊多水漬，第 2 紙有豎裂。有烏絲欄。
3.1　首殘→大正 235，8/750B23；
3.2　尾全→8/752C2。
5　與《大正藏》本對照，本卷經文無冥司偈，參見《大正藏》，8/751C16～19。
6.1　首→BD05148 號。
8　7～8 世紀。唐寫本。
9.1　楷書。
11　圖版：《敦煌寶藏》，82/151A～154B。

1.1　BD05028 號
1.3　維摩詰所說經卷上
1.4　珠 028
1.5　070:0914
2.1　(2＋198)×25.5 厘米；4 紙；112 行，行 17 字。
2.2　01：2＋48，28；　02：50.0，28；　03：50.0，28；
　　04：50.0，28。
2.3　卷軸裝。首殘尾脱。經黄紙。卷首殘缺嚴重，通卷有等距離殘缺。有烏絲欄。
3.1　首行中下殘→大正 475，14/538B2～3。
3.2　尾殘→14/539C5。
8　7～8 世紀。唐寫本。
9.1　楷書。
11　圖版：《敦煌寶藏》，64/16B～18B。

1.1　BD05029 號

1.3　觀世音經
1.4　珠 029
1.5　111:6216
2.1　(10.5＋195.3)×25 厘米；6 紙；111 行，行 17 字。
2.2　01：10.5＋19.7，18；　02：42.5，22；　03：43.0，22；
04：31.6，17；　05：37.0，23；　06：21.5，09。
2.3　卷軸裝。首殘尾全。通卷油污，卷面破碎。有烏絲欄。後 2 紙為唐寫本，前 4 紙為歸義軍時期寫本。
3.1　首 6 行上殘→大正 262，9/56C4～10。
3.2　尾全→9/58B7。
4.2　觀世音經（尾）。
5　本件爲兩件拼接而成，與《大正藏》對照，1、2 紙相接處尚缺經文 4 字。
8　7～8 世紀。唐寫本。
9.1　楷書。
11　圖版：《敦煌寶藏》，97/378B～381A。
從該件上揭下殘片 11 塊，無字，今編為 BD16174 號。

1.1　BD05030 號
1.3　無量壽宗要經
1.4　珠 030
1.5　275:8031
2.1　(4＋192.5)×30.5 厘米；5 紙；132 行，行 30 餘字。
2.2　01：4＋38，27；　02：40.0，27；　03：40.0，28；
04：41.5，29；　05：33.0，21。
2.3　卷軸裝。首殘尾全。通卷多水漬，第 1 紙有等距離殘洞，前 2 紙上下邊殘缺，第 4 紙上邊有破裂。有烏絲欄。
3.1　首 2 行上下殘→大正 936，19/82A5～8。
3.2　尾全→19/84C29。
4.2　佛說無量壽宗要經（尾）。
8　8～9 世紀。吐蕃統治時期寫本。
9.1　行楷。
11　圖版：《敦煌寶藏》，108/559B～562A。

1.1　BD05031 號
1.3　金剛般若波羅蜜經
1.4　珠 031
1.5　094:4039
2.1　370.5×26 厘米；8 紙；199 行，行 17 字。
2.2　01：45.0，25；　02：51.0，28；　03：51.0，28；
04：51.0，28；　05：51.0，28；　06：51.0，28；
07：51.0，28；　08：19.5，06。
2.3　卷軸裝。首斷尾全。經黄打紙，砑光上蠟。卷面有黴爛，接縫處多有開裂。背有古代裱補。有燕尾。有烏絲欄。
3.1　首殘→大正 235，8/750A23。
3.2　尾全→8/752C3。
4.2　金剛般若波羅蜜經（尾）。
5　與《大正藏》本對照，本卷經文無冥司偈，參見《大正藏》，8/751C16～19。
8　7～8 世紀。唐寫本。
9.1　楷書。
11　圖版：《敦煌寶藏》，81/580B～585A。

1.1　BD05032 號
1.3　大般若波羅蜜多經卷二一六
1.4　珠 032
1.5　084:2553
2.1　(344.6＋2)×25.7 厘米；8 紙；214 行，行 17 字。
2.2　01：45.5，28；　02：45.5，28；　03：45.2，28；
04：45.3，28；　05：45.4，28；　06：45.2，28；
07：45.3，28；　08：27.2＋2，18。
2.3　卷軸裝。首脫尾殘。卷面多水漬，首紙有破裂，上邊下邊殘缺，第 5 紙下邊殘缺。有烏絲欄。
3.1　首殘→大正 220，6/82B10。
3.2　尾行上殘→6/84C23。
8　8～9 世紀。吐蕃統治時期寫本。
9.1　楷書。
11　圖版：《敦煌寶藏》，74/56A～60A。

1.1　BD05033 號
1.3　大般若波羅蜜多經卷五八
1.4　珠 033
1.5　084:2161
2.1　(18.5＋73.7)×25.5 厘米；2 紙；55 行，行 17 字。
2.2　01：18.5＋27，27；　02：46.7，28。
2.3　卷軸裝。首殘尾脫。卷首右下殘缺，各紙均有横向破裂。有烏絲欄。
3.1　首 11 行下殘→大正 220，5/326C26～327A7。
3.2　尾殘→5/327B23。
7.1　首紙背面有勘記“五十八”，為本文獻卷次。
8　7～8 世紀。唐寫本。
9.1　楷書。
11　圖版：《敦煌寶藏》，72/143B～144B。

1.1　BD05034 號
1.3　妙法蓮華經卷六
1.4　珠 034
1.5　105:5796
2.1　(4＋452)×25 厘米；14 紙；287 行，行 17 字。
2.2　01：4＋35.5，24；　02：40.5，25；　03：05.2，03；
04：31.2，19；　05：11.3，13；　06：18.8，24；
07：45.8，28；　08：45.8，28；　09：45.7，28；
10：34.5，18；　11：29.7，15；　12：37.3，23；
13：45.7，28；　14：25.0，11。

2.3　卷軸裝。首殘尾全。經黄紙。卷上邊多水漬，有破裂殘損，接縫處有開裂。尾有原軸，鑲蓮蓬形軸頭。卷背多鳥糞。有烏絲欄。第10和前後各紙紙質、字迹不同，係補抄。
3.1　首2行上中殘→大正262，9/51B5～7。
3.2　尾全→9/55A9。
4.2　妙法蓮華經卷第六（尾）。
8　7～8世紀。唐寫本。
9.1　楷書。
11　圖版：《敦煌寶藏》，95/161A～167B。

1.1　BD05035號
1.3　維摩詰所説經卷中
1.4　珠035
1.5　070:1096
2.1　(8.5+429.5)×25.5厘米；9紙；249行，行17字。
2.2　01：8.5+41.5，27；　02：48.5，27；　03：48.5，27；
04：48.5，28；　05：48.5，28；　06：48.5，28；
07：48.5，28；　08：48.5，28；　09：48.5，28。
2.3　卷軸裝。首全尾脱。卷首右下殘缺，卷面有水漬污穢，下邊有破裂，接縫處有開裂。尾有蟲繭。有烏絲欄。
3.1　首4行中下殘→大正475，14/544A25～28。
3.2　尾殘→14/547A29。
4.1　文殊師利問疾品第五，□（首）。
8　9～10世紀。歸義軍時期寫本。
9.1　楷書。
11　圖版：《敦煌寶藏》，65/314A～320A。

1.1　BD05036號
1.3　阿彌陀經
1.4　珠036
1.5　014:0137
2.1　35.5×24.3厘米；1紙；20行，行17字。
2.3　卷軸裝。首斷尾脱。經黄打紙。上下邊殘缺。有烏絲欄。
3.1　首行殘→大正366，12/346C4。
3.2　尾殘→12/347A9。
8　7～8世紀。唐寫本。
9.1　楷書。
11　圖版：《敦煌寶藏》，56/620B～620B。

1.1　BD05037號
1.3　大般若波羅蜜多經卷二一四
1.4　珠037
1.5　084:2546
2.1　(14.5+747.2)×24.7厘米；17紙；442行，行17字。
2.2　01：14.5+18.5，20；　02：47.2，28；　03：47.0，28；
04：47.0，28；　05：47.1，28；　06：47.0，28；
07：47.1，28；　08：47.1，28；　09：47.2，28；
10：47.2，28；　11：47.0，28；　12：47.2，28；
13：47.0，28；　14：47.0，28；　15：47.1，28；
16：47.0，28；　17：22.5，02。
2.3　卷軸裝。首殘尾全。卷面殘破嚴重，右下殘缺。尾有原軸，兩端塗深棕色漆。有燕尾。有烏絲欄。
3.1　首9行上下殘→大正220，6/70C11～19。
3.2　尾全→6/75C22。
4.2　大般若波羅蜜多經卷第二百一十四（尾）。
8　8～9世紀。吐蕃統治時期寫本。
9.1　楷書。
9.2　有行間校加字。
11　圖版：《敦煌寶藏》，74/34B～44A。

1.1　BD05038號
1.3　大般若波羅蜜多經（兑廢稿）卷二九二
1.4　珠038
1.5　084:2794
2.1　45×26.6厘米；1紙；28行，行17字。
2.3　卷軸裝。首尾均脱。卷面有殘洞，上邊下邊殘破。有烏絲欄。
3.1　首殘→大正220，6/483B15。
3.2　尾殘→6/483C12。
8　8～9世紀。吐蕃統治時期寫本。
9.1　楷書。
9.2　上邊有一“兑”字。
11　圖版：《敦煌寶藏》，75/125A。

1.1　BD05039號
1.3　大般若波羅蜜多經卷二五四
1.4　珠039
1.5　084:2670
2.1　(11.5+163.1)×25.5厘米；4紙；111行，行17字。
2.2　01：11.5+34.5，27；　02：46.5，28；　03：46.6，28；
04：35.5+11.5，28。
2.3　卷軸裝。首尾均殘。通卷殘損破裂嚴重，脱落2塊殘片，已綴接。有烏絲欄。已修整。
3.1　首7行上殘→大正220，6/284C6～12。
3.2　尾7行上下殘→6/285C23～29。
6.2　尾→BD07175號。
8　8～9世紀。吐蕃統治時期寫本。
9.1　楷書。
11　圖版：《敦煌寶藏》，74/402A～404A。
《敦煌寶藏》未攝入可以綴接之殘片。

1.1　BD05040號
1.3　妙法蓮華經卷六
1.4　珠040

1.5　105:5836
2.1　(3.5+267.3)×29 厘米；8 紙；156 行，行 21～22 字。
2.2　01：3.5+14.5，11；　02：40.4，25；　03：40.5，23；
04：41.0，24；　05：40.5，25；　06：40.4，25；
07：40.5，23；　08：09.5，拖尾。
2.3　卷軸裝。首殘尾全。卷面多水漬，首紙有 1 個殘洞，第 5 紙上邊有殘損，第 8、9 紙接縫處下部開裂。有燕尾。有烏絲欄。
3.1　首 2 行上下殘→大正 262，9/52C4～6。
3.2　尾全→9/55A9。
4.2　妙法蓮華經卷第六（尾）。
8　7～8 世紀。唐寫本。
9.1　楷書。
11　圖版：《敦煌寶藏》，95/324A～327B。

1.1　BD05041 號
1.3　大般若波羅蜜多經（兑廢稿）卷三四三
1.4　珠 041
1.5　084:2929
2.1　44.7×27.5 厘米；1 紙；23 行，行 17 字。
2.3　卷軸裝。首脱尾缺。卷面多鼠嚙殘洞，上下邊殘缺。尾有餘空。有烏絲欄。
3.1　首殘→大正 220，6/762C11。
3.2　尾殘→6/763A6。
8　8～9 世紀。吐蕃統治時期寫本。
9.1　楷書。
9.2　上邊有二“兑”字。
11　圖版：《敦煌寶藏》，75/520A。

1.1　BD05042 號
1.3　金光明最勝王經卷二
1.4　珠 042
1.5　083:1559
2.1　(2.5+192.8+1.5)×25 厘米；5 紙；118 行，行 17 字。
2.2　01：2.5+18.3，12；　02：47.0，28；　03：47.0，28；
04：46.0，28；　05：34.5+1.5，22。
2.3　卷軸裝。首尾均殘。全卷殘碎嚴重。背有古代裱補。有烏絲欄。已修整。
3.1　首行下殘→大正 665，16/411B25。
3.2　尾行下殘→16/413B6。
8　8～9 世紀。吐蕃統治時期寫本。
9.1　楷書。
11　圖版：《敦煌寶藏》，68/386B～389A。
從該件上揭下殘片 16 塊，今編爲 BD16063 號。

1.1　BD05043 號
1.3　維摩詰所說經卷下
1.4　珠 043
1.5　070:1220
2.1　(8.5+790)×26 厘米；17 紙；459 行，行 17 字。
2.2　01：8.5+38.5，27；　02：47.5，28；　03：45.0，27；
04：47.0，28；　05：47.0，28；　06：47.0，28；
07：47.0，28；　08：47.0，28；　09：47.0，28；
10：47.0，28；　11：47.0，28；　12：47.0，28；
13：47.0，28；　14：47.5，28；　15：47.5，28；
16：47.0，28；　17：47.0，13。
2.3　卷軸裝。首尾均全。紙張砑光上蠟。第 1 紙有破裂，右下殘缺；第 3 紙下邊有破裂。卷面油污變色、變脆。有烏絲欄。
3.1　首 4 行中下殘→大正 475，14/552A3～8。
3.2　尾全→14/557B26。
4.1　維摩詰經香積品第十，☐（首）。
4.2　維摩詰經卷下（尾）。
5　與《大正藏》對照，卷尾“皆大觀喜”之後，多“作禮而去”1 句。
8　8～9 世紀。吐蕃統治時期寫本。
9.1　楷書。
11　圖版：《敦煌寶藏》，66/76A～86A。

1.1　BD05044 號
1.3　諸星母陀羅尼經
1.4　珠 044
1.5　253:7553
2.1　(11.5+64)×24 厘米；2 紙；43 行，行 17 字。
2.2　01：11.5+32，28；　02：32.0，15。
2.3　卷軸裝。首殘尾全。卷面污穢，有黴斑。有燕尾。有烏絲欄。
3.1　首 7 行殘→大正 1302，21/420C1～8。
3.2　尾全→21/421A14。
4.2　諸星母陀羅尼經一卷（尾）。
5　尾附音義。
8　9～10 世紀。歸義軍時期寫本。
9.1　楷書。
11　圖版：《敦煌寶藏》，106/650B～651B。

1.1　BD05045 號
1.3　金光明最勝王經卷八
1.4　珠 045
1.5　083:1867
2.1　(5+647.7)×27.3 厘米；14 紙；376 行，行 17 字。
2.2　01：5+23.7，17；　02：48.0，28；　03：48.0，28；
04：48.0，28；　05：48.0，28；　06：48.0，28；
07：48.0，28；　08：48.0，28；　09：48.0，28；
10：48.0，28；　11：48.0，28；　12：48.2，28；
13：47.8，28；　14：48.0，23。
2.3　卷軸裝。首殘尾全。卷面有鼠嚙殘破，第 3 紙破裂，尾有

蟲繭。有烏絲欄。
3.1　首3行上下殘→大正665，16/438B9～14。
3.2　尾全→16/444A9。
4.2　金光明經卷第八（尾）。
5　尾附音義。
8　8～9世紀。吐蕃統治時期寫本。
9.1　楷書。
11　圖版：《敦煌寶藏》，70/432A～440B。

1.1　BD05046號
1.3　妙法蓮華經卷一
1.4　珠046
1.5　105:4577
2.1　(7.6+788.7)×25厘米；20紙；339行，行17～18字。
2.2　01：7.6+14，9；　02：41.9，18；　03：41.9，18；
04：41.8，18；　05：42.0，18；　06：41.9，18；
07：42.0，18；　08：41.8，18；　09：41.8，18；
10：41.7，18；　11：42.0，18；　12：41.9，18；
13：41.8，18；　14：41.9，18；　15：42.0，18；
16：41.9，18；　17：41.7，18；　18：41.8，18；
19：41.8，18；　20：21.1，06。
2.3　卷軸裝。首殘尾全。經黄紙。卷面有水漬，接縫處多有開裂，尾紙有破裂。有烏絲欄。
3.1　首3行上殘→大正262，9/4A19～21。
3.2　尾全→9/10B21。
4.2　妙法蓮華經卷第一（尾）。
8　7～8世紀。唐寫本。
9.1　楷書。
11　圖版：《敦煌寶藏》，84/574B～586A。

1.1　BD05047號
1.3　大乘入楞伽經卷一
1.4　珠047
1.5　038:0361
2.1　48×25.5厘米；1紙；28行，行17字。
2.3　卷軸裝。首尾均脱。上邊有殘缺。有烏絲欄。
3.1　首殘→大正672，16/592B29。
3.2　尾殘→16/593A11。
7.3　卷背有一雜寫字，不清。
8　9～10世紀。歸義軍時期寫本。
9.1　楷書。
11　圖版：《敦煌寶藏》，58/368A～368B。

1.1　BD05048號
1.3　大般若波羅蜜多經卷一一九
1.4　珠048
1.5　084:2327
2.1　47×25.5厘米；1紙；28行，行17字。
2.3　卷軸裝。首尾均脱。卷面殘破嚴重。有烏絲欄。
3.1　首殘→大正220，5/651B12。
3.2　尾殘→5/651C11。
6.1　首→BD02880號。
7.1　卷首背有勘記“一百九十一”及“一百一十九”。後者為本文獻卷次，前者或為錯寫。
8　8～9世紀。吐蕃統治時期寫本。
9.1　楷書。
11　圖版：《敦煌寶藏》，72/653A。

1.1　BD05049號
1.3　妙法蓮華經卷四
1.4　珠049
1.5　105:5225
2.1　(5+1020.8)×25.5厘米；23紙；606行，行17字。
2.2　01：5+12，7；　02：46.5，28；　03：46.7，28；
04：46.7，28；　05：46.8，28；　06：46.8，28；
07：46.7，28；　08：46.7，28；　09：46.7，28；
10：46.7，28；　11：46.7，28；　12：46.5，28；
13：46.7，28；　14：46.5，28；　15：46.7，28；
16：46.7，28；　17：46.7，28；　18：46.8，28；
19：46.8，28；　20：46.8，28；　21：46.8，28；
22：46.8，28；　23：28.0，11。
2.3　卷軸裝。首殘尾全。經黄打紙。卷面多水漬。尾有原軸，鑲蓮蓬形軸頭，軸已脱落。有烏絲欄。有燕尾。
3.1　首3行上中殘→大正262，9/28A10～13。
3.2　尾全→9/37A2。
4.2　妙法蓮華經卷第四（尾）。
8　7～8世紀。唐寫本。
9.1　楷書。
11　圖版：《敦煌寶藏》，90/16B～30B。

1.1　BD05050號
1.3　妙法蓮華經卷七
1.4　珠050
1.5　105:5924
2.1　125×25.5厘米；3紙；73行，行17字。
2.2　01：41.0，24；　02：42.5，24；　03：41.5，25。
2.3　卷軸裝。首尾均脱。卷面有破裂，接縫上下邊有開裂。有烏絲欄。
3.1　首殘→大正262，9/55C6。
3.2　尾殘→9/56B26。
8　7～8世紀。唐寫本。
9.1　楷書。
11　圖版：《敦煌寶藏》，96/49B～51A。

1.1　BD05051 號
1.3　大乘百法明門論疏釋（擬）
1.4　珠 051
1.5　209:7245
2.1　（11 +388.5）×31 厘米；10 紙；正面 235 行，行 30 字左右；背面 161 行，行字不等。
2.2　01：11 +6，10；　02：42.5，25；　03：42.5，26；
04：42.5，29；　05：42.5，27；　06：42.5，30；
07：42.5，21；　08：42.5，22；　09：42.5，26；
10：42.5，19。
2.3　卷軸裝。首殘尾全。通卷有橫向破裂，上下邊有殘損破裂。本卷兩面有字，為同一個文獻。
3.4　説明：
本文獻首 7 行中上殘，尾全。為對《大乘百法明門論》重點文句的疏釋，而非逐句解義。本文獻未為歷代大藏經所收。
8　9 ~10 世紀。歸義軍時期寫本。
9.1　行楷。
9.2　有行間加行。有硃筆校改、墨筆塗抹。有倒乙、點標符號。
11　圖版：《敦煌寶藏》，105/77A ~87A。

1.1　BD05052 號
1.3　妙法蓮華經卷六
1.4　珠 052
1.5　105:5828
2.1　（2.5 +169.7）×26 厘米；5 紙；100 行，行 17 字。
2.2　01：2.5 +16，11；　02：49.2，28；　03：48.5，28；
04：48.5，28；　05：07.5，05。
2.3　卷軸裝。首尾均殘。卷面油污變脆、殘破，第 1、2 紙接縫處有開裂，第 4 紙上邊有破裂，第 5 紙尾有殘片脱落，已綴接。有烏絲欄。已修整。
3.1　首 2 行中下殘→大正 262，9/52A22 ~23。
3.2　尾 4 行中下殘→9/53B29 ~ C2。
8　9 ~10 世紀。歸義軍時期寫本。
9.1　楷書。
11　圖版：《敦煌寶藏》，95/301B ~303B。

1.1　BD05053 號
1.3　大般若波羅蜜多經卷一四三
1.4　珠 053
1.5　084:2379
2.1　51 ×27.2 厘米；2 紙；30 行，行 17 字。
2.2　01：20.5，12；　02：30.5，18。
2.3　卷軸裝。首尾均斷。經文宿墨書寫，入潢時洇化流散。有烏絲欄。
3.1　首殘→大正 220，5/777C7。
3.2　尾殘→5/778A8。
8　8 ~9 世紀。吐蕃統治時期寫本。
9.1　楷書。
11　圖版：《敦煌寶藏》，73/112B ~113A。

1.1　BD05054 號
1.3　大般若波羅蜜多經卷一一八
1.4　珠 054
1.5　084:2321
2.1　（23 +142）×25.6 厘米；4 紙；89 行，行 17 字。
2.2　01：3 +23，16；　02：45.5，28；　03：47.5，28；
04：26 +2.1，17。
2.3　卷軸裝。首殘尾斷。卷首右下殘缺，卷面殘碎，卷尾左下殘缺。有烏絲欄。
3.1　首 14 行下殘→大正 220，5/646A22 ~ B7。
3.2　尾 2 行上下殘→5/647A22 ~23。
6.2　尾→BD05574 號。
7.1　首紙背有勘記“無頭末（尾）”三字。
8　8 ~9 世紀。吐蕃統治時期寫本。
9.1　楷書。
11　圖版：《敦煌寶藏》，72/640B ~642A。

1.1　BD05055 號
1.3　大般涅槃經（北本）卷一一
1.4　珠 055
1.5　115:6346
2.1　783.2 ×27.1 厘米；17 紙；449 行，行 17 字。
2.2　01：46.2，26；　02：49.0，28；　03：49.2，28；
04：49.0，28；　5：49.0，28；　06：49.0，28；
07：48.7，28；　08：48.0，28；　09：48.2，28；
10：48.0，28；　11：48.5，28；　12：48.3，28；
13：48.4，28；　14：48.5，28；　15：48.0，28；
16：48.2，28；　17：09.0，03。
2.3　卷軸裝。首尾均全。尾有原軸，兩端塗黑漆。背有古代裱補。有烏絲欄。
3.1　首全→大正 374，12/428B16。
3.2　尾全→12/433C19。
4.1　大般涅槃經現病品第十一，卷十一（首）。
4.2　大般涅槃經卷第十一（尾）。
8　8 ~9 世紀。吐蕃統治時期寫本。
9.1　楷書。
11　圖版：《敦煌寶藏》，98/325B ~335A。

1.1　BD05056 號
1.3　金剛般若波羅蜜經
1.4　珠 056
1.5　094:3663
2.1　（3 +492.4）×26 厘米；13 紙；282 行，行 17 字。
2.2　01：03.0，02；　02：17.4，10；　03：32.0，18；

04：48.5，28；　05：48.5，28；　06：48.5，28；
07：48.5，28；　08：48.5，28；　09：48.5，28；
10：48.0，28；　11：48.5，28；　12：48.0，27；
13：07.5，01。

2.3　卷軸裝。首殘尾全。卷面多水漬，第 2、3 紙有豎裂，第 10、11 紙有殘洞。背有古代裱補。有燕尾。有烏絲欄。
3.1　首 2 行上下殘→大正 235，8/749A15～17。
3.2　尾全→8/752C3。
4.2　金剛般若波羅蜜經（尾）。
5　與《大正藏》本對照，本卷經文無冥司偈，參見《大正藏》，8/751C16～19。
8　9～10 世紀。歸義軍時期寫本。
9.1　楷書。
11　圖版：《敦煌寶藏》，79/406A～412A。

1.1　BD05057 號
1.3　大般若波羅蜜多經卷二六〇
1.4　珠 057
1.5　084：2691
2.1　188.5×26.2 厘米。4 紙；112 行，行 17 字。
2.2　01：47.2，28；　02：47.1，28；　03：47.1，28；
04：47.1，28。
2.3　卷軸裝。首尾均脱。紙張研光上蠟。有烏絲欄。
3.1　首殘→大正 220，6/317B23。
3.2　尾殘→6/318C18。
6.1　首→BD05001 號。
6.2　尾→BD05008 號。
8　8～9 世紀。吐蕃統治時期寫本。
9.1　楷書。
11　圖版：《敦煌寶藏》，74/432B～434B。

1.1　BD05058 號
1.3　妙法蓮華經卷三
1.4　珠 058
1.5　105：5018
2.1　（8＋810）×25.4 厘米；20 紙；502 行，行 17 字。
2.2　01：8＋3.5，8；　02：42.5，26；　03：42.4，26；
04：42.4，26；　05：42.4，26；　06：42.5，26；
07：42.5，26；　08：42.5，26；　09：42.3，26；
10：42.5，26；　11：42.5，26；　12：42.5，26；
13：42.4，26；　14：42.5，26；　15：42.5，26；
16：42.4，26；　17：42.5，26；　18：42.4，26；
19：42.4，26；　20：42.4，26。
2.3　卷軸裝。首殘尾脱。紙張研光上蠟。背有古代裱補。有烏絲欄。
3.1　首 4 行下殘→大正 262，9/19C5～9。
3.2　尾殘→9/27A14。
8　7～8 世紀。唐寫本。
9.1　楷書。
11　圖版：《敦煌寶藏》，88/164B～176B。

1.1　BD05059 號
1.3　妙法蓮華經卷三
1.4　珠 059
1.5　105：5077
2.1　（13.1＋827.4）×28.2 厘米；21 紙；454 行，行 17 字。
2.2　01：13.1＋10.8，13；　02：41.5，23；　03：41.7，23；
04：41.9，23；　05：41.9，23；　06：41.9，23；
07：41.8，23；　08：42.2，23；　09：42.1，23；
10：42.1，23；　11：42.2，23；　12：42.2，23；
13：42.2，23；　14：42.2，23；　15：42.0，23；
16：41.7，23；　17：41.9，23；　18：41.8，23；
19：41.7，23；　20：42.1，23；　21：19.5，04。
2.3　卷軸裝。首殘尾全。經黃紙。前 2 紙殘損嚴重，卷面有水漬及等距離油污，通卷有大小殘洞，尾紙上下邊有殘損，接縫處有開裂。有燕尾。有烏絲欄。
3.1　首 7 行上中殘→大正 262，9/20B23～29。
3.2　尾全→9/27B9。
4.2　妙法蓮華經卷第三（尾）。
8　7～8 世紀。唐寫本。
9.1　楷書。
11　圖版：《敦煌寶藏》，88/463A～474A。

1.1　BD05060 號
1.3　金剛般若波羅蜜經
1.4　珠 060
1.5　094：4414
2.1　55.4×24.5 厘米；2 紙；30 行，行 7～15 字。
2.2　01：16.4，09；　02：39.0，21。
2.3　卷軸裝。首尾均殘。經黃打紙。卷面有水漬、黴爛。有烏絲欄。已修整。
3.1　首殘→大正 235，8/749C11～15。
3.2　尾殘→8/750A13。
6.2　尾→BD05061 號。
8　7～8 世紀。唐寫本。
9.1　楷書。
11　圖版：《敦煌寶藏》，83/136B～137A。

1.1　BD05061 號
1.3　金剛般若波羅蜜經
1.4　珠 061
1.5　094：4412
2.1　61.7×20 厘米；2 紙；34 行，行 14～15 字。
2.2　01：11.7，06；　02：50.0，28。

2.3　卷軸裝。首斷尾脱。經黄打紙。通卷上殘，有水漬。有烏絲欄。已修整。
3.1　首殘→大正 235，8/750A14。
3.2　尾殘→8/750B19。
6.1　首→BD05060 號。
8　7～8 世紀。唐寫本。
9.1　楷書。
11　圖版：《敦煌寶藏》，83/130B～131A。

1.1　BD05062 號
1.3　金剛般若波羅蜜經
1.4　珠 062
1.5　094:3617
2.1　(9.2＋524.5)×24.8 厘米；12 紙；294 行，行 17 字。
2.2　01：9.2＋14.2，13；　02：48.0，27；　03：48.0，27；
04：48.0，27；　05：47.7，27；　06：48.0，27；
07：48.0，27；　08：48.0，27；　09：48.2，27；
10：47.9，27；　11：48.0，27；　12：30.5，11。
2.3　卷軸裝。首殘尾全。經黄紙。卷首右下殘缺，第 2、3 紙接縫開裂。有烏絲欄。
3.1　首 5 行下殘→大正 235，8/749A3～9。
3.2　尾全→8/752C3。
4.2　金剛般若波羅蜜經（尾）。
5　與《大正藏》本對照，本卷經文無冥司偈，參見《大正藏》，8/751C16～19。
8　7～8 世紀。唐寫本。
9.1　楷書。
11　圖版：《敦煌寶藏》，79/164B～171B。

1.1　BD05063 號
1.3　大般涅槃經後分卷下
1.4　珠 063
1.5　118:6600
2.1　804×27.3 厘米；17 紙；458 行，行 17 字。
2.2　01：49.0，26；　02：49.0，28；　03：49.0，28；
04：49.0，28；　05：49.0，28；　06：49.0，28；
07：49.0，28；　08：49.0，28；　09：49.0，28；
10：49.0，28；　11：49.0，28；　12：48.5，28；
13：48.5，28；　14：48.5，28；　15：48.5，28；
16：48.5，28；　17：22.5，12。
2.3　卷軸裝。首全尾缺。首紙多殘洞。有烏絲欄。
3.1　首全→大正 377，12/906C13。
3.2　尾殘→12/912A11。
4.1　大般涅槃經機感荼毗品，卌二（首）。
8　8 世紀。唐寫本。
9.1　楷書。
11　圖版：《敦煌寶藏》，100/471A～481A。

1.1　BD05064 號
1.3　金剛般若波羅蜜經
1.4　珠 064
1.5　094:3970
2.1　(17.5＋404.2)×25.5 厘米；9 紙；226 行，行 17 字。
2.2　01：17.5＋28，24；　02：51.0，28；　03：50.9，28；
04：50.8，28；　05：51.0，28；　06：51.0，28；
07：51.0，28；　08：50.5，28；　09：20.0，06。
2.3　卷軸裝。首殘尾全。經黄紙。卷面有等距離黴斑；第 1 紙脱落 1 塊小殘片，可綴接；卷尾脱落 2 塊殘片。有烏絲欄。
3.1　首 9 行上殘→大正 235，8/749C24～750A3。
3.2　尾全→8/752C3。
4.2　金剛般若波羅蜜經（尾）。
5　與《大正藏》本對照，本卷經文無冥司偈，參見《大正藏》，8/751C16～19。
8　7～8 世紀。唐寫本。
9.1　楷書。
9.2　有行間校加字。有圈刪。
11　圖版：《敦煌寶藏》，81/356A361B。

1.1　BD05065 號
1.3　大般若波羅蜜多經卷二七七
1.4　珠 065
1.5　084:2750
2.1　94.7×26.3 厘米；2 紙；56 行，行 17 字。
2.2　01：47.5，28；　02：47.2，28。
2.3　卷軸裝。首尾均脱。第 1 紙有殘洞，上邊殘缺。有烏絲欄。
3.1　首殘→大正 220，6/403B14。
3.2　尾殘→6/404A14。
8　8～9 世紀。吐蕃統治時期寫本。
9.1　楷書。
11　圖版：《敦煌寶藏》，74/633A～634A。

1.1　BD05066 號
1.3　妙法蓮華經卷五
1.4　珠 066
1.5　105:5544
2.1　99×27 厘米；2 紙；58 行，行 17 字。
2.2　01：50.0，29；　02：49.0，29。
2.3　卷軸裝。首尾均脱。有烏絲欄。
3.1　首殘→大正 262，9/37C10。
3.2　尾殘→9/38B20。
8　8～9 世紀。吐蕃統治時期寫本。
9.1　楷書。
11　圖版：《敦煌寶藏》，92/660B～661B。

1.1　BD05067 號

1.3　大方廣佛華嚴經（唐譯八十卷本）卷七八
1.4　珠 067
1.5　376:8479
2.1　123.3×26.9 厘米；3 紙；正面 72 行，背面 5 行，行 17 字。
2.2　1：40.5，23；　2：48.2，28；　3：34.6，21。
2.3　卷軸裝。首殘尾斷。有烏絲欄。
2.4　本遺書包括 2 個文獻：（一）《大方廣佛華嚴經》（唐譯八十卷本）卷七八，72 行，抄寫在正面，今編為 BD05067 號。（二）《待考雜文》（擬），5 行，抄寫在背面，今編為 BD05067 號背。
3.1　首行下殘→大正 279，10/433A26～27。
3.2　尾行上殘→10/434A11。
8　8～9 世紀。吐蕃統治時期寫本。
9.1　楷書。
11　圖版：《敦煌寶藏》，110/437B～439A。

1.1　BD05067 號背
1.3　待考雜文（擬）
1.4　珠 067
1.5　376:8479
2.4　本遺書由 2 個文獻組成，本號為第 2 個，抄寫在背面，5 行。餘參見 BD05067 號之第 2 項、第 11 項。
3.3　錄文：
前殘
僧刹實責乘宗（宋?）崇境（敬）佛法便轉輪迴賀端（?）/
酒（?）清何道伍神傘念坎熱照咄叫遮爐遍沙/
候乘將法葛（?）病雲則邈照燈損福田扶牀頭/
山腊（臘?）相爲林聚劾貝（見?）荒姓瓜州夫主龍天［八］部/
山逢（［山/逢］?）路散店令吸離。/
（錄文完）
8　9～10 世紀。歸義軍時期寫本。
9.1　行書。
11　圖版：《敦煌寶藏》，110/439B。

1.1　BD05068 號
1.3　金剛般若波羅蜜經
1.4　珠 068
1.5　094:4339
2.1　144.5×28.5 厘米；3 紙；73 行，行 17 字。
2.2　01：48.5，28；　02：48.0，28；　03：48.0，17。
2.3　卷軸裝。首脫尾全。卷面多黴斑。有燕尾。有烏絲欄。
3.1　首殘→大正 235，8/751C8。
3.2　尾全→8/752C3。
4.2　金剛般若波羅蜜經（尾）。
5　與《大正藏》本對照，本卷經文無冥司偈，參見《大正藏》，8/751C16～19。
8　9～10 世紀。歸義軍時期寫本。
9.1　楷書。
11　圖版：《敦煌寶藏》，83/14B～16A。

1.1　BD05069 號
1.3　大般若波羅蜜多經卷二四八
1.4　珠 069
1.5　084:2651
2.1　（5.6＋430.2）×26 厘米；10 紙；248 行，行 17 字。
2.2　01：02.0，01；　02：3.6＋45，28；　03：48.3，28；
04：48.0，28；　05：48.4，28；　06：48.0，28；
07：48.5，28；　08：48.2，28；　09：48.3，28；
10：47.5，23。
2.3　卷軸裝。首殘尾全。第 2、3 紙有殘洞，下部有殘缺，第 6 紙有殘洞，接縫處有開裂。有烏絲欄。
3.1　首 3 行上下殘→大正 220，6/253A17～19。
3.2　尾全→6/256A2。
4.2　大般若波羅蜜多經卷第二百卌八（尾）。
8　8～9 世紀。吐蕃統治時期寫本。
9.1　楷書。
11　圖版：《敦煌寶藏》，74/344A～349B。

1.1　BD05070 號
1.3　妙法蓮華經卷五
1.4　珠 070
1.5　105:5527
2.1　46.9×27.3 厘米；1 紙；29 行，行 18～19 字。
2.3　卷軸裝。首尾均脫。有烏絲欄。
3.1　首殘→大正 262，9/37B2。
3.2　尾殘→9/37C9。
8　8～9 世紀。吐蕃統治時期寫本。
9.1　楷書。
11　圖版：《敦煌寶藏》，92/633A～B。

新舊編號對照表

一、千字文號與北敦號、縮微膠卷號對照表

千字文號	北敦號	縮微膠卷號
珠 001	BD05001 號	084：2690
珠 002	BD05002 號	094：3797
珠 003	BD05003 號	084：2187
珠 004	BD05004 號	084：2884
珠 005	BD05005 號	084：2457
珠 006	BD05006 號	070：0966
珠 007	BD05007 號	070：0954
珠 008	BD05008 號	084：2692
珠 009	BD05009 號	115：6415
珠 010	BD05010 號	111：6271
珠 011	BD05011 號	105：4679
珠 011	BD05011 號背	105：4679
珠 012	BD05012 號	084：3303
珠 013	BD05013 號	084：2315
珠 014	BD05014 號	070：1107
珠 015	BD05015 號	070：1125
珠 016	BD05016 號	143：6728
珠 016	BD05016 號背	143：6728
珠 017	BD05017 號	084：2917
珠 018	BD05018 號	070：1108
珠 019	BD05019 號	105：4585
珠 020	BD05020 號	105：4916
珠 021	BD05021 號	084：2808
珠 022	BD05022 號	094：3728
珠 023	BD05023 號	083：1666
珠 024	BD05024 號	094：3693
珠 025	BD05025 號	094：3558
珠 026	BD05026 號	102：4482
珠 027	BD05027 號	094：4112
珠 028	BD05028 號	070：0914
珠 029	BD05029 號	111：6216
珠 030	BD05030 號	275：8031
珠 031	BD05031 號	094：4039
珠 032	BD05032 號	084：2553
珠 033	BD05033 號	084：2161
珠 034	BD05034 號	105：5796
珠 035	BD05035 號	070：1096
珠 036	BD05036 號	014：0137
珠 037	BD05037 號	084：2546
珠 038	BD05038 號	084：2794
珠 039	BD05039 號	084：2670
珠 040	BD05040 號	105：5836
珠 041	BD05041 號	084：2929
珠 042	BD05042 號	083：1559
珠 043	BD05043 號	070：1220
珠 044	BD05044 號	253：7553
珠 045	BD05045 號	083：1867
珠 046	BD05046 號	105：4577
珠 047	BD05047 號	038：0361
珠 048	BD05048 號	084：2327
珠 049	BD05049 號	105：5225
珠 050	BD05050 號	105：5924
珠 051	BD05051 號	209：7245
珠 052	BD05052 號	105：5828
珠 053	BD05053 號	084：2379
珠 054	BD05054 號	084：2321
珠 055	BD05055 號	115：6346
珠 056	BD05056 號	094：3663
珠 057	BD05057 號	084：2691
珠 058	BD05058 號	105：5018
珠 059	BD05059 號	105：5077
珠 060	BD05060 號	094：4414
珠 061	BD05061 號	094：4412
珠 062	BD05062 號	094：3617
珠 063	BD05063 號	118：6600
珠 064	BD05064 號	094：3970
珠 065	BD05065 號	084：2750
珠 066	BD05066 號	105：5544

珠 067	BD05067 號	376：8479
珠 067	BD05067 號背	376：8479
珠 068	BD05068 號	094：4339
珠 069	BD05069 號	084：2651
珠 070	BD05070 號	105：5527

二、縮微膠卷號與北敦號、千字文號對照表

縮微膠卷號	北敦號	千字文號
014：0137	BD05036 號	珠 036
038：0361	BD05047 號	珠 047
070：0914	BD05028 號	珠 028
070：0954	BD05007 號	珠 007
070：0966	BD05006 號	珠 006
070：1096	BD05035 號	珠 035
070：1107	BD05014 號	珠 014
070：1108	BD05018 號	珠 018
070：1125	BD05015 號	珠 015
070：1220	BD05043 號	珠 043
083：1559	BD05042 號	珠 042
083：1666	BD05023 號	珠 023
083：1867	BD05045 號	珠 045
084：2161	BD05033 號	珠 033
084：2187	BD05003 號	珠 003
084：2315	BD05013 號	珠 013
084：2321	BD05054 號	珠 054
084：2327	BD05048 號	珠 048
084：2379	BD05053 號	珠 053
084：2457	BD05005 號	珠 005
084：2546	BD05037 號	珠 037
084：2553	BD05032 號	珠 032
084：2651	BD05069 號	珠 069
084：2670	BD05039 號	珠 039
084：2690	BD05001 號	珠 001
084：2691	BD05057 號	珠 057
084：2692	BD05008 號	珠 008
084：2750	BD05065 號	珠 065
084：2794	BD05038 號	珠 038
084：2808	BD05021 號	珠 021
084：2884	BD05004 號	珠 004
084：2917	BD05017 號	珠 017
084：2929	BD05041 號	珠 041
084：3303	BD05012 號	珠 012
094：3558	BD05025 號	珠 025
094：3617	BD05062 號	珠 062
094：3663	BD05056 號	珠 056
094：3693	BD05024 號	珠 024
094：3728	BD05022 號	珠 022
094：3797	BD05002 號	珠 002
094：3970	BD05064 號	珠 064
094：4039	BD05031 號	珠 031
094：4112	BD05027 號	珠 027
094：4339	BD05068 號	珠 068
094：4412	BD05061 號	珠 061
094：4414	BD05060 號	珠 060
102：4482	BD05026 號	珠 026
105：4577	BD05046 號	珠 046
105：4585	BD05019 號	珠 019
105：4679	BD05011 號	珠 011
105：4679	BD05011 號背	珠 011
105：4916	BD05020 號	珠 020
105：5018	BD05058 號	珠 058
105：5077	BD05059 號	珠 059
105：5225	BD05049 號	珠 049
105：5527	BD05070 號	珠 070
105：5544	BD05066 號	珠 066
105：5796	BD05034 號	珠 034
105：5828	BD05052 號	珠 052
105：5836	BD05040 號	珠 040
105：5924	BD05050 號	珠 050
111：6216	BD05029 號	珠 029
111：6271	BD05010 號	珠 010
115：6346	BD05055 號	珠 055
115：6415	BD05009 號	珠 009
118：6600	BD05063 號	珠 063
143：6728	BD05016 號	珠 016
143：6728	BD05016 號背	珠 016
209：7245	BD05051 號	珠 051
253：7553	BD05044 號	珠 044
275：8031	BD05030 號	珠 030
376：8479	BD05067 號	珠 067
376：8479	BD05067 號背	珠 067